V&R

Schriften des Hannah-Arendt-Instituts
für Totalitarismusforschung

Herausgegeben von Günther Heydemann

Band 54

Vandenhoeck & Ruprecht

Tina Kwiatkowski-Celofiga

Verfolgte Schüler

Ursachen und Folgen von Diskriminierung
im Schulwesen der DDR

Vandenhoeck & Ruprecht

Bibliografische Information der Deutschen Nationalbibliothek

Die Deutsche Nationalbibliothek verzeichnet diese Publikation in der
Deutschen Nationalbibliografie; detaillierte bibliografische Daten sind
im Internet über http://dnb.d-nb.de abrufbar.

Mit 6 Abbildungen, 14 Diagrammen und 13 Tabellen.

ISBN 978-3-525-36966-1
ISBN 978-3-647-36966-2 (E-Book)

Umschlagabbildung: 1. September 1986 Berlin (Ost): Schulbeginn
Quelle: Bundesarchiv, Bild 183-1986-0901-033

Satz: Hannah-Arendt-Institut, Dresden
Druck und Bindung: ⊕ Hubert & Co, Göttingen

Gedruckt auf alterungsbeständigem Papier.

Inhalt

I. Einleitung

1. Relevanz

„Die Wirklichkeit war eine vollständig andere." So kommentierte Peter Schwartze im Dezember 1989 eine Aussage von Margot Honecker.[1] Die Gattin des SED-Generalsekretärs war erst im November, kurz vor dem Mauerfall, als Minister[2] für Volksbildung zurückgetreten und fand sich nunmehr vor dem Ausschuss der Volkskammer zur Untersuchung von Amtsmissbrauch und Korruption wieder und wurde von Schwartze befragt. Er selbst war seit 1982 Abgeordneter der Volkskammer (als SED-Mitglied in der Fraktion des Kulturbundes) und arbeitete als Professor für Pathologische Physiologie im Bereich Medizin an der Karl-Marx-Universität Leipzig.[3] „In der Zeit Ihrer Amtsführung ist ein nicht abreißender Strom von benachteiligten Schülern entstanden", sagte Schwartze und nannte als Grund dafür – Schicksale von Studenten waren ihm bestens bekannt –, „dass sie in irgendeiner Phase ihrer persönlichen Entwicklung und Suche nach einem eigenen Standpunkt in der Schule Diskussionen begonnen haben, die zwischen Christentum und Marxismus, zwischen Ost und West, zwischen diesen und jenen ideologischen Konzepten versuchten sich zu orientieren".[4]

Empört wies Margot Honecker die Aussage von sich. Den Vorwurf bezog sie nicht unmittelbar auf sich selbst, auch nicht auf das von ihr als Minister verantwortete Bildungssystem, sondern wendete ihn auf die Lehrer, die sie vor Pauschalverurteilungen in Schutz nehmen wollte. Und wenn „hier und da" ein Einzelfall bekannt geworden sei, „z. B. Pfarrerkinder benachteiligt werden sollten", dann habe man „solche Ungerechtigkeiten" verändert. „Ich habe nie, nie mich intolerant gegenüber den Christen verhalten, und ich habe niemanden dazu veranlasst, sich in einer solchen Weise zu verhalten."[5]

Die Wirklichkeit war tatsächlich eine andere. Gezielt nutzte die SED das Erziehungs- und Bildungssystem, um ihre Ideologie, ihre Politik und ihren Herrschaftsanspruch durchzusetzen. Unter den Leidtragenden befanden sich nicht zuletzt Schüler.[6] So gehörten zur Hinterlassenschaft von 40 Jahren

---

1   Protokoll zur Befragung Margot Honeckers durch den Untersuchungsausschuss der Volkskammer zur Untersuchung von Amtsmissbrauch und Korruption vom 20. 12. 1989, S. 22 (BArch, DA 1/16349, Bl. 90).
2   Die männliche Amtsbezeichnung wurde auch bei der weiblichen Amtsinhaberin offiziell beibehalten, lediglich ein vorangestelltes „Genossin" deutet auf das weibliche Geschlecht hin.
3   Angaben aus: Volkskammer der Deutschen Demokratischen Republik: 9. Wahlperiode, S. 569.
4   Protokoll zur Befragung Margot Honeckers durch den Untersuchungsausschuss der Volkskammer zur Untersuchung von Amtsmissbrauch und Korruption vom 20. 12. 1989, S. 20a (BArch, DA 1/16349, Bl. 88).
5   Ebd., S. 22, Bl. 90.
6   Alle maskulinen Personenbezeichnungen in dieser Arbeit beziehen sich in gleicher Weise auf männliche und weibliche Personen.

Diktatur, die 1990 ins wiedervereinigte Deutschland einging, mehrere Tausend verhinderte Bildungskarrieren. In der Zeit der friedlichen Revolution 1989/90 war eine angemessene Aufarbeitung dieser Problematik kaum möglich. Im Volkskammerausschuss zur Untersuchung von Amtsmissbrauch und Korruption konnte Peter Schwartze nur ein Problem aktenkundig festhalten, dessen Bewältigung jedoch erst nach der Wiedervereinigung begonnen und – infolge teilweise anhaltender Folgen der Benachteiligung – auch angegangen werden musste.

Der gesamtdeutsche Gesetzgeber versuchte daher, das Leid der Betroffenen im Rahmen einer beruflichen Rehabilitierung zu lindern. Demgegenüber präsentierten die Medien nicht selten „Ostalgie"-verdächtige Rekonstruktionen des Erziehungs- und Bildungsalltags der DDR, die mit der pädagogischen und historischen Wirklichkeit wenig gemein hatten.[7] Insbesondere der Missbrauch von Erziehung und Bildung als Mittel zur Durchsetzung der SED-Doktrin wurde entweder wenig, zumeist aber gar nicht beachtet oder auf die Person Margot Honeckers als einzig Verantwortliche reduziert. Dagegen eröffneten wissenschaftliche Studien einen zunehmend differenzierten Einblick in die Erziehungs- und Bildungswirklichkeit der DDR. Nach wie vor aber besteht ein Mangel an Untersuchungen, die nicht nur die Benachteiligung von Schülern untersuchen, sondern ebenso deren langfristige Folgen. Die vorliegende Untersuchung möchte beide Stränge zusammenführen. Sie spürt dem „wirklichen" Erziehungs- und Bildungsalltag nach, von dem Peter Schwartze im Dezember 1989 sprach.

2.   Fragestellung

Ziel dieser Studie ist es, jene Gruppe von Schülern zu untersuchen, welche vom SED-Regime aus politischen Gründen in ihrer beruflichen und persönlichen Entwicklung benachteiligt wurden, weil sie nicht den offiziell erwünschten Erziehungsidealen entsprachen. In den Rehabilitierungsgesetzen, die der Bundestag 1992 und 1994 verabschiedet hat, werden diese Schüler als „verfolgte Schüler" bezeichnet.[8] Dieser juristische Terminus gilt aber nur, wenn ein

---

7   Vgl. z. B. Oliver Michalsky, Vom DDR-Schulsystem lernen? Neben der Indoktrination wurde der Wettbewerb gefördert. Sachsen profitiert heute davon - Debatte vom 16.7.2002, Welt-online, http://www.welt.de/print-welt/article400187/Vom_DDR_ Schulsystem_lernen.html, letzter Zugriff am 28.1.2009.
8   Vgl. § 3 des Beruflichen Rehabilitierungsgesetzes (BerRehaG) vom 1.7.1994 (BGBl. I 1994, S. 1311-1321). Das Zweite Gesetz zur Bereinigung von SED-Unrecht (Zweites SED-Unrechtsbereinigungsgesetz - 2. SED-UnBerG) vom 1.7.1994 (BGBl. I 1994, S. 1311-1321) besteht aus mehreren Artikeln. Das Gesetz über die Aufhebung rechtsstaatswidriger Verwaltungsentscheidungen im Beitrittsgebiet und die daran anknüpfenden Folgeansprüche (Verwaltungsrechtliches Rehabilitierungsgesetz - VwRehaG) bildet Artikel 1 und das Gesetz über den Ausgleich beruflicher Benachteiligungen für Opfer politischer Verfolgung im Beitrittsgebiet (Berufliches Rehabilitierungsgesetz - BerRehaG) bildet Artikel 2. Die Rehabilitierungsgesetze wurden zum 1.7.1997 neugefasst durch das Gesetz zur Verbesserung rehabilitierungsrechtlicher Vorschriften für Opfer der politischen Verfolgung in der ehemaligen DDR (BGBl. I 1997, S. 1609-1612).

Rehabilitierungsverfahren die Verfolgung eindeutig als solche festgestellt hat. Der rechtliche Verfolgungstatbestand ist damit sehr eng geführt: Als Verfolgter im juristischen Sinne gelten nur Personen, die im Einzelfall infolge einer Verwaltungsentscheidung eine gesundheitliche Schädigung, einen Eingriff in Vermögenswerte oder eine berufliche Benachteiligung erlitten haben. Dabei muss diese Verwaltungsentscheidung mit den „tragenden Grundsätzen eines Rechtsstaates schlechthin unvereinbar" sein, und ihre Folgen müssen „noch unmittelbar schwer und unzumutbar fortwirken". Mit den Grundsätzen des Rechtsstaates „schlechthin unvereinbar" sind solche Maßnahmen, „die in schwerwiegender Weise gegen die Prinzipien der Gerechtigkeit, der Rechtssicherheit oder der Verhältnismäßigkeit verstoßen haben und die der politischen Verfolgung gedient oder Willkürakte im Einzelfall dargestellt haben".[9] Entsprechend diesen Grundsätzen gilt als verfolgter Schüler, wer „nicht zu einer zur Hochschulreife führenden Bildungseinrichtung zugelassen wurde", „die Ausbildung an einer zur Hochschulreife führenden Bildungseinrichtung nicht fortsetzen konnte", „nicht zu einer Abschlussprüfung zur Erlangung der Hochschulreife oder zur Ausbildung an einer Fach- oder Hochschule zugelassen wurde" oder „die Ausbildung an einer anderen als einer zur Hochschulreife führenden Bildungseinrichtung nicht fortsetzen konnte".[10]

Ihrer Definition nach setzen die Rehabilitierungsgesetze eine strafrechtliche oder eine Verwaltungsmaßnahme voraus, die schlechthin rechtsstaatswidrig war und der politischen Verfolgung diente oder einen Willkürakt im Einzelfall darstellte. Damit ist eine Vielzahl von Diskriminierungen im Schulalltag ausgeschlossen, beispielsweise wenn ein Schüler sich um den Besuch einer weiterführenden Bildungseinrichtung nicht mehr bemühte, nachdem ihm der Klassenlehrer unmissverständlich mitteilte, dass er aus politischen Gründen ohnedies keine Zulassung erhalten würde. Daher wird in dieser Arbeit der Terminus „verfolgter Schüler" weiter gefasst, nämlich für Jugendliche, gegen die politisch motivierte Diskriminierungen im Erziehungs- und Bildungswesen der DDR ergingen. Das Jugendalter umfasst die Zeit zwischen dem 14. und 25. Lebensjahr.[11]

Nach Auffassung des Politikwissenschaftlers Eckhard Jesse wandelte sich die DDR, indem sie in der zweiten Hälfte ihres Bestehens zunehmend ihre totalitären Züge ablegte.[12] Dem Kategoriengerüst des spanischen Politologen Juan J.

---

9 § 1 BerRehaG vom 1.7.1994 (BGBl. I 1994, S. 1311–1321); § 1 VwRehaG vom 1.7.1994 (BGBl. I 1994, S. 1311–1321).

10 § 3 BerRehaG vom 1.7.1994 (BGBl. I 1994, S. 1311–1321).

11 Diese Altersspanne galt in der DDR ebenfalls als Jugendalter, etwa im Hinblick auf die FDJ-Mitgliedschaft und das Jugendgesetz von 1974. Vgl. Hornstein/Schefold, Sozialpädagogik, S. 293; § 57, Gesetz über die Teilnahme der Jugend an der Gestaltung der entwickelten sozialistischen Gesellschaft und über ihre allseitige Förderung in der Deutschen Demokratischen Republik – Jugendgesetz der DDR vom 28.1.1974 (DDR-GBl. 1974 I, S. 45).

12 Nach Jesse unterscheidet sich der totalitäre Staat von drei anderen Staatentypen: dem demokratischen Verfassungsstaat, der autoritären Diktatur und „von allen früheren Formen der Autokratie". Folglich ist der Totalitarismus gleichermaßen antidemokratisch, pseudodemokratisch und postdemokratisch. Totalitäre Systeme versuchen „den

Linz folgend, stellte die DDR in der zweiten Hälfte der 1980er Jahre nur noch eine autoritäre Diktatur mit totalitären Elementen dar.[13] Nach Jesse unterscheiden sich totalitäre und autoritäre Regime in vier Dimensionen: dem Grad des politischen Pluralismus, dem Grad der ideologischen Ausrichtung, dem Grad der gelenkten ideologischen Mobilisation und dem Grad der politischen Repression. In der Ära Honecker waren alle vier Kategorien schwächer ausgeprägt als in der Ära Ulbricht.[14] Mit Blick auf den Grad der politischen Repression ist zu ergänzen, dass nach Jesse der Ausbau des Überwachungssystems als Beleg einer „nachlassenden totalitären Dynamik" gilt. Denn die DDR konnte es sich in späterer Zeit nicht mehr leisten, „gegen alle Andersdenkenden offen vorzugehen". Folglich musste sie „politische Abweichungen nach außen hin stärker dulden und sie mit weicheren, subtileren Repressionen verfolgen".[15] Trotz des graduellen Wandels blieb „der totalitäre Anspruch des Partei- und Staatsapparates [...] bis zum Schluss erhalten", denn die totalitäre Struktur begann sich aufgrund einiger unerwünschter Rahmenbedingungen und „wider den Willen der Machthaber [...] beträchtlich abzuschwächen".[16]

In Anlehnung an Jesses Ausführungen kann für das Erziehungs- und Bildungssystem der DDR davon ausgegangen werden, dass das System zunehmend mit „verdeckter" Repression auf selbstbewusster auftretende Schüler, Eltern und Lehrer reagierte. Immerhin stand das Erziehungs- und Bildungswesen aus Sicht des Regimes in vorderster Front bei der Durchsetzung des SED-Machtanspruchs. Zudem stellte Margot Honecker als Minister für Volksbildung sicher, dass der totalitäre Anspruch im Bereich des Erziehungs- und Bildungswesens durchgesetzt und vorangetrieben wurde.

Das Erziehungssystem der DDR stellte sich „als ein historisch und gesellschaftlich spezifisches System der öffentlich-staatlich gestalteten und gesellschaftlich kontrollierten Sozialisationsordnung dar". Dieses System lebte „in einer methodisch geplanten und organisierten Form, in der – dem Anspruch nach – schulische und nichtschulische, unterrichtliche und außerunterrichtliche" Erziehungspraktiken „unter dem Primat der Politik nach identischen Prinzipien geordnet und systematisiert wurden".[17]

Um diese Unterwerfung aller Erziehungspraktiken unter die Politik zu beschreiben, erscheinen Begriffe wie Ideologisierung und Indoktrination nicht umfassend genug. Ideologisierung meint, dass „die staats-, partei- und gesellschafteigene Ideologie [...] monopolisiert und durchgesetzt wird".[18] Man folgt

---

Bürger durch eine Ideologie zu formen, durch Kontrolle zu erfassen und gleichzeitig zu mobilisieren". Vgl. Jesse, Diktaturen in Deutschland, S. 383. Vgl. auch Wappler, Klassenzimmer ohne Gott, S. 11.

13 Vgl. Jesse, Diktaturen in Deutschland, S. 392.
14 Vgl. ebd., S. 385–395.
15 Ebd., S. 395.
16 Ebd., S. 392.
17 Tenorth, Politisierung im Schulalltag der DDR, S. 245.
18 Zugunsten ideologischer Vorgaben werden Denk- und Handlungsweisen politisch aufgeladen, die damit weder objektiv noch kritisch sachbezogen sind.

dem „politischen Entscheidungskalkül" und damit der gültigen Parteilinie.[19] Indoktrination liegt vor, wenn Doktrinen, also Unterrichtsinhalte allein aufgrund staatlich-politischer Macht ihre Geltung gewinnen „oder Praktiken dominieren, die den Lernenden die Möglichkeit zu Widerspruch, Zweifel und Kritik gegen die zugemuteten Themen, Inhalte und Verhaltensformen systematisch versperren".[20]

Dagegen beschreibt der Begriff Politisierung – der in der vorliegenden Arbeit favorisiert wird – in einem sozialwissenschaftlich-funktionalistischen Sinne „die allmähliche Konstitution und die Funktionsweise einer Wirklichkeit und die Strukturbedingungen für den pädagogisch interessierenden Prozess der Vergesellschaftung der heranwachsenden Generation, die unter dem Primat politischer Macht und der Realität einer ,durchherrschten Gesellschaft' steht".[21] Demnach bestimmten politische Reglementierungen „die unterrichtliche und außerunterrichtliche pädagogische Praxis sowie das Schul- und Jugendleben in der DDR". Zudem wurden diese politischen Richtlinien derart miteinander verzahnt, dass sich dominante Strukturen entwickelten und wirksam wurden.[22]

Mit dem offiziell propagierten Erziehungskonzept einer allseitig gebildeten sozialistischen Persönlichkeit erhob die SED-Führung den Anspruch, einen neuen Menschen zu formen. Damit galt ihr der Mensch als Objekt, das nicht nur in Elternhaus und Schule, sondern auch in verschiedenen außerschulischen Institutionen entsprechend den ideologischen Vorgaben einer wissenschaftlichen Weltanschauung erzogen werden sollte. Dieser Anspruch kollidierte mit traditionellen und individuellen Vorstellungen vor allem der Eltern, aber auch der Kirchen, die sich gegen oktroyierte Erziehungsvorstellungen wehrten. Hier zeigten sich zugleich die Grenzen des Systems, denn Vertreter traditioneller und individueller Vorstellungen widerstanden diesem Erziehungsanspruch.

Um den Zugang zu höherer Bildung in Abhängigkeit von der politischen Gesinnung zu reglementieren, nutzte die SED-Führung nicht nur Gesetze und Verordnungen, sondern auch deren Umsetzung durch die Vertreter der Volksbildung. Eine positive staatsbürgerliche Gesinnung drückte sich rein formal in der Mitgliedschaft in der staatlichen Kinder- und Jugendorganisation, in der Jugendweihe und in der Bereitschaft zur Landesverteidigung aus. Schüler, die sich nur teilweise oder gar nicht positiv zum Staat bekannten, liefen Gefahr, in ihrer schulischen, beruflichen und persönlichen Entwicklung benachteiligt zu werden.

Im Folgenden wird der zentralen Frage nachgegangen, inwieweit die SED ihren Machtanspruch mithilfe des Erziehungs- und Bildungssystems gegenüber Kindern und Jugendlichen durchsetzte und welche nachhaltigen Folgen das für

19 Vgl. Tenorth, Politisierung im Schulalltag der DDR, S. 29; Kudella/Paetz/Tenorth, Politisierung des Schulalltags, S. 29; Anweiler, Schulpolitik und Schulsystem, S. 15.
20 Tenorth, Grenzen der Indoktrination, S. 342, Anm. 11.
21 Tenorth, Politisierung im Schulalltag der DDR, S. 29; Kudella/Paetz/Tenorth, Politisierung des Schulalltags, S. 28.
22 Vgl. Tenorth, Politisierung im Schulalltag der DDR, S. 21.

die Betroffenen hatte? Anhand dieser forschungsleitenden Frage ergeben sich weitere zu untersuchende Problematiken:

Welche Ursachen bewirkten eine Benachteiligung? Welche Formen der Diskriminierung im Erziehungs- und Bildungswesen der DDR gab es?

Aufgrund der praktizierten „Sippenhaft" konnte eine Benachteiligung von Schülern bereits frühzeitig in den untersten Klassenstufen erfolgen, etwa wenn die Familie von betroffenen Kindern bereits durch Eltern oder ältere Geschwisterkinder bekannt war. Die Lehrer wussten dann schon im Vorfeld, welchen Erziehungsstil die Eltern verfolgten und welche Werte und Normen sie abseits der sozialistischen Erziehungsziele vermittelten. Einige dieser frühzeitigen Eingriffe durch Lehrer äußerten sich in den sogenannten Kopfnoten im Zeugnis (Betragen, Ordnung, Fleiß, Mitarbeit) oder in vermehrten Mitteilungen der Lehrer an das Elternhaus. Unter Umständen weisen auch Vorladungen der Eltern zu Sprechstunden mit den Lehrern oder Horterziehern bzw. vor eine sogenannte Erziehungsberatungskommission darauf hin.[23] Kindern aus christlichen Elternhäusern sind besonders dann ausgegrenzt worden, wenn ihre Eltern die Mitgliedschaft ihres Kindes in der staatlichen Kinder- und Jugendorganisation ablehnten oder die christliche Tradition der Konfirmation bzw. Firmung gemeinsam mit ihren Kindern fortsetzten, statt an der staatlichen Jugendweihe teilzunehmen.

In höheren Klassenstufen haben sich betroffene Schüler und ihre Eltern zunehmend gegen verbale Äußerungen und Entscheidungen der Lehrer und Schuldirektoren gewehrt, was zumeist weitere Benachteiligungen nach sich zog, denn das aufsässige Verhalten eines Schülers dürfte durch Gespräche der Lehrer untereinander zu einer Sensibilisierung innerhalb des Lehrerkollegs gegenüber solchen Schülern geführt haben. Dies hat einerseits das Allgemeinbild des Schülers an der Schule sukzessiv geschädigt, andererseits waren Auswirkungen auf die Noten des Betreffenden nicht auszuschließen. Vermutlich unterschied sich diese Form der Diskriminierung je nach Schule oder Region. In Einzelfällen lässt sich diese Benachteiligung durch verschiedene Erfahrungen von Betroffenen bei einem Schulwechsel aufzeigen.

Zur Klärung der Fragestellung ist es nötig, die formal-juristischen Grundlagen der behördlichen wie der individuellen Praxis an den Schulen und Schulämtern sowie des Verhaltens der Lehrer und Direktoren in der DDR zu untersuchen.

Mit hoher Wahrscheinlichkeit haben sich Lehrer, Direktoren und Mitarbeiter der Schulämter an die gesetzlichen Vorgaben und Anweisungen gehalten, denn auch der Zugang zum Lehrerberuf oder die Mitarbeit im Schulamt unterlag entsprechenden Auswahlkriterien. Mehrheitlich haben sie sich den herrschenden

---

23 Auf die Thematik der Jugendwerkhöfe wird in dieser Arbeit nicht eingegangen, denn diese waren dem Bereich der Jugendhilfe zugeordnet und gehörten nur bedingt zum Schulalltag der DDR. Zudem existieren einzelne Veröffentlichungen, die sich diesem Thema annehmen. Vgl. z. B. Zimmermann, Den neuen Menschen schaffen; Geschichte, Struktur und Funktionsweise der DDR-Volksbildung, Band 4.

Bedingungen in der DDR angepasst. Nur selten dürfte ein Lehrer das hohe Ansehen des Lehrerberufes und die damit verbundene herausragende gesellschaftliche Stellung für einen Schüler mit nicht systemkonformem Verhalten riskiert haben. Gelegentlich wurde eine tolerantere Umgangsweise der Lehrer mit Kritik, Vorschlägen und Fragen der Schüler zum Schulalltag, sogar mit christlichen Schülern praktiziert, sofern diese sich trotz ihres Glaubens in das Schulleben integrierten und die „gesellschaftlichen Verpflichtungen" wahrnahmen. Zu ergründen bleibt, inwiefern Lehrer und Direktoren auf die Delegierung zum Besuch einer höheren Bildungseinrichtung Einfluss nehmen konnten und wie gewichtig sich die freiwillige Verpflichtung eines Schülers zum verlängerten Militärdienst bzw. zum Dienst als Berufssoldat auf den weiteren Bildungsweg auswirkte. Darüber hinaus ist zu fragen, wie die Betroffenen mit einer Benachteiligung umgingen, ob sie rechtliche Schritte einleiteten oder Hilfe bei anderen Personen oder Institutionen suchten und welche Konsequenzen daraus folgten.

Der Versuch, sich gegen die Entscheidungen von Lehrern und Behörden zu wehren, erfolgte bei Minderjährigen offenbar größtenteils durch die Eltern. Dadurch bestand in der DDR die Gefahr, dass auch das Umfeld der Eltern bzw. der Familie in den Konflikt mit hineingezogen wurde. Insbesondere das Arbeitsverhältnis der Eltern wurde nicht selten dadurch belastet den Arbeitgeber bzw. das Arbeitskollektiv bei der Problembewältigung des Einzelnen mit einzubeziehen. Dies gehörte zur gängigen Praxis in der DDR. Gezeigt werden muss auch, ob und wie das Klassenkollektiv bzw. das schulische Umfeld eingebunden wurde, um auffälligem, aufsässigem oder sogar oppositionellem Verhalten von Schülern entgegenzuwirken. Üblich waren von Lehrern angeregte und von FDJ-Funktionären gesteuerte Diskussionsrunden zum Verhalten des Einzelnen, die Erteilung von Verweisen vor dem Schulappell oder sogar der Verweis von der Schule. Alle diese Maßnahmen wirkten sich auf den Besuch einer weiterführenden Bildungseinrichtung oder auf ein Ausbildungsverhältnis aus.

Abschließend ist zu eruieren, welche Folgen eine Benachteiligung für die berufliche und persönliche Entwicklung des Betroffenen mit sich brachte.

Der Besuch einer höheren Schule war für nicht „systemkonforme" Schüler so gut wie ausgeschlossen. Wer eine Ausbildung erhielt, konnte versuchen, sich einerseits mittels innerbetrieblicher Weiterbildungsprogramme den Zugang zu höherer Bildung zu verschaffen oder andererseits beruflich aufzusteigen.

Betroffene, denen die Lehrausbildung generell versagt blieb oder die in unattraktive Berufe abgedrängt wurden, liefen mitunter stärker Gefahr, ins soziale und finanzielle Abseits zu geraten. Daher gilt es zu prüfen, ob deren Benachteiligung nach 1989/90 weiter anhielt, auch wenn dies aus anderen Gründen als in der DDR geschah.

Einige Schüler haben aufgrund ihrer ausweglosen Situation die DDR verlassen - sei es allein oder gemeinsam mit ihren Eltern. Haben sich in der Bundesrepublik ihre Chancen auf eine höhere Schulbildung oder eine Berufsausbildung verbessert? Wie wurde ihr Schicksal bei den Behörden, ihrem neuen beruflichen Umfeld und in ihrem privaten Kreis wahrgenommen? In jedem Fall veränderte sich mit einer Flucht oder Übersiedlung das persönliche Umfeld des Betroffenen. Oft ist ein grundsätzliches Misstrauen gegenüber anderen Menschen, Behörden und dem Staat generell bei ehemals verfolgten Schülern zurückgeblieben. Psychische und physische Gesundheitsschäden, die infolge von Eingriffen einzelner staatlicher Behörden und Institutionen, strafrechtlichen Maßnahmen oder durch jahrelange Ausübung von körperlich schweren bzw. gesundheitsgefährdenden Tätigkeiten entstanden, sind nicht auszuschließen.

In engem Zusammenhang damit stehen die Möglichkeiten einer Rehabilitierung von Schülern, die das SED-Regime aus politischen Gründen benachteiligt hat. Wie viele der Betroffenen nutzten die angebotenen Möglichkeiten einer beruflichen Wiedergutmachung in Form von finanzieller Unterstützung oder einem erleichterten Zugang zu Um- und Weiterbildungsmaßnahmen? Vermutlich hat nur ein kleiner Teil der Betroffenen die vorgesehenen Mittel von Bund und Ländern in Anspruch genommen. Immerhin wurde das Zweite SED-Unrechtsbereinigungsgesetz erst relativ spät verabschiedet.[24] Die Frage, inwieweit die vorgesehenen Mittel und Chancen einer Wiedergutmachung für verfolgte Schüler von den realen Gegebenheiten abweichen, wird daher ein weiterer wichtiger Aspekt sein. Allein der Freistaat Sachsen hat eigens ein Gesetz geschaffen, wonach auch Schülern eine finanzielle Entschädigung im Rahmen der beruflichen Rehabilitierung gewährt werden konnte. Ein Vergleich dieser Regelung mit den Bundesgesetzen unter dem Gesichtspunkt der Zweckmäßigkeit kann dabei erhellend sein.

Auf dieser Basis wird ein umfassender Einblick sowohl in einzelne Schicksale als auch in allgemein übliche Praktiken und Phasen der Benachteiligung von Schülern durch Organisationen, Behörden und Einzelpersonen vermittelt, die sich auch anhand von statistischen Ergebnissen belegen lassen. Eine solche Auswertung der Formen, der Ursachen, des Umfangs und der Folgen von Repression gegenüber Schülern fehlt bisher in der Forschung.

---

24 Zwar erscheint seit der Vereinigung der beiden deutschen Staaten bis zum Inkrafttreten des Zweiten SED-Unrechtsbereinigungsgesetzes 1994 der Zeitraum von vier Jahren auf den ersten Blick nicht unbedingt sehr lang, jedoch verändert sich diese Wahrnehmung in der Perspektive derjenigen, die in der DDR aus politischen Gründen geschädigt wurden. In ihrem subjektiven Gerechtigkeitsempfinden erscheint diese Zeit als lang. Bis zum Inkrafttreten des Dritten SED-Unrechtsbereinigungsgesetzes 2007 vergingen zudem 17 Jahre seit der Vereinigung der beiden deutschen Staaten. Lothar de Maizière äußerte im Rückblick auf die Vereinbarungen des Einigungsvertrages: „Leider haben wir damals versäumt, den Begriff ‚unverzüglich' zu definieren und vertraglich zu vereinbaren, so dass es dazu kam, dass das erste SED-Unrechtsbereinigungsgesetz, das die strafrechtliche Rehabilitierung regelt, erst am 29. Oktober 1992 und das zweite SED-Unrechtsbereinigungsgesetz, das die verwaltungsrechtliche, die berufliche und die rentenrechtliche Rehabilitierung regelt, gar erst am 23. Juni 1994 beschlossen wurde. [...] Weniger durch die relativ geringen Entschädigungen als vielmehr durch die Dauer bis zur Gesetzgebung hat das geeinte Deutschland ein wichtiges Signal an die Opfer, dass ihnen Genugtuung widerfahren wird, vertan (oder wie der Berliner sagen würde, verpennt)." De Maizière, Rechtsstaat und SED-Unrecht, S. 39 f.

Die räumliche Konzentration der Untersuchung auf Sachsen bzw. die drei sächsischen Bezirke Dresden, Karl-Marx-Stadt und Leipzig ergibt sich vorwiegend aufgrund des verwendeten Quellenbestandes: Rehabilitierungsakten des Sächsischen Landesamtes für Familie und Soziales. Da die DDR spätestens seit der Abschaffung der Länder im Jahre 1952 ein Zentralstaat war, können die Ergebnisse einer Regionalstudie indes weitgehend als pars pro toto für die Entwicklung, Struktur und Funktionsweise des Erziehungs- und Bildungswesens in der gesamten DDR gelten. Der umfassende Machtanspruch der SED-Diktatur auf den pädagogischen Alltag der einzelnen Regionen unterschied sich in seinen Wirkungen und Folgen kaum.

In den weiteren Ausführungen werden die Bezeichnungen „Opfer" und „Täter" bewusst vermieden. Zwar wird dieses Begriffspaar im Bereich der juristischen, politischen und historischen Aufarbeitung häufig verwendet, doch sind solche Etikettierungen wegen ihrer Pauschalität in der einschlägigen historischen und sozialwissenschaftlichen Forschung zu Recht umstritten. Daher wird in der vorliegenden Arbeit, die einen geschichtswissenschaftlichen Zugang zur Thematik „verfolgte Schüler" wählt, von „Betroffenen" (Schülern) und „Verantwortlichen" (Lehrern, Vertretern des staatlichen Erziehungs- und Bildungswesens) gesprochen – wohl wissend, dass es unterschiedliche Grade von Betroffenheit und Verantwortung gibt.

3.   Forschungsstand

Die wissenschaftliche Aufarbeitung der DDR erlebte in den ersten zwei Jahrzehnten nach der friedlichen Revolution 1989/90 eine Hochkonjunktur, nicht zuletzt dank des seit Anfang der 1990er Jahre unbeschränkten Zugangs zu Akten des Staates, der Parteien und Massenorganisationen. Die seither erschienenen Publikationen zur Geschichte, Gesellschaft, Wirtschaft, Justiz, Pädagogik, Kunst und Kultur der DDR sind Legion. Dennoch existieren immer noch Gebiete, die wissenschaftlich bisher nur unzureichend durchleuchtet wurden. Dazu zählt der Missbrauch des Erziehungs- und Bildungssystems zur Durchsetzung politischer Ziele, um Teile der Bevölkerung zu benachteiligen, die Repression gegenüber Jugendlichen und deren Folgen für die Betroffenen.

Eine detaillierte Übersicht zur Geschichte und zu den Strukturen des Erziehungs- und Bildungswesen der DDR sowie zur Schul- und Hochschulpolitik der SED gibt ein entsprechender Teilband des „Handbuchs der deutschen Bildungsgeschichte". Insbesondere der Beitrag von Siegfried Baske ist für die Entwicklungen im Schul- und Hochschulwesen von Interesse.[25]

Daneben vermitteln die Arbeiten von Oskar Anweiler, ein schon vor 1989 in der Erforschung des DDR-Bildungssystems führender westdeutscher Bildungsforscher, einen ausführlichen Überblick zur Bildung und Erziehung in DDR.[26]

---

25 Baske, Schulen und Hochschulen.
26 Anweiler, Schulpolitik und Schulsystem in der DDR.

Im Auftrag des Bundesministeriums für innerdeutsche Beziehungen entstand ein umfangreicher Vergleich von Bildung und Erziehung in beiden deutschen Staaten. Just am 9. November 1989 überreichte Oskar Anweiler als Leiter der wissenschaftlichen Kommission diese Studie dem Bundesministerium für innerdeutsche Beziehungen.[27] Obwohl die genannten Publikationen aus den 1980er Jahren stammen, verfügen sie noch immer über Aktualität.

Aus jüngerer Zeit stammt das elfbändige Werk „Geschichte der Sozialpolitik in Deutschland seit 1945", dessen Beiträge zur Bildungspolitik in der DDR ebenfalls von Oskar Anweiler in gewohnt ausführlicher Form verfasst wurden.[28]

Im Rahmen der „Aufarbeitung von Geschichte und Folgen der SED-Diktatur" finden sich in den Materialien der beiden Enquete-Kommissionen des Bundestages mehrere Expertisen, die sowohl die Mängel als auch die Folgen des Erziehungs- und Bildungssystems aufzeigen und somit gerade die Negativseite erörtern. Dabei wird ebenfalls auf bestehende Forschungsdefizite hingewiesen.[29]

Eine der wichtigsten Abhandlungen über die Volksbildung in der DDR stellt die vierbändige Publikation des Ministeriums für Bildung, Jugend und Sport des Landes Brandenburg zu „Geschichte, Struktur und Funktion der DDR-Volksbildung" dar. Der erste Band „Schule: Streng vertraulich!" beinhaltet eine Vielzahl von bemerkenswerten Dokumenten zu fast allen wichtigen Ereignissen und politischen Entscheidungen, die sich im Bildungs- und Erziehungswesen in der Sowjetischen Besatzungszone bzw. späteren DDR vollzogen. Der zweite und dritte Band enthalten wissenschaftliche Beiträge zu verschiedenen Themen. Band vier widmet sich ausschließlich dem geschlossenen Jugendwerkhof Torgau mit einer ausführlichen Untersuchung. Von besonderem Interesse für die vorliegende Arbeit erwiesen sich zwei Beiträge des zweiten Bandes: die Studie über Politisierung des Schulalltags unter Leitung von Heinz-Elmar Tenorth und die Abhandlung zur vormilitärischen Ausbildung von Christian Sachse.[30]

Über die enge Verknüpfung des Erziehungs- und Bildungswesens mit der Kinder- und Jugendorganisation geben mehrere Publikationen Auskunft. Hervorzuheben sind die Arbeiten von Ulrich Mählert.[31] In einer gemeinsamen Veröffentlichung mit Gerd-Rüdiger Stephan wird die Geschichte der FDJ und deren Einfluss auf das Jugendleben nachgezeichnet, darüber hinaus dokumen-

---

27 Vergleich von Bildung und Erziehung.
28 Vgl. Anweiler, Bildungspolitik; ders., Geschichte der Sozialpolitik in Deutschland seit 1945: DDR 1949–1961; ders., Geschichte der Sozialpolitik in Deutschland seit 1945: DDR 1961–1971; ders., Geschichte der Sozialpolitik in Deutschland seit 1945: DDR 1971–1989.
29 Vgl. z. B. Fischer, Bildungs- und Erziehungssystem der DDR; Margedant, Das Bildungs- und Erziehungssystem der DDR; Eisenfeld/Eisenfeld, Die Militarisierung von Erziehung und Gesellschaft in der DDR; Klier, Die Schule in der DDR und ihre Probleme im Transformationsprozeß.
30 Kudella/Paetz/Tenorth, Politisierung des Schulalltags; Sachse, (Vor)militärische Ausbildung in der DDR.
31 Mählert, Freie Deutsche Jugend; ders., Jugendpolitik und Jugendleben; ders./Stephan, Blaue Hemden – Rote Fahnen.

tiert eine Vielzahl abgedruckter Quellen die Entwicklung der Jugendorganisation sowie deren Einsatz für die SED-Politik. Dorle Zilch vermittelt einen Überblick über den Organisationsgrad der DDR-Jugend in der FDJ und deren Motive für den Eintritt in die staatliche Jugendorganisation.[32]

Die Jugendpolitik von 1949 bis 1961 ist Gegenstand einer Studie zum Verhältnis der Diktatur zur Gesellschaft von Peter Skyba. Ausgehend von den politischen Vorgaben zeichnet er deren beabsichtigte Wirkung auf die Jugendpolitik nach. Besonderes Augenmerk legt er auf die „nicht intendierten Nebenfolgen jugendpolitischer Beschlüsse" und auf das von Parteivorgaben abweichende Verhalten Jugendlicher, die sich beispielsweise kirchlichen oder anderen alternativen Jugendgruppen zuwandten.[33]

Marc-Dietrich Ohse liefert gewissermaßen die Anschlussstudie dazu über den Zeitraum vom Mauerbau bis 1974. Seine Studie beschränkt sich nicht darauf, „die institutionalisierte Jugendpolitik darzustellen, sondern analysiert zugleich die Entwicklung jugendlicher Alltagskultur in der DDR".[34] Er kommt zu dem Schluss, dass besonders in der Jugendkultur „ein permanenter Wechsel von Toleranz und Repression" herrschte. Letztlich führten die Jugendlichen ein Leben „im permanenten Spannungsfeld von politischer Formierung und privater Gestaltungsfreiheit" und passten sich in „widerwilliger Loyalität" diesen Verhältnissen an.[35]

Gerade bei der Durchsetzung seines Machtanspruchs fasste der SED-Staat die Kirchen und deren Jugendarbeit als einen Gegenspieler auf.[36] Dieses Konkurrenzdenken bestimmte gleichermaßen die Jugend- und Bildungspolitik der Partei- und Staatsführung. Ellen Ueberschär widmete sich diesem Konfliktfeld auf Seiten der Evangelischen Kirche.[37] Bernd Schäfer untersuchte derartige Konflikte in Bezug auf die Katholische Kirche.[38]

In der Sammelpublikation „„Und führe uns nicht in Versuchung ...' Jugend im Spannungsfeld von Staat und Kirche in der SBZ/DDR 1945 bis 1989" informieren Forscher über das spannungsgeladene Verhältnis von staatlicher Jugendpolitik und kirchlicher Jugendarbeit. Sie zeigen Möglichkeiten und Grenzen verschiedener kirchlicher Institutionen auf, ihre Absichten und Zielsetzungen gegenüber dem SED-Regime zu verwirklichen. Schließlich zeigte sich, dass die Machthaber die kirchliche Jugendarbeit nach und nach widerwillig tolerierten.[39]

---

32 Zilch, Millionen unter der blauen Fahne: die FDJ.
33 Skyba, Vom Hoffnungsträger zum Sicherheitsrisiko, S. 12.
34 Ohse, Jugend nach dem Mauerbau, S. 17.
35 Ebd., S. 365 und 379.
36 Konflikte um die Junge Gemeinde und die Durchsetzung der Jugendweihe waren auch Gegenstand in umfassenderen Forschungsarbeiten zur Kirchenpolitik der SED-Führung. So z. B. in Besier, Der SED-Staat und die Kirche 1969–1990; ders., Der SED-Staat und die Kirche 1983–1991; ders./Wolf (Hg.), Pfarrer, Christen und Katholiken; Schäfer, Staat und katholische Kirche in der DDR.
37 Ueberschär, Junge Gemeinde im Konflikt.
38 Vgl. Schäfer, Staat und katholische Kirche in der DDR.
39 Dähn/Gotschlich (Hg.), „Und führe uns nicht in Versuchung ...".

Die Konkurrenz zwischen Kirchen und SED-Staat zeigte sich besonders deutlich bei der Durchsetzung der Jugendweihe gegen den Willen der Kirchen. Dieser Konflikt ist Gegenstand der Studien von Christiane Griese und Christian Fischer.[40]

Christiane Griese ging von der These aus, dass „der Konflikt zwischen Staat und Kirche um schulische und außerschulische Erziehung ein Kontinuum" darstellt, dessen Wahrnehmung das Handeln und die Entscheidungen der bildungspolitischen Administration bestimmte. Insofern zeigten sich Handlungsmuster, wie im Schulsystem mit abweichendem Verhalten umgegangen wurde, und umgekehrt, wie Schüler darauf reagierten. Letztlich fragte sie vor diesem Hintergrund nach dem „Widerspruch zwischen schulisch organisierter Bildung und Erziehung einerseits und den außerschulischen, vor allem familiären Sozialisationsbedingungen andererseits".[41] Dieser Gegensatz im Sozialisationsprozess der Jugendlichen blieb jedoch bis zum Ende der DDR latent bestehen und ließ sich nicht bewältigen oder gar überwinden.[42] In welcher Weise sich letztlich Konfirmation und Jugendweihe aufgrund ihrer Abhängigkeit von gesellschaftlichen Entwicklungen veränderten, stellt Christian Fischer in seiner Arbeit dar.[43] Er kommt zu der Erkenntnis, dass die Konfirmation nach Durchsetzung der Jugendweihe nur noch „eine Station im Leben des Christen in der DDR" repräsentierte und lediglich im privaten Raum zelebriert wurde. Dagegen entwickelte sich die Jugendweihe zu einem gesamtgesellschaftlichen Ereignis, auf das seit den 1960er Jahren schrittweise „die Rolle des Passageritus" überging.[44]

In einer vergleichenden Studie untersuchte Kirstin Wappler die Diktaturdurchsetzung im protestantisch geprägten Erzgebirge und im katholisch geprägten Eichsfeld. Insbesondere am Beispiel der Jugendweihe zeigt sie sehr differenziert sowohl die Grenzen als auch die Erfolge der Politisierungsbestrebungen des SED-Regimes bei Schülern und Lehrern beider christlicher Milieus auf.[45]

Die Auseinandersetzung mit der christlichen Weltanschauung führte das SED-Regime im Raum Sachsen nicht nur gegen die beiden großen Kirchen, sondern vor allem gegen die Zeugen Jehovas.[46] Einen umfassenden Überblick über diese christliche Glaubensgemeinschaft vermittelt Hans-Hermann Dirksen, in dem er vor allem das schonungslose Vorgehen der Partei- und Staatsführung sehr detailliert beschreibt.[47] Fragen der religiösen Selbstbehauptung trotz der staatlichen

---

40 Fischer, „Wir haben Euer Gelöbnis vernommen"; Griese, „Bin ich ein guter Staatsbürger, wenn ich mein Kind nicht zur Jugendweihe schicke ...".
41 Griese, „Bin ich ein guter Staatsbürger, wenn ich mein Kind nicht zur Jugendweihe schicke ...", S. 7–9.
42 Vgl. ebd., S. 186.
43 Vgl. Fischer, „Wir haben Euer Gelöbnis vernommen", S. 14.
44 Ebd., S. 248 f. und 253.
45 Wappler, Klassenzimmer ohne Gott.
46 Zur Gruppe der Zeugen Jehovas sind noch weitere Publikationen erschienen, z. B. Besier/Vollnhals (Hg.), Repression und Selbstbehauptung; Hacke, Zeugen Jehovas in der DDR; Yonan (Hg.), Im Visier der Stasi.
47 Dirksen, „Keine Gnade den Feinden unserer Republik".

Repression geht Robert Schmidt nach. Schließlich spiegelte sich, „der religiöse Selbstbehauptungswille der Betroffenen und die damit verbundenen subjektiven Anstrengungen zur Wahrung der eigenen religiösen Identität" vorwiegend im alltäglichen Leben wider. Einzelne Gläubige konnten sich bei Teilen der Bevölkerung sogar auf Toleranz, Sympathie und Solidarität verlassen, was auf Seiten der Zeugen Jehovas zum Abbau eines latenten Misstrauens gegenüber der Außenwelt führte.[48]

Der Missbrauch von Kindern und Jugendlichen als Inoffizielle Mitarbeiter des Ministeriums für Staatssicherheit wird anhand einer Vielzahl von Dokumenten und Zeitzeugenberichten in der Sammelpublikation „Beschädigte Seelen" geschildert.[49] Die Autoren der einzelnen Beiträge stellen dar, warum sich Jugendliche vom Staatssicherheitsdienst werben bzw. nicht werben ließen oder die Zusammenarbeit nach einer gewissen Zeit aufkündigten. Die Publikation vermittelt einen Abriss zur Auftragsarbeit der Jugendlichen und zum Umgang von MfS-Mitarbeitern mit Heranwachsenden. Darüber hinaus gehen die Autoren auf die interne Forschungsarbeit der Staatssicherheit über deren Umgang und Zusammenarbeit mit Jugendlichen ein. Eine eingehende Untersuchung und mehrere Falldarstellungen zum Missbrauch von Kindern und Jugendlichen durch das MfS finden sich zudem in dem von Klaus Behnke und Jürgen Wolf herausgegebenen Band „Stasi auf dem Schulhof".[50]

Interessante Aspekte zum Verhältnis von Staatssicherheit und Pädagogik in der DDR liefert Ulrich Wiegmann, der freimütig zugibt, dass die Forschung in diesem Bereich erst am Anfang stehe.[51] Systematisch untersucht Wiegmann das vielfältige Beziehungsgeflecht zwischen Pädagogik und Volksbildung einerseits und der Staatssicherheit andererseits. Für die vorliegende Arbeit waren Ulrich Wiegmanns Erkenntnisse über die Strategien des DDR-Geheimdienstes, die dieser mithilfe von Jugendforschung, Pädagogik und Psychologie entwickeln konnte sowie deren Wirksamkeit, um gegen abweichende Jugendliche vorzugehen, besonders informativ. Hervorzuheben ist zudem der Erkenntniswert von Wiegmanns Ausführungen zur Werbung und zum Einsatz jugendlicher Inoffizieller Mitarbeiter sowie seine Darstellung über die Zusammenarbeit zwischen den Volksbildungseinrichtungen und dem MfS in Fragen der Wehrbereitschaft.

Die Rehabilitierung von Verfolgten des SED-Regimes hat bisher nur wenig Beachtung in der Forschung erfahren. Da die SED-Unrechtsbereinigungsgesetze die juristische Grundlage auch für die Rehabilitierung von verfolgten Schülern bilden, existieren nur vereinzelte Darstellungen, die demzufolge vorwiegend von Juristen stammen.[52] Sie befassen sich mit der rechtlichen Anerkennung von

---

48 Schmidt, Religiöse Selbstbehauptung und staatliche Repression, S. 299.
49 Mothes (Hg.), Beschädigte Seelen.
50 Behnke/Wolf (Hg.), Stasi auf dem Schulhof.
51 Wiegmann, Pädagogik und Staatssicherheit, S. 354.
52 Tappert, Die Wiedergutmachung von Staatsunrecht der SBZ/DDR; Kaschkat, Die Haftung für DDR-Unrecht und der Entwurf des 2. SED-Unrechtsbereinigungsgesetzes; Saathoff/Roth/vom Stein, Kritik am Entwurf der Bundesregierung für ein 2. SED-

Verfolgten des SED-Regimes sowie deren Rehabilitierung und Entschädigung. Die juristischen Fragestellungen dieser Arbeiten beziehen sich sowohl auf das Verwaltungs- als auch auf das Strafrecht in verschiedenen Phasen der SBZ-/DDR-Geschichte. In Rehabilitierungsfragen stellen die Autoren häufig eine Benachteiligung der Verfolgten des SED-Regimes gegenüber denen des NS-Regimes fest.

Wie bereits erwähnt, hatte allein der Freistaat Sachsen eigens ein Gesetz erlassen, das auch Schülern eine finanzielle Entschädigung im Rahmen der beruflichen Rehabilitierung zubilligt. Angesichts dieser Rechtslage, die singulär in Sachsen bestand, kann es nicht überraschen, wenn die geschichtswissenschaftliche Forschung zur engeren und weiteren Thematik verfolgter Schüler bisher noch keine umfassende, empirisch abgesicherte zeithistorische Studie hervorgebracht hat.[53]

Insgesamt lässt sich feststellen, dass die bisherigen Erkenntnisse zum hier dargelegten Forschungsfeld vorwiegend auf Einzelaspekten basieren, die auf Untersuchungen zum Erziehungs- und Bildungswesen, zur Opposition, zur Jugend und zu Subkulturen in der DDR beruhen. Zum Teil verfolgen diese Arbeiten auch eine umgekehrte Fragestellung, indem sie nach Schwierigkeiten oder Grenzen bei der Durchsetzung des SED-Machtanspruchs fragen. In jedem Fall tangieren sie die Benachteiligung von Schülern nur.[54]

Unrechtsbereinigungsgesetz; dies., Das Zweite SED-Unrechtsbereinigungsgesetz; Sächsisches Staatsministerium der Justiz, Auskünfte zum Stand der Rehabilitierung nach dem Ersten und Zweiten SED-Unrechtsbereinigungsgesetz im Freistaat Sachsen.

53   Um das bestehende Forschungsdesiderat etwas zu schließen, organisierte die Verfasserin gemeinsam mit dem Hannah-Arendt-Institut für Totalitarismusforschung e. V. an der TU Dresden vom 26. bis 28. Oktober 2006 einen Workshop, der zum interdisziplinären Austausch zwischen Vertretern der einzelnen Fachwissenschaften wie Pädagogik, Soziologie und Zeitgeschichte, aber auch der Politik und Verwaltung beitrug. Neben einem Transfer auf wissenschaftlicher Ebene waren auch einzelne Zeitzeugen und Vertreter von Opfergruppen in die Diskussionen einbezogen. Die Ergebnisse des Workshops wurden in der Sammelpublikation der Sächsischen Landeszentrale für politische Bildung veröffentlicht: Barkleit/Kwiatkowski-Celofiga (Hg.), Verfolgte Schüler – gebrochene Biographien. Zudem rief das „Bürgerbüro – Verein zur Aufarbeitung von Folgeschäden der SED-Diktatur" in Berlin nach dem Workshop das Projekt „Verfolgte Schüler" ins Leben.

54   Schließlich kommt auch Thomas Ammer in seinem Beitrag „Die ‚sozialistische Schule' – Erziehung und Bildung in der DDR" zu einer ähnlichen Einschätzung, wenn er feststellt, dass das Forschungsgebiet „so umfangreich" sei und folglich „mittelfristig nicht annähernd bearbeitet werden kann". Vgl. Ammer, Die „sozialistische Schule", S. 298. Die Zeitschrift Horch und Guck, 20 (2011) H. 72, erschien mit dem Themenschwerpunkt „Sozialistisch lernen".

4. Quellen und Methoden

Bis zum Jahre 2003 gingen bei der Rehabilitierungsbehörde des Sächsischen Landesamtes für Familie und Soziales in Chemnitz[55] rund 3 670 Rehabilitierungsanträge von ehemaligen Schülern ein. Mit Unterstützung der Behörde wurde jeder dritte Antragsteller eines Rehabilitierungsantrages von Januar bis März 2003 per Serienbrief gebeten, seine Akte für dieses Forschungsprojekt zur Verfügung zu stellen. Von den angeschriebenen 1 067 Antragstellern stimmten bis September 2003 etwa 40 Prozent einer Akteneinsicht, der Erfassung ihrer Daten und deren Auswertung zu Forschungszwecken zu.

Wer einen solchermaßen entstandenen Quellenkorpus als Historiker auswertet, muss sich vergegenwärtigen, dass diese Akten ursprünglich dem alleinigen Zweck dienten, eine Rehabilitierung zu erwirken. Das ist offenkundig für alle schriftlichen Darstellungen in Anträgen, Erklärungen und Interpretationen, die Teil der Rehabilitierungsakten sind. Des Weiteren ermöglichten einzelne Betroffene die Nutzung ihrer Akte zu Forschungszwecken in der Hoffnung, dass von unabhängiger Seite der gesamte Vorgang, der Entscheidungsfindungsprozess und die meist negative Entscheidung nochmals geprüft werde.[56]

Insgesamt konnten 489 Akten der Rehabilitierungsbehörde erstmals für eine Forschungsarbeit eingesehen und die relevanten Angaben daraus in einer Access-Datenbank erfasst werden. Dabei handelt es sich zunächst um persönliche Daten wie Alter, Geschlecht, Geburtsdatum, Geburtsort, Wohnort zum Zeitpunkt der Antragstellung. Weiterhin wurden die Stationen der Schul-, Berufs-, Fach- und Hochschulbildung in ihrer zeitlichen und örtlichen Abfolge aufgenommen sowie schließlich alle Informationen bezüglich der Benachteiligung, d. h. wann und in welchem Bildungsabschnitt die Zurücksetzung erfolgte, in welcher Form der Eingriff bzw. die Repression erging und wie lang sich die Ausbildung dadurch verzögerte. Die genannten Informationen ließen sich jeweils dem Rehabilitierungsantrag und dem Anlageformular entnehmen.

Zur Begründung eines Rehabilitierungsantrages waren weitere Schriftstücke als Belege für die Aussagen der Betroffenen beizufügen. So befanden sich in den Akten Zeugnisse, Lehrverträge, Schriftverkehr der Antragsteller mit Behörden oder Funktionsträgern der DDR, Kopien des Sozialversicherungsausweises, Kopien aus Schulakten, eine Auskunft der BStU über den Antragsteller und ggf. Zeugenaussagen. Dadurch gaben die Rehabilitierungsakten einen erweiterten, teilweise äußerst umfangreichen Einblick in Formen, Ursachen und Folgen der

---

55 Die Sächsische Verwaltungsreform vom 1. 8. 2008 bewirkte massive Veränderungen in den Verwaltungsstrukturen insbesondere auf kommunaler Ebene, sodass die Rehabilitierungsbehörde des Sächsischen Landesamtes für Familie und Soziales Chemnitz in das Referat 27, Rehabilitierung und Entschädigung, der Landesdirektion Chemnitz überging.

56 Diese Motivation teilten die Antragsteller teilweise schriftlich mit, wenn sie ihre Erlaubnis zur Akteneinsicht gaben, oder äußerten sie vereinzelt in Gesprächen gegenüber Mitarbeitern der Rehabilitierungsbehörde oder der Verfasserin. In drei Fällen konnte durch die Verfasserin eine nochmalige Überprüfung der Entscheidung durch die Rehabilitierungsbehörde angeregt werden.

Repression. Mit Ausnahme der Zeugenaussagen handelt es sich bei den Anlagen zu den Anträgen durchweg um zeitgenössisch entstandene, authentische Quellen.

Ein Aktenstudium förderte somit weitere Informationen zutage, die ebenfalls in der Datenbank vermerkt wurden. Dazu zählen Informationen über den Wehrdienst, die Mitgliedschaft in der Pionierorganisation oder FDJ, die Teilnahme an der Jugendweihe, die Konfession und die Teilnahme an der Konfirmation bzw. Firmung. Ferner konnten die mutmaßlichen oder tatsächlichen Gründe, die Form und die Verantwortlichen der Benachteiligung sowie eventuell vorgebrachte Beschwerden des Betroffen bzw. seiner Eltern gegen die Diskriminierung registriert werden. Auch wurden Angaben zu den jeweils erlangten Bildungs- und Berufsabschlüssen mit Zeugnisnoten erfasst. Schließlich ließen sich Informationen über eine erfolgte oder abgelehnte Rehabilitierung, die Gründe einer Ablehnung, die Zahlung einer finanziellen Entschädigung oder des BAföG verzeichnen.

Die Datenbank ermöglichte eine statistische Auswertung der Angaben, um einerseits die Antragsteller in verschiedene Kohorten nach Alter, Geschlecht, Religion, Wohnort, sozialer Herkunft, Bildungsstand, Beruf, Repressionsgrund, Zeitpunkt und Ort der Benachteiligung usw. einzuteilen. Andererseits ließen sich mittels gezielter Korrelationen zwischen einzelnen Datenkategorien weitere Ergebnisse ermitteln.

Im Hinblick auf die Zufallsauswahl (jeder Dritte aller Antragsteller) und den relativ guten Rücklauf (40 Prozent) stellt der untersuchte Quellenkorpus eine repräsentative Stichprobe aus der Gesamtzahl der sächsischen Rehabilitierungsanträge dar. Die räumliche Begrenzung auf Antragsteller aus dem Gebiet des Freistaates Sachsen führt zu einer gewissen Verzerrung, insofern die Anhänger der Zeugen Jehovas unter den Antragstellern besonders stark vertreten sind.[57] Der Raum Dresden stellte in der DDR ein Zentrum dieser Glaubensgemeinschaft dar.

Dennoch kann die begrenzte Gruppe von Schülern aus drei Bezirken der DDR (Dresden, Chemnitz bzw. Karl-Marx-Stadt, Leipzig) in qualitativer und quantitativer Hinsicht als charakteristisch für den Umgang mit politisch unliebsamen Schülern in der ganzen DDR gelten.

Der Anteil aller Antragsteller eines Rehabilitierungsantrages und der letztlich anerkannten verfolgten Schüler machte in Sachsen von 1958 bis 1972 zwischen 0,1 und 0,26 Prozent aller Lebendgeborenen desselben Jahrgangs aus (vgl. Diagramm 1).[58] Für die Jahrgänge davor können keine Aussagen getroffen werden, da im Sächsischen Landesamt für Statistik keine weiteren Zahlen zu Lebendgeborenen vorlagen.

---

57 Dazu ausführlich Kapitel IV.2. Gründe.
58 Die Jahrgänge der nach 1972 Geborenen gingen 1989/90 in das freiheitliche Bildungssystem über.

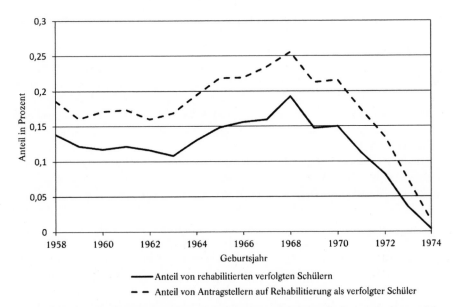

Diagramm 1: Entwicklung des Prozentanteils verfolgter Schüler an Geburtenjahrgängen in Sachsen

Zwar erscheint der Anteil von ein bis maximal drei benachteiligten Jugendlichen im Verhältnis zu 1 000 Jugendlichen desselben Jahrgangs als sehr gering,
selbst wenn die Dunkelziffer höher liegen wird, weil nicht alle Benachteiligten
einen Rehabilitierungsantrag gestellt haben. Dennoch darf nicht vergessen werden, dass hinter jedem einzelnen Antrag ein persönliches Schicksal steht und
folglich jeder einzelne Rehabilitierungsantrag bereits ein Zuviel darstellt.

Da die Aussagekraft einer rein quantitativen Auswertung bezüglich einzelner
zentraler Fragestellungen nur begrenzt ist, wurden Schriftstücke aus den Rehabilitierungsakten auch qualitativ analysiert. Aus Datenschutzgründen erscheinen Zitate aus den Akten der Rehabilitierungsbehörde des Sächsischen Landesamtes für Familie und Soziales in der vorliegenden Arbeit mit anonymisiertem
Aktenzeichen und Namen der Betroffenen.

Um den vorhandenen Quellenkorpus zu ergänzen, erschienen (1) Befragun-
gen von Betroffenen sowie (2) zusätzliche Akten verschiedener „Herrschafts-
ebenen" sinnvoll.

(1) Grundsätzlich ermöglicht Oral History, dass „jene Dimensionen der
Zeitgeschichte erschlossen werden, die mit schriftlichen Quellen nicht erschlossen werden können". Zu diesen Dimensionen gehören „Wandel und Kontinuität
von alltäglichen Lebensbedingungen, Deutungsmustern und Handlungsmöglichkeiten" ebenso wie subjektive und lebensgeschichtliche Erfahrungen von
„sozialen Gruppen, die in schriftlichen Quellen kaum Spuren hinterlassen,
beziehungsweise darin nicht durch Selbstdarstellung, sondern durch Fremd-
wahrnehmung geprägt sind". Oral History ist eine „besondere Art der Beschaf-

fung und Verarbeitung von Quellen" und „beruht auf einer zweckgerichteten Interaktion zwischen Menschen".[59]

Gleichwohl verbinden sich mit diesem Quellentyp nicht nur Chancen, sondern auch Risiken. Oral History geht von subjektiven Erinnerungen und Erfahrungen aus. Eine zwangsläufig verengte Perspektive und Interpretation kann leicht unzutreffende Schlüsse hervorbringen. Jedes Erinnerungsinterview stellt einen Rekonstruktionsvorgang dar, der aktiv, komplex sowie symbolisch vermittelt und von der Gesprächssituation mitgeprägt wird.[60] Hinzu kommen die Gefahren selektiver Erinnerungen.[61]

Die Interviews werden in der vorliegenden Arbeit jeweils ergänzend oder korrigierend einen Blick auf den alltäglichen Erfahrungshorizont wie auch auf das subjektive Erleben der Befragten eröffnen.[62] Besonders zweckdienlich erschienen dafür Leitfadeninterviews. Zwischen narrativem und standardisiertem Interview angesiedelt, ermöglichen sie dem Interviewer das Gespräch durch spezifische Fragen mehr zu strukturieren, als es das narrative Interview erlaubt, dennoch gestatten sie dem Befragten offen und frei zu antworten, weil sie ihm keine standardisierten Antwortmöglichkeiten vorgeben. Daher ähnelt das Leitfadeninterview eher dem narrativen als dem halbstandartisierten Interview.[63]

In fünfzig besonders aussagekräftigen Fällen wurden die Betroffenen von der Verfasserin schriftlich um ein Interview gebeten. Davon erklärten sich 21 zu einem Gespräch bereit. Alle Interviewpartner nahmen erstmals als Zeitzeugen an einem Forschungsprojekt teil. Von den Interviewten gehörten vier den Jahrgängen bis 1950, fünf den Jahrgängen 1951 bis 1960 und elf den Jahrgängen 1961 bis 1970 an. Unter ihnen befanden sich sechs Frauen und 15 Männer. Vor der Grenzöffnung 1989 verließen sechs Gesprächspartner die DDR, davon zwei in den 1950er Jahren und vier in den 1980er Jahren. Die Interviews fanden entweder in Räumen der Rehabilitierungsbehörde in Chemnitz, der Universitäten Leipzig und Dresden oder in der Wohnung der Befragten statt. Die Gesprächsdauer variierte zwischen 45 Minuten und zweieinhalb Stunden.[64] Zwei Betroffene bezogen hin und wieder ihre Ehepartner in das Gespräch mit ein, um sich an einzelne Details besser erinnern zu können.

Die Gespräche fanden auf der Basis vorbereiteter und vorformulierter Fragen statt, die den Interviewpartnern während des Gesprächs gestellt wurden, sofern die Betroffenen auf den Fragegegenstand nicht schon im Laufe ihrer Erzählung

---

59 Schaffner, Plädoyer für Oral History, S. 345; Wierling, Oral History, S. 127 f.
60 Vgl. Schaffner, Plädoyer für Oral History, S. 346; Wierling, Oral History, S. 113 f. und 117 f.
61 Vgl. Göpfert, Oral History, S. 101–111.
62 Nach Martin Schaffner können mündliche Quellen „zur Ergänzung oder als Korrektiv in einer Arbeit" fungieren, „die hauptsächlich auf traditionellen Quellen beruht". Die Oral History dient hier als zusätzliche Informationsquelle. Vgl. Schaffner, Plädoyer für Oral History, S. 348.
63 Zur genaueren Erklärung der Methode siehe Scholl, Die Befragung, S. 66–71.
64 Die Dauer lag bei acht Interviews unter einer Stunde, bei elf Interviews zwischen einer und zwei Stunden und bei drei Interviews mehr als zwei Stunden.

von sich aus bezugnahmen und diese Thematik als ausreichend erklärt gelten konnte. Die Fragen konzentrierten sich auf fünf Lebensphasen, die im Zusammenhang mit einer Benachteiligung standen. Dazu zählte die berufliche und soziale Situation zur Zeit des Interviews, die schulische bzw. berufliche Situation vor der Benachteiligung bzw. Verfolgung, die Umstände der Benachteiligung bzw. Verfolgung, deren unmittelbare und spätere Folgen. Überwiegend erzählten die Befragten von sich aus und in den meisten Fällen durchaus detailliert, sodass trotz Leitfadeninterview ein narrativer Duktus dominierte. Die Analyse der wortwörtlich transkribierten Interviews erfolgte nach einer inhaltlichen Strukturierung. Die Aussagen der Betroffenen zu einzelnen Fragekategorien wurden vergleichend analysiert und interpretiert.

Auf ein zweites Interview wurde aus Zeitgründen verzichtet. Unklarheiten und Ergänzungen ließen sich mit telefonischen Nachfragen klären. Zudem erhielten alle Gesprächspartner das transkribierte Interview nochmals zur Autorisierung zugeschickt, viele nutzten diese Gelegenheit, um zusätzliche Informationen und Anmerkungen geringfügig zu ergänzen oder Transkriptionsfehler zu verbessern. In der Arbeit werden die autorisierten Interviews inklusive dieser Veränderungen zitiert. Gleichwohl diente die ursprüngliche Rohfassung zum kritischen Vergleich während der Auswertung der Interviews. Trotz Autorisierung wurden die Namen der Befragten anonymisiert; damit wird diese Quellengruppe genau so zitiert wie die Rehabilitierungsakten.

Die im Text wiedergegebenen Interviewauszüge fungieren als Belege für Verallgemeinerungen, um mehrheitliche oder charakteristische Verhaltensweisen, typische Klassifikationen, Tendenzen usw. im Umgang mit nicht systemkonformen Schülern aufzuzeigen. Als Beleg dienten immer die aussagekräftigsten Zitate. Teilweise finden sich im Text auch ausführlichere Zeitzeugenaussagen, die der Darstellung signifikanter Zusammenhänge und Hintergründe geschuldet sind.

(2) Da die Rehabilitierungsakten dem Zweck dienten, eine Rehabilitierung zu erwirken, mussten weitere Quellenmaterialien herangezogen werden, um einen kritischen wie auch umfassenden Blick auf die Thematik zu behalten.

Eingesehen wurden im Bundesarchiv in Berlin vorwiegend der Bestand des Ministeriums für Volksbildung, des Staatsrates, des Ministerrates und des Staatssekretariats für Kirchenfragen. In der Stiftung Archiv der Parteien und Massenorganisationen im Bundesarchiv (SAPMO-BArch) fanden die Bestände des Zentralkomitees der SED, der Abteilung Volksbildung beim Zentralkomitee der SED und die Akten der FDJ besondere Aufmerksamkeit. Mithilfe dieser Bestände konnten Hinweise sowohl zu Struktur und Funktionsweise innerhalb der einzelnen Institutionen als auch zur Zusammenarbeit der einzelnen „Organe" im Rahmen von Erziehung und Bildung gewonnen werden. Die erstmalige Analyse von Akten zum Eingabewesen im Bereich der Volksbildung ermöglichte einerseits einen Blick auf den Umgang der Verantwortlichen mit Beschwerdeführern und andererseits eine Quantifizierung der Eingaben zum Thema Nichtzulassung über einen längeren Zeitraum. Die Akten aus dem Archiv des Bundesbeauftragten für die Unterlagen des Staatssicherheitsdienstes der ehemaligen DDR (BStU) belegen die Verbindungen zwischen Volksbildung und Staatssicherheit, die vor allem im Bereich der Zulassung zu weiterführenden Bildungseinrichtungen und der „Bekämpfung" abweichenden Verhaltens von Jugendlichen bestanden hatten. Auf regionaler Ebene vermitteln die Bestände der Abteilung Volksbildung des Rat des Bezirkes Dresden, Karl-Marx-Stadt und Leipzig, die in den jeweiligen Abteilungen des Sächsischen Staatsarchivs in Dresden, Chemnitz und Leipzig lagern, einen umfassenden Einblick in den Aufbau und die Arbeitsweise der Volksbildung auf mittlerer Ebene sowie deren Einbindung in ein Beziehungsgeflecht zwischen dem Ministerium für Volksbildung, der Bezirksleitung der SED und den Abteilungen für Volksbildung auf Kreisebene. In Einzelfällen wurden Materialien aus Kreis- und Stadtarchiven ergänzend hinzugezogen, da die eingesehenen Bestände teilweise von immensem Umfang waren.

Gedruckte Quellen liegen über die rechtlichen Grundlagen im Erziehungs- und Bildungswesen der SED-Diktatur vor, darunter Gesetze und Anordnungen.[65] Einen Einblick in die von staatlicher Seite propagierte Erziehung zur sozialistischen Persönlichkeit geben ausgewählte zeitgenössische Schriften des Bildungswesens der DDR.[66]

Die Ergebnisse der Arbeit basieren auf der qualitativen und quantitativen Auswertung unterschiedlicher Quellen, die sowohl schriftliche Quellen im klassischen Sinne als auch neu gewonnenen mündlichen Quellen, die Interviews, einschließen. Aufgrund dieser breiten, sich ergänzenden Grundlage ließen sich valide Ergebnisse gewinnen.

5.   Aufbau

Um den Forschungsfragen nachzugehen, wählt die Arbeit folgenden Aufbau:

Die Studie gliedert sich in sieben große Kapitel. Zunächst wird eine Einführung in die Thematik gegeben, um das Konzept der allseitig gebildeten sozialistischen Persönlichkeit zu erläutern, das in der DDR als Grundlage von Bildung und Erziehung galt. Danach werden die Entstehung, der Aufbau und die vorherrschenden rechtlichen Rahmenbedingungen im Schulsystem grob dargestellt. Anschließen erfolgt eine Analyse von bevölkerungs- und bildungsstatistischen

---

65   Verfügungen und Mitteilungen des MfV (VuM) 1953–1989; Verfügungen und Mitteilungen des MfV und des Bereiches Bildungswesen der Staatlichen Plankommission 1965–1966; Verfügungen und Mitteilungen des MfV und des Staatlichen Amtes für Berufsausbildung bzw. Staatssekretariats für Berufsbildung 1966–1970, 1970–1972; Sozialistisches Bildungsrecht; Sozialistisches Bildungsrecht Berufsbildung; Monumenta Paedagogica, Reihe C; Baske/Engelbert (Hg.), Zwei Jahrzehnte Bildungspolitik in der Sowjetzone (1945–1958); dies., Zwei Jahrzehnte Bildungspolitik in der Sowjetzone (1959–1965); Baske, Bildungspolitik in der DDR 1963–1976.

66   Loseblattsammlung „Bildung und Erziehung"; Die neue Schule. Blätter für die demokratische Erneuerung in Unterricht und Erziehung; Deutsche Lehrerzeitung. Hg. vom MfV und der Gewerkschaft Unterricht und Erziehung.

Entwicklungen innerhalb der jugendlichen Wohnbevölkerung, um die Ergebnisse in die quantitative Auswertung des Rehabilitierungsaktenbestandes einfließen zu lassen.

Für die Umsetzung von politischen Vorgaben waren keineswegs nur Pädagogen verantwortlich, sondern als „Mittler der Macht" dienten auch die Mitarbeiter des Verwaltungsapparates der Volksbildung und anderer Institutionen, die in den Erziehungsprozess mit einbezogen waren. Daher werden in Kapitel III wesentliche Fragen zu Strukturen und Funktionsweisen des Volksbildungswesens ebenso wie die Gründe und Formen des Agierens einzelner Akteure im Bereich der Volksbildung untersucht und dargelegt, um die Benachteiligung von Jugendlichen in den größeren Zusammenhang von Machtausübung und Handlungsspielräumen im Schulalltag zu rücken.

Die Klärung der zentralen Forschungsfrage erfolgt in zwei großen Komplexen: Ursachen und Formen von Diskriminierung (Kapitel IV) sowie deren kurz- und langfristige Folgen für die Betroffenen (Kapitel V und VI).

Zunächst findet eine theoretische Einordnung des Abweichens von staatlichen Wert- und Normvorstellungen statt. Da das Erziehungs- und Bildungswesen einer Politisierung durch das SED-Regime unterlag, konnte folglich auch abweichendes Verhalten als politischer Affront interpretiert werden. Dieses Vorgehen diente als Rechtfertigung, um Jugendlichen den Zugang zu höherer Bildung zu verwehren. Anschließend werden die Ursachen und Formen von Benachteiligungen im Erziehungs- und Bildungswesen der DDR ausführlich beschrieben.

Das nachfolgende Kapitel V ist den Mitteln und Möglichkeiten gewidmet, über die Betroffene verfügten, um sich gegen eine Benachteiligung zu wehren. Auch wird hier der Frage nachgegangen, inwiefern Schüler und ihre Eltern die ihnen offiziell zugestandenen Rechte oder außerbehördliche Unterstützung wie beispielsweise die von Kirchenvertretern nutzten bzw. nutzen konnten. Zudem zeigt sich, wie die „Organe" der Volksbildung darauf reagierten und ob die Betroffenen mit ihrem Ansinnen erfolgreich waren.

Welche langfristigen Auswirkungen die Diskriminierungen im Jugendalter auf verschiedene Lebensbereiche der Betroffenen hatte und wie diese Personen damit umgingen, wird in Kapitel VI untersucht und dargestellt. In engem Zusammenhang damit stehen auch Fragen der Rehabilitierung, daher zeichnet Kapitel VII zunächst die Entstehung der rechtlichen Rehabilitierungsmöglichkeiten nach und geht im Anschluss näher auf deren Wert und Nutzen für die vom SED-Regime benachteiligten Jugendlichen ein. Es soll dabei eruiert werden, ob und inwieweit mithilfe von Wiedergutmachungsmaßnahmen die schmerzliche Erfahrung der Diskriminierung und deren Einfluss auf das Leben der Betroffenen gelindert werden konnte.

Abschließend werden die Erkenntnisse der einzelnen Kapitel zusammengeführt und ein Ausblick auf offene und weiterführende Forschungsfragen geboten.

II. Das Bildungssystem der DDR

1. Ideologische Grundlagen

Um die Einbindung des Individuums in die Gesellschaftsform des neuen sozialistischen Staates zu gewährleisten, bediente sich das Erziehungs- und Bildungssystem des SED-Regimes des Leitbildes der „allseitig gebildeten sozialistischen Persönlichkeit".[1]

Entsprechend einem Artikel des „Kleinen politischen Wörterbuchs" definierte man Bildung und Erziehung als einen umfassenden Prozess, der zielgerichtet auf die allseitige Entwicklung der sozialistischen Persönlichkeit einwirke, wissenschaftlichen Kenntnissen und Erkenntnissen vermittele, Fähigkeiten und Fertigkeiten (Bildung) entwickle, sozialistischen Weltanschauung und Moral herausbilde sowie ein entsprechendes Verhalten (kommunistische Erziehung) bewirke.[2]

Nach Christiane Lemke wurde mit diesem Leitbild der Erziehung eine doppelte Funktion zugeschrieben: Zum einen handele es sich um ein politisches Konzept mit eindeutig „ideologisch-legitimatorischer Funktion", das aus der marxistisch-leninistischen Geschichts- und Gesellschaftstheorie abgeleitet wurde. Zum anderen besitze es eine „erkenntnis- und handlungsanleitende Funktion" für die Jugendforschung, Sozial- und Entwicklungspsychologie, Soziologie und Kulturtheorie wie auch die pädagogische Praxis.[3]

Dieses Erziehungskonzept lässt sich bis in die 1950er Jahre zurückverfolgen. Während des Bestehens der DDR unterlag der Erziehungsbegriff verschiedenen Veränderungen, die sich in folgende Phasen[4] einteilen lassen: die 1950er Jahre als Phase des Moralisierens und Etablierens des Erziehungskonzeptes, die 1960er Jahre als Entwicklung der sozialistischen Menschengemeinschaft; die 1970er und 1980er Jahre waren hingegen zunehmend von der Vermittlung der Lebensweise „sozialistischer Persönlichkeiten" und sowie deren Einbettung in den ideologischen Kampf geprägt. Zudem beeinflusste auch der stärker werdende Militarismus das Erziehungskonzept.

Mit der 2. Parteikonferenz der SED im Juli 1952 erhielten die Schulen den Auftrag, die Jugend zu sozialistischen Persönlichkeiten zu erziehen.[5] Die 1950er Jahre waren davon geprägt, ein angemessenes System moralischer Werte und

---

1   Vgl. Müller, Zwischen Ritual und Alltag, S. 24.
2   Vgl. Böhme u. a. (Hg.), Kleines politisches Wörterbuch, S. 139.
3   Lemke, Die Ursachen des Umbruchs 1989, S. 72.
4   Maria Elisabeth Müller teilt in folgende drei Phasen ein: „Die 50er Jahre: Der Schritt vom Ich zum Wir", „Die 60er Jahre: Neue Kampflosung: ‚Freundschaft!' – Die Entwicklung zur sozialistischen Menschengemeinschaft.", „Die 70er und 80er Jahre: Die Vermittlung ‚sozialistischer Persönlichkeit' und Lebensweise sowie ihre Einbettung in den ideologischen Kampf." Vgl. dazu Müller, Zwischen Ritual und Alltag, S. 30.
5   Vgl. Anweiler, Schulpolitik und Schulsystem in der DDR, S. 47; Schroeder, Der SED-Staat, S. 558.

Normen für das Verhalten des Einzelnen gegenüber Staat und Partei zu entwickeln. Ferner zielte der staatlich und parteilich vorgegebene Erziehungsprozess darauf, dass sich der Einzelne zu seinem sozialistischen Vaterland bekenne, sich zum Wohle des Sozialismus in erster Linie im Arbeitsprozess einsetze und sich in die sozialistische Menschengemeinschaft eingliedere.[6] Bereits in den „Geboten" bzw. „Gesetzen" und dem „Gelöbnis" der Jungen Pioniere – beschlossen am 9. Februar 1949 – zeigten sich diese parteilichen Erziehungsrichtlinien.[7] Von ähnlichem Charakter waren Walter Ulbrichts „10 Gebote der sozialistischen Moral und Ethik" aus dem Jahre 1958, die später auch in das Parteiprogramm von 1963 eingingen.

„1. Du sollst dich stets für die internationale Solidarität der Arbeiterklasse und der Werktätigen sowie für die unverbrüchliche Verbundenheit aller sozialistischen Länder einsetzen.

2. Du sollst dein Vaterland lieben und stets bereit sein, Deine ganze Kraft und Fähigkeit für die Verteidigung der Arbeiter- und Bauernmacht einzusetzen.

3. Du sollst helfen, die Ausbeutung des Menschen durch den Menschen zu beseitigen.

4. Du sollst gute Taten für den Sozialismus vollbringen, denn der Sozialismus führt zu einem besseren Leben für alle Werktätigen.

5. Du sollst beim Aufbau des Sozialismus im Geiste der gegenseitigen Hilfe und der kameradschaftlichen Zusammenarbeit handeln, das Kollektiv achten und seine Kritik beherzigen.

6. Du sollst das Volkseigentum schützen und mehren.

7. Du sollst stets nach Verbesserung Deiner Leistungen streben, sparsam sein und die sozialistische Arbeitsdisziplin festigen.

8. Du sollst Deine Kinder im Geiste des Friedens und des Sozialismus zu allseitig gebildeten, charakterfesten und körperlich gestählten Menschen erziehen.

9. Du sollst sauber und anständig leben und Deine Familie achten.

10. Du sollst Solidarität mit den um ihre nationale Befreiung kämpfenden und den ihre nationale Unabhängigkeit verteidigenden Völkern üben."[8]

Mit diesen Grundsätzen, ähnlich dem Dekalog, verband Ulbricht die Tradition der kommunistischen Arbeiterbewegung mit deutschen Moral- und Wertvorstellungen.[9] Dabei wurde der sozialistischen Arbeitsmoral besondere Aufmerksamkeit entgegengebracht, da eine erhöhte Arbeitsproduktivität auch die materielle Überlegenheit des Sozialismus beweisen sollte. Vor allem im Zuge der sozioökonomischen Umstrukturierung und den fortschreitenden Enteignungen traten schwerwiegende innergesellschaftliche, politische und soziale

---

6 Vgl. Müller, Zwischen Ritual und Alltag, S. 30.
7 Vgl. Ansorg, Kinder im Klassenkampf, S. 53. Die Tradition der „Gesetze" und „Gelöbnisse" der Pioniere geht auf die kommunistischen Kindergruppen ab Mitte der 1920er Jahre zurück. Vgl. ebd., S. 33.
8 Ulbricht, Über die Dialektik unseres sozialistischen Aufbaus, S. 185.
9 Vgl. Lemke, Die Ursachen des Umbruchs 1989, S. 73.

Spannungen auf, die eine Legitimation und Konsolidierung der politischen Herrschaft erforderten.[10]

Die Einführung der Jugendweihe 1954, deren Gelöbnis ein zentrales Element der Zeremonie darstellte, zielte auf das staatsbürgerliche, patriotische und parteiliche Bekenntnis des Einzelnen und richtete sich somit explizit gegen die Kirchen und deren christliches Welt- und Menschenbild als auch gegen deren Erziehung.

Mit dem Ziel, „sozialistische Persönlichkeiten" zu erziehen, ging auch die Neustrukturierung des Bildungswesens einher. Schrittweise wurde der polytechnische Unterricht eingeführt, wodurch sich politisch-ideologische Begründungen einer „marxistischen Pädagogik" mit praxisorientierten Überlegungen verbanden.[11] Zudem baute man die Mittelschule als Modell der künftig als obligatorisch geltenden Zehnklassenschule aus. Folglich kann das Jahr 1958 sowohl aufgrund der Schulkonferenz der SED als auch infolge der Einführung des polytechnischen Unterrichts als Schlüsseljahr angesehen werden.[12]

Anfang der 1960er Jahre folgten umfangreiche Wirtschaftsreformen, die für die gesamte gesellschaftliche Entwicklung der DDR einschneidend waren. Im Januar 1963 verabschiedete der VI. Parteitag der SED sein Parteiprogramm und leitete damit den „umfassenden Aufbau des Sozialismus" ein. Um anhaltende wirtschaftliche Probleme zu beseitigen, deren Ursachen auf die Planungs- und Leitungsstruktur der Volkswirtschaft zurückgeführt wurden, beschloss das Präsidium des Ministerrates 1963 das „Neue ökonomische System der Planung und Leitung der Volkswirtschaft" (NÖSPL) einzuführen.

Diese Maßnahmen reformierten die Kompetenzverteilung innerhalb der staatlichen und betrieblichen Organe. Der Grundgedanke war, die zentrale staatliche Planung mit einer größeren Eigenverantwortlichkeit der Betriebe zu verbinden. So wurden die Vereinigungen Volkseigener Betriebe (VVB), die man bisher ausschließlich mit administrativen Aufgaben betraut hatte, nun in den Stand eines ökonomischen Führungsorgans erhoben. Die Verlagerung des Planungsschwerpunktes, die Erweiterung der Entscheidungskompetenzen und des Handlungsspielraums der produzierenden Einheiten erforderten neue Möglichkeiten, um dezentralisierte Entscheidungen mit zentralen, gesamtwirtschaftlichen Zielen abzustimmen. Das „System ökonomischer Hebel" sollte zur Übereinstimmung von einzel- und gesamtwirtschaftlicher Planung und Produktion führen. Das NÖSPL ging daher weit über die Kategorie einer „ökonomischen" Reform hinaus, „da es zugleich wesentliche politische und soziale Entscheidungsstrukturen und Funktionszusammenhänge in die Reform" einbezog und veränderte.[13]

---

10 Vgl. ebd.; Lemke, Persönlichkeit und Gesellschaft, S. 19 ff.; Müller, Zwischen Ritual und Alltag, S. 30.
11 Vgl. Lemke, Die Ursachen des Umbruchs 1989, S. 73.
12 Vgl. Anweiler, Schulpolitik und Schulsystem in der DDR, S. 63.
13 Vgl. Lemke, Persönlichkeit und Gesellschaft, S. 31.

Im Zusammenhang mit der Wirtschaftsreform stellte sich die Frage nach Veränderungen der Wissenschaft in Produktion und Gesellschaft. Das Konzept der wissenschaftlich-technischen Revolution (WTR), dessen Bezeichnung sich nach dem VII. Parteitag der SED 1967 durchsetzte, erlangte zunehmend Bedeutung.[14]

Der Reformschub in Wirtschaft, Planung, Wissenschaft und Bildung erforderte ein neues ideologisches Erziehungskonzept, welches die „allseitig entwickelte sozialistische Persönlichkeit" befähigte, die Anforderungen der modernen Industriegesellschaft kompetent zu bewältigen. Demzufolge galt eine fundierte Allgemeinbildung, fachliches Spezialwissen, Flexibilität und Disponibilität für die breite Masse der Bevölkerung als unabdingbar.[15]

Auf die Entwicklung einer sozialistischen Moral und Ethik folgte nun „die Idee der sozialistischen Menschengemeinschaft". Dieses Konzept hob die bisherigen Klassenunterschiede in einem neuen Typus sozialstruktureller Beziehungen auf. „Für alle Mitglieder der Gesellschaft – ungeachtet ihrer sozialen Lage – sollte die Abwesenheit jedweder Ausbeutung und Unterdrückung unmittelbar in eine bewusste Identifikation mit der sozialistischen Gesellschaftsordnung münden."[16]

Das neue ideologische Erziehungskonzept kodifizierte das Erziehungsziel der sozialistischen Persönlichkeit erstmals und umfassend im Jahre 1965 mit dem „Gesetz über das einheitliche sozialistische Bildungssystem". Es zielte auf „die Bildung und Erziehung allseitig und harmonisch entwickelter sozialistischer Persönlichkeiten, die bewusst das gesellschaftliche Leben gestalten, die Natur verändern und ein erfülltes, glückliches, menschenwürdiges Leben führen".[17]

Weiterhin sollten Schüler, Lehrlinge und Studenten zur Stärkung der Gemeinschaft, zum „sozialistischen Patriotismus", Frieden und Völkerfreundschaft sowie zur Liebe zur Arbeit erzogen werden. Ihnen seien die „Lehren aus der deutschen Geschichte, besonders der deutschen Arbeiterbewegung", und gründliche Kenntnisse des Marxismus-Leninismus zu vermitteln. Nur „so werden sie befähigt, den Sinn des Lebens in unserer Zeit zu begreifen, sozialistisch zu denken, zu fühlen und zu handeln und für die Überwindung von Widersprüchen und Schwierigkeiten bei der Lösung von Aufgaben zu kämpfen". Wichtigste Erziehungsinstanz war dabei das Kollektiv.[18] Ebenfalls festgehalten wurde das Erziehungskonzept im „Familiengesetzbuch" von 1965[19] sowie später im Jugendgesetz von 1974.[20]

---

14 Vgl. ebd., S. 33 ff.; Zur „wissenschaftlich-technischen Revolution" siehe Buhr/Kosing, Kleines Wörterbuch der Marxistisch-Leninistischen Philosophie, S. 314–316.
15 Vgl. Lemke, Die Ursachen des Umbruchs 1989, S. 74.
16 Müller, Zwischen Ritual und Alltag, S. 32.
17 § 1 Abs. 1 Gesetz über das einheitliche sozialistische Bildungssystem vom 25.2.1965 (DDR-GBl. 1965 I, S. 83). Abgedruckt in Sozialistisches Bildungsrecht, S. 257.
18 Vgl. § 5 Abs. 2-5 Gesetz über das einheitliche sozialistische Bildungssystem vom 25.2.1965 (DDR-GBl. 1965 I, S. 83).
19 Vgl. Familiengesetzbuch der DDR vom 20.12.1965 (DDR-GBl. 1966 I, S. 1).
20 Vgl. Jugendgesetz der DDR vom 28.1.1974 (DDR-GBl. 1974 I, S. 45).

Im Bildungswesen wirkte sich das geänderte Erziehungskonzept anhand einer Reihe von Reformen aus, denn neben den moralischen und politischen Qualitäten der 1950er Jahre forderte man nun auch eine umfassende Allgemeinbildung und eine darauf aufbauende Spezialbildung. Es folgte eine mehrjährige Lehrplanreform mit neu gefasster Allgemeinbildung, im Zuge der 3. Hochschulreform 1967 eine Umstrukturierung der Akademikerausbildung und 1968 eine Neuordnung der Berufsausbildung. Auch das System der Erwachsen(weiter)bildung wurde aufgrund eines Beschlusses der Volkskammer[21] aus dem Jahr 1970 umgestaltet.[22]

Mit dem VIII. Parteitag der SED 1971 wurden weitreichende soziale und politische Veränderungen für verbesserte Lebensbedingungen der Bevölkerung eingeleitet. Die Konsumgüterindustrie sollte gefördert werden und umfangreiche sozialpolitische Maßnahmen sollten die Lage der Rentner, Arbeiter, Familien und berufstätigen Frauen verbessern.[23] Auf das Erziehungskonzept wirkten sich diese Veränderungen insofern aus, dass die SED-Partei- und Staatsführung „das Wesen" und den „Sinn des Sozialismus, die maximale Befriedigung der materiellen und geistigen Bedürfnisse, die günstigsten Bedingungen für die allseitige Entwicklung und Betätigung der Persönlichkeit zu schaffen", jetzt „in den Mittelpunkt aller Anstrengungen der Gesellschaft" rückte.[24]

Im Erziehungskonzept gewann der subjektive Faktor rein formal zunehmend an Bedeutung, um Bildungsreserven effizient auszuschöpfen; auch erlebten Intelligenzforschung und Begabungstheorien eine Renaissance. Nichtsdestotrotz sollte das Persönlichkeitskonzept gesellschaftlichen Zielsetzungen entsprechen, d. h. die Entwicklung eines parteilichen und politischen Bewusstseins galt es weiterhin zu optimieren, um das Gegebene weithin auszubauen und zu stabilisieren.[25] So verwundert nicht, dass mit dem Jugendgesetz von 1974 das Erziehungskonzept in alter Weise erneut betont wurde, ohne auf subjektive Faktoren einzugehen.[26]

Erstmals nannte dieses Gesetz die konkreten Merkmale der „sozialistischen Persönlichkeit" für alle jungen Menschen, sie waren aus Eigenschaften und Aufgaben kombiniert.[27]

---

21 Beschluss der Volkskammer über die Grundsätze für die Aus- und Weiterbildung der Werktätigen vom 16. 9. 1970 (DDR-GBl. 1970 I, S. 291).
22 Vgl. Lemke, Persönlichkeit und Gesellschaft, S. 39 ff.
23 Zu den Maßnahmen gehören beispielsweise die Anhebung der unteren Lohngruppen, kürzere Arbeitszeiten für Schichtarbeiter und Mütter mehrerer Kinder, Förderung der berufstätigen Frauen und der Familien.
24 Die entwickelte sozialistische Gesellschaft, S. 64. Zit. nach Lemke, Persönlichkeit und Gesellschaft, S. 56, Anm. 130.
25 Vgl. Lemke, Die Ursachen des Umbruchs 1989, S. 74.
26 Vgl. Jugendgesetz der DDR vom 28. 1. 1974 (DDR-GBl. 1974 I, S. 45).
27 Die Kombination aus Rechten und Pflichten bzw. aus Aufgaben und Eigenschaften fand sich beispielsweise auch in den Geboten der Jungpioniere, in den Gesetzen der Thälmannpioniere und in den Statuten der FDJ, die jedoch nur für die Mitglieder dieser Massenorganisation galten.

Als Aufgaben der sozialistischen Persönlichkeit erklärte das Jugendgesetz in § 1 Abs. 2:

„1. Auf sozialistische Art zu arbeiten, zu lernen und zu leben.
2. Selbstlos und beharrlich zum Wohl des sozialistischen Vaterlandes (der DDR) zu handeln.
3. Den Freundschaftsbund mit der Sowjetunion und den anderen sozialistischen Bruderländern zu stärken und für die allseitige Zusammenarbeit der sozialistischen Staatengemeinschaft zu wirken.
4. Die revolutionären Traditionen der Arbeiterklasse und die Errungenschaften des Sozialismus zu achten und zu verteidigen.
5. Sich für den Frieden und Völkerfreundschaft einzusetzen und antiimperialistische Solidarität zu üben.
6. Sich durch sozialistische Arbeitseinstellung, solides Wissen und Können auszuzeichnen.
7. Hohe moralische und kulturelle Werte sein eigen zu nennen.
8. Aktiv am gesellschaftlichen und politischen Leben, an der Leitung von Staat und Gesellschaft teilzunehmen.
9. Sich den Marxismus-Leninismus, die wissenschaftliche Weltanschauung der Arbeiterklasse, anzueignen.
10. Sich offensiv mit der imperialistischen Ideologie auseinanderzusetzen."[28]

An Eigenschaften zeichnete sich der junge Mensch nach § 1 Abs. 2 des Jugendgesetzes aus durch:

„1. Verantwortungsgefühl für sich und andere,
2. Kollektivbewusstsein,
3. Hilfsbereitschaft,
4. Beharrlichkeit,
5. Zielstrebigkeit,
6. Ehrlichkeit,
7. Bescheidenheit,
8. Mut,
9. Standhaftigkeit,
10. Ausdauer,
11. Disziplin,
12. Achtung vor den Älteren, ihren Leistungen und Verdiensten,
13. verantwortungsbewusstes Verhalten zum anderen Geschlecht,
14. Gesundheit,
15. Leistungsfähigkeit".[29]

Die formulierten Aufgaben knüpften an Ulbrichts „Zehn Grundsätze sozialistischer Moral und Ethik" an. Die geforderten Eigenschaften lassen sich auf bürgerliche Norm- und Wertvorstellungen zurückführen, deren Tradition bereits

---

28 § 1 Abs. 2 Jugendgesetz der DDR vom 28.1.1974 (DDR-GBl. 1974 I, S. 45). Zit. nach Heinz E. Wolf, Zur psychologischen und sozialpsychologischen Grundlage der Theorie von der sozialistischen Persönlichkeit, S. 43 f.
29 Ebd.

unabhängig von kommunistischer oder sozialistischer Ideologie bestand und auch weiter besteht.[30]

Diese Einbettung bürgerlicher Wert- und Normenvorstellung in das Erziehungskonzept erzwang eine ideologische Abgrenzung, bei der die Überlegenheit der sozialistischen Persönlichkeit gegenüber der bürgerlichen Persönlichkeit herausgestellt wurde. Das kapitalistische Gesellschaftssystem brachte Verhaltensweisen wie Individualismus, Egoismus und politische Gleichgültigkeit hervor, die in der sozialistischen Gesellschaft überwunden und durch Eigenschaften wie Opferbereitschaft, Kollektivgeist, Solidarität, Internationalismus, Klassenbewusstsein, Standhaftigkeit, Prinzipientreue ersetzt werden sollten.[31]

Zum Schutze dieser „Errungenschaften des Sozialismus" vor dem Hintergrund veränderter Ost-West-Beziehungen[32] und den Einflüssen der westlichen Jugendkultur[33] befürchtete die Staatsmacht ein Schwinden des Feindbildes. Um dem entgegenzuwirken und das Bewusstsein der jungen Generation zu festigen, setzte eine klare Abgrenzungspolitik durch Reideologisierung und Militarisierung ein.[34]

Vor diesem Hintergrund lässt sich auch die im Februar 1973 an Erweiterten Oberschulen und Spezialschulen[35] eingeführte sozialistische Wehrerziehung als fester Bestandteil der klassenmäßigen Erziehung einordnen.[36] Die Teilnahme an der vormilitärischen Ausbildung im Rahmen der Berufsausbildung wurde im Arbeitsgesetzbuch der DDR vom 16. Juni 1977 gesetzlich fixiert.[37] Eine ähnliche Verpflichtung galt auch für Studienbewerber und Studenten. Trotz Protes-

---

30   Vgl. ebd.
31   Müller, Zwischen Ritual und Alltag, S. 36 f.
32   Die veränderten Ost-West-Beziehungen begründeten sich vorwiegend auf die neue Ostpolitik der sozial-liberalen Bundesregierung, den Grundlagenvertrag zwischen DDR und Bundesrepublik und die KSZE-Verhandlungen.
33   Siehe dazu Kapitel IV.2.4. Widerständiges Verhalten: 17. Juni 1953, 1968, politische Äußerungen und „abweichende" Lebensweise.
34   Vgl. dazu Koch, Die Einführung des Wehrunterrichtes in der DDR, S. 49.
35   Vgl. Vereinbarung zur Durchführung der vormilitärischen Ausbildung und der Sanitätsausbildung an den Erweiterten Oberschulen und Spezialschulen der DDR vom 12.2.1973. In: Monumenta Paedagogica, Band 16,2, S. 671–676.
36   Vgl. dazu Aufgabenstellungen des MfV und des Zentralrates der FDJ zur weiteren Entwicklung der staatsbürgerlichen Erziehung der Schuljugend der DDR. Vom 9.4.1969. In: Monumenta Paedagogica, Band 16,1, S. 141–156.
37   Vgl. Sachse, (Vor)militärische Ausbildung in der DDR, S. 257. Zudem wurde in den Lehrvertrag ein entsprechender Paragraph aufgenommen, mit dem sich der Lehrling automatisch mit Aufnahme des Ausbildungsverhältnisses zur Teilnahme an der vormilitärischen Ausbildung verpflichtete. Wer nicht zu dieser Verpflichtung bereit war, konnte unter Umständen kein Ausbildungsverhältnis aufnehmen, da eine Streichung des Paragraphen nicht vorgesehen war. Vgl. § 7 Anordnung über den Abschluss, den Inhalt und die Beendigung von Lehrverträgen vom 30.4.1970 (DDR-GBl. 1970 II, S. 301). In: Sozialistisches Bildungsrecht, S. 212–223; § 2 Rahmenlehrvertrages, veröffentlicht in: VuM, 11/1970, S. 155; sowie in: Sozialistisches Bildungsrecht, S. 225–230.

ten aus der Bevölkerung hatte man schließlich 1978 auch den Wehrunterricht an den Polytechnischen Oberschulen eingeführt.[38]

Die Abgrenzung gegenüber der Gesellschaft der Bundesrepublik, deren konsumorientiertes Wertedenken sich zunehmend auch in der Gesellschaft der DDR abzeichnete, führte zu einer „Reaktualisierung des Klassentheorems"[39] und zu einer Betonung der sozialistischen Lebensweise, mittels derer das Erbe der bürgerlichen und kleinbürgerlichen Lebensweise überwunden werden sollte. Zudem ging die SED-Partei- und Staatsführung davon aus, dass sich zunehmend sozialistische Lebensgewohnheiten und Verhaltensweisen innerhalb der Bevölkerung ausgeprägt hätten.[40]

Die Übereinstimmung von individuellen und gesellschaftlichen Interessen sollte in den 1980er Jahren weiterhin mittels der politisch-ideologischen Erziehung erreicht werden, die sich an den gesellschaftspolitischen Zielen der SED orientierte. Eine politische Sozialisation war durch politische Aktivität und Partizipation im Rahmen der vorhandenen staatlichen Institutionen zu bewirken. Dabei wurde die Entwicklung von Eigenschaften wie Konfliktfähigkeit und Konfliktbereitschaft als nicht wünschenswert angesehen.[41] Auch für menschliche Unzulänglichkeiten und Schwächen war in diesem System des Konformismus kein Platz. Nur durch Anpassungsdruck konnte der Einzelne die geforderten Verhaltensweisen erfüllen und verinnerlichen, um sich schließlich in das Kollektiv einzuordnen.[42]

Jedoch zeigte sich immer offensichtlicher ein Widerspruch zwischen dem unbeirrten Festhalten an den weltanschaulichen Prämissen und dem „Zwang zu Modernisierung und Leistungssteigerung".[43]

Ein Spiegelbild dessen scheint der Beschluss des XI. Parteitags der SED 1986 für einen neuen Gesamtlehrplan zu sein, der einerseits die optimale Förderung jedes Kindes entsprechend seiner individuellen Anlagen und Fähigkeiten forderte, andererseits blieben die „etablierten Praktiken zur Bewusstseinsbildung der allseitig gebildeten sozialistischen Persönlichkeit" bestehen (was letztlich auch aus den Einstellungen alteingesessener Akteure des Volksbildungssystems resultiert).[44]

---

38 In diesem Zusammenhang ist auch die besondere Förderung des militärischen Nachwuchses zu nennen; durch besondere Richtlinien war der Zugang zu höheren Bildungseinrichtungen für diese Bewerber erleichtert möglich. Vgl. dazu Sachse, (Vor)militärische Ausbildung in der DDR, S. 265 ff.
39 Müller, Zwischen Ritual und Alltag, S. 34.
40 Vgl. Böhme u. a. (Hg.), Kleines politisches Wörterbuch, S. 581 und 747.
41 Vgl. Lemke, Die Ursachen des Umbruchs 1989, S. 78.
42 Vgl. Müller, Zwischen Ritual und Alltag, S. 46 ff.
43 Ebd., S. 33; vgl. Dengel, Untertan, Volksgenosse, Sozialistische Persönlichkeit, S. 378.
44 Vgl. Dengel, Untertan, Volksgenosse, Sozialistische Persönlichkeit, S. 378. Vgl. auch die Aussagen Margot Honeckers vor dem Ausschuss der Volkskammer gegen Korruption am 20.12.1989. Protokoll zur Befragung Margot Honeckers durch den Untersuchungsausschuss der Volkskammer zur Untersuchung von Amtsmissbrauch und Korruption vom 20.12.1989 (BArch, DA1/16349, Bl. 68–108).

Folglich stand sich die DDR in Fragen der Modernisierung mit ihrer begrenzten Differenzierung in der allgemeinbildenden Schule selbst im Weg. Erstens, weil Begabungstheorien und Differenzierung als bürgerliche Pädagogik angesehen wurde. Zweitens, weil die Durchlässigkeit des Bildungssystems an die Prämissen des ideologischen Bewusstseins geknüpft waren, und drittens, weil sich soziale Schichten – in diesem Fall die etablierte Bildungsschicht – selbst reproduzieren.[45]

2. Aufbau des Bildungssystems und rechtliche Grundlagen

Mit der Zerschlagung des Dritten Reiches und der Besetzung Deutschlands sollten die alten Eliten beseitigt werden. Eine Grundlage dafür bildete die Erneuerung des deutschen Schulwesens.

Bereits im Potsdamer Abkommen hieß es dazu: „Das Erziehungswesen in Deutschland muss so überwacht werden, dass die nazistischen und militaristischen Lehren völlig entfernt werden und eine erfolgreiche Entwicklung der demokratischen Ideen möglich gemacht wird."[46]

Im Spätsommer 1945 waren in der Sowjetischen Besatzungszone die bildungspolitischen Vorentscheidungen zu einer grundlegenden Schulreform gefallen. Über die Ziele der Reform bestand zwischen Kommunisten und Sozialdemokraten[47] Einigkeit, jedoch stimmten die Liberalen[48] nur teilweise und die Christdemokraten[49] bloß mit Einschränkungen zu. Die geplanten Neuerungen beinhalteten die Entnazifizierung von Schulpersonal und Bildungsinhalten, Aufhebung von Bildungsprivilegien, Schaffung eines „organisch"[50] strukturierten staatlichen Schulwesens, Trennung von Kirche und Schule[51] und „die

---

45 Vgl. Kudella/Paetz/Tenorth, Die Politisierung des Schulalltags, S. 191.

46 Potsdamer Abkommen. In: Dokumente zu Deutschland 1944–1994, S. 82.

47 Vgl. Aufruf des Zentralausschusses der Sozialdemokratischen Partei Deutschlands vom 15.6.1945 (Auszug). In: Monumenta Paedagogica, Band 6, S. 178.

48 Vgl. Bekenntnis zu Frieden und Freiheit. Aufruf der Liberaldemokratischen Partei Deutschlands vom 5.7.1945 (Auszug). In: Monumenta Paedagogica, Band 6,1, S. 179.

49 Vgl. Geißler, Die Volksbildung der DDR in Dokumenten, S. 18. Dagegen wurde in der einschlägigen Fachliteratur der DDR die Unterstützung der CDU in der SBZ zu diesen Forderungen, insbesondere zur Trennung von Kirche und Staat, dargestellt. Vgl. Gründungsaufruf der Christlich-Demokratischen Union vom 26.6.1945 (Auszug). In: Monumenta Paedagogica, Band 6,1, S. 179.

50 Paul Wandel erläuterte auf der Konferenz der Deutschen Zentralverwaltung für Volksbildung und der Volksbildungsabteilung der Sowjetischen Militäradministration in Deutschland am 29.3.1946: „Unter Einheitsschule versteht man in Deutschland eine bestimmte Organisation des Schulwesens, das innerlich organisch verbunden ist, von einem großen einheitlichen Gedanken beherrscht ist." Wandel bezog sich im Weiteren auf Kerschensteiner, der von einem Schulsystem ausging, das jedem, auch dem wirtschaftlich Ärmsten, ermöglichte entsprechend seiner Begabung die höchste erreichbare Bildungsstufe zu erlangen. Geschichte, Struktur und Funktionsweise der DDR-Volksbildung, S. 70–76.

51 Mit diesen Zielen verband sich Konfliktstoff, der nicht nur das Schul- und Bildungswesen betraf, sondern grundsätzlich das Verhältnis zwischen Bürger und Staat berührte.

Herstellung sozialer, schulstruktureller und politischer Bedingungen für den chancengleichen Bildungserwerb in einer sozialistisch verstandenen, sozial angelegten gesellschaftlichen Ordnung".[52]

Mit der geforderten Trennung von Kirche und Schule verband sich schulpolitischer Konfliktstoff. Diesem Eckpunkt der Reform standen die konservativen Kräfte und die CDU aufgrund ihres traditionell christlichen Verständnisses ablehnend gegenüber. Der Eingriff der sowjetischen Besatzungsmacht regelte diesen Interessenkonflikt zugunsten des sozialistischen und schulreformerischen Lagers, sodass bis zum Ende der DDR ein Antagonismus zwischen Vertretern christlicher Kirchen und Schule bzw. Staat bestand. Zur weiteren Durchsetzung der sozialen und schulpolitischen Strukturveränderungen ließ die Sowjetische Besatzungsmacht im August 1945 die Gründung der Deutschen Zentralverwaltung für Volksbildung (DVV) zu, deren Vorsitz Paul Wandel übernahm. In den Ausführungsbestimmungen der DVV für die Wiedereröffnung der Schulen vom 25. August 1945 wies die Sowjetische Militäradministration an, dass die Erziehungsziele der „erfolgreichen Entwicklung der demokratischen Idee" dienen sollten und die Erziehung zur Völkerfreundschaft, Demokratie, Freiheit, Antinationalismus, Antiimperialismus und Antifaschismus zu umfassen hatten. Schließlich beinhalteten die Durchführungsbestimmungen einzelne Kernpunkte zur Neuordnung des Bildungssystems, wie beispielsweise die Forderung nach gleichen Bildungschancen, die mit einer Beseitigung der alten Bildungsprivilegien einhergehen sollte, um so bestehende soziale Unterschiede zwischen den einzelnen Bevölkerungs- und Bildungsschichten im Sinne des Sozialismus zu egalisieren.[53]

In diesem Punkt stimmte der gemeinsame Aufruf von KPD- und SPD-Führung zur demokratischen Schulreform vom 18. Oktober 1945 mit den Forderungen der Sowjetischen Militärverwaltung überein. Dort formulierten beide Parteileitungen die Erziehungsziele der geplanten Schulreform und betonten, dass „die Jugend frei von nazistischen und militaristischen Gedanken, in einem neuen Geiste, im Geiste einer kämpferischen Demokratie, der Freundschaft unter den friedliebenden Völkern" erzogen werden solle, um sie „zum selbständigen, aufrechten, freiheitlichen und fortschrittlichen Denken und Handeln" zu befähigen.[54] Die Trennung von Kirche und Staat ging aus den Ausführungsbestimmungen deutlich hervor, denn der Religionsunterricht

---

Zudem erließ die sowjetische Besatzungsmacht für das Bildungswesen Gesetze und Regelungen, die den konservativen Kräften keinerlei Mitsprache ermöglichte. Vgl. Geißler, Die Volksbildung der DDR in Dokumenten, S. 18.

52 Ebd., vgl. auch Anweiler, Schulpolitik und Schulsystem in der DDR, S. 26.
53 Vgl. Punkt 2 der Ausführungsbestimmungen der Deutschen Zentralverwaltung für Volksbildung zum Befehl des Obersten Chefs der sowjetischen Militärverwaltung über die Wiedereröffnung der Schulen vom 25.8.1945. In: Monumenta Paedagogica, Band 6,1, S. 183.
54 An alle Eltern, Lehrer und Hochschullehrer! Aufruf des Zentralkomitees der KPD und des Zentralkomitees der SPD zur demokratischen Schulreform. In: Monumenta Paedagogica, Band 6,1, S. 192 f.

gehörte in den Aufgabenbereich der Religionsgemeinschaften. Eine Aufnahme des Faches in den Lehrplan wurde abgelehnt, gleichwohl war es den Lehrern gestattet, Religion im Auftrage der Religionsgemeinschaften zu unterrichten.[55]
Über ein künftiges Erziehungskonzept, die schulpolitischen und -strukturellen Vorstellungen sowie die Gestaltung und Durchführung der Reform gab es auch bei den Parteimitgliedern der neu gegründeten SED noch unterschiedliche Auffassungen. Die Vormachtstellung in der Schulverwaltung setzte die SED erst nach dem II. Parteitag im September 1947 durch. Auf diesem Parteitag formierte sich die SED zur leninistischen „Kampfpartei".[56]
Das „Gesetz zur Demokratisierung der deutschen Schule", das anschließend auch die Landes- und Kommunalverwaltungen der sowjetischen Besatzungszone beschlossen und veröffentlicht hatten, formulierte die bereits genannten Ziele und Aufgaben der Schule wie folgt:

„Die deutsche demokratische Schule soll die Jugend zu selbständig denkenden und verantwortungsbewusst handelnden Menschen erziehen, die fähig und bereit sind, sich voll in den Dienst der Gemeinschaft des Volkes zu stellen. Als Mittlerin der Kultur hat sie die Aufgabe die Jugend frei von nazistischen und militaristischen Auffassungen im Geiste des friedlichen und freundschaftlichen Zusammenlebens der Völker und einer echten Demokratie zu wahrer Humanität zu erziehen. Sie wird, ausgehend von den gesellschaftlichen Bedürfnissen, jedem Kind und Jugendlichen ohne Unterschiede des Besitzes, des Glaubens oder seiner Abstammung, die seinen Neigungen und Fähigkeiten entsprechende vollwertige Ausbildung geben."[57]

Damit blieben die Erziehungsaufgaben und -ziele der Schule für weitere Interpretationen noch offen. Die Demokratisierung bezog sich hier sowohl auf die geistige Neuorientierung nach dem Ende des Dritten Reiches als auch auf die Durchsetzung gleicher Bildungschancen als sozialpolitisches Ziel in der Sowjetischen Besatzungszone.[58]
Für die folgenden Jahre sollte die achtstufige Grundschule die Pflichtschule bilden. Danach war die Aufnahme einer dreijährigen Berufsausbildung oder der Übergang zu einer vierjährigen Oberschule in einer der drei unterschiedlichen Ausrichtungen bzw. Zweige möglich.[59] Die Oberschule endete in der Regel mit dem Abitur, das zu einem Studium an Universitäten und Hochschulen berechtigte.

---

55 Vgl. Punkt 5 der Ausführungsbestimmungen der Deutschen Zentralverwaltung für Volksbildung zum Befehl des Obersten Chefs der sowjetischen Militärverwaltung über die Wiedereröffnung der Schulen vom 25.8.1945. In: Monumenta Paedagogica, Band 6,1, S. 184.
56 Vgl. Geißler, Die Volksbildung der DDR in Dokumenten, S. 18 f. und 23.
57 § 1 Gesetz zur Demokratisierung der deutschen Schule vom Mai und Juni 1946. In: Monumenta Paedagogica, Band 6,1, S. 208.
58 Vgl. Anweiler, Schulpolitik und Schulsystem in der DDR, S. 26 f.
59 In der Oberschule standen die neusprachliche, mathematisch-naturwissenschaftliche und altsprachliche Ausrichtung zur Verfügung.

Laut den Schulpolitischen Richtlinien von August 1949 sollte im Zuge der Auswahl der Oberschüler deren soziale Herkunft beachtet werden. Ihr Anteil musste „dem Anteil dieser Schicht an der Bevölkerung" entsprechen.[60]

Nach der Berufsausbildung bestand die Möglichkeit, eine Fachschule zu besuchen. Dieser Abschluss sollte ursprünglich ebenfalls die Aufnahme eines Studiums erlauben. Bereits 1946 propagierte Paul Wandel, Präsident der DVV, dass der Zugang zur Hochschule über die Berufs- und Fachschule zum Hauptweg werden sollte. Dieses Vorhaben scheiterte jedoch, weil die Fachschulen von Berufsschülern Vorbereitungskurse und Aufnahmeprüfungen für eine Zulassung verlangten. Zudem bevorzugten die Absolventen der Fachschule vorwiegend das Fernstudium an Universitäten und Hochschulen, um gleichzeitig berufstätig sein zu können.[61]

Daneben wurden die Vorbereitungskurse für das Studium an Hochschulen 1946 eingerichtet. Diese Kurse lösten ab 1949 die Arbeiter- und Bauernfakultäten ab, deren Abschlüsse ebenfalls zum Hochschulstudium berechtigten.[62]

Nach der Verordnung der Landesverwaltung Sachsen über die Errichtung von Vorbereitungskursen für das Studium an den Hochschulen durfte für einen Vorbereitungskurs nur zugelassen werden, wer „von einer der demokratischen Parteien, den Gewerkschaften, Jugend- und Frauenausschüssen vorgeschlagen" wurde. Von einem Zugang ausgeschlossen waren „ehemalige Mitglieder der NSDAP oder einer ihrer Gliederungen, HJ-Führer und Offiziere". Letztlich entschied eine Zulassungskommission über eine Aufnahme der Bewerber.[63]

Über die Aufnahme in die Arbeiter- und Bauernfakultät entschied ebenfalls eine Kommission. Für die Zulassung waren der Abschluss der achtjährigen

---

60 Vgl. Schulpolitische Richtlinien für die demokratische Schule. Beschluss des Parteivorstandes der SED vom 24.8.1949. In: Monumenta Paedagogica, Band 6,1, S. 338–342. Zudem galt im Land Brandenburg für den Zugang in höhere Klassen der Oberschule noch, dass der Bewerber eine Aufnahmeprüfung ablegen musste. Vgl. Der Übergang aus der Grundschule in die Oberstufe der Einheitsschule. Mitteilung des Ministeriums für Volksbildung, Wissenschaft und Kunst des Landes Brandenburg vom 18.6.1949. In: Baske/Engelbert (Hg.), Zwei Jahrzehnte Bildungspolitik in der Sowjetzone (1945–1958), S. 123 f.

61 Vgl. Waterkamp, Handbuch zum Bildungswesen der DDR, S. 56.

62 Vgl. Richtlinien der DVV für die Arbeiter- und Bauernfakultäten (bisher Vorstudienanstalten) an den Universitäten und Hochschule der sowjetischen Besatzungszone Deutschlands vom 21.5.1949. In: Monumenta Paedagogica, Band 6,1, S. 320–330.

63 § 4 und 5 der Verordnung der Landesverwaltung Sachsen über die Errichtung von Vorbereitungskursen für das Studium an den Hochschulen vom 12.2.1946. In: Monumenta Paedagogica, Band 6,1, S. 204.

Grundschule sowie die soziale Herkunft aus der Arbeiter- und Bauernschaft[64] erforderlich.[65]

Für die Aufnahme von Studenten in die Universitäten und Hochschulen erließ die DVV im Juli 1947 entsprechende Bestimmungen. Ähnlich den Aufnahmerichtlinien für die Vorbereitungskurse beabsichtigte man, Bewerber aus der Arbeiter- und Bauernschaft sowie Personen, die „unter dem Naziregime benachteiligt wurden", zu fördern. Gleichzeitig waren „ehemalige aktive Mitglieder und Anwärter der NSDAP und deren Gliederungen sowie auch Personen, die sich als Gegner der Demokratie erwiesen haben", vom Studium ausgeschlossen. Die Zulassung zum Studium war zu beantragen. Mit dem Antrag musste der Bewerber seine soziale Herkunft nachweisen und „die Richtigkeit der politischen und militärischen Angaben" von einer „antifaschistischen Partei" seines Heimatortes bestätigen lassen. Unter den Studienbewerbern traf ein Zulassungsausschuss, dem neben Vertretern der Hochschule auch Vertreter des FDGB, der FDJ und des DFD angehörten, eine Vorauswahl. Letztlich überprüfte das Ministerium für Volksbildung nochmals alle zugelassenen Bewerber.[66] Bereits die Aufnahmeverfahren der ersten Nachkriegsjahre dienten sowohl einer Förderung der Arbeiter- und Bauernkreise als auch einer zunehmenden politischen Auslese. Die Vorschriften zur Zusammensetzung der Zulassungskommissionen erforderten zwar nicht explizit, dass SED-Mitglieder diesen Gremien angehörten, dennoch konnten die Vertreter des FDGB, der FDJ und des DFD vermehrt sicherstellen, dass eine Auswahl im Sinne der späteren Staatspartei erfolgte. Denn zwischen SED auf der einen Seite und den Jugendorganisationen, Gewerkschafts- und Frauenbund auf der anderen Seite bestanden enge Verbindungen. Als Transmissionsriemen unterstützten diese Massenorganisationen die SED bei der Durchsetzung ihrer politischen Ambitionen in allen Bereichen.[67] Zudem konnten die Angehörigen der Auswahlgremien zugleich auch SED-Mitglieder sein. Eine Übersicht über den Aufbau des Bildungssystems von 1946 bis 1959 gibt das in Abbildung 1 gezeigte Schema.

64 Als Arbeiter galten Bewerber, „die in der Regel 2 Jahre als ungelernte, angelernte oder gelernte Arbeiter tätig" waren. Als Bauern galten Bewerber, „deren Grundeigentum (ihr eigenes oder das ihrer Eltern) nach der in der sowjetischen Besatzungszone durchgeführten Bodenreform 15 ha durchschnittlicher Bodengüte nicht überschreitet". Richtlinien der DVV für die Arbeiter- und Bauernfakultäten (bisher Vorstudienanstalten) an den Universitäten und Hochschule der sowjetischen Besatzungszone Deutschlands vom 21.5.1949. In: Monumenta Paedagogica, Band 6,1, S. 320–330.
65 Vgl. ebd.
66 Vgl. Bestimmungen für die Aufnahme von Studenten in die Universitäten und Hochschulen der sowjetischen Besatzungszone für das Wintersemester 1947/48 vom 22.7.1947. In: Baske/Engelbert (Hg.), Zwei Jahrzehnte Bildungspolitik in der Sowjetzone (1945 – 1958), S. 49 f.
67 Vgl. Schroeder, Der SED-Staat, S. 416.

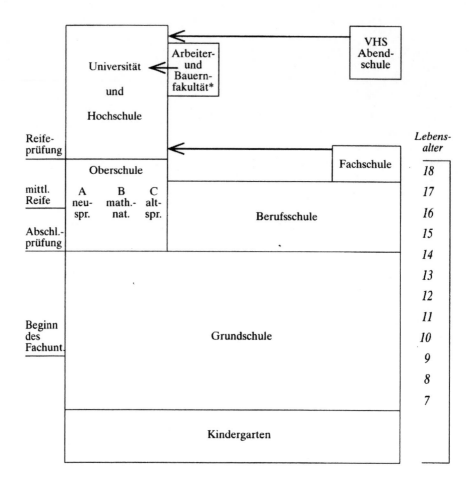

* bis 1949 Vorstudienanstalten

Abbildung 1: Bildungssystem der SBZ/DDR von 1946 bis 1959. Aus: Bildungspolitik in Deutschland 1945–1990, S. 527

Die Umsetzung des Erziehungskonzeptes ging ab 1947 mit einer Politisierung des Bildungswesens einher, die sich vor allem auf die personelle Ebene auswirkte. Diesen Prozess beeinflusste sowohl die Einbeziehung der deutschen Besatzungszonen in den globalen Ost-West-Gegensatz als auch die rigorose Politik der zur Staatspartei aufsteigenden SED. Der bis dahin noch vorhandene Freiraum für demokratische Kräfte in der SBZ verlor sich zunehmend. Im Verwaltungsbereich des Bildungswesens setzte eine Schulung mit massiver Ideologisierung der SED-Mitglieder ein. Die fachliche Qualifikation trat immer mehr hinter der politischen Eignung der Mitarbeiter zurück, was vorwiegend bei der Neubesetzung von Stellen zum Tragen kam.[68]

In den ersten Nachkriegsjahren widmete man neben den Entnazifizierungs-maßnahmen in den Schulen verstärkt der soziale Herkunft und der politisch „fortschrittlichen" Gesinnung der Lehrkräfte besondere Aufmerksamkeit. Auch die Schüler, vornehmlich an den Oberschulen, gerieten bezüglich ihrer „richtigen" politischen Einstellung und ihrer sozialen Herkunft immer mehr unter Druck.[69]

Eine unterstützende Funktion bei der Durchsetzung der SED-Politik fiel dabei dem Jugendverband Freie Deutsche Jugend (FDJ) zu, der auf dem vom 8. bis 10. Juni 1946 in Brandenburg/Havel stattfindenden I. Parlament gegründet wurde.[70] Zwar deklarierte sich die FDJ zunächst als überparteilich, dennoch bestimmte die SED von Anfang an deren politische Ausrichtung.[71] Das ließ sich trotz der sprachlichen Verschleierung in den folgenden Jahren kaum verheimlichen, denn es kam immer wieder zu Äußerungen, anhand derer sich die reale Beziehung zwischen Jugendorganisation und SED offenbarte. Schließlich erkannte die FDJ die Führungsrolle der SED im Jahre 1952 offiziell an und wurde am 24. April 1957 zur „sozialistischen Jugendorganisation der Deutschen Demokratischen Republik".[72]

Für die Durchsetzung der Politik der SED an den Schulen wurde neben der FDJ seit 1948 auch die Kinderorganisation „Junge Pioniere" instrumentalisiert.[73] Diese Bestrebungen der Einheitspartei im Bildungswesen standen im Widerspruch zum Schulgesetz von 1946, das erkannte auch Ernst Hadermann, Leiter der Schulabteilung der DVV.[74] Denn das Gesetz sicherte den Schülern –

---

68 Vgl. Geißler, Die Volksbildung der DDR in Dokumenten, S. 22 f.
69 Vgl. ebd.
70 Siehe Kapitel IV.2.3.
71 Nach Ulrich Mählert wurde die Dominanz der SED zum einen anhand der Parteizugehörigkeit der gewählten Leitungsmitglieder und der Ressortverteilung deutlich, zum anderen zeigte sich eine finanzielle Abhängigkeit von der Partei „sowohl bei der Bewilligung von Mitteln aus den Etats der Volksbildungsministerien und -ämter als auch direkte Zuwendungen seitens der Partei". Mählert, Jugendpolitik und Jugendleben 1945–1961, S. 1448.
72 Otto Grotewohl äußerte auf dem II. Parlament im Mai 1947 die Hoffnung, dass die FDJler es lernen werden, auch für die SED und deren Ziele zu kämpfen. 1949 auf der I. Parteikonferenz der SED sagte Grotewohl: „Die Freie Deutsche Jugend ist Instrument und Reserve der politischen, fortschrittlichen und gestaltenden Kräfte unseres Volkes, Instrument, durch das diese Kräfte auf die junge Generation einwirken und Einfluss ausüben, und Reserve vom Gesichtspunkt des Nachwuchses für alle Gebiete unseres gesellschaftlichen Lebens." Im Aufruf der SED zur „Woche der Jugend" vom 4. bis 10. 10. 1949 forderte sie die „aktiven" FDJler dazu auf, Mitglieder und Kämpfer der SED zu werden. Siehe ebd., S. 1452 f.
73 Vgl. Kudella/Paetz/Tenorth, Die Politisierung des Schulalltags, S. 73 und 186.
74 Diesen Widerspruch stellte Ernst Hadermann, Leiter der Schulabteilung der DVV, auch in einem Brief an Paul Wandel heraus. In diesem Schreiben versagte Hadermann seine Zustimmung zum Entwurf „Zur politischen Lage an den Oberschulen". Er befürchtete, dass „politische Überprüfung, Sichtung und Entlassung von Schülern der Oberschule lediglich nach Herkunft oder nach ihrer politischen Gesinnung, unter Anwendung von

„ausgehend von den gesellschaftlichen Bedürfnissen ohne Unterschiede des Besitzes, des Glaubens oder seiner Abstammung – die seinen Neigungen und Fähigkeiten entsprechende vollwertige Ausbildung".[75] Trotz der Kritik am politischen und ideologischen Gesinnungsdruck unter Lehrern und Schülern versuchte die SED ihre Schulpolitik weiter durchzusetzen.[76]

Erneut formulierte die Partei 1947 die „Grundsätze der Erziehung" und nannte den „streitbaren demokratischen Humanismus"[77] als anzustrebendes Erziehungsideal. Bei der Umsetzung dieses Erziehungsideals erhielt die Jugendorganisation neben Elternhaus und Schule ebenfalls eine pädagogische Funktion zugewiesen, um die ideologischen Ziele der SED unter der Jugend zu verbreiten. Diese Grundsätze sprachen zwar jedem Kind eine allseitige Bildung, unabhängig von seiner sozialen Herkunft zu, jedoch war es Aufgabe der Erziehung, so auf den Jugendlichen pädagogisch einzuwirken, dass er seine individuellen Ansprüche entsprechend den gesellschaftlichen Erfordernissen ausrichtet.[78] Diese Einschränkung fand sich später in fast allen Dokumenten des Bildungswesens, denn dahinter verbarg sich eine einseitige Interpretation zugunsten der bildungspolitischen Ziele der SED.

Politisierung und Ideologisierung des Schulalltags trieben die SED-Funktionäre im Vorfeld der Gründung der DDR weiter voran, wie sich an den „Schulpolitischen Richtlinien für die deutsche demokratische Schule" des SED-Parteivorstandes und den Formulierungen des IV. Pädagogischen Kongresses

---

Maßstäben, die für die Aufnahme der Studenten an die Universität gelten, jedes Vertrauensverhältnis zwischen Schülern und Lehrern, ja zwischen Schülern und Schulleitung zerstören und die Schüler unter einen Gesinnungsdruck setzen, der das Gegenteil von der Erziehung zu charaktervollen, freien und selbständigen Persönlichkeiten erreicht, sie zur Gesinnungsheuchelei erzieht und zum Eintritt in die FDJ oder die SED aus Gründen der Existenzsicherung und der Karriere führen kann." Ernst Hadermann, Leiter der Schulabteilung der DVV, an Paul Wandel, Leiter der DVV vom 10.1.1947. In: Geschichte, Struktur und Funktionsweise der DDR-Volksbildung, S. 253.

75 § 1, Gesetz zur Demokratisierung der deutschen Schule vom Mai und Juni 1946. In: Monumenta Paedagogica, Band 6,1, S. 208.

76 Vgl. Geißler, Die Volksbildung der DDR in Dokumenten, S. 23 f.

77 Darunter verstand die SED-Partei- und Staatsführung einen „Humanismus, der erkämpft und verteidigt wird. Achtung vor der Freiheit, der Gerechtigkeit und der Würde des Menschen sind Grundvoraussetzungen. Sie müssen als notwendige Bedingungen unserer realen Lebensgestaltung erkannt werden, und nicht nur einige wenige, sondern die Jugend aller Stände und Schichten unseres Volkes muss sich dafür einsetzen. Dies muss das Ergebnis der Erziehung unserer Schulen sein. Erziehung im Geiste der Humanität bedeutet aber nicht allein Ausbildung der Persönlichkeit, sondern auch Bewusstmachung der Pflichten und Aufgaben jedes einzelnen in der Gesellschaft. Das eine kann heute bereits, da wir an der Schwelle einer sozialistischen Gesellschaftsordnung stehen, nicht mehr ohne das andere sein. Die Schule muss in die Herzen der Jugend das Bild des freien, humanen und sozialen, für die hohen Menschheitswerte kämpfenden Menschen senken, des Menschen, der allein imstande ist, im Interesse der Werktätigen die großen politischen und geistigen Aufgaben zu lösen, vor denen die Nation und die Menschheit stehen." Grundsätze der Erziehung in der deutschen demokratischen Schule. Gebilligt vom II. Pädagogischen Kongress vom 10.9.1947. In: Monumenta Paedagogica, Band 6,1, S. 245–257.

78 Vgl. ebd., S. 252 f.

zeigte. Denn zum einen waren Lehrer dazu angehalten, sich den Lehren des Marxismus-Leninismus und der Freundschaft zur Sowjetunion zu verschreiben und die Schüler in diesem Sinne zu erziehen.[79] Zum anderen erhielten „Arbeiter- und Bauernkinder" eine allgemein bevorzugte Stellung bei der Auswahl der Oberschüler zugeschrieben, weil ihr Anteil und die soziale Herkunft der aufgenommenen Schüler der proportionalen Verteilung in der Bevölkerung entsprechen sollte.[80] Damit wurde das Bildungsrecht für alle ein weiteres Mal eingeschränkt.

Mit der Gründung der DDR am 7. Oktober 1949 trat auch die Verfassung in Kraft. Sie widmete sich in sechs Verfassungsartikeln, den Artikeln 35 bis 40, dem Recht auf Bildung, seiner Ausgestaltung und seinen Garantien.[81] Zwanzig Jahre später, in der Verfassung der DDR von 1968, sollten nur noch die Artikel 25 und 26 das Recht auf Bildung und den Zugang zu höheren Bildungseinrichtungen regeln. Sie gingen auch unverändert in die Verfassung von 1974 ein.[82]

Die Verfassung von 1949 garantierte in Artikel 35 jedem Bürger das gleiche Recht auf Bildung und die freie Wahl des Berufes. Mittels öffentlicher Einrichtungen sollten die Bildung der Jugend und die geistige wie auch fachliche Weiterbildung der Bürger auf allen Gebieten des staatlichen und gesellschaftlichen Lebens gewährleistet werden.[83]

Die Kompetenzverteilung zwischen der Deutschen Demokratischen Republik und deren Ländern auf dem Gebiet des Schulwesens und der Lehrerbildung regelte Artikel 36; allerdings verlor dieser Artikel mit der Abschaffung der Länder 1952 seine Wirksamkeit.[84] Die Erziehungsziele der Schule definierte Artikel 37: Der Schule oblag es, die Jugend im Geiste der Verfassung zu selbständig denkenden und verantwortungsbewusst handelnden Menschen zu erziehen, die fähig und bereit sein sollten, sich in das Leben der Gemeinschaft einzuordnen. Sie fungierte als Mittlerin der Kultur und hatte die Aufgabe, „die Jugend im Geiste des friedlichen und freundschaftlichen Zusammenlebens der Völker und einer echten Demokratie zu wahrer Humanität zu erziehen".[85] Die Eltern sollten durch Elternbeiräte an der Schulerziehung ihrer Kinder mitwirken.[86]

Artikel 38 legte zum einen die allgemeine Schulpflicht bis zum 18. Lebensjahr fest und bestimmte zum anderen die Grundzüge des Schulsystems, wonach der Zugang zur Hochschule nicht nur über einen Oberschulabschluss, sondern

79 Vgl. Geißler, Die Volksbildung der DDR in Dokumenten, S. 25.
80 Vgl. Schulpolitischen Richtlinien für die deutsche demokratische Schule. Beschluss des Parteivorstandes der SED vom 24.8.1949. In: Monumenta Paedagogica, Band 6,1, S. 338–342.
81 Verfassung der DDR vom 7.10.1949 (DDR-GBl. 1949, S. 5–16).
82 Vgl. Art. 25 und 26 der Verfassung der DDR vom 6.4.1968 (DDR-GBl. 1968 I, S. 199–222) und Art. 25 und 26 der Verfassung der DDR vom 6.4.1968 in der Fassung vom 7.10.1974 (DDR-GBl. 1974 I, S. 432).
83 Vgl. Mampel, Die sozialistische Verfassung der DDR, S. 677.
84 Vgl. ebd.
85 Art. 37 Abs. 1–2 Verfassung der DDR 1949.
86 Vgl. Mampel, Die sozialistische Verfassung der DDR, S. 677.

auch über andere öffentliche Bildungsanstalten, insbesondere über Vorstudienanstalten, möglich sein sollte. Die Volkhochschule sollte zudem Angehörigen
aller Schichten den Besuch von weiterführenden Bildungseinrichtungen ermöglichen, ohne dass diese dafür ihre Berufstätigkeit unterbrechen müssen.[87]

Die Gleichheit der Bildungschancen für jedes Kind, unabhängig von der
sozialen und wirtschaftlichen Lage des Elternhauses, regelte Artikel 39. Jedes
Kind, insbesondere das sozial benachteiligte, sollte seine körperlichen, geistigen
und sittlichen Kräfte entfalten können. Zudem sollten die weiterführenden
Bildungseinrichtungen Begabten aller Schichten offen stehen.[88]

Schließlich erlaubte die Verfassung von 1949 mit Artikel 40, den Religionsgemeinschaften Religionsunterricht zu erteilen, und gestand ihnen die freie
Ausübung dieses Rechts zu. Ergänzt wurde dieses Zugeständnis durch die verfassungsrechtlichen Regelungen in den Artikeln 41 bis 48.[89]

Die Regelungen der Verfassung von 1949 zur Erziehung und Bildung folgten
in ihrer Formulierung dem bereits bestehenden „Gesetz zur Demokratisierung
der deutschen Schule" aus dem Jahre 1946[90] und konzedierten den Erwerb von
Bildung jedem Bürger unabhängig von seiner sozialen Herkunft und Religion,
jedoch gemäß seinen körperlichen, geistigen und sittlichen Kräften. Zudem
ermöglichten sie jedem den Besuch weiterführender öffentlicher Bildungseinrichtungen entsprechend seiner Begabung. Der Erziehungsauftrag der Schule
war in dieser Form an die Verfassungsgrundsätze gebunden, die jedoch 1949
noch nicht unter der Suprematie der SED formuliert worden waren.

Die weitere Ideologisierung des Schulwesens trieben führende Vertreter der
Einheitspartei und des Ministeriums für Volksbildung mithilfe von Verordnungen und allgemeinen Richtlinien voran.[91] Auch die Pädagogischen Kongresse
richteten sich nach den Maßgaben der SED, die diese in ihrem Parteiprogramm
und in den Beschlüssen des Zentralkomitees (ZK) und Politbüros verabschiedet hatte.[92]

Weitere Leitlinien zur Politisierung des Schulwesens, der Berufsausbildung
und des Hochschulwesens erfolgten mit den drei Beschlüssen des ZK der SED
vom 19. Januar 1951.[93] In diesen Vorgaben wurde die FDJ zur verbesserten
Arbeit an den Oberschulen aufgerufen, um verstärkt auf die Schülerschaft im

---

87 Vgl. ebd.
88 Vgl. ebd., S. 678.
89 Vgl. ebd.
90 Vgl. § 1, Gesetz zur Demokratisierung der deutschen Schule vom Mai und Juni 1946.
    In: Monumenta Paedagogica, Band 6,1, S. 208.
91 Gert Geißler konstatiert für die Amtsführung Else Zaissers, vom 14.8.1952 bis
    31.10.1953 Ministerin für Volksbildung, dass mittels Verordnungen bestehende Gesetze
    eingeschränkt und auch außer Kraft gesetzt wurden. Vgl. Geißler, Die Volksbildung der
    DDR in Dokumenten, S. 28. Auch in späterer Zeit fand diese Form der Amtsführung
    Anwendung. Oskar Anweiler spricht von einem verdeckt in Gang gesetzten Prozess der
    völligen Umorientierung der Schul- und Hochschulpolitik nach dem Vorbild der
    Sowjetunion. Vgl. Anweiler, Grundzüge der Bildungspolitik, S. 16.
92 Vgl. Kudella/Paetz/Tenorth, Die Politisierung des Schulalltags, S. 23.
93 Vgl. Anweiler, Bildungspolitik, S. 560.

schulischen und außerschulischen Bereich einzuwirken. „Die Leitungen der FDJ werden beauftragt, die gute Auswahl der Schüler für die Oberschulen in den 8. Klassen der Grundschulen zu unterstützen."[94]

Eine noch engere Bindung zwischen Schule und FDJ schufen die „Richtlinien des Ministeriums für Volksbildung über die Aufgaben des Klassenleiters in den allgemeinbildenden Schulen der Deutschen Demokratischen Republik" vom 1. August 1953. Dieser Erlass verpflichtete den Klassenleiter in der pädagogischen Arbeit, zur besonderen Förderung wie auch zur Vorbereitung der Arbeiter- und Bauernkinder[95] auf den Besuch der Oberschule mit der FDJ zusammenzuarbeiten.[96]

Für eine bevorzugte Auswahl zum Besuch der Mittel- und Oberschule erließ das Ministerium für Volksbildung 1955 eine entsprechende Richtlinie. Danach erfolgte zunächst eine Vorauswahl an geeigneten Schülern bereits in der jeweiligen Grundschule, welche der Pädagogische Rat der Schule[97] beurteilte. Anschließend gab der Schuldirektor unter besonderer Beachtung der Stellungnahme des Pionierleiters eine Empfehlung über die Aufnahme oder Ablehnung der Schüler an die Abteilung Volksbildung des Rates des Kreises. Letztlich ent-

---

94 Die nächsten Aufgaben der allgemeinbildenden Schule. Entschließung der 4. Tagung des ZK der SED vom 19.1.1951. In: Monumenta Paedagogica, Band 6,1, S. 382–389.

95 Laut Richtlinie gehörten zur Arbeiterklasse „Personen, die seit mindestens fünf Jahren als Arbeiter in Industrie und Landwirtschaft, im Handel, im Handwerk, im Verkehr und ähnlichen Einrichtungen tätig" waren, und „Personen, die Arbeiter waren und jetzt Funktionen der Partei der Arbeiterklasse und der demokratischen Massenorganisationen, der bewaffneten Kräfte, der staatlichen Verwaltung oder der volkseigenen und genossenschaftlichen Wirtschaft bekleiden". In die Gruppe werktätiger Bauern gehörten „Personen, die Mitglieder einer Landwirtschaftlichen Produktionsgenossenschaft" waren, „Einzelbauern, die ihre Arbeit mit den zur Familie gehörenden Arbeitskräften verrichteten oder nur in den jährlichen Arbeitsspitzen Aushilfskräfte beschäftigten, somit in der Regel keine fremden Arbeitskräfte ausbeuten und deren Wirtschaftsgröße 20 ha mittlerer Bodenklasse nicht übersteigt". Zudem waren „den werktätigen Bauern gleichgestellt [...] selbständige Einzelfischer, die nicht mehr als zwei fremde Arbeitskräfte beschäftigten und eine Wasserfläche in der Regel bis zu 75 ha bewirtschafteten" sowie „Gärtner, die nicht mehr als zwei Arbeitskräfte - in den Arbeitsspitzen höchstens fünf - beschäftigen und deren Nutzfläche 5 ha nicht übersteigt". Zur Gruppe der Werktätigen gehörten „Inhaber eines Einzelvertrages", Teile der Intelligenz, „Angehörige der bewaffneten Kräfte", „Angestellte in den demokratischen Parteien und Massenorganisationen, in der staatlichen Verwaltung, in der volkseigenen und genossenschaftlichen Wirtschaft, in kulturellen, wissenschaftlichen, medizinischen und ähnlichen Einrichtungen", die nach 1945 auf dem Gebiet der DDR tätig waren, und Mitglieder der PGH. Darüber hinaus waren die Kinder von Trägern von Auszeichnungen besonders zu berücksichtigen. Richtlinie für die Aufnahme der Schüler in die Mittel- und Oberschule vom 12.12.1955. In: Baske/Engelbert (Hg.), Zwei Jahrzehnte Bildungspolitik in der Sowjetzone (1945 - 1958), S. 291–313.

96 Vgl. Richtlinien des MfV über die Aufgaben des Klassenleiters in den allgemeinbildenden Schulen der DDR vom 1.8.1953. In: Monumenta Paedagogica, Band 6,1, S. 471–474.

97 Der Pädagogische Rat setzte sich zusammen aus dem Schuldirektor und allen Lehrern, die monatlich einmal zu einer Konferenz zusammenkamen. Der Vorsitzende des Elternbeirates und ein Vertreter des Patenbetriebes konnten ebenfalls an diesen Diskussionen teilnehmen. Vgl. Pädagogischer Rat. In: Wolf, Die Sprache der DDR, S. 165.

schied die Aufnahmekommission über eine Zulassung.[98] Die Richtlinie war jedoch nicht nur auf die Förderung von Arbeiter- und Bauernkindern und deren bevorzugte Aufnahme an Mittel- und Oberschulen ausgerichtet, vielmehr fand mit dem Zulassungsverfahren eine eindeutige politisch-ideologisch motivierte Auswahl der Schüler statt. Denn zum einen war nunmehr die Stellungnahme des Pionierleiters und damit auch die Mitgliedschaft des Schülers in der Pionierorganisation von besonderer Bedeutung, zum anderen setzte sich die Aufnahmekommission vorwiegend aus Funktionären des Bildungswesens zusammen, die zunehmend aus den Reihen der SED kamen.[99]

Die verstärkte Einflussnahme der SED sowie deren Vorherrschaft im Bildungs- und Erziehungswesen zeigten sich im Schlüsseljahr 1958 deutlich in den Vorschlägen der Schulkommission des SED-Politbüros für die Parteikonferenz zur sozialistischen Erziehung der Schuljugend.[100] Demnach lag die Aufgabe der Schule primär in der Erziehung der Schuljugend zu überzeugten Sozialisten, zudem lobten Vertreter der SED die polytechnische Bildung und das Konzept der Einheitsschule, welches im Gegensatz zu einer begabungstheoretischen Ausrichtung nicht zur Benachteiligung von Arbeiter- und Bauernkindern führe. Neben dem von Schülern, Lehrern, Eltern und Wissenschaftlern eingeforderten klaren Bekenntnis zum sozialistischen Staat und seiner führenden Partei hob die Schulkommission nun auch die Teilnahme an der Jugendweihe als weiteren Aspekt der sozialistischen Erziehung hervor.[101]

Zehn Monate später, im Januar 1959, verabschiedete das Zentralkomitee der SED seine Thesen „Über die sozialistische Entwicklung des Schulwesens in der Deutschen Demokratischen Republik", in denen es nochmals auf die sozialistische Erziehung und die Entwicklung eines sozialistischen Bewusstseins als Grundlage für den Aufbau des Sozialismus drang. Die Schule war entsprechend den Forderungen des V. Parteitages der SED qualitativ in eine sozialistische Schule umzuwandeln. Bis zum Jahre 1964 sollte der Besuch der allgemeinbildenden Polytechnischen Oberschule mit der Unterteilung in Unterstufe (1. bis 4. Klasse) und Oberstufe (5. bis 10. Klasse) mit einheitlichem Lehrplan für alle

---

98 Vgl. Richtlinie für die Aufnahme der Schüler in die Mittel- und Oberschule vom 12.12.1955. In: Baske/Engelbert (Hg.), Zwei Jahrzehnte Bildungspolitik in der Sowjetzone (1945 – 1958), S. 291–313.

99 Zur Aufnahmekommission gehörten der KSR als Vorsitzender der Kommission, zwei Direktoren der Mittel- und Oberschulen des Kreises, ein Vertreter der Abteilung Arbeit und Berufsausbildung des Rates des Kreises, ein Mitglied des Kreisvorstandes der Gewerkschaft für Unterricht und Erziehung, ein Mitglied des Sekretariats der Kreisleitung der FDJ, eine Mitglied des Kreisvorstandes des Demokratischen Frauenbundes Deutschland (DFD), zwei Vertreter von Patenbetrieben. Beratende Funktion hatte der Direktor der jeweiligen Grundschule über dessen Empfehlungen entschieden wurde. Vgl. ebd.

100 Vgl. Vorschläge der Parteikonferenz zur sozialistischen Erziehung der Schuljugend vom 24./25.4.1958 (Auszug). In: Monumenta Paedagogica, Band 7,1, S. 101–108.

101 Vgl. ebd.; Gert Geißler spricht in diesem Zusammenhang von einem neuerlichen Ideologieschub, der 1958/59 begann und mit dem Mauerbau endete. Vgl. Geißler, Die Volksbildung der DDR in Dokumenten, S. 37.

Kinder obligatorisch sein. Gleichzeitig wurden alle Möglichkeiten einer weiterführenden Schulbildung als Bestandteil eines einheitlichen sozialistischen Bildungssystems entsprechend der sozialistischen Ordnung deklariert, um jedem
die volle Entfaltung aller Fähigkeiten und Talente zu gewährleisten. Eine besondere Berücksichtigung fanden die naturwissenschaftliche und polytechnische
Ausbildung sowie der Ausbau des Schulsystems im ländlichen Raum. Auch sollte
die pädagogisch-methodische Arbeit der Lehrer verbessert werden, damit letztlich alle Schüler das Unterrichts- und schließlich das Klassenziel erreichen konnten.[102]

Die Thesen des Zentralkomitees zielten sowohl auf eine sozialistische Erziehung auf der Grundlage der zehn Gebote der sozialistischen Moral und Ethik,
als auch auf eine weitere Förderung der Arbeiter- und Bauernkinder ab.[103]

Im Vorfeld des Thesenpapieres gab es mitunter Anregungen, die das Zentralkomitee später als „Entstellungen" bewertete. Beispielsweise lehnte das ZK eine
besondere Sitzordnung oder eine bessere Leitungsbewertung von „Arbeiter-
und Bauernkindern" ab, denn „solche Entstellungen verletzten die Grundsätze
sozialistischer Erziehung aller Kinder und widersprechen dem Bündnis der
Arbeiterklasse mit den anderen Schichten der Werktätigen".[104]

Dagegen betonte das ZK die enge Verknüpfung zwischen Schule, Pionierorganisation und Freier Deutscher Jugend, wonach eine Entwicklung fester
Grundeinheiten der FDJ in der Oberschule vorgesehen war, und hob eine möglichst umfassende Teilnahme aller Kinder an der Jugendweihe hervor, die der
sozialistischen Erziehung der Jugend diente und ein Bekenntnis zum sozialistischen Staat darstellte.[105]

Dem folgte im November 1959 eine neue Schulordnung, um einerseits die
Aufgaben der Schule, die Organisation innerhalb der Lehrerschaft sowie die
Zusammenarbeit zwischen Vertretern der Volksbildung, Massenorganisationen,
Schuldirektor, Lehrer-, Eltern- und Schülerschaft besser zu regeln. Andererseits
zielte die Schulordnung darauf, das Verantwortungsbewusstsein der Schüler zu
entwickeln und sie an die Normen des sozialistischen Gemeinschaftslebens zu
gewöhnen. Dabei oblag es dem Direktor oder Schulleiter, die Schule nach dem
Prinzip der Einzelleitung auf der Grundlage kollektiver Beratung zu führen. Der
Klassenleiter war nach dieser Verordnung für die gesamte Bildungs- und Erziehungsarbeit verantwortlich, was die Vermittlung ideologischer Vorgaben mit
einschloss. Innerhalb einer Klasse hatte er eine nahezu absolute Stellung, er entschied letztlich auch über die Anwendung besonderer erzieherischer Maßnahmen. Die Schüler waren nach Vorgabe dieser Schulordnung ausschließlich mittels Pflichten in das Schul- und Klassenkollektiv eingebunden. Die besondere

---

102 Vgl. Über die sozialistische Entwicklung des Schulwesens in der DDR. Thesen des
     Zentralkomitees vom 17.1.1959 (Auszug) In: Monumenta Paedagogica, Band 7,1,
     S. 183.
103 Vgl. ebd.
104 Ebd.
105 Vgl. ebd.

Stellung der Erweiterten Oberschule und das Privileg, diese besuchen zu dürfen, kam in den Regelungen über Lob und Strafen dieser Schulordnung deutlich zum Ausdruck. Als Strafe konnte einem Schüler die Verweisung von der
Erweiterten Oberschule oder der Ausschluss von sämtlichen Oberschulen in der
DDR drohen. Widersprüchlich erscheint in diesen Ausführungen, dass neben
körperlicher Züchtigung auch ehrverletzende Strafen nicht den sozialistischen
Erziehungsprinzipien entsprachen und somit verboten waren, dennoch blieb die
öffentliche Auswertung von Belobigungen und Strafen zu Erziehungszwecken
in jedem Fall im Kollektiv, in besonderen Fällen in der allgemeinen Öffentlichkeit erwünscht. Das hieß, die Schule informierte gesellschaftliche Organisationen, die Betriebsleitung des arbeitgebenden Betriebes der Eltern, den Wohnbezirksausschuss der Nationalen Front und das Referat Jugendhilfe über
Auszeichnungen bzw. Bestrafungen der Schüler. Zudem konnte eine Veröffentlichung in der Tagespresse erfolgen, was gerade im Falle einer Strafe der öffentlichen Bloßstellung und Demütigung gleichkam.[106]

Nicht ganz einen Monat später, am 2. Dezember 1959, folgte das Gesetz über
die sozialistische Entwicklung des Schulwesens in der DDR, welches den Übergang von der antifaschistisch-demokratischen zur sozialistischen Schule kennzeichnen sollte. Im Mittelpunkt dieses Gesetzes stand die polytechnische
Bildung und Erziehung der Schüler und die Einführung der Zehnklassenschule.
Diese beiden Aspekte veränderten das bisherige Verständnis von Allgemeinbildung; zugleich beendete dieses Gesetz eine „Experimentierphase",[107] die seit
dem Schulgesetz von 1946 über die sukzessive Aufhebung des Kursunterrichts
seit 1948/49 in schulorganisatorischer Hinsicht geführt wurde.[108] Zudem hatte
man nun die allgemeine Schulpflicht um eine zweijährige Berufsschulpflicht
erweitert. Das Ministerium für Volksbildung führte die Zehnklassenschule und
den polytechnischen Unterricht in den allgemeinbildenden Schulen ein, die
fortan Polytechnische Oberschule (POS) hießen und in Unterstufe (Klasse 1 bis
4) und Oberstufe (Klasse 5 bis 10) gegliedert waren. Der POS-Abschluss galt
als Grundlage für die berufliche Ausbildung und den Besuch von weiterführenden Bildungseinrichtungen. Die vormalige Oberschule wurde nun in Erweiterte
Oberschule (EOS) umbenannt, ihre dreigliedrige Struktur und das Aufnahmeverfahren blieben vorerst unverändert. Neu war, dass Schüler der Erweiterten
Oberschule vor Beginn eines Hochschul- oder Universitätsstudiums ein berufs-
praktisches Jahr ableisten mussten. Das Abitur bzw. die Hochschulzugangsberechtigung konnte durch den Besuch der Oberschule, der Betriebsoberschule,
der Abendoberschule oder die Teilnahme an einem Lehrgang zur Vorbereitung
auf eine Sonderreifeprüfung erlangt werden. Ferner bestand mit dem Abschluss
der Oberschule oder einer Berufsausbildung die Möglichkeit der Aufnahme

---

106 Vgl. Verordnung über die Sicherung einer festen Ordnung an den allgemeinbildenden
     Schulen. - Schulordnung - vom 12.11.1959. In: Monumenta Paedagogica, Band 7,1,
     S. 301–315.
107 Anweiler, Schulpolitik und Schulsystem in der DDR, S. 50.
108 Vgl. ebd.; Geißler, Die Volksbildung der DDR in Dokumenten, S. 36.

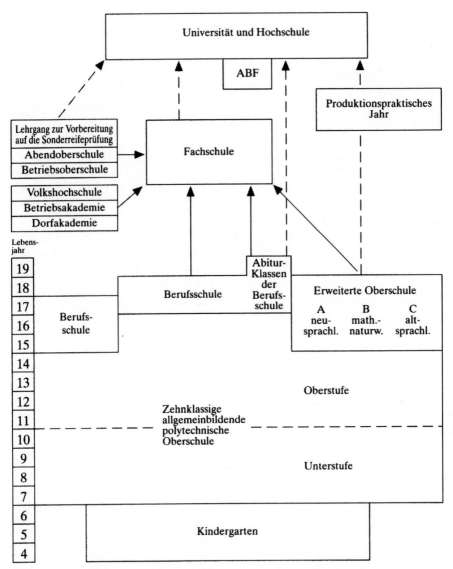

Abbildung 2: Bildungssystem der DDR ab 1959. Aus: Bildungspolitik in Deutschland 1945–1990, S. 529

eines Ingenieur- oder Fachschulstudiums. Der Abschluss des Fachschulstudiums oder der Arbeiter- und Bauernfakultät galt nach wie vor als Zugangsberechtigung zu Hochschulen und Universitäten.[109] Der Aufbau des Schulsystems ist in Abbildung 2 dargestellt.

109 Im Gesetz hieß es: „1. Abschluss der Oberschule und Erwerb einer qualifizierten Berufsausbildung. Eine mindestens zweijährige Berufsausbildung befähigt zur Aufnahme

Das Gesetz über die sozialistische Entwicklung des Schulwesens nahm keinen Bezug auf eine besondere Unterstützung oder Bevorzugung von Arbeiter- und Bauernkindern beim Zugang zu weiterführenden Bildungseinrichtungen. Darüber hinaus fehlten auch Aussagen über die Regelung des Religionsunterrichtes.[110] Auffällig war an diesem Gesetz allerdings die Positionsbestimmung der Eltern. Ihr natürliches Erziehungsrecht trat hinter dem der Schule zurück. Das Gesetz verpflichtete sie und andere „Erziehungspflichtige",[111] die Kinder so zu erziehen, dass sie sich in die sozialistische Gesellschaft integrierten. Darüber hinaus sollten Eltern die Schule bei der allseitigen Bildung und Erziehung der Kinder unterstützen. Die Zusammenarbeit der Schule mit der Pionierorganisation und der FDJ betonte auch diese rechtliche Bestimmung und folgte damit den bisherigen allgemeinen ideologischen Vorgaben. Der Erlass dieses Gesetzes erfolgte zudem mit der Option, das Oberschulnetz bis zum Herbst 1964 auf- bzw. auszubauen.[112]

Den Zugang zu weiterführenden Bildungseinrichtungen regelte diese juristische Grundlage nicht genau, sondern Verfügungen und Mitteilungen des Ministeriums für Volksbildung und des Staatssekretariats für Hoch- und Fachschulbildung legten weiterhin die Voraussetzungen für eine mögliche Zulassung oder Delegierung fest. Eine Chancengleichheit im Bildungswesen war aufgrund der Förderung bestimmter sozialer Schichten, des Auszeichnungscharakters von Delegierung bzw. Zulassung und des sogenannten volkswirtschaftlichen Bedarfes nicht gegeben. Dies bestätigte sich beispielsweise in der Direktive für die Berufsausbildung mit Abitur vom 6. Juli 1960 ein weiteres Mal. Für die Auswahl der Lehrlinge galten „im Prinzip die gleichen Grundsätze wie bei der Auswahl der Schüler für die erweiterten Oberschulen".[113]

Auch für die Zulassung zu allen Studienformen an Fach- und Hochschulen verfasste das Staatssekretariat für Hoch- und Fachschulwesen Richtlinien, die zunehmend auf die politische Gesinnung des Bewerbers zielten. So hieß es in der Anordnung über das Teilstudium im Rahmen des Fern- und Abendstudiums

eines Fachschulstudiums. Es sind Möglichkeiten zu schaffen, die bei einem Berufsschulbesuch und gleichzeitiger Berufsausbildung den Erwerb des Abiturs ermöglichen, das zur Aufnahme eines Universitäts- oder Hochschulstudiums befähigt. 2. Abschluss der Oberschule und a) Besuch einer Betriebsoberschule (mit Abschluss Abitur) oder b) Besuch einer Abendoberschule (mit Abschluss Abitur) oder c) Teilnahme an einem Lehrgang zur Vorbereitung auf eine Sonderreifeprüfung. [...] 3. Besuch von Arbeiter- und Bauern-Fakultäten zur Vorbereitung auf ein Direktstudium an einer Universität oder Hochschule durch junge Werktätige mit abgeschlossener Berufsausbildung, besonders durch Jugendliche, die vor Einführung der Oberschule die Grund- oder Mittelschule absolviert haben." Gesetz über die sozialistische Entwicklung des Schulwesens in der DDR vom 2.12.1959. In: Monumenta Paedagogica, Band 7,1, S. 315–323.
110 Vgl. ebd.
111 In Staaten mit freiheitlich demokratischer Grundordnung spricht man in der Regel von „Erziehungsberechtigten", „Erziehungsrecht" und „Sorgerecht".
112 Vgl. Gesetz über die sozialistische Entwicklung des Schulwesens in der DDR vom 2.12.1959. In: Monumenta Paedagogica, Band 7,1, S. 315–323.
113 Direktive für die Berufsausbildung mit Abitur vom 6.10.1960 (Auszug). In: Monumenta Paedagogica, Band 7,1, S. 351–354.

an den Hoch- und Fachschulen von 1962: „Die Bewerber müssen erfolgreich am Aufbau des Sozialismus teilgenommen und sich stets bedingungslos für den Arbeiter- und Bauernstaat eingesetzt haben."[114]

Nach Einführung der Wehrpflicht im Januar 1962 formulierte das Staatssekretariat seine Anforderungen in der Anordnung über das Aufnahmeverfahren zum Studium noch deutlicher. Denn für eine Zulassung war nun nicht nur ein „aktiver Einsatz beim sozialistischen Aufbau der Deutschen Demokratischen Republik" des Bewerbers unabdingbar, sondern auch dessen „Bereitschaft zur Verteidigung ihrer sozialistischen Errungenschaften".[115] Um eine politisch korrekte Auswahl der Bewerber zu treffen, gehörten den Zulassungskommissionen nach wie vor Vertreter der Universitäten, Hoch- und Fachschulen sowie der FDJ- und Gewerkschaftsleitung an. Zudem konnten zu den Sitzungen der Kommission mitunter auch Vertreter der Parteien und Massenorganisationen oder der bewaffneten Organe eingeladen werden.[116] Für den Zugang zu weiterführenden Bildungseinrichtungen knüpfte die SED das Netz an politischen Auswahlkriterien und Garanten für deren Anwendung immer enger.

Die nächsten Schritte zum Ausbau des einheitlichen Bildungssystems beschloss die SED auf ihrem VI. Parteitag im Januar 1963. Die Parteiführung strebte danach, einen „neuen Menschen" und eine „klassenlose Gesellschaft" zu schaffen.[117] Im März 1963 wurde einer eigens dazu berufenen Staatlichen Kommission beim Ministerrat der DDR die Aufgabe übertragen, ein „einheitliches sozialistisches Bildungsgesetz" zu entwerfen. Ziel war es, „die einzelnen Teile des Bildungswesens strukturell und inhaltlich zu einem geschlossenen Ganzen zusammenzufügen", um widersprüchliche Entwicklungen im Zusammenhang mit Oberschule und erweiterter Oberschule, Professionalisierung und gewünschtem staatsbürgerlichen Bewusstsein zu beseitigen. Darüber hinaus verband sich mit dem neuen Bildungssystem die Absicht, dieses entsprechend den Notwendigkeiten und Entwicklungen der nächsten Jahre anzupassen, um die „wissenschaftlich-technische Revolution" meistern zu können.[118]

---

114 § 2 Anordnung über das Teilstudium im Rahmen des Fern- und Abendstudiums an den Hoch- und Fachschulen vom 15.6.1962. In: Baske/Engelbert (Hg.), Zwei Jahrzehnte Bildungspolitik in der Sowjetzone (1945–1958), S. 195–197.

115 § 5 Anordnung über das Aufnahmeverfahren zum Direkt-, Fern- und Abendstudium an den Universitäten, Hoch- und Fachschulen vom 20.2.1963. In: ebd., S. 249–254.

116 Die Zulassungskommission konnte einladen: Abgeordnete der Volksvertretungen, Vertreter der Parteien und Massenorganisationen, Vertreter der bewaffneten Organe, Vertreter der Ämter für Arbeit und Berufsberatung, Mitglieder der Kommissionen für wissenschaftlich-technischen Nachwuchs, Vertreter der sozialistischen Betriebe und staatlichen Einrichtungen, Vertreter der Vereinigung Volkseigener Betriebe, Vertreter der Arbeiter- und Bauernfakultäten, Direktoren, Lehrer und Elternbeiräte der Schulen, Vertreter der Presse. Vgl. § 16 und 21 der Anordnung über das Aufnahmeverfahren zum Direkt-, Fern- und Abendstudium an den Universitäten, Hoch- und Fachschulen vom 20.2.1963.

117 Vgl. Schroeder, Der SED-Staat, S. 174.

118 Vgl. Anweiler, Schulpolitik und Schulsystem in der DDR, S. 81 f.

Das am 25. Februar 1965 erlassene Gesetz über das einheitliche sozialistische Bildungssystem.[119] regelte die institutionelle Organisation des Schul- und Ausbildungswesens in folgenden Bereichen:

- Vorschulerziehung,
- zehnklassige allgemeinbildende Polytechnische Oberschule,
- Berufsausbildung,
- Bildungseinrichtungen, die zur Hochschulreife führen,
- Ingenieur- und Fachschulwesen,
- Universitäten und Hochschulwesen,
- Aus- und Weiterbildung der Werktätigen.

In seiner Formulierung des obersten Bildungs- und Erziehungszieles, nämlich der Erziehung zur „allseitig und harmonisch entwickelten sozialistischen Persönlichkeit", folgte das Gesetz dem Parteiprogramm der SED vom VI. Parteitag.

Der Staat sicherte in diesem Gesetz zwar jedem Bürger das gleiche Recht auf Bildung zu,[120] jedoch weiterhin mit den üblichen Einschränkungen:[121] „Die Einheitlichkeit in der Zielsetzung und im Aufbau des sozialistischen Bildungssystems schließt, entsprechend den gesellschaftlichen Erfordernissen und den individuellen Begabungen, Differenzierungen in den Bildungswegen auf den oberen Stufen ein."[122]

Ein erhebliches Konfliktpotential resultierte allein schon aus der Abhängigkeit eines möglichen Zugangs zu höheren Bildungseinrichtungen von den „gesellschaftlichen Erfordernissen", da oftmals eine große Diskrepanz zwischen individuellen Bildungswünschen von Jugendlichen und dem von der staatlichen Planungskommission bestimmten Bedarf an bestimmten Qualifikationen existierte.[123] Ein weiterer Streitpunkt ergab sich aus der jedem Bürger zugesicherten Möglichkeit eines Übergangs zur nächsthöheren Bildungsstätte und der Vorgabe, dass die Auswahl der „Besten und Befähigtsten" entsprechend der sozialen Struktur der Bevölkerung der DDR erfolgen sollte.[124]

Einrichtungen, die zur Hochschulreife führten, waren erst Gegenstand des fünften Abschnittes. Dort wurde nochmals bestätigt, dass alle Schüler mit abgeschlossener Oberschulbildung bzw. Werktätige mit adäquater Ausbildung die Hochschulreife auf verschiedenen Wegen erwerben konnten. Dazu zählten der Besuch und Abschluss:

---

119 Gesetz über das einheitliche sozialistische Bildungssystem vom 25.2.1965 (DDR-GBl. 1965 I, S. 83).
120 Vgl. § 2 Abs. 1 ebd.
121 Im Jahre 1947 wurde das Recht auf Bildung erstmals von den gesellschaftlichen Erfordernissen abhängig gemacht. Vgl. Grundsätze der Erziehung in der deutschen demokratischen Schule. Gebilligt vom II. Pädagogischen Kongress. Vom 10.9.1947. In: Monumenta Paedagogica, Band 6,1, S. 252 f.
122 § 2 Abs. 3 Gesetz über das einheitliche sozialistische Bildungssystem vom 25.2.1965.
123 Vgl. Anweiler, Schulpolitik und Schulsystem in der DDR, S. 84.
124 Vgl. § 2 Abs. 4 Gesetz über das einheitliche sozialistische Bildungssystem vom 25.2.1965.

- der erweiterten Oberschule,
- eines Lehrganges der Arbeiter- und Bauernfakultät,
- einer zum Abitur führenden berufsbildenden Schule,
- eines Abiturlehrganges einer Betriebsakademie oder Volkshochschule,
- einer Ingenieur- oder Fachschule,
- einer entsprechenden Schule, die zentralen staatlichen Organen untersteht und mit einem Diplom und Zeugnis abschließt,
- einer Sonderreifeprüfung, die innerhalb von zwei Jahren nach erfolgreichem Ablegen zu einem Studium der entsprechenden Fachrichtung berechtigt,
- einer Berufsausbildung mit Abitur,
- einer Spezialschule oder Spezialklasse.[125]

Für diese Vielzahl von „zur Hochschulreife führenden Bildungseinrichtungen" galt allerdings wieder, dass nur „die besten und befähigtsten Bewerber zugelassen" werden sollten und dabei „die soziale Struktur der Bevölkerung zu beachten" sei.[126] Diese Einschränkung bezog sich jedoch nicht nur auf die fachlichen Leistungen, sondern auch auf das Verhalten und die Einstellung des Bewerbers zum Staat, die sich durch dessen Haltung und gesellschaftliche Tätigkeit ausdrückte. Die Verfügungen und Mitteilungen des Ministeriums für Volksbildung und des Staatlichen Amtes für Berufsausbildung regelten die Zugangsvoraussetzungen ausführlich.

Die „Erste EOS-Instruktion" zur Umgestaltung der Erweiterten Oberschule und die Richtlinie für die Vorbereitung auf und zur Aufnahme in die Erweiterte Oberschule folgten ebenfalls dieser eingrenzenden Regelung und konkretisierten diese noch in Bezug auf die Aufnahme der Schüler.[127]

„Eine langfristige Werbung und zielstrebige Vorbereitung der Schüler, insbesondere der Kinder von Arbeitern und Genossenschaftsbauern, ist die Voraussetzung für eine richtige soziale Zusammensetzung der Schüler der Erweiterten Oberschule. Die voraussichtlich geeigneten Schüler sollen für die Teilnahme am fakultativen Unterricht in der zweiten Fremdsprache von der 7. Klasse an gewonnen werden. Die zehnklassigen Oberschulen schlagen dem Kreisschulrat die nach ihrer Auffassung geeigneten Schüler auf Antrag und mit Zustimmung der Eltern zur besonderen Vorbereitung auf die zweijährige Erweiterte Oberschule vor. Dabei gehen sie von den Leistungen, der gesellschaftlichen Arbeit und von der politisch-moralischen Haltung der Schüler aus. Der Kreisschulrat entscheidet über die Aufnahme in die Vorbereitungsklasse. Dabei beachtet er bereits die Anforderungen an die soziale Zusammensetzung der künftigen 11. Klassen."[128]

---

125 Vgl. § 21 Abs. 1 bis 4 ebd.
126 § 21 Abs. 5 ebd.
127 Vgl. Instruktion für die Vorbereitung und Durchführung der ersten Schritte der Umgestaltung der Erweiterten Oberschule entsprechend dem Gesetz über das einheitliche sozialistische Bildungssystem – Erste EOS-Instruktion – vom 10.6.1966. In: Monumenta Paedagogica, Band 16,1, S. 57–67; Richtlinie für die Vorbereitung auf den Besuch der Erweiterten Oberschule und die Aufnahme in die Erweiterte Oberschule vom 10.6.1966. In: Monumenta Paedagogica, Band 7,1, S. 682–686.
128 Vgl. Erste EOS-Instruktion vom 10.6.1966. In: Monumenta Paedagogica, Band 16,1, S. 63.

Die systematische politische Vorauswahl der Schüler, die seit 1955 mit der Richtlinie für die Aufnahme in die Mittel- und Oberschule begonnen hatte, schien sich aus Sicht der Machthaber bewährt zu haben. Auch in der Richtlinie für die Vorbereitung auf und zur Aufnahme in die Erweiterte Oberschule von 1966 blieb die Zulassungsprozedur weitestgehend gleich.[129] In den Anmerkungen des Dokumentenbandes, den das Ministerium für Volksbildung 1968 herausgab, wurde mehrfach ausdrücklich auf die zu erfüllenden Kriterien eines Bewerbers hingewiesen:

- die Verbundenheit mit dem Staat, die durch die Haltung und gesellschaftliche Tätigkeit bewiesen sein soll,
- die Leistungen im Unterricht sowie
- das Verhalten des Schülers selbst.[130]

Grundsätzlich drückte sich zumindest eine formale Verbundenheit mit dem Staat durch eine Mitgliedschaft in den entsprechenden Massenorganisationen[131] und die Teilnahme an der Jugendweihe aus, aber auch die Beteiligung an der außerunterrichtlichen bzw. -schulischen Erziehung mit aktiver parteilicher Stellungnahme für den Staat und seine führende Partei zählte in diesen Bereich. Hinter dieser Forderung standen das Recht und die Pflicht zur Mitbestimmung, welche in Bezug auf das gesellschaftliche Zusammenleben im sozialistischen Staat immer stärker hervorgehoben wurden. Letztlich interpretierte man das Recht auf Mitbestimmung wie auch das Recht auf Bildung bzw. das Recht auf Zugang zu höheren Bildungseinrichtungen als sozialistische Persönlichkeitsrechte, die auf der Übereinstimmung von individuellen und gesellschaftlichen Interessen basierten. Die Anerkennung des von der SED vorgegebenen Wertesystems auf der Grundlage des Marxismus-Leninismus wirkte somit auf den Einzelnen als eine gewisse Rechtsschutzwirkung zu seinen Gunsten zurück. Das hieß folglich, nur wer sich anpasste, erhielt von der Partei- und Staatsführung gewisse Rechte zugestanden.[132]

Die neue Verfassung von 1968 stand unter dem ausdrücklichen Führungsanspruch der marxistisch-leninistischen Partei. Im Unterschied zur Verfassung von 1949 gab es weniger Artikel, die sich auf den Komplex des Bildungsrechtes bezogen. Die vormals einzelnen Verfassungsartikel wurden in den Artikeln 25 und 26 kompakt zusammengefasst. Gleichzeitig hatte man das Recht auf Bildung enger an das Mitgestaltungsrecht gebunden. Wie bereits erwähnt, folgte auch die Formulierung des Rechts auf Bildung der systemimmanenten Grund-

---

129 Vgl. ebd.; Richtlinie für die Vorbereitung auf den Besuch der Erweiterten Oberschule und die Aufnahme in die Erweiterte Oberschule vom 10.6.1966. In: Monumenta Paedagogica, Band 7,1, S. 682-686.
130 Vgl. Anmerkungen zum Gesetz über das einheitliche sozialistische Bildungssystem vom 25.2.1965 (DDR-GBl. 1965 I, S. 83). In: Sozialistisches Bildungsrecht, S. 284-286.
131 Dazu zählten in erster Linie die Pionierorganisation und die Freie Deutsche Jugend, ferner die Gesellschaft für deutsch-sowjetische Freundschaft und die Gesellschaft für Sport und Technik.
132 Vgl. Müller-Römer, Die neue Verfassung der DDR, S. 45 ff.

annahme, dass gesellschaftliche und individuelle Interessen im Sozialismus übereinstimmten. Die Machthaber gingen also davon aus, dass der Einzelne den Führungsanspruch der Partei anerkannte und als sozialistische Persönlichkeit die marxistisch-leninistische Weltanschauung akzeptierte, sich für die Ziele der SED einsetzte sowie seine persönlichen Bedürfnisse dem unterordnete.[133]

Die Erziehung jedes Bürgers zur sozialistischen Persönlichkeit wurde wiederum laut Artikel 25 durch das einheitliche sozialistische Bildungssystems gewährleistet. Deutlich nannte Artikel 25 Absatz 2 das Erziehungsziel: „Die Deutsche Demokratische Republik sichert das Voranschreiten des Volkes zur sozialistischen Gemeinschaft allseitig gebildeter und harmonisch entwickelter Menschen, die vom Geist des sozialistischen Patriotismus und Internationalismus durchdrungen sind und über eine hohe Allgemeinbildung und Spezialbildung verfügen."[134]

Hinter dem in diesem Absatz 2 formulierten „Geist des sozialistischen Patriotismus" verbarg sich neben der Vaterlandsliebe insbesondere die Bereitschaft zur aktiven Landesverteidigung. Um diese nachzuweisen, musste der Jugendliche sowohl an der vormilitärischen Ausbildung teilgenommen haben als auch die Bereitschaft bekundet haben, zumindest den bewaffneten Wehrdienst abzuleisten. Bezüglich des Besuchs einer weiterführenden Bildungseinrichtung entwickelte sich diese Forderung zu einem wichtigen Auswahlkriterium. In der Folge wurden vorwiegend männliche Jugendliche von Bildungsmöglichkeiten ausgeschlossen, wenn sie dieser Forderung nicht oder nur eingeschränkt nachkamen.[135]

Der nachfolgende Absatz 3 des Artikels 25 verband das Mitbestimmungsrecht mit den Erziehungszielen, indem das Mitbestimmungsrecht die „Teilnahme am kulturellen Leben" garantierte, weil nur mit dieser Teilnahme das oberste Erziehungsziel erreicht werden konnte.[136]

Auch die Schulpflicht war verfassungsrechtlich festgelegt: Sie umfasste den Besuch der zehnklassigen allgemeinbildenden Polytechnischen Oberschule und das Recht und die Pflicht eines Jugendlichen eine Berufsausbildung zu absolvieren. Die Umsetzung der Erziehungs- und Bildungsarbeit erfolgte durch den Staat

---

133 Vgl. ebd.
134 Art. 25 Abs. 2 der Verfassung der DDR 1968.
135 Vgl. dazu Mampel, Die sozialistische Verfassung der DDR, S. 695 f.; Anordnung über das Aufnahmeverfahren zum Direkt-, Fern- und Abendstudium an den Universitäten, Hoch- und Fachschulen vom 20.2.1963. In: Baske/Engelbert (Hg.), Zwei Jahrzehnte Bildungspolitik in der Sowjetzone (1945–1958), S. 249–254; Anordnung über die Bewerbung, die Auswahl und Zulassung zum Direktstudium an den Universitäten und Hochschulen – Zulassungsordnung vom 1.7.1971. In: dies., Zwei Jahrzehnte Bildungspolitik in der Sowjetzone (1963–1976), S. 344–348.
136 „Alle Bürger haben das Recht auf Teilnahme am kulturellen Leben. Es erlangt unter den Bedingungen der wissenschaftlich-technischen Revolution und der Erhöhung der geistigen Anforderungen wachsende Bedeutung. Zur vollständigen Ausprägung der sozialistischen Persönlichkeit und zur wachsenden Befriedigung der kulturellen Interessen und Bedürfnisse wird die Teilnahme der Bürger am kulturellen Leben, an der Körperkultur und am Sport durch den Staat und die Gesellschaft gefördert." Art. 25 Abs. 3 Verfassung der DDR 1968.

und mithilfe aller gesellschaftlichen Kräfte. Das Erziehungsrecht der Eltern blieb weiterhin zurückgedrängt, denn entsprechend Artikel 38 hatten die Eltern das Recht und die Pflicht zur Erziehung „ihrer Kinder zu gesunden und lebensfrohen, tüchtigen und allseitig gebildeten Menschen, zu staatsbewussten Bürgern".[137] Die Eltern als Erzieher wurden nur zusammen mit gesellschaftlichen und staatlichen Erziehungs- und Bildungseinrichtungen in der Verfassung erwähnt und diesen gleichgestellt.

Wie bereits in bestehenden Gesetzen und Verordnungen geregelt, machte auch die Verfassung den Zugang zu höheren Bildungseinrichtungen vom Leistungsprinzip, gesellschaftlichen Erfordernissen und der sozialen Struktur der Bevölkerung abhängig.[138] Das Leistungsprinzip bezog sich sowohl auf das fachliche Wissen als auch auf die politisch-weltanschauliche Gesinnung. Die Forderung, im Rahmen der Bewerbung politisch, fachlich und charakterlich geeignete Schüler in höhere Bildungsstätten aufzunehmen, wurde in den folgenden Jahren unverhohlen in offiziellen Dokumenten wie Anweisungen, Diskussionsbeiträgen und Reden genannt.[139] Alle Verfassungsartikel zum Bildungsrecht fanden sich ohne inhaltliche Änderungen auch in der Verfassung von 1974 wieder.[140]

Obwohl alle Verfassungen der DDR jedem Bürger die Bekenntnis- und Glaubensfreiheit zusicherten, kam es in der DDR immer wieder zu Auseinandersetzungen zwischen den Kirchen und dem Staat. In Artikel 20 Absatz 1 hieß es zwar „Gewissens- und Glaubensfreiheit sind gewährleistet", doch eine Berufung darauf akzeptierten die Machthaber in der Realität kaum. Ein Konfliktpunkt in diesem Zusammenhang stellte die vormilitärische Ausbildung dar. Vor allem Christen lehnten diese häufig aus Glaubens- und Gewissensgründen ab und vertraten damit eine Auffassung, die das SED-Regime nur schwer akzeptierte.

Bereits seit Mitte der 1950er Jahre war die vormilitärische Ausbildung für Studenten an Universitäten und Hochschulen obligatorisch.[141] Das Ministerium für Volksbildung führte die vormilitärische Ausbildung 1967 in Form der Hans-Beimler-Wettkämpfe der FDJ an allen Polytechnischen Oberschulen in den Klassen 8 bis 10 ein. Ab 1968 wurde die Ausbildung auf die Berufsausbildung und weiterführende Schulen ausgedehnt.[142] Seit 1969 galt die sozialistische Wehrerziehung als fester Bestandteil der klassenmäßigen Erziehung an den Schulen.[143]

---

137 Art. 38 Abs. 4 Verfassung der DDR 1968 bzw. 1974.
138 Laut Klaus Schroeder sei die Verfassungsänderung von 1968 zum einen als Versuch zu werten, die internationale Anerkennung zu erlangen, zum anderen den tatsächlichen Gegebenheiten in der DDR gerecht zu werden. Vgl. Schroeder, Der SED-Staat, S. 187 f.
139 Vgl. z. B. Anweisung zur Ausbildung in den Abiturklassen in den Einrichtungen der Berufsausbildung vom 30.7.1969. In: Monumenta Paedagogica, Band 16,1, S. 199–205; Referat des Ministers für Volksbildung, Margot Honecker, auf dem VII. Pädagogischen Kongress vom 5.5.1970. In: ebd., S. 296–336.
140 Vgl. Verfassung der DDR 1974.
141 Vgl. Koch, Die Einführung des Wehrunterrichtes in der DDR, S. 16.
142 Vgl. ebd., S. 10 und 14.
143 Vgl. Aufgabenstellungen des MfV und des Zentralrates der FDJ zur weiteren Entwicklung der staatsbürgerlichen Erziehung der Schuljugend der DDR vom 9.4.1969. In: Monumenta Paedagogica, Band 16,1, S. 141–156.

Die Teilnahme an der vormilitärischen Ausbildung im Rahmen der Berufsausbildung wurde schließlich im Arbeitsgesetzbuch der DDR vom 16. Juni 1977 gesetzlich fixiert.[144] Zuvor hatte sich in den Lehrverträgen ein entsprechender Paragraph befunden, der den Lehrling automatisch mit Aufnahme des Ausbildungsverhältnisses zur Teilnahme an der vormilitärischen Ausbildung verpflichtete. Wer nicht dazu bereit war, konnte unter Umständen kein Ausbildungsverhältnis aufnehmen, da eine Streichung des Paragraphen nicht vorgesehen war. Eine ähnliche Verpflichtung forderte man auch von Studienbewerbern und Studenten. Schließlich führte das Ministerium für Volksbildung 1978 noch den Wehrunterricht an den Polytechnischen Oberschulen ein, der trotz Protesten aus der Bevölkerung im Lehrplan verblieb.[145] In diesem Zusammenhang ist zudem die Förderung des militärischen Nachwuchses zu nennen; besondere Richtlinien garantierten einen erleichterten Zugang zu höheren Bildungseinrichtungen für diese Bewerber.[146]

Die im Jahre 1979 eingeführte neue Schulordnung[147] sah zwar schwere Strafen für abweichendes Verhalten seitens der Schülers vor, jedoch keine Veröffentlichung der Disziplinarverstöße mehr. Der Ausschluss von der Erweiterten Oberschule ließ sich nun rigoroser durchführen, da diese Schulordnung nicht mehr zwischen dem Ausschluss von der Erweiterten Oberschule und der Fortsetzung der Ausbildung an einer anderen weiterführenden Bildungseinrichtung, deren Ziel die Hochschulreife war, differenzierte. Ab 1979 galt bei groben Disziplinverstößen ein Ausschluss für alle Bildungseinrichtungen der DDR. Ausgenommen von dieser Regelung blieb lediglich der Erwerb der Hochschulzugangsberechtigung über die Volkshochschule oder im Rahmen der Erwachsenenbildung. Nur mittels dieser umständlichen, zeit- und kraftaufwendigen Möglichkeiten konnte eine Abiturausbildung fortgesetzt bzw. aufgenommen werden, die als Chance diente, sich erneut „zu bewähren". Die Aufhebung dieses allumfassenden Bildungsausschlusses blieb allein dem Ministerium für Volksbildung vorbehalten.[148]

Während der Bildungsexpansion im Fach- und Hochschulbereich seit Mitte der 1960er Jahre ließen die obersten Bildungshüter auch mehr Schüler zur Erweiterten Oberschule zu.[149] Nach dem Wechsel des Partei- und Staatsoberhauptes von Walter Ulbricht zu Erich Honecker, propagierte die neue Partei-

144 Vgl. Sachse, (Vor)militärische Ausbildung in der DDR, S. 257.
145 Vgl. Koch, Die Einführung des Wehrunterrichtes in der DDR, S. 32 f.
146 Vgl. Sachse, (Vor)militärische Ausbildung in der DDR, S. 265 ff.
147 Verordnung über die Sicherung einer festen Ordnung an den allgemeinbildenden Polytechnischen Oberschulen – Schulordnung vom 29.11.1979. In: Monumenta Paedagogica, Band 16,2, S. 375–393.
148 Vgl. Ordnung zur Durchführung der Verfahren zum Ausschluss aus allen Erweiterten Oberschulen der DDR vom 30.12.1967 (BArch, DR 2/D1686, unpag.).
149 Die Bildungsexpansion im Fach- und Hochschulbereich seit Mitte der sechziger Jahre wurde hauptsächlich von einer erhöhten Bildungsbeteiligung der Frauen getragen. Zudem gewannen produktionstechnisch ausgerichtete Studiengänge zunehmend an Bedeutung, was dem Geiste des Neuen Ökonomischen Systems der Wirtschaft und Leitung entsprach. Vgl. dazu Köhler/Stock, Bildung nach Plan?, S. 46 und 49.

und Staatsführung die „untrennbare Einheit von Wirtschaft- und Sozialpolitik",
um den Lebensstandard der Bevölkerung zu verbessern. Das hatte ein Umdenken in der Arbeitskräftepolitik zur Folge. In diesem Sinne hob die Ministerin
für Volksbildung, Margot Honecker, auf dem VIII. Parteitag der SED 1971 die
Bedeutung des Facharbeiternachwuchses hervor und forderte, dass die Priorität
der kommenden Jahre in dessen Ausbildung liege. Innerhalb der nächsten drei
Jahre sank die Studienanfängerquote von fast 19 Prozent auf 12,6 Prozent[150]
und die Zulassungsquote für die Erweiterte Oberschule von 11 Prozent auf
8,8 Prozent.[151]

Das Zulassungsverfahren und die Aufnahmebedingungen blieben trotz ver-
minderter Platzzahlen für die Erweiterte Oberschule bestehen. Die Aufnahme
war seit 1966 durch die „Richtlinien für die Vorbereitung auf den Besuch der
Erweiterten Oberschule und für die Aufnahme in die Erweiterte Oberschule"
geregelt. In einem zweistufigen Verfahren wurden Schüler nach den Prinzipien
von Leistung, politisch-ideologischer Zuverlässigkeit, sozialer Herkunft und
sozio-ökonomischen Erfordernissen für die Vorbereitungsklassen der EOS
(Klasse 9 und 10) und nochmals für die Abiturstufe (Klasse 11 und 12) ausgewählt. Im Normalfall delegierte die Schulleitung geeignete Schüler für den
Besuch der Vorbereitungsklassen, weniger bekannt und verbreitet war die Möglichkeit einer direkten Bewerbung. Letztlich entschied eine Aufnahmekommission bzw. im Widerspruchsverfahren der Schulrat allein, ob ein Schüler die
Vorbereitungsklasse (V-Klasse) besuchen durfte. Jedoch verband sich mit dieser Zulassung nicht automatisch der Übergang in die Abiturstufe, denn der
Besuch der eigentlichen Erweiterten Oberschule war nicht garantiert.[152]

1971 erfuhr auch die Zulassungsordnung für das Direktstudium an Universitäten und Hochschulen eine Änderung. In ihren grundlegenden Kriterien für die
Auswahl und Zulassung folgte die neue Zulassungsordnung zwar den Richtlinien früherer Jahre,[153] allerdings verlangte das SED-Regime nun noch zusätzlich von Studienbewerbern „die Bereitschaft, alle Forderungen der sozialistischen Gesellschaft vorbildlich zu erfüllen und nach dem erfolgreichen Abschluss
des Studiums ein Arbeitsverhältnis entsprechend der [...] Absolventenordnung"
einzugehen. Die Zulassungsvoraussetzungen kamen damit einer Generalver-
pflichtung des Studienbewerbers gegenüber dem Staat gleich, die sogar über
den Abschluss des Studiums hinaus wirkte, denn der Absolvent musste für drei
Jahre einen ihm zugewiesenen Arbeitsplatz annehmen.[154]

150 Vgl. dazu Köhler/Stock, Bildung nach Plan?, S. 61.
151 Vgl. Baske, Die Erweiterte Oberschule in der DDR, S. 215.
152 Vgl. ebd.; Anweiler, Schulpolitik und Schulsystem in der DDR, S. 97 f.
153 Vgl. Anordnung über das Teilstudium im Rahmen des Fern- und Abendstudiums an den
    Hoch- und Fachschulen vom 15.6.1962. In: Baske/Engelbert (Hg.), Zwei Jahrzehnte
    Bildungspolitik in der Sowjetzone (1959–1965), S. 195–197; Anordnung über das
    Aufnahmeverfahren zum Direkt-, Fern- und Abendstudium an den Universitäten, Hoch-
    und Fachschulen vom 20.2.1963. In: ebd., S. 249–254.
154 § 3 und 4 Verordnung über die Vorbereitung und Durchführung des Einsatzes der Hoch-
    und Fachschulabsolventen des Direktstudiums und die Förderung der Absolventen beim

Obwohl der Einleitungstext der Anordnung hervorhob, dass die Zulassung „nach dem Leistungsprinzip unter Berücksichtigung der sozialen Struktur der Bevölkerung und auf der Grundlage der [...] Ausbildungskapazitäten" zu erfolgen hatte, wiesen die geforderten Voraussetzungen für ein Studium in eine ganz andere Richtung. Nach wie vor stand an oberster Stelle die positive Gesinnung gegenüber dem Staat, erst danach folgten gute Leistungen und die Bereitschaft, einen zugewiesenen Arbeitsplatz anzunehmen. Nach diesen Kriterien wählte letztlich eine Zulassungskommission, deren personelle Besetzung weiterhin unverändert blieb, die Studenten aus.[155]

Da es in der Vergangenheit immer wieder zu Unstimmigkeiten mit Schülern und Eltern gekommen war, wenn Schüler der Vorbereitungsklassen letztlich nicht in die elften und zwölften Klassen der Erweiterten Oberschulen aufgenommen wurden, unternahm das Ministerium für Volksbildung nach dem IX. Parteitag der SED 1976 einen Vorstoß. Es plante die Abschaffung der Vorbereitungsklassen und einen direkten Übergang in die Erweiterte Oberschule nach Klasse 10, um so eine bessere Auswahl für die Abiturstufe treffen zu können. In einer Information zur inhaltlichen Weiterentwicklung der Abiturstufe und zur Gestaltung des Direktüberganges begründeten die obersten Bildungshüter diesen Schritt mitunter damit, dass die Schüler während des Auswahlprozesses am Ende der Klassenstufe 9 reifer seien und über gefestigte berufliche Vorstellungen verfügten. Zur Orientierung diente das Zulassungsverfahren zur Berufsausbildung mit Abitur, das schon immer Ende der neunten bzw. Anfang der zehnten Klassenstufe stattfand. Zudem sollten die Aufnahmeverfahren für die beiden Bildungswege künftig besser aufeinander abgestimmt und effektiver gestaltet werden.[156]

Schließlich schaffte das Ministerium für Volksbildung 1981 mit der „Anweisung zur Aufnahmeordnung" die Vorbereitungsklassen ganz ab: Die Zulassung für die Erweiterte Oberschule erfolgte ab Schuljahr 1981/82 in Klassenstufe zehn.[157] Die Auswahlkriterien wie auch das Entscheidungsverfahren über die Zulassung blieben erhalten. Die geringe Aufnahmequote und das Aufnahmeverfahren lösten in der DDR nicht nur einen harten Konkurrenzkampf unter

Übergang vom Studium zur beruflichen Tätigkeit - Absolventenordnung vom 3.2.1971. In: Baske (Hg.), Bildungspolitik in der DDR 1963-1976, S. 337-341.

155 Vgl. Anordnung über die Bewerbung, die Auswahl und Zulassung zum Direktstudium an den Universitäten und Hochschulen - Zulassungsordnung - vom 1.7.1971. In: ebd., S. 344-348.

156 Vgl. Büro Dietzel, MfV, Information zur inhaltlichen Weiterentwicklung der Abiturstufe und zur Gestaltung des Direktüberganges nach Abschluss der zehnklassigen allgemeinbildenden Polytechnischen Oberschule in die erweiterte Oberschule, April 1979 (BArch, DR 2/28971, Band 2, unpag. und BArch, DR 2/13031, unpag.).

157 Vgl. Anordnung über die Aufnahme in die erweiterte allgemeinbildende Polytechnische Oberschule und in Spezialklassen an Einrichtungen der Volksbildung sowie über die Bestätigung von Schülern für die Bewerbung um eine Lehrstelle in der Berufsausbildung mit Abitur - Aufnahmeordnung - vom 5.12.1981. In: Fuchs/Petermann (Hg.), Bildungspolitik in der DDR 1966-1990, S. 177-179.

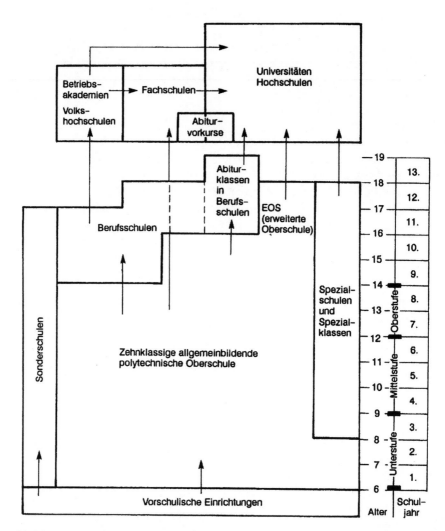

Abbildung 3: Bildungssystem der DDR ab 1959. Aus: Bildungspolitik in Deutschland 1945–1990, S. 531

den Schülern und permanente Unzufriedenheit in der Gesellschaft aus,[158] sondern dienten vorwiegend als Mittel der politisch-ideologischen Selektion, um Andersdenkende von Bildungsmöglichkeiten auszuschließen.[159]

158 Vgl. dazu Anweiler, Schulpolitik und Schulsystem in der DDR, S. 99; Baske, Die Erweiterte Oberschule in der DDR, S. 215.
159 Bereits in der Information zur Umgestaltung der des Aufnahmeverfahrens hieß es: „Künftig können mit größerer Sachkenntnis und Sicherheit von allen Absolventen der Oberschule die für die Abiturstufe am besten befähigten Schüler ausgewählt werden.

Der nunmehr veränderte Aufbau des Schulsystems in den 1980er Jahren ist in der Abbildung 3 schematisch dargestellt.

In den Gesetzen und Verordnungen zeigte sich zunehmend der politische Einfluss der SED auf den Auswahlprozess zu weiterführenden Bildungseinrichtungen, die über den Abschluss einer acht- bzw. zehnklassigen Schulbildung hinausgingen. Zur Durchsetzung der politisch-ideologischen Maßstäbe der SED im Zulassungsverfahren bediente man sich jedoch nicht nur der Auswahlkriterien, sondern auch dem vorausgehenden Auswahlverfahren bzw. der Delegierung und der personelle Zusammensetzung der Zulassungskommissionen. Anhand dieser drei Komponenten versuchte die SED-Partei- und Staatsführung den Auswahlprozess zu steuern. Dabei wurden die Forderungen an den Bewerber zum Besuch einer weiterführenden Bildungseinrichtung im Laufe der Jahre immer mehr erweitert. Waren in den ersten Nachkriegsjahren die politischen und militärischen Aktivitäten während des Nationalsozialismus und die soziale Herkunft des Bewerbers ausschlaggebend, so gesellte sich Ende der 1950er Jahre die „aktive Teilnahme am Aufbau des Sozialismus" und Anfang der 1960er Jahre die „Bereitschaft zur aktiven Verteidigung der Errungenschaften des Sozialismus" hinzu.

Darüber hinaus verlangten die Zulassungsgremien vom Bewerber verschiedene Beurteilungen zur seiner Person. Dazu zählten eine Stellungnahme der Schule oder des Betriebes und der FDJ. Schließlich wurde einer Zulassung eine Delegierung vorausgeschickt. Zum einen erlangte der Besuch einer weiterführenden Bildungseinrichtung so den Charakter einer Auszeichnung. Zum anderen trafen Vertreter in den Schulen und Betrieben bereits eine Vorauswahl unter möglichen Bewerbern, damit die Auswahlkriterien in der gewünschten parteipolitischen Gewichtung gewährleistet waren.

Die letzte Komponente im Entscheidungsprozess stellten die Zulassungskommissionen dar. Frühzeitig setzte die SED darauf, mithilfe von Vertretern der Massenorganisationen (FDGB, FDJ und DFD) ihre Interessen bei der Auswahl der künftigen Abiturienten und Studenten gewahrt zu wissen. Mitglieder der Sozialistischen Einheitspartei waren in diesen Kommissionen immer vertreten, da sie vermehrt die Leitungsfunktionen in den Bildungseinrichtungen ausübten. In dieser Doppelfunktion gehörten sie als leitende Kader den Auswahlkommissionen an und entschieden über die Zulassung der Bewerber.

Das sind solche Schüler, die sich durch gute Leistungen im Unterricht, hohe Leistungsfähigkeit und -bereitschaft sowie politisch-moralische und charakterliche Reife auszeichnen und ihre Verbundenheit mit unserer Republik durch ihre Haltung und gesellschaftliche Aktivität bewiesen haben." Büro Dietzel, MfV, Information zur inhaltlichen Weiterentwicklung der Abiturstufe und zur Gestaltung des Direktübergangs nach Abschluss der zehnklassigen allgemeinbildenden Polytechnischen Oberschule in die erweiterte Oberschule, April 1979 (BArch, DR 2/28971, Band 2, unpag.).

3.   Bevölkerungs- und bildungsstatistische Entwicklungen

Die Benachteiligung und Verfolgung von Schülern in der ehemaligen DDR zeigt sich nach der Aktenrecherche weder als homogene und stetige Erscheinung noch als ein einmaliges oder auf einen bestimmten zeitlichen Rahmen begrenztes Ereignis. Die Akten vermitteln vielmehr den Eindruck, dass die Diskriminierungsfälle komplex, diffus, individuell, multikausal, teilweise widersprüchlich und von politischen Rahmenbedingungen mitgeprägt waren. Die wichtigsten äußeren Bedingungen gab die SED vor. Zwar beeinflusste sie die anfänglichen Entwicklungen im Bildungswesen als politische Kraft noch nicht maßgeblich, jedoch bestimmte sie nach der Konsolidierung ihrer Macht die entscheidenden Richtlinien in der Schul- und Bildungspolitik.

Zur Untersuchung der Gründe, Formen und Folgen der Benachteiligungen aus der Retrospektive können Rehabilitierungsanträge als wichtige Informationsquellen herangezogen werden. Sie besitzen sowohl qualitative wie auch quantitative Aussagekraft.

An die Rehabilitierungsbehörde des Sächsischen Landesamtes für Familie und Soziales stellten zwischen 1990 und 2005 allein 3 680 Betroffene einen Rehabilitierungsantrag, um als „verfolgter Schüler" anerkannt zu werden. Das Bundesministerium der Justiz registrierte für diese Gruppe im gleichen Zeitraum 6 750 Rehabilitierungsanträge.[160] Daraus wird ersichtlich, dass an die sächsischen Behörden mehr als die Hälfte, nämlich fast 55 Prozent, der Rehabilitierungsbegehren gerichtet wurden. Schließlich nahmen 489 sächsische Antragsteller am Forschungsprojekt „Verfolgte Schüler" teil. Bis auf wenige Ausnahmen waren alle Betroffenen zum Zeitpunkt ihrer Benachteiligung im Alter von 14 bis 25 Jahren. Eine genaue Altersverteilung ist Gegenstand des Diagramms 2.

Es zeigt, welchen Ausbildungsabschnitt die Diskriminierung betraf und in welchem Alter die Betroffenen zu diesem Zeitpunkt waren. Eine Benachteiligung im Bereich der Berufsausbildung erging vorwiegend vom 14. bis 17. Lebensjahr, das betraf meist Schulabgänger der achten und zehnten Klassenstufe. Das Aufnahmeverfahren zur Erweiterten Oberschule begann bis 1981 in Klassenstufe acht, danach in Klassenstufe neun und zehn. Die Schüler waren ebenfalls im Alter von 14 bis 17 Jahren. Ältere Jugendliche waren meist Opfer einer Relegierung von der Erweiterten Oberschule. Die Zulassung zur

---

160 Vgl. Bundesministerium der Justiz, Referat IV B, Verwaltungsrechtliches Rehabilitierungsgesetz (VwRehaG) – Berufliches Rehabilitierungsgesetz (BerRehaG): Statistik über die Antragseingänge und Bescheiderteilungen, Stand 31.12.2005,. Die Übersicht befindet sich im Besitz der Verfasserin. Bis zum 31.7.2008 gingen 6.889 Rehabilitierungsanträge auf Anerkennung als verfolgte Schüler nach dem Beruflichen Rehabilitierungsgesetz (BerRehaG) für die gesamte Bundesrepublik ein. Vgl. Bundesministerium für Justiz, Referat III 3, Verwaltungsrechtliches Rehabilitierungsgesetz (VwRehaG) – Berufliches Rehabilitierungsgesetz (BerRehaG): Statistik über die Antragseingänge und die Bescheiderteilung, Stand 31.7.2008. Die Übersicht befindet sich im Besitz der Verfasserin.

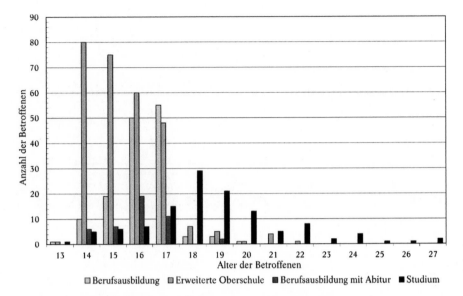

Diagramm 2: Alter zur Benachteiligungszeit der Teilnehmer des Forschungsprojektes unterteilt nach verschiedenen Bildungseinrichtungen

Berufsausbildung mit Abitur fand in der zehnten Klassenstufe und somit im Alter von 16 bzw. 17 Jahren statt.

Einige Teilnehmer des Forschungsprojektes gaben an, dass sie bereits in unteren Klassenstufen unter Repressionen in der Schule zu leiden hatten. Ihnen sei bereits frühzeitig unmissverständlich erklärt worden, dass eine Bewerbung zum Besuch weiterführender Bildungseinrichtungen aussichtslos wäre. Aufgrund dieser Angaben zählen auch jüngere Betroffene in diese Kategorie. Ähnlich erging es Schülern, die sich für ein Studium interessierten. Einzelnen wurde bereits in den Vorbereitungsklassen zur Abiturstufe oder nach deren Abschaffung in den letzten beiden Schuljahren an der Polytechnischen Oberschule mitgeteilt, dass ein Studium für sie nicht in Frage käme. Zudem war der Besuch einer Fachschule mit dem Zehnklassenabschluss möglich, folglich bewarben sich die Schüler in der zehnten Klassenstufe für dieses Studium. Die Mehrzahl der Benachteiligten war in der Regel im Alter von 17 bis 20 Jahren bei der Verweigerung des Studiums. Ältere Betroffene versuchten meist nach Eintritt ins Berufsleben über eine betriebliche Delegierung eine Studienzulassung zu erreichen.

Neben dem Alter zum Zeitpunkt der Diskriminierung ist interessant, welchen Geburtsjahrgängen die betroffenen Jugendlichen angehörten. Aufgrund fehlender detaillierter Angaben für die gesamte DDR lässt sich eine Analyse der Geburtsjahrgänge nur für Antragsteller der Region Sachsen und die aus dieser Gruppe gewonnenen Teilnehmer des Forschungsprojektes erstellen. Die Geburtsjahrgänge beider Gruppen sind im Diagramm 3 und in Tabelle 1 dargestellt.

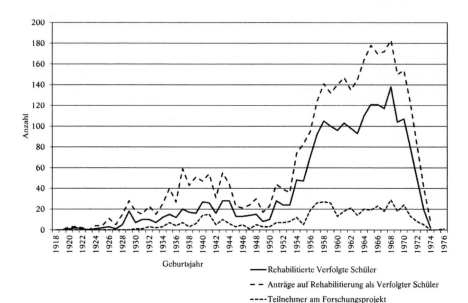

Diagramm 3: Anzahl der Benachteiligungen an Geburtenjahrgängen unter den
Antragstellern auf Rehabilitierung als verfolgte Schüler, rehabilitierten verfolgten Schülern und Teilnehmern am Forschungsprojekt

Diagramm 3 und Tabelle 1 zeigen, dass sich nur eine geringe Anzahl Betroffener der Geburtenjahrgänge vor 1930 am Forschungsprojekt beteiligte, lediglich
die Jahrgänge 1928/29 stellten vermehrt Rehabilitierungsanträge. Allerdings
fällt ihr Anteil im Vergleich zu später Geborenen doch gering aus. Eine eher
kleine Gruppe bilden die Jahrgänge von 1930 bis 1934. Bei Kriegsende bzw. in
den ersten Nachkriegsjahren waren diese Personen Alter von 14 bis 25 Jahren.
Sie nahmen während dieser Zeit ihre Schul- oder Berufsausbildung wieder auf
und schlossen diese ab. Diese Geburtenjahrgänge prägte die Zeit des Zweiten
Weltkrieges,[161] insbesondere männliche Jugendliche und junge Erwachsene hatten größtenteils aktiv an den Kriegsgeschehnissen als Wehrmachtsangehörige
oder Flakhelfer teilgenommen, sodass diese Kohorte auch von einer kriegs-
bedingten Mehrsterblichkeit betroffen war. Ihr geringer Anteil lässt sich zudem
damit begründen, dass diese Personen zum Zeitpunkt des Erlasses der Rehabilitierungsgesetze bereits das Rentenalter erreicht und ihr Berufs- und Erwerbsleben bis dahin meistens abgeschlossen hatten. Vereinzelt wird auch die Zahl
von Verstorbenen dieser Jahrgänge zunehmen. Für diese Altersgruppen schien
das Rehabilitierungsverfahren aus beruflicher Sicht nur bedingt notwendig zu

---

161 Der Zweite Weltkrieg beeinflusste die Bevölkerungsbewegung als exogener Faktor. Die
Folgen waren Übersterblichkeit, Geborenenausfall und Zwangswanderungen. Vgl.
Schulze (Hg.), DDR-Jugend, S. 13.

Tabelle 1: Geburtenjahrgänge (in Prozent) von Betroffenen, die einen Antrag auf Rehabilitierung als verfolgte Schüler beim Sächsischen Landesamt gestellt haben: Gesamtmenge der Antragsteller, Rehabilitierte und Teilnehmer am Forschungsprojekt[162]

Altersgruppe	Antragsteller als verfolgte Schüler	Rehabilitierte verfolgte Schüler	Teilnehmer am Forschungsprojekt
vor 1920	0,00 %	0,00 %	0,00 %
1920-24	0,33 %	0,22 %	0,00 %
1925-29	1,84 %	1,29 %	0,00 %
1930-34	2,77 %	2,04 %	2,05 %
1935-39	6,35 %	3,55 %	5,53 %
1940-44	6,60 %	5,55 %	10,25 %
1945-49	3,23 %	2,80 %	3,48 %
1950-54	6,14 %	5,94 %	7,58 %
1955-59	16,19 %	18,41 %	21,11 %
1960-64	20,62 %	22,18 %	17,62 %
1965-69	24,27 %	26,66 %	21,93 %
1970-74	11,56 %	11,36 %	10,25 %
nach 1974	0,11 %	0,00 %	0,20 %
Summe	100,00 %	100,00 %	100,00 %

sein, da sich die Anerkennung als „verfolgte Schüler" nicht rentenrechtlich auswirkte und sich keine finanzielle Besserstellung damit verband. Schließlich kann vermutet werden, dass es während der sowjetischen Besatzung in den 1940er Jahren nur wenige Diskriminierungen im Bildungswesen gegeben hatte.

Wie Diagramm 3 zu entnehmen ist, weisen die Graphen für die Jahrgänge 1935 bis 1944 einen Anstieg auf. So zeichnen sich diese Vorkriegs- und Kriegsjahrgänge vor allem durch generell höhere Geburtenraten und eine niedrigere kriegsbedingte Mehrsterblichkeit aus.[163] Im Gründungsjahr der DDR und in den ersten Jahren ihres Bestehens erreichten diese Betroffenen das Jugendalter. Sie erlebten während ihrer Schulzeit die Erhöhung des Anteils von „Arbeiter- und Bauernkindern" und die ersten Diskriminierungen von christlichen Schülern mit. Während dieser Zeit ergingen die Maßnahmen gegen die Junge Gemeinde, die Einführung der Jugendweihe und die verstärkte Werbung für die

162 Die Zahlen aller Antragsteller auf Rehabilitierung als verfolgte Schüler und die Zahlen für rehabilitierte verfolgte Schüler sind Berechnungen der Rehabilitierungsbehörde des Sächsischen Landesamtes für Familie und Soziales in Chemnitz. Die Zahlen des Forschungsprojektes sind eigene Berechnungen.
163 Vgl. ebd.

Pionierorganisation und die FDJ. Die Betroffenen dieser Jahrgänge stellten ihren Rehabilitierungsantrag in einem bereits fortgeschrittenen Alter jenseits der Lebensmitte. Die Motivation zur Stellung eines Rehabilitierungsantrages resultierte demzufolge in der Regel weniger aus der Absicht, eine Bildungskarriere nachzuholen, als vielmehr einen erleichterten Zugangs zu Weiterbildungseinrichtungen in Anspruch zu nehmen, um so der in diesen Jahrgängen gehäuft auftretenden Arbeitslosigkeit durch die Umstrukturierung des ostdeutschen Arbeitsmarktes zu begegnen. Insgesamt traf auf alle genannten Jahrgänge zu, dass ihre Angehörigen die Möglichkeit nutzen konnten, die verwehrte Ausbildung in einer der westlichen Besatzungszonen bzw. in der Bundesrepublik aufzunehmen.

Der Anteil der Antragssteller, die in der zweiten Hälfte der 1940er Jahre geboren wurden, ist in allen drei Kategorien vergleichsweise gering. Diese befanden sich von 1960 bis 1965 im 14. Lebensjahr und von 1970 bis 1975 im 25. Lebensjahr. Im Jahr der Wiedervereinigung der beiden deutschen Staaten hatten sie maximal das 45. Lebensjahr erreicht. Ihre Adoleszenz begleiteten weitreichende Veränderungen in der DDR. Zunächst einmal die Abriegelung der Grenze zur Bundesrepublik im Jahr 1961, in deren Folge das SED-Regime die ideologische Erziehung in den Schulen verstärkte.[164] Auch führte die DDR 1962 die allgemeine Wehrpflicht und 1968 im Bereich der Berufsausbildung und an weiterführenden Schulen die Wehrerziehung ein. 1965 erließ der Staat das Gesetz über das einheitliche sozialistische Bildungssystem.[165] Die Jugendpolitik in den 1960er Jahren unterlag großen Schwankungen, die von Lockerungen bis hin zu strengen Restriktionen reichten.[166] Und schließlich senkten die obersten Bildungshüter nach dem VIII. Parteitag die Aufnahmezahlen für die Erweiterte Oberschule, die Fach- und Hochschule, was zu einem noch strengeren Zulassungsverfahren und vermehrten Diskriminierungen führte. Eigentlich wäre aus dieser Gruppe eine größere Anzahl von Rehabilitierungsanträgen zu erwarten, dennoch stellten relativ wenige Betroffene einen Antrag. Diese Diskrepanz lässt sich mit dem Alter dieser Personen zur Zeit des Inkrafttretens des Beruflichen Rehabilitierungsgesetzes erklären. Zu diesem Zeitpunkt waren diese Jahrgänge im Alter zwischen 45 und 50, verfügten häufig über familiäre Verpflichtungen, hatten sich nach der friedlichen Revolution beruflich neu orientiert und fußgefasst. Aus ihrer Sicht barg eine Rehabilitierung nur wenige Vorteile, da eine nachgeholte Bildungskarriere nur selten mit der persönlichen und sozialen Situation vereinbar gewesen wäre. Zum einen hatten die meisten Angehörigen dieser Jahrgänge bereits familiäre Verantwortung und berufliche Verpflichtungen, die sie nicht zugunsten eines Neuanfanges zurückstellen wollten oder konnten. Zum anderen hatten sie ihre Lebensmitte bereits überschritten, sodass vielen ein schulischer Neuanfang nach Jahren der Berufstätigkeit als wenig sinnvoll erschien.

164 Vgl. MfV, Bericht zum Stand der staatsbürgerlichen Erziehung vom 20.9.1961. In: Geschichte, Struktur und Funktionsweise der DDR-Volksbildung, S. 401–403.
165 Gesetz über das einheitliche sozialistische Bildungssystem vom 25.2.1965 (DDR-GBl. 1965 I, S. 83).
166 Vgl. dazu Kapitel IV.2.3.

Sowohl aus Diagramm 3 als auch aus Tabelle 1 geht klar hervor, dass die Betroffenen der Jahrgänge 1950 bis 1970 den größten Teil der Rehabilitierungsanträge gestellt haben. Das Jugendalter dieser Gruppe prägten mitunter eine verstärkte Militarisierung im Bildungswesen, eine zunehmend populär werdende Friedensbewegung und ab Mitte der 1980er Jahre erleichterte Bedingungen für eine Ausreise aus der DDR. Gleichzeitig war der Großteil dieser Jahrgänge seit 1972 von den geringen Zulassungszahlen für weiterführende Bildungseinrichtungen betroffen. Für eine Schulbildung über den Abschluss der zehnten Klasse hinaus blieb die politische Anpassung die wichtigste Voraussetzung. Darüber hinaus profitierten die Geburtenjahrgänge der 1950er bis 1970er Jahre besonders von den Rehabilitierungsgesetzen. Sie hatten zum Zeitpunkt der Antragstellung maximal das 45. Lebensjahr erreicht und standen zum Teil noch am Anfang oder in der Mitte ihres Berufslebens. Besonders die jüngeren Jahrgänge konnten in den ersten Jahren nach der Wiedervereinigung der beiden deutschen Staaten einen beruflichen Neubeginn oder eine Bildungskarriere wagen, die ihnen bis dahin das SED-Regime vorenthalten hatte. Die etwas älteren Jahrgänge erhofften sich wahrscheinlich eher einen leichteren Zugang zu Weiterbildungsmaßnahmen sowie eine Verbesserung ihrer rentenrechtlichen Situation.

Zur Ergänzung wird nachfolgend noch auf die Entwicklung der jugendlichen Wohnbevölkerung in den drei sächsischen Bezirken eingegangen.

Für die Zeit von 1945 bis 1952 ist nur der Rückgriff auf das statistische Material für die gesamte SBZ/DDR möglich. Erst mit der Auflösung der Länder und der Einführung der Bezirke als Verwaltungseinheiten im Jahr 1952 hatte eine regional differenzierte statistische Erfassung entsprechend der einzelnen Bezirke stattgefunden. Für diesen Zeitraum lassen sich auch unterschiedliche Entwicklungen auf Republik- und Bezirksebene darstellen.

Im Jahre 1945 war der Anteil der jugendlichen Wohnbevölkerung auf dem Gebiet der sowjetischen Besatzungszone am niedrigsten. Das galt ebenso für den Anteil der männlichen Jugendlichen (14- bis 25-Jährigen). Bereits 1946 zeichnete sich ein Zuwachs der jugendlichen Wohnbevölkerung ab, der bis 1955 anhielt.[167]

In den Jahren 1955 bis 1968 jedoch nahm der Anteil der jugendlichen Wohnbevölkerung auf dem Gebiet der gesamten DDR stetig ab. Grund hierfür waren geburtenschwache Jahrgänge der Kriegs- und Nachkriegsjahre.[168] Erst ab 1969 verzeichnete die Zahl der jugendlichen Wohnbevölkerung wieder deutliche Zuwachsraten, ein Trend der sich aber ab 1980 wieder ins Gegenteil verkehrte.

Für den Zeitraum von 1952 bis 1989 kann auch die Entwicklung der jugendlichen Wohnbevölkerung der sächsischen Bezirke Dresden, Karl-Marx-Stadt und Leipzig mit einbezogen werden, da ab 1952 entsprechendes Zahlenmaterial zur Verfügung steht (siehe Diagramm 4).

---

167 Vgl. Schulze (Hg.), DDR-Jugend, S. 26, Tabelle.
168 Vgl. ebd., S. 15.

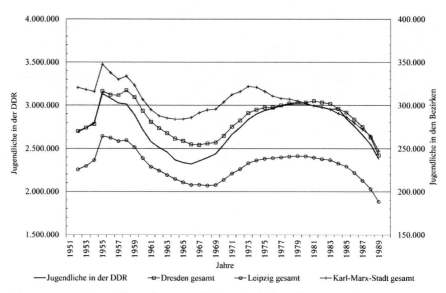

Diagramm 4: Darstellung der jugendlichen Wohnbevölkerung in der DDR und in
             den sächsischen Bezirken Dresden, Karl-Marx-Stadt und Leipzig von
             1952 bis 1989[169]

Für die drei sächsischen Bezirke verlief die Entwicklung der jugendlichen
Wohnbevölkerung ähnlich der für die gesamte DDR. Abweichungen sind ab
1974 für den Bezirk Karl-Marx-Stadt zu erkennen, da hier im Vergleich zur
gesamten DDR und den beiden anderen sächsischen Bezirken ein vorzeitiger
Rückgang der jugendlichen Wohnbevölkerung zu erkennen ist. Diese Abnahme
fand in den anderen Gebieten erst seit 1980 statt, wobei der Bezirk Dresden für
1981 einen einmaligen Zuwachs dieser Gruppe auswies. Insgesamt war die
jugendliche Wohnbevölkerung in diesen Jahren bis 1989 rückläufig.[170]
    Bei einem Vergleich der jugendlichen Wohnbevölkerung mit Gleichaltrigen
aus der Gruppe der Antragsteller eines Rehabilitierungsantrages auf Anerkennung als verfolgte Schüler und festgestellten verfolgten Schülern zeigen sich
einige abweichende Entwicklungen. Aufgrund fehlenden Zahlenmaterials beschränken sich die Untersuchungen auf Jugendliche der Jahrgänge 1952 bis
1974. Die Ergebnisse sind im nachfolgenden Diagramm 5 dargestellt.
    Das Diagramm 5 zeigt hier eine gegenläufige Entwicklung: Bei gleichzeitiger
Zunahme der jugendlichen Wohnbevölkerung in Sachsen zwischen 1952 bis
1958 steigt die Zahl der Rehabilitierungsanträge für Diskriminierungen in entsprechenden Alters-Kohorte. Ende der 1950er Jahre sinkt zudem die Zahl sächsischer Jugendlicher, jedoch steigt die Zahl der Rehabilitierungsanträge weiter
an. Erst ab Mitte der 1960er Jahre nimmt der Anteil von Jugendlichen in Sach-

---

169 Das Zahlenmaterial stammt von ebd., S. 81. Das Diagramm wurde selbst erstellt.
170 Vgl. ebd., S. 18.

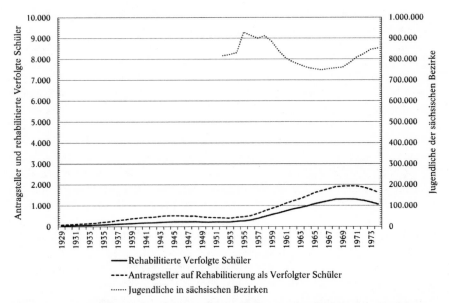

Diagramm 5: Vergleich der Zahl von Jugendlichen in den sächsischen Bezirken vs. Jugendlichen zum Zeitpunkt der Benachteiligung unter den Antragstellern einer Rehabilitierung als verfolgte Schüler und anerkannten verfolgten Schülern der sächsischen Bezirke

sen wieder zu. Mit leichter Verzögerung sinkt ab Beginn der 1970er Jahre auch die Zahl der damals jugendlichen Antragsteller einer Rehabilitierung.

Die Ergebnisse dieser Analyse bestätigen nochmals die gemachten Aussagen zur Gruppe der mutmaßlich verfolgten Schüler der Jahrgänge 1950 und 1970. Sie waren zwar häufiger den Diskriminierungsmaßnahmen des Erziehungs- und Bildungswesens der DDR ausgesetzt, profitierten jedoch am meisten von den Rehabilitierungsgesetzen.

Die dargestellten allgemeinen demographischen Entwicklungen und die Zahl der geltend gemachten Benachteiligungen lassen sich schließlich mit Schüler-, Lehrlings- und Studentenzahlen der DDR vergleichen. Zum einen kann die Wirkung bildungspolitischer Vorgaben jeweils im Bereich einzelner Bildungsabschnitte aufgezeigt werden. Zum anderen bietet sich die Möglichkeit, Hinweise auf Diskriminierungen näher zu untersuchen, um abweichende Entwicklungen in diesem Ausbildungsbereich zu verdeutlichen.

Zu den einzelnen Bildungsbereichen kann sowohl auf Statistiken der DDR als auch auf Analysen und Dokumentationen aus den 1990er Jahren zurückgegriffen werden.[171] Diese enthalten mitunter statistische Angaben zu einzelnen

---

171 Vgl. z. B. Statistische Jahrbücher der DDR; Schulze (Hg.), DDR-Jugend; Köhler/Stock, Bildung nach Plan?; Köhler, Was die Schulstatistik der SBZ/DDR erfragte.

Bildungseinrichtungen mit Aufnahme- bzw. Abgangszahlen, durchschnittliche Klassenstärken und Gesamtschülerzahlen je Klassenstufe.

Aufgrund der spärlichen Quellenlage für die sächsischen Bezirke ließ sich die Schülerzahl nicht nach Klassenstufen ausweisen, daher werden im Folgenden nur allgemeine Tendenzen sichtbar.

Zunächst bestand folgende Ausgangslage: Im Vergleich zu späteren Entwicklungen waren die Schülerzahlen für das Jahr 1949 am höchsten. Diese resultierten einerseits aus den geburtenstarken Vorkriegsjahrgängen und andererseits aus der großen Zahl an Flüchtlingen und Vertriebenen aus den ehemaligen Ostgebieten.[172] Damit standen die Schülerzahlen im Gegensatz zur Entwicklung der jugendlichen Wohnbevölkerung, deren Anteil 1949 eher niedrig ausfiel. Allerdings bestand die Gruppe der Schüler naturgemäß aus einem großen Teil jüngerer Personen. Das Schuleintrittsalter lag bei sechs bzw. sieben Lebensjahren und das Schulabgangsalter je nach Schulart zwischen dem 14. und 18. Lebensjahr. Dagegen war die jugendliche Wohnbevölkerung mit einem Alter zwischen 14 und 25 Lebensjahren ungefähr zehn Jahre älter.

Im Diagramm 6 werden die Absolventenzahlen der allgemeinbildenden Schulen von 1955 bis 1989 denen der jugendlichen Wohnbevölkerung für die DDR gegenübergestellt. Unter allgemeinbildende Schulen waren Mittelschulen und Oberschulen und nach 1959 Polytechnische Oberschulen und Erweiterte Oberschule zusammengefasst.

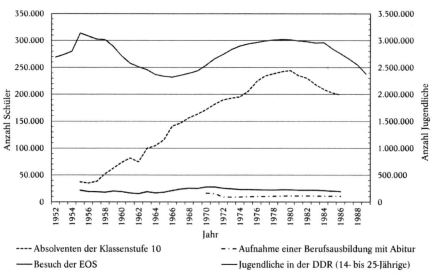

---- Absolventen der Klassenstufe 10   — · - Aufnahme einer Berufsausbildung mit Abitur
——— Besuch der EOS   ——— Jugendliche in der DDR (14- bis 25-Jährige)

Diagramm 6: Vergleich von jugendlicher Wohnbevölkerung, Absolventen der Klassenstufe 10 und Zulassung zur Erweiterten Oberschule bzw. Berufsausbildung mit Abitur in der DDR

---

172 Vgl. Schulze (Hg.), DDR-Jugend, S. 79.

Es zeigt sich, dass die Zahlen der Schulabgänger mit einem Zehnklassenabschluss[173] und der Jugendlichen für die entsprechenden Jahre korrelierten. Die nur langsam ansteigende Kurve von Absolventen der Klassenstufe zehn geht darauf zurück, dass dieser Abschluss in den Jahren von 1955 bis 1965 erst langsam etabliert wurde. Die Durchsetzung der obligatorischen Zehnklassenschulbildung begann 1951 in der DDR. Seit 1955 wurde sie als Mittelschule und ab 1959 als allgemeinbildende polytechnische Oberschule bezeichnet. Im Jahr 1959 setzten nur 40 Prozent der Schüler ihre Schulausbildung mit dem Besuch der neunten bzw. zehnten Klassenstufe fort. Bis 1965 stieg ihre Zahl bereits auf 72 Prozent an und ab 1975 wurde die Durchsetzung der Zehnklassenschule als abgeschlossen erklärt.[174]

Diagramm 6 gibt auch Aufschluss über den verhältnismäßig geringen Anteil von Schülern, die zum Erwerb des Abiturs eine Erweiterte Oberschule besuchen oder eine Berufsausbildung mit Abitur absolvieren durften. Zugleich stieg die Zahl der Jugendlichen insgesamt ebenso wie die Zahl derjenigen, die ihre Schulbildung nach der zehnten Klasse abschlossen.

Die Erweiterte Oberschule konnte im langjährigen Durchschnitt ungefähr ein Zehntel der Schüler besuchen. Die Berufsausbildung mit Abitur stand nach ihrer Einführung 1959 nur einem Fünftel offen.[175] Die Entwicklungstendenzen dieser beiden Bildungswege schwankten teilweise erheblich. Das hatte jedoch keine demographischen, sondern ausschließlich bildungspolitische Gründe. Die Zahl der Absolventen der Erweiterten Oberschule wurde mit leichten Schwankungen ab 1957 reduziert und erreichte im Jahr 1964 einen Tiefstand von ca. 15 400 Schülern, danach wurden die Schülerzahlen wieder gesteigert. Dieser Tiefstand begründete sich aus dem seit Mitte der 1950er von den obersten Bildungshüter favorisierten Erwerb des Abiturs neben der Berufsausbildung. Da sich dieser Weg zum Reifeabschluss jedoch nicht durchsetzen konnte, delegierte man ab Mitte der 1960er Jahre wieder mehr Schüler an die Erweiterten Oberschulen. Als Relikt dieser Politik blieb die Berufsausbildung mit Abitur weiterhin bestehen.[176] Die bildungspolitische Umorientierung infolge des VIII. Parteitags 1971, welche eine verstärkte Ausbildung von Facharbeitern forderte, stellte einen tiefen Einschnitt in die Entwicklung der Zulassungsquoten zum Erwerb der Reifeprüfung dar, da die Zahl der Abiturienten nun erheblich reduziert wurde.[177]

Wie bereits mehrfach angesprochen, wirkten sich diese bildungspolitischen Maßnahmen auf die Anwendung der Zulassungskriterien aus. Beim Vergleich der Abiturientenzahlen der Erweiterten Oberschulen mit diesbezüglich geltend gemachten Diskriminierungen von Teilnehmern des Forschungsprojektes wird

---

173 Dieser Abschluss entspricht dem Mittelschulabschluss.
174 Vgl. Schulze (Hg.), DDR-Jugend, S. 80.
175 Die Berufsausbildung mit Abitur wurde mit dem Gesetz über die sozialistische Entwicklung des Schulwesens in der Deutschen Demokratischen Republik vom 2. 12. 1959 eingeführt.
176 Vgl. Waterkamp, Handbuch zum Bildungswesen der DDR, S. 99 f.
177 Vgl. Schulze (Hg.), DDR-Jugend, S. 80.

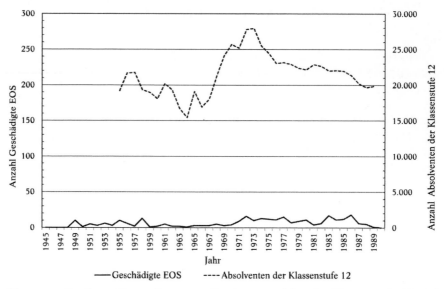

Diagramm 7: Gegenüberstellung von Absolventenzahlen der Klassenstufe 12 und
            geltend gemachten Benachteiligungen von Rehabilitierungsantragstel-
            lern

in Diagramm 7 ersichtlich, dass beide Kurven bis Anfang der 1970er Jahre parallel verlaufen, aber in den nachfolgenden Jahren nimmt die Zahl der Abiturienten
bei gleichzeitig steigenden Benachteiligungszahlen stetig ab.

Obgleich Gegenüberstellungen von Daten dieser sehr unterschiedlichen
Dimension aufgrund der nur als begrenzt eingeschätzten Aussagekraft einiger
Promille im Vergleich zum Ganzen einer äußerst zurückhaltenden und kritischen Bewertung bedürfen, unterstreicht Diagramm 7 nochmals die aus Diagramm 5 gewonnenen Erkenntnisse.

Neben Benachteiligungen im Bereich der Abiturausbildung und der Berufsausbildung gaben Betroffene auch an, dass ihnen in der DDR die Zulassung zu
einem Studium bzw. dessen Abschluss verwehrt wurde.

Ein Studium war in der DDR an einer Universität, Hochschule oder
Fachschule als Direkt-, Abend- oder Fernstudium[178] möglich. Die Neuzulassun-
gen von Studierenden zu Hochschulen oder Universitäten schwankten zum Teil
ebenso stark wie die Zulassungszahlen zur Abiturstufe. Seit den 1960er Jahren
lag der Anteil der Studierenden bei ungefähr vier Prozent der Jugendlichen eines
Jahrganges. Die Zu- und Abnahme an Studierenden war je nach Studienform
unterschiedlich. Es zeigten sich aber Korrelationen zwischen der Entwicklung

---

178 Als Studienformen existierten in der DDR neben den genannten Direkt-, Fern- und
    Abendstudium noch die Formen eines Sonder- und Teilstudiums, eines Komplementär-
    und kombinierten Studiums. Auch konnte neben Universitäten, Hoch- und Fachschulen
    an Industrieinstituten studiert werden. Vgl. ebd., S. 87.

der jeweiligen Studienform und der sozialen Herkunft von Studenten. In der Zeit von 1949 bis 1989 hatte sich die Zahl der Studenten verfünffacht. Die höchste Studentenzahl wurde 1972 erreicht.[179]

Ebenso wie die Aufnahmezahlen zur Erweiterten Oberschule senkte die DDR-Führung in den 1960er Jahren die Anzahl der Direktstudenten. Erst in der Zeit von 1967 bis 1972 stiegen diese wieder an. Der Beschluss des Sekretariats des Zentralkomitees der SED vom 28. April 1971[180] verfügte auch die Reduzierung der Studienplätze für das Direkt- und Fernstudium von 113 555 im Jahre 1972 auf 101 555 im Jahre 1975.[181]

Ende der 1970er Jahre nahm die Zahl der Studenten insgesamt wieder zu, jedoch veränderte sich damit die Zusammensetzung der Studenten entsprechend ihrer sozialen Herkunft. Für das Direktstudium ist von 1972 bis 1977 ein Rückgang und ab 1977 ein stetiger Anstieg von Studenten aus der Arbeiterschaft zu verzeichnen. Der Anteil der Studenten aus den Reihen der Angestellten war seit der Zäsur 1972 generell rückläufig, wohingegen die Zahl der Studierenden aus Familien der Intelligenz bis auf einen unmerklichen Rückgang in den Jahren 1972 und 1974 wuchs.

Für das Fernstudium ist ebenfalls ein Einschnitt für das Jahr 1972 zu verzeichnen. Die Quote der Studenten aus der Arbeiterschaft ging in der Zeit von 1972 bis 1978 weiter zurück, stieg danach jedoch mit Ausnahme des Jahres 1985 wieder an. Die Zahl von Studenten aus dem Kreise der Angestellten nahm bis 1985 weiter ab. Ein kurzzeitiger Anstieg ist nur für 1975, 1979 und 1980 zu verzeichnen. Eine Aufwärtsentwicklung zeichnete sich erst wieder für das Jahr 1986 ab. Generell rückläufig entwickelten sich die Fernstudentenzahlen aus den Reihen der Intelligenz.

Für beide Studiengänge zusammengenommen zeigte sich, dass nach 1978 die Studentenzahlen aus der Gruppe der Arbeiter anstiegen während die Studentenzahlen bei den Angestellten immer weiter zurückgingen. Zudem kam es zu einer vermehrten Zulassung von Direktstudenten aus den Kreisen der Intelligenz. Die Entwicklung zugunsten der Angehörigen der Intelligenz rührte allerdings daher, dass sich die in der DDR aufgestiegenen und etablierten Eliten für ihre Kinder ebenfalls ein Studium wünschten. Daher arrangierten sich die Zulassungsinstitutionen vermehrt mit dieser Situation. Der Anteil der Studenten aus Arbeiter- und Bauernkreisen stieg ebenso weiter, jedoch verfügten nur wenige Studenten tatsächlich über diese soziale Herkunft, da dieser Gruppe

---

179 In den Jahren von 1951 bis 1989 studierten 77 Prozent im Direktstudium, 18 Prozent im Fernstudium, 1 Prozent im Abendstudium und 4 Prozent in Sonderstudienformen. Vgl. ebd.

180 Jedoch waren einzelne volkswirtschaftlich wichtige Studienrichtungen ausgenommen. Vgl. Vertrauliche Ministerratssache: Beschluss zur Information über die Durchführung des Beschlusses des Politbüros des ZK der SED „Maßnahmen zur Erhöhung des Bestandes an naturwissenschaftlichen und technischen Hochschulkadern bis 1975/76" vom 10.3.1970 (SächsStAC, 30413/8.1, Nr. 63547, unpag.).

181 Vgl. Schulze (Hg.), DDR-Jugend, S. 116, Tabelle 64.

mehr und mehr auch andere Personengruppen, wie beispielsweise Angehörige der NVA, zugeordnet wurden.

Neben den Universitäten, Hoch- und Fachschulen existierten in der DDR noch weitere Einrichtungen, an denen ein Studium absolviert werden konnte. Eine Besonderheit, die sogenannten Arbeiter-und-Bauern-Fakultäten (ABF), sei hier nur kurz erwähnt. Die ABF bestanden von 1951 bis 1963 und während ihres Bestehens lag ihr mittlerer Anteil an der Studentenschaft bei 22,4 Prozent. Die soziale Herkunft der Studierenden entsprach dem Namen der Einrichtung; der Anteil von Arbeiter- und Bauernkindern lag bei 81 Prozent.[182]

Anhand der statistischen Materialien lässt sich feststellen, dass die Benachteiligung von Schülern, Auszubildenden und Studenten in der DDR nicht nur eine Folge geringer Planzahlen bei den Zulassungen waren, die alle Jugendlichen in der DDR gleichermaßen betraf. Die reduzierten Aufnahmezahlen bewirkten zudem, dass das SED-Regime die Chancen auf eine Bildungskarriere für unliebsame Personen mehr und mehr verringerte. Denn die Anzahl der Rehabilitierungsbegehren weicht von den allgemeinen Entwicklungen der jugendlichen Wohnbevölkerung, der Schüler-, Absolventen- und Abiturientenzahlen, den Zulassungszahlen für die Erweiterte Oberschule und die Berufsausbildung mit Abitur ab.

Aus der Analyse der Rehabilitierungsanträge ergibt sich eine weitere Auffälligkeit: Zeitgleich zu den gezielten bildungspolitischen Maßnahmen zur

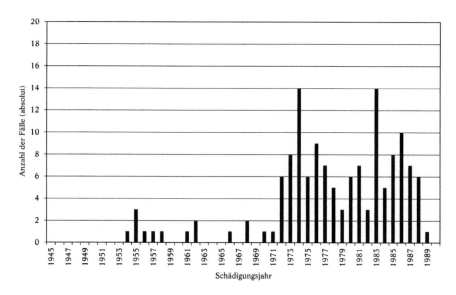

Diagramm 8: Diskriminierungen im Bereich der Berufsausbildung nach Angaben der Antragsteller eines Rehabilitierungsantrages

182 Vgl. ebd., S. 87.

Förderung des Facharbeiternachwuchses seit 1971 ist, wie Diagramm 8 deutlich zeigt, auch bei den Zahlen der angezeigten Diskriminierungen im Bereich der Berufsausbildung ein signifikanter Anstieg zu erkennen.

Diese Entwicklung wurde noch von einer rückläufigen Schülerzahl ab 1979 begleitet. Allein aus pragmatischen Gründen ließe sich eigentlich annehmen, dass ab dieser Zeit die Hemmnisse für Jugendliche bezüglich der Berufsausbildung eher abgebaut wurden. Dieser gegenteilige Verlauf ist auf den großen Anteil der Zeugen Jehovas unter den Antragstellern zurückzuführen. Da diese sich seit 1972 der Teilnahme an der vormilitärischen Ausbildung während der Berufsausbildung nicht mehr entziehen konnten, sahen sie sich aufgrund fehlender Alternativen dazu gezwungen, aus Glaubens- und Gewissensgründen auf einen Lehrvertrag zu verzichten.

III. Akteure und Institutionen

Förderung und Benachteiligung galten in der DDR, insbesondere im Bereich des Volksbildungssystems, als entscheidende Erziehungsmaßnahmen. Wer den staatlichen Erziehungsrichtlinien nicht entsprach, sich ihnen verweigerte oder widerstand, musste mit negativen Folgen für seinen weiteren Lebensweg rechnen.

Die Diskriminierungsmaßnahmen lassen sich nur zum Teil aus Gesetzen und Verordnungen herauslesen, da diese eine relativ breite Interpretation von grundlegenden Auswahlkriterien wie gute Leistungen, positives Bewusstsein gegenüber dem Staat, soziale Herkunft, gesellschaftlicher Erfordernisse und dergleichen zuließen. Wichtiger als die Theorie war jedoch die Praxis. Zum einen kamen Schulfunktionäre, Schuldirektoren und Lehrer mit der Auslegung und Anwendungen dieser Vorgaben den subtilen Aufforderungen von Partei- und Staatsführung nach. Zum anderen ergriffen Einzelne von sich aus die Initiative, um so die – tatsächlichen oder vermeintlichen – Ziele des SED-Regimes mit eigenem Tatendrang zu erfüllen.

Die Schule galt, wie die meisten Bereiche in der DDR, als politischer Raum: ein „Ort des Klassenkampfes". Dementsprechend war „die wichtigste Aufgabe des Lehrers und Erziehers [...] eine qualifizierte sozialistische Bildungs- und Erziehungsarbeit".[1] Damit nicht genug: Die Ministerin für Volksbildung Margot Honecker forderte von den Lehrern, „ihre Tätigkeit als politischen Auftrag zu verstehen, die als Verbündete der Arbeiterklasse, als Beauftragte unseres Arbeiter- und Bauernstaates wirken. Lehrer der sozialistischen Schule zu sein, das heißt, an einem wichtigen Abschnitt der ideologischen Front zu wirken".[2]

Die Gesellschaft der DDR war so von Ideologie durchdrungen, dass auf Seiten der Herrschenden eine adäquate Wahrnehmung von Personen und deren Handeln kaum noch möglich erschien. Folglich reagierten Partei- und Staatsvertreter unangemessen, indem sie Ereignisse und die daran Beteiligten politisierten und kriminalisierten.[3]

Ereignisse, die ebenso als „pubertäres Gehabe" oder „Streich" einschätzbar gewesen wären, konnten und wurden in der DDR als „Politikum" gehandelt. Ergänzte beispielsweise ein Schüler aus Langeweile in seinem Schulbuch die Abbildung Erich Honeckers mit einem Bart, so konnte diese Tat von einem „linientreuen" Genossen als persönlicher Angriff gegen den Staatsratsvorsitzenden gewertet werden. Damit drohte dem „staatsfeindlichen" Schüler unter Umständen sogar ein Schulverweis. Vielfach wurde auch nicht vom Schuldirek-

---

1 § 25 Abs. 2 Gesetz über das einheitliche sozialistische Bildungssystem vom 25.2.1965.
2 Margot Honecker, Die marxistisch-leninistische Schulpolitik unserer Partei und ihre Verwirklichung unter unseren heutigen gesellschaftlichen Bedingungen. Vortrag an der Parteihochschule „Karl Marx" beim ZK der SED in Berlin, 7.2.1985. Zit. nach Anweiler, Schulpolitik und Schulsystem in der DDR, S. 139.
3 Vgl. Wolf, Besondere Vorkommnisse, S. 166.

tor oder anderen Lehrern darauf gedrungen, solche Verfahren als „Dummer-Jungen-Streich" einzustellen.

Diese verzerrte Wahrnehmung scheint das Handeln der Akteure im Volksbildungswesen ebenso bestimmt zu haben, wenn sie Gesetze und Verordnungen, politische Ziele und Aufgaben im Beziehungsgeflecht von Mitarbeitern des Volksbildungswesens und der angrenzenden Bereiche wie Ausbildungs-, Fach- und Hochschulwesen umsetzten. Von besonderem Interesse für die vorliegende Untersuchung ist dabei, welche von Personen abhängige Varianzen des politischen Handelns im Schulleben entstanden und welche Gründe zu gerade diesem Handeln führten.[4]

Im Schul- und Bildungswesen der DDR wandten Mitarbeiter vielfach bürokratische Vorschriften an oder verfolgten Parteiziele, ohne mögliche Folgen für Betroffene zu berücksichtigen. Die Akten des Ministeriums für Volksbildung und seiner nachgeordneten Institutionen, die Akten aus Kirchenarchiven wie auch die Rehabilitierungsanträge und Zeitzeugenaussagen sprechen hier eine eindeutige Sprache. Nachhaltig brannte sich in das Gedächtnis der Schüler ein, wer ihrer Ansicht nach für ihren Bildungs- und Berufsweg sowie den daraus folgenden Lebensweg verantwortlich war. In den untersuchten Rehabilitierungsanträgen nannten Betroffene für eine Nichtzulassung zu einer weiterführenden Bildungseinrichtung vorwiegend folgende Personen und Institutionen (vgl. Tabelle 2).

Hauptsächlich führten die Betroffenen Benachteiligungen auf Schuldirektoren, Ausbilder und Vorgesetze in Betrieben, Lehrer und Klassenlehrer zurück, gefolgt von Schulräten und Zulassungskommissionen (vgl. Tabelle 2).

Von den 489 Antragstellern fühlten sich insgesamt 125 von folgenden Amtsinhabern diskriminiert: Stadtbezirks- und Stadtschulräte (42), Kreisschulräte (69) und Bezirksschulräte (14). Zudem lasteten 30 Geschädigte den verweigerten Besuch der Abiturstufe und zehn Betroffene das vorenthaltene Studium den Zulassungskommissionen an.

Darüber hinaus führten die Antragsteller eines Rehabilitierungsbegehrens ihre Diskriminierung auf weitere Institutionen und deren Mitarbeiter zurück. Vorwiegend nannten sie die Ministerien für Staatssicherheit, für Nationale Verteidigung und für Inneres.

Bei genauerer Betrachtung der einzelnen Bildungseinrichtungen ergaben sich Unterschiede in der Zuweisung der Verantwortlichkeit für die Verweigerung des gewünschten Bildungsweges. Für eine blockierte oder abgebrochene Abiturausbildung machten die Betroffenen in erster Linie Schuldirektoren und Schulräte verantwortlich, danach folgten Lehrer und Klassenlehrer. Nur in Einzelfällen lasteten sie die Benachteiligung anderen Institutionen an. Eine andere Verteilung bietet sich in Bezug auf die Verweigerung des Studiums. Hier rangieren an der ersten Stelle die Zulassungskommissionen, gefolgt von Vorgesetzten und Schuldirektoren sowie dem Ministerium für Staatssicherheit. Im Rahmen einer

---

4 Vgl. Geißler, Genossen und Kollegen, S. 183 f.

Tabelle 2: Verantwortliche laut Analyse der Rehabilitierungsakten

	Verantwortliche	Fälle
1.	Schuldirektor	170
2.	Ausbilder/Vorgesetzte in Betrieben	115
3.	Lehrer und Klassenlehrer	91
4.	Kreisschulrat	69
5.	Schulrat (Stadt-, Stadtbezirksschulrat)	42
6.	Zulassungskommission (Abiturstufe)	30
7.	Ministerium für Staatssicherheit	21
8.	Bezirksschulrat	14
9.	Zulassungskommission (Universität)	10
10.	Ministerium für Verteidigung (NVA)	8

Lehrausbildung verschuldeten nach Angaben der Betroffenen hauptsächlich Ausbilder wie Vorgesetzte in Betrieben und die Mitarbeiter des Rates des Kreises die Diskriminierungen.

Die vorenthaltene Lehre oder die Zuweisung einer unliebsamen, körperlich anstrengenden, teils gar gesundheitsgefährdenden Tätigkeit stellt hier eine Besonderheit dar. Sie ist auf den großen Anteil von betroffenen Zeugen Jehovas zurückzuführen, die aufgrund der verpflichtenden Teilnahme an der vormilitärischen Ausbildung keinen Lehrvertrag abschlossen.

Die quantitativen Unterschiede hinsichtlich der Abiturausbildung und des Studiums begründen sich erstens aus der Rechtslage sowie dem Auswahlprozess für den Zugang zu einer weiterführenden Bildungseinrichtung, zweitens entschieden Auswahlgremien über eine Zulassung und drittens spielten Lehrer ebenso wie Schuldirektoren bei der Auswahl „geeigneter" Schüler eine wichtige Rolle. Außerdem darf nicht vergessen werden, dass gerade Lehrer und Schuldirektoren den Schulalltag der Schüler massiv mitbestimmten.

In den Zulassungsgremien für die Abiturausbildung waren auch Schulräte und Schuldirektoren der Erweiterten Oberschule vertreten, in den Zulassungskommissionen der Universitäten, Hoch- und Fachschulen entschieden ebenfalls leitende Vertreter der Institution und der institutionellen Teilbereiche über eine Aufnahme oder Ablehnung der Studienbewerber.

Das Vorgehen von Schulräten bei der Zulassung von Schülern zu einer weiterführenden Bildungseinrichtung war unterschiedlich. Sie waren häufig selbst Mitglied der Auswahl- bzw. Zulassungskommission für Vorbereitungsklassen oder Abiturklassen, teilten den Eltern die Entscheidungen der Kommissionen mit und hatten im Falle des elterlichen Einspruchs die Ablehnung zu überprüfen. Daher verwundert es nicht, dass die Betroffenen in ihren Rehabilitierungsanträgen sehr häufig die Schulräte für die Diskriminierungen verantwortlich machten: Sei es aufgrund der Nichtzulassung zu einer weiterführenden Bil-

dungseinrichtung oder wegen Benachteiligungen anderer Art, etwa durch
Relegierungen.

Die Vertreter dieser „Staatsorgane" arbeiteten zum einen mit den Zulassungskommissionen zusammen, um die „politisch-ideologische" Eignung des
Bewerbers zu überprüfen. Zum anderen agierten sie in Bildungseinrichtungen,
um nonkonformem, oppositionellem Verhalten und Auftreten von Schülern,
Lehrlingen und Studenten entgegenzuwirken.

Quantitativ scheint dabei der Einfluss des Ministeriums für Staatssicherheit,
des Ministeriums für Nationale Verteidigung und des Ministeriums des Inneren
äußerst begrenzt gewesen zu sein. Im Vergleich zu Lehrern, Schuldirektoren,
Ausbildungsleitern, Vorgesetzten und Schulräten ist die Zahl von Benachteiligungen durch diese Institutionen eher gering. Freilich darf mit dieser Einschätzung nicht über die folgenschweren Auswirkungen für Betroffene hinweggese-
hen werden, die gerade mit dem Einfluss der Staatssicherheit einhergingen.

1.   Ministerium für Volksbildung

Die administrativen Institutionen des DDR-Volksbildungswesen übten mehrere
Funktionen aus. Ihre Hauptaufgabe bestand darin, die Bildungspolitik der
Staatspartei auf allen Ebenen durchzusetzen. Bereits mit Einrichtung der Deutschen Zentralverwaltung für Volksbildung (DVV) am 27. Juli 1945 nahmen
deutsche Kommunisten und später SED-Mitglieder, nach Gründung der Partei
im April 1946, Schlüsselpositionen ein, um die politische Vorherrschaft der SED
im Bildungswesen zu erringen. Zur weiteren Sicherung der Personalpolitik
unterstanden die DVV wie auch das am 1. Januar 1950 geschaffene Ministerium
für Volksbildung (MfV) der Abteilung Kultur und Erziehung des Zentralkomitees der SED. Nach und nach gingen die schulpolitischen Gestaltungsvorstel-
lungen der anderen Parteien und der Volksbildungsministerien der Länder verloren. Die Einrichtung der Bezirke im Jahre 1952 trug endgültig zur Festigung
des bereits vorhandenen zentralistischen Systems bei.[5]

Grundlegend für die Bildungspolitik der SED war die Schaffung eines einheitlichen ideologischen Bewusstseins unter der Jugend. Um dieses Ziel zu erreichen, wurde vorrangig von Lehrern und den Mitarbeitern der Volksbildung verlangt, dass sie sich der Ideologie des Marxismus-Leninismus verschrieben, diese
zur Grundlage ihrer Arbeit machten und die parteipolitischen Vorgaben der
SED umsetzten.[6]

---

5   Vgl. Anweiler, Bildungspolitik (1949–1961, Sonderdruck), S. 555.
6   Dabei zielte die SED auf eine soziale Umschichtung, deren Ergebnis eine „proportio-
     nale Chancengleichheit" sein sollte. Jedoch war der Zugang zu einer weiterführenden
     Bildungseinrichtung nicht nur von der sozialen Herkunft, sondern auch vom staatsbür-
     gerlichen Bewusstsein eines Schülers abhängig. Neben dem gesamten Schulleben wurde
     auch der „geordnete" und nach Quotenvorgaben geregelte Zugang zu einer weiterfüh-
     renden Bildungseinrichtung administrativ organisiert. Vgl. ebd., S. 556.

Garant dafür war das Ministerium für Volksbildung, dessen Führungsstab bis zur Amtszeit Margot Honeckers 1963 vorwiegend aus SED-Mitgliedern bestand, die sich als besonders „parteilich" erwiesen und nicht den Säuberungen der Jahre 1953 und 1958 zum Opfer gefallen waren.[7] Margot Honecker selbst kam bereits 1954 auf Wunsch Walter Ulbrichts ins Ministerium für Volksbildung. Sie leitete die Abteilung Organisation im Bereich der Lehrerbildung.[8] Nachdem 1958 Hans-Joachim Laabs als Staatssekretär und Fritz Lange als Minister wegen Vorwürfen des „Revisionismus" und „Dogmatismus" abgelöst wurden, betraute Walter Ulbricht Alfred Lemmnitz mit dem Ministerposten. Margot Honecker stieg zum stellvertretenden Minister auf und sukzessive kamen Personen in Leitungsfunktionen des Ministeriums, „die sich nicht unbedingt durch Fachkompetenz auszeichnen, aber sich im Partei- und FDJ-Apparat bewährt" hatten.[9] Nach der fünfjährigen Amtszeit Alfred Lemmnitz' folgte 1963 Margot Honecker auf den Ministerstuhl. Sie hatte dieses Amt bis 1989 inne und unterstand aufgrund ihrer exponierten Stellung nur formal Lothar Oppermann, dem Leiter der Abteilung Bildung beim Zentralkomitee.[10] Ab 1963 zählten zu ihrem Führungsstab ausschließlich SED-Mitglieder, u. a. Karl Dietzel, Werner Engst, Harry Drechsler, Siegfried Beier, Günther Fuchs, Karl-Heinz Höhn, Rudolf Parr, Ernst Machacek, Hans Kaiser und allen voran Werner Lorenz als Staatssekretär im Ministerium für Volksbildung, den Margot Honecker von Karl-Marx-Stadt nach Berlin holte. Er wurde in seiner vormaligen Position als „der dogmatischste aller SED-Bezirkssekretäre für Bildung"[11] beschrieben. In seiner Funktion als Staatssekretär hieß es, er sei „ihr Mann fürs Grobe und Verbindungsmann zur Stasi".[12]

Nach der Erinnerung von Klaus Korn galt Margot Honecker in den ersten Jahren ihrer Amtszeit als herzlich, offen und impulsiv.[13] In ihrer Biographie beschrieb sie der Publizist Ed Stuhler für diese Zeit als „die perfekte Leiterin". Sie „beherrscht die Klaviatur der Macht; sie hat die Gabe, mit sicherem Instinkt aus einem Riesenwust von Papier das Wesentliche herauszulesen, was sicher-

---

7   Im Zusammenhang mit der Kurskorrektur der sowjetischen Führung, der Kritik an den Volksbildungsorganen und den Folgen des 17. Juni 1953 musste Else Zaisser, Ministerin für Volksbildung von 1952 bis 1953, gehen. Ihr folgte zunächst Hans-Joachim Laabs von November 1953 als kommissarischer, von März bis Dezember 1954 als bestellter Minister. Ab Dezember 1954 war Fritz Lange Minister für Volksbildung. Nach dem V. Parteitag wurde zunächst Laabs, Staatssekretär und stellvertretender Minister für Volksbildung, von seiner Funktion wegen „Revisionismus"-Vorwürfen enthoben. Bis Mitte 1958 wurden fünf leitende Mitarbeiter, fünf Hauptschulinspektoren, elf Hauptreferenten, drei Oberreferenten und zwei Referenten entlassen. Ebenso wurde Fritz Lange am 1. 12. 1958 von Alfred Lemmnitz als Minister für Volksbildung abgelöst. Ihm folgte schließlich 1963 Margot Honecker auf den Ministerposten. Vgl. Geschichte, Struktur und Funktionsweise der DDR-Volksbildung, S. 28–36 und 156, Anm. 91.

8   Vgl. Stuhler, Margot Honecker, S. 80.

9   Geißler/Wiegmann, Pädagogik und Herrschaft in der DDR, S. 155.

10   Vgl. ebd.

11   Stuhler, Margot Honecker, S. 106.

12   Ebd., S. 187.

13   Vgl. Interview mit Klaus Korn am 21.3. 2002. In: Stuhler, Margot Honecker, S. 125.

lich für ihren Intellekt spricht; und [...] sie ist ein Arbeitstier".[14] Jedoch schien diese Beschreibung nicht alle Facetten des Charakters der Volksbildungsministerin zu benennen, denn sie konnte auch borniert und engstirnig sein, insbesondere wenn es um ideologische Fragen ging.[15]

In den 1980er Jahren sei sie mehr der Selbstkontrolle und Disziplin unterlegen,[16] dennoch habe sie weiterhin weiblichen Charme mit konsequenter, straffer Führung zu machtbewusstem Handeln für eine gesicherte Macht der Arbeiterklasse und ihrer Gesellschaftsordnung verbunden, so Ed Stuhler.[17] Immer wieder hebt ihr Biograph hervor, dass „sie zunehmend Gefallen an der Ausübung der Macht" gefunden habe, sowohl als Zentralratssekretärin im Kampf gegen die Junge Gemeinde, als Ministerstellvertreterin im Ministerium für Volksbildung unter Alfred Lemmnitz, als Frau des Generalsekretärs und auch als Ministerin für Volksbildung. Margot Honecker galt als misstrauisch gegenüber allem, was aus „dem Westen" kam, gegenüber den „bürgerlichen" Wissenschaften, einigen Mitgliedern in der eigenen Partei, aber auch gegenüber zu vielen Freiräumen, da sie Fehlentwicklungen begünstigen würden. Dieser Argwohn ließ sie letztlich vor nötigen Veränderungen zurückweichen, um den Ist-Zustand zu bewahren.[18]

In der Jugendpolitik, ihrer ureigenen Domäne, hielt sie sich nach wie vor für äußerst kompetent und folglich gab es keine Entscheidungen ohne ihre Zustimmung. Zudem neigte sie in den letzten Jahren dazu, ihre vermeintliche Kompetenz auf mehrere Gebiete auszuweiten und dort zu wirken, so beispielsweise im Bereich Kurt Hagers oder in Fragen der Außenpolitik.[19]

Ihr Machtbewusstsein zeigte sich auch, wenn sie Mängel und Fehlentscheidungen in ihrem Verantwortungsbereich korrigierte. Sie „reparierte huldvoll" Mängel und Fehlentscheidungen.[20] Dabei ließ sie „gelegentliche Gerechtigkeit als sentimentalen Akt aufgeklärter Willkür"[21] walten, beispielsweise bei Beschwerden von Pastoren, deren Kinder nicht zur Abiturstufe zugelassen wurden. In einigen Fällen wies sie an, die Aufnahmeverfahren positiv zu entscheiden.[22]

Anders entschied sie sich bei den Vorgängen an der Ossietzky-Oberschule in Berlin Pankow. Hier griff sie gemeinsam mit ihrem Staatssekretär Werner Lorenz durch, als im September 1988 einzelne Schüler an einer Wandzeitung

14   Ebd., S. 127.
15   Vgl. ebd.
16   Vgl. ebd., S. 128.
17   Vgl. ebd., S. 154 f.
18   Vgl. ebd., S. 158 f.
19   Vgl. ebd., S. 170-172. Ihre Reise nach China im Juni/Juli 1986 habe nach Stuhlers Ausführungen nicht nur dem Austausch von Erfahrungen im Bildungswesen gegolten, sondern sie bereitete auch den Besuch ihres Mannes im Oktober 1986 vor. Dieser Besuch war von großer Bedeutung, weil damit die Beziehungen Chinas zum gesamten sozialistischen Lager normalisiert werden sollten. Vgl. ebd.
20   „Margot Honecker beherrschte diese Technik des huldvollen Korrigierens scheinbar ungerechter Entscheidungen subalterner Dienststellen selbst meisterhaft." Ebd., S. 161.
21   Biermann, Über Geld und andere Herzensdinge, S. 62. Zit. ebd.
22   Vgl. ebd., S. 170 f.

kritische Artikel zur bevorstehenden Militärparade zum Jahrestag der DDR am 7. Oktober veröffentlichten.[23] Schließlich wies das Ministerium für Volksbildung nach einer Untersuchung der Ereignisse an, drei Schüler und eine Schülerin von der Oberschule zu relegieren und aus der FDJ auszuschließen, zwei Schülern einen Verweis auszusprechen und zwei weitere Schüler zwangsumzuschulen.[24] Auch wenn offen bleibt, ob dieser Fall als repräsentativ für die Situation an den Schulen der DDR gelten kann, so scheint er exemplarisch, um die Wirkungsmechanismen des Systems darzustellen.

Da dieser Fall weite Kreise zog, sich Parteifunktionäre wie Günther Schabowski profilieren oder zumindest keine Untätigkeit vorwerfen lassen wollten und zu den „renitenten" Schülern auch Philipp Lengsfeld[25] gehörte, reagierten die Staats- und Parteivertreter mit äußerster Härte. Gegen die Strafen versuchten sich die Eltern der Schüler mit Eingaben und Protesten zu wehren, sie gewannen Fürsprecher wie Stephan Hermlin und Christoph Hein. Zuspruch und Unterstützung erhielten sie auch von Vertretern der Evangelischen Kirche und – nachdem die westlichen Medien informiert waren – vereinzelt aus der DDR-Öffentlichkeit. Diese Reaktionen wurden von staatlicher Seite wiederum als Provokation aufgefasst, denen weitere repressive Maßnahmen folgten.[26] Erst nach ihrem Rücktritt betrachtete Margot Honecker die Vorgänge an der Carl-von-Ossietzky-Oberschule als Fehler und übernahm vor dem Untersuchungsausschuss der Volkskammer die Verantwortung, allerdings beurteilte sie das Vorgehen gegen diese Schüler in ihrem späteren Interviewbuch als gerechtfertigt.[27] Die Strafen der Schüler wurden 1989 zurückgenommen, und sie konnten ihr Abitur nachholen.

Dieses Glück blieb allerdings vielen anderen Schülern verwehrt, deren Relegierung in früherer Zeit erfolgt war. Diese Schulstrafe musste vom Bezirksschulrat beim Ministerium für Volksbildung beantragt werden.[28] Schüler konnten von der Erweiterten Oberschule ausgeschlossen oder verwiesen werden, wenn sie

---

23 Vgl. ebd., S. 187.
24 Vgl. Lars-Broder Keil, Honeckers Ehefrau. In: Berliner Morgenpost vom 9.11.2007 (http://www.morgenpost.de/content/2007/11/09/berlin/930972.html; 30.1.2008).
25 Philipp Lengsfeld ist der Sohn von Vera Lengsfeld (während ihrer Ehe hieß sie Vera Wollenberg), der Mitbegründerin des Friedenskreises und des Ökokreises in Pankow. Sie organisierte verschiedene Friedenswerkstätten und Ökoseminar, wurde Mitglied des Fortsetzungsausschusses „Konkret für den Frieden" und gründete die Initiative „Kirche von Unten" mit. Das MfS überwachte Vera Lengsfeld, verhaftete sie im Rahmen der Luxemburg-Liebknecht-Demonstration am 17.1.1988 und bürgerte sie zwangsweise nach England aus. Ihr Sohn blieb in der DDR. Vgl. Bastian, Lengsfeld, Vera, S. 242.
26 Vgl. Lars-Broder Keil, Honeckers Ehefrau. In: Berliner Morgenpost vom 9.11.2007 (http://www.morgenpost.de/content/2007/11/09/berlin/930972.html; 30.1.2008).
27 Vgl. Untersuchung zur Aufdeckung skandalöser Vorkommen im Bereich Bildungswesen. Protokoll zur Befragung Margot Honeckers durch den Untersuchungsausschuss der Volkskammer zur Untersuchung von Amtsmissbrauch und Korruption vom 20.12.1989 (BArch, DA 1/16349, Bl. 82–84); Margot Honecker, Zur Volksbildung, S. 163.
28 Vgl. Ordnung zur Durchführung der Verfahren zum Ausschluß aus allen Erweiterten Oberschulen der DDR vom 30.12.1967. Vertrauliche Dienstsache 19/12 (BArch, DR 2/51686, unpag.).

gegen die Schulordnung verstießen[29] und/oder die Aufnahmekriterien[30] für diese Bildungseinrichtung nicht mehr erfüllten. Unter einem Verstoß gegen die Grundsätze der Aufnahmeordnung ließ sich jegliches Delikt subsumieren,[31] sodass die Bezirksschulräte jährlich mehrere dieser „Züchtigungsmaßnahmen" beantragten, denen die Zentrale Relegierungskommission des Ministeriums für Volksbildung mehrheitlich auch zustimmte.[32] Die Gründe für einen Ausschluss von allen Oberschulen reichten von Diebstahl, Beschädigung des Volkseigentums, Körperverletzung oder faschistischen Äußerungen[33] über mangelhafte Schulleistungen, Kontaktaufnahme mit westlichen Radiosendern[34] und pubertäres Verhalten[35] bis hin zu Ausreisebegehren, versuchter Republikflucht[36],

---

29 Vgl. dazu § 5 Abs. 1 Schulordnung vom 24. 1. 1951 oder 24. 5. 1951 (DDR-MinBl. 1951, S. 71); § 34 Abs. 3 Verordnung über die Sicherung einer festen Ordnung an den allgemeinbildenden Schulen – Schulordnung vom 12. 11. 1959. In: Monumenta Paedagogica, Band 7,1, S. 301–315; § 34 Abs. 3 Schulordnung vom 20. 10. 1967. In: Sozialistisches Bildungsrecht, S. 582; § 32 Abs. 2 Verordnung über die Sicherung einer festen Ordnung an den allgemeinbildenden Polytechnischen Oberschulen – Schulordnung vom 29. 11. 1979. In: Monumenta Paedagogica, Band 16,2, S. 375–393.

30 Siehe § 2 und 3 Anordnung über die Aufnahme in die erweiterte allgemeinbildende Polytechnische Oberschule und in Spezialklassen an Einrichtungen der Volksbildung sowie über die Bestätigung von Schülern für die Bewerbung um eine Lehrstelle in der Berufsausbildung mit Abitur – Aufnahmeordnung vom 5. 12. 1981 In: Fuchs/Petermann (Hg.), Bildungspolitik in der DDR 1966–1990, S. 177–179.

31 Es konnten Schüler aufgenommen werden, „die sich durch gute Leistungen im Unterricht, hohe Leistungsfähigkeit und -bereitschaft sowie politisch-moralische und charakterliche Reife auszeichnen und ihre Verbundenheit mit der Deutschen Demokratischen Republik durch ihre Haltung und gesellschaftliche Aktivität bewiesen haben". § 2 Abs. 2 ebd.

32 Aus unterschiedlichen Gründen wurden beispielsweise 39 Schüler 1979, 45 Schüler 1980, 42 Schüler 1981 und 42 Schüler 1982 von allen Erweiterten Oberschulen ausgeschlossen. Vgl. Geschichte, Struktur und Funktionsweise der DDR-Volksbildung, S. 558, Anm. 5.

33 Abt. Abiturstufe, HA Oberschulen, MfV, Relegierung eines Schülers von der EOS in Halberstadt zum 30. 8. 1989, o. D. (BArch, DR 2/D1509, unpag.).

34 In den Sommerferien 1971 wurde ein Schüler der EOS Aue während eines Ausflugs in die ČSSR an der Grenze kontrolliert. Er hatte einen Brief an das RIAS dabei, in dem er neben seinen Musikwünschen auch seine politische Meinung geäußert hatte. Dieser Brief war an eine im Radio veröffentlichte Tarnadresse adressiert. Da dem Schüler bekannt war, dass in der Postkontrolle der DDR diese Briefe abgefangen wurden, entschloss er sich, diesen Brief in der ČSSR aufzugeben. Nach seiner Festnahme wurde der Schüler von der Erweiterten Oberschule relegiert. Vgl. SLFS, Rehabilitierungsbehörde, Az. 94/70/0032; Interview mit Herrn G. H. am 20. 1. 2005.

35 Mehrere Schüler wurden von der Kinder- und Jugendsportschule Karl-Marx-Stadt im Mai 1978 relegiert, da sie Plakate von Fußballspielern aus der Bundesrepublik in ihrem Internatszimmer an die Wände gehangen hatten. HSI, MfV, Bericht über politisches Vorkommnis an der Kinder- und Jugendsportschule Karl-Marx-Stadt vom 5. 5. 1978 (BArch, DR 2/D133, Band 1, unpag.).

36 Eine Schülerin der 12. Klasse versuchte im April 1987 gemeinsam mit ihren Eltern die DDR zu verlassen. Die Republikflucht scheiterte, folglich wurde sie von der EOS Finsterwalde relegiert. Siegl, KSR Finsterwalde an Abt. Abiturstufe, HA Oberschulen, MfV, Relegierung einer Schülerin von der EOS Finsterwalde, beantragt am 14. 5. 1987 o. D. (BArch, DR 2/D1507, unpag.).

Sippenhaft[37] usw. Oftmals verweigerte die zentrale Relegierungskommission den betroffenen Schülern zudem noch die Möglichkeit, das Abitur nach einem Jahr Bewährung oder zu einem späteren Zeitpunkt an einer Volkshochschule nachzuholen.

Mit dieser Strafe wurde zum einen den betroffenen Schülern ihr zukünftiger Bildungsweg verbaut, zum anderen diente die öffentliche Bekanntmachung der Relegierung dazu, andere Schüler abzuschrecken.

2. Schulräte und Schulinspekteure

Die Mitarbeiter der Volksbildung, insbesondere die Schulräte und -inspektoren, waren für die Anleitung, Beratung und Kontrolle der nachgeordneten Schulen zuständig.[38]

Entsprechend der administrativen Struktur leitete der Schulrat die Abteilung Volksbildung und unterstand demzufolge jeweils dem Rat der Stadt, des Kreises oder des Bezirkes. Zugleich fungierte er als Beratungs-, Leitungs- und Kontrollinstanz für Fachberater, Schuldirektoren und Lehrer. Ihm waren die Zulassungskommissionen für den Besuch weiterführender Bildungseinrichtungen und Spezialschulen unterstellt.[39]

Die Hauptabteilung Schulinspektion wurde im März 1952 beim Ministerium für Volksbildung geschaffen. Bis zur Reorganisation 1958 erfolgte eine unregelmäßige Berichterstattung aus den Kreisen über die Bezirke an das Ministerium für Volksbildung. Die Berichte wurden jedoch häufig nicht ausgewertet und ungeordnet abgelegt oder nur „nach oben" durchgereicht. Auch die Inspektionen erfolgten eher sporadisch und entsprechende Planstellen wurden nur zum Teil besetzt. Um die jeweiligen schulpolitischen und schulrechtlichen Verordnungen konsequenter durchzusetzen, entstand 1958 ein Kontroll- und Berichtssystem mit Bezirks- und Kreisschulinspektoren. Bis 1962 gab es ca. 800 Schulinspektoren für die allgemeinbildenden und beruflichen Schulen, „denen es nach internen Bewertungen allerdings noch immer an politischer und fachlicher ‚Befähigung', an ‚Sorgfalt' und ‚straffer Leitung' fehlte".[40] Mit „Inspektorenlehrgängen" versuchte das Ministerium für Volksbildung ab 1965 eine ver-

---

37 Ausschluss einer Schülerin von der EOS aufgrund der Eheschließung der Mutter mit einem Westberliner und deren Antrag auf Ausreise aus der DDR im November / Dezember 1982 in Berlin. Mutter der Betroffenen an Margot Honecker vom 1. 11. 1982 (BArch, DR 2/28938, unpag.); Schütt, Sekretariat des Staatssekretärs, MfV, an Dr. Wolfgang Peter, Leiter der Abt. Abiturstufe, HA Oberschule, MfV, Aktennotiz über Gespräch der Mutter in der Ministersprechstunde am 2. 11. 1982 mit der Bitte um Vollzugsmeldung bis zum 22. 11. 1982 vom 4. 11. 1982 (ebd.).

38 Vgl. dazu Ordnung für die wissenschaftliche Leitung des Bildungs- und Erziehungsprozesses in der Schule, im Kreis und im Bezirk. Entwurf vom 31. 7. 1964 (BArch, DR 2/ 21611, unpag.).

39 Vgl. Waterkamp, Handbuch zum Bildungswesen der DDR, S. 105 f.

40 Vgl. Geschichte, Struktur und Funktionsweise der DDR-Volksbildung, S. 239, Anm. 17.

besserte einheitliche Arbeitsweise der Schulinspektoren und der gesamten Abteilung zu erreichen.[41] Zur Schulinspektion hieß es im Entwurf zur „Ordnung für die wissenschaftliche Leitung des Bildungs- und Erziehungsprozesses in der Schule, im Kreis und im Bezirk" vom 31. Juli 1964: „Der Leiter der Bezirksschulinspektion ist für die Kontrolle der Arbeit der Abteilungen für Volksbildung der Räte der Kreise und der Volksbildungseinrichtung bei der Verwirklichung der staatlichen Schulpolitik verantwortlich. Er ist dem Bezirksschulrat unmittelbar unterstellt und erfüllt seine Aufgaben nach seinen Weisungen. Ihm stehen zur Durchführung der Inspektionsaufträge hauptamtliche Bezirks- und Kreisinspektoren zur Verfügung."[42]

Auf Kreisebene bestand die Abteilung aus drei bis fünf hauptamtlichen Schulinspektoren. Sie kontrollierten die Leitungstätigkeit der Direktoren, die Zusammenarbeit von Schulen mit den Betrieben, die Mitwirkung der FDJ und Pionierorganisation in den Schulen sowie die politisch-ideologische Weiterbildung der Lehrer. Zudem waren die Schulinspektoren an der Vorbereitung von Kaderentscheidungen beteiligt.[43] Die Funktion dieser Mitarbeiter bestand laut einem Seminarplan für einen Inspektorenlehrgang „in der Sicherung der unbedingten Einhaltung sozialistischer Gesetzlichkeiten". Ihre Arbeit sollte „zu allererst der politisch-ideologischen Erziehung der leitenden Volksbildungsfunktionäre zu einer wissenschaftlichen Leitungstätigkeit" dienen.[44] Das Wesen der „wissenschaftlichen Leitung der Schulen" lag dabei in der „Entwicklung des soz[ialistischen] Bewusstseins aller Lehrer und Erzieher auf der Grundlage der Lehren d[es] M[arxismus]/L[eninismus]".[45]

Schulräte wie Schulinspektion unterstanden zudem dem Ministerium für Volksbildung, dessen Mitarbeiter die Bezirks- und Kreisabteilungen zentral anleiteten, schulten und kontrollierten. Das Ministerium verlangte aus den Volksbildungsabteilungen der Bezirke regelmäßigen „Rapport". Seit August 1976 schickten die Bezirksschulräte sogar monatliche Informationsberichte,[46] in denen sie über Stimmungen und Meinungen zu aktuellen Fragen der Innen- und Außenpolitik, besondere Vorkommnisse und den Erfüllungsstand von

---

41 Vgl. HSI, MfV, Die Aufgaben und die Arbeitsweisen der Schulinspektion als wichtiges Instrument der Kontrolle und Anleitung der Bildungs-und Erziehungsarbeit in den allgemeinbildenden Schulen und Einrichtungen der Berufsausbildung und Seminarplan für das 1. Qualifizierungsseminar der Schulräte und Stellvertreter im 1. Halbjahr 1965 vom 25.1.1965 (BArch, DR 2/21612, unpag.).

42 Vgl. Bauer, HSI, MfV, Ordnung für die wissenschaftliche Leitung des Bildungs- und Erziehungsprozesses in der Schule, im Kreis und im Bezirk. Entwurf vom 31.7.1964 (BArch, DR 2/21611, unpag.).

43 Vgl. Waterkamp, Handbuch zum Bildungswesen der DDR, S. 106.

44 HSI, MfV, Seminarplan für Inspektorenlehrgang (1965/66), o. D. (BArch, DR 2/21612, unpag.).

45 Ebd.

46 Entsprechend der Anweisung zur Information des MfV durch die BSR vom 10.8.1976 (BArch, DR 2/25570, unpag.).

Zulassungsquoten für weiterführende Bildungseinrichtungen und über Werbungserfolge von Offiziersbewerbern informierten.[47]

Gemäß der Funktion und den Aufgaben seiner Mitarbeiter verlangte das Ministerium für Volksbildung von ihnen das entsprechende „fortschrittliche politische Bewusstsein". Bereits 1948, noch zu Zeiten der Deutschen Zentralverwaltung für Volksbildung, waren in Sachsen 44 der 47 Schulräte Mitglied der SED. Im Vergleich zur gesamten DDR gehörten 1953 von den 166 sächsischen Schulräten 149 der SED an, das waren fast 90 Prozent.[48] Zudem hatte 1953 fast die Hälfte der Schulräte ein durchschnittliches Alter zwischen 50 und 65 Jahren erreicht.[49] Eine Altersstruktur der Kreisschulräte von 1975 zeigt, dass eine generelle Verjüngung stattgefunden hatte, denn nur noch knapp 16 Prozent der Schulräte waren älter als 50 Jahre. Das Gros von 62 Prozent zählte zur mittleren Altersgruppe zwischen 40 und 50 Jahren.[50] In vielen Kreisen wechselte zwar die personelle Kontinuität, jedoch verharrten diese Kader der jüngeren Generation nun bis zum Ende der DDR auf ihren Positionen. So beispielsweise im Bezirk Dresden. Hier wurden von 1955 bis 1975 alle 17 Kreisschulräte – davon 13 nach 1965 – und die fünf Stadtbezirksschulräte ausgetauscht.[51] Aus einer Kaderanalyse des Bezirkes von 1975 geht hervor, dass zu diesem Zeitpunkt nur noch drei Kreisschulräte das 50. Lebensjahr überschritten hatten.

47 Entwickeln konnte sich dieses System infolge eines erneuten Ideologieschubs Ende der 1950er Jahre. Es setzten Maßregelungen in der Volksbildung und in den Erziehungswissenschaften ein, um den seit Mitte der 1950er Jahre aufgekommenen Reformbestrebungen und Liberalisierungstrends entgegenzuwirken. Diese nachhaltigen Disziplinierungsmaßnahmen waren mit personellen Veränderungen verbunden. Ende März 1958 wurde zunächst der Staatssekretär Hans-Joachim Laabs und schließlich zum Jahresende 1958 auch der Minister Fritz Lange infolge einer Entschließung der SED-Parteiorganisation des Ministeriums für Volksbildung entlassen. Ebenso erfuhren die Einrichtungen für Lehrerbildung und die pädagogischen Forschungseinrichtungen kaderpolitische Änderungen. Die meisten Mitarbeiterstellen des Ministeriums waren inzwischen mit Personen besetzt, „die zuvor in den Kreisen und Bezirken als erfolgreiche schulpolitische Organisatoren aufgefallen waren oder auch aus dem Parteiapparat der SED sowie – vor allem mit dem späteren Aufstieg Margot Honeckers – aus den Leitungsorganen der FDJ und der Pionierorganisation kamen". Vgl. Geißler, Die Volksbildung der DDR in Dokumenten, S. 34 f. Eine nachhaltige Disziplinierung des Volksbildungswesens gelang jedoch erst, nachdem Margot Honecker das Ministeramt 1963 übernommen hatte. Vgl. Wiegmann, Pädagogik und Staatssicherheit, S. 153.

48 Die Auswertung des Arbeitskräftedatenspeichers der Volksbildung ergab zum Stichtag 31. 12. 1988, dass alle 244 Schulräte der DDR zu diesem Zeitpunkt Mitglied der SED waren. Vgl. Originalbestand Bundesarchiv DR 2 MD, für Forschungszwecke aufbereitete Version des SFB 580 an der Universität Jena (Projektleitung: Prof. Heinrich Best). Die Auswertungen befinden sich im Besitz der Verfasserin.

49 Vgl. Geschichte, Struktur und Funktionsweise der DDR-Volksbildung, S. 144 f., Anm. 4.

50 Lorenz, Staatssekretär, MfV an Sekretariat des Ministers, MfV, Altersstruktur der KSR, der 1. Stellvertreter der KSR und Stellvertreter der Pädagogischen Hochschulen. Stand 1. 9. 1975 vom 7. 11. 1975 (BArch, DR 2/25050, unpag.).

51 Abt. Volksbildung des Rates des Bezirkes Dresden an MfV, Kaderpolitische Vorbereitung des Schuljahres 1976/77, Leitungsvorlage vom 27. 5. 1976 (BArch, DR 2/D128, Band 2, unpag.).

Aus diesem Verjüngungsprozess schienen sich jedoch keine ideologischen oder schulpolitischen Veränderung abgeleitet zu haben.[52] Generell legte das Ministerium für Volksbildung neben der fachlichen Qualifikation vor allem Wert auf die politische Eignung der Führungskader, insbesondere der Schulräte und der Schulinspektoren. In den ideologischen und fachlichen Schulungen wurde akribisch protokolliert und analysiert, sodass ein Vertreter der Hauptschulinspektion sogar die Wort- und Diskussionsbeträge der Teilnehmer in einem abschließenden Bericht quantitativ wie qualitativ einschätzte. Aus dieser Analyse zogen die Ministeriumsmitarbeiter entsprechende Konsequenzen, die von zusätzlicher Schulung, Anleitung und Kontrolle bis hin zu personeller Veränderung reichten.[53]

Auf den ersten Blick zeigt sich, dass in allen Bereichen der Volksbildung die Mitarbeiter regelmäßig ideologisch geschult und überwacht wurden. Darüber hinaus deutet eine Liste der Mitarbeiter aus dem Bereich des Schulrates Leipzig

52 Die Auswertung des Arbeitskräftedatenspeichers der Volksbildung ergab zum Stichtag 31. 12. 1988, dass zu diesem Zeitpunkt das durchschnittliche Alter der Schulräte in der DDR bei ca. 50 Lebensjahren lag und die durchschnittliche Dienstdauer ca. 15,5 Jahre betrug. Von den sächsischen Bezirken wich nur der Bezirk Karl-Marx-Stadt von der mittleren Dienstdauer ab: die 26 Schulräte des Bezirkes waren mehr als 17 Jahre im Amt. Vgl. BArch, DR 2 MD – Version Uni Jena. Die Auswertungen befinden sich im Besitz der Verfasserin.

53 Vgl. z. B. Staatssekretär, MfV, Zusammenfassende Ergebnisse des Kreisschulräteseminars zur Unterstufe. Konferenzen und Tagungen mit den BSR, Bericht vom 20. 6. 1974 (BArch, DR 2/24485, unpag.). Beispielsweise schreibt Guder, Mitarbeiter der HSI des Ministeriums für Volksbildung, in seiner Einschätzung der KSR-Konferenz des Bezirkes Karl-Marx-Stadt vom 9. 3. 1983: „Insgesamt war für die Diskussion kennzeichnend die hohe Verantwortungsbereitschaft der Schulräte und der Zuwachs bei einigen Schulräten, die in der Vergangenheit nicht immer das erforderliche Niveau erreichten (z. B. Freiberg, Brand-Erbisdorf, Plauen/Stadt, Zwickau/Stadt). Kritik muss geübt werden am Auftreten des KSR von Oelsnitz (falsche und ungenaue Führungspositionen) und des KSR von Reichenbach (Art und Weise des Auftretens mit Tendenzen der Überhöhung). Des Weiteren bleibt in meinem Blick, warum z. B. die Schulräte von Werdau, Stollberg, Rochlitz, Annaberg und Hohenstein-Ernstthal in den KSR-Konferenzen nicht zur Standpunktbildung und zum Erfahrungsaustausch beitragen." Guder, HSI, MfV, Einschätzung der KSR-Konferenz des Bezirkes Karl-Marx-Stadt vom 9. 3. 1983. Bericht vom 14. 3. 1983 (BArch, DR 2/D133, Band 2, unpag.). Auf ähnliche Weise berichtete Guder auch von der KSR-Konferenz im September 1983: „In der Diskussion zu diesem Top äußerten sich die Schulräte von Rochlitz, Freiberg, Schwarzenberg, Zschopau, Stollberg, Reichenbach und Mitte/Nord, wobei von besonders hoher Qualität das Auftreten des KSR von Stollberg, Gen. Börner, zur führungsmäßigen Bewältigung des Übergang von der 10. Kl. der POS zur 11. Kl. der EOS, und das Auftreten des KSR Freiberg zu seiner Arbeit und seiner Mitarbeiter zur Unterstützung der Schulen war. Der Diskussionsbeitrag des KSR von Rochlitz, Gen. Vogel, vermittelte mir die Anregung, in diesem Kreis die Erfahrungen zu ermitteln, die bei der Ausarbeitung langfristiger Entwicklungskonzeptionen der Schulen für die außerunterrichtliche Tätigkeit gewonnen wurde." Guder, HSI, MfV, Einschätzung der KSR-Konferenz des Bezirkes Karl-Marx-Stadt vom 21. 9. 1983. Bericht vom 26. 9. 1983 (BArch, DR 2/D133, Band 2, unpag.).

daraufhin, dass auch das Ministerium für Staatssicherheit diese Personen im Blick hatte.[54]

Anhand einer derartigen Auswahl- und Überwachungssystematik gelangten nur Personen in die Volksbildungsabteilungen, die diese Kriterien erfüllten. Folglich kann bei diesem Personenkreis im Unterschied zu Lehrern und Schuldirektoren wohl von einer Identifikation mit dem System, zumindest aber von einem gesteigerten Grad der Anpassung des Einzelnen an das System ausgegangen werden. Denn mit dem Aufstieg in Führungspositionen verbanden sich Akklamation gegenüber den Machthabern und Partizipation an der Macht, selbst wenn sich das nur auf kleine Einflussbereiche oder auf vorauseilenden Gehorsam beschränkte.

Dieser Eifer war bei vielen Schulfunktionären vorhanden, wie beispielsweise schon die Kritik von Werner Lorenz, Staatssekretär des Ministeriums für Volksbildung, bestätigte, als er 1984 die übermäßige „Papierflut in den Volksbildungseinrichtungen" beanstandete, denn bei der Kontrolle eines Berliner Stadtbezirks stellten Ministeriumsmitarbeiter fest, „dass von 29 abgeforderten Statistiken 10 nicht genehmigt waren".[55]

Zu den Aufgaben der Stadtbezirks-, Stadt- und Kreisschulräte gehörte bereits seit Ende der 1940er Jahre die Zulassung geeigneter Schüler für den Besuch höherer Schulen.[56] Um die soziale Umschichtung zu erreichen, gab das Ministerium für Volksbildung den Schulräten vor, wie viele Schüler aus den verschiedenen sozialen Schichten die Mittel- bzw. Oberschule zu besuchen hatten. Diese Vorgaben waren nicht leicht zu erfüllen, da gerade in den Reihen der Arbeiter und Bauern große Zurückhaltung herrschte.[57] Dagegen fühlten sich Angehörige der traditionellen Bildungsschichten benachteiligt.

54 Registriert wurden Name, Vorname, Personenkennzahl (PKZ), Parteizugehörigkeit, Funktion in der Abteilung, Mitarbeiter seit welchem Jahr. Die Information stammt vom 9.5.1986. (BStU, MfS, BV Leipzig Abt. XX, 1572, Bl. 30–32).

55 Engelbett, Leiter der BSI, MfV, Niederschrift über die Dienstbesprechung der Leiter der BSI im Ministerium für Volksbildung am 23.2.1984. Bericht vom 27.2.1984 (BArch, DR 2/D133, Band 2, unpag.).

56 Siehe dazu u.a. Richtlinien für die Aufnahme der Schüler in die Mittel- und Oberschulen. Vom 12.12.1955. In: Baske/Engelbert (Hg.), Zwei Jahrzehnte Bildungspolitik in der Sowjetzone (1945–1958), S. 291–313; Anweisung zur Ausbildung in den Abiturklassen in den Einrichtungen der Berufsausbildung vom 30.7.1969. In: Monumenta Pädagogica, Band 16,1, S. 199–204; Anordnung über die Aufnahme in die erweiterte allgemeinbildende Polytechnische Oberschule und in Spezialklassen an Einrichtungen der Volksbildung sowie über die Bestätigung von Schülern für die Bewerbung um eine Lehrstelle in der Berufsausbildung mit Abitur – Aufnahmeordnung vom 5.12.1981. In: Fuchs/Petermann (Hg.), Bildungspolitik in der DDR 1966–1990, S. 177–179.

57 Aus Sicht der Eltern von Arbeiter- und Bauernkindern schien es sinnvoller, wenn ihre Kinder eine Lehre begannen, um anschließend in ihrem Beruf Geld zu verdienen. Das teilte auch der BSR von Karl-Marx-Stadt dem Ministerium für Volksbildung mit: „Aus den Kreisen der werktätigen Einzelbauern wird von einem Zeitverlust beim Besuch der 10-klassigen Schule gesprochen. So erklärte z.B. ein Einzelbauer aus Großolbersdorf, Kreis Zschopau, dass er die Kinder zur Arbeit braucht und den Zeitverlust durch die 10-klassige Schule nicht tragen könne." Auswertung der Beschlüsse des 4. Plenums des ZK der SED – Beantwortung der vom Ministerium gestellten Fragen. Weißig, BSR Karl-

Die Schulräte versuchten nunmehr mit viel Werbungs- und Überzeugungsarbeit, diese Quoten zu erfüllen. Der vorerst freiwillige Besuch des neunten und
zehnten Schuljahres wurde mancherorts mit vorauseilendem Gehorsam übereifrig bis hin zu Zwang von Schuldirektoren durchgesetzt, um mit einer „glän-
zenden" Statistik aufwarten zu können. Nicht umsonst weist die Abteilung
Volksbildung des Bezirkes Leipzig nochmals ausdrücklich darauf hin: „Bei dieser Aufgabenstellung, Genossinnen und Genossen, müssen wir berücksichtigen,
dass diese Ziele erreicht werden müssen, unter der Bedingung der absoluten
Freiwilligkeit [sic!] des Besuches der 9. und 10. Klasse. Denn der Besuch der
10-klassigen Polytechnischen Oberschule ist erst 1964 obligatorisch."[58]
Offensichtlich blieb die „Freiwilligkeit" zum Besuch der neunten und zehnten Klasse gerade bei Arbeiter- und Bauernkindern mehrfach auf der Strecke,
sodass sich Eltern beschwerten, weil ihre Kinder zum Besuch einer weiterführenden Bildungseinrichtung gedrängt wurden. Gleichzeitig wurden Kinder anderer sozialer Schichten oder aus christlichen Elternhäusern, trotz ihres ausdrücklichen Wunsches, in die neunte Klassenstufe aufgenommen zu werden,
weiterhin benachteiligt.

Die Werbung für den Mittel- und Oberschulbesuch war jedoch nicht die einzige Kampagne, bei der Maßgaben des Ministeriums für Volksbildung erfüllt
werden mussten. Auch bei der Durchsetzung von Jugendweihe, Pionier- und
FDJ-Mitgliedschaft, Werbung von Berufsoffiziers- und Berufsunteroffiziers-
bewerbern sowie später bei der Einführung der vormilitärischen Ausbildung
waren Quoten zu erbringen.

Marx-Stadt, an Sekretariat des Ministeriums für Volksbildung vom 29. 4. 1959 (Sächs
StAC, 30413/8.1, Nr. 457, unpag.). Der Besuch einer höheren Bildungseinrichtung war
auch in der DDR mit Kosten für die Eltern verbunden. In den Ländern der SBZ wurde
die Zahlung von Schulgeld für den Besuch der Oberschule vorerst beibehalten. Schulgeldfreiheit bestand nur in Berlin und ab 1952 im Grenzgebiet zur Bundesrepublik sowie
in Landesschulen für Blinde, Sehschwache und Gehörlose. Mit dem Gesetz zur Demokratisierung der Schule vom 3. 12. 1947 wurde Schulgeldfreiheit zwar angestrebt, sie
wurde jedoch nur Kindern gewährt, deren Eltern eine bestimmte Bruttoeinkommens-
grenze nicht überschritten. Neben Schulgeld- und Lernmittelfreiheit konnten auch
Unterhaltsbeihilfen geleistet werden. 1953 waren von allen Oberschülern 70 % vom
Schulgeld befreit und 60 % erhielten zu kostenfreien Lehrmitteln auch Unterhaltsbeihilfen. Da auch in Artikel 39 der Verfassung von 1949 Schulgeldfreiheit deklariert wurde,
stellten viele Eltern die Zahlungen ein. Die ausstehenden Zahlungen ließen sich auf
gerichtlichem Wege nur schwer einfordern, so dass zum 1. Januar 1957 eine allgemeine
Schuldfreiheit mit Aufhebung der ausstehenden Zahlung erlassen wurde (DDR-GBl.
1957 I, S. 168). Vgl. Geißler, Auslese im allgemein bildenden Schulwesen der DDR,
S. 65, Anm. 9. Hinzu kam, dass es gerade vielen Arbeiterkindern, insbesondere Bauernkindern schwer fiel, die geforderten Leistungen des regulären Schulbesuchs zu erreichen. So verzeichnete der Bezirk Leipzig eine hohe Sitzenbleiberquote gerade unter
diesen Schülern. Vgl. Das Programm zur Schaffung der allgemeinbildenden polytechnischen Mittelschule im Bezirk Leipzig vom 26. 1. 1959 (SächsStAL, 20237 BT/RdB
Leipzig, Nr. 326, Bl. 49–73).

58   Erster Entwurf des Programmes zur Schaffung der zehnklassigen allgemeinbildenden
      polytechnischen Oberschule im Bezirk Leipzig vom 26. 1. 1959 (ebd., Bl. 49–73, hier
      63).

Im Umgang mit Schülern und deren Eltern traten Schulräte selbstsicher und resolut auf. Dies wird sowohl am Schriftverkehr dieser Amtsträger als auch in persönlichen Gesprächen mit Betroffenen deutlich. Als Vertreter der staatlichen Obrigkeit gingen sie restriktiv und drakonisch gegen nonkonformes und oppositionelles Verhalten in den Bildungseinrichtungen vor, insbesondere in den Erweiterten Oberschulen und Studieneinrichtungen. Folglich berichteten selbst Vertreter der Schulinspektionen von „Beschwerden über herzloses, überhebliches Verhalten von Schulfunktionären".[59] Diese Formulierung von Mitarbeitern der Schulinspektion erscheint bei Kenntnis des umfangreichen Aktenbestandes äußerst widersprüchlich, da die Auslegung von Gesetzen, Verordnungen und Anweisungen vom Ministerium für Volksbildung über die Volksbildungsabteilungen von Bezirken und Kreisen in die einzelnen Territorien gelangte. Weiterhin wurden die Vorgänge in Schulen und Einrichtungen der Volksbildung auf regionaler wie auch auf zentraler Ebene von Mitarbeitern verschiedener Abteilungen überwacht. Schließlich konnte ein Teil der gesetzlichen Bestimmungen nur mit Zustimmung des Ministeriums oder mittels gesonderten Antrags angewandt werden. Mit diesem Wissen kann eigentlich davon ausgegangen werden, dass die zentrale Ebene über die regionalen Vorgänge und Zustände ausreichend informiert war.

Aus der Analyse der Rehabilitierungsanträge geht hervor, dass die Betroffenen sehr häufig Schulräte für die ihnen widerfahrenen Diskriminierungen verantwortlich machten, da diese oftmals selbst in den Zulassungskommissionen saßen, die Eltern über deren Entscheidung informierten und nach elterlichen Einsprüchen gegen Nichtzulassungen oder Relegierungen als zuständige Beschwerdeinstanz fungierten, die praktisch ihre eigenen Entscheidungen noch einmal überprüfen sollte.

In einigen Ablehnungsschreiben für die Zulassung begründeten Schulräte ihre Entscheidung mit sehr deutlichen Worten. So schrieb beispielsweise der Stadtbezirksschulrat von Karl-Marx-Stadt einem Elternpaar: „Die gesellschaftliche Haltung und Mitarbeit Ihrer Tochter lassen den Besuch der erweiterten Oberschule nicht zu. Leider erziehen Sie Ihre Tochter nicht zur Bereitschaft für die gesellschaftliche Tätigkeit. Nach den geltenden Verordnungen können an unseren erweiterten Oberschulen aber nur Kinder lernen, deren Eltern eine positive Haltung zu unserem Arbeiter- und Bauernstaat einnehmen."[60]

Dagegen erhielten die Eltern eines Schülers aus Görlitz ein eher allgemein gehaltenes Schreiben, in dem es heißt: „Die Aufnahmekommission konnte der Aufnahme Ihres Sohnes J. in die Abiturstufe der EOS zum 1. September 1987 nicht zustimmen, da für die Aufnahme Unterlagen von geeigneteren Schülern gemäß § 2 der Aufnahmeordnung vorlagen."[61] Das Spektrum der Formulierun-

---

59 Bauer, HSI, MfV, Eingabenanalyse 2. Halbjahr 1975 vom 10.1.1976 (BArch, DR 2/ 27132, unpag.).

60 Meier, Stadtbezirksschulrat Karl-Marx-Stadt, Stadtbezirk I, an die Eltern vom 15.12.1960 (SLFS, Rehabilitierungsbehörde, Az. 94/70/0008).

61 Hippe, StSR Görlitz, an die Eltern vom 23.9.1986 (ebd., Az. 95/70/0033).

gen war vielfältig: In einigen Fällen begründeten Schulräte die Nichtaufnahme in die Vorbereitungsklasse oder Abiturstufe mit geringem Platzkontingent oder zu geringen schulischen Leistungen. Beschwerten sich Eltern bei anderen staatlichen Behörden oder Parteiorganen über den Schulrat oder fiel eine Schule oder eine Region beispielsweise durch ein „besonderes Vorkommnis" auf, wurde die Schulinspektion aktiv.

Im Rahmen regulärer Überprüfungen einzelner Schulen sprach der Schulinspektor mit der Schulleitung und Lehrern, hospitierte im Unterricht oder bei Prüfungen. Derartige Kontrollbesuche riefen allerdings bei Schuldirektoren und Lehrern oftmals Unbehagen hervor,[62] auch wenn mancher Schulinspektor dieses gern anders gesehen hätte.[63]

Neben den regulären Überprüfungen der Schulinspektion wies das Ministerium für Volksbildung auch gezielt an, bestimmte Schulen bzw. Volksbildungseinrichtungen der Kreise zu inspizieren, wenn diese durch „besondere Vorkommnisse" oder gehäufte Eingaben ins Visier des Ministeriums geraten waren. Vielfach zogen diese Kontrollen negative Konsequenzen für die gesamte Schule nach sich, wenn Schuldirektor, Lehrer und Schüler meist zu parteipolitischen Aussprachen, Stellungnahmen und kollektiven Auswertungen „gebeten" wurden. In schwerwiegenderen Fällen folgten auch disziplinarische Maßnahmen. Ein solches Vergehen wurde z. B. der Hauptschulinspektion 1986 von der Kreisschulrätin Wittig aus Wurzen über den Bezirksschulrat von Leipzig gemeldet. Eine Untersuchung des Ministeriums für Staatssicherheit und der Abteilung K (Kriminalpolizei) ergab, dass drei Schüler der Diesterweg-Oberschule Wurzen eine Flugblattaktion mit „politisch-provokatorischem Charakter" durchge-

---

62 Vgl. auch Geißler, Genossen und Kollegen, S. 190.
63 So beispielsweise Hannelore Thurm, Schulinspektorin der Abteilung Volksbildung beim Rat der Stadt Stralsund, Bezirk Rostock. In: VIII. Pädagogischer Kongress der DDR vom 18. bis 20.10.1978, S. 595. Sie führt als nicht erstrebenswertes Negativbeispiel die Darstellung des Schulinspektionsbesuchs in dem Kinderbuch „Ottokar, der Weltverbesserer" an. Der Autor, Ottokar Domma, beschreibt aus Sicht eines Schülers die Ankunft des Schulinspektors so: „Weil nach dem Sprichwort ein Unglück nie allein kommt, geschah es auch hier. Ausgerechnet jetzt fuhr ein Auto vor. Erst dachten wir es war der Doktor, es war aber etwas viel Schlimmeres, nämlich ein Schulinspektor." Ottokar Domma, Der brave Schüler Ottokar - Ottokar, das Früchtchen - Ottokar, der Weltverbesserer, S. 274. Nicht nur mit dem Vergleich des Inspektionsbesuches als ein Unglück, dass für Schüler und Lehrer unangenehmer war als ein Arztbesuch, offenbarte der Autor das Image dieser Mitarbeiter der Volksbildung, sondern auch im beschriebenen Geschehen. Denn der Inspektor betritt just in dem Moment die Schule, in dem eine Lehrerin ihrer Aufsichtspflicht in der Pause nicht nachkam. Während dieser Zeit rutschten ein paar Schüler auf dem Geländer, einer stürzte ab und verletzte sich mittelschwer. Dieses (auch in der Realität) besondere Vorkommnis fand eine eindringliche Untersuchung mit angedeuteten disziplinarischen Folgen, die betreffende Lehrerin wird einem Nervenzusammenbruch nahe beschrieben und der Schuldirektor wurde vom Inspektor gemaßregelt. Als die Schüler „am nächsten Tag zur Schule kamen, ging's sehr streng zu". Ebd., S. 277. Diese literarische Verarbeitung der Inspektion veranschaulicht eher harmlos deren Verlauf und Konsequenz.

führt hatten.[64] Initiator der Provokation war ein Schüler der neunten Klasse, dessen Vater SED-Mitglied und Kundendienstleiter im VEB Motorenwerk Wurzen war. Die drei Schüler hatten mit einem Druckkasten kleine Flugblätter mit den Texten „2 x Deutschland ist 1 x zu viel", „Deutschland lebt immer noch" und „Deutschland erwache" hergestellt. Diese Zettel verteilten zwei Schüler am 11. März 1986 nach der FDJ-Geburtstagsdisco in Briefkästen, klemmten sie an Autoscheiben und hinterlegten sie im Telefonbuch einer Telefonzelle. Ein dritter Schüler beteiligte sich nicht, sondern verbrannte die Zettel zu Hause. Bereits am 20. März 1986 erfolgte die Verhandlung vor dem Kreisgericht Wurzen gegen die Jugendlichen wegen öffentlicher Herabwürdigung gemäß § 220 des Strafgesetzbuches. Als Motiv gab einer der Angeklagten an, dass sie „die Stadt aufrühren wollten, über die Probleme der Reisebeschränkungen u. ä. nachzudenken". Das Gericht bestrafte die Jugendlichen mit einem öffentlichen Tadel ohne Eintragung in das Strafregister. Dabei blieb es allerdings nicht; vielmehr begann eine intensive Auswertung dieses Vorfalls an allen Oberschulen des Kreises, insbesondere an der Diesterweg-Oberschule in Wurzen. Schließlich sei der Vorfall der „ungefestigten staatsbürgerlichen Haltung der Schüler" geschuldet, „die auf eine nicht ausreichend wirksame politisch-ideologische Arbeit mit ihnen" zurückgeführt wurde. In einer Gewerkschaftsversammlung wertete die Staatsanwältin das Vorkommnis in der Schule aus. Ferner führten die Mitarbeiter der „Sicherheits- und Justizorgane" mit dem Schuldirektor, dem SED-Parteisekretär, den beiden Klassenleitern und den FDJ-Leitungen der beiden Klassen eine Aussprache durch. Und die Schulrätin hatte bereits im Vorfeld eine gründliche Analyse der Klassensituation und der Führung der politisch-ideologischen Arbeit mit den Schülern und Eltern eingeleitet.[65] Darüber hinaus waren die Kreisleitung der SED und der Vorsitzende des Rates des Kreises Wurzen über die Flugblattaktion informiert worden. Letztlich kontrollierte der zuständige Bezirksschulinspektor, ob die festgelegten Maßnahmen in dieser Form durchgesetzt wurden. Eine abschließende Information erfolgte danach an die Hauptschulinspektion.[66]

An einem anderen Beispiel aus den 1950er Jahren lässt sich der weit reichende Einfluss eines Schulinspektors verdeutlichen. Dieser Fall oder vielmehr Zufall führte bei einigen Schülern zu einem Relegierungsverfahren aus der Abiturstufe. Der Bezirksschulinspektor von Leipzig, Bohmann, hörte am 1. März 1954 zufällig während einer Zugfahrt die Unterhaltung einiger Abiturienten der Oberschule in Grimma. Die Schüler diskutierten „sehr kritisch" über einen Zeitungsartikel, sodass Bohmann deren Haltung als „chauvinistisch-nationalistisch" beeinflusst einschätzte. Der Bezirksschulinspektor befand die Schüler daraufhin des weiteren Besuchs einer Oberschule für unwürdig. Über

---

64 Trescher, BSR Leipzig, an Reinholdt, Leiter der HSI, MfV, Außergewöhnliche Vorkommnisse im Bereich der Volksbildung des Bezirkes Leipzig. Bericht vom 26. 3. 1986 (SächsStAL, 20237 BT/RdB Leipzig, Nr. 22370, Bl. 148–150).
65 Ebd.
66 Ebd.

die Abteilung Volksbildung des Kreises Grimma wurde der Schuldirektor der Oberschule, Scheller, über den Vorfall informiert und aufgefordert eine Aussprache durchzuführen und die Schüler zu überprüfen, um eventuell ein Relegierungsverfahren für diese Abiturienten in Gang zu setzen.[67] Zwar kann über den Ausgang des Verfahrens aufgrund der Aktenlage nur spekuliert werden, dennoch scheinen die bekannten Fakten ausreichend, um die Brisanz des Ereignisses richtig einzuschätzen. Dieser Vorfall zeugt nicht allein vom rigorosen Auftreten des Bezirksschulinspektors.[68] Als Prüfungskommissar nahm Bohmann ein Jahr zuvor an einer Geschichtsprüfung teil. Da er der Überzeugung war, dass der Schüler in dieser Prüfung versagt hatte, weigerte sich der Bezirksschulinspektor, das Reifezeugnis des Schülers zu unterschreiben, obwohl das Ministerium für Volksbildung eindeutig dazu Stellung nahm und die Note des Schülers abwandelte.[69]

Da nicht nur der Besuch eines Hauptschulinspektors meistens negative Konsequenzen für alle Beteiligten nach sich zog, sondern mit häufigen Vorkommnissen ebenso die eigene Führungsqualitäten der Amtsinhaber zweifelhaft erscheinen konnten, neigten Schulräte dazu, ihre Meldung besonderer Vorkommnisse zu „entschärfen", um gegenüber den übergeordneten Stellen eine stabile politische Lage der Region zu vermitteln. Allerdings weckte diese Strategie mitunter das Misstrauen der Ministeriumsmitarbeiter. Diese ordneten daraufhin weitere Kontrollen an, wie aus der „Information über die Entwicklung besonderer Vorkommnisse im Jahre 1973" deutlich wird:

67 Vgl. Siegfried, Abt.-Leiter des Referates Schulinspektion beim RdB Leipzig an Scheller, Direktor der Oberschule Grimma, Diskussion einiger Abiturienten am 1. März 1954 im 14.00 Uhr-Personenzug nach Leipzig. Schreiben vom 3.3.1954 (ebd., Nr. 1083/1, Bl. 352–353).

68 Im August 1953 beschwerte sich der Schuldirektor der Oberschule Leisnig, Steller, über den Schulinspektor Petzscher. Bei der Inspektion der Peter-Apian-Schule (OS Leisnig) sei Petzscher sehr kritisch mit der Unterrichtspraxis und Bewertung der ideologischen Fähigkeiten einiger Oberschullehrer umgegangen. Er habe eine unterkühlte, fast unheimliche Art mit der er an dieser Schule seine Inspektionen durchgeführt habe. Zudem habe er als Vorsitzender der Abitur-Prüfungs-Kommission unter den Schülern ein gestörtes Verhältnis zu den Prüfern bewirkt. Eine Schülerin erlitt während der mündlichen Prüfung einen Nervenzusammenbruch, der durch die Art der Fragestellung vonseiten des Schulinspektors ausgelöst worden sei. Die Schülerin galt sonst als emotional und psychisch gefestigt. Der Inspektor habe ebenso das Leistungsniveau der Schule bezweifelt und die Abiturnoten entsprechend nach unten korrigiert. Das Ministerium für Volksbildung wurde aufgrund dieser Eingabe des Pädagogischen Rates der Oberschule aktiv, überprüfte die Vorgänge und führte mit dem Schulinspektor eine Aussprache. Das Ministerium kam zu dem Ergebnis: „Ein Teil der Beschwerdepunkte war auf überspitzte Maßnahmen der Schulverwaltung in den Oberschulen nach dem alten Kurs vor dem 9. und 11.6. [1953] zurückzuführen." Einige Kritikpunkte des Schulinspektors wurden auch bestätigt und der Pädagogische Rat zu einer Verbesserung angewiesen. Aktenvorgang zur Beschwerde des Schuldirektors Steller der Oberschule Leisnig über die Schulinspektion des Schulinspektors Petzschler vom 1.8.1953 (ebd., Nr. 4269, Bl. 62–68).

69 Vgl. Reifeprüfung eines Schülers der Thomas-Oberschule. Bohmann, Bezirksschulinspektor Leipzig an Abt. Schulinspektion, MfV, vom 6.10.1953 (ebd., Nr. 1083/1, Bl. 388).

„Die Arbeit an der Jahresübersicht hat auch einige Schwächen in der Meldung besonderer Vorkommnisse durch die Bezirksschulräte deutlich werden lassen. So besteht z. B.
die Gefahr, dass Vorkommnisse, die in den Bezirken noch relativ häufig auftauchen,
offensichtlich mit der Zeit als ‚normaler Alltag‘ angesehen und nicht mehr konsequent
weitergemeldet werden. Das betrifft z. B. Fälle von politischen Provokationen durch
Schüler oder von Kontakten zu westlichen Rundfunkstationen.
Die Hauptschulinspektion führt in allen Bezirken bis zum 22. Februar 1974 eine erneute
Kontrolle über die Einhaltung der ‚Ordnung über die Meldung außergewöhnlicher
Vorkommnisse‘ vom 25. 2. 1971 durch. In dieser Kontrolle wird den Fragen der regelmäßigen Information entsprechend der ‚Ordnung ...‘ besondere Bedeutung beigemes-
sen. Im Rahmen der Kontrolle wird gleichzeitig die Belehrung über die Arbeit mit der
‚Ordnung...‘ in den Bezirken durchgeführt. Bis zum 15. 3. 1974 werden wir eine zusammenfassende Information über die Ergebnisse dieser Kontrolle geben.“[70]

Mit einer derart straffen Kontrolle der politischen Lage an den Schulen versuchten die Ministeriumsmitarbeiter das Abstumpfen der regionalen „Volksbildungsorgane" abzuwehren, um ein zunehmendes Kontroll- und Meldebedürfnis auf
regionaler Ebene zu fördern. Insbesondere vor dem Hintergrund veränderter
Ost-West-Beziehungen[71] und den Einflüssen der westlichen Jugendkultur
befürchtete die Staatsmacht ein Schwinden des Feindbildes in der DDR-Jugend.
Um dem entgegenzuwirken und das Bewusstsein der jungen Generation zu festigen, setzte eine klare Abgrenzungspolitik durch Reideologisierung und Militarisierung ein,[72] deren Umsetzung streng überprüft wurde. Zu den Aufgaben der
Schulinspektion gehörte auch die strenge Überwachung des Zulassungsverfahrens zur Abiturstufe. In einer internen Arbeitsanweisung von 1977 heißt es:

„8. Kontrolle der Aufnahme in die V-Klassen
Durch alle BSR ist eine straffe Kontrolle der Delegierungen in die Vorbereitungsklassen
zu organisieren. Zu sichern ist:
Die schulpolitische Führung und Unterstützung des KSR bei der Vorbereitung und
Entscheidung der Aufnahme in die V-Klassen,
die Aufnahme von etwa 10 % mehr (pro Klasse 2–3 Schüler mehr) in die V-Klassen, als
1979 in 11. Klassen aufzunehmen sind,
die sozialen Struktur im Territorium entsprechende Zusammensetzung und ein ausge-
wogenes Verhältnis von Jungen und Mädchen.
Über die Ergebnisse der Aufnahmen in V-Klassen und über dabei auftretende Probleme
ist schriftlich zu berichten.
Der Bericht muss folgende Angaben enthalten:
Zahl der aufgenommenen Schüler,
davon Arbeiter-und-Bauern-Kinder,
davon Jungen.
Zahl der abgelehnten Anträge von Eltern,
zahlenmäßige Übersicht über Anträge kirchlicher Amtsträger, die dem BSR vorgelegen
haben und Bericht über die getroffenen Entscheidungen zu diesen Anträgen.“[73]

70 Bauer, Mitarbeiter der HSI, MfV, Information über die Entwicklung besonderer Vorkommnisse im Jahre 1973 vom 25. 1. 1974 (BArch, DR 2/27343, unpag.).
71 Hervorgerufen durch die Neue Ostpolitik der sozial-liberalen Bundesregierung, den
Grundlagenvertrag zwischen DDR und Bundesrepublik und die KSZE-Verhandlungen.
72 Vgl. dazu Koch, Die Einführung des Wehrunterrichtes in der DDR, S. 49.
73 HSI, MfV, Kontrollkonzeption für die Vorbereitung des Schuljahres 1977/78 vom
18. 2. 1977 (BArch, DR 2/D1688, unpag.).

Derartige Anweisungen wurden jährlich von der Hauptschulinspektion verfasst und folgten inhaltlich dem jeweiligen Kurs in der Volksbildung, der sich nach den politischen Vorgaben des Zentralkomitees und der volkswirtschaftlichen Plankommission richtete.[74] Damit hofften die Mitarbeiter der Hauptschulinspektion „Probleme der Leitungstätigkeit", „unqualifizierter Arbeit mit den Menschen durch staatliche Leiter" oder „formalen und unverständlichen Entscheidungen" entgegenzuwirken, die für sie häufig die Ursache für Eingaben darstellten.[75]

Auf Seiten der Hauptschulinspektion bestanden jedoch auch Divergenzen bezüglich der Einschätzung von Beschwerden über die Aufnahme in die Vorbereitungsklassen der Abiturstufe oder in die Abiturstufe selbst. Einerseits wertete die Hauptschulinspektion diese Anliegen nicht als Eingaben, andererseits finden sie sich in den Eingabenanalyse immer wieder und häufig auch als eigene Kategorie.[76]

„Beschwerden gegen Entscheidungen über die Aufnahme in V-Klassen bzw. Hilfsschulen (4 Eingaben)
Da laut Eingabengesetz § 1 Absatz 3, Einsprüche gegen Entscheidungen über die Aufnahme in V-Klassen nicht als Eingaben zu werten sind, sind die meisten Einsprüche auch zur Entscheidung den zuständigen Schulräten übergeben worden. Wir haben aber in 4 Fällen die Einsprüche der Eltern zum Anlass genommen, die Qualität der Vorbereitung solcher Entscheidungen in den betreffenden Kreisen zu überprüfen. Dabei war es erforderlich, in einigen Fällen formales und enges Herangehen an solche Entscheidungen zu kritisieren und zu überwinden."[77]

Trotz dieses Antagonismus betrieb die Hauptschulinspektion bei lokalen Beschwerdehäufungen Ursachenforschung, um in einigen Fällen „formales und enges Herangehen" festzustellen. Deshalb wurden den Schulräten die jeweiligen

---

74 Der Einfluss des Zentralkomitees war zeitweise sehr stark, so dass wie im Fall der Anklamer Oberschüler 1961 Werner Neugebauer von der Abteilung Volksbildung beim ZK die Maßnahmen der Bezirksleitung der SED Neubrandenburg als unzureichend erachtete und vorschlug, alle beteiligten Schüler von der Oberschule zu verweisen, den Lehrkörper zu überprüfen und zu säubern. Für eine zügige Verwirklichung seines Planes informierte er Walter Ulbricht und Erich Honecker und bereitete einen entsprechenden ZK-Beschluss vor. Vgl. Werner Neugebauer, Leiter der Abt. Volksbildung beim ZK der SED an Kurt Hager, Sekretär des ZK der SED, vom 4. 10. 1961 (BArch,-SAPMO, DY 30/IV 2/9.05/27, Bl. 28–83).
75 „Die Eingaben konzentrierten sich in unserem Bereich wiederum auf Probleme der Leitungstätigkeit. Dabei steht im Mittelpunkt der Kritik die oft anzutreffende unqualifizierte Arbeit mit den Menschen durch staatliche Leiter. Hierbei stehen an erster Stelle Direktoren. Das hat seine Ursache darin, dass diese Direktoren ihre politische Funktion ungenügend erkennen. Oft werden formale und unverständliche Entscheidungen getroffen, oder aber festgelegte Maßnahmen besonders den Eltern ungenügend erläutert." HSI, MfV, an Ministersekretariat, MfV, Analyse der Eingaben für das IV. Quartal 1965 vom 14. 1. 1966 (BArch, DR 2/20104, unpag.).
76 Vgl. dazu ausführlich Kapitel IV.2.1. Eingaben wegen Nichtaufnahme in weiterführende Bildungseinrichtungen.
77 Bauer, HSI, MfV, Eingabenanalyse 1. Halbjahr 1976 vom 1. 7. 1976 (BArch, DR 2/26352, unpag.).

Aufnahmekriterien nochmals erläutert.[78] Insgesamt erscheint dieses Vorgehen jedoch fragwürdig, da ja gerade das Ministerium für Volksbildung die jeweiligen Quoten und Anweisungen zur Aufnahme in die Vorbereitungsklassen bzw. in die Abiturstufe vorgab und damit die Auswahl der Schüler beeinflusste.

Bei der Aktenrecherche in den Beständen des Ministeriums für Volksbildung zeigte sich mehrfach zwiespältiges Vorgehen von Mitarbeitern, welches im Nachhinein nur schwer nachvollziehbar scheint. Möglich wäre, dass es sich hierbei um Erklärungsversuche und Schuldzuweisungen einzelner Ministeriumsmitarbeiter handelte, die damit die vielen Eingaben zum Zulassungsverfahren rechtfertigten, ohne die wahren Ursachen sehen bzw. nennen zu wollen. Es schien leichter, die Schuld in einer „falschen" Anwendung der Aufnahmekriterien bei den Schulräten und den Zulassungskommissionen vor Ort zu suchen, als die rigorose Zulassungspolitik der Staats- und SED-Parteileitung zu kritisieren. Stützen lässt sich diese Vermutung zudem auf Entwürfe, Beschlussvorlagen und Beschlüsse für das Aufnahmeverfahren in die Vorbereitungsklassen bzw. Abiturstufen, die Mitarbeiter der Abteilung Volksbildung beim Zentralkomitee der SED gemeinsam mit denen der Abteilung Abiturstufe des Ministeriums für Volksbildung erarbeiteten.[79] Von den Schulräten und Schulinspektoren wurde

---

78 „Zum Problem Auswahl und Delegierung von Schülern in die V-Klassen bzw. Abiturstufe wurden der Leitung des Ministeriums die aus der Fülle der Eingaben und aus operativen Einsätzen bekanntgewordenen Fakten vorgetragen, die Problematik dort beraten und durch die Leitung Schlussfolgerungen gezogen für die Anleitung der Schulräte. In einer Dienstbesprechung mit den Bezirksschulräten im Juli 1973 wurde den Bezirksschulräten noch einmal die Aufnahmepolitik für die Abiturstufe erläutert. Dabei wird der prinzipielle Standpunkt, den gleichen Anteil Jungen und Mädchen in die V-Klassen aufzunehmen, erläutert, um ein formales Vorgehen in den Kreisen und Bezirken zu verhindern. Die Auswahl der Jungen ist rechtzeitig zu treffen. Sie sind zu fördern, dass sie zum Entscheidungszeitpunkt den Mädchen weder in ihren Leistungen noch Verhalten nachstehen." Bereich Dietzel, HA Oberschule, MfV an Büro des Ministers, MfV, Analyse der Eingaben für das I. Halbjahr 1973, o. D. (BArch, DR 2/ 27170, unpag.). Zu ähnlichen Schlussfolgerungen kommt die HSI auch 1986: „Durch die Hauptabteilung Oberschulen und die Hauptschulinspektion ist über die Bezirksschulräte darauf Einfluss zu nehmen, dass in Auswertung des Auswahl- und Aufnahmeprozesses für die Abiturstufe in den Bezirken die in der Eingabenanalyse sichtbar gewordenen Probleme einbezogen werden." Bereich Drechsler, HA Oberschule, MfV an Büro des Ministers, MfV, Eingabenanalyse 2. Halbjahr 1986, o. D. (BArch, DR 2/13091, unpag.).
79 Vgl. dazu u. a. RdB Leipzig, Abteilung Volksbildung an das Ministerium für Volksbildung, Bericht über die wichtigsten Probleme, die auf der Grundlage des Offenen Briefes des Kollegiums des MfV an alle Pädagogen der DDR – abgedruckt in der DLZ 41/71 – in den Bildungseinrichtungen und in der Öffentlichkeit des Bezirkes Leipzig vom 24. 12. 1971 (BArch, DR 2/26862, unpag.); Peter, Leiter der Abteilung Abiturstufe, MfV, an Abt. Volksbildung beim ZK der SED, Anweisung zur Aufnahme in die erweiterte Oberschule und zur Bestätigung von Schülern für die Bewerbung um eine Lehrstelle in Abiturklassen in den Einrichtungen der Berufsausbildung vom 14. 3. 1978 (SAPMO-BArch, DY 30/IV B 2/9.05/51, unpag.); Abt. Volksbildung beim ZK der SED, Niederschrift über die Ministerdienstbesprechung zu Fragen der Weiterentwicklung der Abiturstufe vom 13. 12. 1979 (SAPMO-BArch, DY 30/IV B 2/9.05/51, unpag.); Abt. Volksbildung beim ZK der SED, Information zur Weiterentwicklung der Abiturstufe vom 14. 12. 1979 (SAPMO-BArch, DY 30/IV B 2/9.05/51, unpag.).

auch weiterhin eine rigorose Umsetzung dieser Auswahlkriterien gefordert. Ihr Augenmerk sollte dabei besonders dem „positiven staatsbürgerlichen Bewusstsein" der Schüler gelten. In einem Protokoll der Dienstbesprechung der Leiter der Bezirksschulinspektion im Ministerium für Volksbildung am 23. Februar 1984 heißt es dazu: „Die Abiturstufe ist straff zu kontrollieren. Das betrifft besonders die Auswahl und die politische Kontrolle der Eignung. Undurchsichtige [sic!] können nicht in die Abiturstufe aufgenommen werden."[80]

Diese und ähnliche Auffassungen entsprachen wohl dem Gros der Führungskader in der Volksbildung und vornehmlich im Ministerium für Volksbildung, deren „politische und fachliche" Eignung für diese Posten vorausgesetzt wurde.

3.   Weitere Institutionen

Neben den Mitarbeitern der „Volksbildungsorgane" beteiligten sich auch Vertreter weiterer Institutionen an der Diskriminierung von Jugendlichen. Mitarbeiter des Erziehungs- und Bildungssystem unterhielten zu anderen Ministerien und deren nachgeordneten Institutionen sowohl regelmäßige als auch außerordentliche Kontakte. Letztere entstanden meist infolge „besonderer Vorkommnisse".

Regulär bestand eine enge Beziehungen der Volksbildung zur SED, zur Kinder- und Jugendorganisation auf allen Ebenen, zu einzelnen anderen Ministerien[81] sowie dem Staatssekretariat für Kirchenfragen. Weniger intensiv war der Kontakt zu anderen Parteien, Massenorganisationen und Staatsorganen.

Die Verbindung zwischen Volksbildung und SED ging über die Parteimitgliedschaft von Pädagogen und administrativen Mitarbeitern hinaus. Das Bildungsressort galt als zentraler Machtbereich,[82] in dem die Partei ihren Monopolanspruch „mittels ihres eigenen Apparates und der von ihr dominierten staatlichen Verwaltung" durchsetzte.[83]

80   Engelbett, BSR Karl-Marx-Stadt, an das Ministerium für Volksbildung, Niederschrift über die Dienstbesprechung der Leiter der BSI im Ministerium für Volksbildung am 23.2.1984 vom 27.2.1984 (BArch, DR 2/D133, Band 2, unpag.).

81   Dazu zählten beispielsweise das Ministerium für Hoch- und Fachschulwesen, das Ministerium für Verteidigung, das Ministerium für Staatssicherheit und das Ministerium für Gesundheitswesen.

82   Vgl. Noack, Bildungs- und Schulpolitik, S. 420.

83   Ebd., S. 422. Mit der Ernennung des KPD-Mitgliedes Paul Wandel zum Leiter der Deutschen Zentralverwaltung für Volksbildung 1945 sicherten die Kommunisten bereits auf personellem Wege ihre dominierende Rolle. Ab 1946 folgte die Einrichtung der Abteilung Kultur und Erziehung beim Parteivorstand der SED, die noch paritätisch besetzt von Josef Naas (KPD) und Richard Weimann (SPD) geleitet wurde. Anton Ackermann (KPD) und Otto Meier (SPD) waren im Zentralsekretariat für die Bildungspolitik verantwortlich. Die ebenfalls 1946 beim Zentralsekretariat der SED gegründete Fachkommission Schule und Erziehung, die ab 1947 als Schulkommission bezeichnet wurde, entwickelte sich zur wichtigen Instanz bei der bildungspolitische Neuorientierung. Ab Dezember 1947 übernahm der Kommunist Hans Siebert allein die Leitung des Hauptreferates Schule und Erziehung beim Zentralsekretariat der SED und propagierte die alleinige Führungsrolle der SED im Bildungs- und Erziehungswesen. Ab 1958 wurde

Eine Besonderheit stellte die Amtszeit Margot Honeckers als Ministerin für Volksbildung dar. Ihre Ehe mit Erich Honecker sorgte „seit Mitte der sechziger Jahre und besonders augenscheinlich seit 1971 für ein eher untypisches Abhängigkeitsverhältnis zwischen dem Parteiapparat und der staatlichen Bürokratie".[84] In der Folge blieb der Einfluss der Abteilung Volksbildung beim ZK der SED[85] und der ihr nachgeordneten Instanzen auf regionaler und lokaler Ebene gegenüber der staatlichen Schulverwaltung zurück.[86]

Einen Einblick in das Aufgabenspektrum dieser nachgeordneten Parteiinstanzen gibt der Entwurf „Empfehlungen des Sekretariats des Zentralkomitees der SED zur Tätigkeit der Schulkommissionen der Bezirks- und Kreisleitungen" von 1960. Die Abteilung Volksbildung beim ZK der SED definierte: „Hauptaufgabe der Schulkommission ist es, die Leitungen bei der Verwirklichung der Parteibeschlüsse und der Aufgaben zu beraten, die sich aus dem Siebenjahrplan, dem Schulgesetz, der Schulordnung und den Grundsätzen der sozialistischen Berufsbildung ergeben. Sie helfen den gewählten Organen, die Linie der Partei zur Arbeit mit der pädagogischen Intelligenz durchzusetzen."[87]

Weiter hieß es: „Die Schulkommissionen helfen den Bezirks- und Kreisleitungen: a) die Beschlüsse der übergeordneten Leitungen auszuwerten und Beschlussvorlagen für die eigene Leitung vorzubereiten, b) die Verwirklichung der Parteibeschlüsse und den Stand der politisch-pädagogischen Situation einzuschätzen und c) bestimmte Probleme der schulpolitischen Entwicklung in ihrem Bereich zu untersuchen."[88]

Anhand dieser Aufgabenstellung und des vorhandenen Quellenmaterials wird besonders der mitunter erhebliche Einfluss der SED-Funktionäre bei der Aufdeckung und Untersuchung von „Problemen" bis Mitte der 1960er Jahre deutlich. In den Akten der Abteilung Kultur und Erziehung des Zentralsekretariats der SED und in der späteren Abteilung Volksbildung beim ZK der SED finden

---

die Schulkommission beim Politbüro des ZK wieder reaktiviert, deren Leitung Kurt Hager erhielt. Die anstehenden Gesetzgebungsverfahren waren dadurch erheblich beeinflusst. Vgl. ebd., S. 425–428.

84 Ebd., S. 422.

85 Die Abteilung Volksbildung ging aus der Abteilung Erziehung und Kultur beim ZK der SED hervor.

86 Vgl. ebd., S. 422. Auf regionaler und lokaler Ebene gehörte laut „Wahlordnung für die Wahl der leitenden Parteiorgane, für die Wahl zu den Delegiertenkonferenzen, Parteikonferenzen und zu den Parteitagen" ab 1966 der SED-Leitung ein Sekretär für Wissenschaft, Volksbildung und Kultur an, dem die Abteilung bzw. der Sektors Volksbildung und die Arbeit der Schulkommissionen unterstand. Vgl. dazu Kaiser, Herrschaftsinstrumente und Funktionsmechanismen der SED in Bezirk, Kreis und Kommune, S. 1803 f.; dazu auch Lutz Prieß, Die Kreisleitungen der SED im politischen Herrschaftssystem der DDR, S. 2476 f.; ders., Die Organisationsstruktur, S. 133.

87 Werner Neugebauer, Leiter der Abteilung Volksbildung beim ZK der SED an Kurt Hager, Sekretär des ZK der SED, Entwurf der Empfehlungen des Sekretariats des ZK der SED zur Tätigkeit der Schulkommissionen der Bezirks- und Kreisleitungen vom 19. 12. 1960 (SAPMO-BArch, DY 30/IV 2/9.05/23, Bl. 412–419, hier 414).

88 Ebd., Bl. 415.

sich mehrere „besondere Vorkommnisse", deren Aufklärung vor Ort aktiv von hochrangigen Parteifunktionären gesteuert wurde.

In diesen Fällen ist bemerkenswert, dass nicht nur die Maßnahmen von Vertretern der Schulparteiorganisation als unzureichend eingeschätzt wurden, sondern mit dem Eingreifen der Kreis- und Bezirksleitungen, insbesondere der Abteilung Erziehung und Kultur beim ZK, gleichermaßen massiv gegen beteiligte Schüler und „unfähige" Schul- und Parteifunktionäre auf unterer Ebene vorgegangen wurde.

Diese Handlungsweise zeigte sich beispielsweise deutlich im Fall einer Schülergruppe aus Jüterbog, Bezirk Potsdam. Im Tagesbericht vom 30. September 1961 unterrichtete der Bezirksschulrat die Bezirksleitung der SED über „politische Provokationen" während eines Arbeitseinsatzes an der Ostsee. 18 Schüler der EOS Jüterbog hatten dort gemeinsam mit Schülern einer EOS aus Leipzig während eines „feucht-fröhlichen" Abends eine Flasche, gefüllt mit Bildern Walter Ulbrichts, Mao Tse Tungs und anderen „Führern der Arbeiterbewegung" sowie einer Karte mit der Aufschrift „Schweinemischfutter", vergraben. An dieser Stelle hielten sie täglich zwei Appelle ab und hissten dabei eine Totenkopffahne. Der betreuende Lehrer hatte den Schülern zwar weitere Aktionen dieser Art verboten, aber ansonsten keine anderen Maßnahmen eingeleitet. Nach der Rückkehr in ihre Heimatorte pflegten die Schüler weiterhin Kontakt, trafen sich nach wie vor zu Begräbnis-Appellen, veröffentlichten einen kurzen Artikel an der Schulwandzeitung der Erweiterten Oberschule Jüterbog und wollten gemeinsam mit den Leipziger Schülern im Oktober 1961 demonstrativ durch die Jüterboger Innenstadt ziehen. Bekannt wurden die Vorgänge durch den Diebstahl eines Mopeds, das ein Jüterboger Schüler entwendet hatte, um damit nach Leipzig zu fahren. Im Zuge der Ermittlungen händigte der Großvater des betroffenen Jugendlichen der Polizei eine Postkarte mit einer Leipziger Adresse aus. Allerdings hatte die Karte „feindliche Äußerungen" zum Inhalt, sodass vom Volkspolizeikreisamt eine „schnelle, gründliche und parteiliche" Ermittlung eingeleitet wurde. Die Leipziger Behörden stellten daraufhin ebenfalls Nachforschungen an. In Jüterbog inhaftierten die „Sicherheitsorgane" fünf Schüler und ermittelten gegen fünf weitere.[89]

Die Kreisleitung blieb jedoch gelassen und „erst durch Rücksprache mit dem Genossen Groth, 1. Sekretär der Kreisleitung [Jüterbog], durch den Genossen Horst Müller vom Zentralkomitee und den Genossen Manfred Krause, Bezirksleitung [Potsdam], und einem weiteren Gespräch mit dem Genossen Nuschner wurde noch am 3. 10. 1961 im Büro [der Kreisleitung] zu den staatsfeindlichen Provokationen Stellung genommen".[90]

---

89 Vgl. Abteilung Erziehung und Kultur beim ZK der SED an Manfred Krause, Bezirksleitung der SED Potsdam, Bericht über die Vorkommnisse an der erweiterten Oberschule Jüterbog mit Beteiligung von Schülern aus Leipzig vom 4.10.1961 (SAPMO-BArch, DY 30/IV 2/9.05/27, Bl. 2–8).

90 Ebd., Bl. 5.

Nach einem Schuldeingeständnis der Kreisleitung Jüterbog erstellte sie einen Katalog, der auf disziplinarische Maßnahmen gegen alle verantwortlichen Lehrer, die beteiligten Schüler, deren Eltern und die FDJ abzielte. Die Abteilung Volksbildung beim ZK wies den Vorsitzenden des Rates des Kreises Jüterbog an, alle beteiligten Schüler der Schule zu verweisen und in der Produktion einzusetzen. Gegen die SED-Genossen unter den Lehrern und Eltern wurde ein Parteiverfahren eingeleitet. Zudem hatte man eine intensive parteiliche Auswertung der Vorgänge angewiesen und zu „einer weiteren Offensive gegen das Hören der NATO-Sender und gegen Westfernsehprogramme" aufgefordert.[91]

Auf ähnliche Weise agierte die SED-Parteileitung im Fall der Schüler aus Anklam im Bezirk Neubrandenburg.[92] Am Tage der Verabschiedung des Verteidigungsgesetztes durch die Volkskammer, am 21. September 1961,[93] legten die an diesem Tag in schwarz gekleideten Schüler der Klasse 12b der dortigen Erweiterten Oberschule während der letzten, vom Parteisekretär gehaltenen Stunde einen Trauerflor mit einem roten Bonbon auf den Lehrertisch. Weder der Parteisekretär, der beides beiseitegelegt hatte, noch die anderen Lehrer gingen weiter darauf ein. Zu einer Untersuchung der Vorgänge kam es erst, nachdem die Kreis- und Bezirksleitung sowie der Staatssicherheit davon in Kenntnis gesetzt wurden.

Es folgte die Inhaftierung und Relegierung der „Rädelsführer" der Aktion sowie die Versetzung an andere Oberschulen und der FDJ-Ausschluss einiger weiterer Schüler.[94]

Da jedoch der Erste Sekretär der Kreisleitung einige Tage später erneut von einem „konterrevolutionären Aufruf" an zwei Tafeln im Chemieraum berichtete, blieb es nicht bei diesen Strafmaßnahmen gegenüber den Schülern. Nach seinem Informationsbericht über diese Vorfall an das ZK schlug Werner Neugebauer, Leiter der Abteilung Erziehung und Kultur beim ZK, Kurt Hager, Leiter der Schulkommission beim ZK, vor, alle beteiligten Oberschüler der Schule zu verweisen, den Lehrkörper zu überprüfen und von „konterrevolutionären Elementen" zu „säubern".[95] Diesem strengen Vorgehen stimmte Kurt Hager zu, allerdings war der Erste Sekretär der Bezirksleitung Neubrandenburg, Ewald, nicht dieser Meinung. Er wollte nur zehn Schüler relegieren und die übrigen 19 Schüler an der Erweiterten Oberschule belassen. In einem (Rückversicherungs-)Schreiben an Walter Ulbricht vom 27. September 1961 legte Neugebauer seinen Standpunkt dar und informierte über sein weiteres Vorgehen in diesem

91 Ebd., Bl. 6 f.
92 Vgl. dazu auch Gerold Hildebrand, Ungehorsame Schüler in Anklam und Ruhlan. Zwischen jugendlichem Jux und trotzigem Widerspruch, S. 39–41.
93 Gesetz zur Verteidigung der DDR vom 20. 9. 1961. (DDR-GBl. 1961 I, S. 175–178).
94 Vgl. Hans Gutjahr, MfV, an Abt. Erziehung und Kultur beim ZK der SED, Information vom 25. 9. 1961 (SAPMO-BArch, DY 30/IV 2/9.05/27, Bl. 32–34).
95 Werner Neugebauer, Leiter der Abt. Erziehung und Kultur beim ZK der SED, an Kurt Hager, Sekretär des ZK der SED, vom 26. 9. 1961 (SAPMO-BArch, DY 30/IV 2/9.05/27, Bl. 28).

Fall.[96] Wie der Bericht Neugebauers vom 2. Oktober 1961 belegt, konnte er alle avisierten Disziplinarmaßnahmen durchsetzen.[97] Darüber hinaus ließ das Sekretariat des ZK noch einen Brief an alle Ersten Sekretäre der Bezirks- und Kreisleitungen verfassen, in dem es unter anderem zu erhöhter „Klassenwachsamkeit" und „politischer Führung", verstärkter Kontrolle und Schulung, besserer staatsbürgerlicher Erziehung und parteilichem Auftreten aufforderte.[98]

Die Folgen dieser Anweisung glichen dem Goethe-Zitat: „Die ich rief, die Geister werd' ich nun nicht los",[99] denn im Informationsbericht über die Durchführung des Sekretariatsbeschlusses wurde den obersten Parteifunktionären, darunter auch Kurt Hager und Erich Honecker, mitgeteilt:

„Die bisherige Vernachlässigung der Arbeit des Staatsapparates gegenüber den erweiterten Oberschulen führte dazu, dass die jetzt durchgeführten umfangreichen Überprüfungen von verschiedenen Direktoren und Lehrern falsch ausgelegt und als Säuberungsaktion aufgefasst wurde, was z. T. zur Unruhe unter der Lehrerschaft der erweiterten Oberschule führte. Verschiedentlich kam es auch zu Überspitzungen, indem einige Kreise nach ‚ihrem' Anklam suchten, Lehrer wegen geringfügiger Mängel in ihrer Arbeit ablösen und versetzen wollten oder Maßnahmen organisierten, die gegen die Prinzipien der Arbeit mit den Menschen verstießen."[100]

Die Bilanz des „Übereifers": 45 entlassene Lehrer, 53 versetzte Lehrer und Erzieher, 159 relegierte Schüler und 16 Schüler aus Vorbereitungsklassen, die wieder in ihre Zehnklassenschule versetzt wurden. Von den Relegierungen lagen erst 83 Fälle dem Ministerium für Volksbildung zur Prüfung und Bestätigung vor, allerdings: „Einzelne Anträge erwiesen sich als ungerechtfertigt und wurden vom MfV zurückgewiesen." Weiterhin korrigierte das Ministerium für Volksbildung „die bei der kaderpolitischen Überprüfung aufgetretenen Überspitzungen".[101]

Angesichts dieses Resultats überdachte die Parteiführung ihr gesamtes Vorgehen keineswegs, sondern fühlte sich berufen „diesen Sumpf trocken zu legen". Infolge des nur wenige Monate zuvor stattgefundenen Mauerbaus galt ohnehin

---

96 Vgl. Werner Neugebauer, Leiter der Abt. Erziehung und Kultur beim ZK der SED, an Walter Ulbricht, Erster Sekretär des ZK der SED, Vorsitzender des Staatsrates, vom 27.9.1961 (SAPMO-BArch, DY 30/IV 2/9.05/27, Bl. 35). Am selben Tag erhielt auch Erich Honecker einen Bericht über die Ereignisse in Anklam. Werner Neugebauer, Leiter der Abt. Erziehung und Kultur beim ZK der SED, an Erich Honecker, Sekretär des ZK der SED, vom 27.9.1961 (SAPMO-BArch, DY 30/IV 2/9.05/27, Bl. 39).

97 Vgl Werner Neugebauer, Leiter der Abt. Erziehung und Kultur beim ZK der SED, an Walter Ulbricht, Erster Sekretär des ZK der SED, Vorsitzender des Staatsrates, und an Kurt Hager, Sekretär des ZK der SED, vom 2.10.1961 (SAPMO-BArch, DY 30/IV 2/ 9.05/27, Bl. 43 f.).

98 Rundschreiben des Sekretariats des ZK an die Ersten Sekretäre der Bezirks- und Kreisleitungen, o. D. (vermutlich vom 4.10.1961) (SAPMO-BArch, DY 30/IV 2/9.05/ 27, Bl. 59-63).

99 Johann Wolfgang Goethe, Der Zauberlehrling, S. 686 V. 91 f.

100 Müller, Stellvertretender Leiter der Abt. Erziehung und Kultur beim ZK der SED, an Kurt Hager, Sekretär des ZK der SED, vom 23.12.1961: Erster Informationsbericht über die Durchführung des Sekretariatsbeschlusses vom 13.10.1961 betrifft Vorkommnisse an der erweiterten Oberschule in Anklam (SAPMO-BArch, DY 30/IV 2/9.05/27, Bl. 84-93, hier 89).

101 Ebd., Bl. 90.

eine erhöhte „ideologische Wachsamkeit", wie sich anhand der Korrespondenz in verschiedenen nachfolgenden Vorfällen zeigte.[102] Die Aktionen blieben jedoch nicht nur auf die Erweiterten Oberschulen beschränkt. Anhand von Vorfällen aus dem Bezirk Suhl zeigte sich, „dass der Gegner auch an der 10-klassigen Oberschule provoziert".[103]

Mit dem Wechsel des Ministers für Volksbildung von Alfred Lemmnitz zu Margot Honecker wurde ab 1963 der direkte Zugriff von Parteifunktionären auf das Aufgabengebiet der Volksbildung nach und nach zurückgedrängt, da „mit ihrer Amtsführung [...] die Durchsetzung der SED-Bildungspolitik von vornherein als sichergestellt" galt.[104]

Der Einfluss der Grundorganisationen auf das Delegierungs- und Zulassungsverfahren für eine weiterführende Bildungseinrichtung blieb allerdings weiterhin bestehen. Zum einen musste den Bewerbungsunterlagen vielfach ein Beurteilungsschreiben von Parteien sowie Massenorganisationen beigefügt werden, zum anderen nahmen Vertreter von Parteien sowie Massenorganisationen an Beratungen der Zulassungskommissionen teil und letztlich verfügte das Gros

---

102 Beispielsweise wurde im Januar 1962 über Fälle von versuchter Republikflucht von Schülern der EOS in Oranienburg und der EOS in Hennigsdorf berichtet. Vgl. Schuldirektor der EOS in Oranienburg über die Abteilung Volksbildung beim RdB Potsdam und das MfV an die Abt. Erziehung und Kultur beim ZK der SED, Abschrift des Fernschreibens vom 5.1.1962 (SAPMO-BArch, DY 30/IV 2/9.05/27, Bl. 94). Zudem wurde von der Karl-Marx-Oberschule in Lübben unerlaubter Waffenbesitz von drei Schülern gemeldet. Der Schuldirektor habe versucht, den Vorfall zu vertuschen. Vgl. Werner Neugebauer, Leiter der Erziehung und Kultur beim ZK der SED, an Kurt Hager, Sekretär des ZK der SED, vom 31.1.1962 (SAPMO-BArch, DY 30/IV 2/9.05/27, Bl. 99–101). Fälle „von Hakenkreuzschmierereien" wurden von Erweiterten Oberschulen aus den Bezirken Halle und Magdeburg gemeldet. „Kriegsdienstverweigerungen" wurden von der EOS Dessau, der Kreuz-Oberschule Dresden und der EOS Köthen gemeldet. Die Schüler der EOS Salzwedel schrieben einen Brief an den US-Präsidenten John F. Kennedy. Von der EOS Quedlinburg gehörten 70 % der Jungen Gemeinde an und veranstalteten ein Kulturprogramm, zu dem sie auch den Pfarrer einluden. An der EOS Prenzlau hörten Schüler wie Internatsleiter RIAS. Von der Reichwein-Oberschule in Halle-Süd wurde berichtet, dass die Schüler der 12. Klasse eine Kontrollarbeit verweigerten. Vgl. Werner Neugebauer, Leiter der Erziehung und Kultur beim ZK der SED, an Kurt Hager, Sekretär des ZK der SED, vom 14.2.1962 (SAPMO-BArch, DY 30/IV 2/9.05/27, Bl. 111–113).

103 Aus dem Bezirk Suhl wurden mehrere Fälle von „Provokationen" gemeldet. Aktennotiz zum Auftreten von Provokationen und konterrevolutionären Aktionen an den Oberschulen im Bezirk Suhl vom 29.1.1962, Unterschrift des Verfassers nicht lesbar. (SAPMO-BArch, DY 30/IV 2/9.05/27, Bl. 109). Allerdings subsumierte der Mitarbeiter unter den Provokationen des Bezirkes Suhl auch einen Vorfall aus dem Eichsfeld, diese Region gehörte dem Bezirk Erfurt an. Der Vorfall im Eichsfeld wurde von einer Mitarbeiterin der Abt. Erziehung und Kultur beim ZK der SED in einer Unterredung mit der SED-Bezirksleitung Suhl[!] untersucht. In einer zehnklassigen Oberschule habe ein Schüler ein „Programm zur Bildung einer schlagkräftigen antikommunistischen Gruppe entwickelt". Der Vorfall wurde dem Minister für Volksbildung mitgeteilt. Zudem forderte man den Minister auf, die BSR auf eine größere Wachsamkeit hinzuweisen. Müller, stellvertretender Abteilungsleiter der Abt. Erziehung und Kultur beim ZK der SED, an Alfred Lemmnitz, Minister für Volksbildung vom 12.2.1962 (SAPMO-BArch, DY 30/IV 2/9.05/27, Bl. 110).

104 Geißler/Wiegmann, Pädagogik und Herrschaft in der DDR, S. 155.

der staatlichen Leiter und Funktionsträger über ein Mitgliedsbuch dieser Vereinigungen.[105]

Diese Konstellation führte Mitte der 1970er Jahre zu Problemen bei der Studienbewerbung für Medizin oder Stomatologie, da einige Kreisleitungen den Beschluss des Sekretariats des ZK vom 22. Oktober 1975 über „weitere Maßnahmen zur Auswahl von Bewerbern für das Medizinstudium sowie zur Qualifizierung der Ausbildung und Erziehung der Medizinstudenten" nach Belieben auslegten und bereits im Vorfeld Bewerber ablehnten oder bestätigten. Nach einer Information des Ministeriums für Volksbildung bemängelte die Abteilung Volksbildung beim ZK im Januar 1977 diese Praxis, da der Eindruck entstehen könne, „dass einzig und allein die Partei über die Vergabe der Studienplätze in diesen Studienrichtungen entscheidet".[106] Um diese „Überspitzungen abzubauen" wurde in den Lehrgängen für „Agit-Prop-Sekretäre" und Volksbildungsinstrukteure der Kreisleitungen nochmals der Standpunkt der Partei erläutert.[107] Trotz aller Schulungen traten diese „Komplikationen" immer wieder auf, wie aus Informationen der Abteilung Volksbildung beim ZK vom April und Juli 1977 hervorgeht.[108]

Im Vorfeld des Besuchs der Erweiterten Oberschule und der Aufnahme eines Studiums standen Schuldirektoren in der Regel mit Zulassungskommissionen, dem Ministerium für Staatssicherheit, dem Ministerium des Inneren und dem Ministerium für Verteidigung in Kontakt, da diese Institutionen mit dazu beitrugen, den Bewerber auf seine „politisch-ideologische" Eignung zu überprüfen.

Zulassungskommissionen entschieden über den Zugang zur Abiturstufe oder zu einer anderen Vorstudieneinrichtung bzw. zum Studium. Dem Beschluss dieser Kommission ging in der Regel ein Delegierungsverfahren voraus. Die Mehrzahl der Betroffenen scheiterte bereits an diesem Delegierungsverfahren, da ihnen Schuldirektoren, Lehrer, Ausbildungsleiter und Vorgesetzte ihre Unterstützung versagten.

In den Zulassungskommissionen für Vorbereitungskurse oder zur Abiturstufe waren die regionalen Volksbildungsabteilungen in der Regel mit vertreten, bei einigen hatte der Schulrat sogar den Vorsitz inne.[109]

---

105 Vgl. § 2 Abs. 3 und § 5 Anordnung über die Bewerbung, die Auswahl und Zulassung zum Direktstudium an Universitäten und Hochschulen – Zulassungsordnung vom 1.7.1971 (DDR-GBl. 1971 II, S. 486).

106 Abt. Volksbildung beim ZK der SED an Kurt Hager, Sekretär des ZK der SED, Mitglied des Politbüros, Leiter der Ideologischen Kommission des Politbüros, Information über Probleme bei der Aufnahme eines Studiums in der Medizin und Stomatologie vom 3.1.1977. Information vom 10.1.1977 (SAPMO-BArch, DY 30/IV B 2/9.05/51, unpag.).

107 Vgl. ebd.

108 Vgl. Abt. Volksbildung beim ZK der SED, Information vom 12.4.1977 (SAPMO-BArch, DY 30/IV B 2/9.05/51, unpag.); Abteilung Volksbildung beim ZK der SED, Kurzinformation zur Abiturstufe vom 19.7.1977 (SAPMO-BArch, DY 30/IV B 2/9.05/51, unpag.).

109 Einige Beispiele: Für die Zulassung zu Vorbereitungskursen hieß es: „Zu den Kursen sind Teilnehmer aus den werktätigen Schichten zuzulassen, die von einer der demokra-

Die Mitglieder der Zulassungskommissionen für die Arbeiter- und Bauernfakultät, Fach- und Hochschulen sowie Universitäten setzten sich aus Vertretern

tischen Parteien, den Gewerkschaften, Jugend- und Frauenausschüssen vorgeschlagen
werden." § 4 Abs. 1 Verordnung der Landesverwaltung Sachsen über die Errichtung
von Vorbereitungskursen für das Studium an den Hochschulen vom 12.2.1946. In:
Monumenta Paedagogica, Band 6,1, S. 204. „Über die Zulassung zu den Kursen entscheidet eine Kommission, die von den Leitern der Volksbildungsämter der genannten
Städte [Chemnitz, Dresden, Görlitz, Leipzig, Plauen, Zwickau] berufen wird." § 5
Verordnung der Landesverwaltung Sachsen über die Errichtung von Vorbereitungskursen für das Studium an den Hochschulen vom 12.2.1946. In: ebd. Für die Aufnahme
der Schüler in die Mittel- und Oberschule galt ab 12.12.1955: „1. Über die Aufnahme
der Schüler entscheidet die Kreiskommission, ihr gehört an: a) der Leiter der Abteilung
Volksbildung des Rates des Kreises als Vorsitzender der Kommission, b) zwei Direktoren der Mittel- und Oberschulen des Kreises, c) ein Vertreter der Abteilung Arbeit und
Berufsausbildung des Rates des Kreises, d) ein Mitglied des Kreisvorstandes der
Gewerkschaft Unterricht und Erziehung, e) ein Mitglied des Sekretariats der Kreisleitung der Freien Deutschen Jugend, f) ein Mitglied des Kreisvorstandes des Demokratischen Frauenbundes Deutschlands, g) zwei Vertreter von Patenbetrieben. Der Leiter der
Grundschule, über dessen Antrag entschieden wird, hat beratend an der jeweiligen Sitzung der Kreiskommission teilzunehmen. Ein Mitglied des Elternbeirates und ein Vertreter des Patenbetriebes können zu der jeweiligen Sitzung der Kreiskommission beratend
hinzugezogen werden." Richtlinie für die Aufnahme der Schüler in die Mittel- und Oberschule vom 12.12.1955. In: Baske/Engelbert (Hg.), Zwei Jahrzehnte Bildungspolitik in
der Sowjetzone (1945–1958), S. 291–313. Für die Auswahl und Zulassung von Schülern
bzw. Lehrlingen für die Berufsausbildung mit Abitur galten „im Prinzip die gleichen
Grundsätze wie bei der Auswahl der Schüler für die erweiterte Oberschule. (Karteibuch
des Schulrechts B/2/5) [...] Für die Auswahl sind vorerst betriebliche Kommissionen
zuständig. Diese arbeiten mit den Kreiskommissionen, die die Schüler aus den 8. Klassen für die erweiterte Oberschule auswählen, eng zusammen." Abs. 3.5. und 3.6.
Direktive für die Berufsausbildung mit Abitur vom 6.7.1960 (Auszug). In: Monumenta
Paedagogica, Band 7,1, S. 351–354, hier 353. „Der Kreisschulrat entscheidet in Zusam-
menarbeit mit den Direktoren der delegierenden Oberschulen und der Erweiterten
Oberschulen, welche Schüler in eine Vorbereitungsklasse aufgenommen werden. [...]
Der Kreisschulrat bildet für die Aufnahme der Schüler in die Erweiterte Oberschule eine
Aufnahmekommission. Ihr sollen angehören: Der Kreisschulrat als Vorsitzender, der
Stellvertreter des Kreisschulrates als stellvertretender Vorsitzender, ein Vertreter der
Freien Deutschen Jugend, ein Vertreter des Kreisvorstandes des Freien Deutschen
Gewerkschaftsbundes, die Direktoren der Erweiterten Oberschulen des Kreises und die
Sekretäre der Grundorganisationsleitungen der Freien Deutschen Jugend an den Erwei-
terten Oberschulen. Es wird empfohlen, den Vorsitzenden der ständigen Kommission
Volksbildung des Kreistages zu den Beratungen der Aufnahmekommission einzuladen."
Richtlinie für die Vorbereitung auf den Besuch der Erweiterten Oberschule und die
Aufnahme in die Erweiterte Oberschule vom 10.6.1966. In: ebd., S. 682–686, hier 683
und 685. Nach der Änderung von 1969 erfolgt die Auswahl und Zulassung von Schülern
bzw. Lehrlingen für die Berufsausbildung mit Abitur ebenso dieser „Richtlinie für die
Vorbereitung auf den Besuch der Erweiterten Oberschule" Der KSR war demnach
Vorsitzender der Aufnahmekommission. Sein Einfluss auf die Auswahl von geeigneten
Schülern wurde gestärkt. Die Position der Vertreter des Amtes für Arbeit und Berufsberatung des Rates des Kreises und der Betriebe wurde insofern geschwächt, dass sie
keine gleichwertige Kommission mehr bildeten, sondern als Mitglieder der Aufnahmekommission angehörten. Der ursprünglichen engen Zusammenarbeit laut Direktive von
1960 folgte nun eine Unterordnung. Vgl. Anweisung zur Ausbildung in den Abiturklassen in den Einrichtungen der Berufsausbildung vom 30.7.1969 (Auszüge). In: Monumenta Paedagogica, Band 16,1, S. 199–205, hier 201. In der Aufnahmeordnung für die

der jeweiligen Institution und der Massenorganisationen zusammen, ihnen saß der Rektor der Einrichtung vor.[110]

Ebenso wie bei der Auswahl zur Abiturstufe waren bei der Bewerbung um einen Studienplatz nicht nur die Leistungen, sondern auch das gesellschaftliche Engagement, die soziale Herkunft, die Studienfachrichtung, gegebenenfalls die Ergebnisse einer Eignungsprüfung, absolvierte Vorpraktika und bei männlichen Bewerbern mindestens die Ableistung des Pflichtwehrdienstes entscheidend.[111]

Für eine Bewerbung um einen Studienplatz waren folgende Unterlagen erforderlich: die Einschätzung der Gesamtpersönlichkeit des Bewerbers durch die Schule in Absprache mit der FDJ-Leitung, die Verpflichtungserklärung zur Erfüllung des Studienauftrages, der Lebenslauf, der Aufnahmeantrag, die Begründung des Berufswunsches, die beglaubigte Abschrift des letzten Schulzeugnisses bzw. Abiturzeugnisses, die Bewerbungskarte,[112] eine frankierte Postkarte für die Eingangsbestätigung, das Gesundheitszeugnis, vier Lichtbilder sowie das fachärztliches Gutachten bei der Bewerbung um ein Lehrerstudium.[113] Bei einzelnen Studiengängen, wie beispielsweise Medizin, oder einem Auslandsstudium erfolgte zusätzlich noch eine Überprüfung des Bewerbers durch das Ministerium für Staatssicherheit.[114]

Abiturstufe und Spezialklassen von 1981 hieß es: „Die Entscheidung über die vorliegenden Vorschläge und Anträge trifft eine Kommission unter Leitung des Kreisschulrates (Stadt-, Stadtbezirksschulrates)." § 5 Abs. 1 Anordnung über die Aufnahme in die erweiterte polytechnische Oberschule und in Spezialklassen an Einrichtungen der Volksbildung sowie über die Bestätigung von Schülern für die Bewerbung um eine Lehrstelle in der Berufsausbildung mit Abitur - Aufnahmeordnung vom 5. 12. 1981. In: Fuchs/ Petermann (Hg.), Bildungspolitik in der DDR 1966-1990, S. 177-179.

110 In den Aufnahmebedingungen zur ABF heißt es: „2. Die Aufnahme zur Arbeiter- und Bauernfakultät erfolgt nach bestandener Prüfung durch die Universitätsaufnahmekommission, deren Vorsitzender der Rektor bzw. der Dekan für Studentenangelegenheiten ist. Der Universitätsaufnahmekommission gehören ferner an der Direktor der Arbeiter- und Bauernfakultät, der Vorsitzende des Landesausschusses zur Förderung des Arbeiter- und Bauernstudiums sowie ein Mitglied des Lehrkörpers der Arbeiter- und Bauernfakultät. Die Zusammensetzung der Universitätsaufnahmekommission wird vom Minister für Volksbildung des betreffenden Landes (für Berlin vom Präsidenten der DVV) bestätigt." Richtlinien der Deutschen Verwaltung für Volksbildung für die Arbeiter- und Bauernfakultäten (bisher Vorstudienanstalten) an den Universitäten und Hochschule der sowjetischen Besatzungszone Deutschlands vom 21. 5. 1949. In: Monumenta Paedagogica, Band 6,1, S. 320-330, hier 320.

111 Vgl. z. B. § 5 Anordnung über das Aufnahmeverfahren zum Direkt-, Fern- und Abendstudium an den Universitäten, Hoch- und Fachschulen vom 20. 2. 1963 (DDR-GBl. 1963 II, S. 143-147.) In: Baske/Engelbert (Hg.), Zwei Jahrzehnte Bildungspolitik in der Sowjetzone (1959-1965), S. 249-254; § 1 Anordnung über die Bewerbung, die Auswahl und Zulassung zum Direktstudium an den Universitäten und Hochschulen - Zulassungsordnung vom 1. 7. 1971. In: Baske (Hg.), Bildungspolitik in der DDR 1963- 1976, S. 344-348.

112 Schulabgänger konnten sich erst bei Betrieben um eine Lehrstelle bewerben, nachdem sie zu einem festgesetzten Termin von ihrer Schule die Bewerbungskarte ausgehändigt bekamen. Vgl. Rechtshandbuch für den Bürger, S. 268.

113 Vgl. Husner, Studenten und Studium in der DDR, S. 30.

114 Die Überprüfung von Studienbewerbern erfolgte nach der Richtlinie 1/82 des Ministers für Staatssicherheit. Vgl. Oberstleutnant Gröger, MfS, BV Halle, Abteilung XX, an MfS,

Die Benachteiligungen bei Studienbewerbungen müssen jedoch differenziert betrachtet werden. Zum einen existierten im Vergleich zu den Bewerbern permanent zu wenig Studienplätze, insbesondere in beliebten Fächern wie Medizin oder Geisteswissenschaften, zum anderen nahmen Studienbewerber das streng reglementierte Zulassungsverfahren ohnehin schon als Selektionsinstrument wahr, und letztlich konnte die Anwendung von Kriterien für eine Studienzulassung je nach Studienfach und Zahl der Mitbewerber variieren. Unter diesen Umständen ließ sich eine Ablehnung generell als Benachteiligung interpretieren, selbst wenn sich Bewerber weitestgehend politisch anpassten (mit oder ohne wahrer Überzeugung), um einen Studienplatz zu erhalten.

Die deutlich politisch motivierten und diskriminierenden Begründungen bei der Ablehnung von Studienbewerbern, stimmten weitgehend mit jenen bereits genannten Argumenten für die Nichtzulassung zur Abiturstufe überein.[115] Negativ wirkte sich weiterhin die verweigerte Verpflichtungserklärung[116] oder der gesundheitliche Zustand eines Bewerbers aus.

Besonderes Augenmerk wurde generell auf das staatsbürgerliche Bewusstsein des Bewerbers gelegt.[117] Dazu zählte auch die Teilnahme an der vormilitärischen

---

BV Leipzig, KD Eilenburg, Überprüfung von Studienbewerbern für ein Medizinstudium vom 24.11.1985, Kopie der BStU (SLFS, Rehabilitierungsbehörde, Az. 97/74/0095). „Weitere Maßnahmen zur Auswahl von Bewerbern für das Medizinstudium" Beschluss des Sekretariats des ZK der SED vom 22.10.1975. (SAPMO-BArch, DY 30/5525, unpag.); vgl. auch Oberstleutnant Neubert, MfS, BV Leipzig, KD Eilenburg an MfS, BV Halle, Abteilung XX, vom 1.12.1985. Kopie der BStU (SLFS, Rehabilitierungsbehörde, Az. 97/74/0095). Überprüfungen zur Person und deren Angehörigen (Eltern und Geschwister) im Rahmen der Zulassung zum Auslandsstudium fand gemäß der Dienstanweisung des Ministers für Staatssicherheit 4/75 statt. Vgl. Oberstleutnant Kittler, MfS, BV Halle, Leiter der Abt. II, an MfS, BV Dresden, KD Freital, Mitteilung zur Überprüfung des Bewerbers für Auslandsstudium vom 16.12.1986 (BStU, MfS BV Dresden, KD Freital 15021, Bl. 73).

115 Gründe für die Nichtzulassung waren soziale Herkunft, verweigerte Vormilitärische Ausbildung, Musterung als Bausoldat, Rücknahme der Offiziersbewerbung, fehlende FDJ-Mitgliedschaft, fehlende Jugendweihe, religiöse Bindung, Sippenhaft, Ausreiseantrag.

116 Mit dieser Verpflichtungserklärung bekundete der Studienbewerber seine „Bereitschaft, alle Forderungen der sozialistischen Gesellschaft vorbildlich zu erfüllen und nach dem erfolgreichen Abschluss des Studiums ein Arbeitsrechtsverhältnis entsprechend der Verordnung vom 3.2.1971 über die Durchführung des Einsatzes der Hoch- und Fachschulabsolventen des Direktstudiums und die Förderung der Absolventen beim Übergang vom Studium zur beruflichen Tätigkeit – Absolventenordnung – (GBl. II, S. 297) abzuschließen." Damit ist gemeint, dass nach erfolgreichem Studienabschluss Absolventen entsprechend den gesellschaftlichen Erfordernissen im gesamten Gebiet der DDR eingesetzt werden konnten. Vgl. § 1 Abs. 1 Anordnung über die Bewerbung, die Auswahl und Zulassung zum Direktstudium an den Universitäten und Hochschulen – Zulassungsordnung vom 1.7.1971. In: Baske (Hg.), Bildungspolitik in der DDR 1963–1976, S. 344–348.

117 „Die Erfahrungen der letzten Studienjahre zeigen, dass die Fachschulen der Vorbereitung und Durchführung der Neuaufnahmen, insbesondere der sorgfältigen Auswahl der Bewerber, eine größere Bedeutung beimessen müssen. Die richtige Auswahl der Bewerber und die bessere Durchführung der Aufnahmeprüfung bzw. -konsultationen werden dazu beitragen, den nach wie vor viel zu hohen vorzeitigen Abgang von den Fachschulen entscheidend zu verringern. [...] Die Ausbildung sozialistischer Fachkräfte erfordert, nur

Ausbildung während des Studiums, was bei Mitarbeitern des Zentralkomitees zu äußerst abstrusen Gedankengängen führte. Beispielsweise wollten sie Studienbewerber, die sich als Bausoldat mustern ließen bzw. ihren Wehrdienst in diesen Einheiten abgeleistet hatten, davon überzeugen: „studieren kann, wer die Verpflichtung zur militärischen Ausbildung, als Bestandteil des Direkt-studiums an den Hochschulen, unterschreibt".[118] Mit dieser Überlegung zielten die Mitarbeiter des Sektors Hoch- und Fachschulpolitik gemeinsam mit der AG Kirchenfragen beim Zentralkomitee der SED darauf, kirchlichen Kreisen das Argument zu nehmen, dass die Musterung zu bzw. der Dienst in den Bau-einheiten zur Studiumsablehnung führe (was ja den Tatsachen entsprach). Es grenzte an Absurdität, dass „die Ableistung des aktiven Wehrdienst bzw. des Wehrersatzdienstes vor dem Studium und die vormilitärische Ausbildung im Direktstudium" bei Pazifisten „zwei verschiedene Dinge" sein sollten.[119] Um eine höhere Bereitschaft der Studenten zur vormilitärischen Ausbildung zu erzwingen und um „gewisse Kompromisse" gegenüber Theologiestudenten zu beseitigen, griffen die Mitarbeiter des Sektors Hoch- und Fachschulpolitik zur Zwangsexmatrikulation: „Die militärische Ausbildung ist Bestandteil des Studiums. [...] Im Falle der Verweigerung wurde unter den verschiedensten Begründungen die Exmatrikulation ausgesprochen bzw. die Einberufung zu einer Baueinheit erreicht."[120]

In die Diskriminierungen waren auch das Ministerium für Nationale Vertei-digung und das Ministerium für Staatssicherheit involviert. Beide Ministerien arbeiteten in Fragen der militärischen Nachwuchsgewinnung mit der Volksbil-dung zusammen, wobei die Staatssicherheit mit dem Ministerium für Volksbil-dung noch auf weiteren Gebieten kooperierte. Einen Informationsaustausch zwischen den Institutionen der Ministerien gab es zudem in Fragen der vormili-

solche Bewerber auszuwählen, die durch gute fachliche Leistungen und gesellschaftli-che Mitarbeit bewiesen haben, dass sie der Arbeiterklasse treu ergeben sind und die Politik von Partei und Regierung aktiv unterstützen. Entsprechend unserer Zielsetzung, an den Fachschulen nur sozialistischen Fachkräfte auszubilden, sind bei der Zulassung zum Studium bei keinem Bewerber Zweifel darüber zu lassen, a) dass das Studium an einer Fachschule nicht nur eine Auszeichnung, sondern auch Verpflichtung gegenüber unserer Arbeiter- und Bauernmacht ist; b) dass er deshalb das Studium diszipliniert durchführen muss und nach Abschluss der Ausbildung eine Tätigkeit entsprechend sei-nen Fähigkeiten und der volkswirtschaftlichen Notwendigkeit in den sozialistischen Betrieben der Deutschen Demokratischen Republik aufnehmen muss." Abschrift: Richt-linie Nr. 3 „Auswahl und Zulassung der Studienbewerber im Direkt-, Fern- und Abend-studium an den Fachschulen der DDR für das Studienjahr 1958/59". Muth, Hauptabtei-lungsleiter der HA Fachschulwesen, Staatssekretariat für Hochschulwesen an Abteilung Volksbildung beim RdB Leipzig, vom 22. 1. 1958 (SächsStAL, 20237 BT/RdB Leipzig, Nr. 1042, Bl. 26–28).

118 Sektors Hoch- und Fachschulpolitik, Abteilung Wissenschaft beim ZK der SED mit Gen. Hüttner der AG Kirchenfragen beim ZK der SED, Aktennotiz über ein Gespräch zur Problematik der Baueinheiten vom 6. 1. 1972 (SAPMO-BArch, DY 30/IV B 2/9.04/126, unpag.).
119 Ebd.
120 Sektor Hoch- und Fachschulwesen, Abt. Wissenschaft beim ZK der SED, vom 30. 11. 1971 (ebd.).

tärischen Ausbildung und im Zusammenhang mit dem Wehrdienst, um „pazifistischen Tendenzen unter der Jugend" frühzeitig zu begegnen. Zwischen den Wehrkreiskommandos, der Staatssicherheit und den Einrichtungen der Volksbildung kursierten Mitteilungen über Wehrdienstverweigerung, Musterungen zu den Baueinheiten oder die Rücknahme von Verpflichtungen als Berufsunteroffiziers- bzw. Berufsoffiziersbewerber, um gegen diese Fälle mit aller Härte vorzugehen. Pazifistische Gesinnungen sollten gesellschaftlich geächtet werden, denn sie entsprachen nicht dem positiven Bekenntnis zum Staate DDR. Die Behinderung oder gar Beendigung der Bildungskarriere wurden als adäquates Mittel eingesetzt, um Jugendliche von ihrer Weltanschauung abzubringen.

Exemplarisch sei hier nur ein Fall aus dem Jahre 1978 geschildert. In der 6. Klasse (!) der Polytechnischen Oberschule Rodewisch hatte sich ein Schüler als Offiziersbewerber anwerben lassen. Der Übergang zur Erweiterten Oberschule erfolgte problemlos, da er über einen sehr guten Notendurchschnitt verfügte. Während der vormilitärischen Ausbildung kamen dem Schüler und einem seiner Mitschüler Zweifel an ihrer Berufswahl. Schließlich teilten sie gemeinsam dem Schuldirektor mit, dass sie als Offiziersbewerber entpflichtet werden wollten. Trotz der „Rückgewinnungsgespräche" von Schuldirektor, Klassenlehrer und Mitarbeitern des Wehrkreiskommandos blieben die Schüler bei ihrer Entscheidung. Letztlich wurde ihnen mit „Konsequenzen" gedroht, die später auch folgten. Die Schüler erhielten keine Delegierung zum Studium.[121]

Die Zusammenarbeit der Ministerien untereinander illustriert das folgende Beispiel: Im Herbst 1985 bewarb sich ein Schüler der Erweiterten Oberschule Eilenburg um ein Medizinstudium. Er verfügte über sehr gute Schulleistungen, war Mitglied in FDJ, DSF, GST, DRK, DTSB und hatte an der Jugendweihe teilgenommen. Sein einziges Manko bestand scheinbar darin, dass er aus gesundheitlichen Gründen für sechs Jahre vom Wehrdienst zurückgestellt worden war. Im Rahmen des Zulassungsverfahrens wurde die Überprüfung der Studienbewerber durch die Staatssicherheit angefordert, die bis zum 15. Dezember 1985 erfolgen solle, da „eine Beeinflussung der Bewerbung nach diesem Termin [...] unserer DE [Diensteinheit] nicht mehr möglich" sei.[122] Die Stellungnahme der

---

121 Aussage von Herrn U. L.: „Dass wir es uns doch noch einmal überlegen sollten und die Attraktivität der Offizierslaufbahn noch hervorgehoben usw. und die militärische Laufbahn eben und so weiter und so fort. [...] Gedroht wurde uns in dem Falle dann [...]. In den letzten Gesprächen wurde schon mehr darauf aufmerksam gemacht, dass doch dann gewisse Konsequenzen zu befürchten wären. In welcher Art die dann sein sollten, das würden wir schon sehen und so weiter. So in der Art. [...] Im letzten Gespräch praktisch, wo das im Höhepunkt sich ergeben hat, dann wurde mir schon die Freistellung zum Studium verweigert. Das hat der Direktor dann gleich wortwörtlich gesagt. Da gab es damals irgendwie so eine Freigabe von der Schule, dass du überhaupt deine Unterlagen einreichen konntest, dich bewerben konntest bei einer Universität. Und selbst diese Freigabe von der Schule haben sie mir überhaupt nicht erteilt. Ich hatte überhaupt keine Chance, ich hätte mich nie zu einem Studium bewerben können." Interview mit Herrn U. L. am 31. 1. 2005.
122 Vgl. Oberstleutnant Gröger, MfS, BV Halle, Abteilung XX, an MfS, BV Leipzig, KD Eilenburg, Überprüfung von Studienbewerbern für ein Medizinstudium vom 24. 11. 1985, Kopie der BStU, (SLFS, Rehabilitierungsbehörde, Az. 97/74/0095).

Kreisdienststelle Eilenburg zu diesem Bewerber fiel allerdings vernichtend aus: Er besitze „widersprüchliches gesellschaftliches Auftreten", vertrete „in persönlichen Gesprächen [...] eine prowestliche Position" und verherrliche „das technische und optische Niveau von Konsumgütern in der BRD". Weiterhin unterhalte er „postalischen und persönlichen Kontakt zu einem Jugendlichen in Berlin-West". Auch habe seine Mutter „6x besuchsweise ihre Verwandten in der BRD besucht" und es seien „mehrere Einreisen durch 6 Personen aus der BRD" erfolgt. Nach diesen Details fasste Oberstleutnant Neubert, Leiter der Kreisdienststelle Eilenburg zusammen: „Entsprechend der Durchsetzung des Beschlusses des Sekretariats des ZK der SED vom 22. 10. 75 über ‚Weitere Maßnahmen zur Auswahl von Bewerbern für das Medizinstudium' wurde unsererseits das geplante Studium des [...] gegenüber der SED-Kreisleitung Eilenburg nicht befürwortet."[123]

Allerdings erhielt der Schüler über seine Schule die Studienablehnung ohne Begründung. Daraufhin erhob er Einspruch und wurde vor eine Kommission der Universität Halle-Wittenberg geladen. Wie aus einer internen Mitteilung der Leiterin der Studienorganisation an die Einspruchskommission hervorgeht, stand deren Entscheidung schon Tage vor dem Gespräch fest, jedoch ebenfalls ohne Angabe der wahren Gründe. Der Bewerber wurde folglich aus „K[ontingent]gründen" abgelehnt. Nach dem Abitur arbeitete der Schüler über mehrere Jahre als Hilfspfleger in einem Krankenhaus und bewarb sich 1988 erneut für ein Medizinstudium, für das er vom Krankenhaus und Bezirksarzt delegiert wurde. 1990 erhielt er die Studienzulassung an der Universität Leipzig.[124]

Anhand dieses Falles zeigt sich, dass der Einfluss des Ministeriums für Staatssicherheit zum Teil weder für die Betroffenen selbst noch für Mitarbeiter anderer Institutionen offensichtlich war, sodass das Agieren der Staatssicherheit erst nach der Wiedervereinigung ans Licht kam.

Über die genannten Bereiche hinaus arbeitete das Ministerium für Staatssicherheit mit den Volksbildungseinrichtungen noch auf anderen Gebieten zusammen, um nonkonformes, widerständiges und kriminelles Verhalten jedweder Art oder die Tendenz dazu unter Schülern, Lehrlingen und Studenten aber auch Lehrern zu verhindern.[125] Aus Sicht der Staatssicherheit war die Volksbildung zwar ein weniger sicherheitsrelevanter Bereich – sie stand hinter NVA, Volkspolizei, Außenhandel und ausgewählten wirtschaftlichen Bereichen –,[126] dennoch erhielt die Staatssicherheit Informationen über die Lage an den Bildungseinrichtungen von offiziellen Kontaktpersonen, wie Leitungskader, und zusätzlich von Inoffiziellen Mitarbeitern und gesellschaftlichen Mitarbeitern für Sicherheit.[127]

---

123 Oberstleutnant Neubert, MfS, BV Leipzig, KD Eilenburg an MfS, BV Halle, Abteilung XX, vom 1. 12. 1985, Kopie der BStU, (ebd.).
124 Vgl. SLFS, Rehabilitierungsbehörde, Az. 97/74/0095.
125 Vgl. Geißler/Wiegmann, Pädagogik und Herrschaft in der DDR, S. 244 f.
126 Vgl. Ackermann, Jenaer Schulen im Fokus der Staatssicherheit, S. 10.
127 Gesellschaftlicher Mitarbeiter für Sicherheit (GMS) waren laut Wörterbuch der Staatssicherheit Bürger der DDR, die für ihre „staatsbewusste Einstellung und Haltung"

Neben der Anwerbung von Schülern für die Zusammenarbeit mit dem MfS treten zwei Ereignisse besonders hervor, denen die Einflussnahme der Staatssicherheit folgte: das (versuchte) Verlassen der DDR und „oppositionelles" Verhalten.

Im Rahmen des „politisch-operativen Zusammenwirkens" (POZW) arbeiteten Vertreter staatlicher und gesellschaftlicher „Organe" und Einrichtungen mit dem Staatssicherheitsdienst zusammen, um „oppositionelles" Auftreten zu bekämpfen.[128] „Die Unterdrückung abweichenden politischen Verhaltens war in der DDR eine gesamtgesellschaftliche Aufgabe", die von allen staatlichen und gesellschaftlichen „Organen" bis hin zum Hausnachbarn unterstützt werden sollte.[129]

Die versuchte Republikflucht oder der Ausreiseantrag eines Schülers oder seiner Familienangehörigen riefen die Staatssicherheit auf den Plan. Anhand einzelner Beispiele, über die Betroffene in Interviews berichteten, lassen sich das Verfahren und der Umgang mit diesen Schülern anschaulich darstellen. Im Sommer 1986 absolvierte die Schülerin S. H. ihre Abschlussprüfung an einer POS mit Bestnoten und war bereits für den Besuch der Erweiterten Oberschule in Meißen zugelassen. Nach dem Abitur wollte sie Zahnmedizin studieren. Ende August 1986, während der Sommerferien, beantragte ihre Familie die Ausreise aus der DDR. Um ihr Begehren zu bekräftigen, traten die Eltern wie auch die Tochter aus allen gesellschaftlichen Organisationen aus. Trotzdem besuchte das Mädchen seit dem 1. September die elfte Klasse der Erweiterten Oberschule, was vom Kreisschulrat und der Abteilung Inneres des Kreises Meißen gebilligt wurde. Nach etwa vier Wochen wurde die Schulleitung über den Ausreiseantrag der Familie H. informiert, woraufhin der Direktor die Schülerin S. H. zu einer sofortigen Unterredung bestellte. Während des Gesprächs wurde die Betroffene aufgefordert, ihren Ausreiseantrag zu überdenken und sich von ihren Eltern zu distanzieren. Der Schulleiter warf der Jugendlichen vor, dass das Ausreisebegehren im Widerspruch zu ihrer FDJ-Mitgliedschaft stehe, „weil im Statut der FDJ ja eindeutig drinstand: Staatsfeinde sind zu bekämpfen". Daraus schlussfolgerte die Schülerin: „Und da müsste ich mich jetzt bekämpfen. Da habe ich gesagt: Ich müsste dann auch in Kauf nehmen, aus der FDJ auszutreten."[130]

auch in der Öffentlichkeit bekannt waren und sich für eine „Zusammenarbeit mit dem MfS bereit erklärten" und entsprechend ihrer „Möglichkeiten und Voraussetzungen an der Lösung unterschiedlicher politisch-operativer Aufgaben" für das MfS tätig waren. Vgl. dazu Suckut (Hg.), Das Wörterbuch der Staatssicherheit, S. 145.

128 POZW – politisch-operatives Zusammenwirken: „planmäßig gestaltetes, abgestimmtes kameradschaftliches und von gegenseitiger Hilfe und Unterstützung geprägtes Handeln des MfS mit anderen Organen in Wahrnehmung ihrer spezifischen Verantwortung und Möglichkeiten. Es dient der Konzentration des MfS auf die Sicherung der Schwerpunktbereiche und die Bearbeitung der politisch-operativen Schwerpunkte. Das politisch-operative Z. ist unter konsequenter Ausnutzung der spezifischen Verantwortung des MfS für die Gewährleistung der staatlichen Sicherheit und der anderen Organe für Ordnung und Sicherheit aufgabenbezogen und unter strikter Wahrung der Geheimhaltung und Konspiration zu organisieren." Ebd., S. 428.

129 Pringel-Schliemann, Zersetzen, S. 180.

130 Interview mit Frau S. H. am 27.11.2004.

Trotz mehrerer solcher Aussprachen blieb die Schülerin S. H. standhaft. Da aber der Schulleiter sie für jedes Gespräch aus einer Unterrichtsstunde holte, wurde die Neugier der Mitschüler geweckt, die gern den Grund für die Unterredungen erfahren wollten. Zudem forderte der Klassenlehrer von der Klasse sich zum Ausreisebegehren ihrer Mitschülerin zu äußern, um so letztendlich eine Distanzierung von ihr zu erreichen. Nach einigen Wochen ordnete der Schuldirektor gegenüber der Schülerin S. H. an: „Packen Sie ihre Sachen, ich möchte Sie hier nicht mehr sehen. Sie haben Hausverbot ab sofort in der Schule, sie sind entlassen." Im Rahmen einer Rücksprache der Eltern und des Mädchens mit der Abteilung Inneres des Kreises gaben deren Mitarbeiter sich ahnungslos und führten den Schulverweis auf eine alleinige Willkürmaßnahme des Schulleiters zurück. Jedoch wurde zu einem späteren Zeitpunkt der Schülerin, falls sie sich – wie bereits mehrfach erwähnt – von ihren Eltern distanzieren würde, die Chance zu einer Berufsausbildung mit Fachabitur eingeräumt. Da diese Option schlichtweg unannehmbar war, straften die staatlichen „Organe" sie mit einem „Bildungsverbot", nach dem Motto „für sie geben wir keinen Pfennig mehr aus". Die Familie wurde zwischen den Behörden „rum geschoben". Die Mitarbeiter der Abteilung Volksbildung sagten: „Das ist nicht unser Problem, da müssen sie sich nicht bei uns beschweren, das geht ja praktisch vom Ministerium für Inneres aus. Und die haben gesagt: Ja, Schule? Das ist doch nicht unser Problem, das geht nur über das Ministerium für Volksbildung."[131]

Ohne Kenntnis über ihre weitere schulische oder berufliche Zukunft verbrachte die Jugendliche mehrere Wochen zu Hause, da sie keinerlei Ausbildungsmöglichkeit erhielt, weder eine Lehrstelle noch eine Zulassung zum Abiturkurs an der Volkshochschule oder den Besuch einer medizinischen Fachschule. Die Beschwerde und Eingabe der Eltern über dieses Vorgehen blieben vom Ministerium für Volksbildung unbeantwortet. Schließlich wies man ihr diverse Hilfsarbeiten zu, mit denen weitere Repressionen einhergingen. Erst 1988 konnte sie einen Schreibmaschinenkurs absolvieren und als Sekretärin arbeiten, jedoch wurde sie von anderen Mitarbeitern gemieden und erhielt nur selten Tätigkeiten zugewiesen. Das Mädchen erkrankte an Depressionen und kündigte schließlich das Arbeitsverhältnis. Erneut bewarb sie sich für einen Abiturlehrgang an der Volkshochschule, welcher wiederum abgelehnt wurde. Erst nach einer Beschwerde erhielt sie die Zulassung, allerdings war zu diesem Zeitpunkt die Ausreise bereits intern genehmigt. Am 9. November 1989 verließ Familie H. bei noch geschlossener Grenze die DDR.[132]

Von ähnlichen Repressionen während seiner Zeit in der elften Klasse einer Erweiterten Oberschule in Dresden berichtete auch Herr S. B. Sein Vater, ein Arzt, kehrte 1988 von einer Reise in die Bundesrepublik nicht zurück. Die Familie als auch der Vorgesetzte des Vaters und die Staatssicherheit wussten seit mehreren Wochen, dass der Vater in der Bundesrepublik geblieben war. Zudem beantragten Sohn und Ehefrau die Ausreise im Rahmen einer „Familien-

131 Ebd.
132 Vgl. ebd.

zusammenführung". Jedoch erschien es,dem Schüler, als ob die Schule keinerlei Kenntnis von diesen Vorgängen habe. Erst nach einigen Wochen der Unsicherheit schöpfte der Jugendliche Verdacht, als seine Noten sich verschlechterten, obwohl seine Leistungen nach wie vor sehr gut waren. Hinzu kamen weitere Ereignisse, die das Relegierungsverfahren noch beschleunigten: Zum einen änderte der Schüler seinen ursprünglich angegebenen Studienwunsch von Ingenieurwissenschaften in Medizin, zum anderen ließ er sich von der vormilitärischen Ausbildung aus gesundheitlichen Gründen befreien (der Onkel war Arzt) und letztlich „musste" er bei der Musterung angeben, dass ein Verwandter ersten Grades, sein Vater, in der Bundesrepublik lebte.[133]

Aus Sicht des Betroffenen hatten seine Angaben bei der Musterung den Ausschlag dafür gegeben, dass die Schule daraufhin vom Wehrkreiskommando informiert wurde und man ihn von diesem Zeitpunkt an vermehrt zu Aussprachen mit Vertretern der Schulleitung „bat". Die Suspendierung von der Schule teilte ihm und seiner Mutter der Stadtbezirksschulrat von Dresden Nord, Scheibel, allerdings erst wenige Wochen vor dem Abitur mit. Der ebenfalls anwesende Schulleiter versuchte sich aus der Verantwortung zu ziehen, indem er erklärte: „Das wäre nicht die Entscheidung des Direktors, sondern eine persönliche Entscheidung [...] der Frau Ministerin Honecker."[134]

Nach dem Schulausschluss fand der Schüler keine Lehrstelle, obwohl ihm die Abteilung Volksbildung des Stadtbezirkes Dresden Nord diese zugesagt hatte. Statt der angebotenen Tätigkeit bei der Stadtreinigung suchte sich der Jugendliche eine Arbeit als Pförtner in einem kirchlichen Krankenhaus. Wie im vorherigen Fall konnte auch er mit seiner Mutter die DDR im November 1989 verlassen.[135]

Beide Schüler erlebten ein ähnliches Vorgehen der Behörden. Sie standen gemeinsam mit ihren Angehörigen unter der offensichtlichen Observation der Staatssicherheit, sie erlitten Repressionen in der Schule bis hin zur Relegierung aus der Abiturstufe. Beide Jugendlichen wurden mit einem „Bildungsverbot" bestraft und einer ungewissen beruflichen Zukunft überlassen.

Neben Ausreise und Republikflucht setzte die Staatssicherheit auf ein „politisch-operatives Zusammenwirken" bei oppositionellem Verhalten von Jugendlichen. Unter dem Vorwand des „oppositionellen Auftretens" konnten sich verschiedene Delikte subsumieren, deshalb seien hier nur die Erlebnisse von zwei Betroffenen genannt. Nach dem Abitur 1975 leistete ein junger Mann seinen dreijährigen Dienst in der NVA und bewarb sich um ein Literaturstudium an der Technischen Universität Dresden. Er erhielt die Zulassung und begann das Studium 1978. Während seiner Studienzeit geriet er ins Visier der Staatssicherheit. Er wurde verdächtigt gegen den § 218 DDR-StGB verstoßen zu haben.[136]

---

133 Interview mit Herrn S. B. am 26.11.2004.
134 Ebd.
135 Ebd.
136 § 218 DDR-StGB: Zusammenschluss zur Verfolgung gesetzwidriger Ziele. Siehe dazu Strafrecht der DDR. Kommentar zum Strafgesetzbuch, S. 520 f.

Die Überwachung wurde für den Studenten so unerträglich, dass er sich 1980 freiwillig exmatrikulierte und eine Lehre als Drechsler begann. Nach vier Jahren wollte er mittels eines Fernstudiums sein Literaturstudium abschließen, aber auf Betreiben des MfS erhielt er keine Studienzulassung.[137]

In einem anderen Fall hatte ein Schüler der Erweiterten Oberschule in Eilenburg während der vormilitärischen Ausbildung absichtlich an den Menschensilhouetten vorbeigeschossen. Ein Mitschüler, der dies bemerkt hatte, empörte sich lautstark gegenüber anderen Klassenkameraden und Lehrern darüber und forderte, dass der Schüler zumindest von der Schule zu verweisen sei. In einer Auseinandersetzung äußerte der Beschuldigte völlig unbedacht: „Du mit deinen extremen Anschauungen, dich werden mal deine eigenen Leute an die Wand stellen. So bescheuert, wie du bist, so extrem!"[138] Diese unüberlegten Worte zogen unabschätzbare Konsequenzen nach sich, denn sein Kontrahent berichtete seinem Vater, einem Mitarbeiter der Staatssicherheit, von diesem Vorfall. Tage später rief der Schuldirektor den Schüler persönlich aus dem Physikunterricht und übergab ihn drei Mitarbeitern des MfS, die den Schüler wie einen Kriminellen aus der Schule abführten. Ohne seine Eltern zu informieren, verbrachte man ihn zur Befragung in die Dienststelle des Staatssicherheitsdienstes. Um den Jugendlichen noch weiter einzuschüchtern, führte der Weg an einem Wachsoldat mit Maschinengewehr vorbei in ein Verhörzimmer in den Keller. Dort wurde der Schüler an einem Tisch platziert und für zwei Stunden alleingelassen. Schließlich kamen drei Leute zum Verhör, die ihm eine „faschistische Morddrohung" und andere Vorkommnisse an der Schule aus jüngster Vergangenheit vorwarfen. Zwischenzeitlich sei auch noch ein älterer Oberst „mit nach hinten gegelten Haaren" hinzugekommen, der „immer so [...] ran, so ganz dicht ran" an den Schüler kam und „mit seinem schlechten Mundgeruch [...] dann immer gesagt [hat]: ‚Sie zittern ja schon! Jetzt brauchen sie doch noch nicht zu zittern! [...] Wenn wir fertig sind mit ihnen, dann ...'"[139] Im Interview beschrieb Herr T. S. das Erlebte eindrücklich. Die bis zum Abend dauernde Vernehmung erfolgte unter Anwendung von Methoden, wie Drohungen, wechselnden Stimmungslagen der Stasi-Mitarbeiter, Schreien und auf den Tisch hauen. Trotz der angedrohten Haft über Nacht gab der Schüler keinen der Vorwürfe zu. Letztendlich wurde ein Protokoll verfasst, das er nicht unterschreiben wollte, weil der Inhalt nicht den Tatsachen entsprach, daraufhin „sind die [MfS-Mitarbeiter] dann ganz durchgedreht und [haben] immer wieder geschrien. Und dann irgendwann, dann haben sie gesagt, ‚mit ihren Eltern werden wir uns noch getrennt beschäftigen usw.'" Gegen 20.00 Uhr durfte der Schüler endlich nach Hause fahren. Seine Eltern waren unterdessen vom Schulrat, Franz Henzelmann, über das „Vorkommnis" informiert worden. Den Aufenthaltsort ihres Sohnes hatte man ihnen jedoch nicht mitgeteilt.[140]

---

137 Vgl. SLFS, Rehabilitierungsbehörde, Az. 96/70/0018.
138 Interview mit Herrn T. S. am 19.1.2005.
139 Ebd.
140 Ebd.

Da die Eltern weitere Repressionen befürchteten, rieten sie dem Schüler ab, weiterhin zur Schule zu gehen. Ihr Sohn entschied sich aus „falschem Stolz", wie er im Interview rückblickend meinte, für den weiteren Schulbesuch und musste feststellen, dass die Lehrer ihm auswichen, Mitschüler ängstlich bzw. von ihren Eltern instruiert worden waren, den Kontakt zu ihm zu meiden. Zusätzlich hatte die Staatssicherheut auch seine Freunde befragt und einige von ihnen zu mehr oder weniger wahren Aussagen genötigt. Während dieser Zeit hatten nur ein Mädchen öffentlich und zwei oder drei Jungen heimlich mit dem Schüler Kontakt gehalten. In einer eigens hierfür anberaumten FDJ-Versammlung sollte die Klasse über den Fall diskutieren und „richten". Denn der Klassenlehrer, die FDJ-Sekretärin, der Direktor, der Parteigruppenvorsitzende, ein Mitarbeiter der Staatssicherheit und noch weitere Lehrer „saßen dann alle wirklich wie beim Gericht vorn und dann im U saß die ganze Klasse".[141] Bis auf das bereits erwähnte Mädchen verurteilte jeder der Anwesenden persönlich das Verhalten des Schülers. Zwei „Freunde" hatten sogar noch zusätzliche Anklagepunkte vorgebracht, wodurch sich der Betroffene noch weiter in die Enge getrieben fühlte. Letztlich wurden der Schulverweis und der FDJ-Ausschluss beantragt. Nach der Relegierung arbeitete der Schüler für neun Monate im Betonwerk Laußig als Hilfsarbeiter zur „Bewährung in der Produktion", begann im September 1980 eine Berufsausbildung zum Instandhaltungsmechaniker im gleichen Betrieb und schloss diese im Juli 1983 erfolgreich ab. Seinem Antrag auf Zulassung zum Abiturlehrgang an einer Volkshochschule gab das Ministerium für Volksbildung 1982 statt. Zwei Jahre später schloss der Schüler den Kurs erfolgreich mit dem Abitur ab und verpflichtete sich zum Unteroffizier auf Zeit in der NVA. Die Kreisdienststelle Eilenburg der Staatssicherheit schrieb in ihrem Ermittlungsbericht zum Bewerber: „Seine gesamte politische Haltung hat sich in den letzten Jahren verbessert und zum Positiven verändert. [...] In politischen Gesprächen sowie gesellschaftlichen Problemen äußert er sich positiv zur Politik unserer Partei- und Staatsführung."[142] Infolge einer so „fortschrittlichen" Entwicklung durfte der Betroffene nach seinem Militärdienst sogar ein Studium an der Ingenieurschule für Energiewirtschaft in Markkleeberg aufnehmen.

Ob es sich bei diesem erzieherischen Erfolg wirklich um einen wahren Gesinnungswechsel oder eher um eine taktische Anpassung zur Befriedigung des persönlichen Bildungsinteresses gehandelt hat, sei dahin gestellt. Jedenfalls zeigen diese Fälle deutlich, wie man mit Minderjährigen, denen eine „feindliche Haltung"[143] zugeschrieben wurde, umging.

Das gemeinsame Vorgehen von MfS und Vertretern staatlicher „Organe" war Teil einer gezielten Strategie zur „Zersetzung feindlicher Kräfte". Unter „Zersetzung" verstand der Staatssicherheitsdienst: Eine „operative Methode des

141 Ebd.
142 MfS, BV Leipzig, KD Eilenburg, Ermittlungsbericht vom 14. 9. 1984 (SLFS, Rehabilitierungsbehörde, Az. 96/70/0011).
143 Direktor der EOS an den KSR von Eilenburg, Fritz Warlich, Untersuchungsprotokoll vom 19. 11. 1980 (ebd.).

MfS zur wirksamen Bekämpfung subversiver Tätigkeit, insbesondere in der Vorgangsbearbeitung. Mit der Z[ersetzung] wird durch verschiedene politisch-operative Aktivitäten Einfluss auf feindlich-negative Personen, insbesondere auf ihre feindlich-negativen Einstellungen und Überzeugungen in der Weise genommen, dass diese erschüttert oder allmählich verändert werden bzw. Widersprüche sowie Differenzen zwischen feindlich-negativen Kräften hervorgerufen, ausgenutzt oder verstärkt werden."[144]

Mit dieser Methode zielte die Staatssicherheit darauf, „feindlich-negative Kräfte" zu zersplittern, zu lähmen, zu desorganisieren und zu isolieren, um damit „feindlich-negative Handlungen" einzugrenzen und „deren Auswirkungen vorbeugend zu verhindern, wesentlich einzuschränken oder gänzlich zu unterbinden bzw. eine differenzierte politisch-ideologische Rückgewinnung zu ermöglichen. Systematisch sollten Zersetzungsmaßnahmen das Selbstvertrauen und das Selbstwertgefühl eines Menschen untergraben, Angst, Panik, Verwirrung erzeugen, einen Verlust an Liebe und Geborgenheit hervorrufen sowie Enttäuschungen schüren – also all solche Gefühle, die einen Menschen unglücklich und unzufrieden machen."[145]

Die Zersetzung wurde als rein psychologisches Unterdrückungsinstrument eingesetzt, deren psychische Folgewirkungen auch physische Schäden bis hin zum Freitod nach sich ziehen konnten. Den Begriff „liquidieren" verwendete die Staatssicherheit häufig im Zusammenhang mit Zersetzungsmaßnahmen, dennoch ist er nicht mit „töten" gleichzusetzen. Vielmehr sind diese Maßnahmen als „Angriff auf die Seele des Menschen" zu bezeichnen, wie Jürgen Fuchs es nannte.[146]

Gegenüber Kindern und Jugendlichen umfassten die Zersetzungsmaßnahmen ebenso wie gegenüber Erwachsenen organisierte Misserfolge, um Selbstzweifel und Existenzängste zu schüren; die Einschüchterung durch die Partner der Staatssicherheit im Rahmen des „politisch-operativen Zusammenwirkens", beispielsweise durch permanente Aussprachen, die Diskreditierung des Ansehens durch Verbreitung von Gerüchten und Desinformationen, die Kriminalisierung wegen unpolitischer Delikte oder die Belastung von Familienbeziehungen. Die Zersetzungsmaßnahmen konnten alle Lebensbereiche bis hin zur Intimsphäre des Verfolgten erfassen.[147]

Vor diesem Hintergrund lässt sich die Verantwortung für dieses Vorgehen gegen Schüler, Lehrlinge und Studenten nicht nur bei den Mitarbeitern der Staatssicherheit suchen, sondern auch bei den Mitarbeitern der Volksbildung mit Margot Honecker an der Spitze.

---

144 Suckut (Hg.), Das Wörterbuch der Staatssicherheit, S. 422.
145 Ebd.
146 Zit. nach Pringel-Schliemann, Zersetzen, S. 188.
147 Das Spektrum der Zersetzungsmaßnahmen war vielschichtig und wurde individuell auf die jeweils verfolgte Person ausgerichtet. Vgl. Pringel-Schliemann, Zersetzen, S. 188 und 192.

4.   Schuldirektoren, Lehrer, Ausbildungsleiter und Vorgesetzte in
      Betrieben

Der Grund für die häufige Nennung des Schuldirektors als Verantwortlichen
für Benachteiligungen war dessen exponierte Stellung innerhalb der Schule und
im Rahmen des Delegierungsverfahrens zu einer weiterführenden Bildungseinrichtung. Entsprechend der „Anordnung über die Aufnahme in die erweiterte
allgemeinbildende Polytechnische Oberschule und in Spezialklassen an Einrichtungen der Volksbildung sowie über die Bestätigung von Schülern für die
Bewerbung um eine Lehrstelle in der Berufsausbildung mit Abitur"[148] schlug
der Schuldirektor dem Stadtbezirks-, dem Stadt- oder dem Kreisschulrat – je
nach Verwaltungsstruktur – geeignete Schüler für die Aufnahme in die Abiturstufe vor. Zuvor oblag es ihm, sich zusammen mit dem Klassenleiter, den Fachlehrern der Klasse, dem Elternbeiratsvorsitzenden und der FDJ-Leitung der
Schule über die Eignung der Kandidaten zu beraten. Wurde bereits zu diesem
Zeitpunkt negativ über die Bewerbung entschieden, sollte der Direktor den
Eltern des Schülers dies in einem persönlichen Gespräch mitteilen und erläutern. In nächster Instanz wurden die Vorschläge und Anträge der geeigneten
Schüler an den Kreisschulrat (bzw. Stadtbezirks- oder Stadtschulrat in den kreisfreien Städten) weitergeleitet und von einer Aufnahmekommission beurteilt.
Lehnte die Kommission einen Bewerber ab, sollten die Gründe für die Ablehnung schriftlich an die Schüler und ihre Eltern weitergegeben werden. In diesem Fall konnten die Schüler bzw. Eltern innerhalb von 14 Tagen[149] nach der
Entscheidung beim Kreisschulrat und in weiterer Instanz beim Bezirksschulrat
dem Ablehnungsbescheid widersprechen.

Neben dem Delegierungsverfahren existierte auch die Möglichkeit, die
Aufnahme in eine Abiturklasse direkt bei der Zulassungskommission zu beantragen, um sich so dem Einflussbereich des Schuldirektors zu entziehen. In manchen Fällen akzeptierten Eltern weder die Ablehnung durch die Zulassungskommission noch den negativen Bescheid des jeweiligen Schulrates. Mithilfe von
Widersprüchen und Eingaben versuchten sie, bei den unterschiedlichsten staatlichen und auch kirchlichen Stellen die Nichtzulassung überprüfen zu lassen,
um so doch noch eine Aufnahme zu erwirken.[150]

148 Anordnung über die Aufnahme in die erweiterte polytechnische Oberschule und in Spe-
     zialklassen an Einrichtungen der Volksbildung sowie über die Bestätigung von Schülern
     für die Bewerbung um eine Lehrstelle in der Berufsausbildung mit Abitur – Aufnahme-
     ordnung vom 5.12.1981. In: Fuchs/Petermann (Hg.), Bildungspolitik in der DDR
     1966–1990, S. 177–179. Davor galt die Richtlinie für die Vorbereitung auf den Besuch
     der Erweiterten Oberschule und die Aufnahme in die Erweiterte Oberschule vom
     10.6.1966. In: Monumenta Paedagogica, Band 7,1, S. 682–686.
149 Nach der Richtlinie für die Vorbereitung auf den Besuch der erweiterten Oberschule und
     für die Aufnahme in die erweiterte Oberschule vom 10.6.1966 betrug die Einspruchs-
     frist für die Eltern nur zehn Tage. Insgesamt sollte ein Einspruchsverfahren innerhalb
     von 30 Tagen abgeschlossen werden. Vgl. dazu: Sozialistisches Bildungsrecht, S. 285.
150 Siehe dazu auch: Huschner, „Geregelter" Zugang zum Abitur in den 1970er Jahren?,
     S. 824.

Anhand der untersuchten Rehabilitierungsakten ließ sich feststellen, dass nur in 29 Prozent der Fälle Einspruch erhoben wurde. Zwar war die Möglichkeit, mittels einer Eingabe sein Recht zu erlangen, in der Verfassung der DDR[151] verankert, doch stand dem Bürger infolge einer fehlenden Verwaltungsgerichtsbarkeit kein Rechtsweg offen. Ein ablehnender Bescheid konnte nicht angefochten werden, ein positiver kam einem „Gnadenakt" der jeweiligen staatlichen Vertreter gleich.

Innerhalb der gesichteten Rehabilitierungsakten wurde nur in einem Fall[152] dem Widerspruch stattgegeben. In den Beständen der Hauptschulinspektion des Ministeriums für Volksbildung zeigte sich, dass man der Nichtzulassung zur Abiturstufe in den Eingabeanalysen immer einen eigenen Analysepunkt widmete. Zur Bearbeitung der Eingaben leiteten die Mitarbeiter des Ministeriums die Eingabe an die Bezirksschulräte weiter und überprüften abschließend die getroffene Entscheidung. In einzelnen Fällen veranlassten die Ministeriumsmitarbeiter auch eine Aufnahme des Schülers.

An zweiter Stelle wurden die Ausbildungsleiter von Betrieben für eine Benachteiligung verantwortlich gemacht. Auch ihre Stellung war von zentraler Bedeutung im Bewerbungsverfahren um eine Lehrstelle. Allerdings weisen die hier untersuchten Rehabilitierungsakten im Vergleich zur gesamten DDR-Bevölkerung eine überdurchschnittliche Zahl von Zeugen Jehovas auf.[153] Insbesondere die Zeugen Jehovas führen ihre Benachteiligung bei der Lehrstellensuche auf Ausbildungsleiter zurück, weil der Lehrling sich mit Einführung eines neuen Vordrucks für Lehrverträge im Jahre 1971 zur Teilnahme an der vormilitärischen Ausbildung bzw. an der Zivilverteidigung verpflichten musste.[154] Die

---

151 Vgl. Artikel 103 Verfassung der DDR 1974.
152 In diesem Falle wurde die Betroffene 1978 nicht für die Erweiterte Oberschule zugelassen. Nach dem Abschluss der POS „mit Auszeichnung", erlernte sie den Beruf der Krankenschwester. Während ihrer Ausbildungszeit wollte das Krankenhaus die junge Frau für den Eintritt in die SED werben, jedoch lehnte sie das ab. Daraufhin verweigerte das Krankenhaus der Betroffenen den Besuch eines Abiturkurses an der VHS während der Berufsausbildung. Nach den rechtlichen Bestimmungen war die Zusage des Betriebes nötig, deshalb konnte die junge Frau erst 1982 nach Ende der Ausbildung den Abiturkurs an der VHS besuchen. Allerdings musste sie weiterhin als Krankenschwester auf der Intensivstation im Schichtdienst arbeiten. Nach Ablegen des Abiturs verweigerte das Krankenhaus die Delegierung der Betroffenen zum Medizinstudium über drei Jahre. Schließlich stellte die junge Frau im März 1985 einen Ausreiseantrag. Während mehrerer Einzelgespräche bei der Abteilung Inneres des Rates des Kreises erhielt sie im Oktober 1985 die Zusage, dass ihre berufliche Entwicklung nicht mehr behindert werde, wenn sie den Antrag zurückziehe. Die Betroffene ließ sich darauf ein, erhielt 1986 die Delegierung zum Studium der Zahnmedizin und begann im Herbst 1987 ihr Studium. Vgl. SLFS, Rehabilitierungsbehörde, Az. 97/73/0102.
153 Unter den 489 ausgewerteten Rehabilitierungsanträgen befanden sich 129 Anträge von Angehörigen der Zeugen Jehovas.
154 Vgl. Dirksen/Wrobel, „Im Weigerungsfall können diese Jugendlichen kein Lehrverhältnis aufnehmen ...", S. 234; Anordnung über den Abschluss, den Inhalt und die Beendigung von Lehrverträgen vom 30. 4. 1970 (GBl. 1970 II, S. 301). In: Sozialistisches Bildungsrecht Berufsbildung, S. 212–223.

Mitarbeiter der Abteilung Berufsbildung und Berufsberatung drängten auf den Gebrauch des staatlich vorgegebenen Vordruckes sowie auf die rigorose Durchsetzung der vormilitärischen Ausbildung. Da die Zeugen Jehovas die geforderte Verpflichtung nicht mit ihrer Religion vereinbaren konnten und wollten, baten sie um eine Streichung dieses Passus. So ein Vorgehen war jedoch staatlicherseits nicht erwünscht und der Ausbildungsleiter des Betriebes, als erster Ansprechpartner vor Ort, hatte die Vorgaben einzuhalten. Mitunter fanden sich kompromissbereite Ausbildungsleiter, die eine Ausnahmeregelung zuließen. Erhielt jedoch die Abteilung Berufsausbildung, etwa bei der Einsicht in die Lehrverträge oder über die Berufsschule, Kenntnis darüber, musste, falls sich der Lehrling weiterhin weigerte, an der vormilitärischen Ausbildung oder Zivilverteidigung teilzunehmen, das Lehrverhältnis aufgehoben werden.

Das folgende Beispiel steht stellvertretend für viele Fälle dieser Art: Im November 1973 schloss ein Schüler mit dem Inhaber einer Handwerksfirma einen Lehrvertrag. Gesondert vereinbarten beide Vertragsparteien, dass der Schüler alternativ zur vormilitärischen Ausbildung an der Breitenausbildung des Deutschen Roten Kreuzes (DRK) teilnimmt. Der Vertrag wurde in dieser Form von der Handwerkskammer in Marienberg bestätigt und die Berufsschule sicherte ebenfalls die Ausbildung mündlich zu. Allerdings änderte sich das im August 1974, eine Woche vor Lehrbeginn: Ein Vertreter der Berufsschule teilte dem Betroffenen wiederum mündlich mit, dass er keine Ausbildung erhalten würde, jedoch könne er als Ungelernter ein Arbeitsverhältnis beginnen.[155]

Einige Betriebe konnten und wollten diesen Umgang mit den Kindern der Zeugen Jehovas nicht einfach hinnehmen, zumal per Gesetz jedem Schüler in der DDR zumindest eine Berufsausbildung zustand. Die Initiativen einzelner Ausbildungs- und Betriebsleiter blieben letztlich ohne Erfolg, dennoch zeugten sie von Unrechtsbewusstsein und Mitgefühl gegenüber den betroffenen Schülern. So hätte der Direktor eines VEB Ingenieurbüros im Jahre 1978 eine Bewerberin gern eingestellt, jedoch bildete sein Betrieb keine kaufmännischen Berufe aus. Besonders beeindruckt war der Direktor vom sehr guten Notendurchschnitt der Schülerin, was sein Unverständnis noch verstärkte, wie er der Mutter der Schülerin schrieb: „Wir sahen es als unsere Pflicht an, mit dem Direktor der Kurt-Wieland-Oberschule darüber zu sprechen. Wir vertreten den Standpunkt, dass jeder Schulabgänger in unserem Staat die Möglichkeit hat, einen Beruf zu erlernen. Das trifft ganz besonders auf Ihre Tochter R. zu mit solch einem sehr guten Leistungsdurchschnitt, welcher aus dem Abschlusszeugnis der Klasse 10 b, 1. Halbjahr 1977/78 ersichtlich ist."[156] Auch das Gespräch mit dem Schuldirektor verhalf der Schülerin letztlich zu keiner Lehrstelle.

Abgesehen von dieser Besonderheit im Umgang mit Schülern, die die vormilitärische Ausbildung ablehnten, lasteten ehemalige Schüler ihre Diskriminie-

---

155 Vgl. SLFS, Rehabilitierungsbehörde, Az. 97/74/0154. Ähnlich auch Az. 97/74/0159.
156 Vgl. SLFS, Rehabilitierungsbehörde, Az. 94/70/0035.

rung in erster Linie dem Schuldirektor und mit Beginn der 1960er Jahre zunehmend den Lehrern an. Sie waren in ihrer Rolle als Vermittler der politischen
Ideologie wichtige Akteure im Schulwesen, „um durch eine kollektive, ideologisch geprägte Erziehung Untertanen zu bilden, die in ihrem Denken und
Handeln mit den Herrschenden konform sind".[157]

Es kann davon ausgegangen werden, dass sowohl Lehrer als auch Direktoren
und Mitarbeiter der Schulbehörden weitestgehend den parteilichen Forderungen folgten, da auch der Zugang zum Lehrerberuf oder zur Mitarbeit in der
Volksbildung entsprechenden Auswahlkriterien unterlag. Im Gegensatz zu anderen Berufsgruppen waren vor allem Mitarbeiter der Volksbildung politischer
Schulung und Überwachung ausgesetzt. Sie wurden während ihrer Ausbildung
und ihrer späteren Berufstätigkeit in besonderem Maße politisch beeinflusst,
unterlagen vielfältigen Zwängen, mussten regelmäßig an Parteilehrjahren[158] teilnehmen und sich Inspektionen unterziehen.[159] Bis auf wenige Ausnahmen
haben sich auch diese Personen den Lebens- und Arbeitsbedingungen in der
DDR angepasst.[160]

Auf unterster Ebene verfügten Lehrer, insbesondere Klassenleiter, über großen direkten wie indirekten Einfluss auf die Delegierung eines Schülers zu einer
weiterführenden Bildungseinrichtung. Laut Ministerium für Volksbildung nahm
der Klassenlehrer bei der Auswahl und Vorbereitung von Schülern für die
Abiturausbildung eine „Schlüsselstellung" ein.

„Die Auswahl geeigneter Schüler für die Abiturstufe ist als ein langfristiger - in der
Klasse 7 beginnender - Prozess zu verstehen und zu gestalten, in dem die Pädagogen
der Oberschule unter Führung und Verantwortung des Direktors unter Einbeziehung
der Kinder- und Jugendorganisation sowie der Erziehungskräfte der Schule geeignete
Schüler - mit Orientierung auf § 3 der Aufnahmeordnung - ermitteln.
Dabei ist die Schlüsselstellung der Klassenleiter bei der Auswahl und Vorbereitung geeigneter Schüler - durch eine gezielte Führungstätigkeit des Direktors - weiter auszuprä-
gen."[161]

---

157 Kerz-Rühling/Plänkers/Fischer, Kontinuität und Wandel, S. 39.
158 Das Parteilehrjahr wurde mit Beschluss des III. Parteitages 1950 regelmäßig bis 1989
   durchgeführt. Ihm gingen seit 1946 organisierte politische Bildungsabende voraus. Es
   diente entsprechend der Schulungsform der KPdSU der Massenschulung mit Schwer-
   punkt Marxismus-Leninismus. Veranstaltet wurde das Parteilehrjahr monatlich in den
   fast 80 000 Grundorganisationen nach einem einheitlichen Plan mit Vorträgen in
   Seminaren und Studienkursen. Die Themenplanung orientierte sich an den Beschlüssen
   der Parteitage, die seit den 1960er Jahren vom Politbüro oder vom Sekretariat ausgearbeitet wurden. Den Teilnehmern und Propagandisten wurden dafür extra gedruckte
   Lehrmaterialien und Studieneinführungen zur Verfügung gestellt. Zur Teilnahme verpflichtet waren Mitglieder und Kandidaten der SED, aber auch Parteilose, wie Lehrer
   und Bedienstete des Staatsapparates. Vgl. dazu http://www.bundesarchiv.de/sed-fdgb-
   netzwerk/glossar.html?q=Partei-lehrjahr; 18.10.2007.
159 Vgl. Kerz-Rühling/Plänkers/Fischer, Kontinuität und Wandel, S. 39.
160 Vgl. Siegmann, Lehrer, die Wasserträger der Macht, S. 151.
161 Meixner, Vizepräsident der Akademie der Pädagogischen Wissenschaften, an Drechsler,
   HA Oberschule, MfV, Ausarbeitungen zum Problemkreis Abiturstufe: 4. Arbeit mit den
   für die Abiturstufe vorgesehenen Schülern in der Zehnklassigen allgemeinbildenden
   Polytechnischen Oberschule vom 20.12.1988 (BArch, DR 2/13031, unpag.). Vgl. dazu

Einen Schüler zu fördern oder zu benachteiligen, lag in der Macht jedes einzelnen Lehrers, denn er verfügte trotz gesetzlicher Vorgaben und Anordnungen in vielen Fällen über einen gewissen individuellen Ermessensspielraum. Seinen indirekten Einfluss konnte er in seiner Funktion als Klassenlehrer ausüben. Er gab einem Schüler neben den Eltern ein Feedback zur Persönlichkeitsentwicklung, zu Schulleistungen und zur Berufswahl. Lehrer signalisierten so bereits in ersten Vorbesprechungen über Bildungswege und Berufswahl, ob die Wünsche und Pläne eines Schülers aus ihrer Sicht realisierbar waren. Dabei eröffneten sie einer Vielzahl von Schülern bereits unmissverständlich, dass ein Besuch der Erweiterten Oberschule oder eine Berufsausbildung mit Abitur für sie gar nicht oder nur unter bestimmten Maßgaben möglich sei. Es lag nun am Schüler (und seinen Eltern), inwiefern er sich zu Gunsten seiner Zukunft auf solche Vorgaben – etwa Eintritt in die FDJ, Teilnahme an der Jugendweihe oder an der vormilitärischen Ausbildung – einließ. Ein Teil der Jugendlichen arrangierte sich mit diesen Gegebenheiten, andere passten sich trotz Gewissenskonflikten an und einige widerstanden diesen Zwängen. Wie häufig Gespräche dieser Art geführt wurden, lässt sich nur erahnen. Unter den Antragstellern einer Rehabilitierung machen diese Fälle ungefähr fünf Prozent aus, die Dunkelziffer dürfte um ein Vielfaches höher sein.[162]

Auffällig ist, dass Betroffene diese Benachteiligungsform erst seit Beginn der 1960er Jahre anführen, d. h. Schüler und deren Eltern entschieden sich im Vorfeld gegen eine Abiturausbildung, weil sie deren Zugang als unrealistisch einschätzten.[163] Zudem lasteten Betroffene ihre Benachteiligung ab dieser Zeit zunehmend Lehrern bzw. Klassenlehrern an. Somit scheint der Einfluss von Lehrern auf die weitere Bildungskarriere eines Schülers zugenommen zu haben, was daraufhin deutet, dass die ideologische Schulung in der Lehrerschaft Früchte trug, eine neue Generation von Lehrern in den Schulen einzog und verwaltungsintern neue Wege beschritten wurden, um die Menge von Anträgen (und damit auch von Absagen und Beschwerden) zu reduzieren.

---

auch Anordnung über die Aufnahme in die erweiterte polytechnische Oberschule und in Spezialklassen an Einrichtungen der Volksbildung sowie über die Bestätigung von Schülern für die Bewerbung um eine Lehrstelle in der Berufsausbildung mit Abitur - Aufnahmeordnung vom 5. 12. 1981. In: Fuchs/Petermann (Hg.), Bildungspolitik in der DDR 1966–1990, S. 177–179.

162 Betroffene, die sich auf derartige Gespräche beriefen, konnten jedoch keinen Nachweis führen, daher war keine Rehabilitierung möglich.

163 Jürgen Wolf spricht sogar vom „vorauseilendem Gehorsam" der Eltern. In dem von ihm geschilderten Fall aus Lobenstein schloss ein EOS-Schüler seine Klavierausbildung an der Volkshochschule mit „sehr gut" ab und wollte im Anschluss das Orgelspiel erlernen. Da sich der Schüler während dieser Ausbildung zwangsläufig häufiger in Kirchen aufhalten würde, lehnte der KSR von Jena dieses Vorhaben ab. Nach einer „Aussprache" mit den Eltern, zogen diese ihren Antrag zurück, um ihrem Kind weitere Unannehmlichkeiten zu ersparen. Die Eltern gelangten „schließlich zur ‚Einsicht', dass die Begabung und der Wunsch des Sohnes hinter die Parteidisziplin zu stellen sind". Wolf, Besondere Vorkommnisse, S. 169.

Im Alltag erhielten nicht „systemkonforme" Schüler oft durch Aussagen der
Lehrer bzw. des Schuldirektors oder durch Erfahrungen aus dem eigenen
Umfeld den Eindruck, dass sie keine Chancen auf eine höhere Ausbildung hätten. Dieser Eindruck traf in der Regel auch zu, da die Entscheidungsbefugnis
Personen oblag, die in besonderem Maße ihre Partei- und Staatsloyalität bewiesen hatten. Bereits 1949 lag die SED-Parteimitgliedschaft unter den Lehrern
von Grund-, Ober-, Hilfs- und Sonderschulen bei 47,7 Prozent.[164] Zwar wurde
die Parteizugehörigkeit von Lehrern in den folgenden Jahren nicht statistisch
erfasst,[165] jedoch ergab die Auswertung des Arbeitskräftedatenspeichers der
Volksbildung, dass nur 23,5 Prozent der Lehrer in der DDR Mitglied der Sozialistischen Einheitspartei waren.[166] Dagegen lag der Anteil der Parteimitglieder
bei Staatsbürgerkundelehrern im Schuljahr 1985/86 mit 93,7 Prozent weit über
dem Durchschnitt.[167] Zudem ergab die Analyse des Arbeitskräftespeichers für
1988, dass auch die große Mehrheit der Schuldirektoren in der DDR (85 Prozent) Mitglieder der SED waren.[168] Diese Tendenz bestätigt auch die „kaderpolitische Zusammensetzung des Direktorenkollektivs im Bezirk Dresden" aus
dem Jahre 1974, laut der von den Schuldirektoren 91,7 Prozent der SED und
3,7 Prozent den Blockparteien angehörten. Diesen insgesamt 95,4 Prozent
Parteimitgliedern standen demzufolge nur 4,6 Prozent Parteilose gegenüber.[169]

---

164 Vgl. Geschichte, Struktur und Funktionsweise der DDR-Volksbildung, S. 151, Anm. 56.
  Im Gegensatz dazu erscheint die Vermutung fast unwahrscheinlich, dass nur 5 bis 20 %
  der Lehrer Mitglied der SED gewesen seien. Vgl. Kiel, Umsetzung kaderpolitischer
  Konzeptionen in der Lehrerbildung an DDR-Hochschulen, S. 55. Ergänzend dazu: In
  der 12. Sitzung des Enquete- Kommission „Überwindung der Folgen der SED-Diktatur
  im Prozess der deutschen Einheit" sprach Prof. Dr. Hans-Peter Schäfer von 70 % SED-
  Mitgliedern unter den Lehrern der Erweiterten Oberschulen. Vgl. Öffentliche Anhörung
  zum Thema: Wissenschaft und Bildung in der DDR – politische Instrumentalisierung
  und deren Folgen heute, Protokoll der 12. Sitzung der Enquete-Kommission „Überwindung der Folgen der SED-Diktatur im Prozess der deutschen Einheit" Öffentliche
  Anhörung zu dem Thema am Montag, dem 22. 4. 1996, S. 201.
165 Vgl. Geschichte, Struktur und Funktionsweise der DDR-Volksbildung, S. 151, Anm. 56.
166 Vgl. Auswertung des Arbeitskräftedatenspeichers der Volksbildung zum Stichtag
  31. 12. 1988. BArch, DR 2 MD – Version Uni Jena. Die Auswertungen befinden sich im
  Besitz der Verfasserin.
167 Eigene Berechnung. Berechnungsgrundlage waren die Angaben aus: Zwischenbericht
  über die Erkenntnisse und Erfahrungen zur Erhöhung und Sicherung der Kampfkraft
  der Parteiorganisation im Volksbildungswesen durch die Bezirks- und Kreisleitungen der
  Partei (ca. 1986). In: Grammes/Schluß/Vogler, Staatsbürgerkunde in der DDR, S. 154,
  Abb. 16.
168 Die Auswertung des Arbeitskräftedatenspeichers der Volksbildung ergab zum Stichtag
  31. 12. 1988, dass zu diesem Zeitpunkt von den Direktoren und Stellvertretern pädagogischer Einrichtungen in der DDR 84,5 % Mitglied der SED waren. Nur eine verschwin-
  dend geringe Zahl war Mitglied anderer Blockparteien und nur 2 % parteilos. Jedoch
  konnte von 12,5 % dieser Kohorte die Parteizugehörigkeit nicht erfasst werden. Vgl.
  BArch, DR 2 MD – Version Uni Jena. Die Auswertungen befinden sich im Besitz der
  Verfasserin.
169 Vgl. Kaderpolitische Zusammensetzung des Direktorenkollektivs im Bezirk Dresden.
  Stand 1. 9. 1974 (BArch, DR 2/D128, Band 2, unpag.); Kaderpolitische Vorbereitung
  des Schuljahres 1976/77 (ebd.); Abt. Volksbildung des RdB Dresden an MfV, Leitungsvorlage vom 27. 5. 1976 (ebd.).

Kaderpolitische Zusammensetzung des Direktorenkollektivs im Bezirk — Stand 1.9.74

	Gesamt zahl	Altersstruktur					Funktionsalter					Parteizugehörigkeit						Dipl. Päd.	Hoch-/ abschl.	BPS Lehrg.	BPS Sonder-lehrg.
		45-35	36-45	46-55	55-60	über 61	-5	6-10	11-15	16-20	über 20	SED	LDPD	CDU	NPD	DBD	pfl.				
Bautzen	50	6	15	25	3	1	19	11	8	4	8	46	-	1	1	-	2	7	38	[-]	5
Bischofswerda	24	2	7	12	3	-	10	5	3	1	5	20	1	-	-	-	3	8	21	3	6
Dippoldiswalde	23	4	7	12	-	-	11	4	3	4	1	22	-	-	1	-	-	(4)	18	3	5
Dresden-Stadt	121	15	41	61	3	1	67	23	20	6	5	111	1	-	1	-	8	24	110	17	14
Dresden-Land	39	9	8	20	1	1	14	7	4	6	8	37	-	-	1	-	1	(8)	31	2	12
Freital	28	4	8	14	1	1	8	10	3	3	4	24	-	-	2	-	2	6	24	(1)	7
Görlitz-Stadt	21	2	10	7	2	-	11	5	1	1	3	21	-	-	-	-	-	(2)	18	[-]	4
Görlitz-Land	17	3	5	7	2	-	7	5	1	2	2	17	-	-	-	-	-	(2)	16	[-]	4
Großenhain	21	4	5	11	1	-	5	7	4	2	3	18	-	1	1	-	1	7	18	2	5
Kamenz	28	2	10	13	3	-	10	6	5	4	3	24	1	-	-	1	2	7	25	4	6
Löbau	45	4	8	30	3	-	12	9	4	8	(12)	44	-	-	-	-	1	11	40	3	4
Meißen	46	2	11	28	4	1	10	7	7	2	(19)	43	-	-	-	-	3	7	32	(1)	4
Niesky	21	2	4	14	-	1	5	3	5	2	(6)	19	-	1	-	-	1	5	20	[-]	8
Pirna	48	2	14	27	4	1	14	7	6	7	(14)	44	-	2	-	-	2	11	37	12	9
Riesa	31	2	13	15	-	1	11	9	2	4	5	28	-	1	1	-	1	10	26	8	9
Sebnitz	23	1	7	13	2	-	7	7	6	1	2	18	2	1	-	-	2	(4)	18	(1)	4
Zittau	32	-	10	19	3	-	15	4	5	4	4	31	-	-	1	-	-	(6)	31	7	7
Insgesamt	618	64	183	328	85	8	236	124	87	62	104	542	5	7	8	1	24	129	574	64	113

Abbildung 4: Kaderpolitische Zusammensetzung des Direktorenkollektivs im Bezirk Dresden, Stand 1. September 1974[170]

Zudem deuten durchschnittliches Alter und Dienstzeit darauf hin, dass 1974 über 60 Prozent aller Schuldirektoren in der DDR das 45. Lebensjahr überschritten hatten. Aus dem mittleren bis höheren Alter lässt sich ableiten, dass es sich um Vertreter der „Aufbaugeneration" handelte, die von ihrem „richtigen" Handeln grundsätzlich überzeugt waren und auch angesichts ihres fortgeschrittenen Alters zu besonderer „Überzeugungstreue" neigten. Laut Statistik übten im Jahre 1974 über 40 Prozent aller Schuldirektoren ihr Amt bereits länger als zehn Jahre aus. Damit wurden fast 60 Prozent von ihnen seit 1964, d. h. nach der Übernahme des Ministeriums für Volksbildung durch Margot Honecker (anno 1963), in ihr Amt berufen.[171]

Die parteiliche Bindung von Angehörigen des Bildungswesens wurde seit dem Ende der 1940er Jahre mal mehr, mal weniger erfolgreich vorangetrieben.[172] Nicht zuletzt verpflichtete sich der Schuldirektor „seine Leitungstätigkeit

---

170 Ebd.
171 Vgl. ebd.
172 Neben Werbekampagnen für die SED-Mitgliedschaft gab es auch Aufnahmestopps für Lehrer, insbesondere in den 1970er Jahren, da Lehrer zur „Intelligenz" zählten. Die

auf der Grundlage der Beschlüsse der Sozialistischen Einheitspartei Deutschlands, der Gesetze und anderer Rechtsvorschriften durchzuführen".[173] Eine maßgebliche Stütze bei der Führung des einheitlich handelnden Pädagogenkollektivs stellten dabei die Schulparteiorganisation der SED[174] und die Schulgewerkschaftsorganisation dar.[175] Zwischen dem Schuldirektor, dem Parteisekretär und dem Vertreter der Schulgewerkschaftsorganisation war eine enge Zusammenarbeit angedacht, die sich in regelmäßigen, ggf. wöchentlichen Treffen zeigte. Während dieser Zusammenkünfte sollten politisch-ideologische Probleme, die sich aus dem Unterricht ergaben, besprochen und erforderliche Maßnahmen daraus abgeleitet werden. Folglich unterlagen Schuldirektor wie Lehrer der ideologischen Ausrichtung und politischen Kontrolle durch die Schulparteiorganisation.[176] Daneben ergänzten der stellvertretende Schuldirektor, der Pionierleiter und der Elternbeiratsvorsitzende das Führungsgremium der Schule. Nichtsdestotrotz stand die oberste Leitungskompetenz dem Schuldirektor zu, auch wenn er seine Entscheidungen mit dem Pädagogischen Rat[177] beraten und eventuelle Empfehlungen berücksichtigen sollte.[178] Zur Pflicht des Schuldirektors gehörte es, regelmäßig im Unterricht zu hospitieren, einerseits um sich über den Leistungsstand und „das politische Bewusstsein" der Klasse zu informieren, andererseits um das pädagogisch-fachliche Können und politisch-ideologische Verhalten des unterrichtenden Lehrers einzuschätzen.[179]

Ebenso wie vom Schuldirektor wurde auch von den Lehrern ein parteiliches Auftreten gefordert. Das traf in besonderer Weise auf den Klassenleiter zu, der das Klassenkollektiv führte und im gesamten pädagogischen Beziehungsfeld zwischen Schülern, Fachlehrern, Direktor, Kinder- und Jugendorganisation, Eltern und Betrieb eine zentrale Funktion einnahm.[180]

SED verstand sich als „Arbeiter- und Bauernpartei" und quotierte daher den Anteil von Mitgliedern aus anderen sozialen Schichten. Vgl. Geißler/Wiegmann, Pädagogik und Herrschaft in der DDR, S. 158 f.

173 § 3 Abs. 1 Verordnung über die Sicherung einer festen Ordnung an den allgemeinbildenden Polytechnischen Oberschulen – Schulordnung vom 29. 11. 1979. In: Monumenta Paedagogica, Band 16,2, S. 375–393, hier 376.

174 Nur die SED als führende Partei verfügte über diese organisatorischen Stützpunkte. Die anderen Parteien, die in der DDR zugelassen waren, akzeptierten die Führungsrolle und den Monopolanspruch der SED in Schule und Betrieb. Vgl. dazu Anweiler, Schulpolitik und Schulsystem in der DDR, S. 136.

175 § 11 Abs. 1 Schulordnung vom 29. 11. 1979. In: Monumenta Paedagogica, Band 16,2, S. 375–393, hier 380 f.

176 Vgl. Anweiler, Schulpolitik und Schulsystem in der DDR, S. 137.

177 Laut Schulordnung gehören dem Pädagogischen Rat alle Lehrer und Erzieher einer Schule oder eines Oberschulbereiches, der Elternbeiratsvorsitzende, der Pionierleiter und ein Vertreter des Patenbetriebes an. Vgl. § 24 Abs. 2 Verordnung über die Sicherung der festen Ordnung an den allgemeinbildenden Schulen – Schulordnung vom 20. 10. 1967. In: Sozialistisches Bildungsrecht, S. 582.

178 Vgl. Anweiler, Schulpolitik und Schulsystem in der DDR, S. 138.

179 Vgl. ebd.

180 Ebd., S. 140.

Paradoxerweise waren Lehrer vor diesem Hintergrund selbst in mancher Hinsicht besonderen Handlungsbedingungen[181] unterworfen, da sie in ihrer Tätigkeit vom Schuldirektor, von Fachberatern und vom Parteisekretär politisch indoktriniert und kontrolliert wurden. Letztlich galten sowohl Kollegen als auch Eltern und Schüler als weitere potenzielle Kontrollinstanz für das Auftreten eines Lehrers. Diese Gesichtspunkte schienen vielen ausreichend als Rechtfertigung für das eigene Handeln oder Nichthandeln in der Vergangenheit wie in der Retrospektive.

Mit dieser Vielzahl von Kontrollmechanismen sollte für ideologische Klarheit und Stabilität im Volksbildungswesen gesorgt werden. Zweifelsohne leistete hierzu auch das Ministerium für Staatssicherheit seinen Beitrag und stellte 1961 „Mängel und Schwächen in der politisch-ideologischen und staatsbürgerlichen Erziehung" von Oberschülern fest, die auf das Lehrerverhalten zurückgeführt wurden.[182]

Diese Defizite bestätigte ebenfalls ein Lagebericht aus dem Jahre 1962, der folgende „negative Tendenzen unter der pädagogischen Intelligenz" ausmachte:

> „- ,Erscheinungsformen des Liberalismus'; des Versöhnlertums und kleinbürgerlichen Verhaltens, ,Selbstzufriedenheit einiger Schulleitungen',
> - die ,Bagatellisierung negativen bzw. feindlichen Auftretens von Studenten und Schülern',
> - das ,Zurückweichen vor Auseinandersetzungen' sowie defensives ,Verhalten einiger Lehrer gegenüber offenen oder versteckten Provokationen durch Schüler im Unterricht, Erscheinungen westlicher Dekadenz und bürgerlicher Ideologien unter den Schülern',
> - unzureichende und oberflächliche Behandlung politischer Grundfragen,
> - eine abstrakte theoretische Wissensvermittlung ,ohne Verbindung mit den Gegenwartsfragen und unter Umgehung einer klaren persönlichen politischen Stellungnahme',
> - passiver Widerstand, ,u. a. erkennbar durch die inkonsequente Einhaltung des Verbots zum Empfang westlicher Rundfunk- und Fernsehstationen', das Beibehalten ,überlieferter bürgerlicher Anschauungen' und die Aufrechterhaltung von Westkontakten zu Verwandten oder Republikflüchtigen,
> - eine ungenügende Unterstützung gesellschaftlicher Organisationen wie der FDJ und GST an den Schulen,
> - die ,bei einem Teil der Pädagogen noch vorhandenen religiösen Bindungen, der dadurch u. a. schwankenden Haltung zum Thema Jugendweihe',
> - die ,Ablehnung der sozialistischen Pädagogik' und das ,Eintreten für die bürgerliche Begabtentheorie',
> - ,von einzelnen Lehrern offen oder versteckt' durchgeführte ideologische Diversion, ,Hetztätigkeit' und andere feindliche Handlungen,

---

181 In diesem Zusammenhang erscheint der Begriff „Handlungszwänge" ungeeignet, da er scheinbar keine alternative Handlungsmöglichkeit zulässt.
182 Hinweise zur Lage an den Universitäten und Oberschulen vom 1. 12. 1961 (BStU, MfS ZAIG, Nr. Z 508, Bl. 1-18, hier 17). Zit. nach Wiegmann, Pädagogik und Staatssicherheit, S. 151.

- die verhältnismäßig hohe Zahl ‚von Disziplinarverfahren wegen moralischer Verfehlungen oder Verstößen gegen die sozialistische Pädagogik'."[183]

Derartige Vorwürfe und Mängel finden sich zwar weiterhin in Lageberichten bis zum Ende der DDR, jedoch gelang eine nachhaltige Disziplinierung des Volksbildungswesens, nachdem Margot Honecker das Ministeramt 1963 übernommen hatte.[184]

Das geforderte parteiliche Auftreten von Lehrern, insbesondere in den Erweiterten Oberschulen, wurde streng überprüft. Lehrer, die dieses Kriterium nicht erfüllten, wurden frühzeitig von den Erweiterten Oberschulen, später generell aus dem Schuldienst entfernt. Beispielhaft ist der Fall eines Lehrers der EOS Reichenbach, den die Bezirksschulinspektion Karl-Marx-Stadt zwar fachlich für geeignet hielt, aber politisch als Störenfried ausgemacht hatte. Im Bericht an den Bezirksschulrat Werner Krußk hieß es:

„Dieses Verhalten eines so aalglatten, fachlich bestens qualifizierten Lehrers, der kaum eine persönliche Parteinahme zeigt, ist sehr fragwürdig. Wenn ich auch die Aussage des amtierenden Direktors, Gen. Kießling, dass Kollege. H. ein Staatsfeind sei, nicht als absolut hinstellen will, so halte ich auf alle Fälle höchste Wachsamkeit für geboten.
Wir bitten die Kreisabteilung Reichenbach, insbesondere den 1. Stellvertreter, dass in Zusammenarbeit mit dem Direktor Maßnahmen ergriffen werden, die keine politischen Diversionen der Schüler durch Kollegen H. mehr zulassen und geratener Weise zur Ablösung als Lehrer der EOS führen."[185]

Solche Maßnahmen zur Disziplinierung der Lehrerschaft, die sich ohnehin bereits im Vorfeld ihrer eigenen Bildungs- und Berufskarriere einer politischen Überprüfung unterziehen musste, führten zu einer Selbstdisziplinierung im Volksbildungssystem. Ob eine systematische und flächendeckende geheimdienstliche Überwachung im Volksbildungswesen ergänzend hinzugezogen wurde[186] oder ob infolge des eigenen Potenzials gar kein Anlass dafür geboten war,[187] ist in der Forschung noch nicht abschließend geklärt.

Sicher ist, dass die Schule seit den 1970er Jahren für die Staatssicherheit als ein bevorzugter Rekrutierungsraum jugendlicher IM galt. Darüber hinaus belegen Berichte über „besondere Vorkommnisse" an Schulen die sicherheitspolitische Kooperation zwischen dem Volksbildungsbereich und der Staatssicherheit. Die IM-Quote in der Lehrerschaft erscheint jedoch im Vergleich zu Post, Volkspolizei und NVA eher gering.[188]

In einem solchen Arbeitsumfeld scheinen persönliche Komponenten, wie Moral- und Wertevorstellungen, Rechtsempfinden, Risikobereitschaft, Charak-

---

183 Die Lage unter der pädagogischen Intelligenz an den allgemeinbildenden polytechnischen und erweiterten Oberschulen sowie den Lehrerbildungs-Einrichtungen vom Juni 1962. Zit. in ebd., S. 151 f.
184 Vgl. ebd., S. 153.
185 Brief vom 18.3.1968 von Gadalla, Mitarbeiter der BSI Karl-Marx-Stadt, an Krußk, BSR Karl-Marx-Stadt (SächsStAC, 30413/8.1, Nr. 63546, unpag.).
186 Vgl. Ackermann, Die Jenaer Schulen im Fokus der Staatssicherheit, S. 10.
187 Vgl. Wiegmann, Pädagogik und Staatssicherheit, S. 149.
188 Vgl. ebd.

terstärke und Wille des einzelnen Lehrers und Direktors, darüber entschieden zu haben, ob ein freierer Umgang mit parteilichen Vorgaben gegenüber Schülern gewährt wurde, die nicht den Vorstellungen von einer sozialistischen Persönlichkeit entsprachen.

Lehrer als Vermittler der sozialistischen Ideologie agierten auf der untersten Ebene des Erziehungs- und Bildungssystems der DDR. Sie verfügten über einen direkteren und engeren Kontakt zu den Schülern als alle anderen Verantwortlichen des Volksbildungswesens. Es lag in ihrem Ermessen, im Umgang mit den Schülern kleine Freiräume zuzulassen. Einerseits konnten sie die Bildungskarriere eines Schülers behindern, andererseits war es ihnen – wenn auch nur sehr begrenzt – erlaubt, sich für ihre Schüler einzusetzen. Besonders schwierige Situationen entstanden, wenn trotz unterschiedlicher Weltanschauungen ein äußerst positives Schüler-Lehrer-Verhältnis bestand. Gemessen an offiziellen Maßstäben, waren derartige „Auswüchse" unerwünscht, dennoch übten einige Lehrer, beispielsweise gegenüber christlichen Schülern, Toleranz, wenn diese sich trotz ihres Glaubens in das Schulleben integrierten und die „gesellschaftlichen Verpflichtungen" wahrnahmen. Oftmals wiesen gerade diese Schüler gute bis sehr gute Leistungen auf, sodass einige Pädagogen den Besuch einer weiterführenden Bildungseinrichtung nicht nur als sinnvoll, sondern sogar als unbedingt notwendig einschätzten.[189] Die Analyse der Zeugnisse von Antragstellern einer Rehabilitierung ergab, dass die Durchschnittsnoten der beigefügten Abschlusszeugnisse für den Achte-Klasse-Abschluss bei 1,82, den Zehnte-Klasse-Abschluss bei 1,66 und für das Abitur bei 1,97 lagen.[190] Daran zeigt sich, dass für diese Schüler ein höherer Bildungsabschluss theoretisch erreichbar gewesen wäre.

Aus diesem Grunde setzten sich in einigen Fällen Lehrer, vornehmlich Klassenlehrer, für die Delegierung eines Schülers an eine weiterbildende Schuleinrichtung ein, selbst wenn dieser nicht Mitglied der FDJ war, nicht an der Jugendweihe teilgenommen hatte oder – bei männlichen Bewerbern – nicht zu einem längeren „Ehrendienst" bei der NVA bereit war. Dagegen versagten Schuldirektoren (bis auf wenige Ausnahmen) und Vertreter des Schulrates einem solchen Schüler die Delegierung und das zum Teil bereits im Vorfeld. Allerdings verfügten Lehrer und Schuldirektoren, die sich persönlich für Schüler einsetzten, nur über einen begrenzten Handlungsspielraum, da letztlich eine Kommission und der Schulrat über die Zulassung zum Besuch der Erweiterten Oberschule oder Berufsausbildung mit Abitur entschieden. Dennoch zeigt sich, wie mit persönlichem Einsatz zumindest der Weg für begabte Schüler geebnet werden konnte.

Inwiefern Lehrer und Schuldirektoren auf die Delegierung zum Besuch einer höheren Bildungseinrichtung Einfluss nahmen, lässt sich exemplarisch an folgender Zeitzeugenaussage nachzeichnen:

189 Vgl. Wappler, Klassenzimmer ohne Gott, S. 239.
190 Vgl. dazu Kwiatkowski, Die Diskriminierung von Schülern in der DDR, S. 303–320.

„In einem Gespräch unter vier Augen hat eben dieser Direktor meinen Eltern zu verstehen gegeben, dass es also für ihn das höchste Ziel ist, eines dieser drei Mädchen auf das Gymnasium zu bringen, da er selber als Direktor hat erfahren müssen, dass auch seine Kinder nicht ans Gymnasium durften, weil er Direktor und nicht Arbeiter wäre, sodass er also sich das wirklich vorgenommen hatte: Eines der Mädchen kommt dahin, egal wie. [...] Im Nachhinein, lange nach der Wende habe ich mit meiner Klassenlehrerin ein Gespräch geführt so im Rahmen eines Kaffeetrinkens [...]. Und sie hat mir gesagt, dass meine Beurteilung, die für das Gymnasium ausschlaggebend gewesen wäre, dreimal zwischen Oberschule und unserer Schule hin- und hergegangen ist, weil von oberer Seite her gefordert wurde, diese Beurteilung zu ändern, dass sie zu gut wäre. Und zwei- oder dreimal hat die Schule dem standgehalten und gesagt: So ist das Mädchen, und wir ändern daran nichts. Das habe ich nach der Wende erfahren. Und ich muss sagen: Dort habe ich wirklich den Hut gezogen vor diesen Leuten.“[191]

Ähnlich widersprüchlich war der Umgang von Lehrern und Schuldirektoren mit „besonderen Vorkommnissen“, „dekadentem Aussehen und Auftreten“ oder „politischen Äußerungen“ von Schülern (wie auch Kollegen).

Zu außergewöhnlichen Vorkommnissen zählten gemäß der Meldeordnung[192] etwa „politische Provokationen, feindliche Hetze, faschistische Schmierereien, An- und Abwerbung von Beschäftigten der Volksbildung, ungesetzliches Verlassen der DDR, Verrat von Dienstgeheimnissen, Gruppen- bzw. Bandenbildung, Rowdytum, Schund- und Schmutzliteratur, versuchte bzw. ausgeführte Grenzdurchbrüche, Anträge auf Ausreise aus der DDR“.

Die Meldepflicht lag beim Schuldirektor. „Es lag zunächst bei der Schule selbst, welche Äußerung oder Handlung als ,Provokation‘ oder ,Hetze‘ einzustufen war, ob ein ,Blitzknaller‘, vielleicht auch nur ein kommentierendes Rülpsen im Unterricht des Staatsbürgerkundelehrers ein Fall für die Staatssicherheit war, oder ob das Ganze nicht doch pädagogisch unter ,Dumme-Jungen-Streiche‘ verbucht werden konnte. Es brachte allen an der Schule Verantwortlichen wenig Vorteil, wenn ein gemeldetes Vorkommnis eine kritisch durchleuchtende Tiefenprüfung ihrer Arbeit durch die Schulinspektion und die zuständigen Parteiorgane auslöste.“[193]

Dementsprechend wurde versucht ein „besonderes Vorkommnis“ schulintern zu lösen und möglichst nicht zu melden, denn ein „besonderes Vorkommnis“ erforderte immer „Maßnahmen“, an denen neben dem Schuldirektor zumindest die Parteivertreter beteiligt waren. Andere „Organe“ wie die Abteilung Inneres des Rates des Kreises, die Kriminalpolizei, das Wehrkreiskommando oder das Ministerium für Staatssicherheit wurden bei Straftaten oder „Provokationen“ hinzugezogen.[194] Erhielten die „Volksbildungsorgane“ davon allerdings

---

191 Interview mit Frau S. N. am 18.1.2005. Letztlich blieb der Schülerin der Zugang zur Erweiterten Oberschule doch verwehrt, da sie mit einem Aufnäher „Schwerter zu Pflugscharen“ zur Aufnahmeprüfung erschienen war.
192 Ordnung über die Meldung außergewöhnlicher Vorkommnisse vom 25.2.1971 (Sächs HStA, 11430 BT/RdB Dresden, Nr. 30056/1, unpag.).
193 Geißler, Genossen und Kollegen, S. 190.
194 Vgl. Wolf, Besondere Vorkommnisse, S. 156.

Kenntnis, dass Vorfälle nicht gemeldet wurden, erstreckten sich ihre Disziplinierungsmaßnahmen auch auf Lehrer und Schuldirektoren wie im folgenden Fall:

„Am 5.7.1989 informierte der Stadtbezirksschulrat Berlin-Köpenick den Bezirksschulrat darüber, dass in der Abschlusszeitung der Klasse 10a der 9. OS Texte mit schwer politischen Provokationen [...] enthalten sind. Die Autoren sind zurzeit nicht bekannt. Den Inhalt der Zeitung, die auf der Abschlussfeier am 29.6.1989 verteilt wurde, hatten zuvor weder Klassenleiter noch Direktor kontrolliert. Zum politisch provozierenden Inhalt der Zeitung informierte die Direktorin den Stadtbezirksschulrat am 4.7.1989 nachmittags.
Der Stadtbezirksschulrat Berlin-Köpenick leitete wegen Vernachlässigung der politischen Wachsamkeit und verspäteter Information ein Disziplinarverfahren gegen die Direktorin ein.
Der Bezirksschulrat beauftragte den Stadtbezirksschulrat, die Autoren festzustellen und im Zusammenwirken mit FDJ-Leitung und Elternvertretern eine gründliche Auswertung und konsequente Reaktion auf die politische Provokation zu sichern sowie die erforderlichen Schlussfolgerungen für eine wirksame politisch-pädagogische Arbeit besonders mit den Abschlussklassen zu ziehen."[195]

Fälle dieser Art ließen bereits in früheren Jahren die Mitarbeiter des Ministeriums für Volksbildung misstrauisch werden und weitere Kontrollen anordnen.[196]

Vor diesem Hintergrund relativiert sich der mögliche Bewertungs- und Handlungsspielraum des Schuldirektors und der Lehrer einer Schule. Der folgende Fall zeigt exemplarisch, wie unterschiedliche Handlungsspielräume von einzelnen Akteuren genutzt wurden und welche Folgen damit verbunden waren: Die Betroffene wurde 1977 in eine zehnklassige Oberschule in Riesa eingeschult, sie wechselte 1979 in eine andere Oberschule, die einen erweiterten Russischunterricht anbot. In ihren Schilderungen beschreibt sie diese Zeit als „die schlimmsten Schuljahre meines Lebens", denn mit dem Wechsel an die neue Schule bekam sie eine Klassenlehrerin, die das geringe Interesse der Schülerin für die Pioniergruppe missbilligte und dagegen vorging. Dabei schreckte sie auch vor der Instrumentalisierung anderer Schüler nicht zurück.[197]

„So wurde ich regelmäßig dem Gruppenrat vorgeführt, d.h. ich durfte nach Schulschluss nicht nach Hause gehen, wurde stundenlang durch Frau K. und den Gruppenrat ‚bearbeitet'.
Es ging so weit, dass sie die gesamte Klasse gegen mich aufhetzte, d.h. [dass ich] jeden Tag Angst hatte, in die Schule zu gehen, wodurch auch die Leistungen schlechter wurden. War ich in einem Fach doch noch zu gut (z. Bsp. Literatur/Russisch), wurde einfach eine 4 bzw. 5 dazwischen geschrieben, welche ich nie erhalten hatte.
In Mitarbeit bekam ich eine 4, weil ich nicht regelmäßig an Pioniernachmittagen teilnahm. Meine Beurteilung war auch dementsprechend formuliert."[198]

195 Stierand, BSR Magistrat Berlin an Brosow, BL der SED Berlin vom 5.7.1989 (BArch, DR 2/13295, unpag.).
196 Vgl. Bauer, HSI des MfV, Information über die Entwicklung besonderer Vorkommnisse im Jahre 1973 vom 25.1.1974 (BArch, DR 2/27343, unpag.).
197 Vgl. SLFS, Rehabilitierungsbehörde, Az. 97/74/0158.
198 Antragstellerin an das SLFS, Rehabilitierungsbehörde, vom 9.1.2001 (ebd.). In der Gesamteinschätzung des Zeugnisses der sechsten Klasse vom 1.7.1983 hieß es: „C. war

Die Initiativen der Klassenlehrerin waren insofern erfolgreich, als die Schülerin
nach vier Schuljahren wieder an ihre alte Schule wechselte. Dort konnte sie sich
trotz ihrer geringen Pionierarbeit integrieren, und der Schuldirektor delegierte
sie sogar zur Erweiterten Oberschule. Nachdem bereits die Bewerbung und die
Eignungstests erfolgreich verlaufen waren, verstarb der Schuldirektor. Die neue
Direktorin war „nur politisch orientiert" und „sah bei der Parteilosigkeit der
Eltern keine Möglichkeit des Besuches der EOS bzw. des Studiums".[199] Zudem
begannen erneut Repressionen:

> „Ich wurde dann ‚bearbeitet', aktiv am FDJ-Leben teilzunehmen. Sie drohte mir, dass
> es erneut Probleme geben wird, falls ich nicht aktiver werde [...].
> Plötzlich Drücken des Notendurchschnittes. ([Ich] bekam grundsätzlich bei 1,4 eine 2.)
> Auch bekam ich nun Probleme mit versch. Lehrern, musste zu jeder Stunde 1 Heft vor-
> legen, wo die Stundendisziplin eingeschätzt wurde.
> Jeden Monat gab es eine Betragensnote u. ich wurde der Klassenlehrerkonferenz vorge-
> führt.
> Die Delegierung als Unterstufenlehrerin wurde von heute auf morgen zurückgezogen
> durch die Schule (warum weiß ich bis heute nicht).
> Schließlich gab es wieder stundenlange Gespräche mit Frau M. [der Schuldirektorin].
> Sie setzte mich unter Druck meine Bewerbung freiwillig in eine andere Richtung zu len-
> ken.
> Als ich dieses nicht tat, erfuhr ich dann durch das Kreisschulamt, dass die Schule mich
> nicht für fähig hielt, diesen Beruf zu ergreifen. Obwohl es weit unter meinen Fähigkeiten
> lag, wurde ich dann Krippenerzieherin."[200]

Mit ihren Erlebnissen macht diese Betroffene deutlich, welcher Einfluss von
Lehrern und Direktoren sowohl auf andere Lehrer und Mitschüler innerhalb
der Schule als auch auf die übergeordnete Institution der Volksbildung ausge-
hen konnte.

Der Spielraum für „wohlwollende" Lehrer und Direktoren veränderte sich
im Laufe der Zeit. Öffneten in den 1950er und 1960er Jahren vorwiegend
Kriterien wie soziale Herkunft, Mitgliedschaft in der Kinder- und Jugendorganisation und Teilnahme an der Jugendweihe den Zugang zu einer weiterführenden Bildungseinrichtung, so spielte in den 1970er und 1980er Jahren die soziale
Herkunft eher eine untergeordnete Rolle. Jedoch verringerten sich die Möglichkeiten des Entgegenkommens von Lehrern gegenüber Schülern mit Einführung
der Wehrpflicht, der vormilitärischen Ausbildung und des Wehrunterrichts.

In den 1950er Jahren entschied vorwiegend die soziale Herkunft eines
Schülers über dessen Bildungskarriere. Die fehlende FDJ-Mitgliedschaft konnte
noch mit einer Teilnahme an der Jugendweihe ersetzt werden. Einige Betroffene

---

bemüht, ihre schulischen Aufgaben zu erfüllen, stellte sich dabei jedoch außerhalb des
Kollektivs und nahm an den Veranstaltungen der Pioniergruppe kaum teil. Sie zeigte
wenig Interesse an einer Verbesserung ihres Verhältnisses zum Kollektiv. Im Auftreten
Erwachsenen und Mitschülern gegenüber muss sie beherrschter werden. Kollektive
Verhaltensnormen erkennt sie kaum an. C. besucht mit Erfolg eine Klasse mit erweitertem Russischunterricht." Ebd.
199 Ebd.
200 Ebd.

schilderten, dass ihnen eine Zulassung zur Erweiterten Oberschule in Aussicht gestellt wurde, wenn sie wenigstens an der Jugendweihe teilnähmen. Dieses Angebot mag aus Sicht der Lehrer einen gangbaren Kompromiss dargestellt haben, klang jedoch aus Sicht der betroffenen christlichen Schüler völlig absurd.

Ebenso unsensibel ging man in späterer Zeit mit pazifistischen Schülern um, wenn diese die vormilitärische Ausbildung ablehnten, denn Lehrer, Ausbilder und Schuldirektoren wurden angehalten, für eine unbedingte Teilnahme ihrer Schüler an diesem Unterricht zu sorgen.[201] Ähnlich unnachgiebig war die Gier des Staates nach männlichen Schülern, die sich zum Zeit- oder Berufssoldaten oder für die Offizierslaufbahn verpflichteten. Die Mutter eines Betroffenen beschrieb diese „Werbungsgespräche" wie folgt:

„Es wurden oft Gespräche einzeln und in Gruppen mit der Schulleitung, dem Elternbeirat, der jeweiligen Klassenleiterin, NVA-Angehörigen vom Wehrkreiskommando und anderen über den Dienst in der NVA geführt. Dabei ging es bei S. besonders um eine 25-jährige Dienstzeit als Politoffizier. Mir wurde in der Schule damals mitgeteilt, dass er für eine solche Laufbahn vorgesehen sei. Diese wie auch einen dreijährigen Dienst lehnten wir ab. Wir waren der Meinung, kein Recht zu besitzen, bereits zu einem so frühen Zeitpunkt über den Berufsweg unseres Sohnes zu bestimmen, über den er später keine Entscheidungsmöglichkeiten mehr treffen konnte.
Oft wurde uns daher gesagt, ja versichert, eine Bewerbung um ein Studium bzw. Abitur ‚hätte unter diesen Umständen sowieso keine Chance'. Auch einer Berufsausbildung ‚werden ihm Steine in den Weg gelegt'. In einem solchen Gespräch mit einem Mann von der NVA schrie man mich an und setzte mich unter Druck: Wenn wir dieser militärischen Laufbahn nicht zustimmen würden, dann bekäme S. große Schwierigkeiten, einen Beruf zu ergreifen.
Diese Gespräche im Laufe der Schulzeit wurden oft in einem sehr unsachlichen, unfairen, erniedrigenden und verletzenden Ton geführt mit dem steten Hintergrund: ‚Wenn ihr Sohn nicht länger zur Armee geht, dann bekommt er auch kein Studium und auch keine Zulassung zum Abitur. Da kann er gut sein, wie er will.'"[202]

Der Schüler bewarb sich auf Anraten seiner Eltern um einen der begehrten Plätze an der Erweiterten Oberschule, jedoch erhielt er trotz sehr guter Leistungen eine Ablehnung – wie in den vorausgegangenen Gesprächen prophezeit.[203]

In erster Linie wurden die Erfolge der Schuldirektoren und Lehrer von den Ministerien für Volksbildung und Verteidigung überwacht, dem folgte das Ministerium für Staatssicherheit, das insbesondere bei Auffälligkeiten aktiv wurde. Der somit aufgebaute Druck und das Bestreben einzelner Lehrkräfte nach „Planerfüllung" ließen das eigentliche Werben von Freiwilligen teils bizarre Züge annehmen,[204] zumal Offiziersbewerbern der Zugang zur Abiturausbil-

---

201 Fischer, Oberst, Leiter der Abt. I an Lorenz, Staatssekretär, MfV, Materialien der Abt. I zur Auswertung mit den BSR am 25./26. 1. 1973 vom 3. 1. 1973 (BArch, DR 2/24484, unpag.).
202 SLFS, Rehabilitierungsbehörde, Az. 94/70/0047.
203 Vgl. ebd.
204 Beispielsweise wurde in Plauen ein Schüler ohne Jugendweihe zur Erweiterten Oberschule zugelassen, weil er auf die Offizierslaufbahn umgelenkt werden sollte. Nach

dung garantiert wurde.[205] Dieses formale Vorgehen kritisierte sogar Margot Honecker in einem Schreiben an alle Bezirks- und Kreisschulräte im Januar 1975:

> „Durch Kreisschulräte wurden beispielsweise Sollzahlen für die Anzahl der zu delegierenden Schüler bis auf die einzelne Schule und Klasse herausgegeben. Gleichzeitig wurden Auflagen für die Anzahl der zu gewinnenden Schüler als Offiziersbewerber erteilt und Rechenschaftslegung von Direktoren und Kreisschulräten über die quantitative Erfüllung solcher Auflagen angeordnet. Schüler, die im Ergebnis dieser Führungspraktiken den Berufswunsch Offizier bei ihrer Bewerbung zur V-Klasse angeben, werden ohne Einhaltung der staatlichen Ordnung (Direktive des Ministers für Volksbildung und des Ministers für Nationale Verteidigung vom 25.4.1973) sofort für die Aufnahme in die V-Klassen vorgesehen.
>
> Diese Praktiken widersprechen der ‚Richtlinie für die Vorbereitung auf den Besuch der Erweiterten Oberschule und für die Aufnahme in die Erweiterte Oberschule' vom 10.6.1966 und der ‚Direktive des Ministers für Volksbildung und des Ministers für Nationale Verteidigung zur Verbesserung der Nachwuchsgewinnung für militärische Berufe' vom 25.4.1973.“[206]

Die Ministerin wies ausdrücklich darauf hin, dass die „gesetzlichen Bestimmungen" strikt einzuhalten seien, „dass die Berufsentscheidungen für den militärischen Nachwuchs langfristig vorzubereiten sind und dass die Entscheidungen der Jugendlichen weitgehend bis Ende der 9. Klasse zu erreichen sind".[207] Obwohl Margot Honecker kurzfristige Werbungen von Offiziersanwärtern beanstandete, erlaubte sie die überplanmäßige Aufnahme dieser Schüler in die Vorbereitungsklassen. Allerdings erinnerte sie nochmals ausdrücklich an die Weisung, „wonach unter Berücksichtigung der sozialen Struktur des Territoriums die Schüler mit den besten Leistungen und mit dem besten Verhalten aufzunehmen sind, die ihre Verbundenheit mit der Deutschen Demokratischen Republik durch ihre Haltung und ihre gesellschaftliche Tätigkeit bewiesen haben".[208]

Nur bedingt erfolgreich waren Schüler, die sich diese „Abiturgarantie" für den militärischen Nachwuchs zu Nutze machen wollten. Sie verpflichteten sich in der Polytechnischen Oberschule etwa als Berufsunteroffiziersbewerber (BUB) oder Berufsoffiziersbewerber (BOB) ließen sich aber während der Zeit bis zum Abitur wieder davon entbinden. Ihnen blieb jedoch in der Regel der begehrte Studienplatz versagt. Nur in absoluten Ausnahmefällen[209] rückten die Verant-

---

Gesprächen mit dem Schuldirektor der EOS wurde ihm ein Studium der Mathematik gestattet, das jedoch nicht den Neigungen und Vorstellungen des Schülers entsprach. Der Schüler begann zwar das Studium, brach es aber nach kurzer Zeit ab. Vgl. SLFS, Rehabilitierungsbehörde, Az. 97/72/0176.

205 Vgl. Befehl des Ministers für nationale Verteidigung Nr. 54/73 zur langfristigen Sicherung des militärischen Berufsnachwuchses vom 25.4.1973 (BArch, DR 2/24486, unpag.).

206 Rundschreiben Margot Honeckers an alle BSR und KSR vom 17.1.1975 (BArch, DR 2/ D128, Band 2, unpag.).

207 Ebd.

208 Ebd.

209 Ausnahmen wurden gemacht, wenn ein Schüler sich für ein volkswirtschaftlich wichtiges Studium interessierte, dessen Bewerberzahlen bei Weitem nicht die Quote erfüllte.

wortlichen davon ab. Befanden sie sich in einer Berufsausbildung mit Abitur, wurden sie in eine einfache Berufsausbildung ohne Abitur „überführt".[210] Ähnlich erging es männlichen Schülern, die ihren Dienst in der NVA als Bausoldaten ableisten wollten. Sie mussten sich vor der Schulleitung, anderen Lehrern und ihren Mitschülern für ihre Entscheidung rechtfertigen und gerieten zunehmend unter psychischen Druck, wie ein ehemaliger Schüler eindrucksvoll wiedergab:

„Von 1972–1975 besuchte ich die EOS ‚Friedrich Schiller' in Bautzen. Ende der 11. Klasse entschied ich mich aus religiösen Gründen, den aktiven Wehrdienst abzulehnen und meinen NVA-Dienst als Bausoldat zu leisten. Dies führte in der Folgezeit zu verschiedenen Repressalien. Der damalige Direktor, Herr S., erklärte mir mündlich, dass man mich nicht von der Schule verweisen kann, da die dafür notwendigen Kriterien, schlechte Leistungen und/oder Staatsfeindlichkeit, nicht vorliegen. Die Aufnahme eines Studiums kann aber mit dieser Einstellung zum Wehrdienst von der Schule nicht befürwortet werden. Eine Studienbewerbung sei daher zwecklos. Wegen dieser Aussage, und auch wegen des anhaltenden psychischen Drucks, dem ich ausgesetzt war (alle Klassen der Schule mussten extra Klassennachmittage durchführen, in denen mein Entschluss ausgewertet und verurteilt wurde, ebenso wurden Elternabende durchgeführt und ich wurde mehr oder weniger als staatsfeindlich abgestempelt), bewarb ich mich letztendlich nicht zum Studium. Auch wusste ich von ähnlichen Fällen, in denen eine Studienbewerbung meist abschlägig beschieden wurde. Das Abitur konnte ich erfolgreich abschließen. Trotz eines Notendurchschnitts von 2,0 bekam ich nur das Gesamtprädikat ‚befriedigend'. Mündliche Begründung: Das Abitur sei eine Reifeprüfung, mit dieser Einstellung kann man mir aber keine Reife mit ‚gut' bestätigen."[211]

Die Entscheidung des Schülers, sich nicht um einen Studienplatz zu bewerben, ersparte ihm sicher weitere Enttäuschungen. Denn die Missbilligung seines Entschlusses durch die Schule fand auch Eingang in die Gesamteinschätzung des Abschlusszeugnisses und begleitete den Jugendlichen auf seinem weiteren Berufs- und Bildungsweg nachhaltig. Der Klassenleiter bescheinigte ihm „starke Unklarheiten [...] in Fragen der Verteidigungsbereitschaft", denn „er ist nicht bereit, den Ehrendienst in der Nationalen Volksarmee mit der Waffe in der Hand zu leisten".[212]

Ebenso erging es Schülern, die sich bereits um einen Studienplatz beworben hatten und danach ihre Entscheidung mitteilten. Auch hier erfolgte entweder eine Meldung der Schule an das Wehrkreiskommando (WKK) oder umgekehrt. Blieb der Schüler in den folgenden Gesprächen mit Vertretern der Schulleitung und des Wehrkreiskommandos bei seiner Überzeugung, wurde die Hochschule darüber informiert, dass der Studienbewerber nicht mehr über die nötigen Voraussetzungen für ein Studium verfüge.[213]

---

210 Siehe dazu Kapitel IV.2.6.
211 SLFS, Rehabilitierungsbehörde, Az. 95/70/0038.
212 Zeugnis vom 4.7.1975 (ebd.).
213 Die Zulassung zum Studium unterlag, wie die Abiturausbildung, einem Delegierungs-bzw. Bewerbungsverfahren. Erfüllte der Bewerber die Voraussetzung an Leistung und gesellschaftlichem Engagement konnte er von einer Auswahl- bzw. Zulassungskommission zum Studium zugelassen werden. Die Zulassungskommission bestand aus einem Sekretär, dem Vorsitzenden der jeweiligen Arbeitsgruppe, dem jeweiligen Sektionsdirek-

Besonders rigoros gingen Schuldirektoren und Lehrer vor, wenn von Schülern und deren Eltern ein Antrag auf Ausreise aus der DDR gestellt wurde oder ein Familienmitglied einen (erfolgreichen oder gescheiterten) Fluchtversuch unternommen hatte. Da diese Fälle immer von der Staatssicherheit begleitet wurden, waren speziell auf den Erweiterten Oberschulen kaum Lehrer dazu bereit, sich für betroffene Schüler einzusetzen. An Polytechnischen Oberschulen erhielten diese Schüler in der Regel keine Delegierung zur Abiturausbildung oder Unterstützung bei der Suche besonderer Lehrstellen.[214] An der Erweiterten Oberschule drohte diesen Schülern die Relegierung, d. h. der Schulausschluss, oder in manchen Ausnahmefällen, in denen das Ablegen des Abiturs nicht verhindert wurde, die verweigerte Delegierung zum Studium. Mit einem besonders makabren Angebot versuchten die EOS-Schulleiter in Verbindung mit der Abteilung Inneres solche Schüler „zurückzugewinnen". Man offerierte ihnen, dass sie ihr Abitur ablegen dürften und einen Studienplatz bekämen, sofern sie sich von ihrem Wunsch, die DDR zu verlassen, distanzierten und sich ggf. auch von den Eltern trennten. Eine Betroffene beschrieb im Interview diese äußerst belastende Situation:

„Drei oder vier Wochen später ist es dann praktisch bis zur Leitung der EOS durchgedrungen, dass wir Antrag auf Ausreise gestellt hatten. Daraufhin bin ich dann sofort zum Direktor bestellt worden: ‚Wie ich mir das jetzt vorstelle? Gerade als FDJler, da würde sich das ja widersprechen.' [...] Ja, also ich solle mir den Entschluss noch einmal generell überlegen und ob ich mich nicht von meinen Eltern distanzieren möchte. Da habe ich gesagt: Das mache ich beim besten Willen nicht, das haben wir als Familie gemacht. Ich habe noch einen kleinen Bruder [...], der war damals drei, vier Jahre alt. Und dann war das Gespräch erst einmal beendet, ich durfte wieder in den Unterricht hinein."[215]

Neben solchen Gesprächen, die die Lehrer und Schuldirektoren, ohne das Wissen der Eltern, mit dem Schüler führten, kam es auch zur Instrumentalisierung des schulischen Umfeldes des Betroffenen. Zum einen konnte das Klassen-, FDJ- oder FDJ-Leitungskollektiv beauftragt werden, mit dem Schüler eine Aussprache zu führen, um ihn von seiner falschen Haltung abzubringen. Zum anderen vermochte eine eher indirekte Einflussnahme durch die Mitschüler ebenfalls eine unangenehme Situation schaffen. Gerade wenn der Schüler während des Unterrichts zur Schulleitung gebeten wurde, kam es unter den Mitschülern sehr häufig zu Spekulationen über Grund und Verlauf des Gesprächs, was in den Pausen zu unangenehmen Fragen oder zu Positionierungen gegen den betroffenen Schüler führen konnte. Selbstredend nagte diese subversive Methode an der Psyche der Betroffenen:

---

tor, einem Mitglied der FDJ- und Gewerkschaftsleitung. Vgl. dazu Usko, Hochschulen in der DDR, S. 75 f.

214 Zu „besonderen" Lehrstellen zählten Berufe, die nur in geringer Zahl ausgebildet wurden, weil sie nur von geringer volkswirtschaftlicher Bedeutung waren, aber ein außergewöhnliches Profil auswiesen und bei Schülern äußerst beliebt waren.

215 Interview mit Frau S. H. am 27.11.2004.

„Er [der Schuldirektor] hat mich immer direkt aus dem Unterricht geholt, damit es immer für alle irgendwie offensichtlich war. Daraufhin kamen natürlich die Fragen: Was ist denn los? Warum, weshalb zum Direktor? Und sagen wir mal: Ohne das wäre gar kein großer Wirbel darum entstanden. Also wir haben zu dem Zeitpunkt eigentlich [...] das alles stillschweigend gemacht, gerade auch weil wir kein Aufsehen erregen wollten. Und das ging dann auch vier-, fünfmal immer wieder zum Direktor. Und immer wieder versuchte der mich zu überzeugen, dass ich doch diesen Ausreiseantrag nicht mitmachen und das mit dem FDJ-Austritt doch wieder rückgängig machen solle. Und irgendwann hat er mich wieder aus dem Unterricht rausgeholt: Packen sie ihre Sachen, ich möchte sie hier nicht mehr sehen. Sie haben Hausverbot ab sofort in der Schule, sie sind entlassen."[216]

Solche Fälle offenbaren moralische Grenzen und Grenzüberschreitungen von Lehrern und Schuldirektoren. Ihr Handeln ohne Rücksicht auf mögliche Konsequenzen für die einzelnen Schüler rechtfertigten Lehrer damit, dass sie auf unterster Ebene agiert und sich entsprechend den staatlichen Erziehungsvorgaben verhalten hätten. Sie seien, von der Richtigkeit ihres Handelns überzeugt gewesen und hätten negative Konsequenzen für sich selbst vermeiden bzw. den ihnen entgegengebrachten Erwartungen entsprechen wollen. Auch im Rückblick lehnen diese Lehrer eine persönliche Verantwortung für ihr damaliges Verhalten häufig ab, da sie diese Form der „Lenkung" als gegeben angesehen hätten.[217]

Im Laufe der Jahre wurde ein System von Verordnungen, Anweisungen, Meldungen, Disziplinierungen und Überwachung aufgebaut, das – gepaart mit Eifer und vorauseilendem Gehorsam – als die „disziplinierteste und organisierteste nichtmilitärische staatliche Bürokratie der DDR" bezeichnet werden kann.[218]

Nicht ohne Grund war die Fluktuation unter der Lehrerschaft sehr hoch, so wanderten 1949 „in jedem Land monatlich 90 bis 100 Lehrer aus dem Beruf ab, davon ca. 45–50 auf eigenen Wunsch, ca. 25–30 begingen ‚Vertragsbruch', der Rest schied aus wegen Krankheit, Eheschließung, ‚undemokratischen Verhaltens' sowie ‚Unfähigkeit'".[219] In einem Schulbericht der Abteilung Kultur und Erziehung bei der SED-Landesleitung Sachsen wurde 1951 zur „Fluktuation unter den Lehrern" festgestellt, dass im Schulhalbjahr 1950/51 (1. September 1950 bis 28. Februar 1951) 1 133 Lehrer, davon 587 SED-Mitglieder, aus dem Schuldienst entlassen worden seien. „Die Gründe hierfür waren zum großen Teil Berufswechsel, Krankheit und pädagogisch und politische Unzulänglichkeit. Einige Lehrer gingen nach dem Westen."[220] Bis zur Grenzschließung 1961 flüchtete eine Vielzahl von Lehrern in die Bundesrepublik, um dort ihren Beruf freier ausüben zu kön-

---

216 Ebd.
217 Vgl. Kerz-Rühling/Plänkers/Fischer, Kontinuität und Wandel, S. 44 und 58.
218 Geißler, Genossen und Kollegen, S. 193.
219 Geschichte, Struktur und Funktionsweise der DDR-Volksbildung, S. 154, Anm. 80.
220 Abt. Kultur und Erziehung, SED-Landesleitung, Schulbericht des Landes Sachsen vom 12.4.1951. In: ebd., S. 121–124, hier 123.

nen.[221] Für die ersten drei Quartale des Jahres 1951 meldete die SED Sachsens 139 Grundschullehrer, davon 49 Genossen, die „nach dem Westen" geflohen seien. Das war nach gesundheitlichen und fachlichen Gründen der häufigste Grund und betraf fast 10 Prozent aller aus dem Schuldienst ausgeschiedenen Lehrer in diesem Zeitraum.[222] In den Jahren von 1953 bis September 1958 registrierte das Ministerium für Volksbildung über 9 584 „republikflüchtige" Lehrer.[223] Waren die Fluchtzahlen im Jahre 1959 auf 780 gesunken, so stiegen sie bereits 1960 wieder auf 1 620. Allerdings wiesen die drei sächsischen Bezirke Leipzig, Dresden und Karl-Marx-Stadt die wenigsten Verluste auf und lagen unter dem Republikdurchschnitt.[224] Neben Gründen wie „Abwerbung aus den Westzonen" und der „zum Teil ungenügenden ideologisch-politischen Erziehungsarbeit unter den Lehrern und Erziehern vonseiten der Parteiorganisatoren und der Gewerkschaftsgruppen an den Schulen" konstatierten die Ministeriumsmitarbeiter auch das „oft fehlenden Vertrauensverhältnis zwischen den Funktionären des Staatsapparates, der Massenorganisationen und der Partei und der Lehrerschaft". Zudem seien Lehrer und Erzieher des Öfteren durch verantwortliche Funktionäre im Bereich der Volksbildung falsch behandelt worden, was große Unzufriedenheit ausgelöst habe. Jedoch hätten neben einer verbesserten materiellen Lage auch „alle Mittel und Möglichkeiten einer zielstrebigen und offensiven Agitation und Propaganda"[225] nicht geholfen, die Zahl der Republikfluchten einzudämmen. Dieses Ziel wurde erst mit der Schließung der innerdeutschen Grenze erreicht.

221 Abt. Volksbildung und Kultur, SED-Bezirksleitung Erfurt, an Kurt Hager, Sekretär im ZK der SED, vom 8. 10. 1960. In: ebd., S. 396–398, hier 397.
222 Abt. Kultur und Erziehung, SED Landesleitung Sachsen an Kulturabteilung, ZK der SED, vom 12. 12. 1951. In: ebd., S. 188. Das MfV begann erst ab Oktober 1951 die Republikfluchten von Lehrern statistisch zu erfassen. Vgl. ebd., S. 418, Anm. 10. Laut vertraulicher interner Meldung an Paul Wandel, Minister für Volksbildung, registrierte die „Flüchtlingsstelle der Lehrer" in Hannover seit dem 1. 9. 1950 pro Tag durchschnittlich 12 Lehrer aus der DDR. HA Unterricht und Erziehung, MfV, an Paul Wandel, Minister für Volksbildung und Else Zaisser, Staatssekretär im MfV, vom 19. 1. 1951. In: ebd., S. 375.
223 „Republikflüchtige" Lehrer in den einzelnen Jahren: 1953: 1 475, 1954: 1 290, 1955: 1 759, 1956: 1 521, 1957: 1 490, 1958 (Jan. bis Sept.): 1 679. Vgl. MfV, Statistik zu republikflüchtigen Lehrern vom 1. November 1958. In: ebd., S. 389. Oskar Anweiler bezieht sich auf die gleichen Zahlen, jedoch gibt er für das Jahr 1958 insgesamt 2 049 abgewanderte Lehrer an. Vgl. Anweiler, Bildungspolitik (1949–1961, Sonderdruck), S. 586. „Republikflüchtige" Lehrer in den Jahren: 1959: 780, 1960: 1 620. Vgl. MfV, Analyse der Republikfluchten 1960. In: Geschichte, Struktur und Funktionsweise der DDR-Volksbildung, S. 392–395.
224 Von den Republikfluchten entfielen durchschnittlich 1959 auf Lehrer 0,81 % von denen der gesamten DDR, 0,61 % von denen des Bezirkes Leipzig, 0,54 % von denen des Bezirkes Dresden, 0,43 % von denen des Bezirkes Karl-Marx-Stadt. 1960 lag der durchschnittliche Anteil von Lehrern an Republikfluchten bei 1,48 % für die gesamte DDR, 0,95 % für den Bezirk Leipzig, 0,91 % für den Bezirk Dresden, 0,76 % für den Bezirk Karl-Marx-Stadt. Vgl. ebd.
225 MfV an Werner Neugebauer, Leiter der Abt. Erziehung und Kultur beim ZK der SED, Informationen zur Republikflucht vom 28. 1. 1959. In: ebd., S. 389 f.

In den Jahren nach dem Mauerbau gingen die Flüchtlingszahlen extrem zurück. Die zunehmende Sicherung der Grenzen und die drohenden Repressionen gegenüber Ausreisewilligen hielten die meisten DDR-Bürger von einer Flucht oder einem Antrag auf Ausreise in die Bundesrepublik ab. Dennoch fanden sich unter denjenigen, die die DDR verlassen wollten, auch Lehrer, deren Zahl und Gründe das Ministerium für Volksbildung akribisch registrierte. Zu Beginn der 1970er Jahre wurde der Hauptschulinspektion vertraulich mitgeteilt, dass „ungesetzliches Verlassen der DDR" im Bereich der Volksbildung zugenommen habe. Innerhalb der beiden Schuljahre 1971/72 und 1972/73 war die Zahl der geflüchteten Pädagogen von 13 auf 46, die der Fluchtversuche von neun auf 19 gestiegen.[226]

Zudem wuchs im Verlauf der 1980er Jahre die Anzahl der Lehrer, welche einen Antrag auf Übersiedlung in die Bundesrepublik gestellt hatten, rasant an, was die MfS-Kreisdienststelle Dresden Stadt „zu einer ‚Sicherheitsüberprüfung' ausgewählter Pädagogen" veranlasste.[227] Ausgehend von Anträgen auf Einreise von Bekannten und Verwandten aus dem nichtsozialistischen Ausland für das Jahr 1983 wurden 240 Lehrer, darunter sechs Inoffizielle Mitarbeiter der Staatssicherheit, von der Kreisdienststelle überprüft. „Die Analyse erbrachte, dass es ‚in der schulischen Aufgabenerfüllung [...] bei den meisten Lehrern keine größeren Probleme [gibt], was die Vermittlung des Lehrstoffes betrifft'." Allerdings sei bei der Hälfte der überprüften Pädagogen „eine politische und gesellschaftliche Inaktivität vorhanden". „Fast 80 % der Lehrer" hätten „ihre Verbindungen dazu genutzt, ihren materiellen Lebensstandard zu heben". Ein nicht näher quantifizierter „Teil der Lehrer" vertrete „kleinbürgerliche Ansichten in Bezug auf das persönliche und gesellschaftliche Leben".[228]

Auch wenn diese Analyse wenig über die Beweggründe von Lehrern zum Verlassen der DDR aussagt, so bleiben doch die steigende Zahl der Ausreiseanträge wie die festgestellte „politische und gesellschaftliche Inaktivität"[229] festzuhalten.

In einer Lehrerbefragung des Zentralinstitutes für Jugendforschung (ZIJ) im Sommer 1990[230] gaben über 67 Prozent der Lehrer an, dass sie sich besonders herausgefordert fühlten, weil sie endlich ihre eigenen Vorstellungen vom Lehrerberuf verwirklichen könnten. Denn zugleich gestanden 60 Prozent der Befragten, kaum Freiraum für eigenverantwortliches Handeln gehabt zu haben. Zudem meinten 49 Prozent der Befragten, dass die meisten Lehrer in der DDR zuließen, dass sich junge Leute nicht immer ehrlich äußern konnten.[231] Dieser

226 HSI, MfV, Information über einige Tendenzen in der Entwicklung besonderer Vorkommnisse im Schuljahr 1972/73 vom 24. 9. 1973. In: ebd., S. 528.
227 Sicherheitsüberprüfung auf Grund von Einreisen zu Lehrern der Stadt Dresden aus dem Jahre 1984 (KD Dresden-Stadt, Nr. 64110, Bl. 17–46). Zit. in Wiegmann, Pädagogik und Staatssicherheit, S. 158 f.
228 Ebd.
229 Ebd.
230 Vgl. Deutsches Jugendinstitut, S6028: Lehrerbefragung 1990 (DJI-Studien-Nr.: B 55).
231 Vgl. ebd.

Eindruck scheint Generationen von Lehrern begleitet zu haben, jedoch gaben
sie nur weiter, was sie täglich selbst praktizierten, um ihre Schüler wie sich selbst
vor unangenehmen Konsequenzen zu bewahren. Ein solches Nachspiel musste
ein älterer Lehrer aus dem Kreis Stollberg im Jahre 1962 erfahren. Aufgrund
der folgenden Äußerung, wurde er fristlos entlassen: „Es ist nicht notwendig,
dass unsere jungen Kollegen sich so viel Gedanken machen. Die Schüler dürfen ja sowieso nicht das sagen, was sie denken. Wir stehen alle in der Leibeigenschaft von Walter Ulbricht und jeder, der sich dieser Leibeigenschaft entziehen
will, wird zur Rechenschaft gezogen."[232]

Vor diesem Hintergrund blieb Lehrern, denen über kurz oder lang die vorhandenen Handlungsspielräume als unzureichend erschienen, kaum eine
andere Möglichkeit als der Wechsel in eine andere berufliche Tätigkeit.

Aufgrund der organisierten und repressiven Strukturen im Volksbildungs-
wesen ordnete Freya Klier in ihrem Buch „Lüg Vaterland. Erziehung in der
DDR" die Lehrer sowohl den Opfern als auch den Tätern im Erziehungsapparat
zu.[233] Birgit Siegmann sprach sogar von „erzwungener Mittäterschaft", da
Lehrer ohne Mitentscheidungsmöglichkeiten in den staatlichen Herrschafts- und
Repressionsapparat eingebunden waren. „Selbst Nichtstun und Ignoranz waren
letztlich ungefährlich für das Regime – der SED-Herrschaft reichte die bloße
Akklamation."[234] Um ihr (Nicht-)Handeln zu rechtfertigen, sehen sich viele
Lehrer im Rückblick ausschließlich in einer Opferrolle.[235]

Auf jeden Fall waren Lehrer in vielerlei Hinsicht besonderen Handlungsbedingungen unterworfen. Ihre Tätigkeit wurde vom Schuldirektor, von Fachberatern und vom Parteisekretär politisch indoktriniert und kontrolliert. Zudem
konnten Kollegen, Eltern und Schülern weitere potentielle Kontrollinstanzen
für ihr Auftreten sein. Dennoch bleibt die Frage der pädagogischen Verantwortung, auch wenn von der Partei- und Staatsführung ein „parteiliches Auftreten"
der Lehrer[236] gefordert worden war. Schließlich existierten auch in der DDR
Erziehungsziele wie Erziehung zu Selbsttätigkeit, Selbständigkeit und Verantwortung.[237] Es entsprach der „hohen pädagogischen Verantwortung jedes einzelnen Lehrers, durch gute Arbeit bei jedem Schüler das Beste zu erreichen und

---

232 Reichel, BSR Karl-Marx-Stadt, an das MfV, Bericht über die zweite Aussprache mit den
    Kreisschulinspektoren des Bezirkes Karl-Marx-Stadt am 29.5.1962 vom 2.6.1962
    (SächsStAC, 30413/8.1, Nr. 515, unpag.).
233 Vgl. Klier, Lüg Vaterland, S. 170.
234 Siegmann, Lehrer, die Wasserträger der Macht, S. 150.
235 Vgl. Kerz-Rühling/Plänkers/Fischer, Kontinuität und Wandel, S. 87.
236 Vgl. u. a. Dienstordnung für Leiter und Lehrer der allgemeinbildenden Schulen vom
    10.3.1954. In: VuM 9/1954, S. 77–82; Verordnung über die Pflichten und Rechte der
    staatlichen Verwaltungsorgane. Disziplinarordnung vom 10.3.1955. In: VuM 15/1955,
    Beilage, S. 144–146.
237 Vgl. Für die Verbesserung des Lernens und der sozialistischen Erziehung an den Ober-
    schulen. Diskussionsgrundlage zur Vorbereitung des VI. Pädagogischen Kongresses. In:
    Beschluss zur weiteren Förderung und Sicherung der schöpferischen Arbeit der Lehrer
    und andere Grundsatzbestimmungen, Dokumente und Beiträge, S. 131–160, hier 144;
    § 1 Abs. 2 Jugendgesetz der DDR vom 28. Januar 1974 (DDR-GBl. 1974 I, S. 45).

objektiv zu entscheiden, wie weit der einzelne Schüler den Anforderungen gerecht geworden ist",[238] wie es in Schriften des Ministeriums für Volksbildung hieß. Letztlich konnte der Lehrer mit dem „heimlichen Lehrplan"[239] Werte und Normen abseits der sozialistischen Pädagogik vermitteln, soweit er diese auch selbst verinnerlicht hatte. Werden diese Aspekte mit in die Überlegung einbezogen, kann nur ein kleiner Teil von Lehrern ausschließlich als Opfer gesehen werden.[240]

5.   Zusammenfassung

Die Schule galt als politischer Raum, sie war ein „Ort des Klassenkampfes". Dementsprechend erwartete die Partei- und Staatsführung von allen Einrichtungen des DDR-Volksbildungswesens, dass sie die Bildungspolitik der SED auf allen Ebenen durchsetzen. Grundlegend dafür war die Schaffung eines einheitlichen ideologischen Bewusstseins unter der Jugend. Um dieses Ziel zu erreichen, verlangten die Machthaber vorrangig von Lehrern und den Mitarbeitern der Volksbildung, dass sie sich der Ideologie des Marxismus-Leninismus verschrieben, sie zur Grundlage ihrer Arbeit erklärten und die parteipolitischen Vorgaben der SED umsetzten. Garant dafür war das Ministerium für Volksbildung, das Margot Honecker von 1963 bis 1989 als die Ministerin für Volksbildung leitete.

Der zentralistische Aufbau des Volksbildungswesens gewährleistete zum einen die Anleitung, Beratung und Kontrolle nicht nur aller Bildungseinrichtungen, sondern auch aller „Volksbildungsorgane" der verschiedenen administrativen Ebenen durch das Ministerium für Volksbildung. Zum anderen forderte das MfV von den Schulräten der Bezirke regelmäßige Informationsberichte über Stimmungen und Meinungen zu aktuellen Fragen der Innen- und Außenpolitik, „besonderen Vorkommnissen", den Erfüllungsstand von Zulassungsquoten für weiterführende Bildungseinrichtungen und über Werbungserfolge von Offiziersbewerbern.

Gemäß der Funktion und den Aufgaben seiner Mitarbeiter verlangte das Ministerium für Volksbildung von ihnen ein „fortschrittliches politisches Bewusstsein", sodass nur Personen in die Volksbildungsabteilungen gelangten, die dieses Kriterium erfüllten. Folglich kann bei diesem Personenkreis im Unterschied zu Lehrern und Schuldirektoren wohl von einem gesteigerten Grad der Anpassung des Einzelnen an das System ausgegangen werden, denn mit dem

---

238 Für die Verbesserung des Lernens und der sozialistischen Erziehung an den Oberschulen. In: Beschluss zur weiteren Förderung und Sicherung der schöpferischen Arbeit der Lehrer und andere Grundsatzbestimmungen, S. 131–160, hier 153.

239 Der heimliche Lehrplan vermittelt unausgesprochene Lernziele und ungewollte Lerneffekte, die im offiziellen Lehrplan nicht erwähnt sind und teilweise in Widerspruch zu diesem stehen. Vgl. dazu Zinnecker (Hg.), Der heimliche Lehrplan; Meyer, Unterrichtsmethoden, S. 63–69.

240 Es gab nur wenige Lehrer, die sich der Erziehungsdiktatur deutlich entgegenstellten. Vgl. Siegmann, Lehrer, die Wasserträger der Macht, S. 151.

Aufstieg in Führungspositionen verbanden sich Akklamation gegenüber den Machthabern und Partizipation an der Macht, selbst wenn sich das nur auf kleine Einflussbereiche oder auf vorauseilenden Gehorsam beschränkte. Wie sich in den obigen Ausführungen zeigte, war dieser Eifer bei vielen Schulfunktionären vorhanden.

So traten Schulräte im Umgang mit Schülern und deren Eltern selbstsicher und resolut auf, sie gingen drakonisch gegen nonkonformes und widerständiges Verhalten in den Bildungseinrichtungen vor, insbesondere in den Erweiterten Oberschulen. Ferner waren sie in Zulassungskommissionen für weiterführende Bildungseinrichtungen vertreten und waren zugleich Beschwerdeinstanz, somit verfügten sie über einen erheblichen Einfluss im Auswahl- und Zulassungsverfahren.

Schuldirektoren und Lehrer wirkten auf unterster Ebene des Bildungssystems. Der Schulleiter besaß eine exponierte Stellung innerhalb der Schule und konnte die Delegierung eines Schülers zu einer weiterführenden Bildungseinrichtung mitlenken.

Eltern, die versuchten, sich dem Einfluss des Schuldirektors bei der Delegierung zu entziehen, konnten die Aufnahme ihres Kindes in eine Abiturklasse zwar direkt bei der Zulassungskommission beantragen, allerdings stieg ihre Chance auf eine Zusage dadurch nur wenig oder gar nicht.[241]

Im Rahmen des Bewerbungsverfahrens und der Berufsausbildung waren auch Ausbildungsleiter, Lehrausbilder und Vorgesetzte in Betrieben für Benachteiligungen verantwortlich. Insbesondere den Zeugen Jehovas spielten sie ab 1972 übel mit, nachdem die Teilnahme an der vormilitärischen Ausbildung per Lehrvertrag zwingend wurde.

In Schulen lag es im Ermessen jedes einzelnen Lehrers, einen Schüler zu fördern oder zu benachteiligen, weil er trotz gesetzlicher Vorgaben und Anordnungen in vielen Fällen über einen individuellen Spielraum verfügte. Als Klassen-

---

241 Laut einer Information zum Aufnahmeverfahren in die Abiturstufe zum 1.9.1984 ließen die Aufnahmekommissionen von den Schülern in der DDR nur knapp 45 % zur EOS und ungefähr 43 % zur Berufsausbildung mit Abitur zu, deren Eltern selbständig einen Aufnahmeantrag stellten. Die Bezirke Dresden und Karl-Marx-Stadt lagen für die Zulassung zur EOS sogar über dem Durchschnitt der DDR, jedoch blieb Leipzig mit nur ca. 32 % darunter. Für die Berufsausbildung mit Abitur lag nur der Bezirk Dresden knapp über dem DDR-Durchschnitt, Karl-Marx-Stadt und Leipzig ließen nur 32 bzw. 29 % der Schüler ohne Delegierung zu. Dagegen folgten die Aufnahmekommissionen den Vorschlägen der Schuldirektoren zur Aufnahme zu 96 % für die EOS und zu über 90 % für die Berufsausbildung mit Abitur im Durchschnitt für die gesamte DDR. Die Gremien der Bezirke Dresden und Karl-Marx-Stadt bestätigten sogar 99 % der delegierten Schüler für die EOS. Vgl. Information über Ergebnisse und Probleme der Aufnahme von Schülern in die Abiturstufe mit Schlussfolgerungen für die Führung des Aufnahmeprozesses 1984. Dienstberatung des Ministers am 20.12.1983, MfV (BArch, DR 2/30452, unpag.). Ein ähnliches Bild zeigt sich auch für die Aufnahme zum 1.9.1985, jedoch mit einer Besonderheit, denn die Aufnahmekommissionen ließen von Schülern ohne Delegierung über 60 % für die EOS und über 50 % für die Berufsausbildung mit Abitur zu. Vgl. Dienstberatung des Ministers am 11.12.1984, MfV (BArch, DR 2/30668, unpag.).

lehrer konnte er Schüler indirekt beeinflussen. Er gab den Jugendlichen neben den Eltern ein Feedback zur Persönlichkeitsentwicklung, zu Schulleistungen und zur Berufswahl. Lehrer signalisierten so bereits in ersten Vorbesprechungen über Bildungswege und Berufswahl, ob die Wünsche und Pläne eines Schülers aus ihrer Sicht realisierbar waren. Eine Vielzahl von Schülern erfuhr so bereits frühzeitig, dass ein Abitur für sie gar nicht oder nur mit bestimmten Maßgaben möglich wäre, da sie nicht dem Bild einer „sozialistischen Persönlichkeit" entsprachen.

Es verwundert nicht, dass sich Schüler und deren Eltern daraufhin oft schon im Vorfeld gegen eine Abiturausbildung entschieden, weil sie deren Zugang als unrealistisch einschätzten. Der Soziologe Jürgen Wolf sprach in diesem Zusammenhang von „vorauseilendem Gehorsam" der Eltern.[242] Hierzu lässt sich relativierend feststellen, dass den negativen Aussagen von Lehrern bzw. Schuldirektoren in Bezug auf eine mögliche höhere Schulausbildung durchaus geglaubt werden konnte, da die Entscheidungsbefugnis Personen oblag, die in besonderem Maße ihre Partei- und Staatsloyalität bewiesen hatten. „Parteiliches" Auftreten wurde vom Schuldirektor wie von Lehrern erwartet. Paradoxerweise erscheinen Lehrer vor diesem Hintergrund selbst in mancher Hinsicht besonderen Handlungsbedingungen unterworfen, da sie in ihrer Tätigkeit vom Schuldirektor, von Fachberatern und vom Parteisekretär politisch indoktriniert und kontrolliert wurden. Letztlich galten sowohl Kollegen als auch Eltern und Schüler als weitere potenzielle Kontrollinstanz für ihr Auftreten.

Bei vielen Lehrern schienen diese Gesichtspunkte ausreichend als Rechtfertigung für das eigene Handeln oder Nichthandeln in der Vergangenheit wie in der Retrospektive.

Dennoch setzten sich gelegentlich einzelne Lehrer, vornehmlich Klassenlehrer, für die Delegierung eines Schülers mit sehr guten schulischen Leistungen an eine weiterbildende Schuleinrichtung ein, selbst wenn dieser nicht Mitglied der FDJ war, nicht an der Jugendweihe teilgenommen hatte oder – bei männlichen Bewerbern – nicht zu einem längeren „Ehrendienst" bei der NVA bereit war. Allerdings wirkten Schuldirektoren (bis auf wenige Ausnahmen), Vertreter des Schulrates und Zulassungskommissionen diesem persönlichen Engagement entgegen.

Im Schulalltag zeigten sich im Umgang mit „besonderen Vorkommnissen" ebenso Handlungsmöglichkeiten. Es gab Bestrebungen, ein „besonderes Vorkommnis" aufgrund der unangenehmen Folgen für alle Beteiligten schulintern zu lösen und möglichst nicht zu melden, selbst wenn sich Schulvertreter damit der Gefahr von Kritik und Disziplinarmaßnahmen aussetzten. Nach einer ordnungsgemäßen Meldung des „besonderen Vorkommnisses" waren neben dem Schuldirektor zumindest die Parteivertreter an der Untersuchung beteiligt. Andere „Organe" wie die Abteilung Inneres des Rates des Kreises, die Kriminalpolizei, das Wehrkreiskommando oder das Ministerium für Staatssicherheit wurden bei Straftaten oder „Provokationen" hinzugezogen.

242 Vgl. Wolf, Besondere Vorkommnisse, S. 169.

Der Spielraum für „wohlwollende" Lehrer und Direktoren veränderte sich im Laufe der DDR. Öffneten in den 1950er und 1960er Jahren vorwiegend Kriterien wie soziale Herkunft, Mitgliedschaft in der Kinder- und Jugendorganisation und Teilnahme an der Jugendweihe den Zugang zu einer weiterführenden Bildungseinrichtung, so spielte in den 1970er und 1980er Jahren die soziale Herkunft eine eher untergeordnete Rolle. Sukzessive verringerten sich die Handlungsmöglichkeiten mit Einführung der Wehrpflicht, der vormilitärischen Ausbildung und des Wehrunterrichts.

Vor diesem Hintergrund blieb Lehrern, denen die vorhandenen Handlungsspielräume als unzureichend erschienen, kaum eine andere Möglichkeit als der Wechsel in eine andere berufliche Tätigkeit.

Außer den Mitarbeitern der „Volksbildungsorgane" beteiligten sich auch Vertreter von SED und FDJ, Angehörige der Sicherheitsorgane und Wehrkreiskommandos, Ausbilder und Vorgesetzte in Betrieben oder Mitglieder von Zulassungskommissionen an Diskriminierungen gegenüber Schülern, Auszubildenden und Studenten. Grund dafür war, dass einerseits die Einrichtungen des Erziehungs- und Bildungssystems zu diesen Institutionen regelmäßige Verbindungen unterhielten, andererseits zeitweilige Kontakte infolge „besonderer Vorkommnisse" entstanden. Ständig arbeiteten die Mitarbeiter der Volksbildung mit der SED, der Kinder- und Jugendorganisation auf allen Ebenen sowie bestimmten Ministerien und dem Staatssekretariat für Kirchenfragen zusammen.

Im Vorfeld des Besuchs der Erweiterten Oberschule und der Aufnahme eines Studiums standen Schuldirektoren vorrangig mit Zulassungskommissionen, dem Ministerium für Staatssicherheit, dem Ministerium des Inneren und dem Ministerium für Verteidigung in Kontakt, da diese Institutionen mit dazu beitrugen, den Bewerber auf seine „politisch-ideologische" Eignung zu überprüfen.

Zudem sorgten das Ministerium für Nationale Verteidigung sowie das Ministerium für Staatssicherheit gemeinsam mit dem Ministerium für Volksbildung für die militärische Nachwuchsgewinnung. In Fragen der vormilitärischen Ausbildung und des Wehrdienstes oder um „pazifistischen Tendenzen unter der Jugend" frühzeitig zu begegnen wirkten die drei Ministerien ebenfalls zusammen. Pazifistische Gesinnungen sollten gesellschaftlich geächtet werden, weil sie kein positives Bekenntnis zum Staat darstellten. Die Behinderung bei oder gar das Ende der Bildungskarriere wurden als adäquates Mittel eingesetzt, um Jugendliche von ihrer Weltanschauung abzubringen.

Über die genannten Bereiche hinaus arbeitete das Ministerium für Staatssicherheit mit den Volksbildungseinrichtungen auch auf anderen Gebieten zusammen, um nonkonformes, widerständiges und kriminelles Verhalten jedweder Art unter Jugendlichen, aber auch Lehrern zu verhindern. Für die Staatssicherheit berichteten leitende Kader, inoffizielle Mitarbeiter und gesellschaftliche Mitarbeiter für Sicherheit über die Lage an den Bildungseinrichtungen. Um oppositionelles Auftreten zu unterdrücken, arbeiteten Vertreter staatlicher und gesellschaftlicher „Organe" und Einrichtungen mit dem Staatssicherheitsdienst im Rahmen des „politisch-operativen Zusammenwirkens" (POZW) zusammen. Dabei schreckte die Staatssicherheit auch nicht vor psychologischen Unterdrückungsinstrumenten wie der Zersetzung zurück.

Insgesamt lassen sich Diskriminierungsmaßnahmen auf Gesetze, Verordnungen und eine relativ breite Interpretation von grundlegenden Auswahlkriterien zurückführen. Ebenso wichtig waren die Auslegung und Anwendung von Vorgaben sowie subtilen Aussagen von Partei- oder Staatsfunktionären. Ferner ergriffen Einzelne von sich aus die Initiative, um so im „vorauseilendem Gehorsam" die Ziele der Partei- und Staatsführung zu erfüllen.

Auch zeigte sich, dass auf Seiten der Herrschenden eine verzerrte Wahrnehmung bestand, die das Handeln der Akteure im Volksbildungswesen ebenso mitbestimmte wie Gesetze und Vorgaben. Weiterhin sollte eine Vielzahl von Kontrollmechanismen für ideologische Klarheit und Stabilität im Volksbildungswesen sorgen.

Trotz dieser organisierten und repressiven Strukturen im Volksbildungswesen verfügte jeder einzelne, vom Ministeriumsmitarbeiter bis hin zum Lehrer, über gewisse Spielräume, die ihm Varianzen seines politischen Handelns ermöglicht hätten. Inwiefern er sie nutzte, hing von persönlichen Komponenten wie Moral- und Wertevorstellungen, Rechtsempfinden, Risikobereitschaft, Charakterstärke und letztendlich entscheidend von seinem Willen ab.

IV. Benachteiligung von Schülern

1. Theoretische Einordnung

1.1 Politisierung abweichenden Verhaltens

Abweichendes Verhalten setzt Normen voraus, von denen das Handeln abweicht. Normen artikulieren aus soziologischer Sicht „Forderungen an ein bestimmtes Verhalten für bestimmte Situationen". Sie „werden von bestimmten Personengruppen (auch Institutionen und Organisationen) gesetzt" und „mithilfe von positiven und negativen Sanktionen durchgesetzt".[1] Die Sanktionen sollen dabei präventiv wirken. Positive Sanktionen fungieren als Belohnung, um konformes Verhalten zu verstärken, damit es „zukünftig (häufiger) praktiziert" wird. Negative Sanktionen dienen als Bestrafung, um weitere abweichende Handlungen des Einzelnen in der Zukunft zu verhindern. Zudem soll „durch Androhung und im Einzelfall realisierte negative Sanktionen [...] die Allgemeinheit von der Abweichung abgehalten werden".[2] Abweichendes Verhalten liegt aus Sicht des Soziologen Siegfried Lamneck „immer dann vor, wenn sich aus dem Vergleich einer bestimmten Handlung mit einer korrespondierenden Verhaltensanforderung keine Übereinstimmung ergibt und für die Diskrepanz eine Bereitschaft zu negativen Sanktionen besteht".[3] In einer Gruppe wird der Abweichler als Fremdperson wahrgenommen.[4]

Dieser soziologische Ansatz lässt sich auch auf die Diskriminierung von Schülern im Bildungs- und Erziehungssystem der DDR übertragen. Das Bildungs- und Erziehungskonzept einer allseitig gebildeten sozialistischen Persönlichkeit zielte auf die Entwicklung eines gesellschaftlichen Verantwortungsbewusstseins und einer persönlichen Einstellung bei der das persönliche und gesellschaftliche Interesse bewusst übereinstimmten.[5] Eigenschaften und Verhaltensweisen, wie Schöpfertum, Initiative, Kollektivität, Drang nach Bildung, gesellschaftliches Verantwortungsbewusstsein, gegenseitige Hilfe und kulturvolle Lebensweise, sollten dabei den Einzelnen, dessen politisches Bewusstsein sich in einer wissenschaftlichen Weltanschauung äußerte,[6] auszeichnen.[7] Berücksichtigung fand dabei, dass „aufgrund der besonderen Lebensumstände [...] wie Klassenzugehörigkeit, unmittelbare soziale Umgebung, individuelle Eigentümlichkeit des Lebensweges u. ä." sich die „sozialistische Persönlichkeitsentwicklung beim einzelnen unterschiedlich" vollzog. Eigenschaften wie Indivi-

---

1   Lamneck, Theorien abweichenden Verhaltens, S. 32.
2   Ebd., S. 24.
3   Ebd., S. 57.
4   Vgl. ebd., S. 46.
5   Vgl. Adler/Kretzschmar, Die sozialistische Persönlichkeit, S. 22.
6   Vgl. Lemke, Persönlichkeit und Gesellschaft, S. 59.
7   Vgl. ebd., S. 24.

dualismus und Egoismus galten als veraltet und waren zu überwinden.[8] Mit diesen Bildungs- und Erziehungszielen gab die Partei- und Staatsführung ihre „sozialistischen" Normen vor und forderte von den Menschen in der DDR ein entsprechendes Verhalten. Zwar erwartete das SED-Regime eine Internalisierung seiner normativen Vorgaben, doch erwies sich in der Praxis angepasstes bzw. konformes Handeln als ausreichend.

Verhalten, das von den vorgegebenen Normen abwich, wurde seitens der Partei- und Staatsführung sanktioniert. Begriffe wie Opposition und Widerstand kamen in einschlägigen, in der DDR erschienenen Nachschlagewerken nicht vor oder wurden „ganz einseitig und ahistorisch als Phänomen weit zurückliegender Perioden, ausschließlich des bürgerlich-‚parlamentarischen Systems' oder des Nationalsozialismus" charakterisiert.[9] Aus Sicht des SED-Regimes erschien eine Beschäftigung mit einer Opposition unnötig, weil sie im Sozialismus jeglicher Grundlage entbehrte. Das Kleine politische Wörterbuch schreibt hierzu: „In sozialistischen Staaten existiert für eine O[pposition] keine objektive politische und soziale Grundlage, denn die Arbeiterklasse – im Bündnis mit allen anderen Werktätigen – ist die machtausübende Klasse und zugleich Hauptproduktivkraft der Gesellschaft."[10]

Der Begriff „Widerstand" fand nur als „Widerspruch" eine Erklärung, der in erster Linie als positive „Triebkraft der Entwicklung" gesehen wurde. Allerdings unterschieden die Autoren hiervon den „hemmenden" Widerspruch, dessen Erscheinungen „aus den Traditionen der kapitalistischen Vergangenheit oder aus subjektiven Fehlern resultieren. [...] Ihr Wirkungsrahmen muss daher eingeschränkt bzw. ihr Entstehen möglichst überhaupt verhindert werden."[11] Folglich mussten Widerspruch, Widerstand oder Abweichen als Angriffe auf den Sozialismus interpretiert und dagegen vorgegangen werden.[12]

Infolge dessen wurde konformes und abweichendes Verhalten als Antagonismus in das Freund-Feind-Schema des Sozialismus übertragen und eingefügt. Der gesamte Erziehungsprozess unterlag dem Primat der Politik. Die Ideologie des Marxismus-Leninismus bestimmte die Unterrichtsinhalte. Durch Indoktrination wurden Lehrinhalte vermittelt, die „ihre Geltung allein von staatlich-politischer Macht aus gewinnen" und Lehrpraktiken eingesetzt, „die den Lernenden die Möglichkeit zu Widerspruch, Zweifel und Kritik gegen die zugemuteten Themen, Inhalte und Verhaltensformen systematisch versperren".[13] Um die offiziellen Erziehungs- und Bildungsziele zu verwirklichen, reichten Einfluss und Kontrolle der Schule allein nicht aus, sodass die SED ihren Macht- und Führungsanspruch auch auf außerschulische bzw. nichtschulische Bereiche weitestgehend auszudehnen versuchte, um die dort stattfindenden Erziehungsprozesse

---

8   Vgl. Adler/Kretzschmar, Die sozialistische Persönlichkeit, S. 24.
9   Eckert, Die Vergleichbarkeit des Unvergleichbaren, S. 71.
10 Opposition. In: Böhme u. a. (Hg.), Kleines politisches Wörterbuch, S. 617.
11 Widerspruch. In: ebd., S. 966.
12 Vgl. Kowalczuk, Von der Freiheit, Ich zu sagen, S. 91–97.
13 Tenorth, Grenzen der Indoktrination, S. 342, Anm. 11.

zu beeinflussen. Im Laufe der Zeit wurde dieser Anspruch „immer umfassender realisiert und schließlich zu einer Normalität, die kaum als anstößig" galt.[14]

Ein Abweichen sollte in dieser weitgespannten Machtsphäre nicht vorkommen. Dennoch gab es Schüler, die sich gegenüber dem staatlichen Einfluss als unempfindlich erwiesen oder sich ihm entzogen, indem sie beispielsweise nicht in die Pionierorganisation oder FDJ eintraten, sich weiterhin zu ihrem Glauben bekannten und/oder eine pazifistische Einstellung vertraten.

Schließlich stellt sich die Frage: Ist abweichendes Verhalten als Widerstand einzuordnen? Ein Historiker, der mit unvoreingenommenem Blick zurückschaut, muss sich diesem Sachverhalt mit äußerstem Bedacht nähern. Zunächst verbinden sich mit dem Begriff Widerstand einige Schwierigkeiten, die bereits in den einschlägigen Diskussionen über die Zeit des Nationalsozialismus offen zutage traten und in den wissenschaftlichen Debatten über die DDR weiter erörtert wurden.[15] Die in der Forschung diskutierten Fragen, was als widerständiges Verhalten gilt, wie weit der Begriff des Widerstandes sinnvoll zu fassen ist, welche Kategorien von widerständigem Verhalten festzustellen sind und in welche zeitliche Differenzierung dabei zu unterscheiden ist, stellen sich auch bezüglich der Gruppe der benachteiligten Schüler in der DDR. Aufgrund des Anspruchs von Partei- und Staatsführung, den gesamten Erziehungsprozess im Sinne ihrer politischen Vorgaben zu beeinflussen, um den neuen Menschen zu schaffen, lag es im Ermessen der staatlichen Vertreter, abweichendes Verhalten bis zu einem gewissen Grad zu dulden oder dagegen vorzugehen.

Des Weiteren handelten die Jugendlichen in der Mehrzahl der Fälle aus unpolitischen Motiven oder aus pubertärem Übermut, dem in einer freiheitlichen Ordnung keine politische Bedeutung beigemessen würde. Dieses im Grunde unpolitische, aber unangepasste Handeln galt in der DDR als unerwünscht, da es nicht dem sozialistischen Menschenbild entsprach. Staatliche Vertreter interpretierten das Verhalten als Affront gegen die Staatsmacht und stilisierten es zu einer rein politischen Handlung, die es zu bekämpfen galt. Die Nichtzulassung zu einer weiterführenden Bildungseinrichtung, Verweigerung von Auszeichnungen etc. stellten dabei moderate Mittel dar, um solche Verhaltensweisen negativ zu sanktionieren. Bei einem Teil der Betroffenen wurde ein bewusst politisch widerständiges Handeln erst durch eben diese staatlichen Sanktion provoziert.

Das in der Mehrzahl ursprünglich nicht politisch motivierte Verhalten der Jugendlichen und jungen Erwachsenen lässt sich allen Umdeutungen von Partei- und Staatsvertretern zum Trotz nicht als bewusster Widerstand werten, da Widerstand an bestimmte Motive und Zielvorstellungen geknüpft ist.

---

14 Kudella/Paetz/Tenorth, Die Politisierung des Schulalltags in der DDR, S. 186.
15 Vgl. u. a. Poppe/Eckert/Kowalczuk, Opposition, Widerstand, widerständiges Verhalten in der DDR; Steinbach, Widerstand - aus sozialphilosophischer und historisch-politologischer Perspektive; Eckert, Die Vergleichbarkeit des Unvergleichbaren; Kowalczuk, Von der Freiheit, Ich zu sagen.; Stöver, Leben in Deutschen Diktaturen; Neubert, Typen politischer Gegnerschaft.

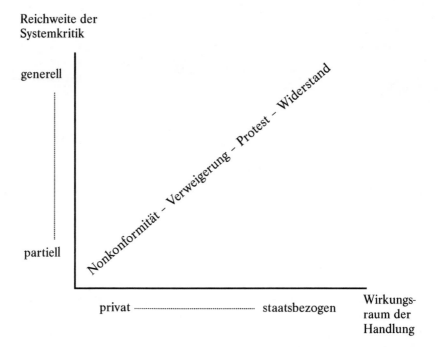

Abbildung 5: Formen abweichenden Verhaltens im Dritten Reich. In: Detlev
Peukert, Volksgenossen und Gemeinschaftsfremde. Anpassung, Aus-
merze und Aufbegehren unter dem Nationalsozialismus, Köln 1982,
S. 97

Aus der Vielzahl von Modellen scheint das von Detlev Peukert für die vorliegende Arbeit am sinnvollsten. In seinen Forschungen über die Zeit des Nationalsozialismus benennt Peukert vier „Formen abweichenden Verhaltens":
Nonkonformität, Verweigerung, Protest und Widerstand. „Alle genannten Verhaltensweisen können ineinander übergehen und steigern sich sowohl von par-
tiellem zum generellen Handeln als auch von der privaten zur staatsbezogenen,
das heißt politischen Aktion."[16]

Für Peukert fallen unter den Begriff Widerstand nur solche Verhaltensweisen,
„in denen das NS-Regime als Ganzes abgelehnt wurde, und Maßnahmen zur
Vorbereitung des Sturzes des NS-Regimes im Rahmen der Handlungsmöglichkeiten des jeweils einzelnen Subjektes getroffen wurden". Die drei anderen
Verhaltensformen stellen lediglich „Normverletzungen" dar, die jedoch den
Nationalsozialismus, die NSDAP oder das Dritte Reich nicht insgesamt ablehnten. Sie treten vorwiegend als „partieller Dissens" zutage, bei dem systemkriti-
sche Motivationen immer mehr in private, eigentlich unpolitische Motive übergehen: Protest – Verweigerung – Nonkonformität.[17] Der Vorteil dieses Modells

16 Stöver, Leben in Deutschen Diktaturen, S. 35.
17 Vgl. Peukert, Volksgenossen und Gemeinschaftsfremde, S. 96–99.

liegt in der prozesshaften Darstellung von abweichendem Verhalten, was auch „die biographische Dimension indirekt" einschließt. Abweichung wird nicht als statisch wahrgenommen, sondern kann sich aus „völlig unspektakulären Dingen" entwickeln. So kann „die Verfolgung von tatsächlichen und angeblichen Regimegegnern [...] den Übergang zum politischen Widerstand erst auslösen".[18]

Übertragen auf Schüler in der DDR lassen sich deren Motivation und Verhaltensweisen in ähnlicher Weise kategorisieren. Beispielsweise gehörten Schüler aus christlichen Familien lediglich einer Religionsgemeinschaft an, bekannten sich dazu und lebten ihren Glauben. Aus staatlicher Sicht stellte Religiosität bereits ein Abweichen vom propagierten wissenschaftlichen Weltbild und dem daraus resultierenden Atheismus dar. Die Motive der Schüler zum abweichenden Handeln entstammten jedoch nicht der Politik, sondern der Familientradition und aus dem Glauben an Gott. Dieses Verhalten lässt sich als „Nonkonformität" bezeichnen. Es war nicht ausgeschlossen, dass die Abweichung immer weiter eskalierte. Wenn die Eltern aus religiösen Gründen eine Mitgliedschaft ihrer Kinder in der Pionierorganisation ablehnten oder wenn die Kinder diese elterliche Haltung übernahmen und später die Mitgliedschaft in der FDJ oder ihre Teilnahme an der Jugendweihe ablehnten, übten sie „Verweigerung". Begegnete die staatliche Seite diesem Verhalten mit negativen Sanktionen, indem sie diese Schüler vom Besuch einer weiterführenden Bildungseinrichtung ausschloss, reagierten Schüler wie Eltern auf diese Benachteiligung vielleicht mit einem Einspruch oder sie wandten sich an Kirchenvertreter, um deren Unterstützung zu erhalten. Ein solches Verhalten wäre dem Protest zuzuordnen. Ließ sich die Situation nicht verändern und blieben die Schüler zurückgesetzt, neigten einzelne dazu, das System insgesamt abzulehnen. Sie opponierten gegen staatliche Zwänge, und ein paar von ihnen schlossen sich oppositionellen Gruppierungen an. Von diesem Punkt an war ihr Verhalten eindeutig politisch motiviert und hatte damit die Stufe des Widerstands erreicht.

Für die Einordnung widerständigen Verhaltens muss jedoch festgehalten werden, dass die Mehrzahl von Schülern, Auszubildenden und Studenten gar nicht aufbegehrte, sondern vonseiten der Partei- und Staatsführung als Abweichler gebrandmarkt und gegen sie und ihr Verhalten vorgegangen wurde. Ein Zurückziehen in eine vermeintlich unpolitische Privatsphäre war nur begrenzt möglich, da das SED-Regime mit seinen politischen Ansprüchen auch in diesen Bereich immer weiter vordrang. Was der Einzelne subjektiv als unpolitisches Handeln wahrnahm, konnte in den Augen der Machthaber deren Ansprüche beeinträchtigen oder gar in Frage stellen.

18 Vgl. Stöver, Leben in Deutschen Diktaturen, S. 36.

1.2   Diskriminierung

Der Begriff Benachteiligung bzw. Diskriminierung (lat. discriminare „trennen")
bezeichnet unter anderem eine soziale Diskriminierung. Darunter versteht man
im engeren Sinne die Benachteiligung von Menschen oder Gruppen (zumeist
Minderheiten) aufgrund ihrer Herkunft, ethnischer, politischer, sozialer oder
religiöser Zugehörigkeit, Sprachen, Geschlecht, Behinderung oder ihrem äußeren Erscheinungsbild, wie der Hautfarbe. Diskriminierung widerspricht dem
Menschenrecht auf Gleichheit aller Menschen und kann als ein Ausdruck von
Intoleranz und vorherrschenden Vorurteilen betrachtet werden.[19]

Diese Benachteiligung kann in jeglichen Ebenen des Lebens bestehen, insbesondere kann sie die Teilnahme am öffentlichen Leben, die Freizügigkeit, die
Ausbildung, Berufsausübung oder Entgelt beschränken.

Bei der DDR handelte es sich um einen Staat mit Merkmalen einer Diktatur.
Sie stand spätestens seit der Verfassung von 1968 auch offiziell unter der
Suprematie der SED, deren Politik auf der Ideologie des Marxismus-Leninismus
basierte. Das politische Ziel dieser Partei war die Durchsetzung der „Diktatur
des Proletariats", d. h. die bisher gegenüber anderen sozialen Schichten benachteiligten Arbeiter und Bauern zu fördern, um letztlich eine klassenlose
Gesellschaft mit neuen „sozialistischen" Menschen zu schaffen. Um dieses Ziel
voranzutreiben, wurden Angehörige der Arbeiter- und Bauernschaft in allen
Bereichen der DDR gegenüber Angehörigen der sogenannten Intelligenz oder
dem Bürgertum gefördert und bevorzugt.[20] Diese besondere Förderung galt als
progressiv und sollte eine Proportionalität entsprechend der Bevölkerungsstruk-
tur auf allen Gebieten bewirken. Nach offiziellem Sprachduktus existierte keine
Benachteiligung von Angehörigen anderer sozialer Schichten oder politisch
Andersdenkenden. Stattdessen wurden Einzelne oder Gruppen mit Auszeichnungen, Ehrungen und Vergünstigungen gefördert, die im Sinne der Ideologie
ein „positives Bekenntnis zum sozialistischen Staat" aufwiesen. Diese Form der
Auswahl oder „Auslese"[21] wird vielfach unter dem Begriff der „positiven Diskriminierung"[22] zusammengefasst.

Unter positiver Diskriminierung (engl. affirmative action) versteht man eine
bewusste Bevorzugung von Mitgliedern einer Gruppe zum Ausgleich von
behaupteten oder tatsächlichen Nachteilen. Der Begriff „positive Diskriminierung" lässt sich sowohl als Euphemismus als auch als Antonym bezeichnen,
denn er beinhaltet zumindest eine formale Benachteiligung von Menschen, welche über das entsprechende Merkmal nicht verfügen. Hinzu kommt die eher

---

19   Vgl. Artikel 2, Allgemeine Erklärung der Menschenrechte vom 10. 12. 1948, S. 52–59.
20   Vgl. Schmeitzner, Was war die DDR? In: DA, 42 (2009), S. 1047.
21   Vgl. z. B. Geißler, Auslese im allgemein bildenden Schulwesen der DDR.
22   Der Begriff der positiven Diskriminierung wird von verschiedenen Vertretern der Bil-
       dungsforschung in Bezug auf das Bildungswesen der DDR verwendet. Vgl. Anweiler,
       Schulpolitik und Schulsystem in der DDR; Cortina u. a. (Hg.), Das Bildungswesen in
       der Bundesrepublik Deutschland.

widersprüchliche Konnotation, die Adjektiv und Nomen in diesem Zusammenhang erhalten.

Der Begriff „Diskriminierung" ist in seiner Bedeutung eindeutig. In Bezug
auf das Bildungswesen der Sowjetischen Besatzungszone und späteren DDR
kann zudem von einer „institutionellen Diskriminierung" gesprochen werden,
d. h. einem organisierten Handeln miteinander vernetzter Institutionen.[23] Die
SED-Partei- und Staatsführung befürwortete die Benachteiligung Einzelner oder
Gruppen, die ihr nicht systemkonform erschienen. Um diese in ihrer persönlichen und beruflichen Entwicklung zu hemmen, bediente man sich Mittel, wie
etwa Richtlinien für die Zulassung zu weiterführenden Bildungseinrichtungen,
die nicht nur an das Leistungsprinzip, sondern auch an die soziale Herkunft
und die Zustimmung sowie an eine Unterstützung der weltanschaulichen und
politischen Vorgaben der SED geknüpft waren. Zudem hatte man das Leistungs-
kriterium den beiden anderen Kriterien im Auswahlprozess nachgeordnet. Im
Sinne dieser Zulassungsrichtlinien entschieden Vertreter staatlicher Institutionen darüber, wer Zugang zur Bildung erhielt.

Die Benachteiligung von Schülern, Auszubildenden und Studenten in der
SBZ und späteren DDR wurde in der Öffentlichkeit sowohl vor als auch nach
der friedlichen Revolution häufig nicht wahrgenommen. Auch im heutigen
Bildungswesen existieren verschiedene Auswahlverfahren, die jedoch primär
nach dem Leistungsprinzip funktionieren. Gerade das mag eine Ursache für ein
fehlendes Bewusstsein aus heutiger Sicht sein. Die Gründe für das „Nichtwahr-
nehmen" oder manchmal auch „Nichtwahrnehmen-Wollen" der Diskriminierung in der SBZ/DDR liegen mitunter auch in der täglichen und allgegenwär-
tig existierenden Anpassung an die geforderte Regimetreue. Zudem stand nur
ein begrenztes staatlich geregeltes Platzkontingent an weiterführenden Bildungseinrichtungen zur Verfügung. Da auch der Alltag in der DDR von Mangel
gekennzeichnet war, unterschied sich eine zu geringe Zahl von Plätzen an weiterführenden Bildungseinrichtungen nicht vom allgemeinen Defizit, das beispielsweise bei Konsumgütern oder Wohnraum bestand. Die Benachteiligung
kam als solche in dieser Sichtweise nicht vor.

Die nachfolgenden Ausführungen dienen einer eingehenden Beschreibung
und Analyse von Ursachen, Formen und Auswirkungen der Diskriminierungsmaßnahmen im Erziehungs- und Bildungswesen der DDR.

---

23 Vgl. dazu Gomolla/Radtke, Institutionelle Diskriminierung.

2.　Gründe und Formen abweichenden Verhaltens

Die Erziehung zur allseitig gebildeten sozialistischen Persönlichkeit galt in der DDR als richtungweisend. Jeder Bürger sollte in diese homogene Gemeinschaft der klassenlosen Gesellschaft, ein großes Kollektiv, eingebunden werden und hatte die Werte und Normen der sozialistischen Gesellschaft zu verinnerlichen; Individualität oder gar ein Normen- und Wertekanon abseits der sozialistischen Vorgaben galten als nonkonform und waren von staatlicher Seite unerwünscht. Jeder, der auch nur partiell von diesem Erziehungsziel abwich, sich ihm entzog oder gar widersetzte, musste mit Repressionen unterschiedlichen Ausmaßes rechnen. Die Benachteiligung Einzelner oder Gruppen erfolgte aufgrund ihrer sozialen Herkunft, ihrer Religionszugehörigkeit, ihrer pazifistischen Grundeinstellung, ihres äußeren Erscheinungsbildes oder ihres persönlichen Lebensstils. Wer sich in seinen Freiheiten eingeschränkt fühlte, dieses artikulierte und/oder gar die DDR verlassen wollte, setzte sich zwangsläufig staatlichen Sanktionen aus. Wie die Auswertung der Rehabilitierungsakten von ehemaligen Schülern, Auszubildenden und Studenten der ehemaligen sächsischen Bezirke offenlegt, eignete sich gerade das Schul- und Ausbildungswesen im besonderen Maße dazu, den Nachwuchs treuer Sozialisten zu fördern und Renitente in ihrer Entwicklung zu behindern. Das folgende Kapitel gibt zunächst einen Überblick über die Gründe und Formen abweichenden Verhaltens, deren Häufigkeit und zeitliche Dimension. Danach wird ausführlich auf einzelne Verhaltensweisen eingegangen, die nicht dem offiziellen Erziehungsziel entsprachen und dementsprechend als Grund für negative staatliche Sanktionen dienten.

Trotz der Verankerung des Rechts auf Gewissens- und Glaubensfreiheit in den verschiedenen Verfassungen der DDR gerieten Christen im täglichen Leben immer wieder in Konflikte mit Vertretern von SED und Staat. Diese sahen in den Kirchen eine Konkurrenz, da diese nicht nur den Mitgliedern ihrer Glaubensgemeinschaft einen individuellen, teils nicht kontrollierbaren Raum boten, der eine staatsideologische Durchdringung aller Bereiche verhinderte und damit ein von staatlichen Vorgaben abweichendes Verhalten ermöglichte und förderte.[24]

Im Erziehungs- und Bildungswesen trat dieser Konflikt zwischen christlicher und marxistisch-leninistischer Weltanschauung besonders deutlich hervor, denn gerade in Bezug auf die Jugend hielt die Partei- und Staatsführung einen Erfolg ihrer sozialistischen Ideologie für existenziell wichtig, sodass bereits die Zugehörigkeit zu einer Religionsgemeinschaft ein erstes formales Abweichen von der Staatsdoktrin darstellte, welches zumindest durch ein an staatliche Vorgaben angepasstes Verhalten ausgeglichen werden musste. Dagegen stellten die verweigerte Mitgliedschaft in der staatlichen Kinder- und Jugendorganisation (insbesondere betraf das die Zeugen Jehovas) oder das Festhalten an der christlichen Tradition der Konfirmation bzw. Firmung, anstatt ab Mitte der

---

24　Vgl. Kremser, Der Rechtsstatus der evangelischen Kirchen in der DDR, S. 159.

1950er Jahre an der staatlichen Jugendweihe teilzunehmen, eine bewusste Systemkritik der Eltern dar, die aus staatlicher Sicht einer Sanktionierung bedurfte. Nach Angaben der Volkszählung aus dem Jahre 1964 gehörten 68,1 Prozent der DDR-Bevölkerung einer Religion an. Schätzungen gehen davon aus, dass sich deren Anteil bis zum Ende der DDR halbiert haben dürfte, was neben einem allgemeinen Abwenden von Religiosität auch auf den vonseiten des Staates massiv propagierten Atheismus zurückzuführen ist.[25]

In der Tabelle 3 sind die Anteile der unterschiedlichen Religionsgemeinschaften für die gesamte DDR und für Sachsen aus dem Jahre 1950 gegenübergestellt. Die Zahlen für die gesamte DDR weichen nur leicht von denen für Sachsen ab.

Tabelle 3: Religionszugehörigkeit der Bevölkerung in der DDR, in Sachsen und der Antragsteller eines Rehabilitierungsantrages im Rahmen des Forschungsprojektes[26]

Religionszugehörigkeit bzw. Religionsgemeinschaft 1950						
	Insgesamt	Prozent	Sachsen	Prozent	Antragsteller einer Rehabilitierung	Prozent
Evangelisch	14 802 217	80,50	4 624 341	81,37	167	34,15
Katholisch	2 021 260	10,99	472 155	8,31	33	6,75
Sonstige Religionen Davon Zeuen Jehovas	132 775	0,72	47 382	0,83	158 129	32,31 26,38
Ohne Zugehörigkeit zu einer Religionsgemeinschaft	1 399 691	7,61	530 038	9,33	131	26,79
Ohne Angaben	32 229	0,18	8 886	0,16	0	0,00
Zusammen	18 388 172	100,00	5 682 802	100,00	489	100,00

Diese Angaben gelten zwar aus heutiger Sicht als überholt und ermöglichen keinen exakten Vergleich, aber sie können zumindest als Anhaltspunkt für die quantitative Religionszugehörigkeit in der DDR dienen. Vergleicht man die Anteile der einzelnen Religionsgemeinschaften in Sachsen mit den Zahlen aus der Auswertung der 489 Rehabilitierungsanträge, so ergeben sich deutliche Differenzen (Tabelle 3).

Die Auswertung der Rehabilitierungsanträge nach der Zugehörigkeit zu Glaubensgemeinschaften weist zwei signifikante Abweichungen auf: Gemessen

25 Vgl. dazu Maser, Die Kirchen in der DDR, S. 11.
26 Aus: Statistisches Jahrbuch der DDR 1956, S. 36. Die absoluten Angaben stammen von der Volkszählung am 31.8.1950. Die Prozentangaben stammen aus eigener Berechnung.

am Republikmaßstab erscheinen die evangelisch-lutherischen Antragsteller mit 34 Prozent deutlich unterrepräsentiert, wohingegen der Anteil der Anträge auf Rehabilitation, welche von Zeugen Jehovas gestellt wurden, deren tatsächliche Präsenz in der Gesellschaft um ein Vielfaches übersteigt.

Von den untersuchten 489 Antragstellern gaben 73 Prozent an, religiös gebunden zu sein. Die statistische Auswertung der eingesehenen Rehabilitierungsanträge zeigte zwar eine überproportionale Ausgrenzung von Schülern aus christlichen geprägten Elternhäusern – 62 Prozent aller Betroffenen wurden aus Glaubensgründen diskriminiert.[27] Dennoch deutet dieses Ergebnis auch darauf hin, dass ein Teil der Betroffenen unabhängig von ihrer Glaubenszugehörigkeit benachteiligt wurde oder anders ausgedrückt, dass die konfessionelle Bindung für eine Behinderung nicht grundsätzlich ausschlaggebend war. In einigen Fällen hatte sie nur eine sekundäre Bedeutung, da die Ursache der Diskriminierungen vorwiegend im Zusammenhang mit abweichendem Verhalten, wie pazifistischem Auftreten,[28] Flucht oder Ausreisebegehren[29] oder fehlender gesellschaftlicher Aktivitäten[30] standen. Zum Teil erfolgten die Benachteiligungen auch infolge einer „Sippenhaftung", weil Ausreiseanträge oder Flucht bzw. Fluchtversuche von Familienmitgliedern mit staatlichen Repressionen gegenüber dem familiären Umfeld geahndet wurden.

Je nach politischer Lage wurden Anhänger verschiedener Konfessionen mehr oder minder stark diskriminiert. Wie sich bei der Auswertung des Benachteiligungszeitraumes aus Rehabilitierungsanträgen zeigte, beurteilten die staatlichen Vertreter die Religiosität von Schülern, Auszubildenden und Studenten über die Jahre nicht immer gleich als nonkonformes Verhalten. Die Analyse dazu zeigt das folgende Diagramm 9. Dabei wurde sowohl in Konfessionslose (1) und konfessionell Gebundene (2) unterschieden als auch beide Gruppen zusammen aufgeführt.

Im Diagramm 9 zeigt sich, dass die einzelnen Graphen teilweise voneinander abweichen. (1) Konfessionslose erlitten in den 1950er Jahren immer wieder vermehrte Diskriminierungen, insbesondere in den Jahren 1949, 1951–1953, 1955, 1957–1958. Ein leichter Anstieg für diese Gruppe ist nochmals für 1961

---

27 Folglich waren 27 % der Antragsteller konfessionslos, 73 % der Antragsteller gehörten einer Religion an, aber nur 62 % der Antragsteller gaben an, dass ihre Benachteiligung im Zusammenhang mit ihrem Glauben geschah. Demnach bezogen 11 % der Antragsteller ihre Zurücksetzung nicht darauf, dass sie einer Religion angehörten.

28 Darunter sind 6 Fälle zusammengefasst: Wehrdienst ohne Waffengebrauch (1), Ablehnung der Verpflichtungserklärung für Zivilverteidigung im Rahmen der Studienbewerbung (1), Ablehnung der dreijährigen Dienstzeit bei der NVA (2), Wehrdienstverweigerung (2).

29 Das betrifft 6 Fälle: eigener bzw. mit der Familie gestellter Ausreiseantrag (2), Fluchtversuch (2), Flucht eines Familienmitgliedes (2).

30 In einem Fall aus dem Jahre 1985 wurde einem Schüler aus Dresden eine Delegierung zur Erweiterten Oberschule von der Schulleitung vorenthalten, weil seine gesellschaftlichen Aktivitäten in der letzten Zeit zurückgegangen seien. Der Schüler war Mitglied in der FDJ-Leitung der Klasse und aktives Mitglied in der Jungen Gemeinde. Vgl. SLFS, Rehabilitierungsbehörde, Az. 97/74/0197.

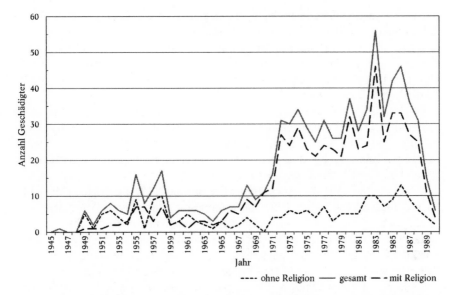

Diagramm 9: Verfolgungszeit laut Angabe von Betroffenen in Rehabilitierungsanträgen unterteilt nach Religionszugehörigkeit der Antragsteller

und 1968 zu verzeichnen. Ab 1972 bleibt ein ständig hohes Niveau, das in den
Jahren 1982 und 1983 wie auch für 1986 nochmals ansteigt.

Für die Verfolgungen bis Ende der 1950er Jahre gaben Betroffene ohne religiöse Bindung vorwiegend an, dass sie aufgrund ihrer sozialen Herkunft, eines
Fluchtversuches oder „politisch-feindlichen" Handelns eine Zurücksetzung
erfahren hatten. Im Jahr 1949 gab es zudem Fälle, in denen sich der Vater des
Benachteiligten noch in sowjetischer Gefangenschaft befand. Die Schulbehörden verbanden mit der Haft die Schuld des Internierten und nahmen die Kinder
in „Sippenhaftung".

Schließlich gab es unter den eingesehenen Rehabilitierungsakten keinen Fall,
in dem infolge der Ereignisse des Volksaufstandes von 1953 Sanktionen ausgesprochen worden waren. Die Fälle der 1950er Jahre, die nicht im Zusammenhang mit der Religionszugehörigkeit standen, betrafen zum einen zwei Nichtzulassungen zur Oberschule aufgrund der sozialen Herkunft,[31] zum anderen
die Relegierung einer Schülerin von der Oberschule, weil sie das Deutschland-
lied in der Pause gesummt hatte.[32]

---

31 Ein Schüler wurde nicht zur Oberschule zugelassen, weil die Mutter Lehrerin war. Vgl.
    SLFS, Rehabilitierungsbehörde, Az. 95/72/0158. Ein weiterer Schüler erhielt keine
    Zulassung für den Besuch der Oberschule, weil der Vater selbständig war. Vgl. SLFS,
    Rehabilitierungsbehörde, Az. 97/73/0171.
32 Die Eltern wandten sich wegen der Relegierung an den BSR von Dresden, der die Eltern
    jedoch abwies. Erst eine Eingabe an das Ministerium für Volksbildung war erfolgreich

Trotz vermehrter Benachteiligungen im Jahr 1961 fand sich kein Fall, der im direkten Zusammenhang mit dem „Mauerbau" stand. Jedoch zeigte sich, dass sich drei der sechs Rehabilitierungsanliegen auf „widerständiges Verhalten" zurückführen lassen. Zwei Betroffene waren an Verunglimpfungen Walter Ulbrichts beteiligt[33] und ein Schüler wurde wegen Hörens des Senders „Radio Luxemburg" von der Oberschule relegiert.[34]

Die Rehabilitierungsbegehren von Konfessionslosen für das Jahr 1968 begründeten sich ebenfalls auf Diskriminierungen infolge „widerständigen Verhaltens" von Schülern. Außerdem erfolgten zwei Nichtzulassungen zu weiterführenden Bildungseinrichtungen, weil ein Elternteil der Schüler die DDR verlassen hatte und in der Bundesrepublik lebte.

Im Zuge des VIII. Parteitages der SED im Jahr 1971 propagierte die SED-Partei- und Staatsführung die „untrennbare Einheit von Wirtschafts- und Sozialpolitik", um den Lebensstandard der Bevölkerung zu erhöhen, was zu einem Umdenken in der Arbeitskräftepolitik führte. Die bestehenden Disproportionen in der Nachwuchsplanung sollten abgebaut werden, sodass die Zulassungszahlen für Erweiterte Oberschulen, Hoch- und Fachschulen zugunsten eines vermehrten Facharbeiternachwuchses gesenkt wurden.[35] Folglich ging der Anteil von Schülern eines Jahrgangs, die in die Erweiterte Oberschule aufgenommen wurden von 11 Prozent (1971) auf 8,8 Prozent (1975) und 8,3 Prozent (1980) zurück.[36] Die Zulassungszahlen zur Berufsausbildung mit Abitur blieben gleich. Ebenso stark wie die Zulassungszahlen für die Erweiterte Oberschule wurden auch die Studienplätze für ein Hochschulstudium verringert. Begannen 1970 noch 17,1 Prozent eines Jahrgangs ein Studium, so waren es 1975 nur 13 Prozent und 1980 nur noch 11,2 Prozent.[37]

Dieser Einschnitt bewirkte, dass ab 1972 für weiterführende Bildungseinrichtungen, insbesondere Erweiterte Oberschulen, Fach- und Hochschulen, eine Auswahl nach streng ausgelegten Richtlinien erfolgte.

Die vermehrten Benachteiligungen in den Jahren 1982/1983 standen im Zusammenhang mit der Verweigerung der vormilitärischen Ausbildung oder des bewaffneten Wehrdienstes. Der Anstieg von Rehabilitierungsbegehren für das Jahr 1986 erklärt sich aus der massiv angestiegenen Zahl von Ausreiseanträgen.

(2) Anders verhielt sich die Benachteiligung konfessionell Gebundener. Erst Mitte der 1950er Jahre mehrten sich die geltend gemachten Fälle, vor allem in den Jahren 1955, 1956 und 1958. Danach sank ihre Zahl wieder und stieg ab

---

und die Schülerin durfte die Oberschule weiterhin besuchen. Vgl. SLFS, Rehabilitierungsbehörde, Az. 95/70/0037.

33 Vgl. SLFS, Rehabilitierungsbehörde, Az. 96/70/0033 und Az. 97/74/0198.

34 Der Schüler konnte nach der Relegierung im väterlichen Handwerksbetrieb unterkommen. Er erlernte den Beruf des Schornsteinfegers. Vgl. SLFS, Rehabilitierungsbehörde, Az. 96/70/0013.

35 Vgl. Anweiler, Schulpolitik und Schulsystem in der DDR, S. 109.

36 Vgl. Baske, Die Erweiterte Oberschule in der DDR, S. 215.

37 Vgl. Köhler/Schreier, Statistische Grunddaten zum Bildungswesen, S. 135, Tab. 19.

1966 erneut an. Mit dem Jahr 1970 kam es zu einem anhaltenden Anstieg der Diskriminierungsfälle, wobei in den Jahren 1972, 1974, 1977, 1980, 1983, 1985 deutliche Spitzen zu erkennen sind.

Die analysierten Rehabilitierungsanträge wiesen von 1951 bis 1954 nur vereinzelte Fälle auf, in denen die Betroffenen ihre Benachteiligung auf die fehlende Mitgliedschaft in Pionierorganisation oder FDJ zurückführten. Derartige Diskriminierungen häuften sich erstmals 1955, gleichzeitig stieg auch generell die Zahl der geltend gemachten Rehabilitierungen für Zurücksetzungen in diesem Jahr. Ab 1958 traten Benachteiligungen wegen fehlender Mitgliedschaft in der staatlichen Kinder- und Jugendorganisation immer öfters allein oder in Kombination mit einer fehlenden Jugendweiheteilnahme, Religionszugehörigkeit, Verweigerung des Wehrdienstes und/oder der sozialen Herkunft des Betroffenen auf.

Zwar sank die Zahl von Benachteiligungen aus religiösen Gründen nach 1958, jedoch stieg sie ab 1966 wieder an, weil Betroffene zunehmend den bewaffneten Wehrdienst ablehnten oder total verweigerten. Die gesenkten Zulassungszahlen ab 1972 und die strengere Auslegung der Aufnahmekriterien wirkten sich auch auf die christlichen Schüler aus. Sie konnten diesen Maßstäben nicht gerecht werden, wenn sie kein Mitglied in der FDJ waren und/oder die Jugendweihe ablehnten. Zudem befanden sich unter den Antragstellern viele Angehörige der Zeugen Jehovas, die die vormilitärische Ausbildung während der Berufsausbildung abgelehnt hatten. Da die vormilitärische Ausbildung seit 1972 zum unumgänglichen Bestandteil des Lehrvertrages gehörte, konnten die Zeugen Jehovas dessen Abschluss nicht mehr mit ihrem Gewissen vereinbaren. Aus ihrem Kreise fühlten sich vor 1972 nur zwei Betroffene in ihrer Berufsausbildung benachteiligt. Das Gros der Diskriminierungen machten die Zeugen Jehovas für die Zeit nach 1972 geltend. Im Detail trat eine größere Zahl von Fällen von 1972 bis 1974, von 1982 bis 1985 und schließlich von 1987 bis 1988 auf. Die Mehrheit der Betroffenen fand in der Zeit zwischen dem achten und zehnten Schuljahr keine Lehrstelle, da aufgrund der staatlichen Lenkung auch die privaten Handwerksbetriebe keine Alternative mehr boten. Letztlich blieb diesen Schülern nur ein Arbeitsverhältnis als ungelernte Hilfsarbeiter. Einen (Teil-)Beruf konnten sie oft erst nach Jahren im Rahmen einer Erwachsenenqualifizierung erlernen. Die größtenteils sehr guten bis guten Zeugnisnoten der Betroffenen waren dabei völlig irrelevant.

Als Ursachen für die vermehrten Diskriminierungen der Jahre 1980, 1983 und 1985/86 können die Ablehnung der vormilitärischen Ausbildung und des bewaffneten Wehrdienstes, die fehlende Mitgliedschaft in der FDJ und die Nichtteilnahme an der Jugendweihe genannt werden. Für 1985/86 kamen zudem noch mehrere Ausreiseanträge hinzu, welche Benachteiligungen nach sich zogen.

Um vorkommende Häufungen zu erklären enthält das nachfolgende Diagramm 10 neben einer Analyse der Rehabilitierungsanträge auch die wichtigsten politischen Ereignisse, in deren Folge es vermehrt zu Diskriminierungen kam.

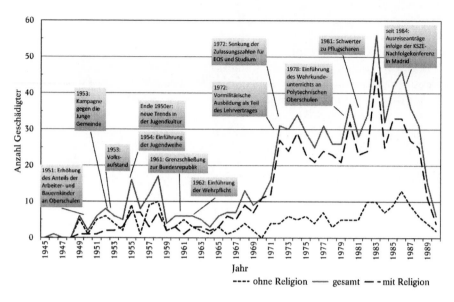

Diagramm 10: Gründe für Verfolgungsmaßnahmen laut Angabe von Betroffenen in
Rehabilitierungsanträgen unterteilt nach Religionszugehörigkeit der
Antragsteller

Auf den ersten Blick lassen sich für die Ära Honecker vermehrt Benachteiligungen erkennen, jedoch relativiert sich dieses Ergebnis unter Einbezug verschiedener Gesichtspunkte: 1.) Die Zurücksetzungen ab 1972 betreffen zu
einem großen Teil die Berufsausbildung, denn mit Einführung der verpflichtenden Teilnahme an der vormilitärischen Ausbildung im Rahmen der Berufsausbildung verweigerten Betroffene, insbesondere Zeugen Jehovas, den Abschluss
eines Lehrvertrages. Zudem unterlag die Berufsausbildung der zentralen staatlichen Lenkung, die bis dahin mögliche Sondervereinbarungen nicht mehr
gestattete. Diese besondere Entwicklung trifft nur auf die Region Sachsen zu
und entspricht nicht dem Republikmaßstab.[38] 2.) Der vergleichsweise geringe
Anteil von Diskriminierungsfällen während der Besatzungszeit und der Ära
Ulbricht darf nicht darüber hinwegtäuschen, dass die Diktaturdurchsetzung in
Sachsen und die damit verbundenen Verfolgungen gegenüber Andersdenkenden
und ihren Familienangehörigen von flächendeckendem Charakter waren. Allerdings bot sich in diesen Jahren noch die Möglichkeit in westliche Besatzungszonen bzw. die Bundesrepublik auszuweichen, um die eigenen Bildungswünsche
ohne große zeitliche Einbußen umzusetzen.[39]

---

38 Vgl. dazu Kapitel IV.2.6. Pazifistische Grundeinstellung, Ablehnung des verlängerten
Militärdienstes.
39 Vgl. dazu Kapitel IV.2.5. Flucht und Ausreise.

Anhand dieser Angaben der Betroffen zu den Gründen ihrer Benachteiligung kristallisieren sich drei größere Zeiträume heraus, in denen ein bestimmter Benachteiligungsgrund unter den Diskriminierungsgründen dominierte. Auch gestaltet sich der Übergang dieser Zeiträume nicht abrupt, sondern vielmehr interferierend. Von 1946 bis Mitte der 1950er Jahre lässt sich von einer antifaschistisch-antibürgerlich dominierten Phase sprechen, da in den ersten Nachkriegsjahren die Benachteiligungen vorwiegend mit Aktivitäten des Jugendlichen und seiner Familienmitglieder während der Zeit des Nationalsozialismus begründet wurden. Hinzu kamen bis Ende der 1950er Jahre Diskriminierungen aufgrund von sozialer Herkunft, Fluchtversuchen oder „politisch-feindlichem" Handeln, worunter sich auch Maßnahmen gegen Schüler nach dem Volksaufstand vom 17. Juni 1953 subsumieren lassen.

Seit Beginn der 1950er Jahre bis Anfang der 1970er Jahre dominieren sukzessive antiklerikale-sozialistisch-atheistische Motive die Benachteiligungen, die vor dem Hintergrund des Konfliktes zwischen der staatlich propagierten wissenschaftlichen und der traditionellen religiösen Weltanschauung stattfanden. Der Konkurrenzkampf zwischen der SED und den Kirchen im Bereich des Erziehungs- und Bildungswesen schwelte seit dem Kriegsende. Mit Beginn der 1950er Jahre ging die Partei zunehmend energischer gegen den religiösen Einfluss vor und betrieb dabei eine Doppelstrategie aus Verfolgung und „Abwerbung", d. h. Verbote und Benachteiligungen gegenüber Gläubigen auf der einen und Ersatzangebote für religiöse Gemeinschaft und Rituale auf der anderen Seite. Auch wenn die Sanktionierung in den folgenden Phasen in der Masse anderen Motiven folgte, so traten diese Konflikte mit christlichen Schülern bis zum Ende der DDR immer wieder auf.

Hinzu kam, dass ab Mitte der 1950er Jahre neue westliche jugendkulturelle Trends die DDR erreichten, die den sozialistischen Moralvorstellungen der Partei- und Staatsführung widersprachen und Anlass zu Restriktionen gegenüber Abweichlern gaben. Dieser Argwohn des SED-Regimes gegenüber jeglichem westlichen Einfluss hielt bis 1989 an und führte dementsprechend auch zu Spannungen im Schulalltag.

Aufgrund der Einführung der Wehrpflicht und der damit einhergehenden Militarisierung kam es seit den 1970er Jahren immer öfter zu weltanschaulichen Auseinandersetzungen zwischen pazifistischen Schülern, vorwiegend christlicher Prägung, und den Vertretern des Bildungs- und Erziehungswesens. Ende der 1960er / Anfang der 1970er Jahre führte die Verweigerung der Wehrausbildung oder des bewaffneten Wehrdienstes am häufigsten zu Benachteiligungen, auch wenn ab Mitte der 1980er Jahre die Diskriminierungen gegenüber Jugendlichen mit Ausreisebegehren zunahmen, sodass sich diese Phase als antipazifistisch-antichristlich dominiert bezeichnen lässt.

2.1   Soziale Herkunft und Verhalten von Familienangehörigen im
       Nationalsozialismus

Mit der Schaffung eines neuen Bildungssystems sollte der Zugang zu höheren
Bildungseinrichtungen für Angehörige unterschiedlicher sozialer Schichten entsprechend ihrem Anteil an der Bevölkerung gewährleistet werden. Dementsprechend genossen nun nicht mehr die Kinder der ursprünglichen Bildungseliten,
sondern die „Arbeiter- und Bauernkinder" einebesondere Förderung und einen
bevorzugten Zugang zu Ober-, Fach- und Hochschulen. Einen ersten Schritt in
diese Richtung stellte das „Gesetz zur Demokratisierung der deutschen Schule"
von 1946 dar, welches eine Ausdehnung der Grundschulzeit von bisher vier auf
acht Jahre vorsah. Im Anschluss konnte eine Oberschule besucht werden, die
nach zwei Schuljahren mit der Mittleren Reife oder nach vier Jahren mit dem
Abitur abschloss. In den ersten Nachkriegsjahren unterlag der Zugang zur höheren Schulbildung sowohl in den Vorgaben als auch in der Praxis regional sehr
unterschiedlichen Richtlinien.[40] So entschied etwa in Sachsen eine Aufnahmekommission anhand der sozialen Zusammensetzung der Bevölkerung im jeweiligen Schulbezirk über den Besuch der Oberschule.[41]
     Die erste zentral gesteuerte Einflussnahme auf die Zulassung zur Oberschule
seitens des Ministeriums für Volksbildung der DDR erfolgte im Jahr 1951.[42] Lan-
desweit sollte ein Schüleranteil von 60 Prozent aus „Arbeiter- und Bauernfamilien" stammen; die zuständigen Behörden Sachsen-Anhalts und Sachsens
erhöhten diese Quote noch auf 75 bzw. 80 Prozent. In der Folge fand eine
Benachteiligung von Schülern aus bürgerlichen Elternhäusern zugunsten derer
aus „Arbeiter- und Bauernfamilien" statt, da Kinder bürgerlicher Herkunft nur
mit einem Notendurchschnitt von 1,5, „Arbeiter- und Bauernkinder" hingegen
bis zu einem Notendurchschnitt von 3,2 in die Oberschule aufgenommen wurden.[43] Erst nachdem rund 6 000 bürgerliche Eltern gegen die Diskriminierung
ihrer Kinder protestierten, erfolgte eine nachträgliche Aufnahme in fast jedem
zweiten Fall. Zudem senkte das Ministerium für Volksbildung in Berlin die Sollzahlen für „Arbeiter- und Bauernkinder" für das Schuljahr 1952/53 auf
50 Prozent.[44]

40   Vgl. Geißler, Auslese im allgemein bildenden Schulwesen der DDR, S. 65 f.
41   In Mecklenburg war der Übergang nach dem erfolgreichen Abschluss der Grundschule
      für alle Schüler möglich. Ebenso wie in Sachsen entschied in Brandenburg, Sachsen-
      Anhalt und Thüringen eine Aufnahmekommission über den Besuch der Oberschule.
      Während die Kommissionen in Brandenburg und Sachsen-Anhalt die von den Grund-
      schulen vorgeschlagenen Schüler ohne Prüfung meist bestätigten, richtete sich die Zulas-
      sung in Sachsen und Thüringen nach der sozialen Zusammensetzung der Bevölkerung
      im jeweiligen Schulbezirk. Vgl. ebd., S. 66, Anm. 10.
42   Damit folgte das Ministerium für Volksbildung dem Beschluss des Parteivorstandes der
      SED zu den Schulpolitischen Richtlinien für die deutsche demokratische Schule vom
      24. 8. 1949. In: Monumenta Paedagogica, Band 6,1, S. 338–342.
43   Vgl. Geißler, Auslese im allgemein bildenden Schulwesen der DDR, S. 67.
44   Eine dieser Übersichten für den Bezirk Dresden aus dem Jahre 1952 befindet sich im
      Hauptstaatsarchiv Dresden (SächsHStA, 11430 BT/RdB Dresden, Nr. 6433, Bl. 28).

Dieser Quotierung unterlagen neben der Oberschule auch andere staatliche Bildungseinrichtungen, die zu einem höheren Bildungsabschluss führten. Die DDR hielt weit in die 1980er Jahre an dieser Regelung fest, da der Anteil von „Arbeiter- und Bauernkindern" unter den Oberschülern und Studenten als Gradmesser „der ‚Demokratisierung' und des sozialistischen Charakters der Gesellschaft" galt.[45]

Entgegen der Bezeichnung „Arbeiter- und Bauernkinder" fielen jedoch nicht nur Kinder aus diesem Milieu unter diese Kategorie, sondern nach einer zunehmend weitergefassten Statuszuordnung auch Kinder von Parteifunktionären. Darüber hinaus versuchte die DDR-Führung Angehörige bestimmter Berufsgruppen mit Zugeständnissen im Land zu halten. Ein moderates Mittel stellten dabei sogenannte „Einzelverträge" dar, in denen jenen Eltern die gewünschte Ausbildung ihrer Kinder zugesichert wurde.[46]

Da viele Angehörige der „neuen Intelligenz" ihren erworbenen Status an ihre Kinder weitergeben wollten, verlor der soziale Status als Selektionskriterium in Verlauf der 1960er Jahre zwar zunehmend an Bedeutung.[47] jedoch nutze man das Kriterium der sozialen Herkunft weiterhin als Instrument, um Bildungskarrieren von unliebsamen Personen bzw. Bevölkerungsteilen zu verhindern. So wichen Entscheidungsträger häufig auf eine derartige Begründung aus, um die wahren Gründe der Benachteiligung zu verschleiern. Das trat vorwiegend im Zusammenhang mit nonkonformen Verhaltensweisen von Jugendlichen auf.[48]

In dieser antifaschistisch-antidemokratisch dominierten Phase erwies sich besonders in den ersten Nachkriegsjahren das eigene Verhalten oder das der Eltern, meist des Vaters, während des Nationalsozialismus als ausschlaggebend für die Zulassung zu höheren Bildungseinrichtungen. Denn wer im Rahmen der

45 Anweiler, Schulpolitik und Schulsystem in der DDR, S. 29.
46 Aus einem Bericht zur Förderung der Medizinischen Intelligenz aus dem Jahre 1954 geht beispielsweise der Einsatz von Einzelverträgen hervor: „In den Einzelverträgen, die an leitende Ärzte großer Krankenanstalten, Fachabteilungen, Polikliniken und Betriebspolikliniken, die sich durch ihre wissenschaftlichen und klinischen Leistungen besonders auszeichnen, ausgegeben werden, ist u. a. vermerkt, dass deren Kinder die gewünschte und ihren Fähigkeiten entsprechende Ausbildungsmöglichkeit in der Deutschen Demokratischen Republik erhalten, dass dem Einzelvertragsinhaber im Krankheitsfall die Differenz zwischen der Leistung der Sozialversicherung und dem im letzten Monat bezogenen Nettogehalt ein Krankengeldzuschuss für die Dauer von 6 Monaten zu zahlen ist, usw. Die Behandlung der Abschlüsse von Einzelverträgen für die med. Intelligenz muss jedoch noch verbessert werden." Rudolph, Referentin Abt. Gesundheitswesen des Rates des Bezirkes Leipzig, Zusatz zur Berichterstattung – Förderung der medizinischen Intelligenz vom 29.7.1954 (SächsStAL, 20237 BT/RdB Leipzig, Nr. 00979, Bl. 69a-b).
47 Vgl. Stock, Bildung zwischen Macht, Technik und Lebensstil, S. 313.
48 Zum Beispiel wurde einer jungen Frau zu Beginn der 1980er Jahre mehrmals ein Medizinstudium versagt, weil der angeforderte Ermittlungsbericht der Staatssicherheit besonders ihre soziale Herkunft betonte. Darin hieß es: „Die T. entstammt einer privaten Unternehmerfamilie", „unterliegt der kleinbürgerlichen Lebensweise" und unterhält „intensive Verbindungen [...] in die BRD [...] Ausgehend vom Persönlichkeitsbild der T. wird eine[r] Studienbewerbung für Medizin nicht zugestimmt". Oberfeldwebel Mucke, KD Großenhain, Ermittlungsbericht des MfS vom 15.11.1979 (SLFS, Rehabilitierungsbehörde, Az. 97/70/0176).

Entnazifizierungsmaßnahmen belangt wurde,[49] konnte auch mit negativen Konsequenzen für seine Zukunft oder die seiner Angehörigen rechnen. Durch ihre Funktion im nationalsozialistischen Deutschland galten bestimmte Berufsgruppen, wie Verwaltungsangestellte, Lehrer, Juristen und Offiziere, als besonders belastet und waren somit von der Entnazifizierung besonders betroffen. Das wirkte sich oftmals auf die gesamte Familie aus, sodass auch Kinder und Jugendliche davon nicht verschont blieben. Gemeinsam mit ihren Eltern mussten sie sich erst im neuen System bewähren.

Das folgende von einer Betroffenen geschilderte Schicksal ihrer Familie war damals kein Einzelfall: Ihr Vater wurde im Juli 1946 zu einem Verhör ins Kriminalamt nach Hoyerswerda geholt, um Auskunft über einen früheren vorgesetzten Wehrmachtsoffizier zu geben. Von diesem Verhör kehrte der Vater von drei Kindern nicht zurück. Die Familie erfuhr bis zu seiner Rückkehr aus der Internierungshaft im Februar 1950 nichts über dessen Verbleib. Die Tochter war mit einem Notendurchschnitt von 1,3 die beste Schülerin ihrer Klasse. Nichtsdestotrotz wurde ihr Antrag auf Besuch der Oberschule abgelehnt. In ihrer Beurteilung der Schülerin hatte die Schule die politische Inhaftierung des Vaters durch die „Russen" gleich zu Anfang erwähnt und zweimal rot unterstrichen, danach jedoch eine positive Einschätzung über Erziehung, Charakter, Temperament, Verhältnis zu Lehrern und Klasse, Fleiß, Ordnung und Arbeitsart des Mädchens abgegeben und abschließend erklärt: „Mit voller Überzeugung und Sicherheit zu empfehlen."[50] Der Grund für die Ablehnung schien nach dieser Beurteilung offensichtlich.

Eine ähnliche Sippenhaft widerfuhr Kindern von unliebsamen Mitgliedern der neu zugelassenen Parteien, die den politischen Säuberungen der Sowjetischen Militäradministration zum Opfer gefallen waren. Auch diesen Kindern blieb der Zugang zu höherer Bildung aufgrund des familiären Makels verschlossen.[51] Deshalb zeigten viele Familienmitglieder von ehemals Internierten - wie

---

49 Die rigorose Entnazifizierung in der Sowjetischen Besatzungszone schloss auch ein, politisch Unliebsame oder Gegner der neu gegründeten SED zu beseitigen. Vgl. dazu Mironenko/Niethammer/von Plato et al. (Hg.), Sowjetische Speziallager; Knigge-Tesche/Reif-Spirek/Ritscher (Hg.), Internierungspraxis in Ost und Westdeutschland nach 1945. Zu den Folgen von Internierung bei Jugendlichen vgl. Kwiatkowski, Nach Buchenwald.
50 Vgl. Beurteilung der Schülerin von 1949 (SLFS, Rehabilitierungsbehörde, Az. 95/70/0044).
51 Beispielsweise verhaftete die sowjetische Militärbehörde im Juli 1948 den Vater einer Schülerin. Die Tochter besuchte zu dieser Zeit die Oberschule für Mädchen in Dresden-Neustadt. Ende Mai 1949 wurde ihr vom zuständigen Vorsitzenden der Stadt Dresden mitgeteilt, „dass der Vater nicht ohne Grund von der Sowjetischen Militärbehörde verhaftet worden sei". Das Mädchen wurde als untragbar für eine Abiturausbildung eingeschätzt und musste die Oberschule nach der zehnten Klasse verlassen. Sie begann am 1.9.1949 eine Lehre zur Industriekauffrau in einem volkseigenen Betrieb. Nachdem die junge Frau eine Mitgliedschaft in der Gesellschaft für deutsch-sowjetische Freundschaft (DSF) und in der FDJ ablehnte, wurde ihr durch die Betriebsgewerkschaftsleitung mit einer Verhaftung gedroht. Zudem wurde ihr Vater als Verbrecher beschimpft, weil ihn 1950 ein sowjetisches Militärtribunal zu 20 Jahren Haft im Straflager verurteilt hatte. Nach Aussagen der Betroffenen sei er grundlos bzw. lediglich wegen seiner Mitglied-

auch die Internierten nach ihren teils traumatischen Hafterlebnissen selbst – keinerlei Ambitionen, sich für diese „neue" Politik zu engagieren. Nach Möglichkeit verließen sie nach ihrer Haftentlassung die Sowjetische Besatzungszone bzw. DDR. Allerding warf eben dieses Verlassen der SBZ/DDR genauso wie die Internierung seine Schatten auf das Leben der Familienangehörigen, die vor Ort geblieben waren.

Bereits in den ersten Nachkriegsjahren stellte die „Sippenhaft" ein probates Mittel dar, um Abweichler von höherer Bildung fernzuhalten, Die Religionszugehörigkeit des Einzelnen wirkte sich in diesem Zusammenhang allerdings nur sekundär oder gar nicht aus.

2.2 Religionszugehörigkeit und kirchliche Jugendgruppen

Über den gesamten Zeitraum der Existenz der DDR gehörten Weltanschauungskonflikte zwischen Vertretern von Partei und Staat auf der einen und Christen auf der anderen Seite zum Alltag im Erziehungs- und Bildungswesen. Das bestätigt nicht zuletzt auch die Auswertung der Rehabilitierungsakten. Ab 1950 führten Betroffene die Ablehnungen für den Besuch der Oberschule zunächst vereinzelt, später zunehmend auf ihre fehlende Mitgliedschaft in der Pionierorganisation oder Freien Deutschen Jugend zurück, die von den zuständigen Behörden als Bekenntnis zum sozialistischen Staat angesehen wurde. In diesen Übergangsjahren, in denen der Aufbau des Sozialismus das höchste Ziel darstellte, kollidierten die vorgegebenen staatlichen Forderungen immer häufiger mit den Interessen einzelner Bevölkerungsgruppen. Auch die in Verfassungsartikel 20 garantierte Gewissens- und Glaubensfreiheit wurde von den Machthabern zunehmend eingeschränkt, sodass trotz der weiterhin geltenden kirchenpolitischen Grundlinien der Sowjetischen Militäradministration im Zuge einer sukzessiven Politisierung im Bildungswesen ein eher widersprüchliches Verhalten gegenüber religiös gebundenen Schülern einsetzte. Auf dem III. Parteitag der SED 1950 wurde das Recht des Staates hervorgehoben „den dialektischen Materialismus als die wissenschaftliche Weltanschauung der Arbeiterklasse" in der Schule zu propagieren.[52] In diesem Jahr begannen die staatlichen Organe gegen Mitglieder der Jungen Gemeinde vorzugehen. Sie verboten das Tragen des Bekenntniszeichens[53] und stuften die Junge Gemeinde als illegale

---

schaft in der LDPD verhaftet worden, was die Russische Militärhauptstaatsanwaltschaft mit Rehabilitierungsschreiben vom Dezember 2001 bestätigte. Vgl. SLFS, Rehabilitierungsbehörde, Az. 97/74/0218.

52 Maser, Die Kirchen in der DDR, S. 18.

53 Damit ist eine Anstecknadel mit einem Kreuz auf der Weltkugel, das Kugelkreuz, gemeint. Die Intoleranz gegenüber dem Tragen christlicher Symbole zeigte sich auch in Informationsberichten der Schulräte aus den Bezirken an das MfV. In einem solchen Bericht aus dem Jahre 1968 stufte der BSR von Dresden das Tragen religiöser Symbole sogar als besonderes Vorkommnis ein und informierte das MfV darüber. Vgl. Abt. Volksbildung des Rates des Bezirkes Dresden an MfV, Informationsbericht vom 24.1.1968

Organisation ein.[54] Damit sahen sie in der religiösen Bindung von Kindern und Jugendlichen ein abweichendes Verhalten, das je nach Wirksamkeit und Reichweite von Nonkonformität bis zu Protest reichen konnte.

Die DDR-Führung ging ab 1951 gegen die evangelischen Jugendgruppen und Studentengemeinden zunehmend aggressiver vor und bezeichnete die Junge Gemeinde als illegale Agenten- und Spionageorganisation mit religiöser Tarnung oder als „Agentur des amerikanischen Imperialismus".[55] Seit Anfang 1953 verstärkte die Partei- und Staatsführung ihre Aktionen gegen die Jugendgruppen der evangelischen Kirche noch weiter. Im Beschluss des Politbüros der SED vom 27. Januar 1953 hieß es:

„Entlarvung der Jungen Gemeinde in der Öffentlichkeit als eine Tarnorganisation für Kriegshetze, Sabotage und Spionage, die von westdeutschen und amerikanischen imperialistischen Kräften dirigiert wird.
1) Der Genosse Generalstaatsanwalt beim Obersten Gericht der DDR wird beauftragt, in einigen Bezirks- bzw. Kreisstädten der DDR – nicht Berlin – in kurzen Abständen hintereinander (Zeitdauer insgesamt 14 Tage) drei bis vier öffentliche Prozesse anhand des entsprechenden Beweismaterials durchzuführen, in denen klar die kriegshetzerische und Agenten- und Sabotagetätigkeit von Mitgliedern und Funktionären der Jungen Gemeinde nachgewiesen wird.
2) In den Kreisausgaben der Bezirkspresse der SED und der übrigen Blockparteien sind solche Dokumente bzw. Briefe zu veröffentlichen, aus denen die staatsfeindliche Tätigkeit der Jungen Gemeinde hervorgeht.
3) In der Bezirkspresse der SED und der Blockparteien sind Enthüllungen über die staatsfeindliche und demoralisierende Tätigkeit der Jungen Gemeinde durch ehemalige Mitglieder und Funktionäre der Jungen Gemeinde zu veröffentlichen."[56]

Von den Verfolgungsmaßnahmen waren neben Kirchenvertretern und Mitarbeitern von kirchlichen Einrichtungen auch viele junge Gemeindemitglieder betroffen. Die Bilanz: Ungefähr 3 000 von der Oberschule verwiesene Schüler.[57] Viele von ihnen verließen daraufhin die DDR und versuchten in der Bundesrepublik oder in Berlin (West) ihre Ausbildung fortzusetzen.

(SächsHStA, 11430 BT/RdB Dresden, Nr. 26722, unpag.). Auch später tolerierten die Schulen das öffentliche Tragen von christlichen Symbolen nur schwer und es kam immer wieder zu Zwischenfällen. Der BSR von Gera meldete am 22. 11. 1983, dass der Vater einer Schülerin, Superintendent, den Schuldirektor der Georg-Schumann-Oberschule in Rudolstadt gerichtlich verklagt habe, weil der Schulleiter den Schülern verboten habe, in der Schule Holzkreuze an einem Lederband um den Hals zu tragen. Die Klage ging bis vor das Oberste Gericht, Abt. Arbeit und Recht, der DDR. Das MfV erhielt vom Obersten Gericht die Mitteilung, dass die Klage abgewiesen werde. Jedoch empfahl Gysi, Staatssekretär für Kirchenfragen, dem MfV mit dem Kläger zu sprechen, um eine Rücknahme der Klage zu erwirken. Vgl. Höhn, BSR Gera an MfV, Information vom 22. 11. 1983 (BArch, DR 2/D 1698, unpag.). Vgl. auch Benachteiligung christlicher Schüler, Eltern und Lehrer in der DDR, S. 109.
54 Vgl. Maser, Die Kirchen in der DDR, S. 18 und 21.
55 Zitat der Volksbildungsministerin Else Zaisser auf der Zentralen FDJ-Konferenz der FDJ-Sekretäre an den Oberschulen. Zit. nach Köhler (Hg.), Pontifex nicht Partisan, S. 89.
56 Beschluss des Politbüros der SED vom 27. 1. 1953. Zit. nach Fischer, Wir haben euer Gelöbnis vernommen, S. 36 f.
57 Maser, Die Kirchen in der DDR, S. 21.

Zwei der sechs Rehabilitierungsgesuche beziehen sich auf derartige Vorgänge aus dem Jahr 1953. In beiden Fällen[58] gingen die Schülerinnen aus Angst vor weiteren Repressionen in die Bundesrepublik, um dort ihre Abiturausbildung zu beenden. Eine Reaktion, die beispielsweise angesichts des energischen Vorgehens der Schulleitung der Herder-Oberschule in Leipzig gegenüber einer der Schülerinnen, verständlich ist. In diesem Fall erfolgte der Ausschluss der Schülerin aus der Oberschule, da sie sich „in Aussprachen mit den Funktionären der FDJ, den Lehrern und auch den Mitgliedern des Elternbeirates" nicht „über die verbrecherischen Umtriebe in der illegalen ‚Jungen Gemeinde' aufklären" ließ, sich nicht „von dieser faschistischen Organisation" trennen wollte und „nicht begreifen will, dass wir [die Schulleitung] uns gegen solche Totschläger-organisationen schützen müssen". Zudem verlangte die Schulleitung „von einem Oberschüler [...] für die Gesetze unseres Staates einzutreten und zu kämpfen", was die Jugendliche mit ihrer ablehnenden Haltung verweigerte.[59]

Aufgrund des unnachgiebigen und resoluten Vorgehens der Staatsvertreter gegen viele Bereiche des kirchlichen Lebens schlug am 4. Juli 1953 die Konferenz der Kirchenleitung Ministerpräsidenten Otto Grotewohl ein Gespräch der Kirchenleitungen mit der DDR-Regierung vor. Die Staatsführung zeigte sich überraschender Weise gesprächsbereit. Der Grund dafür, der Moskaubesuch leitender SED-Kader vom 2. bis 4. Juni 1953, blieb allerdings sowohl den Kirchenvertretern als auch der Öffentlichkeit verborgen. Anlass des Besuches war die Übergabe des Dokuments „Über die Maßnahmen zur Gesundung der politischen Lage in der Deutschen Demokratischen Republik". Diese Richtlinien legten die zukünftige Politik gegenüber den Kirchen fest, an denen sich die SED-Führung bis zum Ende der DDR orientierte.[60]

Die Volksbildung erhielt daraufhin die Anweisung, dass die Maßnahmen gegen die Junge Gemeinde und gegen Studentengemeinden einzustellen seien, entlassene Oberschüler und Studenten ihre Ausbildung fortsetzen könnten und eingeleitete Verfahren gegenüber Gemeindemitgliedern zu überprüfen und ggf. zu stoppen seien.[61]

---

58   Vgl. SLFS, Rehabilitierungsbehörde, Az. 97/73/0157 und 97/74/0190.

59   Schulleitung der Herder-Oberschule, Leipzig an die Mutter der Schülerin vom 9.5.1953 (SLFS, Rehabilitierungsbehörde, Az. 97/74/0190).

60   Am 9.6.1953 beschäftigte sich das Politbüro der SED mit den Weisungen aus Moskau und gestand Fehler ein, die mittels einiger Beschlüsse korrigiert werden sollten. Am 10.6.1953 traf sich Grotewohl mit Kirchenvertretern. In diesem Gespräch wurden konkrete Vereinbarungen über die Beziehungen zwischen Kirche und Staat getroffen. Noch am gleichen Tage erfolgte eine Pressemitteilung aus dem Amt des Ministerpräsidenten über das Treffen. Vgl. Fischer, Wir haben euer Gelöbnis vernommen, S. 38 f.

61   Vgl. Anordnung des Ministeriums für Volksbildung vom 15.6.1953. In: Geschichte, Struktur und Funktionsweise der DDR-Volksbildung, S. 326. Schließlich wurde das MfV auch aufgefordert, die „Richtlinien für die Abhaltung des Religionsunterrichtes in den Schulgebäuden sofort auszuarbeiten" und „die seit dem 1. Januar 1953 erfolgten Einschränkungen der Abhaltung des Religionsunterrichtes in den Schulgebäuden [...] zu überprüfen und zu beseitigen". Staat-Kirchen-Kommuniqué vom 10.6.1953. In: Maser, Die Kirchen in der DDR, S. 22.

Trotz dieser Weisung gab es jedoch auch weiterhin Vorbehalte und diskriminierende Maßnahmen gegenüber Schülern aus christlichen Elternhäusern.

Insbesondere die Kinder der Zeugen Jehovas befanden sich in einer ungleich schwierigeren Situation, da die Regierung der DDR die Religionsgemeinschaft am 31. August 1950 offiziell verboten hatte. Infolge dessen kam es zu strafrechtlicher Verfolgung und offener Diskriminierung,[62] die das tägliche Leben und das soziale Umfeld der Zeugen Jehovas beeinträchtigten. Die staatlichen Repressionen konnten mitunter bereits in der Schule beginnen und sich während der Aus- und Weiterbildung als auch im Beruf fortsetzten.[63]

Konflikte entstanden aufgrund der religiös begründeten Neutralität, die aus staatlicher Sicht dem Recht und der Pflicht zur Mitbestimmung des Bürgers im sozialistischen Staat widersprach. Die Zeugen Jehovas traten weder den politischen Organisationen noch den Parteien in der DDR bei. Die Mitgliedschaft in Gewerkschaften und anderen Organisationen stellte für jeden Einzelnen von ihnen eine persönliche Gewissensentscheidung dar, da diese Vereinigungen oftmals als Transmission dienten, um die Ziele der Partei- und Staatsführung durchzusetzen.[64]

Bereits im Kindes- und Jugendalter verweigerten die Zeugen Jehovas, trotz des massiven Drängens der staatlichen Vertreter, den Beitritt in die Pionierorganisation bzw. die FDJ. Kinder bzw. Jugendliche, egal welcher Konfessionszugehörigkeit, die sich gegen eine solche Mitgliedschaft entschieden, mussten demzufolge frühzeitig lernen, mit Diskriminierungen zu leben. Zudem waren sie täglich der staatlichen Indoktrination in Schule und Freizeit ausgesetzt. Die marxistisch-leninistischen Lehren und das atheistische Weltbild bildeten nicht nur die ideologischen Leitplanken für Unterrichtsfächer, wie Heimatkunde, Geschichte, Staatsbürgerkunde oder Deutsch, sondern auch für naturwissenschaftliche Disziplinen. Mit viel Mut wagten es einige Schüler, von der vorgegebenen Meinung abzuweichen, obwohl das neben schlechten Noten auch eine Isolierung im Klassenverband mit sich bringen konnte.[65] Verstärkt wurde dieser Druck noch, wenn die Kinder der Zeugen Jehovas sich weigerten, am obligatorischen Fahnenappell teilzunehmen, da diese Schüler „bei ihrer strikt ablehnenden Haltung meist auch nicht auf die Solidarität anderer christlich erzogener Kinder rechnen" konnten.[66] Das fehlende politische Engagement führte schließlich auch dazu, dass diese Kinder nur schwer eine Zulassung zur Erweiterten Oberschule oder zum Studium erhielten. Mitunter stellte sich der Besuch der Erweiterten Oberschule für christliche Schüler und ihre Eltern generell als

---

62   Die Benachteiligung und Ausgrenzung der Zeugen Jehovas begann nicht erst mit dem Verbot am 31. 8. 1950, sondern bereits davor kam es in verschiedenen Bereichen immer wieder zu Maßnahmen gegen Angehörige dieser Glaubensgemeinschaft. Vgl. u. a. dazu Schmidt, Religiöse Selbstbehauptung und staatliche Repression, S. 75–77.

63   Vgl. Dirksen/Wrobel, „Im Weigerungsfall können diese Jugendlichen kein Lehrverhältnis aufnehmen ...", S. 231.

64   Vgl. ebd.

65   Vgl. Hacke, Zeugen Jehovas in der DDR, S. 85.

66   Ebd.

Zerreißprobe heraus. Allerdings gingen die Anhänger der Zeugen Jehovas mit ihrem Verhalten nur selten über das Stadium der Verweigerung hinaus, denn sie übten gegenüber der staatlichen Obrigkeit kaum Protest.[67]

Neben den Zeugen Jehovas standen auch andere Religionsgemeinschaften als potentielle politische Gegner unter permanenter intensiver Beobachtung, da sich trotz des Mitgliederschwundes bei Kirchen die staatlichen Vorbehalte hielten, die teils aus den 1950er Jahren teils aus den Ereignissen im Zusammenhang mit der Beatmusik herrührten. Die SED-Partei- und Staatsführung sah in kirchlichen Einrichtungen „westliche Agentenzentralen", die ebenso wie Rundfunk, Presse und Fernsehen aus dem „Westen" die Jugend negativ beeinflussen würden. In der Dienstanweisung des Ministerium für Staatssicherheit 4/66 hieß es dazu: „Konkret zeigen sich derartige Auswirkungen z. B. in [...] Verstärkung der kirchlichen Aktivität auf dem Gebiet der Jugend, Aktivierung kirchlicher Jugendgruppen, Ablehnung des Wehrdienstes usw."[68] Aus diesem Grund wies der Minister für Staatssicherheit eine intensive Werbung von inoffiziellen Mitarbeitern an, um kirchlich gebundene Jugendliche gemeinsam mit kriminellen, politisch vorbestraften Jugendlichen, aus der Bundesrepublik rückkehrenden und zuziehenden Jugendlichen, „Arbeitsbummelanten", Oberschülern, Lehrlingen und Studenten „schwerpunktmäßig unter operative Kontrolle" zu nehmen.[69]

Das Misstrauen gegenüber einem kirchlichen Einfluss wurde nochmals in der Durchführungsanweisung Nr. 1 zur o. g. Dienstanweisung hervorgehoben. Besondere Aufmerksamkeit sollte demnach gelten, wenn Jugendliche für eine längere Zeit gemeinsam als Gruppe wie bei Ernteeinsätzen, vormilitärischer und militärischer Ausbildung zusammenkämen, um „weder reaktionären Geistlichen und kirchlichen Angestellten, noch unter den Studenten befindlichen Anhängern der evangelischen und katholischen Studentengemeinde sowie anderer kirchlicher Organisationen die Möglichkeit des Auftretens, der Verbindungsaufnahme, der Werbung und Beeinflussung der Studenten" zu geben.[70]

Die ständig drohenden staatlichen Repressionen gegenüber jeglicher Art abweichenden Verhaltens und die Diskriminierung von einzelnen Jugendlichen oder ganzer Jugendgruppen, die sich jenseits der FDJ bildeten, bewirkte bei einigen Jugendlichen eine dauerhafte Ablehnung der Staatsmacht. Die kirchlichen Gruppen stellten dabei einen Raum in der DDR-Gesellschaft dar, den Jugendliche aus subkulturellen Milieus Ende der 1960er Jahre für sich entdeckten. Die traditionelle kirchliche Jugendarbeit orientierte sich an einem gemeindebezoge-

---

67 Unter den untersuchten Rehabilitierungsbegehren befanden sich 129 der Anhänger der Zeugen Jehovas, von denen keiner gegen die staatlichen Maßnahmen protestiert hatte.
68 Dienstanweisung Nr. 4/66 „Zur politisch-operativen Bekämpfung der politisch-ideologischen Diversion und Untergrundtätigkeit unter jugendlichen Personenkreisen in der DDR" vom 15. 5. 1966. In: Suckut/Neubert/Süß u. a. (Hg.), Anatomie der Staatssicherheit, S. 157–173, hier 159 f.
69 Ebd.; vgl. auch Ohse, Jugend nach dem Mauerbau, S. 221.
70 Durchführungsanweisung Nr. 1 zur Dienstanweisung Nr. 4/66 des Ministers für Staatssicherheit vom 10. 8. 1968 (BStU, ZA MfS VVS 008-63/68 - BdL Dok. Nr. 1267, Bl. 1–20, hier 18).

nen Erziehungs- und Sozialisationskonzept, jedoch reagierten die Mitarbeiter der Kirchen auf den neuen Zuwachs mit einer Modernisierung ihrer Angebote. Ungewollt förderten sie dabei oft ein kritisches Bewusstsein der Jugendlichen gegenüber dem Staat.[71]

Die staatlichen Amtsträger beäugten diesen Zulauf misstrauisch und interpretierten ihn gar als „zunehmende Religiosität", so jedenfalls die Meinung des Dresdener Bezirksschulrates in seinem Informationsbericht vom 24. Januar 1968.[72]

Das Ministerium für Volksbildung ging zum Jahresanfang 1968 von insgesamt 68 000 Mitgliedern in 2 970 Gruppen der evangelischen Jungen Gemeinde und von insgesamt 27 000 Mitgliedern in 846 Gruppen der katholischen Pfarrjugend aus. Darüber hinaus sei „die Zahl der dort erfassten Jugendlichen gegenüber dem Vorjahr um 3 000 angestiegen", so die Feststellung aus dem Staatssekretariat für Kirchenfragen.[73]

Diese Wahrnehmung schien der Wirklichkeit zu widersprechen, denn die radikale Säkularisierung der 1950er Jahre ließ die Zahl der religiös gebundenen Jugendlichen sinken. Nach dem Mauerbau stagnierte ihre Zahl bei 12 bis 15 Prozent. Jedoch sank der Anteil der überzeugten Atheisten in den Jahren von 1962 bis 1969 von 53 auf 43 Prozent.[74]

Erklären lässt sich diese Einschätzung mit einem permanenten Argwohn der Partei- und Staatsführung gegenüber den Kirchen im „Ringen" um die Jugend, dessen heftigste Maßnahmen in den 1950er Jahren die Kampagne gegen die Junge Gemeinde und die Studentengemeinde sowie die Durchsetzung der Jugendweihe waren. Dabei trugen Vertreter von SED und Staat die Kontroversen oft nicht institutionell, sondern viel mehr individuell aus, d. h. sie attackierten einzelne Christen in der Schule, an der Universität oder im Arbeitsumfeld. Ein Vorgehen, das bis zum Ende der DDR praktiziert wurde.[75]

Trotz der rückläufigen Mitgliederzahlen in den Kirchen stellte die kirchliche Jugendarbeit seit den 1960er Jahren weiterhin für viele Jugendliche eine Alternative zum staatlichen Freizeit- wie auch Organisationsangebot dar. Mit ihrer Jugendarbeit versuchten die Kirchen auch kirchenferne Kreise anzusprechen. Allerdings beschränkte sich der Erfolg eher auf Jugendliche, die aus einem bürgerlich-intellektuellen Milieu stammten, in dem traditionell christliches Brauchtum vermehrt verankert war und das trotz schwindender Kirchenmitgliederzahlen erhalten blieb, auch wenn die religiöse und kirchliche Bindung sich oftmals

---

71 Neubert/Auerbach, „Es kann anders werden", S. 92.
72 Informationsbericht des BSR von Dresden vom 24. 1. 1968 (SächsHStA, 11430 BT/RdB Dresden, Nr. 26722, unpag.).
73 Weise, Hauptabteilungsleiter Staatssekretariat für Kirchenfragen an MfV, Information über neue Formen und Methoden der politisch-religiösen Einflussnahme der Kirchen auf die Jugend vom 3. 12. 1968. In: Geschichte, Struktur und Funktionsweise der DDR-Volksbildung, S. 470–472.
74 Friedrich, Weltanschauliche Positionen der Jugend, S. 185 Tab. 1, 186 Tab. 2 und 188 Tab. 3. Vgl. auch Ohse, Jugend nach dem Mauerbau, S. 225.
75 Vgl., ebd., S. 222 f.

lockerer gestaltete.[76] Folglich gerieten die Angebote von „offener Jugendarbeit" und „Rüstzeiten"[77] ins Visier der staatlichen Obrigkeit, da die SED-Partei- und Staatsführung sie „als Teil der allgemeinen Jugendarbeit begriff" und „als Freizeitbeschäftigung oder Feriengestaltung" (miss)verstand.[78] In einem Informationsschreiben des Ministeriums für Volksbildung vom 3. Dezember 1968 mit dem einschlägigen Titel „Information über neue Formen und Methoden der politisch-religiöser Einflussnahme der Kirchen auf die Jugend" hieß es dazu:

> „Mittels der Rüstzeiten, denen sowohl von der evangelischen als auch von der katholischen Kirche im Hinblick auf die angestrebte Stabilisierung kirchlicher Kerngruppen und auf die Zurüstung für den beabsichtigten Dialog mit jungen Marxisten steigende Bedeutung beigemessen wird, wird versucht, die einheitliche sozialistische Feriengestaltung zu spalten und gesonderte kirchliche Ferienlager zu schaffen.
> Dadurch soll ein Teil der schulpflichtigen Jugend der Feriengestaltung, die fester Bestandteil des entwickelten sozialistischen Bildungssystems ist, entzogen werden. Besonders intensiv ist dabei die Tätigkeit der Kirche in den 9. bis 12. Klassen der erweiterten Oberschulen."[79]

Aus Sicht des Ministeriums lag das Monopol für die Ferien- und Freizeitgestaltung von Kindern und Jugendlichen einzig und allein beim Staat und dessen gesellschaftlichen Institutionen.[80]

Zwar gingen die Vertreter von Partei und Staat gegen die Rüstzeiten seit den 1950er Jahren immer wieder vor, indem sie diese mit wechselnden teils fadenscheinigen Begründungen auflösten und ihre Teilnehmer nach Hause schickten.[81] Dennoch konnte die staatliche Restriktionspolitik unter Führung der

---

76 Vgl. ebd.
77 „Die Freizeiten oder Rüstzeiten – ein Sprachgebrauch, der sich im Laufe der Jahre als unmissverständlichere Variante in der DDR einbürgerte –, fanden in der Regel in den Ferienzeiten statt, dauerten zwischen drei Tagen und zwei Wochen und waren seit den vierziger Jahren ein reichlich genutztes Angebot". Die Teilnehmerinnen und Teilnehmer beschäftigten sich während dieser Frei- bzw. Rüstzeiten mit Bibelarbeit. „Das bedeutete Fragen des eigenen, täglichen Lebens im Spiegel biblischer Texte zu reflektieren. Darüber hinaus wurde gesungen, gespielt, gewandert, gepaddelt, gebadet – sich einfach erholt. Nach ihrem Hauptinhalt entsprachen die Freizeiten oder Rüstzeiten in den fünfziger und sechziger Jahren der Bezeichnung, die sich besonders in den Verhandlungen mit den kommunalen und zentralen Behörden der DDR durchsetzte: Es waren Bibelrüstzeiten". Zit. nach Ueberschär, Der Lange Atem der kirchlichen Jugendarbeit, S. 169 und 171.
78 Ebd., S. 168.
79 Weise, Hauptabteilungsleiter Staatssekretariat für Kirchenfragen an MfV, Information über neue Formen und Methoden der politisch-religiösen Einflussnahme der Kirchen auf die Jugend vom 3. 12. 1968. In: Geschichte, Struktur und Funktionsweise der DDR-Volksbildung, S. 470–472.
80 Vgl. auch Ueberschär, Der Lange Atem der kirchlichen Jugendarbeit, S. 168.
81 In den Jahren 1956 und 1957 entspannte sich die Lage kurzzeitig, was jedoch nicht auf die allgemein verhärteten kirchenpolitischen Beziehungen zwischen Kirche und Staat, sondern eher auf eine so genannte „Tauwetterperiode" in der Jugendpolitik zurückzuführen ist. Bereits 1958 kam es wieder zu verstärkten Rüstzeitauflösungen, die bis 1963 mehr oder weniger intensiv durchgeführt wurden. Ein Konfliktpunkt war dabei die Anmelde- und Genehmigungspflicht von Rüstzeiten als Ferienveranstaltung, die jedoch

Ministerien des Inneren und für Volksbildung nicht verhindern, dass die Gesamtzahl der Rüstzeiten im Zeitraum von 1964 bis 1968 von 670 Veranstaltungen mit 11 900 Teilnehmer auf 959 Veranstaltungen mit 20 130 Teilnehmern anwuchs. Demnach stiegen die Rüstzeiten um 43 Prozent und ihre Teilnehmerzahlen um 69 Prozent an.[82] Besonders großen Zulauf erhielten dabei die Rüstzeiten in den zwei sächsischen Bezirken Karl-Marx-Stadt und Dresden, denen die drei nördlich gelegenen Bezirke Rostock, Frankfurt/Oder und Schwerin folgten.[83] Diese Aufteilung überrascht jedoch nur wenig, da es sich bei der Sächsischen Landeskirche um die mitgliederstärkste und bei der Mecklenburgischen Landeskirche um die mitgliederschwächste Landeskirche handelte.[84]

Über die Sächsische Landeskirche äußerte Harald Bretschneider, ehemaliger Landesjugendpfarrer, dass sich in den 1980er Jahren 16 500 Jugendliche pro Woche in den Jungen Gemeinden und ca. 12 000 Kinder und Jugendliche an den jährlichen Rüstzeiten teilnahmen.[85] Obwohl die Zahl der Kirchenmitglieder insgesamt zurückging, deutete die rege Teilnahme an Rüstzeiten auf ein zunehmendes Interesse der Jugendlichen. In den 1970er Jahren wuchs „das Bewusstsein, auch politisch herausgefordert" und kritisch gegenüber den politischen Ansprüchen des SED-Regimes zu sein. Ferner kamen in Ost und West Friedens- und Ökologiebewegungen auf, sodass die Friedenskreise und Umweltinitiativen unter dem Dach der Kirchen neben den Jungen Gemeinden für die Jugendlichen eine Alternative zur offiziellen Friedens- und Umweltpolitik der DDR boten.[86] Damit mischten sich religiöse mit politischen Motiven von Jugendlichen, sich den Kirchen zuzuwenden, sodass letztlich ihr Handeln gegenüber der Staatsmacht auch als wirksamer und systemkritischer einzuschätzen ist.

---

aus kirchlicher Sicht völlig irrelevant erschien, da Rüstzeiten für sie keine Feriengestaltung, sondern eine Form der freien Religionsausübung darstellten. Im August 1963 traf man schließlich eine Regelung, wonach die geplanten Rüstzeiten den Ersten Stellvertretern bei den zuständigen RdK vor Beginn der Sommerferien mitzuteilen waren, eine staatliche Genehmigung war damit hinfällig. Trotz weiterer Versuche die Rüstzeiten zeitlich und örtlich zu beschränken, hielten die Kirchen an der Regelung von 1963 fest. Seit 1964 ließen die staatlichen Vertreter zwar keine Rüstzeiten mehr auflösen, dennoch kontrollierten sie weiter deren Entwicklung. Vgl. ebd., S. 176–178, 181.

82 Weise, Hauptabteilungsleiter Staatssekretariat für Kirchenfragen an MfV, Information über neue Formen und Methoden der politisch-religiösen Einflussnahme der Kirchen auf die Jugend vom 3. 12. 1968. In: Geschichte, Struktur und Funktionsweise der DDR-Volksbildung, S. 470–472.

83 Für 1967 wurden zudem noch die Bezirke mit den häufigsten Rüstzeiten und deren Gesamtteilnehmerzahl genannt: „Karl-Marx-Stadt: 124 Veranstaltungen mit 2 500 Teilnehmern; Dresden: 117 Veranstaltungen mit 2 781 Teilnehmern; Rostock: 102 Veranstaltungen mit 1 936 Teilnehmern; Frankfurt (Oder): 84 Veranstaltungen mit 1 896 Teilnehmern; Schwerin: 65 Veranstaltungen mit 1 379 Teilnehmern". Ebd.

84 Vgl. auch Ueberschär, Der Lange Atem der kirchlichen Jugendarbeit, S. 170.

85 Vgl. Harald Bretschneider auf der öffentlichen Anhörung vor der Enquete-Kommission „Aufarbeitung von Geschichte und Folgen der SED-Diktatur in Deutschland", Protokoll der 62. Sitzung am 9. 2. 1994, S. 450.

86 Vgl. Hugler/Kaufmann, Jugendarbeit und Junge Gemeinde, S. 6.

Insbesondere vor dem Hintergrund des KSZE-Prozesses, der die Kirchen und ihre Mitglieder wegen des Grundrechts der Religionsfreiheit berührte und eine Debatte um Freiheit und Menschenrechte in den Kirchen auslöste, blieb die Partei- und Staatsführung weiterhin wachsam.[87] Zudem rief die Selbstverbrennung des Pfarrers Oskar Brüsewitz am 18. August 1976 in Zeitz weitere Konflikte zwischen Staatsführung und evangelischer Kirchenleitung hervor. Brüsewitz wollte mit seiner Aktion auf die Unterdrückung christlicher Kinder und Jugendlicher in den Schulen der DDR aufmerksam machen.[88]

Um dem kirchlichen Einfluss auf Schüler und Studenten entgegenzuwirken, schienen die Machthaber ihre Strategie zu Beginn der 1970er Jahre zu verändern, auch wenn es laut Bericht des Ministeriums für Hoch- und Fachschulwesen an die Abteilung Wissenschaft beim Zentralkomitee der SED kein „gültiges Rezept" gab, um die Aktivitäten der evangelischen und katholischen Studentengemeinden (ESG, KSG) einzudämmen. Schließlich seien die ESG und KSG nur „durch komplexes Herangehen und Zusammenwirken der verschiedenen Leitungsorgane und gesellschaftlichen Kräfte" zurückzudrängen. „Jugendliche, die dem Einfluss der Studentengemeinde unterliegen" seien jedoch nicht auszugrenzen, sondern „in den Prozess der Arbeit" einzubeziehen, um ihre Ideologie zu verändern. Denn „wir überlassen keinen dem Gegner" – eine Formulierung, die an den Kirchenkampf früherer Jahre erinnerte. Überdies waren Diskussionen zwischen Vertretern des Lehrkörpers und Studenten während den Veranstaltungen der ESG und KSG unerwünscht, um „den Kirchen keinerlei Plattform zur Propagierung ihrer ideologischen und weltanschaulichen Positionen zu schaffen". Dementsprechend sollte die Auswahl der Kader sorgfältiger getroffen werden. Bei der Stellenbesetzung gelte es, Kader zu „verhindern", die „mit aktiven kirchlichen Bindungen leitende Funktionen in Lehre und Forschung zur Förderung der Studentengemeinden ausnutzen können". Ferner solle bei der Immatrikulation „Konzentrationen von kirchlich gebundenen Studenten, [...] besonders in Bereichen, wo die ESG/KSG Positionen haben", vermieden werden.[89]

Wie aus einer Information aus Dresden hervorging, die Kurt Hager an Margot Honecker weiterleitete, vermuteten die SED-Funktionäre vor Ort einen zunehmenden kirchlichen Einfluss im Bereich der Oberschulen. Im Verlauf des Jahres 1975 wurden an Oberschulen des Bezirkes Dresden besondere Vorkommnisse „mit politisch-ideologischem Charakter" ausgemacht, „in denen sich insbesondere Erscheinungen des Antisowjetismus, Antikommunismus und faschistisches Gedankengut zeigen". In dieser Aufstellung wies man auch auf „Erscheinungen einer erhöhten kirchlichen Aktivität" in mehreren Schulen hin.

---

87 Neubert, Der KSZE-Prozess und die Bürgerrechtsbewegung in der DDR, S. 301 f.
88 Vgl. z. B. Zech, Die Angst vor dem toten Pfarrer.
89 Ministerium für Hoch- und Fachschulwesen an das Abt. Wissenschaft, ZK der SED, Zur Tätigkeit der Evangelischen Studentengemeinden (ESG) und der Katholischen Studentengemeinden (KSG), o. D. (vermutlich Januar 1973) (SAPMO-BArch, DY 30/IV B 2/9.04/126, unpag.).

So seien „ca. 30 % der Klasse 6/3 der 112. Oberschule Dresden-Mitte [...] aktiv kirchlich tätig und versuchen, die anderen Schüler im kirchlichen Sinne zu beeinflussen" und „in der Schiller-Oberschule Oelsa nahmen ca. 50 % der Schüler am Konfirmationsunterricht teil". Nicht unerwähnt blieb, dass die Schulparteiorganisationen die Stadtbezirks- und Kreisleitungen teilweise nicht informiert, die Schulleitungen die Vorkommnisse aber dennoch „parteilich" gewertet, „politisch richtig" reagiert und „die notwendigen Maßnahmen" ergriffen hätten.[90]

Auch in den 1980er Jahren betrachteten die Machthaber die kirchliche Arbeit weiterhin mit Argwohn. Einer staatlichen Studie von 1980 zufolge sei in der wachsenden Kinder- und Jugendarbeit eine der „hauptsächlichen Stützen und Kanäle kirchlicher Arbeit und damit auch des Einflusses religiöser Anschauungen" zu sehen.[91] Die Ergebnisse dieser Studie über Religion, deren Wirkungsfelder und Wirksamkeit bestätigte eine weitere Studie zur Jugendarbeit der Kirchen von der Akademie der Pädagogischen Wissenschaften (APW) 1988 weitestgehend. Laut den Bildungssoziologen der APW übe die „offene Jugendarbeit", die „vielseitigen Freizeitmöglichen und Veranstaltungen", „das religiöse Moment und die Einbettung in die Gesamtarbeit der christlichen Gemeinde" eine besondere Anziehungskraft auf die Jugendlichen aus. In zahlreichen Jugendveranstaltungen werde über „aktuelle und interessante Fragen diskutiert". Zudem gehe es darum, „allen die Tür der Kirche zu öffnen, die Probleme haben, insbesondere mit der sozialistischen Gesellschaft". Am Ende dieser umfangreichen Studie gaben die Bildungssoziologen Empfehlungen für eine verbesserte staatliche Jugendarbeit. Dazu zählte, dass „im Umgang und in der Zusammenarbeit mit Christen und christlichen Gruppierungen [...] Berührungsängste und sektiererisches Verhalten überwunden" werden sollten. „Toleranz und das Verständnis für alle, die vom ‚Normalen' in der einen oder anderen Weise abweichen, einzeln oder in Gruppen auftreten, sind zu fördern, ohne den eigenen Standpunkt oder Prinzipien aufzugeben."[92]

Den Zulauf, den die Kirchen bei den Jugendlichen verzeichneten, hatte das SED-Regime mit seiner zunehmenden Militarisierung und Intoleranz gegenüber Andersdenkenden selbst provoziert. Mit Friedensaktionen, wie den Aktionen

---

90 Hutsky, Vorsitzender des Bezirkstages Dresden an Modrow, Bezirksparteikontrollkommission Dresden, Information zu einigen antisozialistischen und die Kampfkraft der Partei hemmenden Erscheinungen in einzelnen Polytechnischen und Erweiterten Oberschulen im Bezirk Dresden von Januar bis Dezember 1975 vom 23. 1. 1976 (BArch, DR 2/25880, unpag.).

91 Studie über die Religion, die Wirkungsfelder und die Wirksamkeit der Ev.-Luth. und Kath. Kirche in der DDR aus dem Jahre 1980 (StAC, 30413/7.1, Nr. 12248, Bl. 1–121, hier 7).

92 Zur Jugendarbeit der Kirche vom 16. 6. 1988. Abt. Bildungssoziologie, Institut für Erziehung, Akademie der Pädagogischen Wissenschaften, an Margot Honecker (BArch, DR 2/22034, unpag.). In Auszügen in: Geschichte, Struktur und Funktionsweise der DDR-Volksbildung, S. 508–513.

„Sozialer Friedensdienst" (SoFd) oder „Schwerter zu Pflugscharen"[93] sowie mit Umwelt- und Menschenrechtsinitiativen, trafen die Kirchen eher den Zeitgeist und das Bedürfnis der Jugendlichen, sich in diesem Sinne politisch zu engagieren. Damit steigerte sich die Dimension abweichenden Verhaltens, denn unpolitische religiöse Motive mischten sich mit politischen Ansichten und Absichten, was letztlich zu einer zunehmenden Systemkritik führte und auch so von der Staatsmacht wahrgenommen wurde.

2.3 Fehlende Mitgliedschaft in der Pionierorganisation oder in der Freien Deutschen Jugend, Verweigerung der Jugendweihe

In den ersten Nachkriegsjahren waren in den Schulen der SBZ bzw. DDR neben den Entnazifizierungsmaßnahmen besonders die ideologische und politisch fortschrittliche Gesinnung sowie die soziale Herkunft der Schüler von Bedeutung. Bereits im Manifest des Vereinigungsparteitags vom 21. April 1946 proklamierte die SED die sozialistische Weltanschauung der Jugend als parteipolitisches Ziel und wies dem Jugendverband „Freie Deutsche Jugend" (FDJ) eine unterstützende Funktion für die Durchsetzung ihrer Politik zu. Vornehmlich an den Oberschulen gerieten Schüler so zunehmend unter Druck.

Die FDJ wurde auf dem I. Parlament vom 8. bis 10. Juni 1946 in Brandenburg/Havel gegründet und deklarierte sich ursprünglich als überparteilich. Diese nach außen demonstrierte Überparteilichkeit des Jugendverbandes legten FDJ und SED in den folgenden Jahren sukzessive ab. Ende der 1940er Jahre versuchten zwar beide Organisationen ihre Verbindung noch sprachlich zu verschleiern, jedoch kam es immer wieder zu Äußerungen, anhand derer sich die reale Beziehung zwischen Jugendorganisation und SED deutlich zeigte. Die Führungsrolle der SED erkannte die FDJ schließlich 1952 offiziell an und fünf Jahre später, am 24. April 1957, erklärte die SED-Partei- und Staatsführung sie zur „sozialistischen Jugendorganisation der Deutschen Demokratischen Republik". Nunmehr galt der Jugendverband als „Helfer und Reserve der Partei" und sollte den Aufbau des Sozialismus mittels politisch-ideologischer, aber auch ökonomischer Initiativen zugunsten der Volkswirtschaft unterstützen.[94] Zudem übernahm der Jugendverband eine Vorreiterrolle bei der Einführung der Wehrpflicht 1962.

Insgesamt blieb der Organisationsgrad der Jugendlichen in der FDJ stets hinter den Zielvorgaben zurück. Der Jugendverband strebte beispielsweise nach dem VI. Parlament der FDJ 1959 an, innerhalb der nächsten vier Jahre seine Mitgliederzahl auf zwei Millionen Mitglieder zu erhöhen, um so 70 Prozent der Jugendlichen in seinen Reihen zu wissen. Da diese Vorstellungen weit von der Realität entfernt waren, schönten die Statistiker die eigentliche Mitgliederzahl

---

93 Siehe dazu Kapitel IV.2.6.
94 Vgl. Zilch, Millionen unter der blauen Fahne, S. 49.

von 1,2 Millionen auf 1,7 Millionen für 1959.[95] Trotz leicht rückläufiger Zahlen im Zeitraum von 1955 bis 1967 erreichte die FDJ zumindest in der zweiten Hälfte der 1960er Jahre einen Organisationsgrad von 50 Prozent. In den drei sächsischen Bezirken wurde diese Marke in den Jahren 1955, 1964 und nach 1969 überschritten.[96] In diesen Jahren schwankten die Mitgliederzahlen unter dem Eindruck politischer Ereignisse, denn infolge der Grenzschließung 1961 und der Einführung der Wehrpflicht sank die Zahl der FDJler um über 9 Prozent.[97] Erst ab 1969 konnte der Jugendverband stetig steigende Mitgliederzahlen verzeichnen. Oberflächlich betrachtet, erscheint diese Entwicklung als Ausdruck zunehmender Einflussnahme auf die Jugend. Bei einer tiefergehenden Untersuchung stellt sich jedoch schnell heraus, dass der Organisationsgrad der Jugendlichen nur bedingt als Indikator für die Zustimmung zur SED-Politik genutzt werden kann.[98] Schließlich handelte es sich beim Eintritt eines Großteils der Jugendlichen in die FDJ nicht um einen freiwilligen aus Überzeugung begangenen Akt, sondern eher um eine formale Mitgliedschaft zur Vermeidung von Repressionen im Schulalltag und Nachteilen für die Bildungskarriere.[99]

Zu Beginn der 1960er Jahre strebte die SED eine tolerantere Jugendpolitik an. Die Inhalte der Jugendkommuniqués vom 7. Februar 1961 und vom 21. September 1963 kamen bei Jugendlichen an,[100] obwohl die FDJ versuchte, die modernen Strömungen im kulturellen, künstlerischen und freizeitlichen Bereich für ihre Zwecke zu instrumentalisieren. Die Begeisterung der Jugend über die größte Veranstaltung, das Deutschlandtreffen der Jugend vom 16. bis 18. Mai 1964 in Berlin (Ost), schien die Politik des Jugendverbands zu bestätigen. Trotz des Erfolges sahen „die Exponenten eines harten Kurses in der SED"[101] in der neuen Jugendpolitik eher die Gefahr einer zunehmenden Abkehr der Jugend von der sozialistischen Gesellschaft der DDR. Zwischenfälle bei Konzerten und Tanzveranstaltungen schienen diese Vermutung nicht nur zu belegen, sondern sie dienten als willkommener Anlass, um die gestatteten Freiheiten der jungen Generation zurückzunehmen. Am 11. Oktober 1965 fasste schließlich das ZK in Abwesenheit Walter Ulbrichts den Beschluss „Zu einigen Fragen der Jugendarbeit und dem Auftreten der Rowdygruppen", um einschneidende Korrekturen in der Jugendpolitik zu veranlassen.[102] Zwei Monate später, auf dem 11. Plenum

---

95 Dorle Zilch vermutet, dass die Mitgliederzahlen dadurch künstlich erhöht wurden, dass auch FDJler mit einem Alter von mehr als 25 Lebensjahren statistisch erfasst wurden. Vgl. ebd., S. 31.
96 Vgl. ebd., S. 35-38, Tab. 12, 14 und 15.
97 Vgl. ebd., S. 53 f.
98 Vgl. ebd., S. 79 f.; Walter, Die Funktionen der Freien Deutschen Jugend im politischen System der DDR, S. 198-200.
99 Vgl. ebd.; Zilch, Millionen unter der blauen Fahne, S. 82.
100 Vgl. Mählert/Stephan, Blaue Hemden - Rote Fahnen, S. 153.
101 Nach Mählert/Stephan zählten zu diesem Kreis Erich Honecker, Horst Sindermann, Paul Fröhlich, Otto Gotsche, Alfred Kurella und Alexander Abusch. Vgl. ebd., S. 165.
102 Vgl. Rauhut, Beat in der Grauzone, S. 126.

des ZK der SED vom 15. bis 18. Dezember 1965, erfolgte ein weiterer Schlag gegen die Jugend- und Kulturpolitik.[103] Nach Kritik und Selbstkritik strebte die FDJ-Führung eine ideologische „Stählerung" an, d. h. die FDJler sollten für einen „festen Klassenstandpunkt" ideologisch geschult werden.[104]

Nach dem VIII. Parteitag der SED folgten Veränderungen entsprechend der verkündeten Einheit von Wirtschafts- und Sozialpolitik. Der Lebensstandard der DDR-Bevölkerung verbesserte sich durch ein größeres Angebot an Konsumgütern und sozialpolitischen Maßnahmen, die besonders jungen Erwachsenen zugutekamen. Zudem verzeichnete die DDR einige außenpolitische Erfolge, wie die Regelung der innerdeutschen Beziehungen mit dem Grundlagenvertrag 1972, die Aufnahme der DDR in die UNO und die diplomatische Anerkennung der DDR durch mehrere Staaten. Das beeindruckte eine Vielzahl von Jugendlichen, zumal diese Generation die Zeiten offener Grenzen aus eigenem Erleben nicht mehr kannte und gelernt hatte, in den vorgegebenen Rahmenbedingungen zu leben.[105] Die X. Weltfestspiele der Jugend vom 29. Juli bis zum 5. August 1973 erschienen dabei als ein Höhepunkt, der „erstmals seit den frühen sechziger Jahren [...] eine partielle Übereinstimmung zwischen politischer Führung und jugendlicher Basis in der DDR" wiedergab.[106]

Dennoch kam nach dem Ausgang der Konferenz für Sicherheit und Zusammenarbeit in Europa (KSZE) Enttäuschung auf, da sich die Hoffnungen der DDR-Bürger auf innenpolitische Lockerungen, größere Selbstverwirklichungschancen und Meinungsfreiheit nur äußerst bedingt in der DDR erfüllten. Statt der erhofften Öffnung zur Bundesrepublik grenzte sich die SED nun noch stärker ideologisch ab.[107] Nach dem IX. Parteitag vom 18. bis 22. Mai 1976 übertrug die SED der FDJ die Aufgabe, die gesamte Jugend zu „klassenbewussten Kämpfern für den gesellschaftlichen Fortschritt" und zu „aktiven Erbauern und standhaften Verteidigern des Sozialismus und Kommunismus" zu erziehen.[108] Mit diesen Vorstellungen entfernten sich sowohl SED- wie auch FDJ-Funktionäre von der Lebenswirklichkeit der Jugendlichen, was zu einer zunehmenden Abwendung von der marxistisch-leninistischen Weltanschauung führte. Das Zentralinstitut für Jugendforschung stellte in seinen Studien fest, dass seit 1975 unter den Lehrlingen und Studenten die Identifikation mit dem Marxismus-Leninismus abnahm. Auch konnte sich nur noch eine Minderheit mit der Einheitspartei „stark" identifizieren, dagegen stieg der Anteil derjenigen, „die sich ‚kaum' oder ‚nicht' zur Partei bekannten". Letztlich zeigte sich, dass sich im Oktober 1988 nur noch 18 Prozent der Lehrlinge und 19 Prozent der jungen Arbeiter, im Februar 1989 nur noch 34 Prozent der Studierenden mit der

---

103 Vgl. Mählert/Stephan, Blaue Hemden - Rote Fahnen, S. 169. Eine umfassende Darstellung dazu Agde (Hg.), Kahlschlag.
104 Vgl. Mählert/Stephan, Blaue Hemden - Rote Fahnen, S. 172 f.
105 Vgl. ebd., S. 195.
106 Vgl. ebd., S. 200.
107 Vgl. ebd., S. 202.
108 Protokoll der Verhandlungen des IX. Parteitages der Sozialistischen Einheitspartei Deutschlands im Palast der Republik, in Berlin, 18. bis 22. 5. 1976. Zit. in ebd., S. 209.

DDR „sehr stark" oder „stark" identifizierten.[109] Laut einer Umfrage des Institutes für zeitgeschichtliche Forschung im Februar/März 1991 gaben Jugendliche als Motive für ihre Mitgliedschaft in der FDJ an:[110]

„1) weil das für die schulische und berufliche Entwicklung notwendig war (76,0 %);
2) weil fast alle Mitglied waren (62,5 %);
3) weil ich keinen Ärger wollte (59,9 %);
4) weil ich gerne unter Gleichaltrigen war (44,9 %);
5) weil hier eine interessante Freizeitgestaltung möglich war (30,4 %);
6) weil die FDJ meine Interessen vertrat (29,5 %);
7) weil interessante politische Diskussionen möglich waren (20,6 %)."[111]

Demnach trat nur eine Minderheit aus Überzeugung in die FDJ ein. Die drei am häufigsten genannten Gründe bestätigen, dass die Mehrheit der Jugendlichen die FDJ-Mitgliedschaft nicht weiter hinterfragte. Sie bewegten sich mit der Masse und passten sich an, um ihre schulische und berufliche Entwicklung nicht zu gefährden und um sich keinem Ärger auszusetzen.

Für die Durchsetzung ihrer Politik in den Schulen instrumentalisierte die SED neben der FDJ seit 1948 auch die Kinderorganisation „Junge Pioniere".[112] Die Zahl der Pioniere wuchs von Januar bis Juli 1949 von ca. neun auf 30 Prozent der schulpflichtigen Kinder.[113]

Seit der II. Parteienkonferenz der SED im Juli 1952 wurde die Pionierorganisation immer mehr zur Stütze der Schule für die Erziehung zur „allseitig entwickelten Persönlichkeit".[114] Die gewünschte Zusammenarbeit zwischen Pionierorganisation und Schule gelang jedoch nicht ohne Widersprüche. Beispielsweise wehrten sich einige Lehrer gegen ihre Instrumentalisierung für die Ziele der Pionierorganisation oder führten an Pioniernachmittagen statt der politischen die schulische Bildungsarbeit fort. Schließlich war es eine der wichtigsten Aufgaben der Pioniere, hohe Lernergebnisse zu erzielen. Gegen Ende der 1950er Jahre hatten sich die „sozialistische Erziehung" und die Organisationsstrukturen für deren Durchsetzung etabliert und diese sollten sich bis zum Ende der DDR kaum ändern: „Eingebunden zwischen Schule und außerschulischen Organisationen, verzahnt durch die Tätigkeit der Lehrer und hauptamtlichen Pionierleiter sowie kontrolliert durch die verschiedenen Instanzen der SED in den Kreisen und Bezirken."[115] Ab diesem Zeitpunkt erhöhte sich die Zahl der Pioniere infolge intensiver Rekrutierungsmaßnahmen, sodass nahezu jedes Kind an die Organisation gebunden werden konnte.[116]

---

109 Vgl. Walter, Die Funktionen der Freien Deutschen Jugend im politischen System der DDR, S. 200.
110 Im Rahmen dieser Frage waren Mehrfachnennungen möglich.
111 Vgl. Zilch, Die FDJ – Mitgliederzahlen und Strukturen, S. 63.
112 Eine ausführlichere Darstellung findet sich in: Kudella/Paetz/Tenorth, Die Politisierung des Schulalltags, S. 71–122.
113 Siehe ebd., S. 76.
114 Vgl. ebd., S. 80 f.
115 Ebd., S. 85.
116 Vgl. Erhardt, Kindheit in der DDR, S. 121. Den Organisationsgrad der Schüler in der Pionierorganisation offenzulegen, ist laut den Bildungsforschern Sonja Kudella, Andreas

Der Eintritt in die Reihen der Jungpioniere sollte in der ersten Klasse und möglichst im „geschlossenen" Klassenverband erfolgen. Ab der vierten Klasse trat die Jungpioniergruppe in die Reihen der Thälmann-Pioniere über und in der siebten Klasse erfolgte die ebenfalls möglichst gemeinsame Aufnahme der Gruppe in die Freie Deutsche Jugend. Die Mitgliedschaft in der FDJ bestand in der Regel automatisch bis zum 25. Lebensjahr. Die Tatsache, Pionier oder FDJler zu sein, galt als formales Bekenntnis zum SED-Staat und war somit grundlegendes Kriterium für eine positive staatsbürgerliche Einstellung. Nach der Etablierung des Verbandes und bis zum Ende der DDR sah auch das Gros der Schüler und Eltern in der Mitgliedschaft eher eine Formsache, die sie nicht weiter hinterfragten.

Dennoch gab es Schüler, die nicht in die Reihen der Pioniere oder der Freien Deutschen Jugend eintreten wollten oder durften. Sie waren zum einen massiven Werbungsaktionen ausgesetzt, zum anderen mussten sie damit rechnen, im Unterricht wie im sonstigen Schulalltag benachteiligt zu werden, da Schule und Kinder- bzw. Jugendorganisation für die Vermittlung der sozialistischen Erziehung äußerst eng zusammenarbeiteten. Der Organisationsstruktur nach bildete ein Klassenverband auf unterster Ebene eine Pioniergruppe, die vom Klassenlehrer geleitet wurde. Zur Überwachung des Organisationsgrades sollte die Zahl der Pioniere von den Schulen erfasst werden – eine Aufgabe, die mancher Lehrer oder Direktor übereifrig erfüllte.[117]

Einige Schüler, die allein oder gemeinsam mit ihren Eltern Vorbehalte gegenüber einer Mitgliedschaft hatten, mussten sich entweder vor einzelnen Lehrern oder der Klasse für ihre Entscheidung rechtfertigen. Darüber hinaus forderte die Schule von den Eltern eine Stellungnahme zu ihrer Haltung und der ihrer Kin-

Paetz und Heinz-Elmar Tenorth schwierig, da als Nachweis für die Entwicklung der Mitgliedszahlen in der Pionierorganisation die Angaben der Statistischen Jahrbücher der DDR nur wenig zweckdienlich seien. In den Statistischen Jahrbüchern übersteigen die Mitgliederzahlen der Pionierorganisation sogar die Schülerzahlen, der Klassenstufen 1 bis 7. Folglich können diese statistischen Angaben nicht stimmen, denn der Organisationsgrad von Schülern läge in einigen Jahren über 100 % (1960: 100,6 %; 1979: 101,45 %; 1984: 101,33 %; 1988: 100,98 %). Die Autoren vermuten als Ursache für diese Diskrepanz, „dass in den statistischen Jahrbüchern keine spezielle Aufschlüsselung der Schülerzahlen von Sonder- und Spezialschulen in den Klassen 1–7 vorgenommen wurde. Daher kann auch nicht untersucht werden, inwieweit diese Schulen besondere – vielleicht abweichende – Formen der Rekrutierung für die parteinahe Jugendorganisation zu verzeichnen hatten." Auch kann das Meldeverhalten der Organisation für diese Auffälligkeit verantwortlich sein, „dass nämlich die Leitung der Pionierorganisation sich statistisch ihrer Leistungen zu rühmen suchte". Kudella/Paetz/Tenorth, Die Politisierung des Schulalltags, S. 108 f.

117 So berichtete 1958 der StSR von Karl-Marx-Stadt, Barth, dem stellvertretenden BSR, Börner, dass in der Karl-Marx-Oberschule in einer Fragezettelaktion die Schüler gefragt worden seien, welchen Organisationen sie angehörten. Dabei sei in einer Klasse auch die Zugehörigkeit zur Jungen Gemeinde erfragt worden. In seiner Stellungnahme zu diesen Vorgängen kritisierte der StSR jedoch nicht die Aktion an sich, sondern wies ausdrücklich darauf hin, „dass solche Umfragen künftig nicht schriftlich erfolgen dürfen". Barth, StSR Karl-Marx-Stadt, an Börner, stellvertretenden Leiter der Abt. Volksbildung, RdB Karl-Marx-Stadt, vom 4. 2. 1958 (SächsStAC, 30413/8.1, Nr. 460, unpag.).

der. Oftmals hielten Kinder und Eltern diesem Druck nicht stand und gaben schließlich nach. Frau S. N. schilderte ihre Erlebnisse in einem Interview:

„Die FDJ war schon kein Thema mehr. Schlimmer war es eigentlich, als es um meinen Eintritt zu den Pionieren ging, weil man mit sechs oder sieben Jahren das natürlich noch nicht so richtig versteht, dass man anders ist als die anderen oder anders erzogen wird. Und ich kann eigentlich nur sagen: Ich bewundere meine Eltern dafür, wie sie das an uns vermittelt haben. Dass sie gesagt haben: ‚Ihr könnt dort mit hingehen zu bestimmten Sachen, wo es also um Beisammensein geht, aber es ist eine Ideologie, die wir nicht vertreten und nicht nachvollziehen können. Und dass sie uns so nach und nach beigebracht haben, dass wir zu Hause offen sprechen können, dass wir in der Schule nicht lügen müssen, uns aber halt zurückhalten sollen. Also, es war jetzt auch nicht so, dass uns der Mund verboten wurde: ‚Ihr dürft da nicht gegenreden, wenn irgendetwas ist, was euch völlig gegen den Strich geht. Aber sie haben also versucht, uns immer klar zu machen, dass das Folgen hat.“[118]

Der Vater von Frau S. N. war Pfarrer, was die Familie oftmals vor Repressionen schützte. Jedoch berichtet die Interviewte auch von einer Mitschülerin, deren Eltern letztlich dem Drängen der Lehrer und dem Gruppenzwang in der Schulklasse nachgaben, um die späteren Bildungschancen des Mädchens nicht zu gefährden.[119]

Neben diesen Erlebnissen um die Werbung für die Mitgliedschaft in der Pionierorganisation oder der FDJ oder die Teilnahme an der Jugendweihe berichten Zeitzeugen immer wieder auch von Lehrern, die ihre Persönlichkeit oder ihre Weltanschauung im Unterricht in Frage stellten. Frau S. N. meinte im Interview, dass sie von der Klasse und von Lehrern vor allem zu Beginn ihrer Schulzeit als Außenseiter betrachtet worden sei, „weil für viele das die erste Begegnung damit war, dass sich jemand irgendwo gegen den Strom bewegt“. Zudem forcierte ein Lehrer die Ausgrenzung der Schülerin aktiv, indem er sie als Christin in der Klasse immer wieder bloßstellte.[120]

Vor dem Hintergrund des jahrzehntelangen intensiven Werbens für die Aufnahme christlicher Schüler in die Reihen der Pioniere und der FDJ mutet es besonders kurios an, dass innerhalb der Organisation oftmals noch Unvermögen herrschte, wie mit integrationswilligen und engagierten christlichen FDJ-Mitgliedern umzugehen sei. In seinem Bericht über das „Forum des FDJ-Aktivs der Oberschulen“ von 1986 schrieb der Erste Sekretär des FDJ-Zentralrates, Eberhard Aurich, der Ministerin für Volksbildung, Margot Honecker, dass erneut mehrfach die Frage nach dem Umgang mit weltanschaulich anders Denkenden bei der Arbeit aufgeworfen worden sei. Dabei falle auf, dass frühere „sektiererische“ Auffassungen nach dem Motto: „Die haben in der FDJ nichts zu suchen“, nur noch selten anzutreffen seien.[121]

118 Interview mit Frau S. N. am 18. 1. 2005.
119 Ähnliche Schilderungen finden sich auch in Zeitzeugenberichten anderer Publikationen z. B. Schneider, Junge Christinnen: Mein Glaube ist mir wichtig, Band 1, S. 80–82; dies., Säkularisierung und Rolle der Kirche in der DDR, Band 3, S. 154.
120 Interview mit Frau S. N. am 18. 1. 2005.
121 Eberhard Aurich, Erster Sekretär des FDJ-Zentralrates, an Margot Honecker, Bericht über Verlauf und Ergebnisse des „Forums des FDJ-Aktivs der Oberschulen 1986“ und

Bereits Jahre zuvor bemängelte der Hauptvorstand der CDU in einem Schreiben an das ZK, dass christliche Schüler, die zugleich Pioniere seien, teils von einer Gruppenratsmitgliedschaft ausgeschlossen würden.[122] Erst nachdem die Hauptschulinspektion des Ministeriums für Volksbildung infolge des CDU-Schreibens intervenierte und die Kreisvorsitzende der Pionierorganisation die Pionierleiterin der Schule neu „orientierte", erfolgte beispielsweise die Aufnahme eines Schülers in die Gruppenleitung der Klasse. Allerdings bestanden auch hier Einschränkungen: Christen, die sich in der Pionierorganisation oder der FDJ engagierten, blieben bestimmte Funktionen in Gruppen- oder Gruppenorganisationsleitungen vorenthalten.[123] Schließlich verband sich mit der Aufnahme in die Pionierorganisation oder FDJ keine wirkliche Absicht zur Integration von christlichen Kindern und Jugendlichen, denn das hätte erfordert, dass solche Schüler auch in Leitungsfunktionen gewählt bzw. delegiert werden konnten. Vielmehr lag der Gedanke nahe, christliche Schüler nach ihrem Eintritt in eine Kinder- und Jugendorganisation zu einer Abkehr von ihrem Glauben zu bewegen.

In dieselbe Richtung wies auch die Einführung der Jugendweihe im Jahre 1954. Diese stellte einen Initiationsritus dar, „bei dem die Jugendlichen in den Kreis der Erwachsenen aufgenommen werden". Die Gestaltung der Feier erfolgte in Anlehnung an die traditionelle Konfirmation, denn auch der Jugendweihe „geht eine vorbereitende Unterweisung voraus. Zentral ist das Ablegen eines Gelöbnisses. Die Jugendweihe versteht sich als eine Art *nichtreligiöse* Alternative zur Konfirmation."[124]

Während der Besatzungszeit und in den ersten Jahren nach der Gründung der DDR war die Jugendweihe eher bedeutungslos. Zwar gab es in der SED Kräfte, die sich für eine Einführung der Jugendweihe einsetzten, jedoch ordnete die Parteileitung im Jahre 1950 an, auf die Jugendweihe zugunsten von Schulentlassungsfeiern zu verzichten.[125] Obwohl es in diesen Jahren zwischen Staat und Kirchen einige Auseinandersetzungen wegen des Religionsunterrichts gab, wollte die SED-Führung das Verhältnis nicht zusätzlich mit der Propagierung der Jugendweihe belasten.[126]

Zur Verschlechterung der Beziehungen zwischen Staat und Kirche trugen die Entschließungen „Die nächsten Aufgaben der allgemeinbildenden Schule" des

der bezirklichen Schulungslager für FDJ-Funktionäre der Oberschulen vom 2.9.1986 (BArch, DR 2/D65, unpag.).

122 Vgl. Sekretariat des Hauptvorstandes der CDU an das ZK der SED, weitergeleitet an Lorenz, Staatssekretär MfV, Informationen aus den Bezirksverbänden der CDU zur Vorbereitung und Durchführung der Wahlen zu den Elternvertretungen vom 4.11.1974 (BArch, DR 2/25046, unpag.).

123 Vgl. Bauer, HSI, MfV, an Lorenz, Staatssekretär, MfV, Information zu den in der Information des Sekretariats des Hauptvorstandes der CDU genannten Beispielen sektiererischen Verhaltens im Hinblick auf die Wahl von Mitgliedern der CDU in Elternvertretungen vom 3.12.1974 (BArch, DR 2/25046, unpag.).

124 Fischer, Wir haben euer Gelöbnis vernommen, S. 12. Hervorhebung wie im Original.

125 Vgl. ebd., S. 42.

126 Vgl. ebd., S. 34.

ZK der SED vom 19. Januar 1951[127] und die zunehmenden Angriffe auf die Junge Gemeinde bei, die sich bis Juni 1953 zuspitzten.[128] Zwar entspannte sich die Situation in der zweiten Jahreshälfte geringfügig,[129] jedoch beeinträchtigte die Einführung der Jugendweihe[130] die bestehenden Diskrepanzen zusätzlich.[131] Die Jugendweihe sollte als staatliches Ersatzritual für Konfirmation, Erste heilige Kommunion bzw. Firmung den kirchlichen und bürgerlichen Einfluss auf die Jugendlichen zurückdrängen.[132]

Dass, die Einführung der Jugendweihe bereits im Vorfeld geplant worden war, belegen allein schon die 120 000 Exemplare der ersten Auflage des Geschenkbuches „Weltall – Erde – Mensch" aus dem Jahr 1954[!]. Unter dem Motto, die Jugendlichen auf den Eintritt ins Erwachsenenleben vorzubereiten, rief der neu gegründete Zentralausschuss für Jugendweihe alle Jugendlichen und deren Eltern unabhängig ihrer Weltanschauung auf, an der Jugendweihe teilzunehmen. Dieser erste Aufruf knüpfte noch nicht an die proletarische Tradition der Feier an, zudem wurde die staatliche Förderung verschleiert und volle Glaubens- und Gewissensfreiheit zugesichert.[133] Weiterhin hatte der Zentralausschuss nichts gegen die gleichzeitige Teilnahme an den kirchlichen Riten Erste Heilige Kommunion, Firmung oder Konfirmation einzuwenden.

Auf diesen Jugendweiheaufruf reagierten die Kirchen postwendend mit massiver Kritik.[134] Evangelische Kirchenvertreter bewerteten die Jugendweihe als

---

127 Die nächsten Aufgaben der allgemeinbildenden Schule. Entschließung der 4. Tagung des ZK der SED vom 19. 1. 1951. In: Monumenta Paedagogica, Band 6,1, S. 382–389. Vgl. auch Kapitel II.2.

128 Allgemein wirkten sich die Ablehnung der Stalin-Note und die Unterzeichnung des EVG-Vertrages durch Konrad Adenauer im April 1952 auf die deutsch-deutschen wie auch auf die innenpolitischen Verhältnisse negativ aus. Infolge dessen wurden die Grenzen zur Bundesrepublik Deutschland gesperrt, eine fünf Kilometer Grenzzone geschaffen, die nur mit besonderem Passierschein betreten werden durfte. Zudem wurde die Aufstellung eigener Streitkräfte angekündigt und der Aufbau des Sozialismus vorangetrieben. Vgl. Fischer, Wir haben euer Gelöbnis vernommen, S. 34 f.

129 Siehe dazu auch Kapitel IV2.2.

130 Der Zentralausschuss für Jugendweihe (ZA) wurde am 12. 11. 1954 gegründet und rief an diesem Tag erstmals alle Jugendlichen dazu auf, an der Jugendweihe teilzunehmen.

131 Vgl. Fischer, Wir haben euer Gelöbnis vernommen, S. 39 f.

132 Vgl. auch Kudella/Paetz/Tenorth, Die Politisierung des Schulalltags, S. 146.

133 Vgl. Fischer, Wir haben euer Gelöbnis vernommen, S. 68 f.

134 Der Bischof der Evangelischen Kirche in Berlin-Brandenburg (EKiBB) und Vorsitzende des Rates der Evangelischen Kirche in Deutschland (EKD), Dibelius, schrieb am 7. 1. 1955 an die Pfarrer und Gemeinden der EKiBB: „Wir kennen diese Jugendweihe aus der Vergangenheit zur Genüge. Der Zuschnitt wechselt, der Inhalt ist immer derselbe: Die Jugend soll, in klarem Gegensatz gegen das christliche Evangelium, einer materialistischen Weltanschauung verpflichtet werden. Unsere kirchliche Lebensordnung bestimmt deutlich und klar: ,Kinder, die sich einer Handlung unterziehen, die im Gegensatz zur Konfirmation stehen (Jugendweihe oder dergleichen), können nicht konfirmiert werden.'" Zit. nach: Jeremias, Die Jugendweihe in der Sowjetzone, S. 40. Beispielsweise wurde auch aus einzelnen Gemeinden des Bezirkes Leipzig von Mitarbeitern der Abteilung Religionsgemeinschaften des Rates des Kreises an die des Rates des Bezirkes über die Reaktionen von Kirchenvertretern zur Jugendweihe berichtet. So berichtet der Mitarbeiter der Abteilung Religionsgemeinschaften des Rates des Kreises Eilenburg am

atheistisch geprägte Feier, die nicht wirklich freiwillig sei. Das Verfassungsprinzip der religiösen Neutralität sei durch das aktive Eintreten der staatlichen Organe zugunsten der Jugendweihe maßgeblich verletzt worden.[135] Auch die katholische Kirche sah in der Jugendweihe ein feierliches Bekenntnis zur materialistischen Weltanschauung, das sie energisch ablehnte. Schließlich entschieden sich die Kirchen, dass christliche Jugendliche, die an der Jugendweihe teilgenommen hätten, nicht zur Konfirmation bzw. Firmung zuzulassen und vom Heiligen Abendmahl auszuschließen seien. Darüber hinaus dürften diese kein Patenamt ausüben und weder eine Trauung noch eine Bestattung vonseiten der Kirche erhalten.[136]

Diese rigorose Haltung der Kirchen zeugte nicht gerade von Feingefühl in dieser für ihre Mitglieder bedrückenden Situation. Obendrein erhöhte die staatliche Seite noch zusätzlich Druck, indem sie die Teilnahme an der Jugendweihe zu einem entscheidenden Auswahlkriterium für den Besuch einer weiterführenden Schule erhoben.[137] Dem waren die Eltern der Betroffenen vielfach nicht gewachsen. Sie wollten ja ihren Kindern mögliche Bildungschancen erhalten und fühlten sich deshalb in dieser Konfliktsituation von ihren Kirchen unverstanden und allein gelassen.

Die Propagierung der Jugendweihe trieb die SED-Führung seit dem ersten Aufruf massiv voran. Zugute kam ihr dabei, dass es sich bei der Jugendweihe um einen Initiationsritus handelte, der sich Mitte des 19. Jahrhunderts in abgespalteten Kirchenkreisen herausgebildet und im Kreise von Freidenkern als auch in der Arbeiterbewegung fortbestanden hatte. An diese Traditionen konnte die SED-Führung anknüpfen.[138] Am 18. Januar 1955 forderte Walter Ulbricht in

---

3.1.1955: „Pfarrer Bäumer predigte am 25.12.54 in der Bergkirche: ‚Unsere Weltanschauung unterscheidet sich streng von der Weltanschauung des Marxismus-Leninismus. Es ist bereits bekannt, dass an den Jugendweihen, die jetzt durchgeführt werden sollen, alle jungen Menschen, gleich welcher Weltanschauung, teilnehmen können. Diese Jugendweihe ist aber die Fortsetzung jener vor 1933 von Menschen, die die Kirche ablehnen. Deshalb müssen wir uns als Christen scharf abgrenzen. Allen sei gesagt, wer an der Jugendweihe teilnimmt, wird nicht konfirmiert. Beschluss von Dr. Müller, Magdeburg.‘" Tuchel, Abt. Religionsgemeinschaften, RdK Eilenburg, an Abt. Religionsgemeinschaften RdB Leipzig, Bericht über die Stellungnahme der Pfarrer zur Jugendweihe in der Kirche vom 3.1.1955 (SächsStAL, 20237 BT/RdB Leipzig, Nr. 1577, Bl. 55a-b). Zudem berichtete Tuchel weiter: „Kollege Herbich (stellv. Vorsitzender) erklärte, dass am 2. Weihnachtsfeiertag in der katholischen Kirche in Eilenburg ein Hirtenschreiben, unterzeichnet von dem Bischof Rinteln, verlesen wurde, welches scharf gegen die Jugendweihe Stellung nimmt. In dem Schreiben heißt es, dass es für keinen katholischen Christen in Frage kommt, an der Jugendweihe teilzunehmen. Es wird gesagt, dass diese Vorbereitungslehrgänge zur Jugendweihe von Gott wegführen." Ebd.

135 Vgl. Mitzenheim, Landesbischof der Evangelisch-Lutherischen Kirche in Thüringen, an Gebhardt, Vorsitzender des Rates des Bezirkes in Thüringen, vom 21.1.1955. In: Kirchliches Jahrbuch für die Evangelische Kirche in Deutschland (KJ), 82.(1955), S. 121 f.

136 Vgl. Fischer, Wir haben euer Gelöbnis vernommen, S. 72 f.; Kudella/Paetz/Tenorth, Die Politisierung des Schulalltags, S. 152.

137 Vgl. Wappler, Klassenzimmer ohne Gott, S. 47–49.

138 Vgl. Meier, Struktur und Geschichte der Jugendweihen/Jugendfeiern, S. 4. Zur Entstehung der Jugendweihe siehe auch: ders., Jugendweihe-Jugendfeier. Ein deutsches nos-

einem Rundschreiben des Zentralkomitees der SED an die Ersten Sekretäre der Bezirks- und Kreisleitungen alle Parteiinstanzen auf, sich an der Organisation der Jugendweihen zu beteiligen. Die Mitglieder der SED waren dazu angehalten, aktiv die Arbeit der Jugendweiheausschüsse zu unterstützen und Angriffe aus kirchlichen Kreisen zu verhindern[139] Nach außen hin sollten diese Ausschüsse eigenständig sein, jedoch beanspruchte die SED die Leitung in allen Bereichen für sich und griff bezüglich der Werbung für die Jugendweihe, aber auch bei der Auseinandersetzung mit den Gegnern des staatlichen Initiationsritus regelmäßig auf die Presse zurück. Das Zentralkomitee beauftragte die Zeitungen nicht nur, zweimal in der Woche über die Jugendweihe zu berichten, sondern schlug darüber hinaus auch gleich noch die Themen vor.[140]

Zwar blieben im ersten Jahr der Jugendweihe 1955 die Zahlen hinter den Erwartungen zurück: nur 52 322 Jugendliche nahmen teil, das waren 17,7 Prozent des Altersjahrgangs. In den beiden folgenden Jahren stieg die Zahl um ca. 23 Prozent an und konnte bis 1958 sogar verdoppelt werden. Insgesamt nahm der prozentuale Anteil der Jugendlichen eines Jahrgangs, die an einer Jugendweihe teilnahmen, stetig zu, sodass die Statistik 1960 bereits 87,8 Prozent und 1986 schließlich 97,3 Prozent erfasste.[141]

Diese Erfolge konnte der Zentralausschuss für Jugendweihe nur erreichen, indem die SED-Parteileitung rigoros gegen Gegner der Jugendweihe vorging. Die Bezirksleitungen der SED registrierten den Stand von Werbung, Durchführung und „gegnerischen Aktionen" in den einzelnen Kreisen.[142]

talgisches Fest vor und nach 1990; Chowanski/Dreier, Die Jugendweihe; Gandow, Jugendweihe – Humanistische Jugendfeier.

139 „Mit der Einbindung von SED-Mitgliedern auf allen Ebenen der Jugendweihearbeit wurde zugleich der organisatorische Aufbau und der notwenige Agitations- und Kontrollapparat vorgegeben: Über Ausschüsse auf Orts-, Kreis- und Bezirksebene und über ein System kontinuierlicher und ständiger Berichterstattung bei der jeweiligen Parteiführung. Die SED kontrollierte aber auch die Konstituierung der Ausschüsse, ihre Zusammensetzung und Arbeitspläne und den Stand der Anmeldungen zur Jugendweihe; sie fühlte sich für die Gewinnung der Jugendstundenleiter und für den Inhalt der Vorbereitungsstunden auf die Jugendweihe verantwortlich." Kudella/Paetz/Tenorth, Die Politisierung des Schulalltags, S. 146 f.

140 Vgl. ebd.

141 Eine Übersicht über die Teilnahmequoten an der Jugendweihe findet sich ebd., S. 148 f.

142 Im Bezirk Leipzig war der Stand der Werbung und der Durchführung sowie die „Kontrolle der Gegner" der Jugendweihe Tagesordnungspunkt in einer Besprechung des BSR und der KSR des Bezirkes. Das „Protokoll über die Tagung mit den Abteilungsleitern am Donnerstag, den 27. 10. 1955" vom 7. 11. 1955 enthält die Mitteilung des Kollegen Spenker über Vorgänge in Kalvitz: „Ortsausschuss für die Jugendweihe besteht, arbeitet aber nicht. Eine Versammlung für die Jugendweihe wurde für 8.00 Uhr angesetzt, der Pfarrer setzt eine Versammlung für 7.00 Uhr bei einem Lehrer an (Angriff der Kirche). Kinder tragen Kreuze, Pfarrer hält die Kinder zum Religionsunterricht an. Der Direktor sagte, wir können doch nicht immer gleich so strenge Maßnahmen ansetzen, wir wollen die Jugendweihe erst einmal anlaufen lassen. An der 16. Grundschule in Leipzig nehmen alle Schüler aus dem einen 8. Schuljahr an der Jugendweihe teil." Abt. Volksbildung, RdB Leipzig, Protokoll über die Tagung mit den Abteilungsleitern am 27. 10. 1955 vom 7. 11. 1955 (SächsStAL, 20237 BT/RdB Leipzig, Nr. 1503, Bl. 81). Auch die Mitarbeiter der Gewerkschaft für Unterricht und Erziehung der Bezirksver-

Zudem hielt die SED-Spitze die Bezirks- und Kreisleitungen der SED, die Räte der Bezirke und Kreise, die Mitarbeiter der Abteilung Volksbildung, der Freie Deutsche Gewerkschaftsbund, die Gewerkschaft für Unterricht und Erziehung[143] und andere Massenorganisationen[144] zur Unterstützung der

waltung Leipzig berichteten der Abteilung Volksbildung beim RdB Leipzig über den Stand von Werbung und Durchführung der Jugendweihe wie auch über Aktionen von Kirchenvertretern: „Kollegin Fischer. Ich möchte über drei Schwerpunkte in unserer Arbeit berichten: [...] 3. Wie ist der Stand der Jugendweihe an unserer Schule? [...] zu 3.: Von 120 Schulabgängern haben wir 61 Anmeldungen für die Jugendweihe. Zur heutigen ersten Jugendstunde wird der Generaldirektor des Kombinates ‚Otto Grotewohl‘ darüber sprechen, wie er Held der Arbeit wurde. Wie kamen wir nun zu 61 Anmeldungen? Bereits im vergangenen Jahr haben wir 57 Teilnehmer gehabt. Wir haben die Jugendweihe selbst recht gut vorbereitet. So ist uns auch die Durchführung gelungen. Zur Feierstunde haben wir unseren Paten eingeladen, Gen. Otto Grotewohl. Dieser Abschluss der Jugendweihe wurde zum Symbol unseres Ortes. Wir haben bereits im 7. Schuljahr mit der Werbung begonnen (besonders im Deutschunterricht). Wir haben auch einen harten Kampf gegen die Kirche zu führen. Der Pfarrer in Böhlen äußerte einmal wir wären eine ‚Idiotenschule‘. Bereits im vergangenen Jahr hatte dieser Pfarrer geäußert: ‚Wenn wir alle in einen Zug einsteigen, hätten wir erlebt, wohin das führt‘. Wir sind drauf und dran energisch gegen das Treiben des Pfarrers einzugreifen. Wir haben uns bereits Maßnahmen überlegt, die wir einleiten wollen. Ich möchte aber jetzt noch nicht darüber sprechen." Gewerkschaft für Unterricht und Erziehung, BV Leipzig an Abt. Volksbildung, RdB Leipzig, Protokoll über die Bezirksvorstandssitzung vom 11.10.1955 (ebd., Nr. 157, Bl. 39 f.). Ähnliche Beispiele gab es auch im Bezirk Potsdam. Vgl. Kudella/Paetz/Tenorth, Die Politisierung des Schulalltags, S. 151–153.

143 Im Referat zur Betriebsvorstandssitzung der Gewerkschaft Unterricht und Erziehung vom 11.10.1955 wurden die nächsten Aufgaben der Gewerkschaft im Bezirk Leipzig folgendermaßen formuliert: „Die Jugendweihe ist eine neue Seite im Prozess der Umgestaltung unserer Gesellschaft. Sie entspricht dem Charakter unseres Staates. Um die Jugendlichen an der Jugendweihe teilnehmen zu lassen, ist die Überzeugungsarbeit unter den Eltern zu organisieren. In diesem Jahr stehen uns die Erfahrungen des vergangenen Jahres, die Kader aus der bisherigen Arbeit und die Aufgeschlossenheit eines Teiles der Bevölkerung als positiv von Anfang an zur Verfügung. Deshalb bestehen reale Möglichkeiten, die Mehrheit der Jugendlichen zur Teilnahme an der Jugendweihe zu gewinnen. Die Zentren unserer Breiten- und Aufklärungsarbeit sind die sozialistischen Betriebe und die Arbeit der Betriebskomitees. Keine Gewerkschaftsgruppe darf ein neutrales Verhalten von Lehrern dulden. Der intoleranten Haltung von kirchlichen Kreisen ist größte Aufmerksamkeit zu schenken. Dabei müssen wir uns auf die fortschrittlichen Eltern stützen." Der gegenwärtige Stand der Auswertung des IV. FDGB-Kongresses in unserer Gewerkschaft im Bezirk Leipzig und die gefassten Beschlüsse. Die nächsten Aufgaben. Referat zur Betriebsvorstandssitzung vom 11.10.1955 (SächsStAL, 20237 BT/RdB Leipzig, Nr. 157, Bl. 80). Der Bezirksvorstand der Gewerkschaft Unterricht und Erziehung Leipzig berichtet an den Zentralvorstand der Gewerkschaft Unterricht und Erziehung in Berlin über die Mitarbeit der Gewerkschaft zu Fragen der Jugendweihe: „In allen Ausschüssen (Bezirk, Kreis, Ort) und in den Operativstäben für Jugendweihe arbeiten Vertreter der Gewerkschaft Unterricht und Erziehung aktiv mit. Neben der Mehrheit unserer Lehrer, die eine positive Stellungnahme zur Jugendweihe beziehen, gibt es aber auch Lehrer, die noch unklar sind, und es gibt auch Lehrer und Erzieher, die gegen die Jugendweihe eingestellt sind und sich auf die Seite des Klassengegners stellen (Beispiele siehe Informationsberichte)." Kotte und Pabst, Gewerkschaft Unterricht und Erziehung Bezirksvorstand Leipzig an Zentralvorstand der Gewerkschaft Unterricht und Erziehung, Informations-Bericht Nr. 32 vom 1.11.1955 (ebd., Bl. 35).

144 Vgl. Kudella/Paetz/Tenorth, Die Politisierung des Schulalltags, S. 155.

Jugendweihe an. Neben der Kontrolle von kirchlichen und bürgerlichen Kreisen, die sich gegenüber der Kampagne ablehnend verhielten, forderten Schulen die Eltern zum Verfassen von Resolutionen auf, die sich beispielsweise gegen einzelne Pfarrer richteten.[145]

Mit der Forderung, sie sollten als erste ihre Kinder zu einer Jugendweihe schicken, beabsichtigte die SED-Führung, ihre Parteimitlieder in eine Vorreiterrolle zu drängen. Im Politbürobeschluss vom 22. Oktober 1957 lautete daher die Aufforderung: „Bei der Werbung für die Jugendweihe sind die Genossen unserer Partei durch eine geduldige Überzeugungsarbeit dafür zu gewinnen, dass sie ihre Kinder nur zur Jugendweihe und nicht zur Konfirmation schicken."[146]

Parteimitlieder, die ihr Kind noch nicht angemeldet hatten, mussten sich in Aussprachen rechtfertigen und zur etwaigen Religionszugehörigkeit des Einzelnen oder eines Familienmitgliedes Stellung nehmen. Ähnlich verfuhr man mit Lehrern, deren Kinder noch nicht vorgemerkt waren. Ihre Namen wurden ebenso gelistet, um sie in Aussprachen von der Jugendweiheteilnahme ihrer Kinder zu überzeugen. Bei der Durchsetzung der Jugendweihe sollten alle öffentlichen Bereiche miteinbezogen werden, wobei ein gewisses Denunziationswesen nicht ausgeschlossen blieb.[147] Besondere Stilblüten stellten Aktionen dar, bei denen Betreuer die Jugendlichen im Ferienlager veranlassten, die Erlaubnis zur Teilnahme an der Jugendweihe von ihren Eltern per Brief zu erbitten.[148]

Die Folgen für Jugendliche, die nicht an diesem staatlich propagierten Initiationsritus teilnahmen, waren je nach Jahr und Region unterschiedlich. Überregional erschien im „Neuen Deutschland" am 8. Januar 1955 ein Artikel zur Thematik. Unter dem Titel „Ein offenes Wort zur Jugendweihe" erfolgte im Text auf die Beschreibung der Jugendweihefeierlichkeit ein Angriff auf kirchliche Kreise: „Wo von kirchlichen Kreisen [...] Eltern und Jugendliche mit einem unzulässigen Gewissensdruck genötigt werden, sich nicht an der Jugendweihe zu beteiligen, werden sie gut daran tun, solche Zumutungen zurückzuweisen. [...] Diesen Kräften sei aber auch gesagt, dass sie sehr unklug handeln und sich nicht

---

145 Im November 1957 sandte der Wahlausschuss der Grundschule Rüssen eine solche Resolution an die Abteilung Volksbildung des Kreises Borna. Darin hieß es: „Wir, die anlässlich der Elternbeiratswahl der Grundschule Rüssen versammelten Eltern, Lehrer und Gäste, verurteilen die Machenschaften einiger Pfarrer und kirchlichen Würdenträger im Gebiet der DDR, die wegen vorangegangener Jugendweihe Begräbnisse von Jugendlichen verweigerten, aufs Schärfste. Wir sind der Ansicht, dass es sich hierbei um einen groben Missbrauch der Rechte handelt, die unsere Arbeiter- und Bauernregierung der Kirche gewährt. Wir fordern die Bestrafung dieser, sich ‚Christen' nennenden Menschen." Hübner, Vertreter des Wahlausschusses der Grundschule Rüssen, an Abt. Volksbildung des Rates des Kreises Borna, Resolution des Wahlausschuss der Grundschule Rüssen vom 14. 11. 1957 (SächsStAL, 20237 BT/RdB Leipzig, Nr. 1639, Bl. 21).
146 Politbüros des ZK der SED an die SED-Bezirksleitung Dresden, Politische Richtlinie für die Parteiorganisationen zur Vorbereitung und Durchführung der Jugendweihe 1958 – Beschluss des Politbüros des ZK der SED vom 22. 10. 1957 – Parteiinternes Material vom 22. 10. 1957 (SächsHStA, 11430 BT/RdB Dresden, Nr. 6419, unpag.).
147 Vgl. Kudella/Paetz/Tenorth, Die Politisierung des Schulalltags, S. 155 f.
148 Vgl. Fischer, Wir haben euer Gelöbnis vernommen, S. 77.

über die Folgen wundern sollen, wenn sie mit dieser Unduldsamkeit eine größere Anzahl von Menschen zu Konsequenzen zwingen, die sie wohl kaum erwarteten, als sie ihre Anweisungen im Kampf gegen die Jugendweihe erließen."[149]

In einem weiteren Artikel des „Neuen Deutschlands" vom 3. November 1957, in dem der Autor neben der Bedeutung der Jugendweihe für die Jugendlichen ebenfalls auf die staatliche Toleranz gegenüber christlichen Teilnehmern hinwies, fehlte es nicht an weiteren propagandistischen Äußerungen gegenüber evangelischen Kirchenvertretern. Zudem stellte der Verfasser heraus: „In zunehmendem Maße erkennen noch [!] religionsgebundene Eltern den hohen Wert und Nutzen der Jugendweihe für das spätere Leben ihrer Kinder und lassen sie deshalb an der Jugendweihe teilnehmen."[150] Eine solche Aussage deutete bereits negative Sanktionen für die weitere schulische und berufliche Entwicklung von Jugendlichen an, die allein oder mit ihren Eltern eine Teilnahme ablehnten.

Obwohl die Kirchen von der Benachteiligung christlicher Schüler wussten und diese auch gegenüber staatlichen Vertretern immer wieder anprangerten, änderten sie ihre Position zur Jugendweihe erst Jahre später, nachdem sie erkannten, dass sie mit ihrer starren Haltung eher das Gegenteil erreicht hatten. Ließen sich 1950 noch 80,9 Prozent der Jugendlichen eines Jahrgangs konfirmieren, so sank deren Anteil in den folgenden zehn Jahren auf 34 Prozent und bis 1989 auf 14,7 Prozent.[151] Gleichzeitig stiegen die Teilnehmerzahlen für die Jugendweihe. Diese Entwicklung zwang die Kirchen zur Kompromissbereitschaft und sie gestatteten „zähneknirschend" die Teilnahme an der Jugendweihe, jedoch sollte sie nicht im gleichen Jahr wie die Konfirmation stattfinden.[152]

Mit dieser veränderten Situation zeigte nun die staatliche Seite ihre wahren Absichten, nämlich die Jugendweihe als Ersatz für das kirchliche Ritual zu etablieren.[153] Ein Nebenher des christlichen und staatlichen Ritus war nicht gewünscht, die anfängliche offizielle Toleranz gegenüber christlichen Jugendlichen verfolgte lediglich das Ziel, die starre Haltung der Kirchen als rückständig und intolerant erscheinen zu lassen. Bereits 1948 hatte Walter Ulbricht erklärt: „Wenn wir auch sagen, der Gegner hat den Klassenkampf verschärft, so haben wir selbstverständlich [...] ihn auch verschärft. In der Öffentlichkeit aber sagen wir, dass der Gegner ihn verschärft hat. Wir kämpfen sozusagen aus der Verteidigung gegen ihn, was leichter ist."[154]

Diese staatliche Doppelstrategie aus massiver Werbung für die Teilnahme an der Jugendweihe einerseits und drohenden Sanktionen bei der Schul- und

---

149 Zit. nach ebd., S. 72.
150 Jugendweihe für alle Kinder. In: Neues Deutschland vom 3. November 1957, zit. nach ebd., S. 81, Anm. 195.
151 Vgl. Pollack, Kirche in der Organisationsgesellschaft, S. 415.
152 Vgl. Wappler, Klassenzimmer ohne Gott, S. 48 f.
153 Vgl. Hueck, Lerngemeinschaft im Erziehungsstaat, S. 155.
154 Zit. nach Goerner, Die Kirche als Problem der SED, S. 52. Vgl. auch Diedrich, SED und Jugendweihe, S. 32.

Berufswahl im Falle der Nichtteilnahme an der Weihe andererseits, erregte bereits 1955 die Aufmerksamkeit der Kirchenvertreter. Der thüringische Landesbischof Moritz Mitzenheim schrieb an die Vorsitzenden der Bezirksräte des Gebietes der thüringischen Landeskirchen:

„Es besteht die Gefahr, dass der Streit um die Frage, ob Konfirmation oder Jugendweihe, ähnlich wie 1953 der Streit um die Junge Gemeinde wieder auf dem Rücken der Kinder, ihrer Eltern und der Lehrer ausgetragen wird. In den Schulen wird, wie mir aus allen Teilen des Landes zuverlässig berichtet wird, von manchen Lehrern für die Jugendweihe in einer Weise geworben, dass die Kinder befürchten, sie kämen nicht auf die Oberschule, sie würden nicht als echte Staatsbürger angesehen, sie bekämen keine Lehrstelle, wenn sie sich nicht an der Jugendweihe beteiligten. Eltern von Konfirmanden, besonders wenn sie in wirtschaftlicher Abhängigkeit vom Staat oder dessen Einrichtungen stehen, fühlen sich so bedrängt, dass ihre freie Entscheidung in dieser an sich unpolitischen Angelegenheit, die lediglich die Familie angeht, in Frage gestellt ist."[155]

Dass es sich aus staatlicher Sicht keineswegs um eine private familieninterne Entscheidung handelte, wenn Jugendliche nicht an der Jugendweihe teilnahmen, zeigt sich in unzähligen Quellen. Betriebe, Gewerkschaften, Schulen sowie die Öffentlichkeit wurden zur Werbung eingesetzt. Aus Brandenburg sind Fälle bekannt, in denen Mitarbeiter ihre berufliche Existenz verloren hatten, weil sie sich weigerten, ihre Kinder zur Jugendweihe zu schicken.[156]

Kirchenvertreter prangerten in Gesprächen mit den Vertretern der Staatsmacht immer wieder die Benachteiligung von Kindern an, die sich der Jugendweihe verweigerten. In einer Niederschrift über ein Gespräch der Superintendenten des Bezirkes Leipzig mit dem Ersten stellvertretenden Vorsitzenden des Bezirksrates, Wiese, am 22. November 1960 berichteten die Kirchenvertreter über verschiedene Diskriminierungsformen. Der Superintendent Küttler aus Rochlitz sprach von verweigerten Zulassungen zu Hoch- und Fachschulen. Der Superintendent König aus Delitzsch gab an, dass alle Kinder einer Delitzscher Klasse, die zur Christenlehre gingen, aufstehen mussten, wer von ihnen zudem noch die Jugendweihe ablehnte, musste sich mit dem Gesicht zur Wand stellen. Diese Form der Demütigung bestätigte schließlich auch Superintendent Hamann für Altenburg.[157]

---

155 Mitzenheim, Landesbischof der Thüringer lutherischen Kirche an Gebhard, Vorsitzender des Rates des Bezirkes Erfurt, vom 21. 1. 1955. In: KJ, 82 (1955), S. 121 f., hier 122. Vgl. Hueck, Lerngemeinschaft im Erziehungsstaat, S. 155, Anm. 324.

156 Die Leitung des volkseigenen Gutes Schwechow, Bezirk Schwerin, begründete ihre Kündigung: „Sie [haben] Ihre Kinder bisher nicht zur Jugendweihe angemeldet und dies auch direkt abgelehnt; wie wir jedoch erfahren haben, senden Sie die Kinder noch öfters in die Kirche und üben auch in Ihrem Familienleben die Glaubenslehre sehr stark aus. Da dies von unserer Seite nicht mehr vertretbar ist, sind wir gezwungen, das Arbeitsverhältnis zum 15.11.57 zu lösen." Zit. nach Diedrich, SED und Jugendweihe, S. 28.

157 Vgl. Wiese, Erster Stellvertreter des Vorsitzenden des Rates des Bezirkes Leipzig, an Zschille, BSR Leipzig, Niederschrift über die mit den Superintendenten des Bezirkes Leipzig geführte Aussprache am 22. 11. 1960 vom 24. 11. 1960, (SächsStAL, 20237 BT/ RdB Leipzig, Nr. 1740, Bl. 1-9).

Der stellvertretende Vorsitzende des Rates des Bezirkes Leipzig äußerte zwar gegenüber den Superintendenten: „Wir sind gegen jegliche Beleidigung und Diskriminierung unserer Kinder. Das ist auch nicht der Grundsatz unserer Politik. Wir müssen verlangen, dass sie uns offen sagen, wo solche Fälle passieren." Dennoch schienen derartige Bekundungen nichts am Umgang mit christlichen Schülern bewirkt zu haben. Superintendent Welk aus Schmölln bestätigte, dass dort derlei Benachteiligungen und Erniedrigungen mit dem Vorsitzenden des Kreises und dem Kreisschulrat besprochen worden seien, die Schmöllner Schulen sich jedoch an keinerlei Vereinbarungen halten würden. Auch ein positives Gespräch mit der SED-Kreisleitung sei wirkungslos geblieben.[158]

Den scheinbaren Toleranzbekundungen von Staats- und Parteifunktionären auf Kreis- und Bezirksebene standen immer wieder Berichte aus Gemeinden, Städten und Kreisen entgegen. Aus dem Kreis Torgau berichtete der Leiter des Referats Kirchenfragen des Rates des Bezirkes Leipzig an die Abteilung Volksbildung, dass der Schuldirektor Deubel gegenüber Pfarrer Schulz erklärt habe, „wenn sich die Kinder nicht an der Jugendweihe beteiligen, würden sie keine Möglichkeit haben, etwas zu lernen bzw. an Universitäten zu studieren".[159]

Letztlich manifestieren derartige Widersprüche den Eindruck, dass in den Schulen vor Ort nach eigenen Regeln, meist entsprechend den Vorstellungen des Schuldirektors, verfahren wurde. Die angeordneten Überprüfungen und Aussprachen vonseiten der Kreis- und Bezirksschulräte blieben scheinbar unwirksam. Ob dieses Ziel gewollt oder ungewollt verfolgt wurde, lässt sich anhand der Akten nicht klärten.

Das von Jahr zu Jahr zunehmend energischere Werben für die Jugendweihe schlug sich auch in der steigenden Zahl von Rehabilitierungsanträgen nieder, die Betroffene aufgrund von Diskriminierungen in diesem Zusammenhang stellten. Für 1954 wurde in nur einem Fall die fehlende Jugendweihe als Grund für eine Nichtzulassung zu einer weiterführenden Bildungseinrichtung angegeben. Für das Jahr 1955 begründeten sich 3 der 13 Fälle und für das Jahr 1956 alle 7 Fälle auf die fehlende Jugendweihe. Diesen Schülern blieb die Abiturausbildung vorenthalten, teilweise erhielten sie auch keine Zulassung zu einer Fachschule oder ihnen wurde die Lehrstelle verwehrt. Die Zahl der Betroffenen ging zwar im darauf folgenden Jahr zurück. Dennoch wurden bis zum Ende der DDR Schüler mehr oder weniger stark diskriminiert, weil sie nicht an der Jugendweihe teilnahmen.

Trotz Teilnehmerquoten von fast 90 Prozent in den Jahren 1964 bis 1967 empfanden die Machthaber schon einen geringen Rückgang der Jugendweiheteilnehmer bei gleichzeitigem Anstieg der Konfirmanden in einzelnen Regionen

---

158 Vgl. ebd.
159 Monatsinformation September 1962 – Kirchliche Tätigkeit u. a. Information vom 15.10.1962. Walter Pientka, Leiter des Referates Kirchenfragen beim RdB Leipzig an Neumann, stellvertretender BSR Leipzig (ebd., Nr. 1771, Bl. 28 f.).

Tabelle 4: Teilnahme an der Jugendweihe (Republikdurchschnitt)[160]

1963	1964	1965	1966	1967	1968
90,4 %	89,3 %	88,9 %	89,0 %	89,3 %	90,2 %

als ein alarmierendes Zeichen. Die staatliche Seite registrierte für die Jahre 1963 bis 1968 die in der Tabelle 4 gezeigten durchschnittlichen Teilnahmequoten.

Als Beispiel für die steigenden Konfirmandenzahlen sei der Bereich des Konsistoriums Greifswald mit 1874 Konfirmierten im Jahr 1960 und 3895 Konfirmierten im Jahr 1966 genannt. Diese Entwicklungen galten als „Angriffe auf das einheitliche sozialistische Bildungssystem und die sozialistische Wehrerziehung" und konnten auf einen veränderten kirchlichen Standpunkt zurückgeführt werden.[161]

Die evangelischen Kirchen gaben nämlich ihre starre Auffassung zugunsten einer pragmatischen Haltung gegenüber den Jugendlichen und ihren Eltern langsam auf, denn sie brachten ihre Mitglieder eher in Gewissenskonflikte, die letztlich in dieser Entscheidungssituation eher kontraproduktiv wirkten. Die katholische Kirche hielt an ihrem kompromisslosen Standpunkt fest, allerdings nahmen in der Praxis auch katholische Kinder an der Jugendweihe teil, obwohl sie zuvor die Erstkommunion und danach die Firmung begingen. Da diese katholischen Riten nicht im gleichen Alter wie die Jugendweihe stattfanden, ließ sich hier ein direkter Konflikt vermeiden.[162]

Die Teilnahme an der Jugendweihe galt auf Schul- und Kreisebene als eine der wichtigsten Voraussetzungen für eine Bildungskarriere. Allerdings war dieses Vorgehen nicht auf ministerielle Anweisungen, sondern auf die zu erfüllende Quotenvorgaben für die Teilnehmer zurückzuführen. Die Eigeninitiative von Lehrern, Schuldirektoren und Schulvertretern standen letztlich im Widerspruch zur „freiwilligen" Teilnahme am staatlichen Initiationsritus, wie sie vom Ministerium für Volksbildung offiziell propagiert wurden. Die „Bereitschaft zur Jugendweihe" entwickelte sich letztlich „zum Gradmesser politischer Standpunktbildung" und setzte sich durch,[163] sodass in den 1970er Jahren über 95 Prozent der Schüler am staatlichen Initiationsritus teilnahmen.[164]

Die Zurückdrängung des kirchlichen Einflusses zugunsten der atheistischen Weltanschauung und einer sozialistischen Lebensform zeigten sich im Erziehungs- und Bildungswesen besonders deutlich an der Etablierung von Pionier- bzw. FDJ-Mitgliedschaft und Jugendweiheteilnahme. Die Durchsetzung dieser

---

160 Weise, Hauptabteilungsleiter Staatssekretariat für Kirchenfragen an MfV, Information über neue Formen und Methoden der politisch-religiösen Einflussnahme der Kirchen auf die Jugend vom 3.12.1968. In: Geschichte, Struktur und Funktionsweise der DDR-Volksbildung, S. 470–472.
161 Ebd.
162 Vgl. Schneider, Säkularisierung und Rolle der Kirche in der DDR, S. 141; Diedrich, SED und Jugendweihe, S. 38.
163 Griese, Elternhaus und Schule in der DDR, S. 368.
164 Fischer, Wir haben Euer Gelöbnis vernommen, S. 227.

drei Komponenten als Bekenntnis zum sozialistischen Staat prägte die antiklerikal-sozialistisch-atheistisch dominierte Phase von Beginn der 1950er Jahre bis
zum Beginn der 1970er Jahre. Unter Einbezug des hohen Organisationsgrades
von Schülern in Pionierorganisation und FDJ konnten die Machthaber zwar auf
Erfolge blicken, jedoch handelte es sich häufig um eine rein formale Anpassung
ohne echte Überzeugung. Allerdings lag das Augenmerk weniger auf dieser Diskrepanz. Vielmehr richtete sich die Aufmerksamkeit der staatlichen Vertreter
auf die Verweigerungshaltung Einzelner. Aus Sicht der Betroffenen erforderte
die Nichtmitgliedschaft in der Kinder- und Jugendorganisation oder die Nichtteilnahme an der Jugendweihe ein hohes Maß an Standhaftigkeit sowie die
Inkaufnahme von Demütigungen und Benachteiligungen, deren Konsequenzen
sich auf den gesamten Lebenslauf des Einzelnen auswirken konnten. Dieses
Abweichen von Schülern und ihren Eltern war in seiner Tragweite mehr als nur
Nonkonformität, hierbei handelte es sich zumindest um eine Verweigerungshaltung, wenn nicht gar um eine Protesthaltung, deren ursächliche Beweggründe
ggf. nur privaten Gegebenheiten entsprangen, die sich aber in ihrer Wirksamkeit
bewusst gegen das sozialistische Erziehungskonzept und die SED-Politik richteten.

2.4 Widerständiges Verhalten: 17. Juni 1953, 1968, politische Äußerungen und „abweichende" Lebensweise

Der Volksaufstand am 17. Juni 1953 rief auch im Schul- und Hochschulwesen
staatliche Repressionen hervor. Infolge der Ereignisse um den 17. Juni 1953 ordnete das Ministerium für Volksbildung die Überprüfung der Bildungseinrichtungen an und forderte Lageberichte der einzelnen Bezirksschulräte ein. Der
Bezirksschulrat von Dresden, Wolfram, schrieb daraufhin der Ministerin für
Volksbildung, Else Zaisser, „mit wenigen Ausnahmen arbeiteten die Schulen
und Einrichtungen der Volksbildung in den entscheidenden Tagen ohne wesentliche Unterbrechungen".[165] Die Versetzungs- und Abschlussprüfungen verliefen
ohne Störungen und würden weiterhin planmäßig fortgeführt. Nach Informationen aus den Kreisen verhielten sich jedoch die Lehrer unterschiedlich:

„Ein Teil der Lehrer hat in der richtigen Einschätzung der Vorkommnisse positiv für
Partei und Regierung Stellung genommen. Diese Lehrer haben die Kinder aufgeklärt,
z. B. die Jungen Pioniere zum Tragen des Halstuches aufgefordert, ihre Treue zur
Pionierorganisation ‚Ernst Thälmann' zu beweisen. [...]
Ein großer Teil der Lehrer verhielt sich abwartend. Diese Haltung zeigt sich darin, dass
sie im Unterricht nicht zu den Geschehnissen auf der Straße Stellung nahmen, dass sie
sich nicht an Diskussionen im Pädagogischen Rat beteiligten, dass sie ihr Parteiabzeichen
ablegten und taten, als ob nichts geschehen sei. Sehr viele Direktoren und Parteisekre-

---

165 Wolfram, BSR Dresden, an Else Zaisser, Ministerin für Volksbildung, Lage an den
Schulen und Einrichtungen der Volksbildung des Bezirkes Dresden vom 22.6.1953
(SächsHStA, 11430 BT/RdB Dresden, Nr. 6339, unpag.).

täre der Sozialistischen Einheitspartei handelten in den entscheidenden Stunden nicht. [...] Einzelfälle sind bekannt, dass Lehrer aktiv an Demonstrationen teilnahmen."[166]

In einem separaten Abschnitt ging Wolfram auf die Situation an den Oberschulen im Bezirk Dresden ein, an denen Schüler und Lehrer die republikweiten Aufstände unterstützten, selbst gegen die politischen Verhältnisse in der DDR protestierten und Widerstand leisteten: „Auch hier verlief und verläuft der Unterricht ohne wesentliche Störungen. Eine Ausnahme ist die Oberschule Görlitz-Stadt, obwohl hier keine Demonstranten eindrangen, wurden von den Schülern Bilder führender Persönlichkeiten beschädigt. Es wurde ein Schülerrat gebildet, der den Direktor (auf dem Papier) absetzte. Der gesamte Schülerrat wurde vorläufig festgenommen."[167]

Über die Oberschulen in der Stadt Dresden berichtete der Leiter der Abteilung Volksbildung, die Mehrheit der Oberschule Reick fände die Demonstrationen richtig, auch hier seien Bilder von führenden Politikern von den Wänden entfernt worden. Einige Schüler sollen gestreikt bzw. sich an den Demonstrationen beteiligt haben. In der Pestalozzi-Oberschule hätten sich die Schüler der elften Klasse geweigert das Thema der Versetzungsprüfung „Karl Marx, der beste Sohn der deutschen Nation" zu bearbeiten. Aus Nossen meldete Wolfram die „Ungeschicklichkeit" eines Lehrers, die der Bezirksschulrat schließlich als negatives Vorkommnis wertete. Im Deutschunterricht sei der Satz zu analysieren gewesen „Woher weht der Wind?" Daraufhin sei prompt die Antwort mit viel Gelächter gefolgt: „Westwind!" Letztendlich konnte der Bezirksschulrat nur ein einziges Positivbeispiel aus den Schulen des Bezirkes melden: die Schüler der Oberschule Meißen hätten beim Direktor angefragt, ob ihre Gewehre für die GST-Ausbildung sicher untergebracht seien.[168]

In einem ergänzenden Bericht vom 24. Juni 1953 erhielt das Ministerium für Volksbildung aus Dresden weitere „Beispiele über das Verhalten der Einrichtungen der Volksbildung und ihrer Mitarbeiter aus den Kreisen in der Zeit vom 17.–19. Juni 1953". Der Direktor der Grundschule Radebeul-Kötzschenbroda (bei Dresden) teilte dem Bezirksschulrat mit, dass an seiner Schule neben der Zerstörung von Bildern Stalins und Wilhelm Piecks auch vier Schulbänke und zwei Lehrerpulte mit Hakenkreuzen zerkratzt worden seien, weiterhin hätten Schüler einige Heizungsventile, die Schulklingel und den Blumenschmuck zum Tag des Lehrers zerstört. Zwei der vier verdächtigen Schüler seien für den Oberschulbesuch vorgeschlagen, allerdings sei ihre Delegierung in diesem Zusammenhang zurückgezogen worden. Diese Entscheidung nähmen die Eltern trotz des Schuldeingeständnisses der Schüler nicht diskussionslos hin.[169] Anhand der-

---

166 Ebd.
167 Ebd.
168 Ebd.
169 Vgl. Wolfram, BSR Dresden an Else Zaisser, Ministerin für Volksbildung, Beispiele über das Verhalten der Einrichtungen der Volksbildung und ihrer Mitarbeiter aus den Kreisen in der Zeit vom 17.-19.6.1953 vom 24.6.1953 (SächsHStA, 11430 BT/RdB Dresden,

artiger Fälle zeigt sich, dass deviantes Verhalten von Jugendlichen nur partiell politisch motiviert war und sich auch auf völlig unspezifische Beweggründe zurückführen ließ.

Am 13. August 1961 ließ die DDR-Führung die Grenze zur Bundesrepublik Deutschland schließen. Dieses einschneidende Ereignis bedeutete für beide deutsche Staaten und deren Bevölkerung die absolute Teilung. Zweifelsohne wirkte diese Teilung in alle innenpolitischen Bereiche der DDR. Die bezweckte Konsolidierung des Staates ließ sich jedoch aus Sicht der Machthaber nur mit militärischem und polizeilichem Einsatz bewerkstelligen. Mittels Abschottung gegenüber Medien aus der Bundesrepublik, Repression und Propaganda sollten die Menschen in der DDR von der Richtigkeit der Grenzschließung überzeugt werden und sich als treue Staatsbürger erweisen. Das Bildungs- und Erziehungswesen war in verschiedener Hinsicht von diesem Ereignis betroffen, denn „nach den politischen Entscheidungen der Jahre 1958/59, dem neuerlichen Ideologieschub und den Beschränkungen des Grenzübertritts folgten neue politische Restriktionen an den Schulen",[170] die einige Schüler und Lehrer nicht wortlos hinnahmen. Deshalb forderte das Ministerium für Volksbildung, ähnlich der Manier des Ministeriums für Staatssicherheit, Stimmungsberichte über die Lage an den Schulen in den einzelnen Bezirken und Kreisen der DDR ein. Schulräte berichteten über die von Lehrern, Schülern und Eltern vertretenen Meinungen. Anzeichen von kritischen Sichtweisen oder Protesten wurden registriert und vielfach geahndet. Seit 1. September 1961, dem Schuljahresbeginn 1961/62, setzte auch eine verstärkte ideologische Erziehung in den Schulen ein, deren Wirksamkeit vom Ministerium für Volksbildung in einem internen Bericht vom 20. September 1961[171] anhand von „Beispielen zum Stand der staatsbürgerlich-politischen Erziehung" analysiert wurde. Die Vorfälle bezeugten, dass unter Lehrern und Schülern über die Grenzschließung und die zunehmenden Militarisierung und Ideologisierung noch Unverständnis herrsche.[172]

Von der Grenzabriegelung waren besonders Schüler und Studenten betroffen, die Bildungseinrichtungen in der Bundesrepublik und Berlin (West) besuchten.[173] Um sich ein Bild über die genaue Schülerzahl zu verschaffen, wies die Abteilung Volksbildung des Magistrates Berlin die Stadtbezirksschulräte an, alle Schüler zu registrieren, die vor der Grenzschließung eine Schule in den „Westsektoren" besucht hatten. Außerdem erließ man eine Regelung, nach der für Schüler der Klassen eins bis zehn eine Einschulung im Osten der Stadt vorge-

---

Nr. 6339, unpag.). Berichte der Abteilungen Volksbildung aus weiteren Bezirken der DDR an das MfV über die Lage in den Einrichtungen der Volksbildung nach dem 17.6.1953 finden sich in: Geschichte, Struktur und Funktionsweise der DDR-Volksbildung, S. 327–342.

170 Vgl. Geißler, Die Volksbildung der DDR in Dokumenten. In: ebd., S. 37.
171 Die Einzelberichte wurden aus den Bezirken abgefragt, zu einem Gesamtbericht zusammengefasst und analysiert. Danach ergingen Anweisungen an die Bezirke.
172 Vgl. Bericht zum Stand der staatsbürgerlichen Erziehung vom 20.9.1961. In: Geschichte, Struktur und Funktionsweise der DDR-Volksbildung, S. 401–403.
173 Vgl. Geißler, Die Volksbildung der DDR in Dokumenten. In: ebd., S. 37.

sehen sei und Schüler der Klassen elf bis 13 ein Lehr- oder Arbeitsverhältnis aufnehmen sollten; der Besuch der Erweiterten Oberschule sei nur in besonderen Einzelfällen zu erlauben. Entsprechend dieser staatlichen Ausnahme hätte „die Haltung der Eltern gegenüber den Maßnahmen [unserer] Regierung und ihre Bereitschaft, aktiv an der Erziehung ihrer Kinder im Sinne [unseres] Schulgesetzes mitzuwirken", eine ausschlaggebende Bedeutung. Das gleiche galt für Studenten, Lehrlinge und berufsschulpflichtige Jugendliche. Sie sollten ihre Ausbildung in entsprechenden Einrichtungen fortsetzen.[174]

Um den weiteren Einfluss des „Westens" auf die Jugend zurückzudrängen, versuchte die SED-Führung 1961 erneut den Konsum von „Westmedien" zu unterbinden.[175] Vielerorts, so auch in Sachsen, gerieten Schüler ins Blickfeld der Obrigkeit, weil sie westliche Radiosender hörten. Insbesondere der RIAS war bei Schülern wegen seines Musikangebots und seiner Musikwunschsendungen sehr beliebt. Dieses Interesse der Jugendlichen entsprach dem Zeitgeist und mag grundsätzlich unpolitisch motiviert gewesen sein; es stellte allenfalls ein nonkonformes Verhalten dar, das jedoch für dieses Alter als typisch betrachtet werden kann. Dennoch sah die Partei- und Staatsführung ihr sozialistisches Erziehungsideal durch den Konsum solcher „Westmedien" gefährdet. Sie forderte deshalb Anfang der 1960er Jahre die Bevölkerung mit der Aktion „Ochsenkopf" dazu auf, Antennenmasten und technisches Gerät zum Empfang der „Westsender" zu beseitigen. Diese Kampagne wurde von Aufrufen und Berichten in der DDR-Presse begleitet. In Aktionen entfernten Trupps der FDJ teilweise eigenmächtig und gegen den Willen der Besitzer Antennen von Hausdächern, wobei es mitunter zu heftigen Auseinandersetzungen kommen konnte.[176]

Mit derartigen Zwangsmaßnahmen versuchte die Partei- und Staatsführung die seit Ende der 1950er aufkommende neue Jugendkultur aufzuhalten. Diese stand diametral im Gegensatz zur eigenen Jugend- und Erziehungspolitik, für die die von Walter Ulbricht auf dem V. Parteitag der SED 1958 verkündeten „Zehn Grundsätze der sozialistischen Ethik und Moral", als richtungsweisend galten. Diese Grundsätze stellten eine Abkehr von „kapitalistischen Verhaltensweisen", wie Egoismus, Individualismus, Rücksichtslosigkeit und politischer Gleichgültigkeit, dar. Die Jugend hingegen versuchte sich den staatlichen

---

174 Abt. Volksbildung, Magistrat Berlin, Hinweise für die Stadtbezirksschulräte zur Registrierung von schulpflichtigen Schülern und Jugendlichen vom August 1961. In: ebd., S. 399 f.

175 In einem Schreiben der Abt. Volksbildung beim ZK der SED wurde Kurt Hager darüber informiert, dass Teile der Bevölkerung am Verbot des Empfangs von Westsendern zweifelten und die Methoden einiger Lehrer und Pionierleiter in Frage stellten, die diese anwandten, um einerseits das Verbot bei Schülern, Eltern und Lehrern durchzusetzen und um andererseits bei Schülern wie auch den Bewohnern der Städte eine Verzichtserklärung einzufordern. Vgl. Abt. Volksbildung beim ZK der SED an Hager, Sekretär des ZK der SED, Information über die politischen Auseinandersetzungen mit Lehrern, Eltern und Schülern gegen den Empfang von Westsendern vom 4. 10. 1961. In: ebd., S. 405 f.

176 Vgl. ebd.

Vorgaben durch „Immunisierungsstrategien unterschiedlichster Art"[177] zu entziehen. Bereits frühzeitig entwickelten viele Jugendliche in der DDR eine
Doppelmoral oder wanderten in die Bundesrepublik ab. Die DDR-Behörden
mussten zur Kenntnis nehmen, dass ungefähr die Hälfte der 78 278 Republikflüchtlinge im ersten Halbjahr 1960 und der 91 254 Republikflüchtlinge im ersten Halbjahr 1961 das 25. Lebensjahr noch nicht vollendet hatte.[178]

Um die Jugendlichen für seine Ziele zu gewinnen, versuchte das Politbüro
der SED sich mit dem Jugendkommuniqué vom 7. Februar 1961 tolerant zu zeigen. Die Fragen der Jugendlichen sollten geduldig geklärt und niemand benachteiligt werden, was besonders für die Studienzulassung von Nicht-FDJ-
Mitgliedern gelten sollte. Trotz der betonten Distanzierung von „moralisch ver-
seuchten westlichen" Lebensweisen und einer Kampfansage gegen derartige
Erscheinungen gestand das Politbüro der SED der Jugend „ein Recht auf gesel-
liges Beisammensein, auf Tanz und Musik, auf Film und Theater, auf sportliche
Betätigung, auf Wandern und Touristik" zu.[179] Das schien den Interessen der
Jugendlichen entgegen zu kommen, dennoch war der Erfolg nur begrenzt.
Schließlich riefen die Grenzschließung am 13. August 1961 und deren
Folgeregelungen auch unter der jüngeren DDR-Bevölkerung Proteste hervor.
Die Distanz zwischen der Weltanschauung vieler Jugendlicher einerseits und
FDJ, SED und Regierung andererseits trat beispielsweise bei Auseinanderset-
zungen um Aktionen, wie dem Kampf gegen den Empfang von Westsendern
oder den Besuch von Jazzveranstaltungen, offen zu Tage.[180] In diesem Zusam-
menhang kam es mitunter zu massiven Sanktionen gegenüber nonkonformen
Schülern. So wurde ein Schüler der Erweiterten Oberschule Delitzsch im
November 1961 wegen Hörens des Senders „Radio Luxemburg" von der Schule
relegiert.[181]

Mit Einführung des Neuen Ökonomischen Systems der Planung und Leitung
der Volkswirtschaft (NÖSPL) eröffneten sich neue Freiräume für Wissenschaft,
Bildung, Kultur und für die Jugend. Am 21. September 1963 wurden in einem
weiteren Jugendkommuniqué des Politbüros der SED die neuen Grundsätze für
die Jugendpolitik verabschiedet. Mehr noch als 1961 warb die Partei- und Staatsführung für Toleranz und Achtung der jugendlichen Individualität, jedoch ohne
die sozialistischen Erziehungsgrundsätze in Frage zu stellen.[182] Damit entstand

---

177 Glaser, Deutsche Kultur 1945–2000, S. 343.
178 Mählert/Stephan, Blaue Hemden – Rote Fahnen, S. 136.
179 „Zu Problemen der Jugend" Kommuniqué des SED-Politbüros vom 7.2.1961. Zit. nach
ebd.
180 Ebd., S. 145.
181 Der Schüler konnte zwar nach der Relegierung im väterlichen Handwerksbetrieb unterkommen und den Beruf des Schornsteinfegers erlernen, jedoch blieben ihm die
Hochschulreife und ein Studium verwehrt. Vgl. SLFS, Rehabilitierungsbehörde,
Az. 96/70/0013.
182 Im Zuge der Entstalinisierung in der UdSSR und dem XXII. Parteitag der KPdSU im
Oktober 1961 gab es auch in anderen Ostblockstaaten die Hoffnung auf Reformen und
Liberalisierungen. Vgl. Mählert/Stephan, Blaue Hemden – Rote Fahnen, S. 149 f.

ein konfliktreiches und widersprüchliches Verhältnis, das besonders im Zusammenhang mit der Beatmusik offen zutage trat. Die FDJ-Führung hatte der Beatmusik nur wenig entgegenzusetzen, daher versuchten die Verantwortlichen diese Strömung für ihre neue Jugendpolitik zu instrumentalisieren, um so zumindest die Tanzveranstaltungen ordnen und kontrollieren zu können. Einen öffentlichkeitswirksamen Erfolg stellte dabei das Deutschlandtreffen vom 16. bis 18. Mai 1964 in Berlin (Ost) dar, mit dem sich auch die Partei- und Staatsführung schmückte. Nach dieser Massenveranstaltung erhielten neue Strömungen in Musik, Literatur und Film für kurze Zeit eine Chance,[183] doch das Jugendgesetz[184] und das einheitliche sozialistische Bildungsgesetz[185] setzten der neu gewonnen Freiheit und der propagierten Individualität deutliche Grenzen, sodass die Reformen bereits zwei Jahre später wieder zur Disposition standen.[186]

Nach Vorfällen sogenannten „Rowdytums" und sogenannter „Bandenkriminalität" beschäftigte sich der Zentralrat der FDJ im November 1964 mit Moral und Rechtsnormen unter den Jugendlichen.[187] Obendrein sahen einige Spitzenfunktionäre, wie Erich Honecker, Horst Sindermann, Paul Fröhlich, Otto Gotsche, Alfred Kurella und Alexander Abusch, in den Liberalisierungstendenzen in der Jugendpolitik nicht nur eine Bedrohung der sozialistischen Moral, sondern auch des Sozialismus.[188] In ihren Augen führte insbesondere die Rock- und Beatmusik bei den Jugendlichen zu Fanatismus, Gewalttätigkeit und Aggression gegen den Sozialismus. Als Beweis hierfür verwiesen die Funktio-

---

183 Die Einrichtung des „Jugendstudios DT 64" war ebenfalls Ausdruck dieser neuen Denkrichtung. Vgl. dazu Rauhut, Beat in der Grauzone, S. 80 ff.

184 Gesetz über die Teilnahme der Jugend der Deutschen Demokratischen Republik am Kampf um den umfassenden Aufbau des Sozialismus und die allseitige Förderung ihrer Initiativen bei der Leitung der Volkswirtschaft und des Staates, in Beruf und Schule, bei Kultur und Sport vom 4. 5. 1964. DDR-GBl. 1964 I, S. 78–84.

185 Gesetz über das einheitliche sozialistische Bildungssystem vom 25. 2. 1965. In: Monumenta Paedagogica, Band 7,1, S. 569–604.

186 Am 14. 10. 1964 hatte Nikita Chruschtschow alle seine Ämter abgeben müssen. Neuer KPdSU-Generalsekretär wurde Leonid Breschnew. Die Entstalinisierung wurde für beendet erklärt. Der Personalwechsel im Kreml wirkte sich auf die Führung der DDR verunsichernd aus. Hinzu kamen neue Strömungen in der SPD der Bundesrepublik. 1963 empfahl der SPD-Politiker Egon Bahr die Strategie „Wandel durch Annäherung". Vgl. Mählert/Stephan, Blaue Hemden - Rote Fahnen, S. 159, 165.

187 Beispielsweise fand am 8. 7. 1964 in der Dresdner Freilichtbühne „Junge Garde" ein Konzert der gastierenden dänischen Gitarrenband „Jan Rode and the Wilde Ones" statt. Nach dem Konzert kippte die Begeisterung des Publikums. Es kam zu handgreiflichen Krawallen und Auseinandersetzungen mit der Polizei. 21 Personen wurden verhaftet. Gegen die 4 Rädelsführer gab es Gerichtsprozesse. In Leipzig kam es am 5. 11. 1964 zu nächtlichen Randalen von rund 50 Jugendlichen nach einer Veranstaltung mit der Band „The Shutter". Aus Karl-Marx-Stadt berichtete das MfI der Sicherheitsabteilung des ZK, dass am 21. 2. 1965 bei einer Tanzveranstaltung mit der Gruppe „Die Sputniks" Randale ausgebrochen seien, denen die Polizisten mit Schlagstockeinsatz begegnet sei. Gegen die 3 Haupttäter wurden Ermittlungsverfahren eingeleitet. Vgl. Rauhut, Beat in der Grauzone, S. 108 f.

188 Vgl. Mählert/Stephan, Blaue Hemden - Rote Fahnen, S. 161 ff.

näre nicht nur auf Randale von Jugendlichen in der DDR, sondern auch auf die Ausschreitungen nach dem Rolling Stones-Konzert am 15. September 1965 in der Westberliner Waldbühne.[189]

Dieser Exzess lieferte genügend Argumente für eine Kampagne, die den Beat öffentlich diskreditieren und seine Anhänger ins gesellschaftliche Abseits stellen sollte. Unverhohlen prangerte die Presse den Kleidungsstil, die Verhaltensweisen und die langhaarigen Frisuren an, hetzte gegen die Außenseiter nach dem Motto „Lange Haare, kurzer Verstand" und lobte ausführlich den Aktionismus von Kollegen und Erziehern, wenn diese die Haare der Beatanhänger in Zwangsmaßnahmen selbst kürzten.[190]

Auch die Beatbands gerieten ins Kreuzfeuer der öffentlichen Diffamierung. Am 11. Oktober 1965 debattierte das ZK – in Abwesenheit Walter Ulbrichts, aber unter Leitung Erich Honeckers – über die „Probleme der Jugendarbeit" und fasste schließlich den Beschluss „Zu einigen Fragen der Jugendarbeit und dem Auftreten der Rowdygruppen", der die „politische Führungstätigkeit" verbessern und „Entstellungen" der SED-Jugendpolitik korrigieren sollte.[191] Die Folge dieses Beschlusses kam quasi einem Beatverbot gleich, weil Laienmusikgruppen, die „westlich dekadente" Musik spielten, die Lizenz entzogen wurde. Zudem gingen die Funktionäre effektiv mit Steuerprüfungen gegen die Beatbands vor, denn fast keine Band hielt sich an die gesetzlichen Vorgaben.[192] Die Vertreter der FDJ wurden über diese „neue" Haltung zum Beat in einer Versammlung des Zentralrates am nächsten Tag aufgeklärt.[193]

Die Umsetzung des ZK-Beschlusses vom 11. Oktober 1965 gestaltete sich in den einzelnen Regionen der DDR unterschiedlich. Sie reichte von der Suche nach Kompromisslösungen bis hin zu übereifrigen Repressionen. So hatten sich im Bezirk Karl-Marx-Stadt bis Anfang November 1965 laut FDJ-Statistik 80 Beatbands registriert, von denen nur „The Twens" aus Zwickau verboten wurden.[194] Mit allen anderen Gruppen wurden Aussprachen geführt. Im Bezirk Leipzig zählte man im Oktober 83 Gruppen (die wirkliche Zahl lag wahrscheinlich darüber), jedoch gingen hier die lokalen Behörden massiver vor, was auf den persönlichen Einsatz des Leiters der SED-Bezirksleitung, Paul Fröhlich, zurückzuführen war. Er galt als beflissener Dogmatiker und eiserner Stalinist. Bereits am 13. Oktober ließ er vom Sekretariat der Bezirksleitung den wörtlich gleich lautenden Beschluss „Zu einigen Fragen der Jugendarbeit und dem Auf-

---

189 Nachdem die Rolling Stones für ihre Fans nur knapp eine halbe Stunde gespielt hatten, randalierte eine Vielzahl der frustrierten Konzertbesucher. Die einschreitende Polizei lieferte sich mit den aufgebrachten Fans eine „Schlacht". Vgl. Rauhut, Beat in der Grauzone, S. 117 f.
190 Vgl. ebd., S. 118 f.
191 Vgl. ebd., S. 126; Mählert/Stephan, Blaue Hemden – Rote Fahnen, S. 167.
192 Rauhut, Beat in der Grauzone, S. 126.
193 Vgl. ebd., S. 133.
194 Im Bezirk Karl-Marx-Stadt gab es Anfang November 1965 laut FDJ-Statistik 80, laut Volkspolizei 101 Beatbands. Sechs Gruppen wurde bereits vor dem 11. 10. 1965 die Lizenz für eine gewisse Zeit entzogen. Vgl. ebd., S. 137.

treten der Rowdygruppen" verabschieden, um mit generalstabsmäßiger Planung die „Szene" der Messemetropole zu zerschlagen. Bis zum 30. Oktober 1965 durften von vormals 49 registrierten Beatbands nur noch fünf weiter auftreten.[195] Hinzu kam eine Rufmordkampagne der „Leipziger Volkszeitung" (LVZ), an der sich die Gemüter der Jugendlichen in der Stadt erhitzten.[196] Schließlich reagierten drei Oberschüler aus Leipzig und Umgebung auf einen Artikel der „Leipziger Volkszeitung" vom 20. Oktober 1965 über die weitere Zulassung von Beatgruppen. Sie riefen mit einer Flugblatt-Aktion zum Protest auf. Mithilfe eines Kinderstempelkasten druckten sie 175 Flugblätter mit der Aufforderung: „Beat-Freunde/Am Sonntag, dem 31. 10. 65, 10.00 Uhr/Wilhelm-Leuschner-Platz/Protestmarsch" und verteilten diese in Leipzig.[197] Nachdem die Leipziger Behörden von diesem Vorhaben Kenntnis erhalten hatten, leiteten sie Gegenmaßnahmen ein. Die potentiellen Rädelsführer sollten im Vorfeld gestellt und verhaftet sowie eine Teilnahme weiterer Jugendlicher an dieser Aktion vonseiten der Schulen und Betriebe mittels Aussprachen unterbunden werden. Bereits in der Nacht vor der geplanten Demonstration verhaftete die Polizei 66 Personen.[198] Zum gemeinsamen Protest am 31. Oktober versammelten sich ungefähr 1 000 Menschen auf dem Leuschnerplatz. Die Sicherheitskräfte waren mit MPi, Gummiknüppeln, Wasserwerfern und Hundestaffeln im Einsatz. Nachdem sich die Stimmung aufgrund einzelner Provokationen auf beiden Seiten erhitzt hatte, räumte die Polizei schließlich den Leuschnerplatz in einer brutalen Aktion. Sie nahm 162 Personen fest, die später zu „Straf- und Erziehungsmaßnahmen" verurteilt wurden.[199]

Die drei Flugblattdrucker gerieten erst durch den Hinweis der Mutter eines Schülers ins Fadenkreuz der Staatssicherheit. Sie fand im Zimmer ihres Sohnes ein weiteres Flugblatt mit dem Text: „Beatdemonstranten! Es war ein Erfolg! Aber viele 100 sind eingekerkert - deshalb 7. 11. 15.00 Uhr Leuschnerplatz!" Die drei Jugendlichen ließen jedoch von einer weiteren Aktion ab, da sie die drohenden Konsequenzen fürchteten. Infolge der Ermittlungen wurden alle drei Oberschüler der Erweiterten Oberschule verwiesen und zu einer Freiheitsstrafe von zehn bis 18 Monaten verurteilt.[200]

Die Vorfälle in Leipzig versetzten die Partei- und Staatsführung der DDR in Aufregung. Am 3. November 1965 erörterte das ZK-Sekretariat unter Leitung

---

195 Auch die Gruppe „The Butlers", die überregional bekannt war und für ihre Teilnahme am Deutschlandtreffen 1964 eine Urkunde erhalten hatte, geriet ins Kreuzfeuer und wurde verboten. Vgl. ebd. S. 138 ff.
196 Vgl. ebd.
197 BStU, MfS, BV Leipzig, Au 252/66, 164 (Laut Anklageschrift: „Beat-Freunde/Wir finden uns am Sonntag, dem 31. 10. 1965/10.00 Uhr - Leuschnerplatz/zum Protestmarsch ein").
198 Vgl. Rauhut, Beat in der Grauzone, S. 144 ff.
199 Das Gros wies man entsprechend der „Verordnung über Aufenthaltsbeschränkung" vom 24. 8. 1961 direkt in ein Arbeitslager ein. Sie mussten über mehrere Wochen im Bergbaugebiet Leipzig unter strengem Arrest körperlich schwer arbeiten. Vgl. ebd., S. 147 f.; Grabowsky, „Wie John, Paul, Georg und Ringo", S. 50 f.
200 BStU, MfS BV Leipzig, Au 252/66, Bl. 248 und 253.

Erich Honeckers die Ereignisse in einem gesonderten Tagesordnungspunkt. Walter Ulbricht begrüßte das energische Vorgehen der Leipziger Behörden in einem handsignierten Brief an die Ersten Sekretäre der SED-Bezirksleitung außerordentlich.[201]

Diese harte jugendpolitische Linie und Ereignisse rund um die Leipziger Beatdemonstration hatten gewichtigen Einfluss auf die 11. Tagung des ZK der SED und deren kulturpolitische Umwälzungen. Ulbrichts berühmtes Zitat: „Ich bin der Meinung, Genossen, mit der Monotonie des yeah, yeah, yeah, und wie das alles heißt, sollte man doch Schluss machen"[202] war eine deutliche Ansage. Musikgruppen,[203] deren Anhänger, die Medien und nicht zuletzt auch die FDJ wurden im Rundumschlag zurechtgewiesen. So musste Horst Schumann, Erster Sekretär des FDJ-Zentralrates, eine falsche Beurteilung der Beatmusik und deren „schändlichen Einfluss" eingestehen. Folglich distanzierte sich die FDJ nicht nur vom Beat, sondern auch von der „Gitarrenbewegung" und rief stattdessen die „Singebewegung" ins Leben.[204]

Nicht zuletzt auch durch die Vorgänge in Leipzig hervorgerufen, erließ der Minister für Staatssicherheit am 15. Mai 1966 die Dienstanweisung 4/66 „Zur politisch-operativen Bekämpfung der politisch-ideologischen Diversion und Untergrundtätigkeit unter jugendlichen Personenkreisen in der DDR", um „durch zielgerichtete Werbung unter Mitgliedern der westlich orientierten Musikgruppen und ihrer Anhängerschaft [...] eine ständige operative Kontrolle zu sichern".[205] Diese Dienstanweisung bildete bis zum Ende der DDR die Grundlage zur Verfolgung alternativer Jugendmilieus.

Die Disziplinierungsmaßnahmen drängten die Jugend immer mehr in verschwiegene Anpassung und Heuchelei, die als solche auch erkannt und nach „oben" gemeldet wurde. Echte politische Überzeugung ließ sich damit nicht schaffen, denn die Orientierung an westlichen Moden blieb bei den Jugendlichen erhalten.[206]

Letztlich waren aber auch die Verhaltensmuster der Jugendlichen in der DDR nicht einfach zu fassen und in politische Kategorien zu pressen. Die Übergänge zwischen Anpassung und widerständigem Verhalten konnten fließend sein, man-

---

201 Vgl. Rauhut, Beat in der Grauzone, S. 148.
202 Stenographisches Protokoll. Zit. nach: Rauhut, DDR-Beatmusik zwischen Engagement und Repression, S. 131.
203 Nach dem „Kahlschlag"-Plenum wurden in den einzelnen Bezirken die Laienmusikgruppen entsprechend der „Anordnung Nr. 2 über die Ausübung von Tanz- und Unterhaltungsmusik" vom 1. 11. 1965 überprüft. Die Bewertungskriterien standen jedoch diametral zu Musik, Image und Habitus der Beatgruppen, was schließlich weitere Verbote nach sich zog. Vgl. Rauhut, DDR-Beatmusik zwischen Engagement und Repression, S. 132.
204 Vgl. Mählert/Stephan, Blaue Hemden – Rote Fahnen, S. 175.
205 Dienstanweisung Nr. 4/66 „Zur politisch-operativen Bekämpfung der politisch-ideologischen Diversion und Untergrundtätigkeit unter jugendlichen Personenkreisen in der DDR" vom 15. 5. 1966. In Suckut/Neubert/Süß u. a. (Hg.), Anatomie der Staatssicherheit, S. 157–173, hier 168.
206 Vgl. Wierling, Jugend als innerer Feind, S. 412; Ohse, Jugend nach dem Mauerbau, S. 157.

ches Handeln war auch völlig unpolitisch motiviert. Das SED-Regime misstraute jedoch jugendlichen Verhaltensweisen und Trends, politisierte und kriminalisierte diese und stufte sie als oppositionell ein.[207] Stein des Anstoßes blieben in den folgenden Jahren oftmals Kleidung und Frisur, mit denen Jugendliche in Ost und West ihre Individualität und Unangepasstheit ausdrückten.[208]

Dem Wechsel in der Partei- und Staatsführung von Walter Ulbricht zu Erich Honecker im Juni 1971 folgte auch ein Kurswechsel in der Jugendpolitik. Der Umgang mit Beatmusik wurde von der Obrigkeit liberaler gehandhabt. Mit den X. Weltfestspielen der Jugend im Sommer 1973 in Berlin (Ost) unterstrichen die Funktionäre ihre neue Politik. Diese Öffnung galt aber nicht gegenüber allen kulturellen Strömungen. Die seit Mitte/Ende der 1970er Jahre aufkommenden Bluesbands und ihre Anhänger galten aufgrund ihres „nachlässigen Erscheinungsbildes", ihres demonstrativen Müßiggangs und ihrer Selbstbestimmung als „negativ-dekadent".[209] Ablehnung vonseiten der Machthaber bestand ebenso gegenüber Rockbands und ihrer Anhängerschaft.[210] Einen weiteren Einschnitt zogen die Ereignisse während der Feierlichkeiten zum 1 000-jährigen Stadtjubiläum im Juli 1976 im thüringischen Altenburg nach sich. Nach Einschätzungen der SED hätten sich ungefähr 2 500 „Gammler und Jugendliche" zu Open-Air-Konzerten in der Stadt zusammengefunden. Über mehrere Tage sei es zu „Rowdytum", Provokationen, Pöbeleien, Sittenwidrigkeiten, Beschädigungen öffentlichen Eigentums usw. gekommen, wogegen vonseiten der Staatsmacht letztlich massiv vorgegangen wurde. 103 Jugendliche wurden „zugeführt" und sechs inhaftiert. Das Zentralkomitee der SED reagierte auf die Ereignisse und beschloss am 8. September 1976 „Maßnahmen zur verstärkten politisch-ideologischen, künstlerischen und organisatorischen Einflussnahme auf Jugendtanz- und andere Veranstaltungen".[211]

Seit Mitte der 1970er Jahre erreichten weitere Stilrichtungen der Jugendkultur die DDR. Punks, Skinheads, Grufties und Heavy-Metal-Anhänger stießen bei der Obrigkeit auf Ablehnung. Nach Einschätzungen der Staatssicherheit waren Jugendliche dieser Szenen Rubriken zuzuordnen, die von „negativ-dekadent" (Punks) bis zu „Rowdytum" (Skins) reichten. Gezielt ging die Staatssicherheit beispielsweise gegen Punks vor, deren Nonkonformität ursprünglich oft einer unpolitischen Motivation entsprang, doch ihr Lebensstil und ihr Aussehen stießen auf größte Ablehnung. Deshalb „begannen sie, die Arbeit zu verweigern, Regeln und Gesetze zu missachten",[212] und drückten mit ihrem Habitus zunehmend ihre politische Haltung aus. Ihre Auflehnung gegen das SED-Regime spiegelte sich auch in Liedtexten und den Namen ihrer Bands wider, die dem öffentlichen Protest dienten. Vereinzelt fanden die Punks Unterstützung

---

207 Vgl. ebd., S. 154.
208 Vgl. Siegfried, Unsere Woodstocks, S. 58.
209 Vgl. ebd.; Rauhut, „Am Fenster", S. 71.
210 Ebd., S. 72.
211 Vgl. ebd., S. 72 f.; ders., Schalmei und Lederjacke, S. 194 f.
212 Galenza, Zwischen „Plan" und „Planlos", S. 100.

bei den Kirchen, in deren Räumen sie ihre Musik spielen durften. Darüber hinaus engagierten sie sich im Rahmen der offenen Arbeit von Kirchen und kamen in Kontakt mit anderen Gruppierungen wie Menschenrechts- und Umweltinitiativen. Nachdem die Punks zu Beginn der 1980er Jahre vermehrt zum Stadtbild größerer Städte gehörten, begann die Staatssicherheit gezielt gegen diese vorzugehen. Zur „Zersetzung" der Punkszene bediente man sich Maßnahmen, wie Verhaftung, Wohnungsdurchsuchung, Bespitzelung, Arbeitsplatzbindung, Ortsverbot, Zwangshaarschnitt, Einzug zum Pflichtwehrdienst usw.[213]

Ob Punk, Grufti, Skinhead oder Heavy-Metal, einer alternativen Jugendkultur jenseits der staatlichen Vorgaben standen die Machthaber in jedem Fall feindlich gegenüber. Aus ihrer Sicht erschien eine politische Kontrolle absolut notwendig, um eine zunehmende Zahl von Abweichlern unter den Jugendlichen zu verhindern. Deshalb gab das Ministerium für Staatssicherheit im Juli 1986 „Hinweise zur politisch-operativen Bearbeitung von Erscheinungsformen gesellschaftswidrigen Auftretens, besonders so genannter Punker, innerhalb der DDR". Das Vorgehen gegen die Punk-Szene zeigte Wirkung: Die Zahl ihrer Anhänger gingen seit 1986 zurück, wie aus einem Lagebericht des MfS vom 10. Februar 1989 hervorging. Im Gegensatz dazu schien die Zahl der Skinheads, Grufties und Heavy-Metals gestiegen zu sein.[214]

Obwohl die eingesehenen Rehabilitierungsakten der Sächsischen Rehabilitierungsbehörde vorwiegend von Betroffenen stammen, die sich als Jugendliche in kirchlichen Jugendgruppen engagierten und sich nicht explizit als Anhänger eines bestimmten jugendkulturellen Trends bekannten, so müssen an dieser Stelle auch die Diskriminierungen derjenigen Jugendlichen erwähnt werden, die aufgrund ihrer Vorliebe für bestimmte jugendkulturelle Trends oder Musikrichtungen ins gesellschaftliche Abseits gedrängt wurden.

2.5   Flucht und Ausreise

Die erste Verfassung der DDR von 1949 garantierte zwar das Grundrecht auf Auswanderung, jedoch mit dem Nachsatz, dass es durch Gesetze der DDR beschränkt werden durfte.[215] Diesen Zusatz nutzten die Machthaber, um das Recht auf Auswanderung zunehmend durch Beschränkungen im Reiseverkehr, Kontroll- und Überwachungssysteme und strafrechtliche Maßnahmen einzuengen. In der Verfassung von 1968 tauchte das Auswanderungsrecht nicht mehr auf. Der geschaffene Status quo wurde somit fixiert. Entsprechend den Forderungen der Madrider KSZE-Dokumente erließ die DDR 1983 erstmals gesetzliche Regelungen, welche Teilen der Bevölkerung das Stellen eines

213 Vgl. ebd., S. 101 f.
214 Vgl. Breyvogel, Bunte Vielfalt und Anarchie, S. 91–93; Rauhut, Schalmei und Lederjacke, S. 236.
215 Vgl. Artikel 10 Abs. 3 der Verfassung der DDR 1949.

Ausreiseantrags ermöglichten. So profitierte nur ein kleiner ausgewählter Personenkreis von diesem Recht: „Rentner, Invalide sowie pflege- und betreuungsbedürftige, alleinstehende volljährige Kinder", „Eheschließende" und „Kinder, die zu ihren im ‚Ausland' lebenden Eltern ziehen wollten".[216] Alle bis dahin gestellten Ausreiseanträge galten als gesetzwidrig. Erst Ende 1988 erhielten alle DDR-Bürger mittels der „Verordnung über Reisen von Bürgern der Deutschen Demokratischen Republik nach dem Ausland" das Recht zugesprochen, „eine legale Ausreise zu beantragen und im Falle einer Ablehnung einen Widerspruch geltend zu machen".[217]

In der Zeit von 1950 bis Ende 1989 registrierte die Bundesrepublik fast 4,9 Millionen Zuzüge aus der DDR. Die Mehrzahl der Flüchtlinge und „Übersiedler", knapp 3,9 Millionen, verließ die DDR bis zur Grenzschließung 1961. Bis Ende 1989 folgte eine weitere Million Menschen in die Bundesrepublik.[218]

Bis 1961 kam der größte Teil der Flüchtlinge und „Übersiedler" aus der Gruppe der unter 25-Jährigen (1952: 48 Prozent, 1955: 53 Prozent, 1960: 53 Prozent). Danach sank der Anteil dieser Altersgruppe auf zehn Prozent im Jahre 1965. Ab Mitte der 1980er Jahre stieg ihr Anteil wieder auf 35 Prozent (1985) bzw. 46 Prozent (1989).[219] Die Entwicklung dieser Zahlen lässt sich auf die bis 1983 bestehende strenge „Ausreiseverhinderungspraxis" der DDR-Behörden zurückführen.

Die Motive für das Verlassen der DDR wurden von den Behörden beider deutscher Staaten analysiert. Demnach erklärten ehemalige DDR-Bürger ihre Entscheidung gegen ein Leben in der DDR mit politischen, familiären und wirtschaftlichen Motiven,[220] welche im Wesentlichen von der „politischen Wetterlage" beeinflusst wurden.[221] Vor dem Mauerbau erfolgten die „Republikfluchten" zumeist vor dem Hintergrund eines verschärften Klassenkampfes. Das betraf sowohl die antifaschistisch-antibürgerlich dominierte als auch die antiklerikal-atheistisch-sozialistisch dominierte Phase, da sich die staatlichen Repressionen in diesen Perioden vorrangig gegen Kirchen und deren Mitglieder, Angehörige des bürgerlichen Mittelstandes und der Intelligenz richteten. Politisch Andersdenkende wurden strafrechtlich verfolgt. Zudem herrschte politischer Dogmatismus und in der Wirtschaft setzten die Machthaber die Richtlinien für den planmäßigen Aufbau des Sozialismus durch. Sie richteten ein bürokratisches System zur zentralen Planung und Leitung in der Volkswirtschaft ein und kollektivierten Betriebe der Landwirtschaft und des Handwerks. Ferner gab es

---

216 Eisenfeld, Gründe und Motive von Flüchtlingen und Ausreiseantragstellern, S. 90.
217 Ebd.
218 Vgl. Wendt, Die deutsch-deutschen Wanderungen, S. 387 f.
219 Vgl. ebd. S. 389 und 391; Roesler, „Abgehauen.", S. 564. Laut Untersuchung zur DDR-Ausreisewelle im Frühjahr 1984 lag der Anteil von Personen zwischen 18 und 24 Lebensjahren bei 18 %. Vgl. Köhler/Ronge, „Einmal BRD - einfach.", S. 1281.
220 Vgl. Roesler, „Abgehauen.", S. 562–574; Eisenfeld, Gründe und Motive von Flüchtlingen und Ausreiseantragstellern, S. 89–105.
221 Vgl. ebd., S. 96.

Engpässe in der Versorgung und Einschränkungen im innerdeutschen Reiseverkehr.[222]

Vor dem Mauerbau registrierten die Behörden beider deutscher Staaten als Ursache für „Republikfluchten" vorwiegend politische Gründe, danach folgten wirtschaftliche Ursachen, familiäre und persönliche Motive sowie sonstige Gründe.[223] Die „Republikfluchten" von Studenten und Schülern führte das Ministerium für Staatssicherheit darauf zurück, dass sich Studenten „angeblich" in ihrer Freiheit eingeschränkt fühlten und Oberschüler die politischen Auswahlkriterien für die Studienzulassung ablehnten.[224]

Seit dem Bau der Mauer verstärkte sich das Gefühl in Teilen der DDR-Bevölkerung, in ihren Freiheiten beschränkt zu sein. Und das, obwohl die Partei- und Staatsführung ihre Politik unter dem Leitbild der „sozialistischen Menschengemeinschaft" mehrmals für eine kurze Zeit liberalisierte, um ihr Verhältnis zur Bevölkerung zu verbessern. Dazu zählten die temporären Lockerungen in der Jugend- und Kulturpolitik, die bessere Versorgung mit Konsumgütern und die neue Wohnungspolitik nach dem Machtwechsel von Ulbricht zu Honecker. Allerdings setzten die Verstaatlichung der letzten Reste der Privatwirtschaft und die Ausbürgerung Wolf Biermanns den Liberalisierungstendenzen ein Ende. Die nachfolgende Politik der SED war von einer zunehmenden Militarisierung und Überwachung des Alltags geprägt.[225]

Viele DDR-Bürger hofften infolge der Beschlüsse der Schlussakte der Konferenz für Sicherheit und Zusammenarbeit in Europa (KSZE) auf Veränderungen, die einerseits ihr Leben in der DDR verbessern und andererseits ein leichteres Verlassen der DDR ermöglichen sollten.[226]

Das wirkte sich auch auf die Motive der Ausreisebegehren aus, denn die Antragsteller beriefen sich auf die KSZE-Schlussakte und nannten vermehrt humanitäre bzw. familiäre Gründe, um ihren Ausreisewunsch zu bekräftigen. Laut einer Analyse der Eingaben von Antragstellern an den Ministerrat und den Staatsrat der DDR durch das Ministerium für Staatssicherheit im Jahre 1976 lagen als Ausreisemotive vor: 34 Prozent Familienzusammenführung, 29 Prozent Ablehnung der sozialistischen Gesellschaft, 20 Prozent Eheschließung mit

---

222 Vgl. Wendt, Die deutsch-deutschen Wanderungen, S. 389.
223 Das Bundesministerium für Gesamtdeutsche Fragen veröffentlichte 1961 folgende Verteilung: 56 % politische Gründe, 23 % wirtschaftliche Gründe, 15 % familiäre und persönliche Gründe, 6 % sonstige Gründe. Vgl. ebd. Dagegen registrierte das Ministerium für Staatssicherheit 1958 folgende Ursachen für „Republikfluchten": 23 % allgemeiner politischer Druck, 20 % Furcht vor Strafe, 10 % mangelnde gesellschaftliche Aktivität, 8 % Familienzusammenführung, 7 % schwierige wirtschaftliche Verhältnisse, 6 % politische Haft, 6 % Westreisen, 6 % Furcht vor wirtschaftlicher Strafe, 4 % Agententätigkeit, 4 % Werbungsversuche durch das MfS, 3 % Spitzeltätigkeit, 2 % mangelnde Tätigkeit in der SED, 1 % Wirtschaftshaft. Vgl. Einschätzung der Gründe der Republikfluchten und Maßnahmen zu ihrer Bekämpfung vom 7.1.1958. In: Eisenfeld, Gründe und Motive von Flüchtlingen und Ausreiseantragstellern, S. 96.
224 Vgl. ebd., S. 97.
225 Vgl. ebd.
226 Vgl. Wendt, Die deutsch-deutschen Wanderungen, S. 391.

Bürgern nicht-sozialistischer Staaten, zwölf Prozent ungelöste Wohnungsprobleme/berufliche Konflikte, drei Prozent abgelehnte Reisen und zwei Prozent religiöse Gründe.[227] Weitere Untersuchungen des MfS bestätigten, dass politische und persönliche Motive dominierten. Darüber hinaus zeigte sich, dass die Benachteiligung im schulischen und beruflichen Bereich ebenfalls einen Grund zum Verlassen der DDR darstellten, da für einen erfolgreichen beruflichen Aufstieg oder eine Bildungskarriere im sozialistischen Staat vorwiegend die „richtige" politische Einstellung und nicht die Qualifikation den Ausschlag gab.[228]

Auf Seiten der Bundesrepublik analysierte man in einer Infratest-Umfrage nach der Ausreisewelle 1984 die Beweggründe für die „Übersiedlung". Hier dominierten Motive wie fehlende Meinungsfreiheit und politischer Druck, beschränkte Reisemöglichkeit in andere Länder und eine schlechte Versorgungslage. Neben Gründen der Familienzusammenführung berichtete ein Großteil der Befragten von fehlenden oder schlechten Zukunftsaussichten und ungünstigen beruflichen Entwicklungsmöglichkeiten. Mit ihrer Ausreise hätten sie die Hoffnung auf einen Neuanfang in der Bundesrepublik verbunden.[229]

Eine weitere Umfrage aus dem Jahr 1989 bestätigte diese Motivationslage nicht nur, sondern verdeutlichte, dass der Wunsch nach einem Leben entsprechend eigener Vorstellungen, berufliche Entwicklungschancen und positive Zukunftsaussichten entscheidend zur Ausreise aus der DDR beigetragen hatte.[230]

Tabelle 5: Ausreisegründe und -motive von Übersiedlern[231]

Motive (Mehrfachnennungen möglich; Anteile in Prozent)	1984	1989
Fehlende Meinungsfreiheit	71	74
Man konnte nicht in die Länder reisen, in die man gern wollte	56	74
Sein Leben nach eigenen Vorstellungen gestalten	–	72
Fehlende bzw. ungünstige Zukunftsaussichten	45	69
Ständige Bevormundung und Gängelung durch den Staat	66	65
Schlechte Versorgungslage	46	56
Verwandtschaftliche Beziehungen zu Bundesbürgern, Familienzusammenführung	36	28
Ungünstige berufliche Entwicklungsmöglichkeiten	21	26

227 Vgl. Eisenfeld, Gründe und Motive von Flüchtlingen und Ausreiseantragstellern, S. 99.
228 Vgl. ebd., S. 100.
229 Vgl. Köhler/Ronge, „Einmal BRD – einfach.", S. 1282.
230 Vgl. Eisenfeld, Gründe und Motive von Flüchtlingen und Ausreiseantragstellern, S. 103.
231 Aus: Hilmer, Motive und Hintergründe von Flucht und Ausreise aus der DDR, S. 446.

Die schulischen und beruflichen Entwicklungsmöglichkeiten, die sowohl aufgrund zu geringer Platzkontingente als auch infolge einer gezielten politischen Diskriminierung, für den Einzelnen sehr begrenzt sein konnten, hatten einige der Übersiedlern in ihrer Entscheidung, die DDR zu verlassen, bestärkt. Zwischen Ausreise- bzw. Fluchtbegehren und Benachteiligungen aus politischen Gründen bestanden Wechselwirkungen: Einerseits konnten Diskriminierungsmaßnahmen ein Verlassen der DDR bewirken; andererseits brachte der artikulierte Wille, diesem Staat den Rücken zu kehren, negative Sanktionen in Form von beruflicher und schulischer Zurücksetzung mit sich, da „praktisch jedes Verhalten politisch auslegbar"[232] war.[233]

Beide Formen erlebten jene 64 Antragsteller eines Rehabilitierungsantrages, die die DDR bis 1989/1990 verlassen hatten. Dabei variierten Flucht- bzw. Ausreisemotive als auch die ergangenen staatlichen Sanktionen je nach politischen Rahmenbedingungen.

Während der antiklerikal-sozialistisch-atheistisch dominierten Phase führten die Kampagne gegen die Junge Gemeinde 1953 und „Republikflucht" von Familienmitgliedern (Eltern oder Geschwister) zu Relegierungen von und Nichtzulassungen zu weiterführenden Bildungseinrichtungen. Zu Ausnahmen im Zusammenhang mit Sippenhaft bei „Republikflucht" kam es nur in einzelnen sächsischen Kreisen, und auch nur dann, wenn die Eltern geschieden waren und das Kind beim in der DDR verbliebenen Elternteil lebte.[234] Dagegen beschloss die Arbeiterkonferenz im Kreis Freiberg, dass alle Oberschüler, „deren Eltern sich im Westen befinden", der Schule verwiesen werden sollten. Der Direktor der Oberschule Freiberg setzte diesen Beschluss 1958 um.[235] Ähnliche Beschlüsse ergingen auch in anderen Regionen.[236]

232 Meyen, Flüchtlingsbefragungen von Infratest, S. 71.
233 Vgl. u. a. Köhler/Ronge, „Einmal BRD - einfach.", S. 1283; Wendt, Die deutsch-deutschen Wanderungen, S. 392; Bertram/Planer-Friedrich/Sarstedt, Wein mit zuviel Wermut, S. 54–55.
234 Vgl. u. a. Ladusch, KSR Bautzen, an Dörre, Abt. Volksbildung beim RdB Bezirkes Dresden, vom 17.2.1958 (SächsHStA, 11430 BT/RdB Dresden, Nr. 6488, unpag.); KSR Dippoldiswalde an Abt. Volksbildung beim RdB Dresden vom 4.2.1958 (SächsHStA, 11430 BT/RdB Dresden, Nr. 6488, unpag.); Fischer, stellvertretender StSR Dresden, an Ritschel, BSR Dresden, vom 30.1.1958 (SächsHStA, 11430 BT/RdB Dresden Nr. 6488, unpag.); Zack, stellvertretender KSR Dresden, an Dörre, Abt. Volksbildung beim RdB Dresden, vom 18.2.1958 (SächsHStA, 11430 BT/RdB Dresden, Nr. 6488, unpag.).
235 Thielmann, MfV, an Lau, Abt. Erziehung und Kultur beim ZK der SED, vom 13.1.1959 (BArch, DR 2/13792, unpag.).
236 Vgl. z. B. den Beschluss des Kreistages Zittau 1958: „Der Kreistag zu Zittau hat in seiner 4. Sitzung am 28.11.1957 von der Entschließung des Pädagogischen Rates der Oberschule Zittau vom 23.10.1957 über die Behandlung der Oberschüler, deren Erziehungsberechtigte das Gebiet der Deutschen Demokratischen Republik verlassen haben, Kenntnis erhalten und stimmt dieser Entschließung inhaltlich zu. Der Kreistag zu Zittau beschließt: 1) Alle Schüler der Mittel- und Oberschulen im Kreis Zittau, deren Eltern (Elternteil) republikflüchtig werden, sind bis zum 31.12.1957 von den genannten Einrichtungen zu entfernen. Den Fachschulen wird empfohlen, ähnlich zu verfahren." Kreistag Zittau, Beschluss 49 4/57 vom 28.11.1957 (SächsHStA, 11430 BT/RdB Dresden, Nr. 6451, unpag.).

Einige Schüler fühlten sich deshalb in ihren Heimatorten nicht mehr sicher und in ihrer schulischen wie persönlichen Entwicklung behindert. Da sie aber die gewünschte Schulbildung nachholen wollten, verließen sie die DDR.[237] Andere erhielten keine Zulassung zum Studium in der DDR und hofften, in der Bundesrepublik ihren Studienwunsch verwirklichen zu können. Aus Sicht der DDR handelte es sich bei diesen Fällen vorwiegend um „Abwerbungen des Gegners". Jedoch gab das Ministerium für Volksbildung auch zu, dass neben politischer Unklarheit bei Schülern, Lehrern und Eltern sowie dem Einfluss der Kirchen „auch einige Überspitzungen in der Zulassung von Abiturienten" die Republikfluchten gefördert und so „die Abwerbetätigkeit des Gegners" begünstigt hätten.[238]

Letztlich meldete das Ministerium für Volksbildung der Abteilung Erziehung und Kultur beim Zentralkomitee der SED 1 563 Oberschüler, die 1958 der DDR den Rücken gekehrt hatten. In diesen Jahren konnte es vorkommen, dass mehrere Schüler einer Klasse oder gar ganze Schulklassen gemeinsam in die Bundesrepublik flüchteten. So hatte im Oktober 1956 eine Klasse mit 13 Oberschülern aus Storkow die DDR verlassen.[239]

Auch in späterer Zeit, in der antipazifistisch-antichristlich dominierten Phase, hatten Diskriminierungen im Erziehungs- und Bildungswesen der DDR zu Ausreisebegehren geführt. Eine „hoffnungslose berufliche Lage, die Aussichtslosigkeit, eine als angemessen empfundene berufliche Stellung zu erreichen, die politisch motivierte Zurücksetzung im beruflichen Bereich oder die Behinderung der Ausbildung" waren ebenso Gründe für ein Verlassen der DDR wie „die Verantwortung für die Zukunft der eigenen Kinder". Einige Eltern wollten ihre Kinder vor „der Ideologisierung und zunehmenden Militarisierung des Schulunterrichtes wie auch der gesamten Gesellschaft der DDR" bewahren.[240]

Umgekehrt gerieten einige Schüler, Auszubildende und Studenten erst ins Abseits nachdem sie allein oder gemeinsam mit ihren Eltern, einen Ausreiseantrag gestellt oder einen missglückten Fluchtversuch unternommen hatten.[241] Repressionen mussten auch Kinder von Ausreiseantragstellern und „Republikflüchtlingen" im Rahmen der „Sippenhaft" ertragen, insbesondere die Relegie-

---

237 Vgl. Interview mit Herrn H. W. am 27.11.2004.
238 In einer Analyse des MfV hieß es dazu: „Z. B. wurde von einigen Hochschulen die Zulassung zum Studium von Kirchenaustritten abhängig gemacht, so in Halle. Darüber hinaus wurde von den Kreisleitungen der FDJ in Zwickau und Gotha der Beschluss gefasst, dass die Immatrikulation nur nach vorheriger Ableistung des Dienstes in der Nationalen Volksarmee möglich ist. Die volkseigenen Betriebe RFT Erfurt, Kalkwerke Rüdersdorf, Waggonwerk Dessau sowie das RAW Dessau haben in ihre BKV [Betriebskollektivverträge] ähnliche Formulierungen aufgenommen. In Rostock haben Mitglieder der Stadtleitung der FDJ die Tendenz vertreten, dass nur für FDJ-Mitglieder Platz an den Hochschulen ist." Meyer, MfV, Republikfluchten der Oberschüler und Abiturienten 1958, o. D. (BArch, DR 2/13792, unpag.).
239 Vgl. Thielmann, MfV, an Lau, Abt. Erziehung und Kultur beim ZK der SED vom 13.1.1959 (BArch, DR 2/13792, unpag.).
240 Raschka, Die Ausreisebewegung, S. 268.
241 Vgl. ebd., S. 259.

rung diente den Machthabern als adäquates Mittel zur Be- bzw. Verhinderung von Bildungskarrieren.[242]

Die oft völlig unpolitischen Gründe für das Verlassen der DDR interpretierten die DDR-Behörden jedoch als politisch motiviertes Verhalten und kriminalisierten die Handelnden. Beispielsweise meldete die Leipziger Bezirksschulrätin, Ahrens, dem Ministerium für Volksbildung 1973 sieben Fluchtversuche von Schülern. Dazu gehörte auch der folgende Fall: Ein Schüler der 46. Oberschule Leipzig wurde aufgrund eines Fluchtversuchs in Dresden inhaftiert und im anschließenden Strafverfahren zu einer Bewährungsstrafe verurteilt. Der Schüler war bereits im Vorfeld wegen Diebstahls und widerrechtlichen Verkaufs eines Mopeds gerichtlich in Erscheinung getreten. Des Weiteren lag gegen ihn eine Anzeige wegen Blumendiebstahls aus mehreren Kleingärten vor. Trotz dieser Delikte fungierte der Bewerber für die V-Klasse als FDJ-Sekretär seiner Klasse. Da er nach der Gerichtsverhandlung ein weiteres Mal auffiel und gegen ihn ein Ermittlungsverfahren wegen unbefugter KFZ-Benutzung unter Alkoholeinfluss eingeleitet wurde, zog die Bezirksschulrätin von Leipzig den Schluss, dass der Schüler die V-Klasse nicht besuchen könne und von der Funktion des FDJ-Sekretärs zu entbinden sei. Erst am Ende ihrer Darstellung stellte die Schulrätin fest: „Bis zu den Vorkommnissen war die Gesamtführung des Schülers und seine Haltung einwandfrei." Und „der Direktor der Schule brachte in Erfahrung, dass der Vater des Schülers im Juli unsere Republik nach der BRD illegal verlassen haben soll". Damit bestätigte sich für die Bezirksschulrätin Ahrens die Vermutung, „dass die Ursache dieses Fehlverhaltens in Vorgängen im Elternhaus zu suchen sind".[243] Allerdings diente diese Einschätzung nicht dazu, die emotionalen Schwierigkeiten und Probleme als Folge der fehlenden Vaterfigur und der besonderen familiären Situation zu begründen, sondern eher um den Schüler als Sohn eines „Republikflüchtlings" zu stigmatisieren und so dessen Handeln zu politisieren.

---

242 Beispielsweise wurde 1982 eine Schülerin von der Erweiterten Oberschule in Ostberlin relegiert, weil ihre Mutter die Ausreise beantragt hatte, um einen Westberliner zu heiraten. Vgl. Dr. Ch. Heidamke, Magistrat von Berlin an das MfV, Aktennotiz vom 1. 12. 1982 (BArch, DR 2/28938, unpag.). Noch im Juli 1989 wurde eine Schülerin der Kinder-und Jugendsportschule „Heinrich Rau" Berlin vor dem Reifeabschluss relegiert. Die Schülerin war zugleich Sportlerin der DDR mit mehreren Medaillenerfolgen bei internationalen Wettkämpfen. Sie stellte einen Ausreiseantrag in die Bunderepublik im Juli 1989, weil ihre Mutter gemeinsam mit dem Stiefvater die DDR über die ČSSR im Mai dieses Jahres verlassen hatte. Der Magistrat und der Schulrat von Berlin, die Hauptschulinspektion des MfV und der Schuldirektor verweigerten der Schülerin den weiteren Schulbesuch, da die versuchte „Rückgewinnung" erfolglos war. Vgl. HSI, MfV, Ausreise der Schülerin D. K., Besonderes Vorkommnis, o. D. (Juli/August 1989) (BArch, DR 2/13295, unpag.).

243 Vgl. Ahrens, BSR Leipzig an die HSI, MfV, Besondere Vorkommnisse im Bereich Volksbildung des Bezirkes Leipzig vom 15. 10. 1973 (SächsStAL, 20237 BT/RdB Leipzig, Nr. 24312, Bl. 27).

2.6   Pazifistische Grundeinstellung, Ablehnung des verlängerten
       Militärdienstes

Nach der Grenzabriegelung zur Bundesrepublik lancierte die SED-Partei- und
Staatsführung verschiedene Kampagnen, um ihre Macht nach außen und innen
zu sichern. Einerseits ging sie gegen „abweichlerisches Verhalten",[244] „Bumme-
lanten"[245] und Staatsfeinde mittels Anzeigen, kollektiver Erziehungsmaßnahmen, öffentlicher Diffamierungen oder Arbeitslagereinweisungen vor. Andererseits rief die FDJ am 16. August 1961 zum Schutze der Republik auf und begann
ihre männlichen Mitglieder massiv zum freiwilligen „Ehrendienst in den bewaffneten Kräften" zu nötigen.[246] Jugendliche, die diesem Aufruf nicht folgten, setzten sich der Gefahr verschiedener Restriktionen aus, wie der Rücknahme einer
Delegierung zu einer weiterführenden Bildungseinrichtung.[247]

Am 20. September 1961 erließ die Volkskammer das „Gesetz zur Verteidigung der DDR", das dem Staatsrat in Friedenszeiten wie im Verteidigungsfall
nahezu uneingeschränkte Notstandsrechte einräumte. Nach Meinung des Histo-
rikers Hermann Weber verebbte das aggressive Vorgehen gegen die eigene
Bevölkerung zum Ende des Jahres 1961, da diese Politik auch in den eigenen
Reihen kritisiert worden sei.[248]

Nichtsdestotrotz erhöhte das Wehrpflichtgesetz vom 24. Januar 1962 den
Druck auf die Jugend, insbesondere auf junge Christen. Bereits 1952 hatten
diese gegen die Einführung des Schießsports in der Gesellschaft für Sport und
Technik (GST) und gegen das Werben der FDJ für den Eintritt in die Kaser-
nierte Volkspolizei (KVP) protestiert und mit öffentlichen Aktionen, etwa mit
der Ausstellung eines Paars ausgedienter Kommissstiefel mit der Überschrift
„Wohin des Schritts" in einem Schaukasten in Mölkau, Kreis Leipzig-Land, versucht, auf ihre ablehnende Haltung zum Waffendienst hinzuweisen.[249]

Dennoch fand in den Oberschulen ein reges Werben für den Eintritt von
Schülern und Lehrern in die GST wie auch KVP statt, deren Erfüllungsstand
dann Gegenstand von Berichten, Tagungen und Beschlüssen in den Abteilungen
der Volksbildung war. Im Protokoll über die Arbeitstagung des Bezirksschulrates

244 Weber, Geschichte der DDR, S. 302 f.
245 Arbeitsbummelanten wurde als gängige Bezeichnung verwendet, insbesondere vom MfS.
    Vgl. z. B. Dienstanweisung Nr. 4/66 „Zur politisch-operativen Bekämpfung der politisch-
    ideologischen Diversion und Untergrundtätigkeit unter jugendlichen Personenkreisen
    in der DDR" vom 15.5.1966. In: Suckut/Neubert/Süß u. a. (Hg.), Anatomie der
    Staatssicherheit, S. 157–173, hier 170.
246 Vgl. dazu Aufgebot der FDJ vom 16.8.1961: „Das Vaterland ruft! Schützt die Repu-
    blik!". In: Mählert/Stephan, Blaue Hemden - Rote Fahnen, S. 140.
247 In diesem Fall wurde die Delegierung zum Fachschulstudium zurückgezogen, weil der
    Betroffene sich nicht für drei Jahre zum Wehrdienst verpflichtet hatte. Vgl. SLFS,
    Rehabilitierungsbehörde, Az. 97/74/0062.
248 Weber beruft sich auf die kritische Haltung der Ersten Sekretäre der Bezirksleitungen
    von Dresden und Leipzig, Krolikowski und Fröhlich. Vgl. Weber, Geschichte der DDR,
    S. 303 f.
249 So geschildert bei Henkys, Die Opposition der „Jungen Gemeinde", S. 160.

mit den Oberschuldirektoren des Bezirkes Leipzig vom 17. Mai 1955 berichteten einige Direktoren von Vorbehalten gegenüber der KVP unter den Schülern, Eltern und Lehrern. Der Schulleiter der Oberschule Schkeuditz gab sogar zu, dass Schüler lieber auf das Studium verzichten würden, als sich zur KVP zu melden.[250] Eintritte in die GST und die Mitarbeit in Schießzirkeln behandelte die Konferenz als beispielgebende Erfolge, dazu gehörte selbst der GST-Beitritt eines 69-Jährigen aus Windischleuba. Um einen weiteren Zuwachs von „Freiwilligen" verzeichnen zu können, beschlossen die Konferenzteilnehmer intensivere Werbungen, deren Losung lautete: „Keine Oberschule ohne rege und intensive Arbeit der GST! Jede Oberschule delegiert die besten Kader zur KVP!"[251]

Erfolge auf diesem Gebiet zu erzielen, war den Leipziger Volksbildungsfunktionären wichtig, wie sich im Protokoll der Tagung des Bezirksschulrates mit den Kreisschulräten zeigte. Noch vor dem ersten Tagungsordnungspunkt berichtete der Bezirksschulrat von Leipzig, Dietrich, nicht nur über den Stand der Werbung, sondern hob zudem das gute Beispiel der Herderoberschule in Leipzig hervor, „an der sich alle männlichen Abiturienten zur KVP meldeten".[252] Dass der Eintritt in die Reihen der KVP nicht ganz freiwillig erfolgte, verdeutlichte sich im Sprachgebrauch des Leipziger Bezirksvorstandes der Gewerkschaft Unterricht und Erziehung, der im August 1955 um Berichte über die „Verpflichtungsbewegung [!] zum Eintritt in die KVP" von Kollegen, Ober- und Berufsschülern bat.[253]

Das restriktive Vorgehen der Machthaber gegen die ablehnende Haltung vorwiegend junger Christen schlug sich auch in einer Vielzahl von Diskriminierungen während der antiklerikal-atheistisch dominierten Phase nieder. Denn kirchliche Kreise engagierten sich frühzeitig gegen die beginnende Militarisierung und für die Friedensfrage. So nimmt es kaum Wunder, dass besonders christliche Jugendliche dem FDJ-Aufgebot von 1961 zum Eintritt in die Nationale Volksarmee (NVA) nicht nachkamen. Sie lehnten die Verpflichtungserklärung zum „bedingungslosen" Armeedienst ab und machten diese von ihrem Bekenntnis zu Gott abhängig.[254]

---

250 Vgl. Leise, Protokollantin Abt. Volksbildung, RdB Leipzig, Protokoll über die Arbeitstagung mit den Oberschuldirektoren des Rates des Bezirkes am 17.5.1955 vom 24.5.1955 (SächsStAL, 20237 BT/RdB Leipzig, Nr. 1503, Bl. 145).

251 Ebd., Bl. 147.

252 Leise, Protokollantin Abt. Volksbildung, RdB Leipzig, Protokoll über die Tagung mit den Leitern der Abteilungen Volksbildung bei den RdK vom 30.5.1955 (ebd., Nr. 1503, Bl. 133).

253 Deutsch und Eschner, Bezirksvorstand der Gewerkschaft Unterricht und Erziehung, Einladung zur Sitzung des Sekretariats des Bezirksvorstandes am 9.6.1955 vom 1.6.1955 (ebd.,Nr. 157, Bl. 163).

254 Vgl. Henkys, Die Opposition der „Jungen Gemeinde", S. 160. Henkys bezieht sich auf Jostmeier, der auf Basis von FDJ- und SED-Quellen des Parteiarchivs Leipzig über Fälle berichtete, in denen sich christliche Jugendliche weigerten, die Vordrucke der Verpflichtungserklärung in ihrem Wortlaut zu unterschreiben. Sie strichen „bedingungslos" und ergänzten stattdessen den Passus „soweit es mit meinem Bekenntnis zu Gott vereinbar ist". Vgl. Jostmeier, SED und Junge Gemeinde im Bezirk Leipzig, S. 102.

Sanktioniert wurde diese „unpatriotische" Haltung bereits vor Einführung
der Wehrpflicht mit Nichtzulassung zu weiterführenden Bildungseinrichtungen
oder mit Rücknahme von Delegierungen bzw. erteilten Zulassungen.[255] Auch
stellten Schulleiter manchem Schüler eine zweifelhafte Beurteilung aus, weil dieser sich nicht für die KVP werben ließ, so zum Beispiel im Falle eines Schülers
der Karl-Marx-Oberschule in Leipzig. Die Karl-Marx-Universität Leipzig lehnte
daraufhin seinen Immatrikulationsantrag ab, obwohl er sehr gute Schulleistungen und genügend gesellschaftliches Engagement aufwies. Nach üblicher Manier
erwähnte die Universität den wahren Ablehnungsgrund in ihrem Schreiben
nicht. Der Schüler vermutete allerdings, eine politische Motivation hinter der
Ablehnung und beschwerte sich deshalb beim Staatssekretariat für Hoch- und
Fachschulwesen. Der interne Schriftverkehr zwischen den Mitarbeitern der
Abteilungen Volksbildung auf Kreis- und Bezirksebene, der infolge der
Beschwerde zustande kam, bestätigt seinen Verdacht.[256]

Auch nach der Einführung der Wehrpflicht blieb diese Form der Bestrafung
für die Vertreter der staatlichen Obrigkeit ein probates Mittel, wenn sich männliche Jugendliche nicht zu einem längeren „Ehrendienst" in der NVA oder als
Berufsunteroffiziersbewerber (BUB) bzw. Berufsoffiziersbewerber (BOB) verpflichten ließen oder wenn junge Männer nach ihrem Wehrdienst den Reser-
vistendienst ablehnten.[257]

Die Diskriminierung bzw. die Nichtförderung von Wehrdienstverweigerern
folgte damit einer Ankündigung Walter Ulbrichts, der Wehrunwillige zu keinem
Studium mehr zulassen wollte.[258] Trotz der Verordnung des Nationalen
Verteidigungsrates vom 7. September 1964, die die Möglichkeit eines waffenlo-

---

255 Beispielsweise versagten die Lehrerschaft und der Schuldirektor einem evangelischen
    Schüler in Dresden die Delegierung zur Erweiterten Oberschule im Jahre 1959. Vgl.
    SLFS, Rehabilitierungsbehörde, Az. 95/70/0034.
256 Vgl. Abt. Volksbildung, RdB Leipzig, Aktenvorgang vom 1.9.1955 (SächsStAL, 20237
    BT/RdB Leipzig, Nr. 132, Bl. 72–80).
257 So erging es einem jungen Mann aus Elstertrebnitz bei Leipzig. Bereits als Schüler ver-
    wehrte ihm die Kreisauswahlkommission 1955 den Besuch der Erweiterten Oberschule,
    weil er „aufgrund seiner bisher bewiesenen gesellschaftlichen Mitarbeit nicht die
    Gewähr einer guten Weiterentwicklung in der Oberschule bietet". Vgl. Schubert, KSR
    Borna, an den Betroffenen vom 24.3.1955 (SLFS, Rehabilitierungsbehörde, Az.
    97/74/0062, Bl. 32). Nachdem er den Beruf des Rundfunkmechanikers erlernt und
    einige Zusatzqualifikationen erworben hatte, delegierte ihn sein Betrieb zum Vorberei-
    tungslehrgang für das Fachschulstudium. Der Leiter des Funkamtes Leipzig wies in der
    Delegierung neben den fachlichen Kenntnissen auch auf die Mitgliedschaft im Freien
    Deutschen Gewerkschaftsbund (FDGB) sowie in der FDJ hin und hob das Engagement
    des potentiellen Studenten als Volkspolizeihelfer in seinem Wohnort hervor. Vgl. Rost,
    Leiter des Funkamtes Leipzig, an die Ingenieurschule für Post- und Fernmeldewesen
    „Rosa Luxemburg" in Leipzig vom 3.2.1961 (ebd., Bl. 35). Die Delegierung wurde
    jedoch mit Schreiben vom 25.8.1961 mit Hinweis auf eine Aussprache vom Tag zuvor
    zurückgenommen, da der Betroffene sich nicht „freiwillig" als Zeitsoldat entsprechend
    des FDJ-Aufgebotes verpflichten ließ. Vgl. Rost, Leiter des Funkamtes Leipzig, an den
    Betroffenen vom 23.8.1961 (ebd., Bl. 36 f.).
258 Vgl. Ohse, Jugend nach dem Mauerbau, S. 37.

Tabelle 6: Erfasste Wehrdienstverweigerungen von Zeugen Jehovas bis zum November 1964[259]

Bezirk	Anzahl Wehrdienstverweigerer
Cottbus	ca. 60
Halle	ca. 35
Magdeburg	ca. 20
Dresden	ca. 200
Karl-Marx-Stadt	ca. 300
Leipzig	ca. 60

sen Militärdienstes einräumte, behielten sich die Vertreter der staatlichen Obrigkeit weiterhin vor, auch diese Verweigerungshaltung zu sanktionieren. Insbesondere betraf das Mitglieder der Glaubensgemeinschaft der Zeugen Jehovas, die zum Teil nicht nur einen bewaffneten Militärdienst ablehnten, sondern den Wehrdienst insgesamt verweigerten. Bei den Musterungen wurden bis zum November 1964 die in Tabelle 6 gezeigten Zahlen von Wehrdienstverweigerern unter den Zeugen Jehovas erfasst.

Seit Einführung der Wehrpflicht im Januar 1962 hatten bis zum Ende der DDR etwa 6 000 Wehrpflichtige den Wehrdienst total verweigert. Von ihnen wurden ca. 3 000 Wehrpflichtige zu Haftstrafen von 24 bis 30 Monaten (ab Mitte der 1980er Jahre von 18 bis 20 Monaten) verurteilt.[260]

Die Betroffenen begründeten ihre Verweigerungshaltung überwiegend mit dem christlichen Tötungsverbot oder der Ablehnung des Fahneneides, da dieser einen absoluten Gehorsam forderte. Die Zeugen Jehovas fühlten sich zudem dem biblischen Grundsatz der Neutralität verpflichtet.[261] Von staatlicher Seite wertete man diese Haltung als Affront gegen den sozialistischen Staat. Eine Abwägung mit dem in Artikel 41 zugesicherten Verfassungsrecht auf Glaubens- und Gewissensfreiheit fand dabei nicht statt.[262]

---

259 Aus: Dirksen, „Keine Gnade den Feinden unserer Republik", S. 764.
260 Vgl. Eisenfeld, Wehrdienstverweigerung als Opposition, S. 242 f. Von Frühjahr 1962 bis Frühjahr 1964 sind etwa 1 550 Wehrdienstverweigerung bei den Musterung registriert wurden. Vgl. ders., Eine „legale Konzentration feindlich-negativer Kräfte", S. 256, Anm. 2.
261 Vgl. Dirksen, „Keine Gnade den Feinden unserer Republik", S. 753; Garstecki, Zivilcourage und Kompromiss - der Friedensbeitrag der Bausoldaten. Vortrag auf dem Kongress „Zivilcourage und Kompromiss - Bausoldaten in der DDR 1964-1990" am 3.9.2004 in Potsdam (http://www.bausoldatenkongress.de, http://www.openframe.de/bau/erg_festvortr.htm; 20.2.2007); Schicketanz, Die Entstehungsgeschichte der Bausoldaten. Vortrag auf dem Kongress „Zivilcourage und Kompromiss - Bausoldaten in der DDR 1964-1990" am 3.9.2004 in Potsdam (http://www.bausoldatenkongress.de, http://www.openframe.de/bau/erg_vortr1.htm; 20.2.2007).
262 Vgl. Dirksen, „Keine Gnade den Feinden unserer Republik", S. 754 und 758.

Zum Dienst in den Baueinheiten[263] entschieden sich bis 1989 insgesamt ca. 27 000 Wehrpflichtige, von denen 15 000 tatsächlich eingezogen wurden. Egal, ob Totalverweigerung, Verweigerung des Reservistendienstes oder Dienst in den Einheiten der Bausoldaten (obwohl diese Einheiten gleichgestellt waren), wer den normalen Wehrdienst ablehnte, musste Diskriminierungen in seiner weiteren schulischen und beruflichen Ausbildung, im Beruf und bei seiner künftigen Karriere in Kauf nehmen.[264]

Um vermehrt junge Männer für einen Wehrdienst über die Wehrpflicht hinaus zu gewinnen, erließen der Volksbildungs- und der Verteidigungsminister 1966 eine Direktive mittels derer ehemalige Wehrdienstleistende, die drei Jahre in den Reihen der NVA gedient hatten, bevorzugt zum Direktstudium zugelassen werden sollten.[265] Dem ging bereits eine bevorzugte Zulassung von ehemaligen Angehörigen der NVA und der Deutschen Volkspolizei voraus, die der Staatssekretär für Hochschulwesen 1956 angeordnet hatte.[266] Damit war einerseits eine moderate Möglichkeit gefunden, um männliche Jugendliche, wenn schon nicht aus sozialistisch-patriotischer Überzeugung, so doch zumindest aufgrund eines gewissen Maßes an Opportunismus, für einen Wehrdienst auf Zeit oder gar für das Berufssoldatentum zu gewinnen. Andererseits verringerten sich damit auch die Chancen für andere, zu einem der begehrten Studienplätze zugelassen zu werden.[267]

Zudem blieb es nicht ohne Folgen, wenn Schüler ihre einmal gegebene Verpflichtung zurückzogen. Aus einer Aktennotiz über die Arbeitstagung des Ministeriums für Nationale Verteidigung (MfNV) mit den Chefs des Wehrbezirkskommandos (WBK) und Wehrkreiskommandos (WKK) am 11. Oktober 1966 geht hervor, dass im Studienjahr 1965/66 von den zugelassene Bewerbern für ein Offiziersstudium 265 junge Männer ihr Studium nicht antraten. Insgesamt stellte das Ministerium für Nationale Verteidigung bei 26 Prozent der Bewerber eine ungenügend gefestigte Berufsentscheidung fest. Laut Aktennotiz schätzten diese Bewerber die zivile Berufsqualifikation höher ein als die militärische, ihnen fehle es an gesellschaftspolitisch wertvollen Motiven und für sie ständen persönliche Interessen, wie gute Verdienstmöglichkeiten, im Vordergrund. Deshalb seien die Erziehungsinstitutionen auch in Zukunft dazu anzuhalten, bereits ab dem sechsten Schuljahr damit zu beginnen, echte Wehrmotive

263 Mit der „Anordnung über die Aufstellung von Baueinheiten im Bereich des Ministeriums für Nationale Verteidigung" vom 7.9.1964 wurde in der der DDR ein waffenloser Wehrdienst eingeführt.
264 Vgl. Koch, Bausoldaten im Wandel. Vortrag auf dem Kongress „Zivilcourage und Kompromiss - Bausoldaten in der DDR 1964–1990" am 3.9.2004 in Potsdam (http://www.bausoldaten-kongress.de, http://www.openframe.de/bau/erg_vortr2.htm; 20.2.2007); Eisenfeld, Wehrdienstverweigerung als Opposition, S. 246.
265 Vgl. Eisenfeld/Eisenfeld, Die Militarisierung von Erziehung und Gesellschaft in der DDR, S. 663.
266 Vgl. ebd.; Widera, Wehrdienstgegner im Bildungssystem. Vortrag auf dem Workshop „Verfolgte Schüler - gebrochene Biographien" vom 26. bis 28.10.2006 in Meißen, S. 1.
267 Vgl. ebd.

für die Berufsentscheidung als Offizier herauszubilden.[268] Die Werbung für einen Dienst in der NVA, der über den Pflichtwehrdienst hinausging, oder für das Berufssoldatendasein wurde zunehmend intensiver betrieben, wobei das Wehrmotiv nicht immer primär sein musste. Neben verlockenden Angeboten zur Abiturstufe oder für ein Studium, drängten staatliche Vertreter männliche Jugendliche auch massiv zu einer Verpflichtung oder drohten gar die Bildungskarriere zu behindern. Für einige Jugendliche bestätigte sich die Drohung schließlich auch.

In einem Interview, das im Rahmen des Forschungsprojektes geführt wurde, erinnerte sich Herr G. M. an das Werbezeremoniell. Er sollte bereits 1958, am Anfang der zwölften Klasse, mit einigen Mitschülern für die Offizierslaufbahn geworben werden. Herr G. M. erzählte, dass im Büro des Schuldirektors den Schülern Zigarren angeboten wurden und das Gespräch „wie beim alten Fritz" auf die Armeewerbung ausgerichtet war. Da der Vater von Herrn G. M. nicht aus dem Krieg zurückgekehrt sei, habe er den Militärdienst abgelehnt. Schüler, die sich hingegen werben ließen, wurden quasi über Nacht zu den Besten der Schule.[269] In der Folgezeit habe Herr G. M. dieses Verfahren angeprangert und gegenüber Mitschülern geäußert, dass von den Geworbenen „eine Hälfte [...] geistige und die andere Hälfte körperliche Krüppel" seien. Von dieser Bemerkung hätten einige Lehrer und der Schuldirektor erfahren und daraufhin ein Schul- und FDJ-Verfahren angestrebt. Herr G. M. wurde aus der FDJ ausgeschlossen. Man erlaubte ihm aber, die Schule mit dem Abitur abzuschließen. Bei der Abschlussfeier erhielt er sein Zeugnis ausgehändigt, musste es jedoch noch am selben Tag wieder beim Direktor abgeben. Das Zeugnis blieb für zwei Jahre unter Verschluss, damit sich der Schüler während dieser Zeit in der Produktion bewähre. Statt die Jahre als Hilfsarbeiter tätig zu sein, bewarb sich Herr G. M. während dieser „Bewährungsphase" mit dem Zeugnis der elften Klasse um eine Lehrstelle. Er erhielt eine Zusage und schloss die Ausbildung sogar in einer verkürzten Lehrzeit ab. Nach Rückgabe des Zeugnisses blieben seine Bemühungen um ein Studium der Außenwirtschaft erfolglos. Immerhin erhielt er später einen Studienplatz für Medizin in Jena. Ein Umstand, der sich letztlich als äußerst annehmbar erwies.[270]

Die zunehmende Militarisierung, die im Erziehungs- und Bildungswesen am deutlichsten mit Einführung der vormilitärischen Ausbildung und des Wehrunterrichts zutage trat, und das rigorose Vorgehen gegen pazifistisches und christliches Denken führten vor allem in den 1970er und 1980er Jahre zu einer Vielzahl von Diskriminierungen. Mit der Einführung des Wehrunterrichts 1978, dessen zunehmend kompromisslose Durchsetzung unter die Ägide des Ministe-

---

268 Hammerschmidt, MfV, Aktennotiz über die Arbeitstagung des Ministeriums für Nationale Verteidigung mit den Chefs der Wehrbezirkskommandos und Wehrkreiskommandos am 11. 10. 1966 an der Offiziersschule der Luftstreitkräfte / Luftverteidigung „Franz Mehring" in Bautzen vom 13. 10. 1965 von (BArch, DR 2/21379, unpag.).
269 Interview mit Herrn G. M. am 19. 1. 2005.
270 Vgl. ebd.

riums für Volksbildung fiel, schuf die Partei- und Staatsführung zusätzlichen Zündstoff. Der Wehrunterricht galt als obligatorischer Unterricht und unterlag somit der Schulpflicht.[271] Dennoch lehnten vorwiegend christliche Schüler wie auch deren Eltern diesen Unterricht ab und versuchten eine Teilnahme zu umgehen. Das Auftreten der Eltern und ihrer Kinder hatte dabei mehr oder weniger systemkritischen Charakter. Während die einen die Teilnahme, mittels fingierter Krankmeldungen zu verhindern suchten, verteidigten die anderen ihre christliche und pazifistische Haltung ganz offen und protestierten gegen die Teilnahme am Wehrunterricht und/oder leisteten Widerstand, indem sie ihre Kinder eigenmächtig vom Unterricht befreiten. Die Schulen reagierten darauf mit unterschiedlichen Sanktionen. Sie reichten von einem Eintrag für unentschuldigtes Fehlen bis hin zu einer Meldung an den Schulrat.[272] Vereinzelt gingen Schuldirektoren auch noch drastischer vor, wie ein Beispiel aus Meerane zeigt, dass sich in den Akten des Ministeriums für Volksbildung fand. Mit der Bitte um Hilfe für eine Bekannte wandte sich im Juni 1979 ein Bürger aus Meerane an den Staatsratsvorsitzenden. Aufgrund eines Wohnungswechsels der allein erziehenden Mutter sollte ihr Sohn bis zum Ende des zehnten Schuljahres bei Freunden der Mutter bleiben, um ihm einen Schulwechsel zu ersparen. Der infolge einer Hirnhautentzündung schwer sehbehinderte und voraussichtlich wehruntaugliche Junge war zudem aktives Mitglied der Jungen Gemeinde. Mit schriftlicher Einwilligung seiner Mutter hatte er die Teilnahme am Wehrunterricht verweigert. Vom Schuldirektor der Willy-Börner-Oberschule wurde er daraufhin, ohne vorher die Mutter zu kontaktieren, zu einer gemeinsamen

---

271 In der Direktive des MfV zur Einführung und Gestaltung des Wehrunterrichts für Schüler der Klassen 9 und 10 der POS sowie in den Hinweisen für Direktoren der POS zur Einführung des Wehrunterrichts hieß es dazu: „Der Beschluss zur Einführung des Wehrunterrichts für die Jugendlichen der 9. und 10. Klassen geht davon aus, dass der Wehrunterricht obligatorischer Unterricht ist. Im § 4 des Bildungsgesetzes ist geregelt, dass sich die Oberschulpflicht auf den regelmäßigen Besuch des lehrplanmäßigen Unterrichts, die Teilnahme an den vom Ministerium für Volksbildung obligatorisch erklärten Veranstaltungen der Schule erstreckt." Direktive Nr. 3 des Ministers für Volksbildung zur Einführung und Gestaltung des Wehrunterrichts für Schüler der Klassen 9 und 10 der zehnklassigen allgemeinbildenden Polytechnischen Oberschule der DDR – Grundsatzdirektive vom 1.2.1978 (BArch, DR 2/14277, unpag.); Hinweise für Direktoren der allgemeinbildenden Polytechnischen Oberschule der DDR zur Einführung des Wehrunterrichts (ebd.).

272 Die Hauptschulinspektion vermerkte nach der Dienstbesprechung der KSR in Karl-Marx-Stadt, dass die Schulräte einzelne Fragen der Nichtteilnahme von Schülern am Wehrunterricht problematisierten: „Die KSR machen darauf aufmerksam, dass die Entscheidung des MfV, die Nichtteilnahme von Schülern am Lehrgang Zivilverteidigung im Wehrunterricht nicht auf dem Zeugnis sichtbar zu machen, und insbesondere die Entscheidung, diese Schüler bei Verweigerung der Teilnahme zu veranlassen, 12 Unterrichtstage sich selbst überlassen zu bleiben, negative Auswirkungen für die folgenden Jahre haben kann. [...] Der BSR forderte, entsprechend der Orientierung des Ministeriums, den konkreten Überblick, die politische Einwirkung auf Schüler und Eltern, um die Teilnahme zu erreichen und dabei alle gesellschaftlichen Kräfte einzubeziehen." Demmler, HSI, MfV, Bericht von der Dienstbesprechung der KSR in Karl-Marx-Stadt am 9.5.1979 vom 15.5.1979 (BArch, DR 2/27340, unpag.).

Aussprache mit dem Klassenleiter und einem Elternbeiratsmitglied bestellt. Das gesamte Gespräche verlief in unfairer Weise „mit verbalen Ausfällen" und endete schließlich mit „Senkung der Betragenszensur von 2 auf 5, einem Tadel, Verweis von der Schule und Benachrichtigung der zukünftigen Lehrstelle".[273]

Das kompromisslose Vorgehen des Schuldirektors gründete sich wahrscheinlich darauf, dass der Schüler generell die Teilnahme am Wehrunterricht abgelehnt und sich nicht nur mit einem ärztlichen Attest der praktischen Ausbildung entzogen hatte. Dennoch waren die Konsequenzen, die der Schuldirektor anordnete, völlig überzogen und willkürlich, zumal das Ministerium für Volksbildung zuvor entschieden hatte, „die Nichtteilnahme von Schülern am Lehrgang Zivilverteidigung im Wehrunterricht nicht auf dem Zeugnis sichtbar zu machen".[274] Allerdings bestand in diesen Fragen noch Klärungsbedarf unter Schuldirektoren und Schulräten. Letztlich ging das Ministerium für Volksbildung im März 1981 dazu über, die Schüler als auch deren Eltern mit intensiven Einzelgesprächen zur Teilnahme am Wehrunterreicht und an der vormilitärischen Ausbildung zu bewegen. Die Eltern sollten ausdrücklich darauf hingewiesen werden, dass ihre Kinder bei einer Nichtteilnahme am Wehrunterricht gegen die Schulpflichtbestimmungen und die Verfassung der DDR verstießen. Aus den Informationen der Bezirksschulräte geht hervor, dass sich die Eltern ihrerseits ebenso auf die Verfassung der DDR beriefen. Diese Argumentation schien Margot Honecker beim Lesen der Berichte besonders ins Auge gestochen zu sein, denn sie strich die entsprechende Passage dick an. Vermutlich bestand für sie ein Unterschied darin, wer sich auf die Verfassungsrechte stützen durfte.[275]

---

273 Mutter des Betroffenen an Erich Honecker vom 27.6.1979 (BArch, DR 2/27187, unpag.).

274 Demmler, HSI, MfV, Bericht von der Dienstbesprechung der KSR in Karl-Marx-Stadt am 9.5.1979. Bericht vom 15.5.1979 (BArch, DR 2/27340, unpag.).

275 Von 61 geladenen Elternpaaren erschienen 57 zum Gespräch. „Entsprechend einer Festlegung des Staatssekretärs wurden mit den Eltern der Nichtteilnehmer Klasse 9 am Wehrunterricht nochmals persönliche Gespräche geführt. Sie wurden aktenkundig darüber belehrt, dass die Nichtteilnahme am Wehrunterricht eine Verletzung der Schulpflichtbestimmungen sowie der Verfassung der DDR darstellt. Die Gespräche verliefen in einer ruhigen und sachlichen Atmosphäre." BSR Dresden, Wertung der durchgeführten Gespräche mit Eltern, deren Kinder nicht am Wehrunterricht teilnahmen. Monatsinformation vom Mai 1981, o.D. (BArch, DR 2/11734, Band 2, unpag.). Aus Karl-Marx-Stadt wurde berichtet: „Auf der Grundlage Ihres Schreibens [Lorenz, Staatssekretär MfV] vom 4.3.1981 haben die Direktoren der Schulen mit allen Eltern, deren Kinder nicht am Wehrunterricht teilnehmen, Aussprachen geführt. Das sind in unserem Bezirk 59 Schüler aus 17 Kreisen und einem Stadtbezirk Karl-Marx-Stadt. Die betreffenden Eltern wurden aktenkundig darüber belehrt, dass sie mit der Entscheidung gegen die Schulpflichtbestimmungen und die Verfassung der DDR verstoßen." Krußk, BSR Karl-Marx-Stadt, an Lorenz, Staatssekretär, MfV, Information zum Punkt I/1 der Anweisung zur Information des Ministeriums für Volksbildung durch die BSR vom 10.8.1976 vom 22.5.1981, (BArch, DR 2/11734, Band 2, unpag.). Beide Schreiben enthalten Anstreichungen von Margot Honecker sowie ihr Kürzel, dass sie diese Schreiben zur Kenntnis genommen hat. Im Nachgang dieser Gespräche konnten im Bezirk Karl-Marx-Stadt nur vier Eltern von ihrer ablehnenden Haltung abgebracht werden und im Bezirk Dresden wollten nur acht Eltern ihre Haltung überdenken. Vgl. ebd.

Ähnlich energisch wie bei der Einführung des Wehrunterrichts gingen die Vertreter der Volksbildung in Fragen der Teilnahme an der vormilitärischen Ausbildung vor. Die Ausbildung wurde Mitte der 1950er Jahre für Studenten an den Universitäten, ab dem Schuljahr 1968/69 für Lehrlinge der Berufsausbildung, Fachschüler und Schüler der Spezialschulen und Erweiterten Oberschulen verbindlich. Mit Einführung des Wehrunterrichts für die Klassen neun und zehn der POS mussten auch in Klasse neun ein zwölftägiger Aufenthalt in einem Wehrausbildungslager bzw. Zivilverteidigungskurs und in Klasse zehn nochmals Theoriestunden „zu Fragen der Landesverteidigung" sowie drei „Tage der Wehrbereitschaft" zur praktischen Ausbildung absolviert werden.[276]

Zunächst für Schüler der POS noch freiwillig, sollte die Teilnahme an der Wehrausbildung in Lagern von 1978 bis 1983 um jeweils 20 Prozent pro Jahr gesteigert werden, um sie anschließend in eine obligatorische Ausbildung zu überführen.[277]

In den Erweiterten Oberschulen war die vormilitärische Ausbildung seit dem Schuljahr 1968/69 verpflichtend. Bereits in den ersten Jahren seit ihrer Einführung widerstrebte es Schülern, daran teilzunehmen, sodass das Ministerium für Volksbildung die hohe Zahl von befreiten Schülern (8,8 Prozent) unter den Schülern der Klassen elf im Schuljahr 1971/72 als äußerst problematisch ansah und höhere Teilnahmequoten forderte. Das Ministerium warf den Schuldirektoren vor, Schüler aus ungerechtfertigten Gründen, wie z. B. bei Teilnahme an Veranstaltungen von FDJ, GST, DTSB und NVA, einem Urlaub mit Freunden und Eltern oder einem Einsatz in der Produktion, freizustellen. Zudem umgehe ein Teil der Schüler die Ausbildung vorsätzlich mithilfe eines ärztlichen Attests. Der Schluss lag nahe, dieses Verhalten auf ideologische Mängel zurückzuführen. In diesen Fällen sollten die Ursachen gründlich geprüft und gegebenenfalls die entsprechenden Konsequenzen gezogen werden, denn „es kann nicht angehen, dass evtl. offensichtliche Wehrdienstverweigerer an unseren EOS unerkannt

---

276 Vgl. Koch, Die Einführung des Wehrunterrichts in der DDR, S. 14–20 und 32 f.
277 In der Direktive des MfV zur Einführung und Gestaltung des Wehrunterrichts für Schüler der Klassen 9 und 10 der POS sowie in den Hinweisen für Direktoren der POS zur Einführung des Wehrunterrichts hieß es dazu: „3. Im Juni 1979 wird mit der Wehrausbildung der Jungen der Klasse 9 im Lager auf der Grundlage der Freiwilligkeit (mit zunächst höchstens 20 Prozent der Jungen) begonnen. Diese muss in hoher Qualität durchgeführt werden, damit sie zunehmend das Interesse und das Bedürfnis der Jungen zur Teilnahme weckt. In den folgenden Jahren werden die Voraussetzungen weiterentwickelt, damit die Wehrausbildung im Lager für alle Jungen, die daran teilnehmen wollen, ermöglicht wird." Direktive Nr. 3 des Ministers für Volksbildung zur Einführung und Gestaltung des Wehrunterrichts für Schüler der Klassen 9 und 10 der zehnklassigen allgemeinbildenden Polytechnischen Oberschule der DDR – Grundsatzdirektive vom 1. 2. 1978 (BArch, DR 2/14277, unpag.); Hinweise für Direktoren der allgemeinbildenden Polytechnischen Oberschule der DDR zur Einführung des Wehrunterrichts (ebd.); vgl. auch Koch, Die Einführung des Wehrunterrichts in der DDR, S. 32.

bleiben und später u. U. zum Studium delegiert werden".[278] Schließlich vereinbarten die Verantwortlichen des MfNV und des MfV, dass eine Befreiung von
männlichen wie auch weiblichen Schülern nur unter strengen Maßgaben zu
gewähren sei, wobei die Ausbildung, wenn die Schüler wegen Krankheit oder
außergewöhnlichen familiären Gründen dispensiert seien, zu einem späteren
Zeitpunkt nachgeholt werden solle. Männliche Schüler, die über ein Sportarzt-
attest verfügten, müssten zumindest an den theoretischen und zumutbaren praktischen Ausbildungsteilen teilnehmen. Nur im Einzelfall sei ersatzweise eine
Sanitätsausbildung zu erlauben.[279]

Die rigorose Teilnahmeforderung des Ministeriums für Volksbildung erging
an alle Schulen und wurde durch die Schuldirektoren kompromisslos vor Ort
umgesetzt. Schüler, die ihre Teilnahme an der vormilitärischen Ausbildung insgesamt oder teilweise ablehnten, mussten sich in Aussprachen gegenüber
Angehörigen des Lehrkörpers oder dem Klassen- bzw. FDJ-Kollektiv rechtfertigen. Dabei drohten Lehrer oder Schuldirektoren oft mit Rücknahme bzw.
Verweigerung von Delegierungen zu weiterführenden Bildungseinrichtungen,
Vermerken im Zeugnis oder Mitteilungen an künftige Ausbildungsstätten.

Schüler, die die Schießübung im Lager ablehnten, waren zusätzlich noch
Anfeindungen vonseiten der Ausbilder ausgesetzt. Herr M. G. erinnerte sich im
Interview:

„Und dann war zwischen der elften und zwölften Klasse das sogenannte ZV-Lager. Das
war in Breege oben an der Ostsee. Und da haben sich unsere Lehrer als Ausbilder versucht. Und die haben uns ganz schön gedrillt dort: Also am Strand lang robben, ja am
FKK-Strand. Und wir durften da in voller Montur ins Wasser rein, auf den Strand, durch
den Sand und wieder ins Wasser und so weiter. Wir sahen aus wie die Erdferkel, und
die Leute am Strand haben sich halbtot gelacht über uns. Und dann war KK-Schießen
angesagt, so Kleinkaliber. Und da bin ich eigentlich aufgewacht, weil ich dachte, wie
schnell es geht, einen Menschen zu töten. Und das war für mich eigentlich so ein Grund,
dass ich gesagt habe: ‚Nein, also du machst Bausoldat, du fasst nie so ein Ding an.' Und
dann haben die uns Handgranatenweitwurf machen lassen, solche Blindgänger, solche
Eierhandgranaten. Und da habe ich die eine dem Ausbilder vor die Füße geschmissen.
Und da ist der geplatzt, da hat der getobt. Und ich habe gesagt: ‚Was ihr hier macht, das
dient sowieso alles der Massenvernichtung. Ihr seid wie die Nazis, ihr seid nicht besser.'
Und da hatte ich zu viel gesagt."[280]

Im geschilderten Fall hatte ein Lehrer mit besonderer Schulung die Ausbildung
übernommen, sodass der entstandene Konflikt zwischen Schüler und Lehrer
später auch im Unterricht bzw. im weiteren Umgang miteinander in der Schule
fortlebte. Eine künftige objektive Einschätzung des Schülers durch diesen Lehrer schien nach diesem Vorfall äußerst fraglich. Zudem meldete der Schuldirektor derartige Vorkommnisse über den Schulrat der Stadt bzw. des Kreises und

---

278 Fischer, Oberst, Leiter der Abt. I an Lorenz, Staatssekretär, MfV, Information bzgl. der
 Materialien der Abt. I zur Auswertung mit den BSR am 25./26. 1. 1973 vom 3. 1. 1973
 (BArch, DR 2/24484, unpag.).
279 Vgl. ebd.
280 Interview mit Herrn M. G. am 25. 11. 2004.

den Bezirksschulrat an das Ministerium für Volksbildung. Zwar war es im vorliegenden Fall nicht zu einer Aussprache gekommen, jedoch wurde der EOS-Schüler von der Schule nicht zum Studium delegiert und anhand vieler eher kleinerer Dinge immer wieder an seinen „Ungehorsam" erinnert. So verwehrte man ihm bei der GST den Moped-Führerschein.[281]

Ein weiterer Schüler, Pfarrerssohn und kein Mitglied der Kinder- und Jugendorganisation, verweigerte die Schießübung im Wehrlager der neunten Klasse. Ihm ersparte die Schule zwar ebenfalls jegliche Aussprachen, allerdings blieb seine Verweigerung nur für den Augenblick ohne Folgen. Später sollte der Schulleiter seine Delegierung zur Erweiterten Oberschule ablehnen und der Schulrat einen direkten Aufnahmeantrag negativ bescheiden.[282]

Die Eltern des Schülers legten zwar gegen diese Entscheidung Einspruch ein, doch nach mehrwöchigem Verfahren blieben ihre Bemühungen letztlich völlig erfolglos. Die alternativ angestrebte Berufsausbildung mit Abitur lehnten Schulrat bzw. Zulassungskommission ebenfalls ab. Danach erwies sich zudem die Suche nach einer passenden Lehrstelle als äußerst schwierig, da der reguläre Bewerbungszeitraum bereits abgelaufen war.[283]

Große Wirkungen hatte in diesem Zusammenhang für christliche wie pazifistisch eingestellte Schüler, insbesondere für die Zeugen Jehovas,[284] die Einfüh-

---

281 Vgl. ebd.
282 Auf den direkten Antrag für eine Aufnahme in die EOS beim Schulrat folgte eine Absage mit der Begründung: „Ihr Sohn kann trotz seines hohen Leistungsniveaus keine führende Rolle in der Jugendorganisation oder im Klassenverband übernehmen, da bei ihm die notwendigen Voraussetzungen für ein öffentliches Bekenntnis zu unserem sozialistischen Arbeiter- und Bauernstaat nicht gegeben sind. Uns stand nur eine beschränkte Anzahl von Plätzen zur Verfügung, die wir nur an solche Schüler vergeben konnten, die durch vorbildliche Leistungen und in gesellschaftlichen Funktionen ihre positive Stellung zu unserem sozialistischen Staat auch nach außen hin sichtbar gemacht haben. Die Ablehnung eines solchen Schülers zu Gunsten Ihres Sohnes konnte die Kommission nicht verantworten." Rädel, Direktor der Pestalozzi-Oberschule Meerane, an die Eltern vom 9.2.1972 (SLFS, Rehabilitierungsbehörde, Az. 97/74/0203).
283 In der DDR galt für Berufe ohne Tauglichkeitsbedingungen, dass sich Schüler erst nach Ausgabe der Bewerbungskarten bei Betrieben bewerben durften. Die Betriebe mussten 14 Tage die Bewerbungen entgegennehmen und durften erst nach Ablauf dieser Frist über die Bewerbungen entscheiden. Dieser Bewerbungszeitraum war relativ kurz. Schüler, die sich für den Besuch der EOS oder ein Berufsausbildung mit Abitur beworben hatten, jedoch abgelehnt wurden, erhielten die Ablehnung meist kurz vor oder während des Bewerbungszeitraums für Berufsausbildungen. Folglich blieb nur wenig Zeit für eine Neuorientierung. Manchmal waren die Ausbildungsplätze für beliebte Berufe auch schnell vergeben, sodass es für einige Schüler schwierig war, eine geeignete Alternative zu finden. Vgl. dazu Rechtshandbuch für den Bürger, S. 267 f.
284 Von den Zeugen Jehovas, die einen Rehabilitierungsantrag gestellt hatten und in der Datenbank des Forschungsprojektes erfasst wurden, fühlte sich vor 1972 in den Jahren 1962 und 1966 nur ein Betroffener in seiner Berufsausbildung benachteiligt, erst ab 1972 traten wieder Benachteiligungen von Zeugen Jehovas in unterschiedlicher Anzahl auf. Eine größere Zahl von Fällen wurde für die Jahre von 1972 bis 1974, von 1982 bis 1985 und schließlich von 1987 bis 1988 angezeigt. Die Mehrheit dieser Schüler fand in der Zeit zwischen dem achten und zehnten Schuljahr keine Lehrstelle.

rung eines neuen Vordrucks für Lehrverträge im Jahre 1971, der die Rechte und Pflichten des Lehrlings festlegte. Dieser Lehrvertrag enthielt einen Passus, der vorschrieb, dass der Lehrling sich „durch Teilnahme an der vormilitärischen Ausbildung und Maßnahmen der Zivilverteidigung Kenntnisse und Fähigkeiten zur Verteidigung des sozialistischen Vaterlandes anzueignen" hatte.

Die Mitarbeiter der Abteilung Berufsbildung und Berufsberatung drängten auf den Gebrauch des staatlich vorgegebenen Vordruckes sowie auf die rigorose Durchsetzung der vormilitärischen Ausbildung. Im Bezirk Karl-Marx-Stadt gab die Abteilung Berufsbildung und Berufsberatung des Rates des Bezirkes am 30. März 1971 eine „Information über den Abschluss von Lehrverträgen" heraus, in der es hieß:

„In der sozialistischen Berufsbildung wurde ein neuer Lehrvertragsvordruck (Bestell-Nr. 8121 VLV Spremberg) eingeführt. Dieser Vertrag legt mit den Rechten und Pflichten des Lehrlings fest, dass sich dieser ‚durch Teilnahme an der vormilitärischen Ausbildung und Maßnahmen der Zivilverteidigung Kenntnisse und Fähigkeiten zur Verteidigung des sozialistischen Vaterlandes anzueignen' hat. Bis jetzt wurden wir von drei Kreisen informiert, dass einzelne, meist religiös gebundene Bürger es ablehnen, diese Lehrverträge zu unterzeichnen. Nach längeren Diskussionen konnte ein Teil der Vertragspartner von der Notwendigkeit dieser Formulierung überzeugt werden und sie unterzeichneten. Die als ‚Bibelforscher' [Zeugen Jehovas] bekannten Bürger lehnten jedoch nach wie vor die Unterschrift ab. Eine Rückfrage beim Staatssekretariat für Berufsbildung ergab, dass in Abstimmung mit dem Staatssekretariat für Kirchenfragen und diesen Bürgern bis unmittelbar vor Lehrbeginn zu verhandeln ist. Im Weigerungsfall können diese Jugendlichen kein Lehrverhältnis aufnehmen, sondern sind in ein Arbeitsrechtsverhältnis einzuweisen. Die Mehrheit der Betriebe hat es abgelehnt, derartige Jugendliche einzustellen. Lediglich einzelne Handwerksbetriebe versuchen durch Zusätze im Lehrvertrag diesen Abschnitt außer Kraft zu setzen. Da die Lehrverträge von keinem staatlichen Organ, weder von der Berufsschule noch der Handwerkskammer mehr gegenzuzeichnen sind, ist die Kontrolle äußerst kompliziert. Wir haben die Kreisorgane auf dieses Problem hingewiesen und systematische Überprüfung angefordert."[285]

Bis 1982 durften männliche Lehrlinge nur im Einzelfall nach ausreichender Begründung an der Sanitätsausbildung teilnehmen. Etwas später schaffte das Ministerium für Staatssicherheit auch diese Ausnahmen ab. Besondere Aufmerksamkeit galt dabei Lehrlingen, die eine Berufsausbildung mit Abitur absolvierten. Alle Lehrlinge, die aus Glaubens- und Gewissensgründen keine Waffe gebrauchen wollten, waren „in spezifischen Formen in die vormilitärische Ausbildung einzugliedern. Sie verbleiben während der Schießübung in den Ausbildungslagern bei den jeweiligen Ausbildungseinheiten. Mit ihnen soll während dieser Zeit vorrangig körperliche Ertüchtigung durchgeführt werden." Einen ähnlichen Umgang ersann das MfS für Lehrlinge, die generell eine Teilnahme an der vormilitärischen Ausbildung ablehnten, auch sie waren „trotzdem in das Ausbildungslager zu integrieren. Mit ihnen ist ebenfalls die militärische Körper-

---

285 StAC, RdB Karl-Marx-Stadt, Abt. Inneres/Kirchenfragen, 144055. Zit. nach Dirksen, Johannes Wrobel, „Im Weigerungsfall können diese Jugendlichen kein Lehrverhältnis aufnehmen ...", S. 238.

ertüchtigung durchzuführen, außerdem sind sie für Instandsetzungsarbeiten in den Ausbildungsbasen der GST heranzuziehen."[286]

Immer wieder finden sich Beispiele, in denen Lehrer derartige Anweisungen besonders eifrig erfüllten. 1986 informierte die Auswertungs- und Kontrollgruppe der Staatssicherheit Dresden über ein Vorkommnis während der vormilitärischen Ausbildung im Ausbildungszentrum Schirgiswalde. Im August dieses Jahres wurde ein EOS-Schüler der zwölften Klasse von seinem Ausbildungsleiter, der auch sein Lehrer war, vorzeitig nach Hause geschickt. Der Lehrer unterstellte dem Schüler, bei der Schießübung absichtlich mehrmals danebengeschossen zu haben. Nach seiner Rückkehr meldete sich der Schüler beim Direktor der EOS, übergab diesem eine Stellungnahme zu den Vorwürfen und erklärte, dass er nicht absichtlich danebengeschossen habe. Obwohl das MfS den Schüler als strengen Christen einschätzte, der regelmäßig an Treffen der Jungen Gemeinde teilnehme und in Gesprächen an der Wehr- und Friedenspolitik der DDR zweifele, sprach ihn der Schuldirektor aufgrund seiner freiwilligen Teilnahme an der vormilitärischen Ausbildung inklusive Schießübung von den Vorwürfen frei. Der eifrige Lehrer hingegen musste sich für seine politische Fehlentscheidung verantworten, da er nicht berechtigt war, den Schüler auszuschließen. Er hätte den Schüler nicht ohne Begleiter nach Hause fahren lassen dürfen, auch habe er gegen Artikel 20 der Verfassung verstoßen. Warum das MfS in diesem Fall völlig unerwartet reagierte, kann nur auf den Einfluss des Direktors der EOS zurückgeführt werden, der die Entscheidung des Lehrer als Fehler eingeschätzt und sowohl Kreis- und Bezirksschulrat als auch die Staatssicherheit davon überzeugt hatte.[287] Normalerweise folgte das MfS seinen Richtlinien und forderte eine unbedingte Erfüllung der vormilitärischen Ausbildung, sodass in den meisten Fällen die vormilitärische Ausbildung nicht mehr ohne größere Konsequenzen umgangen werden konnte.

Mit der Verstaatlichung der restlichen Komplementärbetriebe im Jahre 1972 und der Überführung der meisten kleinen privaten Handwerksbetriebe in die staatlich kontrollierten PGHs, wurden sukzessive auch die letzten Ausweichmöglichkeiten für Jugendliche, die nicht an den paramilitärischen Übungen teilnehmen wollten, beseitigt. Nach Einführung der neuen Lehrvertragsvordrucke und infolge der verstärkten Kontrollen mussten sich Lehrlinge zur Teilnahme an der vormilitärischen Ausbildung verpflichten, ansonsten drohte ihnen der

286 Böhm, Generalmajor, Leiter der BV Dresden, an alle Leiter der Diensteinheiten, Orientierung über einheitliche Verfahren im Vorgehen gegen pazifistische Verhaltensweisen durch Lehrlinge und Schüler von Erweiterten Oberschulen (EOS) vom 20.12.1982 (BStU, MfS BV Dresden, Abt. XX - 9236, Bl. 1-3, hier 1).

287 Vgl. MfS BV Dresden an Hans Modrow, Erster Sekretär der SED-BL Dresden, und Günther Witteck, Vorsitzender des Rates des Bezirkes Dresden, zur Weiterleitung an Beuhne, BSR Dresden, Information über ein Vorkommnis während der vormilitärischen Ausbildung vom 18. bis 29.8.1986 der EOS Kreuzschule im Zentralen Ausbildungszentrum der GST „Ernst Thälmann" 8605 Schirgiswalde vom 10.9.1986 (BStU, MfS BV Dresden, AKG PJ 230/86, Bl. 1-7).

Nichtabschluss oder die Auflösung des Lehrverhältnisses.[288] Zudem erließ das Ministerium für Volksbildung die „Anordnung über den Abschluss, den Inhalt und die Beendigung von Lehrverträgen", wonach Änderungen des Lehrvertrages „der Zustimmung des zuständigen Staatsorgans" bedurften. In diesem Fall entschieden die Mitarbeiter der Abteilung Berufsbildung und Berufsberatung des Rates des Kreises (oder der Stadt in kreisfreien Städten) über den Antrag nach eingehender Prüfung und eventueller Rücksprache mit den Leitern des Ausbildungsbetriebes oder der Berufsschule.[289]

Für Schüler, die bereits mit kleinen oder größeren Betrieben ein Bewerbungsgespräch geführt oder zum Teil auch schon eine mündliche Zusage vonseiten des Betriebes für diesen Ausbildungsplatz erhalten hatten, scheiterte das Ausbildungsverhältnis spätestens an der versagten Zustimmung der Abteilung für Berufsbildung und Berufsberatung. Letztlich blieb ihnen in der Regel eine Lehre versagt, sodass sie in ein „Arbeitsrechtsverhältnis verwiesen" wurden. Davon betroffene Schüler mussten als ungelernte Hilfsarbeiter arbeiten und konnten oft erst nach Jahren über die Erwachsenenqualifizierung einen (Teil-) Beruf erlernen. Die größtenteils sehr guten bis guten Zeugnisnoten der Betroffenen blieben dabei unberücksichtigt.

Nach den Orientierungen des Zentralkomitees drohte einem Lehrling der Berufsausbildung mit Abitur, der die vormilitärische Ausbildung ablehnte, „nur" ein Änderungsvertrag für den Wechsel in eine normale Lehrausbildung, ein Aufhebungsvertrag oder eine einseitige Kündigung „wegen Nichteignung".[290] Welche Sanktion folgte, war von seiner Gesamtpersönlichkeit abhängig. Für Schüler der Erweiterten Oberschulen gab es zwar keine Orientierung des ZK oder des Ministeriums für Volksbildung, jedoch wies der Minister für Volksbildung die Bezirksschulräte an, den betreffenden Schüler zu einer eindeutigen Stellungnahme zu bewegen. Auch wenn dieser Regelung keine ZK-Orientierung zugrunde lag, so richtete sie sich letztlich nach dieser. Zwar lehnten die obersten Schulfunktionäre Relegierungen ab, jedoch „sollten sich Schüler weigern, am Fach ‚Wehrerziehung' teilzunehmen, so besteht die Möglichkeit, diesen das

288 Vgl. Böhm, Generalmajor, Leiter der BV Dresden, an alle Leiter der Diensteinheiten, Orientierung über einheitliche Verfahren im Vorgehen gegen pazifistische Verhaltensweisen durch Lehrlinge und Schüler von Erweiterten Oberschulen (EOS) vom 20. 12. 1982 (BStU, MfS BV Dresden, Abt. XX - 9236, Bl. 1-3).

289 Anordnung über den Abschluss, den Inhalt und die Beendigung von Lehrverträgen vom 30. 4. 1970 (GBl. 1970 II, S. 301). In: Sozialistisches Bildungsrecht Berufsbildung, S. 212-223.

290 Erkannte ein Lehrling während der politischen Überzeugungsarbeit, dass seine Haltung falsch war und korrigierte er diese selbst, so konnte er wieder für die Berufsausbildung mit Abitur zugelassen werden. Vgl. Böhm, Generalmajor, Leiter der BV Dresden, an alle Leiter der Diensteinheiten, Orientierung über einheitliche Verfahren im Vorgehen gegen pazifistische Verhaltensweisen durch Lehrlinge und Schüler von Erweiterten Oberschulen (EOS) vom 20. 12. 1982 (BStU, MfS BV Dresden, Abt. XX - 9236, Bl. 1-3).

Prädikat ‚ungenügend' zu erteilen, welches gleichbedeutend mit Nichterreichen des Zieles ‚Abitur' ist".[291]

Bis zum Ende der DDR gab es keine gesetzliche Regelung, um die verweigerte Wehrerziehung zu ahnden, was aus Sicht der Machthaber auch logisch erschien, da juristische Sanktionen gegenüber pazifistischen Bürgern nicht der offiziellen Friedenspolitik und Selbstdarstellung des friedliebenden Staates entsprochen hätten. So seltsam es im Nachhinein klingen mag, aber da eine einheitliche Regelung fehlte, konnte das Informationsmaterial der Staatssicherheit unterschiedlich ausgelegt und praktisch umgesetzt werden. Es lag im Ermessen der Schuldirektoren und Ausbildungsleiter, ob sie es zum Vor- oder Nachteil von Schülern und Lehrlingen nutzten. Damit waren letztlich der Willkür keine Grenzen gesetzt.

Mit der zunehmenden Militarisierung in den 1970er Jahren wollte das SED-Regime in alle Lebensbereiche vordringen. Um bereits bei Kindern Vertrauen und Verbundenheit mit dem Militär zu entwickeln, hielt Kriegsspielzeug in Kindergärten Einzug. Bereits 1968 wurde an den Schulen das „Manöver Schneeflocke" eingeführt. Im Alter von neun bis dreizehn Jahren sollten Schüler „jeweils kurz vor den Winterferien Schießübungen und Geländespiele in Wettkampfform [...] absolvieren".[292] Ältere Schüler sollten in den Schulen dazu angehalten werden, neben der vormilitärischen Ausbildung auch an militärischen Wettbewerben wie den „Hans-Beimler-Wettkämpfen" oder dem „Marsch der Bewährung" teilzunehmen.[293]

Besonders christliche Schüler und Eltern lehnten diese Entwicklungen ab und sahen im Tragen des Symbols „Schwerter zu Pflugscharen" eine öffentliche Protestmöglichkeit. Dieses Symbol stammte aus der Bibel und stand in Form einer Bronzeskulptur im Garten des UN-Hauptgebäudes in New York sowie in Moskau. Die Plastik war 1959 ein Geschenk der Sowjetunion an die Vereinigten Nationen. Als Zeichnung wurde das Symbol auf die Lesezeichen der Friedensdekade 1980 und auf Aufnäher der Friedensdekade 1981 gedruckt.[294] Viele Jugendliche nähten das Zeichen als bewusstes politisches Statement auf ihre Kleidung und lösten damit Diskussionen in den Schulen aus. Die Staatsmacht reagierte auf das Tragen des Symbols mit unterschiedlichen Maßnahmen. So versuchte die Polizei die Aufnäher von Jacken zu entfernen.[295] Der Bezirksschulrat von Dresden, Beuhne, ließ Jugendliche, die diesen Aufnäher trugen, erfassen und informierte das Ministerium für Volksbildung darüber.[296] In den

---

291 Ebd.
292 Koch, Die Einführung des Wehrunterrichts in der DDR, S. 11.
293 Vgl. ebd.
294 Das Zeichen war auf Vlies gedruckt. Diese Herstellungstechnik galt als „Textiloberflächenveredelung" und bedurfte keiner staatlichen Druckgenehmigung. Vgl. Bretschneider, Konflikte der Weltanschauung zwischen sozialistischer und christlicher Erziehung, S. 88.
295 Vgl. ebd.
296 Vgl. Beuhne, BSR Dresden, an Minister für Volksbildung, Einschätzung der politisch-ideologischen Arbeit im Monat März 1982. Information vom 2.4.1982 (BArch, DR 2/11735, Band 2, unpag.).

Schulen konnte das Tragen des Zeichens „Schwerter zu Pflugscharen" schließlich auch zu einer Verweigerung der Zulassung zur Erweiterten Oberschule führen.[297]

2.7 Verweigerte Zusammenarbeit mit dem MfS

Um von der Staatsdoktrin abweichendem Denken und Handeln von Jugendlichen frühzeitig entgegentreten zu können, bediente sich die Staatssicherheit
auch der Zusammenarbeit mit Jugendlichen, welche im Rahmen einer inoffiziellen Mitarbeit oder eines dreijährigen Dienstes im Wachregiment „Feliks Dzierzynski" erfolgen konnte.

Da das Wachregiment „Feliks Dzierzynski" zum Ministerium für Staatssicherheit gehörte, zählte der dreijährige Dienst als Wehrersatzdienst.[298] Für den
Dienst im Wachregiment suchte das MfS politisch zuverlässige Leute, jedoch
war eine Selbstbewerbung nicht möglich, sondern die Staatssicherheit sprach
mögliche Kandidaten von sich aus an. Die Hauptabteilung Kader und Schulung
des MfS gab im Halbjahresturnus die Zahl der nötigen Werbungen vor. Nach
einer Aufteilung der Rekrutierungszahlen auf die einzelnen Kreise erfolgte die
Werbung in Zusammenarbeit der MfS-Kreisverwaltungen mit den Wehrkreiskommandos. Die Wehrkreiskommandos verfügten über Listen von Jugendlichen, die an militärischen Berufen interessiert waren. Aus dieser Aufstellung
suchten sich die MfS-Werber geeignete Jugendliche heraus. Erst nach eingehender Überprüfung des Jugendlichen und seines Umfeldes führten die Kaderoffi-
ziere des Staatssicherheitsdienstes ein Werbungsgespräch. Für das Wachregiment sollten in der Regel nur FDJ-Mitglieder und Kandidaten oder Mitglieder
der SED mit „fortschrittlicher" Erziehung und einer vorbehaltlosen positiven
Einstellung zu den Zielen und zur Politik der SED verpflichtet werden. Zudem
durften die Kandidaten keinen Kontakt zu Verwandten oder anderen Personen
in der Bundesrepublik besitzen. Zwar sollten in den Werbungsgesprächen
gegenüber den Jugendlichen jegliche Informationen bezüglich späterer Verwendung oder Zusagen für nachfolgende Qualifizierungen unbedingt vermieden
werden, doch nutzten die MfS-Kaderoffiziere diese Zusagen häufig, um Jugendliche „zu ködern".[299]

Die dreijährige Verpflichtungserklärung konnte zwar zurückgezogen werden,
jedoch sah das MfS das nicht gern. In Einzelfällen nahmen Soldaten die

---

297 Vgl. Kapitel V.2.2.
298 Das MfS bildete am 1.1.1951 das Wachbataillon – A. Im Frühjahr 1952 erfolgte die Um-
benennung in „Wachregiment beim MfS". Erst am 15.12.1967 verlieh der Minister für
Staatssicherheit dem Wachregiment den Namen „Feliks E. Dzierzynski". Vgl. Koch/
Lapp, Die Garde des Erich Mielke, S. 11–30.
299 Vgl. ebd., S. 33–35.

Verpflichtungserklärung sogar kurz vor der Vereidigung zurück. Danach mussten sie ihren Wehrdienst als normalen Pflichtwehrdienst in der NVA ableisten.[300]
  Obwohl die Staatssicherheit bereits in den 1950er Jahren mit inoffiziellen Mitarbeitern „operierte", finden sich in den Akten erst Ende der 1960er Jahre Hinweise über die Verpflichtung von Schülern als inoffizielle Mitarbeiter. Bei der Verpflichtung von Jugendlichen unter 18 Jahren ergab sich die Schwierigkeit, dass die Angeworbenen noch nicht volljährig waren.[301]
  Seit ihrem Bestehen sah sich die Staatsmacht mit alternativen jugendkulturellen Bestrebungen konfrontiert, die sich abseits der staatlichen Vorgaben entwickelten. Vor dem Hintergrund einer zunehmenden Verbreitung westlicher Musik sowie westlich orientierter Musikgruppen in den 1960er Jahren und den Ereignissen des Prager Frühlings regte sich das Misstrauen der Partei- und Staatsführung gegenüber der Jugend. Deshalb erließ der Minister für Staatssicherheit am 15. Mai 1965 die Dienstanweisung 4/66 „Zur politisch-operativen Bekämpfung der politisch-ideologischen Diversion und Untergrundtätigkeit unter jugendlichen Personenkreisen in der DDR".[302] Eine Schlüsselrolle hatte man dabei den inoffiziellen Mitarbeitern zugedacht, jedoch verfügte das MfS nur über einen sehr begrenzten Pool geeigneter Personen.[303] Daher traf die Staatssicherheit „Maßnahmen zur zahlenmäßigen Erweiterung", d. h. man versuchte inoffizielle Mitarbeiter vorwiegend mit einem Mindestalter von 18 Jahren unter Studenten und Schülern der Hoch-, Fach- und Erweiterten Oberschulen anzuwerben. Allerdings konnte, wenn es notwendig erschien, der Personenkreis auch auf Jugendliche unter 18 Jahren erweitert werden.[304] Diese konnten unter der Maßgabe, dass „der Reifegrad des Jugendlichen zu beachten und ein enges Zusammenwirken mit den Eltern, Lehrern, Lehrkörper und anderen Erziehungsberechtigten zu gewährleisten" sei, ebenfalls „zur Lösung operativer Aufgaben" herangezogen werden.[305]

---

300 Vgl. ebd., S. 37.
301 Vgl. Wiegmann, Pädagogik und Staatssicherheit, S. 164.
302 Dienstanweisung Nr. 4/66 „Zur politisch-operativen Bekämpfung der politisch-ideologischen Diversion und Untergrundtätigkeit unter jugendlichen Personenkreisen in der DDR" vom 15.5.1966. In: Suckut/Neubert/Süß u. a. (Hg.), Anatomie der Staatssicherheit, S. 157–173, hier 159 f.
303 Vgl. Wilfried Hennig, Die effektive Nutzung und die objektiv notwendige Erweiterung der operativen Basis der Diensteinheit zur offensiven Bekämpfung gesellschaftswidriger Verhaltensweisen Jugendlicher, die Gefahren für die öffentliche Ordnung darstellen. Diplomarbeit 1985 (BStU, MfS JHS 20314, Bl. 48).
304 Für die Verpflichtungserklärung als Inoffizieller Mitarbeiter war das Alter nicht ausschlaggebend, da in der gültigen die Richtlinie 1/79 keinerlei Einschränkungen vorgegeben waren. Zudem war eine schriftliche Verpflichtung zwar wünschenswert, jedoch konnte auf diese zugunsten einer mündlichen Verpflichtung verzichtet werden. Vgl. Horst Andruschow, Die politisch-operative Arbeit zur Sicherung der Jugendpolitik der SED. Studienmaterial, Potsdam 1985 (BStU, ZA MfS, JHS-Nr. 15/85, Bl. 139 und 141).
305 Durchführungsanweisung Nr. 1 zur Dienstanweisung Nr. 4/66 des Ministers für Staatssicherheit vom 10.1.1968 (BStU, ZA MfS, VVS 008–63/68 – BdL Dok. Nr. 1267, Bl. 1–20, hier 4).

Bei der Alterszuordnung von jugendlichen IM orientierte sich das MfS an der DDR-üblichen und im Jugendgesetz von 1974 definierten Altersbestimmung für Jugendliche. Als Jugendlicher galt, wer zwischen 14 und 25 Jahren alt war.[306]

Die Anforderungskriterien an inoffizielle Mitarbeiter im Jugendalter glichen den allgemeinen für IM, allerdings wurden sie im Laufe der Jahre speziell für diese Altersgruppe modifiziert.[307] Als „zweckdienlich" erschienen dem Staatssicherheitsdienst Jugendliche, „die negativen Gruppierungen angehören, ihnen nahe stehen, oder die Möglichkeit und Fähigkeiten besitzen, in solche einzudringen". Weiterhin sollten sie „geeignet" sein, „die Informationsbasis des MfS an den Universitäten, Hoch-, Fach- und Erweiterten Oberschulen qualitätsmäßig zu erweitern". Das besondere Augenmerk lag dabei auf Studenten der ersten Studienjahre, „um eine kontinuierliche und perspektivvolle IM-Arbeit zu organisieren". Ferner sollte bei der „Werbung unter Oberschülern, Studenten, Hoch- und Fachschülern" deren effektiver Einsatz für aktuelle operative Maßnahmen und deren spätere Einsatzmöglichkeiten nach dem Studium beachtet werden.[308]

Im Rahmen der Bekämpfung gesellschaftswidrigem Verhaltens unter Jugendlichen verfasste die Abteilung XX der Bezirksverwaltung Leipzig ein „Anforderungsbild für IM-Kandidaten unter Jugendlichen/Jungerwachsenen". Das Alter des jugendlichen IM-Kandidaten „sollte zwischen 16 und 20 Jahren" liegen, „da er für eine direkte operative Bearbeitung Gleichaltriger über die besten Voraussetzungen verfügt". Nur in Ausnahmefällen konnten auch ältere Personen geworben werden. Der Jugendliche sollte über Kontakte zu Gruppen mit gesellschaftswidrigem Verhalten verfügen und „in der Lage sein, Informationen zu konkreten Einzelpersonen oder einer Gruppe/Gruppierung zu erarbeiten oder über eine solche Autorität [...] verfügen, dass er selbst zur Disziplinierung oder Verhinderung negativer Aktivitäten beitragen kann". Zudem benötigte der Kandidat ein „objektives Einschätzungsvermögen und ein notwendiges Maß an Menschenkenntnis". Er sollte kontaktfreudig, anpassungsfähig, ausdauernd, selbstbewusst, wendig, verschwiegen und vor allem positiv beeinflussbar sein.[309]

Der Jugendliche musste zudem über den Abschluss der zehnten Klasse und „einen durchschnittlichen Intelligenzgrad verfügen", um „Ereignisse schnell zu erfassen, relativ selbständig darauf zu reagieren und diese sachlich richtig in mündlicher oder schriftlicher Form darzulegen". Selbständigkeit und Unabhängigkeit waren in Bezug auf die Freizeitgestaltung erforderlich, damit keine Konflikte mit den Eltern oder dem Partner entstehen. Auch „die politische Grundeinstellung des Kandidaten zu den gesellschaftlichen Verhältnissen in der DDR

---

306 Vgl. Müller-Enbergs, Wieviele „Jugendliche" arbeiteten für den DDR-Staatssicherheitsdienst als inoffizielle Mitarbeiter?, S. 109 f.

307 Vgl. ebd., S. 110.

308 Vgl. Durchführungsanweisung Nr. 1 zur Dienstanweisung Nr. 4/66 des Ministers für Staatssicherheit vom 10. 1. 1968 (BStU, ZA MfS, VVS 008–63/68 – BdL Dok. Nr. 1267, Bl. 1–20, hier 6).

309 Bezirksverwaltung für Staatssicherheit Leipzig, Abt. XX/2, Anforderungsbild für IM-Kandidaten unter Jugendlichen/Jungerwachsenen mit gesellschaftswidrigen Verhaltensweisen o. D. (BStU, BV Leipzig Abt. XX-00310/02, Bl. 1 f.).

sollte positiv oder loyal sein". Gleiches galt für „seine Einstellung zur Arbeit und Schule, insbesondere zur Einhaltung der Arbeits- und Schuldisziplin".[310]

Die Gesamtzahl jugendlicher IM wird für 1988 auf ca. 10 000 Personen unter 18 Jahren und auf ca. 7 000 Personen zwischen 18 und 24 Jahren geschätzt. Das entspricht einem Anteil von etwa zehn Prozent unter den inoffiziellen Mitarbeitern.[311] Die Bezirksverwaltung Leipzig registrierte 1984 insgesamt 585 inoffizielle Mitarbeiter mit einem Alter unter 25 Jahren, von denen 173 unter 21 Jahren alt waren.[312]

Für die Werbung Jugendlicher als IM und den Aufbau einer Vertrauensbeziehung wurden die Führungsoffiziere sorgfältig ausgewählt. Ebenso gewissenhaft gestalteten sich die Vorbereitungen zur ersten Kontaktaufnahme mit dem IM-Kandidaten. Der erste Kontakt sollte für den Jugendlichen unverhofft sein, sodass er sich im Vorfeld nicht auf das Gespräch vorbereiten oder mit einer Vertrauensperson beraten konnte. In dieser „schutzlosen" Situation war der Jugendliche leichter beeinflussbar. Ein erstes Gespräch konnte „in einem Betrieb, in der Schule, beim Wehrkreiskommando, in Objekten der FDJ, bei den Räten der Kreise bzw. Städte" stattfinden. Die Einladung zu einem Kontaktgespräch sollte einerseits dem Jugendlichen das Gefühl vermitteln, alles habe „seine Richtigkeit", andererseits sollte die Aufmerksamkeit Dritter vermieden werden, falls diese davon erfuhren.[313] Während des Gesprächs sollte der jugendliche IM-Kandidat von seinem Führungsoffizier über die Notwendigkeit und Bedeutung der gewünschten Tätigkeit überzeugt werden.[314]

Um den Jugendlichen für eine Zusammenarbeit zu gewinnen, setzte das MfS verschiedene, auf den jeweiligen Charaktertyp und die Motive des Umworbenen abgestimmte Methoden ein. Dazu zählten:

„1. Ausübung der inoffiziellen Mitarbeit aus Gründen ideologischer Zustimmung (überzeugte Kooperation);
2. moralische Indifferenz des IM/normative Kraft des Faktischen (Überzeugt sein von der unumschränkten Macht des MfS);
3. Erpressung/Tauschgeschäft;
4. Vorteilsnehmer, die IM wurden, um daraus persönlichen Nutzen zu ziehen, nicht um des ‚Sozialismus' willen;

---

310 Ebd.
311 Vgl. Müller-Enbergs, Wieviele „Jugendliche" arbeiteten für den DDR-Staatssicherheitsdienst als inoffizielle Mitarbeiter?, S. 112 f.; Lohre, Überwachung systemfeindlicher Kinderzimmer. In: Das Parlament vom 1. 11. 2004, (http://www.das-parlament.de/2004/45/JugendimDialog/002.html; 31. 12. 2008).
312 IM unter Jugendlichen bis unter 25 Jahren, Jahrgänge ab 1960 im Bezirk Leipzig, Stand vom 31. 12. 1984 (BStU, BV Leipzig, Abt. XII-00003/06, Bl. 4).
313 Horst Andruschow, Die politisch-operative Arbeit zur Sicherung der Jugendpolitik der SED. Studienmaterial, Potsdam 1985 (BStU, ZA MfS, JHS-Nr. 15/85, Bl. 101).
314 Vgl. Flender, Die Anwendung von Erkenntnissen aus der Kinder- und Jugendpsychologie durch das MfS, S. 136.

5. gestörtes Vertrauensverhältnis des IM zu seiner engeren und weiterer Umwelt; wichtig an der IM-Tätigkeit war vor allem die wie auch immer geartete Beziehung zum MfS, nicht die Arbeit als solche."[315]

Trotz dieser ausgefeilten Methoden und des zielgerichteten Vorgehens verweigerten sich einige Jugendliche einer Zusammenarbeit mit der Staatssicherheit. Ihre Ablehnung konnten die IM-Kandidaten direkt während der ersten Gespräche äußern oder indirekt durch ihr Verhalten ausdrücken, indem sie beispielsweise weitere Treffen vermieden, gewünschte Aufträge nicht erfüllten oder sich dekonspirativ verhielten, d. h. sie berichteten Vertrauenspersonen über die Kontaktaufnahme. Auch bereits verpflichtete IM konnten so die Zusammenarbeit mit dem MfS beenden, sie unterschrieben ggf. noch eine „Entpflichtungserklärung".[316]
Die Reaktionen des MfS auf dieses Verhalten fielen unterschiedlich aus. In den eingesehenen Schulungsmaterialien und Anweisungen der Staatssicherheit fanden sich nur bedingt Hinweise, wie mit dieser Verweigerungshaltung von inoffiziellen Mitarbeitern bzw. Kandidaten umzugehen war. Aus diesen Unterlagen ging meist nur hervor, wie die Kontaktaufnahme zu jugendlichen IM-Kandidaten zu verbessern sei, um doch noch eine Zusammenarbeit zu erreichen.[317] Auch die Personalakten, die von den Führungsoffizieren im Vorfeld der Werbung erstellt wurden, geben nur begrenzt Auskunft über das nachfolgende Agieren des MfS. Sie enthalten nur einen abschließenden Bericht des Führungsoffiziers und eine Arbeitsanalyse, warum es zu keiner Verpflichtung kam. Auch in der einschlägigen Fachliteratur finden sich kaum Hinweise zu dieser Thematik.[318] Als einfachste Erklärung hierfür erscheint die These, dass das MfS im Falle einer Ablehnung in der Regel keine Sanktionen gegen den Verweigerer einleitete.[319] Die Akte des IM-Vorlaufs wurde abgeschlossen und somit keine nachfolgenden Aktionen mehr vermerkt.

315 Gries/Voigt, Jugendliche IM als Forschungsfeld der „Wissenschaftler" des Ministeriums für Staatssicherheit der DDR, S. 116. Vgl. auch Behnke/Wolf, Kinder der Macht, S. 141.
316 Vgl. Mothes, IM „Michael Matz", S. 275.
317 Vgl. z. B. Horst Andruschow, Die politisch-operative Arbeit zur Sicherung der Jugendpolitik der SED. Studienmaterial, Potsdam 1985 (BStU, ZA MfS, JHS-Nr. 15/85); Teilausarbeitung zum Forschungsthema „Die politisch-operative Bekämpfung des subversiven Missbrauchs gesellschaftswidriger Verhaltensweisen Jugendlicher" (MfS, JHS 001-1098/80; BStU, MfS BV Dresden, Abt. XX-11288).
318 Vgl. z. B. Behnke/Wolf (Hg.), Stasi auf dem Schulhof; Mothes u. a. (Hg.), Beschädigte Seelen; Wiegmann, Pädagogik und Staatssicherheit; Ackermann, Die Jenaer Schulen im Fokus der Staatssicherheit.
319 Einen solchen Beispielfall beschreibt Jörn Mothes in seinem Beitrag „IM ‚Michael Matz' – Der Ausstieg". Ein Schüler der Kreis- und Jugendsportschule verpflichtete sich im August 1974 als IM zu arbeiten. Nachdem er Zweifel an seiner Tätigkeit bekam, ließ er sich drei Monate später von seinem Führungsoffizier entpflichten. „Der Ausstieg aus der inoffiziellen Zusammenarbeit mit dem MfS behinderte seine weitere sportliche Laufbahn nicht." Mothes, IM „Michael Matz", S. 274.

Dass das MfS eine abgelehnte Zusammenarbeit gelegentlich wohl auch sank-
tionierte, belegen einzelne Rehabilitierungsakten von verfolgten Schülern. In
einem exemplarischen Fall aus dem Jahre 1981 versuchte die Staatssicherheit
einen Abiturienten aus Dresden anzuwerben. Während mehrerer Treffen versprach der Führungsoffizier dem Schüler einen Studienplatz für Medizin und
die Ableistung seines Wehrdienstes in Dresden mit „Ausschläfererlaubnis",
wenn er dem MfS über die katholische Jugendgemeinde berichte. Der
Jugendliche vertraute sich jedoch seinen Eltern an. Diese rieten ihm, die
Kirchenvertreter über den Anwerbeversuch zu unterrichten. Nachdem der
Schüler dem Wunsch seiner Eltern entsprochen hatte, beendete der Führungsoffizier die Kontaktierung. Im Bericht des letzten Treffens stand: „Der Kandidat
könnte es aufgrund seines Glaubens nicht länger verantworten, mit dem
Mitarbeiter über kirchliche Dinge zu sprechen, ohne den Bischof davon in
Kenntnis zu setzen." Zwar schloss das MfS diesen Vorgang danach ab und archi-
vierte die Akte, dennoch blieb das aufrichtige Handeln des Jugendlichen nicht
ohne Folgen. Trotz seines sehr guten Abiturs und einer Auszeichnung mit der
Herdermedaille in Gold erhielt er keinen Studienplatz für Medizin. Er erlernte
den Beruf eines Monteurs und bewarb sich später um ein Theologiestudium.[320]
    In einem zweiten und komplizierten Fall aus Dresden wollte eine Schülerin
nach Abschluss der zehnten Klasse die Erweiterte Oberschule besuchen, um
danach Medizin zu studieren. Die Aufnahme in die Erweiterte Oberschule blieb
ihr 1975 verwehrt, deshalb begann sie ein Fachschulstudium für Physiotherapie.
Nach dem Ende ihrer dreijährigen Ausbildung wollte sie gern das Abitur an der
Volkshochschule nachholen. Da die Krankenhausleitung sie dabei nicht unter-
stütze, konnte sie erst zwei Jahre später nach einem Arbeitsplatzwechsel mit
dem VHS-Abiturkurs beginnen. Nach dem bestandenen Abitur bemühte sich
die junge Frau 1982 um eine Delegierung zum Medizinstudium durch das
Bezirkskrankenhaus (BKH) Dresden-Neustadt. Da sie sich „gesellschaftlich pas-
siv" verhielt, bereits 1977 aus der FDJ und 1980 aus der Deutsch-Sowjetischen-
Freundschaft (DSF) ausgetreten war, somit nur noch Mitglied des Deutschen
Roten Kreuzes (DRK) und des Freien Deutschen Gewerkschaftsbundes
(FDGB) war, lehnte das Krankenhaus eine Delegierung ab. Damit gab sich die
junge Frau nicht zufrieden, sondern sie bemühte sich weiterhin um eine Delegierung. Sie sprach mehrfach bei der Krankenhausleitung vor, informierte sich
über Bewerbungs- und Zulassungsverfahren, versuchte sich direkt an Universitäten zu bewerben, wandte sich an das Ministerium für Gesundheitswesen und
schrieb eine Eingabe an Erich Honecker.[321]
    Die Kaderleitung und der ärztliche Direktor des BKH Dresden-Neustadt rea-
gierten auf das forsche Vorgehen ihrer Mitarbeiterin mit weiterer Ablehnung,
die sich auch in vernichtenden Beurteilungen bzw. Leistungseinschätzungen der
Betroffenen äußerte. Gegen diese Form der Diskriminierung ging die junge Frau

---

320 Vgl. SLFS, Rehabilitierungsbehörde, Az.: 97/72/0000.
321 Vgl. SLFS, Rehabilitierungsbehörde, Az.: 97/74/0012.

vor, indem sie bei der Konfliktkommission des Krankenhauses Einspruch erhob und beim Kreisgericht des Stadtbezirkes Dresden Nord die Entfernung dieser Beurteilung aus ihrer Kaderakte beantragte. Nach längeren Rangeleien in dieser Angelegenheit wechselte sie, in der Hoffnung von dort aus zum Medizinstudium delegiert zu werden, in das Kreiskrankenhaus nach Bischofswerda. Diese Hoffnung erfüllte sich jedoch nicht, vielmehr zog der Konflikt um die diffamierende Leistungseinschätzung des BKH Dresden mit nach Bischofswerda und flammte ein weiteres Mal auf, da sich diese Krankenhausleitung ebenfalls weigerte, das Schriftstück aus der Kaderakte zu entfernen und ihre neue Mitarbeiterin zum Studium zu delegieren. Auch ihre Klage beim Kreisgericht Bischofwerda wurde abgewiesen. Die Enttäuschung der jungen Frau war so groß, dass sie im Februar 1984 einen Antrag auf Ausreise stellte, da bereits ihre Großmutter, eine ehemalige Dresdner Firmenbesitzerin, in der Bundesrepublik lebte.[322]

Auch das Ministerium für Staatssicherheit war in diesem Fall involviert, da die junge Frau aus einer Unternehmerfamilie stammte, deren Betrieb 1972 enteignet worden war und der älteste Bruder von 1980 bis 1981 aus politischen Gründen im Gefängnis saß. Zudem war im Rahmen des Zulassungsverfahrens für ein Medizinstudium eine allgemeine Überprüfung aller Bewerber vorgesehen. Nicht zuletzt erregten der unnachgiebige Kampf für ihre Rechte und der Ausreiseantrag die Aufmerksamkeit des MfS. Bereits Ende des Jahres 1983 schaltete sich die Staatssicherheit direkt in die Auseinandersetzung ein und warf der jungen Frau vor, Kontakt zu feindlichen Organisationen im westlichen Ausland zu pflegen. Während des Verhörs drohte man ihr mit einer Haftstrafe. Wenn sie allerdings mit dem MfS zusammenarbeite, könne sie einer Haft entgehen und würde sogar einen Studienplatz erhalten. Die junge Frau lehnte das Angebot ab und verfasste nach dieser Vorladung eine Beschwerde an das Ministerium des Inneren, da sie die wöchentlichen Zuführungen leid war. Schließlich wurde sie im April 1984 das letzte Mal abgeholt. Man entzog ihr die Staatsbürgerschaft und brachte sie über die Grenze nach Westberlin.[323]

Die Erlebnisse der jungen Frau bergen ein Konglomerat an Gründen, die alle für sich genommen bereits ein Agieren der Staatssicherheit nach sich ziehen konnten. Dennoch scheinen die abgelehnte Zusammenarbeit und die Beschwerde beim Ministerium des Inneren der Auslöser für die schnelle Ausweisung gewesen zu sein. Zusätzlich förderlich könnte sich vielleicht auch der Zeitpunkt ausgewirkt haben, da sich die DDR im Jahre 1984 mithilfe von Ausreisegenehmigungen vieler Antragsteller entledigen wollte.[324] Anhand dieses Beispiels zeigt sich geradezu modellhaft, wie abweichende Verhaltensweisen ineinander übergehen, sich zunehmend steigern können, und sich letztlich aus einer privaten Nonkonformität eine mehr und mehr staatsbezogene Systemkritik entwickelte.

322 Vgl. ebd.
323 Vgl. ebd.
324 Vgl. Köhler/Ronge, „Einmal BRD - einfach.", S. 1280–1286.

Bereits die familiäre Herkunft der jungen Frau stellte aus Sicht der Machthaber einen Makel dar, der einer Bildungskarriere in der DDR entgegenstand. Hinzu kam der Wunsch der Betroffenen, ein Medizinstudium aufzunehmen, was ihr bereits mit der verweigerten Zulassung zur Erweiterten Oberschule verwehrt wurde. Auf diese Zurücksetzung reagierte die junge Frau ihrerseits mit gesellschaftlicher Verweigerung und dem Austritt aus der FDJ und der DSF. Zugleich verfolgte sie weiter hartnäckig ihre Ziele (Abitur und Medizinstudium) und schreckte auch vor Protest und Widerstand nicht zurück, indem sie den Rechtsweg gegen die Verantwortlichen der Krankenhäuser beschritt und letztlich einen Ausreiseantrag stellte.

2.8 Ablehnung von Unterrichtsinhalten

Die angestrebte sozialistische Erziehung, die bei den Schülern ein naturwissenschaftliches, atheistisches, klassenmäßiges, partei- und staatstreues Bewusstsein entwickeln sollte, schlug sich auch in den Lerninhalten der einzelnen Unterrichtsfächer nieder. Besonders betraf das gesellschaftspolitische und geisteswissenschaftliche Fächer, wie Geschichte, Staatsbürgerkunde und Deutsch. Gerade christliche Schüler, die diese Lerninhalte oftmals nicht mit ihrer Religion vereinbaren konnten, distanzierten sich von ihnen, in dem sie sich diesen Inhalten verweigerten.

Anhand von Lehrplan- und Lehrbuchanalysen schienen hauptsächlich der Staatsbürgerkunde- und Geschichtsunterricht geeignet, Konflikte zwischen Schülern und Lehrern zu provozieren, jedoch zeigte sich in Zeitzeugeninterviews wie in Akten der Schulbehörden, dass Schüler sich eher im Deutsch- und Musikunterricht weigerten, Heines Gedicht „Die schlesischen Weber", Goethes „Prometheus" oder die „Internationale" wiederzugeben.[325]

Der Lehrplan für Deutsche Sprache und Literatur von 1959 schrieb vor, Heinrich Heine und das Gedicht „Die schlesischen Weber" in Klassenstufe sieben zu behandeln. Als Lehr- und Lernziel sollte „der revolutionäre Grundgedanke und patriotische Gehalt des Gedichtes, die Gestaltung der historischen Aufgabe des Proletariats", „Aufbau und Sprache des Gedichts", den Schülern vermittelt werden.[326]

Weiterhin mussten laut Lehrplan für Deutsche Sprache und Literatur der achten Klassenstufe Teile der Biographie im Zusammenhang mit den einzelnen Werken Heines erörtert werden. Überdies sollte der Lehrer den Schülern „Heines Entwicklung zum revolutionär-demokratischen politischen Dichter, der sich mit den reaktionären Verhältnissen in Deutschland kritisch-satirisch

---

325 Vgl. Griese, „Bin ich ein guter Staatsbürger, wenn ich mein Kind nicht zur Jugendweihe schicke ...", S. 160.
326 Lehrplan der zehnklassigen allgemeinbildenden Polytechnischen Oberschule, Deutsche Sprache und Literatur, S. 21.

auseinandersetzte und für eine demokratische Umgestaltung kämpfte," näher bringen und dabei besonders auf „die Freundschaft mit Karl Marx und ihre Auswirkungen auf das Schaffen des Dichters" eingehen.[327] Für die Unterrichtseinheit „Die schlesischen Weber" gab dieser Lehrplan vor: „Das Thema das Weberelend, seine Bedeutung für die Literatur der Zeit und für die Entwicklung Heines. Seine eindeutige Parteinahme für die schlesischen Weber und ihren Aufstand. Die künstlerische Entlarvung der demagogischen Losung ‚Mit Gott für König und Vaterland'. Ihre Widerlegung an den Lebensverhältnissen der Weber. Die Umkehrung der demagogischen Losung in den dreifachen Fluch als Verdichtung und Steigerung der politischen und weltanschaulichen Aussage, als kompositorisches Mittel von aufrüttelnder Wirkung."[328]

Neben Heinrich Heine und seinen Werken, insbesondere „Die schlesischen Weber", wurde auch die Epoche des Sturm und Drangs und daraus vornehmlich Johann Wolfgang Goethes Ballade „Prometheus", instrumentalisiert.[329] Der Lehrplan für Deutsche Sprache und Literatur von 1959 gab vor, diese Ballade unter dem Lehr- und Lernziel „das Gedicht ‚Prometheus' als Ausdruck der Kraft des aufsteigenden Bürgertums, dass sich seiner historischen Rolle bewusst geworden ist", in Klasse zehn zu behandeln. Weiterhin sollte „der Glaube an die schöpferische Kraft des Menschen, das Selbstvertrauen des schaffenden Menschen und sein Stolz auf die eigene Leistung" herausgestellt werden. Die Verwendung von freien Rhythmen galt dabei „als Ausdruck der Gestalt eines neuen Inhalts".[330]

Nach einer Lehrplanänderung wurden ab 1974 die Kenntnisse zur Epoche des Sturm und Drang in Klassenstufe neun vermittelt. Dazu hieß es im Lehrplan: „Die Schüler sollen an einigen Proben aus der Dichtung des Sturm und Drang zu folgenden Erkenntnissen und Einsichten gelangen: Die Dichtung des Sturm und Drang geht zu einer direkteren und schärferen Kritik an den politischen und sozialen Verhältnissen im feudal-absolutistischen Deutschland über. In der Haltung des Sturm und Drang spiegeln sich die Anschauungen und Auffassungen des aufstrebenden Bürgertums wider."[331]

Zur Unterrichtseinheit „Prometheus" wurde erläutert: „Mit diesem Gedicht lernen die Schüler ein für den Sturm und Drang charakteristisches Werk kennen, in dem die Ideologie des deutschen Bürgertums, die Forderung nach Freiheit der Persönlichkeit künstlerisch überzeugen gestaltet ist. Prometheus wird zum Sinnbild des freien schöpferischen Menschentums, der Siegeszuversicht und der historischen Überlegenheit des schöpferischen Menschen. Die Schüler

---

327 Lehrplan für Deutsche Sprache und Literatur Klasse 8 bis 10, S. 39.
328 Ebd., S. 40 f.
329 Goethe, Prometheus (1772–1774). In: Sämtliche Werke. Briefe, Tagebücher und Gespräche. 40 Bände. Hg. von Karl Eibel, Band 1: Gedichte 1756–1799, Frankfurt a.M. 1987, S. 203 f.
330 Lehrplan der zehnklassigen allgemeinbildenden Polytechnischen Oberschule, Deutsche Sprache und Literatur, S. 41.
331 Lehrplan für Deutsche Sprache und Literatur Klasse 8 bis 10, S. 103.

begreifen, warum die von Goethe erstrebte Beziehung zwischen Persönlichkeit und Gesellschaft erst im Sozialismus Wirklichkeit wird."[332]

Christliche Schüler und Eltern fühlten sich durch die antireligiös begründete Idee vom göttlichen Genie angegriffen. In Interpretationen verkörpert Prometheus nach wie vor das Genie, den aus eigener Kraft schöpfenden Menschen, wie auch den Rebellen, der das göttliche Handeln als eigensüchtig und machtherrlich anprangert. Die provokanten Formulierungen des Gedichtes widersprechen dabei den christlichen Vorstellungen des erbarmenden liebenden Gottes. Der Glaube an Gott wird als Kinderphantasie abgetan und dem irdisch verhafteten schöpferischen Menschen gegenübergestellt.[333] Allerdings blieb bei der „sozialistischen" Interpretation Goethes Pantheismus außen vor.

Die Internationale als „Hymne des Proletariats" und insbesondere zwei Verse der dritten Strophe wurden von den Christen abgelehnt. „Es rettet uns kein höhres Wesen, kein Gott, kein Kaiser, noch Tribun. Uns aus dem Elend zu erlösen, können wir nur selber tun!"[334]

Ähnlich dem Gedicht „Prometheus" wird die eigene Kraft des Menschen hervorgehoben, mit der allein sich der Menschen aus seiner Stellung als Untertan befreien kann. Die Religion wird auch hier als Mittel zur Unmündigkeit der Menschen interpretiert. Die Christen fühlten sich damit in ihrem Glauben diffamiert.

Neben „Prometheus" und der „Internationalen" war besonders das Gedicht Heines „Die schlesischen Weber" Konfliktstoff zwischen Schule, Elternhaus und Kirchenvertretern, nachdem es 1947 als „Weberlied" unter „Verbindliche Gedichte" in den Lehrplan aufgenommen wurde. Es blieb mit Ausnahme der Jahre 1958, 1966, 1967 und 1968 obligatorischer Unterrichtsinhalt bis zum Ende der DDR.[335]

Als besonders anstößig empfanden Christen neben dem Fluch am Ende jeder Strophe die zweite Strophe: „Ein Fluch dem Götzen, zu dem wir gebeten in Winterskälte und Hungersnöten. Wir haben vergebens gehofft und geharrt. Er hat uns geäfft, gefoppt und genarrt. – Wir weben, wir weben!"[336]

Die heftigsten Auseinandersetzungen um dieses Gedicht fanden von Mitte der 1950er Jahre bis Mitte der 1970er Jahre während der antiklerikalen-sozialistisch-atheistischen Phase statt. Zunächst wandten sich evangelische Geistliche,

---

332 Ebd., S. 104.
333 Interpretationsansätze finden sich in von Borries, Deutsche Literaturgeschichte, Band 3, S. 231–234.
334 Luckhardt, Die Internationale (1910). In: Moßmann/Schleuning, Alte und neue politische Lieder, S. 175. Zur Entstehungsgeschichte und Verwendung des Liedes vgl. ebd., S. 170–287.
335 Tüting, „Die schlesischen Weber" in der Schule der DDR, S. 10 f.
336 Heine, Die schlesischen Weber (1844). In: Nationale Forschungs- und Gedenkstätten der klassischen deutschen Literatur in Weimar und das Centre National de la Recherche Scientifique in Paris, Heinrich Heine - Säkularausgabe. Werke, Briefwechsel, Lebenszeugnisse, Band 2: Gedichte 1827–1844 und Versepen, Berlin (Ost) 1979, S. 137 f.

deren Kinder in der Schule mit Heines „Die Weber"[337] konfrontiert waren oder die durch Vorkonfirmanden, Konfirmanden und deren Eltern um Rat und Unterstützung gebeten worden waren, mit ihrem Protest an Deutschlehrer und Schulen. Gleichzeitig standen auch Kirchenvertreter anderer Konfessionen den Eltern bei und wiesen sie auf ihr verfassungsrechtliches Erziehungsrecht hin. Dagegen argumentierten die Schulen mit ihrer Lehrplanpflicht und forderten von Kindern wie Eltern, der Schulpflicht Folge zu leisten. Nachdem die Gespräche mit den Vertretern der örtlichen Schulen erfolglos blieben, wandten sich Pfarrer und Gemeindevertreter an die zuständigen staatlichen Stellen des Kreises und Bezirkes.[338] Letztlich blieben die Gespräche auch auf dieser Ebene ergebnislos und der Konflikt bestand fort. Aus dem Bericht der Arbeitsgruppe Kirche beim Zentralkomitee der SED vom 6. März 1968 ging hervor, dass die Hauptschulinspektion des Ministeriums für Volksbildung mitteilte, dass die Kirchen weiterhin Schüler beeinflussen, „um sie als Mittel gegen die Erfüllung lehrplangebundener Aufgaben zu gebrauchen, z. B. Kampf gegen Heines Gedicht ‚Die Weber', Kampf gegen Goethes ‚Prometheus', Kampf gegen das Lernen der ‚Internationalen'". Als Konsequenz daraus forderte das Ministerium von den „Leitern der örtlichen Volksbildungsorgane und Einrichtungen" eine Mitteilung bei Verstößen „kirchlicher Kreise" gegen die gesetzlichen Bestimmungen, um erforderliche Gegenmaßnahmen einleiten zu können.[339]

Wie Lehrer im Unterricht mit Schülern umgingen, die sich diesen Unterrichtsinhalten verweigerten und dagegen protestierten, berichtete die ehemalige Schülerin U. E. in einem Interview. Auf die Frage, ob und wann sie im Unterricht das Gefühl von Benachteiligung durch Lehrer verspürt hatte, antwortete sie:

„Es war höchstens dann 8. Klasse die ‚Schlesischen Weber' und die ‚Internationale'. Wo wir die ‚Schlesischen Weber', wo wir die eine Strophe, nein, die ‚Schlesischen Weber' haben wir komplett nicht mitgelernt, weil immer ein Fluch drinsteht und wir gesagt haben, das können wir einfach nicht lernen, und bei der ‚Internationalen' haben wir die 2. Strophe nicht [gelernt], ‚ein Fluch dem Gott'. Und was bis dahin nie war, der Musiklehrer hat das Lied mal aufschreiben lassen von jedem und damit fehlte bei mir die 2. Strophe und damit hatte ich die Zensur ‚3'. Und der Deutschlehrer, der hat es auch nie gemocht, der ließ auch das ganze Gedicht aufschreiben. Da habe ich ein leeres Blatt abgegeben. Und das war dann niedlich. Er rief mich dann ein paar Tage später zu sich und ich bin von Grund auf total ehrlich gewesen und er sagte zu mir ‚U., was haben denn deine Eltern gesagt'. Und da habe ich gesagt: ‚Die können das absolut nicht verstehen, dass sie das gemacht haben.' ‚Aber die müssen doch noch etwas gesagt haben?' Und da habe ich gesagt: ‚Ja, die haben gesagt, der kann uns auch nur leidtun, das musste der

---

337 Der Titel des Gedichtes wurde mehrfach geändert: „Die schlesischen Weber" (1946, 1952, 1972 ff.), „Weberlied" (1947), „Die Weber" (1951, 1953, 1956-1957), „Webergedicht" (1969). Vgl. Tüting, „Die schlesischen Weber" in der Schule der DDR, S. 10 f.
338 Vgl. ebd., S. 15 ff.
339 HSI, MfV, an Staatssekretariat für Kirchenfragen, Bericht der Arbeitsgruppe Kirche beim ZK der SED vom 6. 3. 1968. In: Geschichte, Struktur und Funktionsweise der DDR-Volksbildung, S. 469.

bestimmt machen.' Das habe ich ihm so gesagt. Und damit konnte ich dann gehen. [...] Die Züge sind ihm entglitten und er sagt: ‚Danke, Sie können gehen.'"[340]

Letztlich beurteilte der Lehrer die Arbeit der Schülerin mit „ungenügend". An diesem Beispiel zeigt sich, wie unterschiedlich Lehrer in ähnlichen Situationen reagieren konnten.

Im Geschichts- und Staatsbürgerkundeunterricht ergaben sich oftmals weltanschauliche Differenzen, die von Lehrern übergangen werden konnten oder aber Anlässe boten für eine Diskussion mit teils weit reichenden Konsequenzen für den Schüler, wenn dieser sich vom Lehrer zu unbedachten Äußerungen provozieren ließ. Auch in anderen Unterrichtsfächern konnten Lehrer mit stichelnden Bemerkungen Schüler diskreditieren oder deren Gemüter erregen, um eine unachtsame Schülerreaktion heraufzubeschwören. Beispielsweise berichtete Herr M. G., er sei vom Biologielehrer aufgefordert worden, zum Thema „Abendmahl ist symbolischer Kannibalismus" Stellung zu nehmen. Weiterhin habe ihn der Geographielehrer an der Landkarte von Deutschland Berlin zeigen lassen. Die provozierende Nachfrage des Schülers, ob er Ostberlin oder Westberlin zeigen solle, hatte eine Aussprache mit dem Schuldirektor zur Folge.[341]

Eine Vielzahl dieser Fälle geben auch die Akten der Abteilung Volksbildung aller Bezirke und des Ministeriums wieder: ein Phänomen, das seit den 1960er Jahren zunehmend auftauchte. Lehrer und Behördenmitarbeiter interpretierten diese „besonderen Vorkommnisse" als steigende Aktivität der Kirchen, die es einzuschränken galt. Auch führten sie das abweichende Verhalten der Schüler auf die elterliche Erziehung zurück, die nicht den sozialistischen Erziehungsidealen entsprach. Die Verweigerung von Unterrichtsinhalten deuteten Lehrer und Behördenvertreter zudem als gesetzwidriges Verhalten, denn sie argumentierten gegenüber Schülern und Eltern, dass Lehrpläne als staatliche Dokumente für alle Schüler gelten würden und das Verhalten der Schüler gegen die Schulordnung und die Pflicht der Schüler, zu lernen, verstoße.[342]

In der behördlichen Aktensprache wurden derartige Ereignisse nicht nüchtern dargestellt, sondern als von der Kirche geschürtes, massives oder auch organisiertes Verhalten der Schüler. Schüler und deren Eltern nahmen die Machthaber dabei nicht als selbständig agierende Personen wahr, vielmehr seien sie von Kirchenvertretern und falschen Anschauungen beeinflusst und fremdbestimmt. In einzelnen Fällen, bei regionalen Häufungen, wie beispielsweise 1967 als mehrfach Schüler sich weigerten, das Gedichtes „Die schlesischen Weber" zu lernen, suchten Partei- und Staatsvertreter vor Ort nach vermeintlichen Ursachen. Als Auslöser fanden sie im Kreis Niesky die Predigten des Bischofs

340 Interview mit Frau U. E. am 20. 1. 2005.
341 Interview mit Herrn M. G. am 25. 11. 2004.
342 Vgl. Griese, „Bin ich ein guter Staatsbürger, wenn ich mein Kind nicht zur Jugendweihe schicke ...", S. 160.

und in Ostsachsen die Ausführungen des Pfarrers im Konfirmandenunterricht.[343]

Schülern, die häufiger durch ihre Verweigerungshaltung auffielen, begegneten Lehrer nicht unbedingt mit pädagogischem Feingefühl. Gängiger war eine „Aussprache" mit den Eltern und die Meldung derartiger Vorfälle an die nächst höhere Instanz, die ihrerseits ggf. auch das Referat Kirchenfragen der Abteilung Inneres einschaltete.[344]

Grund für ein solches Handeln von Lehrern und Schuldirektoren konnte wirkliche politische Überzeugung sein. Nicht auszuschließen ist auch, dass Lehrer für sich selbst Konsequenzen befürchteten, wenn sie derartige Vorfälle übergingen und wenn diese durch andere Schüler, Eltern oder Kollegen doch öffentlich gemacht wurden. Schließlich gab es für Lehrer noch weitere Motive ein Vorkommnis zu melden, wie Pflichtgefühl, Angst vor falschen Entscheidungen oder um sich seiner Verantwortung zu entziehen.

2.9   Zusammenfassung

Diskriminierungen im Schul- und Ausbildungswesen in der sowjetischen Besatzungszone und später in der DDR waren je nach politischer Lage unterschiedlich begründet. Als richtungsweisend galt in der DDR die Erziehung zur allseitig gebildeten sozialistischen Persönlichkeit. Jeder Bürger sollte die Werte und Normen der sozialistischen Gesellschaft verinnerlichen und sich in das große Kollektiv einfügen. Individualität oder gar ein Normen- und Wertekanon abseits der sozialistischen Vorgaben waren von staatlicher Seite unerwünscht. Um den Nachwuchs treuer Sozialisten zu fördern und Renitente in ihrer Entwicklung zu behindern, war gerade das Schul- und Ausbildungswesen geeignet, denn persönliches Abweichen von den Erziehungsvorgaben versuchten die Machthaber mit Repressionen verschiedenen Ausmaßes zu sanktionieren.

Bei der Vermittlung der „wahren Weltanschauung" konkurrierte die SED mit den Kirchen, denn trotz des Verfassungsrechts der Gewissens- und Glaubensfreiheit beanspruchte die SED, dass sich die Bevölkerung der marxistisch-leninistischen Weltanschauung zuwandte. Diese Konkurrenz trat im Erziehungs- und Bildungswesen vor allem zutage, wenn die Eltern die Mitgliedschaft ihres Kindes in der staatlichen Kinder- und Jugendorganisation ablehnten oder an der christlichen Tradition der Konfirmation bzw. Firmung gemeinsam mit ihren Kindern festhielten, statt ihre Kinder ab Mitte der 1950er Jahre an der staatlichen Jugendweihe teilnehmen zu lassen.

Insgesamt zeigte die Auswertung der Rehabilitierungsanträge zwar, dass übermäßig häufig christliche Schüler aus religiösen Gründen diskriminiert wurden, dennoch war die konfessionelle Bindung nicht grundsätzlich ausschlag-

---

343 Vgl. ebd., S. 161–163.
344 Vgl. ebd., S. 163.

gebend für eine Behinderung. In einigen Fällen war sie nur von sekundärer Bedeutung, da die Ursachen der Diskriminierungen vorwiegend im Zusammenhang mit Formen der Militärausbildung, der Ausreise oder fehlender gesellschaftlicher Aktivitäten standen. Zum Teil waren die Benachteiligten selbst nur infolge einer „Sippenhaftung" betroffen. Aus ähnlichen Gründen wurden auch Konfessionslose benachteiligt.

Was die Machthaber unter abweichendem Verhalten subsumierten und folglich sanktionierten, richtete sich nach den politischen Rahmenbedingungen der Zeit. Grob kann in drei sich überlappende Phasen unterschieden werden, in denen einzelne Sachverhalte innerhalb eines Spektrums von Gründen besonders häufig zu Diskriminierungen führten und somit in diesem Zeitraum dominierten.

Von 1946 bis Mitte der 1950er Jahre lässt sich zunächst von einer antifaschistisch-antibürgerlich dominierten Phase sprechen. Während der ersten Nachkriegsjahre fanden Diskriminierungen und Verfolgungen häufig aufgrund der Aktivitäten des Jugendlichen und seiner Familienmitglieder während der Zeit des Nationalsozialismus statt. Daneben waren bis Ende der 1950er Jahre die soziale Herkunft, ein Fluchtversuch oder „politisch-feindliches" Handeln häufig Gründe für Diskriminierungen im Bildungswesen. In diese Phase fielen auch Maßnahmen gegen Schüler nach dem Volksaufstand vom 17. Juni 1953.

Seit Beginn der 1950er Jahre bis Anfang der 1970er Jahre bestimmten zunehmend Weltanschauungskonflikte die Benachteiligungen im Erziehungs- und Bildungswesen, die als antiklerikale-sozialistisch-atheistisch dominierte Phase definiert werden kann. Um den Einfluss der Religionen und Kirchen zu schmälern, betrieb die SED-Führung die doppelte Strategie von Verfolgung und „Abwerbung" der Gläubige, d. h. einerseits gingen die Machthaber radikal mit Verboten oder Kampagnen gegen Glaubensgemeinschaften vor und andererseits schufen sie Alternativen wie beispielsweise die staatliche Kinder- und Jugendorganisation der Pioniere oder der FDJ und die Einführung der Jugendweihe.

Jedoch konnten Schulfunktionäre und Lehrer die politischen Richtlinien von Partei- und Staatsführung in den Schulen nicht hundertprozentig durchsetzten, deshalb bestanden die Konflikte mit christlichen Schülern im Schulalltag bis zum Ende der DDR. Ab Mitte der 1950er Jahre begannen zunehmend Auseinandersetzungen im Zusammenhang mit Trends der westlichen Jugendkultur, an denen sich Jugendliche orientierten und die den sozialistischen Moralvorstellungen der Partei- und Staatsführung widersprachen. Um das Abweichen der Jugend von sozialistischen Norm- und Moralvorstellungen zu verhindern, schwankten die Machthaber zwischen staatlichen Lockerungen und Restriktionen, um die Jugendlichen für ihre Ziele zu gewinnen und dennoch die Kontrolle zu bewahren. Denn abweichendes Verhalten konnte aus Sicht der SED nur aufgrund des westlichen Einflusses entstehen und war nicht systemimmanent begründet. Folglich war der westliche Einfluss jeglicher Art zurückzudrängen, was auch einschloss, dass Vertreter der Volksbildung Jugendliche, von denen ein Elternteil oder Geschwister in der Bundesrepublik lebten, nicht zu weiterführenden Bildungseinrichtungen zuließen.

Nach Einführung der Wehrpflicht und der damit verbundenen zunehmenden Militarisierung bestimmten mehr und mehr pazifistische Motive der christlichen Lehre die Weltanschauungskonflikte. Nicht zuletzt schlossen sich auch Konfessionslose der Friedensbewegung an, sodass gegen Ende der 1960er/Anfang der 1970er Jahre vor allem Jugendliche diskriminiert wurden, die ihre Teilnahme an verschiedenen Formen der Wehrausbildung oder den bewaffneten Wehrdienst ablehnten. Diese letzte Phase kann als antipazifistisch-antichristlich dominiert eingestuft werden. Ab Mitte der 1980er Jahre kam es zudem zu einer vermehrten Benachteiligung von Jugendlichen aufgrund von Ausreiseanträgen.

Das SED-Regime begrenzte trotz des Verfassungsrechts auf Bildung für alle den Zugang zu weiterführenden Bildungseinrichtungen, indem es neben einer fachlichen Eignung auch die soziale Herkunft und die politische Einstellung zum Auswahlkriterium erhob. Die soziale Herkunft verlor teilweise an Bedeutung, jedoch gewann das Bekenntnis zum sozialistischen Staat an Gewicht und war schließlich das wichtigste Kriterium für eine erfolgreiche und wenig problembehaftete Bildungskarriere.

3. Maßnahmen zur Diskriminierung

Das oberste Erziehungsziel, die Erziehung zur sozialistischen Persönlichkeit, galt es stetig in allen Bereichen zu verfolgen: im Elternhaus, Freundes- und Kollegenkreis, in der Schule, an der Arbeitsstätte und im Freizeitbereich. Auf der Grundlage von Gesetzen und Verordnungen und mithilfe der Volksbildungseinrichtungen, der Parteien und Massenorganisationen wie auch des Kollektivs sollte die Erziehung des Einzelnen gewährleistet werden.

Bereits in den ersten Lebensjahren eines Kindes, jedoch spätestens mit Eintritt in den Kindergarten begann die sozialistische Erziehung entsprechend den Vorgaben von Partei- und Staatsführung. Erziehungsalternativen abseits der staatlichen Vorgaben waren weder generell noch teilweise vorgesehen oder geduldet. Mittels gesetzlicher Regelungen gingen Partei- und Staatsvertreter gegen derartige Entwicklungen vor und sanktionierten vielfach auch nur geringfügig abweichendes Verhalten von Schülern, Lehrlingen oder Studenten und deren Eltern.

In Verbindung mit der sozialistischen Erziehung ergaben sich für den einzelnen Schüler Rechte und Pflichten gegenüber dem Kollektiv, dem Staat und der Partei. Von jedem Einzelnen wurde staatstreues Verhalten und ein positives politisches Bewusstsein eingefordert. Um dieses Ziel zu erreichen, erhob man innerhalb des gesellschaftlichen Systems der DDR, insbesondere aber im Volksbildungssystem, Förderung und Benachteiligung zu entscheidenden Erziehungsmaßnahmen. Gerade im Schulalltag führte eine derartige Praxis, etwa bei der Vergabe von Auszeichnungen, Erteilung von Strafen oder der Auswahl für den Besuch einer weiterführenden Bildungseinrichtung, immer wieder zu Konflikten.

3.1   Beurteilungen

Die Diskriminierung von Abweichlern konnte vielfältig, teils sehr destruktiv oder unterschwellig sein. In Bildungseinrichtungen schreckten Lehrer, Ausbilder bzw. Dozenten nicht davor zurück, Einzelne durch Bemerkungen im Unterricht, gegenüber anderen oder in Beurteilungen zu stigmatisieren. Betroffene erinnern sich noch heute an derartige Erlebnisse.[345]

Bei Kindern, deren Familien bereits durch nonkonformes Verhalten der Eltern bzw. der älteren Geschwister in Erscheinung getreten waren, konnte die Diskriminierung schon sehr frühzeitig, während der ersten Klassenstufen einsetzen. Die Lehrer wussten in diesen Fällen bereits im Vorfeld über den Erziehungsstil im Elternhaus und die vermittelten Werte und Normen, abseits der sozialistischen Erziehungsziele, Bescheid.

„Meine Eltern wollten es eigentlich damals nicht, dass wir Pioniere werden. Also meine Schwester ist dreieinhalb Jahre älter als ich, vier Schuljahre. Und die hat sehr dafür gekämpft, dass wir doch in die Pioniere gehen dürfen. Und dann hat mein Papa gesagt, [dass] Kinder nicht für den Glauben der Eltern ein[stehen müssen] und wenn sie jetzt in die Pioniere gehen möchten, dann dürfen sie in die Pioniere gehen. Und mit der FDJ sind sie alt genug, um das selbst zu entscheiden. Und für meine Schwester war es klar, nicht FDJ, keine Jugendweihe. Ehrlichkeitshalber muss ich sagen, bin ich den Weg halt so dann mitgegangen. Hätte mir damals vielleicht den leichteren Weg lieber gewählt, also in die FDJ zu gehen. War aber für mich jetzt auch nicht so schwer, weil die Schule schon, also bei den Lehrern bekannt war. Und im Nachhinein bin ich sehr dankbar, dass ich nicht in der FDJ war."[346]

Einige Lehrer, Schuldirektoren und Mitarbeiter von Schulbehörden begegneten Schülern aufgrund ihres Wissens über die Familie bereits mit vorgeprägter Meinung und beurteilten dementsprechend die Persönlichkeit eines Schülers.

Grundlage bildeten die staatlich vorgegebenen Erziehungsziele, die sich in Lehrplänen, Unterrichtsthemen wie -methoden und den Bewertungsvorgaben für Schüler widerspiegelten.[347] Neben den fachlichen Lernleistungen erfolgte die Bewertung der Schülerpersönlichkeit in den Schulzeugnissen der DDR in

---

345   Vgl. Interview mit Herrn M. G. am 25.11.2004.

346   Interview mit Frau U. E. am 20.1.2005. Auch die christliche Wertevermittlung in der Erziehung der Familie von Herrn M.Z., der Vater, ein Pfarrer, war bei Lehrern und Schulleitung bekannt. Vgl. Interview mit Herrn M. Z. am 18.1.2005.

347   Beispielsweise hieß es in den Aufgaben und Zielen des Literaturunterrichts im Lehrplan für Deutsche Sprache und Literatur Klasse acht: „Die Erschließung des Ideengehaltes der Werke hat zur Weiterentwicklung des sozialistischen Bewusstseins und zur Herausbildung sozialistischer Verhaltensweisen der Schüler beizutragen." Lehrplan für Deutsche Sprache und Literatur Klasse 8. In: Lehrplan für Deutsche Sprache und Literatur Klasse 8 bis 10, S. 7. Formulierungen ähnlichen Stils finden sich mehrfach in den Lehrplänen. Vgl. ebd., S. 7 und 9; Lehrplan für Deutsche Sprache und Literatur Klasse 9. In: ebd., S. 52.

Form der sogenannten Kopfnoten[348] und einer schriftlichen Einschätzung,[349] denn aus Sicht der DDR-Pädagogik waren Verhaltensbewertung, Schülerbeurteilung und Leistungsbewertung pädagogische Maßnahmen, die darauf zielten, die Entwicklung der Persönlichkeit eines jeden Schülers und des Klassenkollektivs zu fördern.[350]

Die Bewertung des Schülerverhaltens legte das Ministerium für Volksbildung erstmals mit einer Anweisung vom 5. Januar 1961 fest, die in ihren Grundzügen trotz weiterer Empfehlungen in den folgenden Jahren bestehen blieb.[351] Laut Ministerium für Volksbildung sollte „die Gesamteinschätzung [...] das Charakteristische der Schülerpersönlichkeit erfassen, in erster Linie die positiven Erscheinungen im Verhalten hervorheben und darauf hinweisen, wie diese weiterzuentwickeln sind".[352] Weiterhin hieß es darin:

„Zu beurteilen sind das Verhalten des Schülers beim Lernen in der Schule, im Betrieb und bei der gesellschaftlich nützlichen Arbeit;
das Verhalten und die Leistungen bei der außerschulischen Tätigkeit [...];
die aktive Mitarbeit in der Pionierorganisation ‚Ernst Thälmann' und in der Freien Deutschen Jugend und
die Einstellung des Schülers zum Lernen, zur Arbeit und zu den arbeitenden Menschen, zu den Lehrern und Erziehern, zum Kollektiv, zum sozialistischen Eigentum."[353]

Kritische Wertungen sollten in einem ausgewogenen Verhältnis eingebracht und konkrete Hinweise zur weiteren Entwicklung des Schülers gegeben werden.[354] Das Verhalten eines Schülers wurde mithilfe der Kopfnoten bewertet. Dabei spiegelte deren Anordnung auf dem Zeugnisblatt vereinzelt auch ihre Bedeutung für die Gesamtzensur wider. In der Vergangenheit wie auch noch heute ist

---

348 Die Bezeichnung „Kopfnoten" leitet sich nicht davon ab, dass gegen Ende des 19. Jahrhunderts Noten für eine allgemeine Beurteilung im oberen Abschnitt der Zeugnisseite eingetragen wurden, sondern die Bezeichnung „Kopf" steht für eine Person. Vgl. Tenorth, Kopfnoten - Kopfnüsse - Kopfgeburten, S. 10. Die Kopfnoten haben ihren Ursprung in den einstigen „Sittenzeugnissen", die „das Betragen eines jeden Schülers in Ansehung seiner Ordnungsliebe, seines Fleißes, seiner wohlanständigen Aufführung und seines Gehorsams" bewerten sollten. Schülergesetze zu Wismar vom 25. 6. 1798. In: Monumenta Germaniae Paedagogica, Band 44; Das Unterrichtswesen der Großherzogtümer Mecklenburg-Schwerin und Strelitz. Hg. von Heinrich Schnell, Band 2; Urkunden und Akten zur Geschichte des mecklenburgischen Unterrichtswesens. Das 17. und das 18. Jahrhundert, Berlin 1909, S. 405–408, hier 405. Vgl. auch Dohse, Das Schulzeugnis, S. 34.
349 Mit Ausnahme des Reifezeugnisses wurden die Kopfnoten auf dem Halbjahres- und Jahreszeugnis der Klassenstufen eins bis zwölf vergeben. Die schriftliche Beurteilung des Schülers und die Gesamteinschätzung waren Teil des Jahresabschlusszeugnisses aller Klassenstufen. Vgl. Döbert/Geißler, Schulleistungen in der DDR, S. 118; Arnold/Vollstädt, Arbeits- und Sozialverhalten in der Schule, S. 201.
350 Vgl. Witzlack, Verhaltensbewertung und Schülerbeurteilung, S. 9.
351 Vgl. Empfehlung für die Bewertung des Gesamtverhaltens der Schüler im Schuljahr 1960/61 vom 5. 1. 1961. In: VuM, 2/1961, S. 14 f.
352 Anweisung über die Erteilung von Zeugnissen an Oberschulen und erweiterten Oberschulen vom 20. 12. 1965. In: Sozialistisches Bildungsrecht, S. 517–524, hier 518.
353 Ebd., S. 519.
354 Vgl. Döbert/Geißler, Schulleistungen in der DDR, S. 121.

die Verwendung von Kopfnoten umstritten.[355] In der Bundesrepublik schafften die Länder die Kopfnoten seit den 1970er Jahren weitgehend ab und ersetzten sie teilweise durch eine schriftliche Verhaltensbewertung. In der DDR hingegen blieben sie erhalten.[356]

In der DDR bildeten Zensuren für Betragen, Fleiß, Mitarbeit und Ordnung die sogenannten Kopfnoten. Sie „sollten das typische Verhalten des Schülers im Unterricht, in der produktiven Produktion und im außerunterrichtlichen Bereich" in ihrer Bewertung wiedergeben. Die Note für Betragen beurteilte das Verhalten des Schülers „gegenüber Lehrern, Erziehern, Betreuern und anderen erwachsenen Personen sowie gegenüber seinen Mitschülern und wie der Schüler mit dem staatlichen Eigentum (Volkseigentum) umging".[357]

Mit der Note für Fleiß sollten „die Anstrengungen, die Beharrlichkeit und die Initiative des Schülers bei der Erledigung seiner schulischen Pflichten, beim Lernen und Arbeiten sowie seine Gewissenhaftigkeit bei der Ausführung aller ihm übertragenen Aufgaben" bewertet werden. Die Zensur für Mitarbeit spiegelte wider, „wie aufmerksam der Schüler im Unterricht, bei der produktiven Arbeit und bei schulischen Veranstaltungen war, wie aktiv er sich beteiligte und dazu beitrug, gemeinsame Ziele des Kollektivs zu erreichen". Unter der Bewertung für Ordnung war zusammengefasst, „wie der Schüler seine Arbeitsmittel behandelt und auf die Vollständigkeit achtete, wieweit er seine schulischen Pflichten vollständig und termingemäß erfüllte, wie er die Norm der Ordnung an der Schule einhielt". Darüber hinaus gingen in diese Note die Körperpflege des Schülers sowie Sauberkeit und Ordnung seiner Kleider ein.[358]

Dem offiziellen Anspruch einer objektiven Bewertung der Schülerpersönlichkeit, der vielfach in Anordnungen und Handreichungen für die Beurteilung des Schülerverhaltens gefordert wurde, konnten die Lehrer aus mehreren Gründen nicht gerecht werden. Zum einen sollten sie das gesellschaftlich-politische Verhalten und den Stand der sozialistischen Bewusstseinsbildung des Schülers in die Beurteilung mit einfließen lassen.[359] Schüler, die nicht Mitglied der Pionierorganisation oder der FDJ waren, konnten bzw. mussten allein aufgrund dieser Tatsache negativ bewertet werden. Begründet wurde die Forderung mit dem Recht und der Pflicht eines jeden Schülers, „aktiv an der Gestaltung des schulischen und gesellschaftlichen Lebens teilzunehmen und sich für eine gute Lern- und Arbeitsatmosphäre im Kollektiv einzusetzen. Dies geschieht durch ihre Tätigkeit in der FDJ- und Pioniergruppe und durch persönliche Vorschläge an die Lehrer, Erzieher oder den Direktor."[360]

---

355 Preußen schaffte diese „allgemeinen Zensuren" bereits 1931 aus psychologischen Gründen ab und ersetzte sie durch eine Beratung von Schülern und Eltern. Vgl. Dohse, Das Schulzeugnis, S. 54; Bohl, Aktuelle Regelungen zur Leistungsbeurteilung und zu Zeugnissen an deutschen Sekundarschulen, S. 553.
356 Vgl. Tenorth, Kopfnoten - Kopfnüsse - Kopfgeburten, S. 10.
357 Döbert/Geißler, Schulleistungen in der DDR, S. 118.
358 Ebd.
359 Vgl. Witzlack, Verhaltensbewertung und Schülerbeurteilung, S. 65 und 66 f.
360 Ebd., S. 65.

Entsprechend dem Erziehungsziel galten gesellschaftliche Aktivitäten und gesellschaftlich nützliche Tätigkeit als sozialistisches Handeln und stellten somit wesentliche Kriterien für die erwünschte Persönlichkeitsentwicklung dar. Das „richtige" freiwillige Engagement hatte sich nach Vorgaben von Partei- und Staatsführung im Rahmen von staatlichen Einrichtungen, Massenorganisationen oder in der Schule zu vollziehen, um als gesellschaftlich nützliche Arbeit anerkannt zu werden.[361] Kirchliches Engagement, selbst wenn es sozial oder „solidarisch" (nach sozialistischem Sprachgebrauch) war, fiel für die Vertreter der Volksbildung nicht in die Kategorie gesellschaftlich nützlicher Tätigkeiten.[362]

Eine weitere Problematik zeigt sich bei der Einschätzung der Bewusstseinsentwicklung, denn abhängig vom Alter des Schülers war maßgeblich, inwieweit er sich „die philosophischen, politischen, rechtlichen, moralischen und ästhetischen Auffassungen, Positionen und Normen" der sozialistischen Gesellschaft angeeignet hatte.[363] Diese Bewertungskriterien flossen sowohl in die schriftliche Gesamteinschätzung als auch in die Kopfnoten ein, sodass insbesondere das Betragen und die Mitarbeit auch unter diesem Aspekt benotet wurden.[364]

Zum anderen stellten in der Vergangenheit wie auch heute mehrfach Studien die Objektivität und Validität des Lehrers, also dessen Diagnosekompetenz, in Frage. Hinzu kommt, dass auch bei der Vergabe der Kopfnoten klassische Fehler der unsystematischen Beobachtung nicht auszuschließen sind, da die Beobachtung in der Regel parallel zum normalen Unterrichtsverlauf stattfindet, ohne klare Definition dessen, was eigentlich beobachtet werden soll. Auch nehmen Lehrende am Unterrichtsgeschehen teil, somit ist die Reflexion ihrer eigenen Rolle im Zusammenhang mit dem Schülerverhalten erforderlich. Zudem fehlen klare einheitliche Bewertungskategorien, um zu vermeiden, dasselbe Verhalten unterschiedlichen Kategorien zu zuordnen. Um das Verhalten eines Schülers dauerhaft für eine zuverlässige Bewertung zu erfassen, wäre eine entsprechende Protokollierung aller relevanten Verhaltensweisen erforderlich, damit eine selektive Erinnerung des Lehrers und folglich eine unangemessene Bewertung einzelner Situationen vermieden wird. Letztlich ist für eine Wertung wichtig, ob das Verhalten nach einem individuellen, sozialen oder kriterialen Bezugssystem eingeschätzt wird. Eine weitere Fehlerquelle birgt die Erwartung von Lehrern an Schüler, wodurch sowohl deren Beobachtung als auch deren Urteil beeinflusst werden (Rosenthal-Effekt, Self-fulfilling prophecies).[365]

---

361 Vgl. dazu Weiss, Das Herzstück sozialistischer Lebensweise, S. 5.
362 Vgl. Ernst-Bertram/Planer-Friedrich, Pfarrerskinder in der DDR, S. 10–15.
363 Witzlack, Verhaltensbewertung und Schülerbeurteilung, S. 67.
364 Vgl. ebd., S. 76–79 und 82–86.
365 Vgl. Im Brahm, Kopfnoten in der Schule, S. 354–356. Gerhard Witzlack spricht von Bewertungs- und Beurteilungsgrundlagen in Bezug zu Erziehungsziel, zur Tätigkeit, auf die aktuelle Situation, zur Klassenstufe, zur individuellen Entwicklung, zum pädagogischen Prozess, zur Leistung und zum Klassenkollektiv. Er weist vereinzelt auf die genannten Fehlerquellen der subjektiven Bewertung hin. Vgl. dazu Witzlack, Verhaltensbewertung und Schülerbeurteilung, S. 9–27.

Insbesondere Schüler, die die sozialistische Erziehung (noch) nicht verinnerlicht hatten, waren in diesem Bewertungsverfahren de facto zunehmend der Gefahr der politischen und ggf. sozialen Selektion ausgesetzt. Zudem verdeutlichten Studien, dass die einmal getroffene Einschätzung eines Schülers sich über mehrere Jahre und möglicherweise bei mehreren Lehrern nicht veränderte. Obwohl nach Ansicht der Pädagogik in der DDR zwischen Verhaltens- und fachlicher Leistungsbeurteilung klar unterschieden werden sollte, bewerteten Lehrer mit der Fachnote immer wieder indirekt auch das Schülerverhalten.[366]

Dieses eher unbewusste Handeln setzten Lehrer in Einzelfällen auch bewusst als Strafe gegenüber Abweichlern ein, wie die Erfahrungen von Zeitzeugen belegen. Einem Betroffenen widerfuhr diese Form der Diskriminierung, nachdem sein Vater in den 1980er Jahren von einer Reise in die Bundesrepublik nicht in die DDR zurückkehrte.

„Ich bin also noch in dem Bewusstsein in die Schule gegangen [...], dass ich mir jeden Tag Gedanken gemacht habe: Wissen die das oder wissen die das nicht? Und ab einem gewissen Zeitpunkt war es aber so, dass ich gemerkt habe: Hier stimmt etwas nicht, hier geht etwas nicht mit rechten Dingen zu. Und das waren [...] meine Noten [...] die auf einmal ohne erklärbaren Grund in den Keller gingen. Ich war also ein ganz guter Schüler, wie das halt so ist, wenn man nicht sonderlich rot ist. In gewissen Fächern hat man keine Chance, in Staatsbürgerkunde oder sonst etwas. Und dann gab es ein paar Lehrer, von denen ich wusste: Die sind sehr parteinah oder sind gar in der SED, Stasimitglieder oder sonst etwas. Das war zum Beispiel der Deutschlehrer. Ich habe einen Aufsatz formuliert zum Thema. Es passte alles. Ich hatte immer sehr gute Noten da in Deutsch, und auf einmal hatte ich nur noch Vieren und Fünfen. Das war absolut nicht mein Limit, nicht mein Standard. Und das war permanent so, permanent. Und ab dem Zeitpunkt war ich der Meinung: Die wissen, was los ist. [...] Und dann ging es aber wirklich senkrecht bergab in allen Fächern."[367]

Ähnliches berichtete eine ehemalige Schülerin, die Jahre später von ihrer Klassenlehrerin und ihrer Musiklehrerin erfahren hatte, dass die Schuldirektorin aufgrund des eigensinnigen Verhaltens des Mädchens in einer Lehrerkonferenz eine schlechtere Bewertung gefordert habe, um ihre Delegierung zur Berufsausbildung mit Abitur zu verhindern.[368]

Die Abwertung von Fachnoten scheint trotz dieser Schilderungen nur selten angewandt worden zu sein, da die Manipulationen in einigen Fächern leicht nachvollzogen werden konnten. Eine Begründung konnte nur in Unterrichtsfächern gegeben werden, die laut Lehrplan ausdrücklich auf ein positives staatsbürgerliches Bewusstsein zielten. Daher war es leichter und gängiger, mittels Kopfnoten und Persönlichkeitseinschätzungen die Schüler in Misskredit zu bringen.

Eine einflussreiche Rolle spielte dabei der Klassenlehrer. Er hatte als Verfasser der Persönlichkeitseinschätzungen gewisse Spielräume Besonderheiten des Schülers hervorzuheben, unerwähnt zu lassen oder mit seinen Formulie-

---

366 Vgl. ebd., S. 19 f.
367 Interview mit Herrn S. B. am 26.11.2004.
368 Vgl. Interview mit Frau J. T. am 2.12.2004.

rungen in ein anderes Licht zu rücken. Er entschied, wie das geforderte gesellschaftlich-politische Verhalten und das sozialistische Bewusstsein eines Schülers in der Gesamteinschätzung zur Geltung kamen. Es lag an ihm, ob und wie er die Nichtmitgliedschaft in der Pionierorganisation oder in der FDJ, die Nichtteilnahme an der Jugendweihe oder die Zugehörigkeit zu einer Religionsgemeinschaft im Zeugnis erwähnte. Und obwohl die religiöse Bindung laut verfassungsrechtlicher Gewissens- und Religionsfreiheit nicht Gegenstand der Persönlichkeitsbeurteilung sein durfte, gab es Fälle, in denen Lehrer ausdrücklich die kirchliche Bindung des Schülers in der Gesamteinschätzung erwähnten.[369] Überdies finden sich in den Zeugnissen der Antragsteller einer Rehabilitierung verklausulierte Formulierungen, wie: „Obwohl A. als FDJlerin nicht an der Jugendweihe teilnimmt; das Elternhaus ist stark religiös gebunden; gehört sie zum positiven Kern der Klasse."[370] Selbst wenn dem Klassenlehrer unterstellt wird, dass er die Beurteilung in bester Absicht verfasst hat, um die positive Einstellung der Schülerin zum Staat hervorzuheben und die Nichtteilnahme an der Jugendweihe den Eltern anzulasten, so stand diese Aussage doch im Zeugnis der Schülerin und wirkte sich negativ auf die Zulassung zu einer weiterführenden Bildungseinrichtung aus.

Laut Empfehlung für die Bewertung des Gesamtverhaltens der Schüler[371] bildete die Persönlichkeitseinschätzung zusammen mit den Leistungs- und Verhaltensnoten ein einheitliches Ganzes. Dabei sollten Verhaltensweisen, die schon mit Verhaltenszensuren bewertet wurden, nicht nochmals in der Gesamteinschätzung wiederholt werden, außer es lagen dafür bestimmte pädagogische Gründe vor.[372] In der Gesamteinschätzung auf dem Jahreszeugnis galt es, „vor allem pädagogisch bedeutsame Erscheinungen in der Persönlichkeitsentwicklung des Schülers zu erfassen, die sich im Laufe des Schuljahres im Unterricht und in der außerunterrichtlichen Tätigkeit zeigten, deren Ursachen [zu] kennzeichnen und die Richtung für die weitere Entwicklung auf[zu]zeigen".[373] Im Detail hatte der Lehrer zu folgenden Punkten Auskunft zu geben:

- Wie hat sich der Schüler im Vergleich zum vorherigen Schuljahr entwickelt?
- Welche pädagogisch bedeutsamen Erscheinungen wurden im Verhalten des Schülers, bezogen auf das Erziehungsziel der allseitig und harmonisch entwickelten sozialistischen Persönlichkeit, beobachtet?
- In welcher Hinsicht verhielt er sich wie gewünscht bzw. nicht wie gewünscht?
- Warum verhält sich der Schüler so und nicht anders?

---

369 Eingabenanalyse – 2. Halbjahr 1975 vom 10.1.1976, HSI, MfV (BArch, DR 2/26348, unpag.).
370 Beurteilung des Direktors der Wilhelm-Pieck-Oberschule in Elterlein vom 11.2.1980 (SLFS, Rehabilitierungsbehörde, Az. 94/70/0046).
371 Empfehlung für die Bewertung des Gesamtverhaltens der Schüler im Schuljahr 1960/61 vom 5.1.1961. In: VuM, 2/1961, S. 14–15.
372 Vgl. Witzlack, Verhaltensbewertung und Schülerbeurteilung, S. 44.
373 Empfehlung für die Bewertung des Gesamtverhaltens der Schüler im Schuljahr 1960/61 vom 5.1.1961. In: VuM, 2/1961, S. 14 f.

- Letztlich sollten noch weitere Entwicklungsziele oder zumindest die notwendige Entwicklungsrichtung für den nächsten Schulabschnitt aufgezeigt werden.[374]

Nach ähnlichen Gesichtspunkten hatte der Lehrer auch eine Abschlussbeurteilung zu formulieren, jedoch sollte diese stärker auf den erreichten Entwicklungsstand des Schülers bzw. dessen Schülerpersönlichkeit eingehen und die für den Schüler typischen wie charakteristischen Eigenarten hervorheben. Wegen der großen Bedeutung der Abschlussbeurteilung für das weitere Leben des Schülers hatte man die Lehrer dazu angehalten, eher die Stärken des Schülers hervorzuheben und die Schwächen, wenn erforderlich nur in einer Form zu erwähnen, die aufzeigt, wie der Schüler diese künftig überwinden könne.[375]

Der ausdrückliche Hinweis auf die Bedeutung des Zeugnisses für das Leben des Schülers, den sowohl die Anweisungen des Ministeriums für Volksbildung wie die Handreichungen oder die entsprechende Fachliteratur unterstrichen, scheint auf den ersten Blick nur positiv interpretierbar. Jedoch kann bei anderer Sichtweise darin gleichsam der Hinweis für eine mögliche Stigmatisierung gegeben sein. In Abschlussbeurteilungen von Schülern finden sich Formulierungen wie:

„An außerunterrichtlichen und gesellschaftlichen Aufgaben beteiligte sie sich nicht."[376]
„Bei politischen Diskussionen hielt er sich zurück und gelangte aufgrund seiner weltanschaulichen Haltung nicht immer zu gesellschaftlich notwendigen Erkenntnissen."[377]
„B. nahm an außerschulischen Veranstaltungen teil und bewies auch hier seine Gewissenhaftigkeit. So half er in unserem Patenkindergarten, sammelte Altpapier und organisierte Wandertage u.ä. Durch dieses Auftreten konnte er seine Stellung im Kollektiv festigen, obwohl seine Meinung zu grundlegenden weltanschaulichen Problemen von den meisten Schülern nicht akzeptiert wurde. An den Tagen der Wehrbereitschaft nahm B. teil, sieht aber die Notwendigkeit des bewaffneten Schutzes unseres Staates nicht ein."[378]

Äußerst bezeichnend scheint hier die Gesamteinschätzung einer Schülerin, die entsprechend ihrer religiösen Überzeugung als Zeugin Jehovas die vormilitärische Ausbildung sowohl in der Schule als auch für das Lehrverhältnis ablehnte:
„S. Leistungsstand ist durchschnittlich gut. Sie hätte durch aktivere Mitarbeit in allen Fächern gute Ergebnisse erzielen können. Ihre Heftführung war ordentlich und sauber. Gegenüber Erwachsenen und Schülern verhielt sie sich gut. Vom Klassenkollektiv wurde sie anerkannt. Am gesellschaftlichen Leben nahm sie nicht teil. In der Produktion war sie bestrebt, die gestellten Aufgaben fleißig und gewissenhaft zu erledigen. Ihre Ergebnisse waren sehr gut."[379] Entspre-

---

374 Vgl. Witzlack, Verhaltensbewertung und Schülerbeurteilung, S. 45–47.
375 Vgl. ebd., S. 48–50.
376 Gesamteinschätzung des Abschlusszeugnisses der Oberschule III in Annaberg-Buchholz vom 6.7.1973 (SLFS, Rehabilitierungsbehörde, Az. 97/73/0174).
377 Gesamteinschätzung des Abschlusszeugnisses der Oberschule Neudorf vom 6.7.1984 (SLFS, Rehabilitierungsbehörde, Az. 97/74/0069).
378 Gesamteinschätzung des Abschlusszeugnisses der Diesterwegschule (Oberschule) Schneeberg/Erzg. vom 4.7.1985 (SLFS, Rehabilitierungsbehörde, Az. 97/74/0160).
379 Gesamteinschätzung des Abschlusszeugnisses der Oberschule Großhartmannsdorf vom 5.7.1985 (SLFS, Rehabilitierungsbehörde, Az. 97/74/0175).

chend dem Grundtenor der Gesamteinschätzung wurde das Gesamtverhalten der Schülerin mit Befriedigend bewertet, obwohl die Verhaltensnoten als Durchschnitt Gut ergaben.[380]

Beim Vergleich von Schülerbeurteilungen, die vor und nach einem Klassenleiter- oder Schulwechsel entstanden, können sich einerseits erhebliche Unterschiede zeigen, andererseits ist nicht auszuschließen, dass der neue Klassenleiter die Einschätzungen seines Vorgängers teilte oder übernahm. Im Aktenbestand des Bezirksschulrates Karl-Marx-Stadt fand sich beispielsweise die Beschwerde eines Vaters aus dem Jahre 1958. Seine Tochter erhielt nach einer Umschulung von der Grundschule Kemtau in die Annenschule in Karl-Marx-Stadt statt der üblichen Note eins für Betragen die Note zwei. In einer Aussprache mit der Klassenleiterin führte diese die Bewertung auf die Nichtmitgliedschaft des Kindes in der Pionierorganisation zurück.[381]

3.2   Schulstrafen

Der Schulalltag wurde durch die Schulordnungen geregelt. Die erste Fassung stammte aus dem Jahr 1947,[382] die zweite wurde 1959[383] erlassen, eine weitere trat 1979[384] in Kraft.

Die Schulordnung von 1959 maß sowohl dem Schuldirektor als auch dem Klassenlehrer eine zentrale Stellung bei. Es oblag dem Direktor oder Schulleiter, die Schule nach dem Prinzip der Einzelleitung auf der Grundlage kollektiver Beratung zu leiten. Dem Klassenleiter wurde die Verantwortung für die gesamte Bildungs- und Erziehungsarbeit übertragen, was die Vermittlung der ideologischen Vorgaben einschloss. Innerhalb einer Klasse hatte der Klassenleiter eine nahezu absolute Stellung, er entschied letztlich auch über die Anwendung besonderer erzieherischer Maßnahmen. Die Schüler waren nach Vorgabe dieser Schulordnung ausschließlich mit Pflichten in das Schul- und Klassenkollektiv eingebunden.[385]

---

380 Betragen: Gut, Fleiß: Gut, Ordnung: Sehr gut, Mitarbeit: Befriedigend. Vgl. ebd.
381 Der Vater beschwerte sich beim MfV über das Verhalten der Lehrerin. Das Ministerium gab dem Vater Recht und verurteilte das Handeln der Lehrerin. Die Werbung für die Pioniere solle nicht unter Druck stattfinden, sondern die Kinder sollten aus Überzeugung in den Verband eintreten. Derartige Vorgänge seien sogar schädlich für die Sache. Vgl. MfV über BSR von Karl-Marx-Stadt den Vater der Betroffenen vom 21. 10. 1958 (SächsStAC, 30431/8.1, Nr. A449, unpag.).
382 Schulordnung vom 23. 4. 1947. In: Monumenta Paedagogica, Band 6,1, S. 239 f.
383 Verordnung über die Sicherung einer festen Ordnung an den allgemeinbildenden Schulen – Schulordnung vom 12. 11. 1959. In: Monumenta Paedagogica, Band 7,1, S. 301–315.
384 Verordnung über die Sicherung einer festen Ordnung an den allgemeinbildenden Polytechnischen Oberschulen – Schulordnung vom 29. 11. 1979. In: Monumenta Paedagogica, Band 16,2, S. 375–393.
385 Vgl. Schulordnung vom 12. 11. 1959. In: Monumenta Paedagogica, Band 7,1, S. 301–315.

Die herausragende Stellung der Erweiterten Oberschule und das Privileg, diese besuchen zu dürfen, zeigten sich auch deutlich in den Anweisungen über Lob und Strafe. Als Strafe konnte einem Schüler die Verweisung von der Erweiterten Oberschule oder der Ausschluss von sämtlichen Oberschulen in der DDR drohen. Neben körperlicher Züchtigung entsprachen auch ehrverletzende Strafen nicht den sozialistischen Erziehungsprinzipien und durften folglich nicht angewendet werden. Jedoch sollte zu Erziehungszwecken immer eine öffentliche Auswertung von Belobigungen und Strafen innerhalb des Kollektivs erfolgen. In besonderen Fällen musste die Schule auch gesellschaftliche Organisationen, die Betriebsleitung des arbeitgebenden Betriebes der Eltern, den Wohnbezirksausschuss der Nationalen Front und das Referat Jugendhilfe über Auszeichnungen bzw. Strafen informieren und für eine Veröffentlichung in der Tagespresse sorgen. Im Falle einer Strafe kam dies einer öffentlichen Bloßstellung bzw. Demütigung gleich, die dem Verbot ehrverletzender Maßnahmen eindeutig widersprach.[386]

Gegenüber der Schulordnung von 1959 ahndete die Fassung von 1979 abweichendes Verhalten stärker, insbesondere die Relegierung von der Erweiterten Oberschule konnte rigoroser durchgeführt werden. Die Schulordnung von 1979 unterschied nicht mehr zwischen einem Ausschluss von der Erweiterten Oberschule und einer Fortsetzung der Ausbildung an einer anderen Bildungseinrichtung, die mit der Hochschulreife abschloss, sondern dieser Ausschluss galt für alle Einrichtungen der DDR. Schüler durften die Hochschulreife nur an der Volkshochschule oder im Rahmen der Erwachsenenbildung fortsetzen bzw. aufnehmen, wenn ihnen das Ministerium für Volksbildung die Chance gewährte, sich erneut „zu bewähren".[387]

Aufgrund ihrer sozialen Herkunft, ihrer Religion, ihrer weltanschaulichen, politischen oder pazifistischen Einstellung, ihres eigensinnigen bzw. unangepassten Verhaltens, ihrer fehlenden Mitgliedschaft in Massenorganisation und anderem mehr konnten und wollten nicht alle Schüler den Maßstäben einer sozialistischen Persönlichkeit entsprechen. Diese Situation barg für solche Schüler ein hohes Konfliktpotential. Bei Auseinandersetzungen mussten sie immer damit rechnen, dass ihnen aufgrund von Vorurteilen für ein völlig unpolitisches Vergehen eine politische Motivation unterstellt wurde.[388]

Für Schüler, die einen höheren Bildungsweg einschlagen wollten, stellte die zurückgezogene Delegierung zur oder die Relegierung von der Erweiterten Oberschule die massivste und am längsten fortwirkende Sanktion für „unsozialistisches" Verhalten dar. Dabei handelte es sich eigentlich um keine ausgewiesene Schulstrafe, dennoch wurde sie als solche eingesetzt.[389] Schuldirektoren

---

386 Vgl. ebd.
387 Vgl. Schulordnung vom 29. 11. 1979. In: Monumenta Paedagogica, Band 16,2, S. 375–393.
388 Vgl. dazu Kapitel IV.1.1.
389 Vgl. z. B. SLFS, Rehabilitierungsbehörde, Az. 97/74/0161. Diesem Schüler verweigerte der Schulleiter die Delegierung, nachdem die Familie 1985 einen Ausreiseantrag gestellt hatte.

und Schulräte empfanden gerade die verweigerte oder zurückgezogene Delegierung als adäquate Strafe gegenüber Schülern, die eine Abiturausbildung anstrebten, denn mit ihrem Handeln verstießen diese Schüler gegen „sozialistische" Verhaltensweisen und erwiesen sich folglich als unwürdig, eine weiterführende Bildungseinrichtung zu besuchen.

In Interviews berichteten einige ehemalige Schüler darüber, welche „unsozialistischen Fehltritte" ihnen unterlaufen waren, was sie dazu motiviert hatte und wie diese „Entgleisungen" schließlich geahndet wurden. So berichtete Frau J. T., die trotz Delegierung und bislang sozialistischen Verhaltens keine Zulassung zu einer Sprachspezialschule erhalten hatte, dass sie darüber so enttäuscht und verärgert gewesen sei, dass sie auf dem Heimweg von der Demonstration zum 1. Mai 1984 eine Fähnchenkette von einem Gartenzaun abgerissen habe. Der Besitzer des Grundstücks erwischte sie und erstattete Anzeige gegen das Mädchen „wegen staatsfeindlicher Hetze". Nachdem sie in Abstimmung mit ihrer Klassenlehrerin und der Schuldirektorin dem Kreisschulrat vermitteln konnte, dass keine staatsfeindlichen Motive, sondern lediglich „geistige Umnachtung" sie zu dieser Tat bewegt hatten, teilte ihr der Kreisschulrat mit, dass sie zu keinerlei Abiturausbildung zugelassen werde. Nachdem ihre Mutter dieser Entscheidung widersprochen hatte, durfte die Schülerin sich zumindest für eine Berufsausbildung mit Abitur in einem landwirtschaftlichen Beruf bewerben.[390]

Als äußerst peinigend empfanden es die Schüler, wenn sie die Erweiterte Oberschule verlassen mussten. Diese Strafe wurde bereits seit den 1950er Jahren bei den unterschiedlichsten Vergehen angewandt.[391] In den 1950er Jahren existierte zudem die abgemilderte Form einer zeitweiligen Suspendierung von der Erweiterten Oberschule, während dieser Zeit konnte sich der „Delinquent" in der Produktion bewähren, um danach seinen Schulbesuch fortzusetzen.[392]

Die Kinder von Ausreiseantragstellern[393] oder Republikflüchtlingen[394] wurden von den Schuldirektoren bzw. Schulräten fast ausnahmslos von der Erweiterten Oberschule relegiert. Einen Schüler traf es dabei besonders hart: Er

---

390 Interview mit Frau J. T. am 2.12.2004.
391 Anhand der eingesehenen Rehabilitierungsakten zeigte sich, dass Betroffene folgende Gründe für ihre Relegierung bzw. den Schulausschluss angaben: Mitglied der Jungen Gemeinde (1953), SLFS, Rehabilitierungsbehörde, Az. 97/74/0190; negative Bemerkungen über Stalin (1953), SLFS, Rehabilitierungsbehörde, Az. 97/72/0178; Nachahmung Grotewohls (1961), SLFS, Rehabilitierungsbehörde, Az. 97/74/0198; Summen des Deutschlandliedes (1953), SLFS, Rehabilitierungsbehörde, Az. 95/70/ 0037; Familienangehörige in politischer Haft (1955), SLFS, Rehabilitierungsbehörde, Az. 94/70/ 0060; Staatsfeindliche Hetze (1976 bzw. 1978), SLFS, Rehabilitierungsbehörde, Az. 97/73/0167 bzw. 97/74/0177; Brief an RIAS (1971), SLFS, Rehabilitierungsbehörde, Az. 94/70/0032.
392 Relegierung erfolgte 1958, vgl. SLFS, Rehabilitierungsbehörde, Az. 94/70/0010.
393 Relegierungen erfolgten 1982 bis 1989, vgl. SFLS, Rehabilitierungsbehörde, Az. 94/70/0081, 97/74/0116, 95/70/0047, 97/74/0175, 97/72/0064, 94/70/0053.
394 Relegierung erfolgte 1977, vgl. SLFS, Rehabilitierungsbehörde, Az. 97/73/0005.

wurde noch eine Woche vor dem Abitur aufgrund eines Ausreiseantrags von der Schule verwiesen.[395]

Einen ebenso nachhaltigen Effekt hatte die verweigerte Delegierung zum Studium. Diese Maßnahme verfügten Schuldirektoren der Erweiterten Oberschule gegenüber Schülern, die beispielsweise ihren Militärdienst als Bausoldaten leisten wollten bzw. ihre Verpflichtung zurückzogen, über die Pflichtzeit hinaus in der NVA zu dienen, oder deren Familienangehörige die DDR in Richtung Bundesrepublik verlassen hatten.[396] Weniger offensichtlich als die verweigerte Studiendelegierung war die direkte Intervention des Schuldirektors bei den Universitäten und Hochschulen, um die Studienzulassung eines Schülers zu verhindern. Sowohl der eindeutige Hinweis an eine Zulassungskommission wie auch die negative Beurteilung eines Schülers in den Studienbewerbungsunterlagen konnten die Lebenspläne eines Jugendlichen zumindest zeitweilig behindern. Zudem konnte der Betroffene selbst die Gründe für seine gescheiterte Bewerbung oft nicht nachvollziehen, da er die Unterlagen weder in der Schule noch an der Hochschule einsehen durfte. Man teilte ihm lediglich mit, dass die Nichtzulassung aufgrund begrenzt vorhandener Studienplätze erfolgt sei. Zusätzlich verunsicherten die Mitarbeiter der Hochschulen die abgelehnten Bewerber in persönlichen Gesprächen, indem sie ihnen die Entscheidung mit Aussagen, wie „Sie wissen doch warum" oder „Die Gründe sind ihnen bekannt", begründeten. Ob derartige Äußerungen gezielt erfolgten, um den Betroffenen zu irritieren oder um ihm wirklich eine Information zu geben, sei dahingestellt. Besonders hilfreich war dieses Vorgehen sicher nicht, da die Ablehnungsgründe weiterhin rein im Dunkeln blieben. Somit verfügte der Betroffene über keinerlei handfeste Beweise, mit denen er eine mögliche Eingabe hätte belegen können.

3.3   Verweigerte Auszeichnungen

Eine weitere Möglichkeit, Schüler zu diskriminieren, stellte die Wertung fachlicher Leistungen im Zusammenhang mit ihrer persönlichen Haltung dar. Im schulischen Bewertungssystem existierten über die Zensierung hinaus Belobigungen, Auszeichnungen und Strafen, deren Vergabe bzw. Anwendung von der Schulordnung geregelt wurde.[397] Demnach staffelten sich die Belobigungen und Auszeichnungen für die Klassenstufen eins bis zwölf wie folgt:

„a) Lob vor der Klasse mit Eintragung in das Klassenbuch durch den Klassenleiter,
 b) Lob vor dem gesamten Schülerkollektiv mit Eintragung in den Schülerbogen durch den Direktor oder Schulleiter,

---

395 Relegierung erfolgte 1987, vgl. SLFS, Rehabilitierungsbehörde, Az. 94/70/0037.
396 Vgl. SLFS, Rehabilitierungsbehörde, Az. 97/74/0161 (1961).
397 Vgl. § 34 Verordnung über die Sicherung einer festen Ordnung an den allgemeinbildenden Schulen – Schulordnung vom 12.11.1959. In: Monumenta Paedagogica, Band 7,1, S. 301–315.

c) Lob vor der Elternversammlung mit Eintragung in den Schülerbogen durch den Direktor oder Schulleiter,

d) Auszeichnungen mit Urkunden und Medaillen."[398]

Hinzu kamen noch Anerkennungen, Urkunden und Prämien in Form von Buchpräsenten oder Fahrten. Für die Verleihung schlugen die Lehrer Schüler vor, deren Leistungen in mehr als der Hälfte der Fächer mit „sehr gut" und den restlichen Fächern mit „gut" bewertet worden waren, die sich beispielhaft verhielten und vorbildliche gesellschaftliche und schulische Arbeit leisteten. Sie konnten am Schuljahresende vom Direktor der Schule mit der Urkunde „Für gutes Lernen in der sozialistischen Schule" geehrt werden.[399]

Schülern, die ihre Abschluss- oder Reifeprüfung mit dem Gesamtprädikat „Mit Auszeichnung bestanden" abgeschlossen hatten, konnte ein Diplom oder die „Gotthold-Ephraim-Lessing-Medaille" verliehen werden. Die Auszeichnung mit der Lessing-Medaille erfolgte jedoch erst nach eingehender Prüfung der vorgeschlagenen Schüler durch eine Kommission auf Bezirksebene,[400] deren Entscheidungen das Ministerium für Volksbildung nochmals kontrollierte und anschließend bestätigte bzw. ablehnte.

Der Verleihung stimmte das Ministerium nur zu, wenn die Schüler die geforderten Maßstäbe bzw. Auswahlkriterien erfüllten.[401] Einen aufschlussreichen Einblick in das Verfahren vermittelt die Korrespondenz zwischen dem MfV und der Abteilung Volksbildung des Bezirkes Leipzig. In einem Schreiben vom 30. Juli 1956 an die Hauptabteilung Unterricht und Erziehung des MfV begründet der stellvertretende Bezirksschulrat von Leipzig, Spenker, die fünf Ablehnungen von elf Vorschlägen aus den Kreisen, „weil in 2 Fällen nur in 3 bzw. 4 Fächern mündlich geprüft wurde und weil in anderen Fällen Mängel in der schriftlichen Arbeit bestanden, Prüfungsleistungen gegenüber den Jahresleis-

---

398 Ebd.

399 Die Urkunde konnte auch noch verliehen werden, wenn zwei Fächer mit „befriedigt" bewertet waren. Vgl. Döbert/Geißler, Schulleistungen in der DDR, S. 108.

400 Die Kommission der Abteilung Volksbildung beim RdB Leipzig bestand 1956 aus Vertretern der FDJ-Bezirksleitung, des FDGB Gewerkschaft Unterricht und Erziehung, der ständigen Kommission Volksbildung, einem Elternbeiratsmitglied, einem Oberschuldirektor und einem Schulinspektor der Abteilung Volksbildung. Vgl. Spenker, stellvertretender Abteilungsleiter der Abt. Volksbildung beim RdB Leipzig, an die HA Unterricht und Erziehung, MfV, vom 30. 7. 1956 (SächsStAL, 20237 BT/RdB Leipzig, Nr. 1641, Bl. 225a-b).

401 Vgl. dazu auch eine Randnotiz zum Entwurf „Richtlinien für die Abschlussprüfung in den Abiturklassen der Berufsausbildung im Schuljahr 1961/62" vom 20. 7. 1961: „14. Auszeichnungen: Lehrlinge, die die Prüfungsanforderungen in den allgemeinbildenden und den beruflichen Fächern mit Auszeichnung erfüllen, erhalten ein Diplom. Lehrlinge, die die Abschlussprüfung mit dem Gesamtprädikat ‚Mit Auszeichnung bestanden' abgelegt haben und außerdem sich durch kollektives Verhalten und aktive gesellschaftliche Tätigkeit auszeichnen, können mit der Lessing-Medaille gemäß den dafür erlassenen Bestimmungen ausgezeichnet werden." Richtlinien für die Abschlussprüfung in den Abiturklassen der Berufsausbildung im Schuljahr 1961/62, Entwurf vom 20. 7. 1961 (ebd., Nr. 1745, Bl. 117a-b).

tungen zu hoch eingeschätzt wurden bzw. die gesellschaftliche Arbeit nicht genügte".[402]

Bei den sechs weiterempfohlenen Schülern wurde neben deren schulischen Leistungen nochmals ausdrücklich die bewusste positive Haltung zur DDR hervorgehoben:

„L. leistete eine aktive gesellschaftliche Arbeit als Kulturfunktionär und Schulungsleiter. [...] Er steht positiv zu unserem Staat der Arbeiter und Bauern. Mitglied der FDJ, DSF und KdT [Kammer der Technik]. [...]
G. ist Arbeiterjunge [...]. Er ist außerdem aktiver Sportler. Seine stete Einsatzbereitschaft auf jedem Gebiet war für das Klassenkollektiv bestimmend. G. ist bewusster FDJler und seit Jahren Gruppensekretär und Mitglied der ZSGL [Zentrale Schulgruppenleitung]. Mitglied der FDJ, GST, DSF. [...]
G. stammt aus einer Lehrerfamilie. [...] Leider liegt die Aufsatzzensur bei der Reifeprüfung (2) unter dem Jahresdurchschnitt (1). Wir schlagen G. aber trotzdem für die Auszeichnung vor, weil er neben ausgezeichneten fachlichen Leistungen auch gesellschaftlich sehr aktiv tätig ist. Er ist Träger der Philipp-Müller-Medaille, stand aktiv im Klassenkollektiv, das er stets förderte. Er half schwächeren Freunden die Reifeprüfung erfolgreich abzulegen. Außerdem war er Mitglied der Kulturgruppe der Schule und der Arbeitsgemeinschaft Dramatik. G. ist bereit, nach dem Studium 2 Jahre zur Nationalen Volksarmee zu gehen. [...]
H. ist ein klassenbewusster Arbeiterjunge. [...] Sein Verhalten innerhalb des Klassenkollektivs war jederzeit vorbildlich. Er ist ein aktiver, zuverlässiger FDJler, der verschiedene verantwortliche Funktionen in seiner Gruppe und in der zentralen Gruppenleitung bekleidete. Besonders ausgezeichnet hat er sich in der atheistischen Propaganda. [...]
S. leitete eine Pioniergruppe. In der FDJ Arbeit war sie ebenfalls Mitglied der FDJ, DSF und DS [Deutscher Sportausschuss]. [...]
K. ist ein sehr aktiver FDJ-Funktionär, der sich hauptsächlich in der Agitationsarbeit auszeichnete. Er war Mitglied der ZSGL und wurde 1953 als Sekretär der FDJ Grundeinheit gewählt. Er war somit zeitweilig als ehrenamtlicher FDJ-Sekretär an der Schule tätig. K. ist Kandidat der SED, Mitglied der FDJ, DSF und GST. Er hat sich zum Dienst im Ministerium für Staatssicherheit gemeldet. Das beweist eindeutig seine bewusste Einstellung zu unserem Staat der Arbeiter und Bauern."[403]

Unter diesen Umständen schien es eher ungewöhnlich, dass Schüler mit religiöser Weltanschauung für ihre schulischen Leistungen ausgezeichnet wurden, denn Schuldirektoren, spätestens jedoch Schulräte schlossen sie bereits während der Vorauswahl aus. In der Regel überprüften und bestätigten die Ministeriumsmitarbeiter nur die bereits vorgeschlagenen Schüler für eine Auszeichnung.

Diese Form der Zurücksetzung fand nicht nur in den 1950er Jahren statt, wie vermutet werden könnte, sondern während des gesamten Bestehens der DDR und sie betraf Auszeichnungen verschiedenster Art. Eltern wie auch Lehrer nahmen die Benachteiligungen wahr und wandten sich mit Eingaben an das Ministerium für Volksbildung. Im Falle einer Information aus den Bezirksverbänden der CDU vom 4. November 1974 gingen die Ministeriumsmitarbeiter

---

402 Spenker, stellvertretender Abteilungsleiter der Abt. Volksbildung, RdB Leipzig, an die HA Unterricht und Erziehung, MfV, vom 30. 7. 1956 (ebd., Nr. 1641, Bl. 225a-b).
403 Ebd.

den Vorwürfen nach, die das Sekretariat des Hauptvorstandes der CDU angeprangert hatte. Neben dem Ausschluss christlicher Eltern bei der Wahl von Elternvertretern, seien in der Region Ilmenau vorgeschlagene Pioniere für eine Auszeichnung aufgrund ihrer Teilnahme an der Christenlehre nicht berücksichtigt worden. Die Hauptschulinspektion bewertete gegenüber der CDU diese Vorfälle als „falsche Tendenzen" in „einzelnen Schulen" und teilte mit, dass der Kreisschulrat diese Probleme mit den Direktoren der betroffenen Schulen auswerten werde.[404]

Inwiefern die Mitarbeiter des Ministeriums derartigen Vorfällen nachgingen, wird an anderer Stelle noch erörtert werden.[405]

3.4 Nichtzulassung zu weiterführenden Bildungseinrichtungen

Für den Besuch einer weiterführenden Bildungseinrichtung hatte die Persönlichkeitsbeurteilung des Schülers immense Bedeutung und nicht selten wich ihr Inhalt im internen Schriftverkehr zwischen Schule, Zulassungskommission und Kreisschulrat von den Formulierungen und Bewertungen des Zeugnisses ab, um eine Zulassung zu verhindern.

Eine Vielzahl von Schülern, Auszubildenden und Studenten scheiterte bereits an der Delegierung. Dabei handelte es sich um ein sehr effektives, vorgeschaltetes Auslesesystem, das gerade für diesen Zweck eingeführt worden war. Für den Besuch einer weiterführenden Bildungseinrichtung mussten neben Bewerbungsunterlagen, wie Zeugnissen, Persönlichkeitsbeurteilung, Lebenslauf etc., auch ein Empfehlungsschreiben des Schuldirektors eingereicht werden.[406] Im Rahmen des Zulassungsverfahrens erfolgte die Delegierung eines Schülers zur Erweiterten Oberschule oder Berufsausbildung mit Abitur in der Regel durch den Schuldirektor. Daneben gab es noch die Möglichkeit, sich selbst beim Schulrat um eine Zulassung zu bewerben. Diese Form war landläufig wenig bekannt und so beließen es Eltern häufig dabei, wenn ein Schuldirektor oder

---

404 Sekretariat des Hauptvorstandes der CDU an das ZK der SED, Informationen aus den Bezirksverbänden der CDU zur Vorbereitung und Durchführung der Wahlen zu den Elternvertretungen vom 4.11.1974 (BArch, DR 2/25046, unpag.).
405 Siehe Kapitel V.2.2.
406 Vgl. § 4 Anordnung über die Aufnahme in die erweiterte polytechnische Oberschule und in Spezialklassen an Einrichtungen der Volksbildung sowie über die Bestätigung von Schülern für die Bewerbung um eine Lehrstelle in der Berufsausbildung mit Abitur – Aufnahmeordnung vom 5.12.1981. In: Fuchs/Petermann (Hg.), Bildungspolitik in der DDR 1966-1990, S. 177-179. Dagegen nennen die vorher geltenden Richtlinien keine konkret einzureichenden Dokumente, sondern fordern pauschal Nachweise für die Eignung des Bewerbers. Vgl. Richtlinie für die Vorbereitung auf den Besuch der Erweiterten Oberschule und die Aufnahme in die Erweiterte Oberschule vom 10.6.1966. In: Monumenta Paedagogica, Band 7,1, S. 682-686; Richtlinie für die Aufnahme der Schüler in die Mittel- und Oberschule vom 12.12.1955. In: Baske/Engelbert (Hg.), Zwei Jahrzehnte Bildungspolitik in der Sowjetzone (1945-1958), S. 291-313.

der Klassenlehrer eine Delegierung ablehnte[407] bzw. für erfolglos einschätzte.[408] Die Gründe für eine Ablehnung waren dabei nicht nur fachlich, sondern auch politisch motiviert. Wie vielen Schülern bereits so im Vorfeld der weitere Bildungsweg versagt blieb, ist aus heutiger Sicht nicht mehr nachvollziehbar.

Den Zugang zu einer weiterführenden Bildungseinrichtung, die mit der Hochschulreife abschloss, schränkte § 21 Abs. 5 des Bildungsgesetzes ein, denn „zu den zur Hochschulreife führenden Bildungseinrichtungen werden die besten und befähigtsten Bewerber zugelassen. Dabei ist die soziale Struktur der Bevölkerung zu beachten." Damit meinte man Schüler, die nicht nur fachlich hervorragende Leistungen aufwiesen, sondern sich in ihrem Verhalten und ihrer Einstellung positiv zum Staat bekannten.

Die Zugangsvoraussetzungen regelten die Verfügungen und Mitteilungen des Ministeriums für Volksbildung und des Staatlichen Amtes für Berufsausbildung. Auch die Erste EOS-Instruktion zur Umgestaltung der erweiterten Oberschule folgte diesen Bestimmungen und konkretisierte diese in Abschnitt 3.3 „Aufnahme der Schüler".[409]

„Eine langfristige Werbung und zielstrebige Vorbereitung der Schüler, insbesondere der Kinder von Arbeitern und Genossenschaftsbauern, ist die Voraussetzung für eine richtige soziale Zusammensetzung der Schüler der Erweiterten Oberschule. Die voraussichtlich geeigneten Schüler sollen für die Teilnahme am fakultativen Unterricht in der zweiten Fremdsprache von der 7. Klasse an gewonnen werden. Die zehnklassigen Oberschulen schlagen dem Kreisschulrat die nach ihrer Auffassung geeigneten Schüler auf Antrag und mit Zustimmung der Eltern zur besonderen Vorbereitung auf die zweijährige Erweiterte Oberschule vor. Dabei gehen sie von den Leistungen, der gesellschaftlichen Arbeit und von der politisch-moralischen Haltung der Schüler aus. Der Kreisschulrat entscheidet über die Aufnahme in die Vorbereitungsklasse. Dabei beachtet er bereits die Anforderungen an die soziale Zusammensetzung der künftigen 11. Klassen."[410]

Diese Regelung diente als Voraussetzung für den exklusiven Zugang von systemkonformen Schülern zu höheren Bildungsstätten.

Hielt ein Schüler trotz seines fehlenden positiven Bekenntnisses zum Staat weiterhin daran fest, die Erweiterte Oberschule oder eine Berufsausbildung mit Abitur zu absolvieren, konnten Lehrer und Schuldirektoren nicht verhindern, dass Eltern selbst einen Aufnahmeantrag des Schülers stellten. Fehlte die offizielle Delegierung, so war sicher ein erster kritischer Blick oder eine gewisse Voreingenommenheit gegenüber diesem Schüler vonseiten der Vertreter der Zulassungskommission nicht auszuschließen.

Dennoch gelang es einigen Schülern, über diesen Weg dem begehrten Abitur näher zu kommen, vor allem wenn die offenen Stellen in den entsprechenden

---

407 Vgl. z. B. SLFS, Rehabilitierungsbehörde, Az. 94/70/0066.
408 Vgl. z. B. SLFS, Rehabilitierungsbehörde, Az. 97/72/0165.
409 Instruktion für die Vorbereitung und Durchführung der ersten Schritte der Umgestaltung der Erweiterten Oberschule entsprechend dem Gesetz über das einheitliche sozialistische Bildungssystem – Erste EOS-Instruktion vom 10. 6. 1966. In: Monumenta Paedagogica, Band 16,1, S. 57–67.
410 Ebd., S. 63.

Bildungseinrichtungen nicht vollständig mit delegierten Schülern besetzt werden konnten oder die derzeitige „Staatsräson" die Zulassung von christlichen Schülern, insbesondere Pfarrerskindern, erforderte bzw. wenn der angestrebte Studienwunsch „den gesellschaftlichen Erfordernissen" entsprach.

Einige Schüler lernten aus den Erfahrungen anderer und nutzten dieses Wissen:

„Wie komme ich überhaupt erst einmal auf die EOS? Und da habe ich angegeben, was natürlich gesucht wurde: Ingenieur für Wasserwirtschaft. Und bums war ich auf der EOS, denn das war ja etwas, was gebraucht wurde. [...] Da ging das halt schon los mit dem Angeben der Berufswünsche. Und dort hat das schon angefangen, dass es hieß: ‚Medizin, da haben Sie keine Chance, denn Sie kommen nicht aus einem Arbeiter- und Bauernhaus. Ihr Vater ist Mediziner, damit ist das abgesättigt, sie studieren nicht Medizin.' Da habe ich überlegt: ‚Was mache ich jetzt?' [...] Und dann hatte ich den Trick mit der Wasserwirtschaft herausgefunden, nachdem ich mich nicht verpflichten wollte, zur Armee zu gehen. Und daraufhin bin ich dann auf diese wiederum EOS mit erweitertem Russischunterricht auch wieder gekommen. [...] Ein alter Schulfreund hatte sich zum Beispiel häufig darüber unterhalten und hatte die Lehrer auch ein bisschen gelöchert: ‚Wie sieht das aus? Wie ist das mit den Berufswünschen?' Und dann wurde seitens der Schule und der Lehrer schon gesagt, dass es volkswirtschaftlich erforderliche Berufe gibt, gesuchte Berufe, wo das und das und das darunter fällt, und die Möglichkeit halt auch, sich zu verpflichten. Und das kam für gewisse Leute nicht in Frage."[411]

Schüler, die im Rahmen der Delegierung keine Zulassung erhielten, informierte oftmals der Schuldirektor oder Klassenlehrer nur mündlich, da die Schulen als eine Art Zwischeninstanz agierten. Gleichzeitig waren die Vertreter der Schulen aufgefordert, die Ablehnungsgründe zu erklären, neue berufliche Perspektiven des Schülers zu erörtern und im besten Falle gemeinsam mit dem Berufsberatungszentrum eine „Umlenkung" des Schülers zu erreichen. „Umlenkung" meinte, das berufliche Interesse des Schülers auf einen der dringend benötigten Berufe zu richten, um so eine Übereinstimmung der persönlichen mit den gesellschaftlichen Interessen zu erreichen. So erlernte schließlich eine Vielzahl der Schüler einen Beruf, der jenseits ihrer ursprünglichen Wünsche und Vorlieben lag.[412]

Schüler, deren Eltern die Zulassung zu einer Abiturausbildung selbst beantragten, erhielten vom Stadt- bzw. Kreisschulrat eine schriftliche Benachrichtigung, die neben den Ablehnungsgründen ebenfalls die Aufforderung enthielt, sich an das Berufsberatungszentrum zu wenden, um die weiteren beruflichen Möglichkeiten des Schülers zu besprechen.

Die Ablehnungsgründe beschränkten sich in den meisten Fällen auf standardisierte Formulierungen offizieller Gründe, wie fehlende Kapazitäten oder unzureichende schulische Leistungen. Eher selten nannten sie „fehlende oder nicht ausreichende gesellschaftlich nützliche Tätigkeit" als Ursache für die Nichtzulassung. Die Eltern konnten gegen die Entscheidung der Zulassungskom-

411 Interview mit Herrn S. B. am 25.11.2004.
412 Siehe dazu auch Kapitel VI.1.

mission beim Stadt- bzw. Kreisschulrat in erster und beim Bezirksschulrat in zweiter und letzter Instanz Einspruch erheben. Wurden die Eingaben an andere Instanzen, wie Staatsrat, Volkskammer, Ministerium für Volksbildung etc. gerichtet, leiteten diese die Angelegenheit an den zuständigen Bezirksschulrat weiter. Selbst wenn Vertreter der unterschiedlichsten staatlichen Einrichtungen mit ihm korrespondierten und damit die Entscheidungsfindung erheblich beeinflussen konnten, war er es, der letztendlich die Entscheidung traf.[413]

Auf Anfragen der Eltern nach den wahren Ablehnungsgründen reagierten die Verantwortlichen mit teilweise falschen, vagen, hilflosen oder gar zynischen Antworten.

Wer es auf die Erweiterte Oberschule oder zur Berufsausbildung mit Abitur geschafft hatte, gehörte nach Ansicht der Systemträger zur Elite. Seine Aufgabe war es, sich dieser Auszeichnung als würdig zu erweisen.

3.5   Zusammenfassung

Die Erziehung zur sozialistischen Persönlichkeit als pädagogisches Modell der DDR basierte auf einer völligen Unterordnung des Einzelnen unter die kollektiven und gesellschaftlichen Bedürfnisse. Die Individualität des Schülers geriet dabei immer mehr in den Hintergrund.[414] Um die Schulzeit unbeschadet zu absolvieren, waren für die Schüler nicht nur fachliche Leistungen notwendig, sondern auch ein zumindest angepasstes Verhalten und äußere Loyalität gegenüber dem Staat erforderlich.

Wer den staatlichen Erziehungsrichtlinien nicht entsprach, von ihnen abwich, sie offensichtlich ablehnte oder ihnen widerstand, musste mit negativen Folgen rechnen. Die Diskriminierung von Betroffenen reichte von täglichen kleinen „Gängeleien" durch einzelne Lehrer bis hin zum systematischen Versagen höherer Bildung.

Im Schulalltag lehnte ein Teil der Schüler als auch deren Eltern die ideologisch und politisch durchtränkten Lehr- und Lerninhalte ab und verweigerten sich gegenüber einer Erziehung zu Hass, Kriegswilligkeit und Blasphemie. Diese Schüler mussten für ihr Verhalten schlechte Fach- wie Verhaltenszensuren in Kauf nehmen, da eine solche Boykotthaltung als Verstoß gegen die Schulordnung, zumindest aber als Verstoß gegen die Lernpflicht des Schülers interpretiert wurde.

Auch blieben unangepassten Schülern häufig Belobigungen und Auszeichnungen für ihre schulischen Fachleistungen vorenthalten, um ihnen so eine Anerkennung und Wertschätzung zu versagen.

---

413 Vgl. dazu Kapitel V.2.1.
414 Vgl. Ackermann, Die Jenaer Schulen im Fokus der Staatssicherheit, S. 9 ff.

Die eigensinnige Haltung von Schülern spiegelte sich zudem vielfach in den Zeugnissen wider, da Lehrer das staatsbürgerliche Bewusstsein sowohl in der schriftlichen Gesamteinschätzung als auch in den Kopfnoten mit bewerteten. Besonders der Klassenlehrer konnte die Beurteilung der Schülerpersönlichkeit beeinflussen, denn seinem Wohlwollen und Schreibgeschick war es zuzuschreiben, ob und wie er manche Eigenart des Schülers wiedergab.

Ferner besaß er wie auch der Schuldirektor einen großen Einfluss auf die Delegierung eines Schülers zu einer weiterführenden Bildungseinrichtung. Sie konnten den einzelnen Schüler fördern oder benachteiligen, denn sie verfügten trotz gesetzlicher Vorgaben und Anordnungen in vielen Fällen über einen gewissen individuellen Ermessensspielraum – im positiven wie negativen Sinn.

V. Der Umgang mit der Benachteiligung – rechtliche Abhilfemöglichkeiten

Die Verfassung der DDR sicherte „theoretisch" jedem Bürger das gleiche Recht auf Bildung sowie die freie Wahl des Berufes zu.[1] In der Praxis bezog sich dieses Zugeständnis jedoch lediglich auf die schulische Bildung bis zum Zehnklassenabschluss, der heutigen „Mittleren Reife", und ggf. eine anschließende Lehrausbildung. Den Besuch einer weiterführenden Bildungseinrichtung hingegen verstanden die Machthaber als „Auszeichnung" bzw. „Ehre", die sie folglich „gewährten". Deshalb trafen sie in aller Regel eine strenge Auswahl von geeigneten, systemkonformen Schülern, die sich durch ihre schulischen Leistungen, ein vorbildliches staatsbürgerliches Bewusstsein und ihre soziale Herkunft auszeichneten. Dieses letzte Kriterium legten sie dabei zunehmend großzügig aus.

Hinzu kam, dass ohnehin bereits Engpässe aufgrund geringer Platzkontingente für die Abiturausbildung, beliebte Lehrstellen oder bestimmte Studienrichtungen existierten, wodurch die Bewerbungssituation insgesamt schon angespannt war. In der Folge interpretierten (auch systemkonforme) Bewerber ihre Ablehnung häufig als „Willkürakt", da die „zu geringe" Kontingentzahl mitunter als alleinige Begründung diente.[2]

In manchen Fällen akzeptierten Betroffene und deren Eltern die Entscheidungen der Lehrern, Schuldirektoren, Auswahlkommissionen und Schulräte nicht. Mithilfe von Einsprüchen[3] und Eingaben versuchten sie, bei den unterschiedlichsten staatlichen, aber auch kirchlichen Stellen die Entscheidungen überprüfen zu lassen und einen gegenteiligen Beschluss zu erwirken.[4] Aus den untersuchten Rehabilitierungsakten ergibt sich, dass nur in knapp einem Drittel der Fälle vonseiten der Betroffenen Einspruch erhoben wurde. In Tabelle 7 sind die Zahlen von Benachteiligungen in Bezug auf die jeweilige Bildungseinrichtung und die Zahlen der Widersprüche gegen die Entscheidungen der Funktionsträger aufgeführt.

Von den 147 Beschwerdeführern wandten sich 36 Prozent an Vertreter der Schulen (Lehrer, Klassenlehrer, Schuldirektoren), 57 Prozent an Schulräte (bis

---

1   Die Verfassung der DDR von 1949 widmete die Artikel 35 bis 40 dem Recht auf Bildung, seiner Ausgestaltung und seinen Garantien. In der Verfassung der DDR von 1968 regelten nur noch Artikel 25 und 26 die verfassungsrechtlichen Grundlagen für das Recht auf Bildung und den Zugang zu höheren Bildungseinrichtungen. In der Verfassung von 1974 blieben diese beiden Verfassungsartikel sowohl ihrem Inhalt als auch ihrer Form nach gleich. In Artikel 35 der Verfassung von 1949 wird jedem Bürger das gleiche Recht auf Bildung garantiert und die freie Wahl des Berufes zugestanden. Mittels öffentlicher Einrichtungen sollten die Bildung der Jugend sowie die geistige und fachliche Weiterbildung der Bürger auf allen Gebieten des staatlichen und gesellschaftlichen Lebens gesichert sein. Vgl. Mampel, Die sozialistische Verfassung der DDR, S. 677.
2   Vgl. Geißler, Auslese im allgemein bildenden Schulwesen der DDR, S. 74 f.
3   Vgl. dazu Kapitel V.1 Beschwerde.
4   Vgl. auch Huschner, „Geregelter" Zugang zum Abitur in den 1970er Jahren?, S. 824.

Tabelle 7: Benachteiligung und Widersprüche nach Bildungseinrichtungen laut Rehabilitierungsakten

Schulart im Detail	Benachteiligung		Widersprüche		
Bildungseinrichtung	Absolute Werte	Prozentwerte	Absolute Werte	Prozentwerte	Anteil an Benachteiligung in Prozent
Keine Nennung	13	2,66	0	0,00	0,00
Studium	66	13,50	9	6,12	13,64
Lehre mit Abitur	16	3,27	9	6,12	56,25
Lehre mit Abitur & Studium	3	0,61	1	0,68	33,33
Lehre	92	18,81	6	4,08	6,52
Lehre & Studium	1	0,20	0	0,00	0,00
Lehre & Lehre mit Abitur	0	0,00	0	0,00	0,00
Lehre & Lehre mit Abitur & Studium	0	0,00	0	0,00	0,00
EOS	165	33,74	73	49,66	44,24
EOS & Studium	48	9,82	19	12,93	39,58
EOS & Lehre mit Abitur	29	5,93	14	9,52	48,28
EOS & Lehre mit Abitur & Studium	1	0,20	1	0,68	100,00
EOS & Lehre	50	10,22	13	8,84	26,00
EOS & Lehre & Studium	4	0,82	1	0,68	25,00
EOS & Lehre & Lehre mit Abitur	1	0,20	1	0,68	100,00
Summe	489	100,00	147	100,00	30,06

Bezirksschulrat) und 6 Prozent an Kirchenvertreter. In 17 Prozent der Fälle intervenierten Betroffene gegen diese Benachteiligung auch bei höheren staatlichen Instanzen: beim Ministerium für Volksbildung, beim Staatsrat, beim Ministerpräsidenten oder bei der Volkskammer. Durch die Korrespondenz mit verschiedenen Amtsinhabern sind auch hier Überschneidungen bzw. Mehrfachnennungen einzukalkulieren.[5] Im Diagramm 11 sind sowohl die Benachteiligungen als auch die Beschwerden im zeitlichen Verlauf dargestellt.

Hier wird deutlich, dass die Betroffenen während der 1950er Jahre den Benachteiligungen nur 1953 und 1958 häufiger widersprochen haben. Nachdem für die 1960er Jahre weniger Benachteiligungen und fast keine Einsprüche geltend gemacht wurden, stieg deren Zahl nach 1971 erneut an, erreichte 1972 ihren Höhepunkt und sank danach wieder. Ab 1979 pegelten sich die Beschwer-

5 Die prozentualen Anteile basieren auf den 147 Widersprüchen, die 100 Prozent entsprechen.

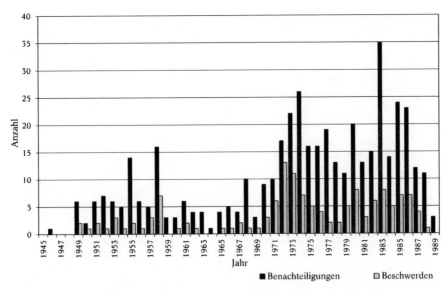

Diagramm 11: Gegenüberstellung von Benachteiligungen und Beschwerden nach Angaben der Antragsteller eines Rehabilitierungsantrages

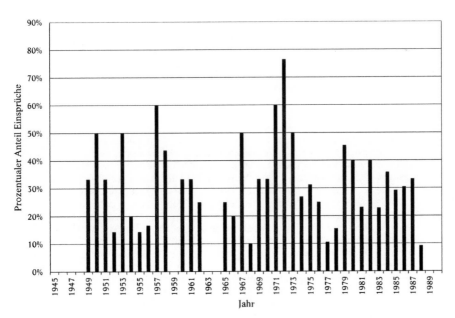

Diagramm 12: Prozentualer Anteil der Einsprüche an den Benachteiligungen unter den Antragstellern eines Rehabilitierungsantrages

den mit kleineren Schwankungen auf erhöhtem Niveau ein. Ergänzend dazu ist im Diagramm 12 der relative Anteil von Einsprüchen gegenüber diskriminierenden Maßnahmen aufgeschlüsselt. Hier offenbart sich ein anderes Bild. Demnach wehrten sich Betroffene gegen Benachteiligungen vermehrt in den Jahren 1950, 1953, 1957/58, 1967 und 1971 bis 1973. Ab 1979 zeigt sich ebenfalls ein erhöhter Anteil bis 1988.

Die Anteile der Beschwerden bewegten sich je nach Jahr zwischen neun und 76 Prozent. Damit wird trotz dieser teils erheblichen Abweichungen deutlich, dass nicht alle Betroffenen die Diskriminierungen hinnahmen, sondern dagegen aufbegehrten. Letztlich lag der Durchschnitt der Einsprüche bei 27 Prozent.

1. Beschwerde

Das Fehlen einer Verwaltungsgerichtsbarkeit in der DDR[6] schloss die Existenz von „Rechtsmitteln in Verwaltungsangelegenheiten" nicht grundsätzlich aus. So war es auf dem Verwaltungswege durchaus möglich, gegen „Entscheidungen staatlicher Verwaltungsorgane oder durch deren Untätigbleiben gegenüber beantragten Entscheidungen" vorzugehen. In den betreffenden Rechtsvorschriften musste jedoch ein „Rechtsmittel" ausdrücklich vorgesehen sein. Sahen „gesetzliche Bestimmungen keine Rechtsmittel gegen Entscheidungen und

---

6   Mit dem Befehl 173 vom 8.7.1947 ordnete die SMAD die Schaffung einer Verwaltungsgerichtsbarkeit an. Diese Anordnung überraschte die SED, da aus ihrer Sicht Verwaltungsgerichte für die künftige Staatsordnung überflüssig erschienen. Insbesondere die Vorstellung von einer richterlichen Überprüfbarkeit von Regierungsentscheidungen widersprach eigenem Staatsrechtsverständnis. Entsprechend zäh verliefen die Vorbereitungen für und letztlich auch die Ausführung des Befehls 173. Das Zentralsekretariat der SED entwarf von September bis November 1947 eine Ausführungsverordnung, die mit § 10 eine Klausel enthielt, wonach „Verwaltungsmaßnahmen zu Regierungsakten" erklärt und folglich als „Regierungsentscheidungen von keiner juristischen Institution aufgehoben werden" konnten. Die Kompetenzen der Verwaltungsgerichte erstreckten sich also nur auf die untersten Verwaltungsebenen. Zuerst wurde am 12. Oktober 1947 in Brandenburg, kurze Zeit später auch in Sachsen, Thüringen und Mecklenburg die Verwaltungsgerichtsbarkeit gesetzlich verankert. In der ersten Verfassung der DDR von 1949 bezog sich Artikel 138 ebenfalls auf die Verwaltungsgerichte. Allerdings zog die Auflösung der Länder 1952 die Abschaffung der Verwaltungsgerichte nach sich. Nach Mühlberg war dieses „ein rein formaler Akt ohne praktische Bedeutung", da ohnehin nur in Sachsen und Thüringen Senate gebildet worden waren. Vgl. Mühlberg, Bürger, Bitten und Behörden, S. 52-56. Der Artikel 138 der Verfassung der DDR von 1949 blieb jedoch „bis zur ersatzlosen Streichung" in der Verfassung von 1968 „als geltendes, aber inhaltsloses Recht" bestehen. Einzelne Forderungen nach „gerichtlicher Kontrolle von Verwaltungsentscheidungen" blieben erfolglos. Walter Ulbricht beendete derartige Bemühungen mit seinem „Referat auf der Babelsberger Konferenz der Deutschen Akademie für Staats- und Rechtswissenschaften" Anfang April 1958. Auf der 20. Jahrestagung der Akademie wiederholte er nochmals, „dass es für eine Verwaltungsgerichtsbarkeit in der Staatsordnung der DDR keinen Platz gebe". Vgl. Kipp, Verwaltungsgerichtsbarkeit in den neuen Bundesländern, S. 342.

Maßnahmen staatlicher Verwaltungsorgane vor", blieb dem DDR-Bürger „die Möglichkeit unbenommen, mit einer Eingabe eine Überprüfung anzuregen".[7]

Im Rahmen des Zulassungs- bzw. Aufnahmeverfahrens für weiterführende Bildungseinrichtungen wurde dem Bürger ein „Beschwerderecht" zur Überprüfung eines Ablehnungsbescheides zugestanden. Allgemein galt folgende rechtliche Regelung: „Gegen verwaltungsrechtliche Entscheidungen der staatlichen Leitungsorgane sehen die Rechtsvorschriften in den meisten Fällen das Beschwerderecht vor. In diesen Fällen ist die Beschwerde in der Regel innerhalb von 4 Wochen einzulegen. Sehen die gesetzlichen Bestimmungen für eine Entscheidung kein Beschwerderecht vor, kann der Bürger eine Überprüfung der Entscheidung mit einer Eingabe anregen."[8]

In den Bewerbungs-, Delegierungs- und Zulassungsbestimmungen für eine weiterführende Bildungseinrichtung regelte die jeweilige Anordnung die Fristen, die Verfahrensformen sowie die Entscheidungsinstanz.[9] Das Gesetz über das

---

7 Vgl. „Rechtsmittel in Verwaltungsangelegenheiten". In: Rechtshandbuch für den Bürger, S. 491 f.

8 Ebd., S. 481 f. Ergänzend dazu heißt es: „Gegen eine Ordnungsstrafmaßnahme ist innerhalb von 2 Wochen die Beschwerde möglich. Das Rechtsmittel – also die Berufung, der Protest, die Beschwerde – ist bei dem Organ einzulegen, das die Entscheidung getroffen hat." Um die Überprüfung eines Urteils zu verlangen, verfügte der Kläger bzw. Verklagte über die „Berufung" und der Staatsanwalt über den „Protest" als Rechtsmittel. Vgl. ebd.

9 Einige Beispiele: Kein Hinweis auf ein Einspruchsrecht fand sich in den Verordnungen und Richtlinien der vierziger Jahre. Vgl. § 4 Abs. 1 Verordnung der Landesverwaltung Sachsen über die Errichtung von Vorbereitungskursen für das Studium an den Hochschulen vom 12.2.1946. In: Monumenta Paedagogica, Band 6,1, S. 204; Richtlinien der DVV für die Arbeiter- und Bauernfakultäten (bisher Vorstudienanstalten) an den Universitäten und Hochschule der sowjetischen Besatzungszone Deutschlands vom 21.5.1949. In: ebd., S. 320–330. Auf ein Einspruchsrecht und -verfahren wird hingewiesen in der Richtlinie für die Aufnahme der Schüler in die Mittel- und Oberschule vom 12.12.1955. In: Baske/Engelbert (Hg.), Zwei Jahrzehnte Bildungspolitik in der Sowjetzone (1945–1958), S. 291–313. Für die Auswahl und Zulassung von Schülern bzw. Lehrlingen für die Berufsausbildung mit Abitur galten im Prinzip die gleichen Grundsätze wie bei der Auswahl der Schüler für die Erweiterte Oberschule und dementsprechend wurde auch auf Beschwerdemöglichkeiten verwiesen. Vgl. Abs. 3.5. Direktive für die Berufsausbildung mit Abitur vom 6.7.1960 (Auszug). In: Monumenta Paedagogica, Band 7,1, S. 351–354, hier 353. Ähnlich war das Beschwerdeverfahren deklariert nach der Anweisung zur Ausbildung in den Abiturklassen in den Einrichtungen der Berufsausbildung vom 30.7.1969 (Auszüge). In: Monumenta Paedagogica, Band 16,1, S. 199–205. Das Einspruchsverfahren für die Aufnahme in die EOS basierte auf der Richtlinie für die Vorbereitung auf den Besuch der Erweiterten Oberschule und die Aufnahme in die Erweiterte Oberschule vom 10.6.1966. In: Monumenta Paedagogica, Band 7,2, S. 682–686. Auf ein Einspruchsrecht verwies später auch die § 5 Abs. 1 der Anordnung über die Aufnahme in die erweiterte POS und in Spezialklassen an Einrichtungen der Volksbildung sowie über die Bestätigung von Schülern für die Bewerbung um eine Lehrstelle in der BmA – Aufnahmeordnung vom 5.12.1981. In: Fuchs/Petermann (Hg.), Bildungspolitik in der DDR 1966–1990, S. 177–179. Beschwerdemöglichkeit und -verfahren für die Nichtzulassung zum Studium regelte § 7 Abs. 2b, § 10, § 11 der Anordnung über das Aufnahmeverfahren zum Direkt-, Fern- und Abendstudium an den Universitäten, Hoch- und Fachschulen vom 20.2.1963. In: Baske/Engelbert (Hg.), Zwei Jahrzehnte Bildungspolitik in der Sowjetzone (1959–1965), S. 249–254. Auf Rechtsmittel verwie-

einheitliche sozialistische Bildungssystem nennt keine „Rechtsmittel", um eine Aufnahme in die Vorbereitungsklassen der Erweiterten Oberschule zu bewirken. Lediglich die Anmerkungen zu diesem Gesetz erläutern das Einspruchsrecht der Eltern. Demnach konnten sie beim Kreisschulrat gegen die Entscheidung der Aufnahmekommission innerhalb von zehn Tagen Einspruch erheben. Über diesen Einspruch hatte dann der Kreisschulrat gemeinsam mit dem Direktor der delegierenden Schule zu beraten, d. h. die Überprüfung erfolgte nicht durch ein unabhängiges Gremium. Blieb der Kreisschulrat bei seiner Entscheidung, musste „der gesamte Vorgang mit allen Unterlagen an den Bezirksschulrat" übergeben werden. Nach „sorgfältiger Prüfung der Unterlagen" oblag es diesem, den Eltern seine endgültige Entscheidung mitzuteilen. Das Verfahren sollte innerhalb von 30 Tagen abgeschlossen sein. Das Einspruchsverfahren für die Aufnahme nach der zehnten Klasse in die Erweiterte Oberschule unterschied sich nur dadurch, dass als erste Prüfungsinstanz der Kreisschulrat gemeinsam mit der Aufnahmekommission erneut zu beraten hatte.[10]

Im Zusammenhang mit der Einführung der zweijährigen Erweiterten Oberschule im Jahr 1981 änderte das Ministerium für Volksbildung auch die Aufnahmerichtlinien von 1966. Grundsätzlich gingen die Verantwortlichen davon aus, dass sich die bis dato gültige Richtlinie insgesamt bewährt habe, dennoch nahmen sie einige „notwendige Veränderungen" vor, die auch das Beschwerdeverfahren einschlossen.[11] Trotz des Fehlens von Ausführungen zum Beschwerdeverfahren in der Vorlagenbegründung lässt sich vermuten, dass die obersten Schulfunktionäre mit der Änderung des Einspruchsverfahrens eine Entlastung der regionalen „Volksbildungsorgane" bezweckten. Nach § 8 der Aufnahmeordnung für die Erweiterte Oberschule, Spezialklassen und Berufsausbildung mit Abitur von 1981 konnten Eltern nun „innerhalb von 2 Wochen nach Erhalt der Entscheidung beim Kreisschulrat (Stadt-, Stadtbezirksschulrat) Beschwerde gegen die getroffene Entscheidung" einlegen. Innerhalb weiterer zwei Wochen nach Eingang musste die Ablehnung überprüfen werden. Behielt der Schulrat die Entscheidung bei, so konnten sich die Eltern in den darauffolgenden 14 Tagen an den Bezirksschulrat wenden. Dieser blieb weiterhin die letzte Entscheidungsinstanz.[12]

sen §§ 10 und 11 der Anordnung über die Bewerbung, die Auswahl und Zulassung zum Direktstudium an den Universitäten und Hochschulen - Zulassungsordnung vom 1.7.1971. In: Baske/Engelbert (Hg.), Zwei Jahrzehnte Bildungspolitik in der Sowjetzone (1963-1976), S. 344-348.

10   Anmerkungen zu § 21 des Gesetzes über das einheitliche sozialistische Bildungssystem vom 25.2.1965. In: Sozialistisches Bildungsrecht, S. 283-285.

11   In der Vorlagenbegründung erörterten die obersten Schulfunktionäre zwar einige Probleme in Bezug auf die Aufnahme in die Abiturstufe, jedoch fehlen Ausführungen zum Beschwerdeverfahren. Vgl. Begründung der Vorlage Anweisung zur Aufnahme in die erweiterte Oberschule und zur Bestätigung von Schülern für die Bewerbung um eine Lehrstelle in Abiturklassen in den Einrichtungen der Berufsausbildung. Vorlage vom 14.3.1978, eingereicht von Wolfgang Peter, Abt. Abiturstufe, MfV, an Abt. Volksbildung beim ZK der SED (BArch, DY 30/IV B 2/9.05/51, unpag.).

12   § 8 Anordnung über die Aufnahme in die erweiterte allgemeinbildende Polytechnische Oberschule und in Spezialklassen an Einrichtungen der Volksbildung sowie über die

Nach den neuen Richtlinien leiteten die Verantwortlichen das Begehren und die Unterlagen des Vorgangs nicht mehr automatisch an die nächste Instanz weiter, sondern die Eltern mussten die Angelegenheit erneut darlegen. Es erforderte Initiative und Überzeugungsfähigkeit sowie den unbedingten Durchhaltewillen der Eltern, um dieses Verfahren des Aufnahmebegehrens ordnungs- und fristgemäß bei den verschiedenen Entscheidungsträgern vorzubringen. Oftmals verbanden sich damit kraft- und nervenraubende persönliche „Überzeugungsgespräche", bei denen die Eltern ihr Anliegen bei verschiedenen Vertretern der Volksbildung verteidigen mussten.

Das Rechtsmittel der „Beschwerde" galt auch für die Auswahl- und Zulassung zum Studium. Erhielt ein Bewerber keinen Platz für ein Direktstudium, so hatte er innerhalb einer Frist von 14 Tagen das Recht der Beschwerde.[13] Ähnlich wie beim Beschwerdeverfahren für die Aufnahme in die Abiturstufe überprüfte auch hier kein übergeordnetes, unabhängiges Gremium die Nichtzulassung, sondern einige Angehörige der Zulassungskommission, die auch der Einspruchskommission angehörten, „überdachten" quasi ihre eigene Entscheidung.[14] Im Unterschied zum Verfahren für die Aufnahme in die Abiturstufe war die Entscheidung der Einspruchskommission endgültig.[15]

Im Falle von Benachteiligungen im Schul-, Berufs- oder Studienalltag stand den Betroffenen und ihren Eltern ein begrenztes Beschwerderecht zu. In den Verordnungen war dieses nur bei Schulstrafen, wie Verweis oder Relegierungen, verbrieft. Gegen alltägliche Diskriminierungen wie Bloßstellen oder Diffamierung eines Schülers im Unterricht wegen seiner religiösen oder pazifistischen Weltanschauung, Ausschluss von Klassenveranstaltungen wegen fehlender Jugendweihe, Pionier- oder FDJ-Mitgliedschaft, negativen Schülerbeurteilungen in Zeugnissen und anderem mehr konnten Eltern sich zwar direkt an Lehrer, Schuldirektoren und Schulräte wenden, allerdings entsprach das nicht dem Einlegen eines Rechtsmittels, sondern eher einer Eingabe.

Bestätigung von Schülern für die Bewerbung um eine Lehrstelle in der Berufsausbildung mit Abitur - Aufnahmeordnung vom 5.12.1981. In: Fuchs/Petermann (Hg.), Bildungspolitik in der DDR 1966-1990, S. 177-179.

13 „Bewerber, die nicht zum Studium zugelassen werden, haben das Recht, innerhalb von 14 Tagen nach Erhalt der Entscheidung der Zulassungskommission beim Rektor der Hochschule Einspruch zu erheben." § 10 Anordnung über die Bewerbung, die Auswahl und Zulassung zum Direktstudium an den Universitäten und Hochschulen - Zulassungsordnung vom 1.7.1971. In: Baske/Engelbert (Hg.), Zwei Jahrzehnte Bildungspolitik in der Sowjetzone (1963-1976), S. 344-348.

14 „Über Einsprüche gegen die Entscheidung der Zulassungskommissionen der Hochschulen entscheidet eine Einspruchskommission des Rektors. Ihr gehören an: der Rektor oder ein von ihm beauftragter Vertreter als Vorsitzender, ein Sekretär, je ein Vertreter der FDJ- und Gewerkschaftsleitung. Zu den Beratungen der Einspruchskommission kann der Vorsitzende der Zulassungskommission hinzugezogen werden." § 11 Abs. 1 ebd.

15 „Die Entscheidungen der Einspruchskommission sind endgültig." § 11 Abs. 2 ebd.

2.   Eingabe

Laut DDR-Recht blieb dem Bürger nach dem Rechtsmittel der Beschwerde oder bei fehlenden Rechtsmitteln nur noch die Möglichkeit, mittels einer Eingabe sein Begehren überprüfen und die vorausgegangene Entscheidung vielleicht revidieren zu lassen.[16]

Das Recht[17] auf eine Eingabe verbrieften bereits einzelne Länder auf dem Gebiet der SBZ in ihren Verfassungen, so beispielsweise auch Sachsen in seiner Verfassung vom 28. Februar 1947.[18] In den Länderverfassungen und den verschiedenen Verwaltungsanordnungen der Nachkriegsjahre wurde der Begriff der Beschwerde neben dem der Eingabe verwendet. Als Adressat der Anschreiben dienten jeweils die Regierungen der einzelnen Länder und nicht die zuständigen Behörden,[19] folglich mussten Fragen der Bearbeitungsorganisation, -form, -zuständigkeit und -kontrolle geklärt werden. Mit der Einrichtung der „Zentralen Kommission für Staatliche Kontrolle und ihrer Organe" sollte diese Problem 1948 angegangen werden.[20] Das neue Verständnis von sozialistischer Verwaltung zielte auf Volksverbundenheit, die sich gerade auch in der Bearbeitung von Beschwerden ausdrückte.[21]

Bis zur Umwandlung der Länder in Bezirke standen den Bürgern seit 1947 sowohl das Recht der Eingabe als auch die Verwaltungsgerichtsbarkeit offiziell offen. Da die Einrichtung der Verwaltungsgerichtsbarkeit in einigen Ländern nur schleppend, in anderen gar nicht voranging, wichen die Bürger auf die Beschwerde bzw. Eingabe aus.

Auch in die Verfassungen der DDR floss das Eingaberecht ein. Dieses galt in der Verfassung von 1949 als eine Form der Mitbestimmung und wurde deshalb in diesem Kontext in Artikel 3 Absatz 4 formuliert: „Jeder Bürger hat das Recht, Eingaben an die Volksvertretung zu richten."[22] Da als Adressaten für Eingaben nur die Volksvertretungen genannt wurden, blieben folglich Fragen der Zuständigkeit, Organisation und Bearbeitung offen. Um den daraus entstandenen Defiziten entgegenzuwirken, sandte der Innenminister der DDR, Karl Steinhoff, im August 1950 einige Bearbeitungsrichtlinien an seine Länderkolle-

---

16   „Ist über die Beschwerde endgültig entschieden, können weitere Einwände des Bürgers nur als Eingabe aufgefasst, d. h. nach dem Eingabengesetz [...] behandelt werden." Rechtshandbuch für den Bürger, S. 492.
17   Nach Siegfried Mampel handelt es sich bei diesem „Recht" um „ein subjektives Recht im Sinne der marxistisch-leninistischen Grundrechtskonzeption. Es ist deshalb in seiner Substanz wie alle sozialistischen Grundrechte durch die sozialistische Gesellschafts- und Staatsordnung beschränkt." Vgl. Mampel, Die sozialistische Verfassung der DDR, S. 1316.
18   Vgl. Mühlberg, Bürger, Bitten und Behörden, S. 57.
19   Vgl. ebd.
20   Vgl. ebd., S. 67.
21   Vgl. ebd., S. 68–70.
22   Artikel 3 Abs. 4 Verfassung der DDR 1949.

gen. Eine erste Eingabenverordnung[23] entstand jedoch erst drei Jahre später.[24] Ihr folgten der Eingabenerlass von 1961 und 1969 sowie das Eingabengesetz von 1975.[25]

Letzterem gingen die neue Verfassung von 1968 und deren Änderung 1974 voraus. In der Verfassung von 1968 widmeten sich die Artikel 103 bis 105 den grundsätzlichen Bestimmungen über das Eingabenrecht.[26] Artikel 104 und 105 regelten Fragen der Zuständigkeit für Beschwerden. Mit Artikel 105 wurden Beschwerdeausschüsse der Volksvertretungen als zusätzliche Abhilfe- und Überprüfungsinstanzen eingeführt.[27]

In der überarbeiteten Verfassung von 1974 blieb nur der Artikel 103 mit Ergänzungen erhalten.[28] Er verbriefte „das Recht jedes DDR-Bürgers sich mit Eingaben [...] mündlich oder schriftlich an die Volksvertretungen, ihre Abgeordneten oder die staatlichen und wirtschaftlichen Organe wenden zu können". Unter dem Oberbegriff „Eingaben" waren Vorschläge, Hinweise, Anliegen und Beschwerden zusammengefasst, jedoch darf man „die Beschwerde als Art der Eingabe [...] nicht mit dem Rechtsmittel der Beschwerde" verwechseln.[29] Genaueres dazu regelte das Eingabengesetz vom 19. Juni 1975.[30] Aus staatsrechtlicher Sicht stellte dieses Recht offiziell „eine faktisch uneingeschränkte *rechtliche Möglichkeit*" der Bürger dar, „auf die Entwicklung und Verbesserung der staatlichen und wirtschaftlichen Tätigkeit und Leitung Einfluss zu nehmen".

---

23 Verordnung über die Prüfung von Vorschlägen und Beschwerden der Werktätigen. Eingabenverordnung vom 6.2.1953 (DDR-GBl,. I 1953, S. 265).
24 Vgl. Mühlberg, Bürger, Bitten und Behörden, S. 71 f.
25 Vgl. Eingabenerlass 1961 (DDR-GBl. I 1961, S. 8), Eingabenerlass 1969 (DDR-GBl. I 1969, S. 239).
26 Artikel 103: „(1) Jeder Bürger kann sich mit Eingaben (Vorschlägen, Hinweisen, Anliegen oder Beschwerden) an die Volksvertretungen, ihre Abgeordneten oder die staatlichen und wirtschaftlichen Organe wenden. Dieses Recht steht auch den gesellschaftlichen Organisationen und den Gemeinschaften der Bürger zu. Ihnen darf aus der Wahrnehmung dieses Rechts kein Nachteil entstehen. (2) Die für die Entscheidung verantwortlichen Organe sind verpflichtet, die Eingaben der Bürger oder der Gemeinschaften innerhalb der gesetzlich vorgeschriebenen Frist zu bearbeiten und den Antragstellern das Ergebnis mitzuteilen." Artikel 104: „(1) Für Beschwerden gegen Entscheidungen zentraler Organe des Ministerrates ist der Ministerrat zuständig. (2) Für Beschwerden gegen Leitungsentscheidungen des Ministerrates, des Obersten Gerichts oder des Generalstaatsanwalts ist der Staatsrat zuständig." Artikel 105: „(1) Für Beschwerden gegen Entscheidungen örtlicher Staatsorgane ist der Leiter des Organs zuständig, welches die angefochtene Entscheidung getroffen hat. Ändert der Leiter die Entscheidung nicht, ist der Beschwerdeführer berechtigt, sich an den Beschwerdeausschuss der zuständigen Volksvertretung zu wenden. (2) Die Aufgaben und Rechte der Beschwerdeausschüsse werden durch Erlass geregelt." Verfassung der DDR vom 6.4.1968.
27 Vgl. ebd.
28 Die ursprünglichen Inhalte der Artikel 104 und 105 wurden ersatzlos gestrichen. Verfassung der DDR vom 7.10.1974.
29 Mampel, Die sozialistische Verfassung der DDR, S. 1317.
30 Eingabengesetz vom 19.6.1975 (DDR-GBl. I 1975, S. 461).

Zugleich konnten „sie damit ihre Interessen geltend machen und ihre Rechte wahren".[31]

Entsprechend dem Erlass des Staatsrates „Über die Bearbeitung der Eingaben der Bürger" vom 20. November 1969 fungierte die Eingabe als:

„– eine Form der Beteiligung der Volksmassen an der Machtausübung,
 – ein Mittel für den Ausdruck der öffentlichen Meinung und des Bewusstseinsstandes,
 – eine Quelle der Information für den Leiter,
 – ein Maßstab für die Richtigkeit der Beschlüsse und für die Qualität der Leitungstätigkeit,
 – eine Möglichkeit zur Erschließung von Reserven und
 – eine Form der gesellschaftlichen Kontrolle."[32]

Aus dem Eingabenrecht entstand in der DDR eine rege „Eingabenkultur",[33] da die DDR-Bürger sehr häufig nur in der Eingabe ein Mittel zur Lösung ihrer Probleme sahen.[34] Eine Vielzahl von Eingaben und Beschwerden gingen auch im Bereich der Volksbildung ein, wie sich in den Unterlagen und Statistiken der Präsidialkanzlei, des Staatsrates und des Ministerrates, des Ministeriums für Volksbildung und seinen nachgeordneten Institutionen, der Volksvertretungen und der Parteien sowie in Schreiben an Kirchenvertreter zeigte.[35]

Mit der ersten statistischen Erfassung der Eingaben begann 1954 die Präsidialkanzlei und ab 1961 wurde „nachweislich auch eine Statistik über sämtliche Eingaben an jedwede Einrichtung in den Bezirken beim Ministerrat geführt".[36] Im Ministerium für Volksbildung fand ebenfalls eine Registrierung und Analyse der Eingaben statt.[37] Zudem war zentral festgelegt, dass alle anderen Einrich-

---

31 Rechtshandbuch für den Bürger, S. 62.
32 Dr. Hasler, Erster Stellvertreter des BSR Dresden, an alle nachgeordneten Einrichtungen vom 12. 10. 1970 (SächsHStA, BT/RdB Dresden 11430, Nr. 30056/1, unpag.).
33 Felix Mühlberg spricht von einer „Eingabenkultur" als Form der „Interaktion zwischen Bürger und Verwaltung". Vgl. Mühlberg, Bürger, Bitten und Behörden, S. 76. Dagegen verwendet Jochen Staadt den Begriff der „institutionalisierter Meckerkultur". Er bezieht sich dabei auf Ina Merkels Begriffsverständnis von „Meckern ‚als habituell verfestigte Grundhaltung', die ‚ein wichtiges Element zur Beschreibung der DDR-Konsumkultur' darstelle". Staadt, Eingaben – Die institutionalisierte Meckerkultur in der DDR, S. 3, Anm. 5.
34 Felix Mühlberg geht in seinen Hochrechnungen für 1961 von 780 000 und 1976 von 970 000 aus. Für die 1980er Jahre vermutet er ein Eingabenaufkommen von über einer Million Eingaben pro Jahr. Vgl. Mühlberg, Bürger, Bitten und Behörden, S. 175.
35 Vgl. z. B. Zahlen der Eingaben an den Präsidenten der DDR nach Schwerpunkten. In: ebd., S. 93; Eingaben an den Staatsrat, Eingabenentwicklung von 1976 bis 1. Quartal 1980, Eingaben an den Staatsrat und Entwicklung der Eingaben von Juli 1981 bis Februar 1986. In: Staadt, Eingaben, S. 70 und 93, Tabelle.
36 Vgl. Mühlberg, Bürger, Bitten und Behörden, S. 83 und 173.
37 Die Zuordnung fand in den 1960er Jahren nach einzelnen Abteilungen statt: Planung und Haushalt, Unterricht, Hauptschulinspektion, Kader, Arbeit und Recht, Internationale Verbindungen, Sport, Erziehung, Qualifizierung, Berufsausbildung der Lehrlinge, Erwachsenenbildung und Inspektion, Jugendhilfe, Zentralstelle für Spezialheime, Polytechnische und berufliche Bildung an Oberschulen, Lehrerbildung und pädagogische Forschung, Vorschulerziehung, Pressestelle, Sekretariat Gen. Beier (in Verbindung mit Planung und Haushalt), Deutsches Pädagogisches Zentralinstitut. Vgl. z. B. Eingaben-

tungen des Partei- und Staatsapparates Eingaben, die das Bildungswesen betrafen, an das Ministerium für Volksbildung bzw. dessen regionale Instanzen weiterzuleiten hatten, denn nur von dort aus durfte eine Stellungnahme bzw. Beantwortung erfolgen.[38]

Eingaben und Beschwerden über die Benachteiligung eines Schülers im Unterricht oder die Nichtzulassung zu einer weiterführenden Schule bearbeiteten die Mitarbeiter unterschiedlicher Abteilungen des Ministeriums für Volksbildung. Zusammenfassende Berichte und Analysen leiteten die einzelnen Abteilungen einmal im Quartal bzw. Halbjahr an das Büro des Ministers weiter.[39]

Die Bearbeitung eines Beschwerdeschreibens oder einer Eingabe verlief in der Regel wie folgt: Nach der Registrierung eines Beschwerdeschreibens im Eingabenbuch sichteten die Ministeriumsmitarbeiter das Anliegen und ordneten es der entsprechenden Abteilung zu. Im Fall einer Nichtzulassung zur Abiturstufe beispielsweise leitete die Fachabteilung das Schreiben an den zuständigen Bezirksschulrat weiter. An den Beschwerdeführer erging ein Zwischenbescheid mit dem Hinweis, dass von der Eingabe unbenommen der Bezirksschulrat als letzte Entscheidungsinstanz zuständig sei und somit von ihm das Ergebnis der Überprüfung in dieser Angelegenheit erfolgen werde. Der Bezirksschulrat erhielt den Schriftverkehr vom Ministerium mit einer Empfehlung für das weitere Prozedere, da die Ministeriumsmitarbeiter trotz ihrer Nichtzuständigkeit das Anliegen bewerteten. Nachdem der Bezirksschulrat den Fall abgeschlossen hatte, informierte er Berlin über dessen Ausgang.

Verzögerte sich die Bearbeitung oder fiel die Entscheidung nicht im Sinne des Eingabenschreibers aus, konnte dieser nachfragen oder sich erneut beklagen. Bei Verzögerungen maßregelten die obersten Schulfunktionäre die zuständigen „Volksbildungsorgane" auf unterer Ebene und ermahnten sie, die rechtlichen Bearbeitungsfristen einzuhalten.[40]

---

analysen der Jahre 1965–1967 (BArch, DR 2/20101 bis 20108, unpag.). Ab den 1970er Jahren erfolgte die Zuordnung nach Amtsinhabern wie Referats- und Abteilungsleitern: Gen. Beier, Gen. Dietzel, Gen. Ernst, Gen. Lorenz, Gen. Dr. Machacek, Gen. Parr, Gen. Rönsch, Pressestelle, Ministersekretariat, Sprechstunde des Ministers, Gen Engst, Eingabenstelle. Vgl. z. B. Eingabenanalysen 1977–1989 (BArch, DR 2/13554, Band 1, unpag.; sowie DR 2/13032 bis 13034, unpag.).

38 Vgl. Abt. Volksbildung beim ZK der SED, Analyse der Eingaben für das I. Halbjahr 1978 vom 11. 7. 1978 (SAPMO-BArch, DY 30/IV B 2/9.05/27, unpag.).

39 Vgl. z. B. Ordnung für die Bearbeitung der Eingaben im MfV vom 1. 12. 1982 (BArch, DR 2/13091, unpag.); Ordnung für die Bearbeitung von Eingaben im MfV 1975 besprochen in Dienstbesprechung des Ministers vom 16. 9. 1975 (BArch, DR 2/8181, unpag.); Vorlage über die neue Ordnung der Arbeit mit den Eingaben im MfV vom 31. 3. 1964 (BArch, DR 2/7807, unpag.).

40 Vgl. z. B. HSI, MfV, an das Sekretariat des Ministers, MfV, Analyse der Eingaben für das IV. Quartal 1965 vom 14. 1. 1966 (BArch, DR 2/20104, unpag.); Dr. Fred Postler, HA Unterricht II, MfV, Eingabenanalyse – Berichtszeitraum 1. 1. – 30. 6. 1973 vom 18. 7. 1973 (BArch, DR 2/13090, unpag.); HSI, MfV, Eingabenanalyse für den Zeitraum vom 1. 7. – 31. 12. 1982 vom 18. 1. 1983 (BArch, DR 2/27747, unpag.).

Scheiterte der Eingabenschreiber mit seinem Anliegen und bat um erneute Überprüfung oder wandte sich an weitere staatliche Institutionen, konnte die nachfolgende Korrespondenz äußerst restriktiv ausfallen. In Einzelfällen, insbesondere wenn der „Einsender Antrag auf Übersiedlung in die BRD gestellt" hatte, blieben diese Eingaben auch unbeantwortet.[41]

2.1   Eingaben wegen Nichtaufnahme in weiterführende Bildungseinrichtungen

In den Vorbereitungen zum Schuljahr 1951/52 lenkte das Ministerium für Volksbildung erstmals zentral die Neuaufnahmen in die Oberschule, um die Aufnahmequote von „Arbeiter- und Bauernkindern" zu erhöhen und entsprechend dem Anteil der Bevölkerung anzugleichen. Die zentralen Vorgaben sahen eine Quote von 60 Prozent vor, jedoch erhöhten Sachsen und Sachsen-Anhalt diese auf 80 bzw. 75 Prozent. Diese Quote ließ sich nur erreichen, indem viele Oberschulbewerber aus bürgerlichen Familien mit einem Notendurchschnitt bis zu 1,5 abgelehnt und „Arbeiter- und Bauernkinder" bei einem Durchschnitt bis 3,2 noch nachträglich aufgenommen wurden. Von den insgesamt 12 000 abgelehnten Schülern erhob etwa die Hälfte der Eltern Einspruch (800 Eingaben erfolgten direkt beim Ministerium für Volksbildung). In fast jedem zweiten Fall musste dem stattgegeben werden, sodass 36 128 von ursprünglich 45 000 Bewerbern zur Oberschule zugelassen wurden, obwohl man nur 22 000 Plätzen geplant hatte. Besonders restriktiv ging Sachsen vor, wo die Verantwortlichen an einige Oberschulen kein einziges Kind aus bürgerlichem Elternhaus zuließen. Im darauffolgenden Schuljahr 1952/53 plante das Ministerium zwar mit 50 Prozent eine geringere Quote „Arbeiter- und Bauernkindern" in die Oberschulen aufzunehmen, dennoch rechnete man mit 8 000 Ablehnungen von Kindern aus bürgerlichen Kreisen.[42]

Ab Mitte der 1960er Jahre finden sich in den Akten des Ministeriums für Volksbildung interne Eingabeanalysen der Hauptabteilungen an das Büro des Ministers für Volksbildung, in denen die verweigerte Aufnahme in die Abiturstufe als separater Punkt aufgeführt wurde. In Tabelle 8 sind die Eingabenzahlen an das Ministerium den Eingaben wegen Nichtzulassung zu einer weiterführenden Bildungseinrichtung gegenübergestellt.

---

41   So beispielsweise „E[ingabe] 96 [...] Diese Eingabe wurde nicht beantwortet, weil bereits in dieser Angelegenheit durch die ehemalige Abteilung Grundsätze eine Klärung erfolgte. Einsender hat sich nicht an die getroffenen Festlegungen gehalten. Einsender ist ein notorischer Eingabenschreiber. Es wurde bekannt, dass Einsender Antrag auf Übersiedlung in die BRD gestellt hat. Am 4.1.80 erfolgte doch noch eine Information an den Einsender, dass wir diese Angelegenheit als erledigt betrachten." Drechsler, HA Oberschulen, MfV, Eingabenanalyse - Berichtszeitraum vom 1.7.1979 bis 31.12.1979 vom 4.1.1980 (BArch, DR 2/13091, unpag.). Der gesamte Text ist im Original gestrichen.

42   Geißler, Auslese im allgemein bildenden Schulwesen der DDR, S. 67 f .

Tabelle 8: Eingaben an das Ministerium für Volksbildung Gesamtzahl und wegen Nichtzulassung zu einer weiterführenden Bildungseinrichtung

Jahr	Gesamtzahl der Eingaben	Eingaben wegen Nichtzulassung zu einer weiterführenden Bildungseinrichtung
1973[43]	2 324	171
1974[44]	2 391	120
1975[45]	2 531	64 (1. Halbjahr 1975)
1976[46]	1 322 (2. Halbjahr 1976)	63 (1. Halbjahr 1976)
1977[47]	2 646	137
1978[48]		152
1979[49]		113
1980[50]		131
1981[51]	1 279[52] (2. Halbjahr 1981)	71 bzw. 76
1982[53]	1 260 (2. Halbjahr 1982)	49 bzw. 60
1983[54]		78 bzw. 97
1984[55]	1 202 (1. Halbjahr 1984)	77 bzw. 104
1985[56]	2 210 bzw. 2 344	75 bzw. 79
1986[57]	2 724	61 bzw. 99 (2. Halbjahr 1986)
1987[58]	3 295	68 bzw. 90
1988[59]	3 617	40
1989[60]	1 032 (1. Halbjahr)	

43 Büro des Ministers, MfV, Eingabenanalysen des MfV 1973 bis 1975, halbjährlich (BArch, DR 2/27170, unpag.); Bereich HA Unterricht II, MfV, Eingabenanalyse - Berichtszeitraum vom 1.7. bis 31.12.1973 vom 8.1.1974 (BArch, DR 2/27033, unpag.); Fred Postler, Bereich HA Unterricht II, MfV, Eingabenanalyse - Berichtszeitraum vom 1.1. bis 31.[!]6.1973 vom 1.7.1973 (ebd.).

44 Büro des Ministers, MfV, Eingabenanalysen des MfV 1973 bis 1975, halbjährlich (BArch, DR 2/27170, unpag.); Bereich Dietzel, MfV, Analyse der Eingaben für das 2. Halbjahr 1974 vom 17.1.1975 (BArch, DR 2/26686, unpag.); Bereich HA Unterricht II, MfV, Eingabenanalyse - Berichtszeitraum vom 1.7. bis 31.12.1974 vom 10.1.1975 (BArch, DR 2/27033, unpag.).

45 Büro des Ministers, MfV, Eingabenanalysen des Ministeriums für Volksbildung 1973 bis 1975, halbjährlich (BArch, DR 2/27170, unpag.); Bereich HA Unterricht II, MfV, Eingabenanalyse - Berichtszeitraum vom 1.1. bis 30.6.1975 vom 2.7.1975 (BArch, DR 2/27033, unpag.).

46 Sekretariat des Ministers, MfV, Analyse der Eingaben für das 2. Halbjahr 1977, o.D. (BArch, DR 2/26273, unpag.); Bereich Dietzel, MfV, Analyse der Eingaben für das 1. Halbjahr 1976 vom 16.7.1976 (BArch, DR 2/26686, unpag.).

47 Sekretariat des Ministers, MfV, Analyse der Eingaben für das 2. Halbjahr 1977, o.D. (BArch, DR 2/26273, unpag.); Bereich Dietzel, MfV, Analyse der Eingaben für das 1. Halbjahr 1977 vom 12.7.1977 (BArch, DR 2/26686, unpag.); Bereich Dietzel, MfV, Analyse der Eingaben für das 2. Halbjahr 1977 vom 19.1.1978 (ebd.).

Die Eingabenmenge wegen Nichtzulassung erscheint im Vergleich zu den jährlichen Gesamtzulassungszahlen als äußerst gering, selbst wenn man die Eingaben zur gleichen Problematik an Schulräte auf lokaler und regionaler Ebene einbezieht. Dennoch darf nicht verschwiegen werden, dass viele Eingaben durchaus berechtigt waren und die Nichtzulassung eine Bildungsbiografie beeinflusste.

Im nachfolgenden Diagramm 13 sind je nach Quellenlage die Eingaben wegen Nichtzulassung zur Abiturstufe denen gegenübergestellt, die insgesamt bei der zuständigen Hauptabteilung (HA) Unterricht II bzw. seit September

48   Fred Postler, Bereich HA Unterricht II, MfV, Eingabenanalyse 1. Halbjahr 1978 vom 30. 6. 1978 (BArch, DR 2/13554, Band 2, unpag.); Dietzel, MfV, Eingabenanalyse 2. Halbjahr 1978 vom 22. 1. 1979 (ebd.).

49   Bereich Dietzel, MfV, Eingabenanalyse 1. Quartal 1979 vom 4. 4. 1979 (BArch, DR 2/13554, Band 2, unpag.); Bereich Dietzel, MfV, Eingabenanalyse 2. Quartal 1979 vom 20. 7. 1979 (ebd.); Bereich Dietzel, MfV, Analyse der Eingaben für das 2. Halbjahr 1979 vom 21. 1. 1980 (BArch, DR 2/13091, unpag.).

50   Drechsler, HA Oberschulen, MfV, Eingabenanalyse 2. Halbjahr 1980 vom 14. 1. 1981 (ebd.); Drechsler, HA Oberschulen, MfV, Eingabenanalyse 1. Halbjahr 1980 vom 3. 7. 1980 (ebd.).

51   Dietzel, HA Oberschulen, MfV, Eingabenanalyse 2. Halbjahr 1981 vom 11. 1. 1982 (ebd.); Drechsler, HA Oberschulen, MfV, Eingabenanalyse 1. Halbjahr 1981 vom 1. 7. 1981 (ebd.); Sekretariat des Ministers, MfV, Eingabenanalyse 2. Halbjahr 1981 vom 11. 1. 1981 (BArch, DR 2/13554, Band 1, unpag.).

52   Sitzungsmaterial zur Ministerdienstbesprechung. Vertrauliche Leitungssache vom 11. 2. 1982, (ebd.).

53   HA Oberschule/Bereich Drechsler, MfV, Eingabenanalyse 2. Halbjahr 1982, o. D. (ebd.); Dietzel, HA Oberschulen, MfV, Eingabenanalyse 1. Halbjahr 1982 vom 20. 7. 1982 (BArch, DR 2/13091, unpag.).

54   HA Oberschule/STM Drechsler, MfV, Eingabenanalyse für den Berichtszeitraum vom 1.1. bis 30. 6. 1983, o. D. (BArch, DR 2/13554, Band 1, unpag.).

55   HA Oberschule/STM Drechsler, MfV, Eingabenanalyse für den Berichtszeitraum vom 1.1. bis 30. 6. 1984 vom 17. 7. 1984 (ebd.); HA Oberschule/STM Drechsler, MfV, Eingabenanalyse für den Berichtszeitraum vom 1. 7. bis 31. 12. 1984 vom 16. 1. 1985 (ebd.).

56   Drechsler, HA Oberschule, MfV, Eingabenanalyse für den Berichtszeitraum vom 1.1. bis 30. 6. 1985, o. D. (ebd.).

57   Drechsler, HA Oberschule, MfV, Eingabenanalyse 2. Halbjahr 1986, o. D. (ebd.); Abiturstufe, Bereich STM Drechsler, MfV, Eingabenanalyse II. Quartal 1986, o. D. (ebd.); Abiturstufe, Bereich STM Drechsler, MfV, Eingabenanalyse I. Quartal 1986 vom 7. 4. 1986 (ebd.).

58   Bereich Drechsler, MfV, Eingabenanalyse 1. Halbjahr 1987, o. D. (BArch, DR 2/13091, unpag.); Sekretariat des Ministers, MfV, Eingabenanalyse 1. Halbjahr 1987, o. D. (BArch, DR 2/13032, unpag.); Sekretariat des Ministers, MfV, Eingabenanalyse 2. Halbjahr 1987, o. D. (ebd.).

59   Bereich Drechsler, MfV, Eingabenanalyse 1. Halbjahr 1988, o. D. (BArch, DR 2/13091, unpag.); Sekretariat des Ministers, MfV, Eingabenanalyse 1. Halbjahr 1988, o. D. (BArch, DR 2/13033, unpag.); Sekretariat des Ministers, MfV, Eingabenanalyse 2. Halbjahr 1988, o. D. (ebd.).

60   Bereich Drechsler, MfV, Eingabenanalyse 1. Halbjahr 1989, o. D. (BArch, DR 2/13091, unpag.); Sekretariat des Ministers, MfV Eingabenanalyse 1. Halbjahr 1989, o. D. (BArch, DR 2/13034, unpag.).

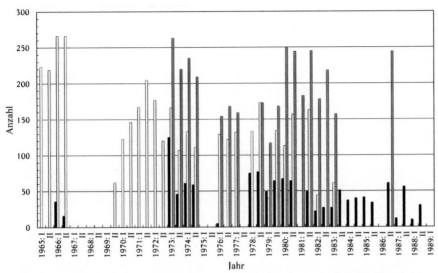

■ Eingaben wegen Nichtzulassung zur Abiturstufe   □ Eingaben an Abt. Unterricht II/ HA Oberschule
▨ Eingaben im Bereich Karl Dietzel / Harry Drechsler

Diagramm 13: Eingaben wegen Nichtzulassung zur Abiturstufe vs. Eingaben an die
Abt. Unterricht II/HA Oberschule bzw. den Bereich Karl Dietzel/
Harry Drechsler (1965–1989, halbjährlich)

1979 bei der HA Oberschule eingingen.[61] Diese Abteilungen wurden von Karl
Dietzel bzw. Harry Drechsler geleitet.[62]

Die Aussagekraft dieser statistischen Daten ist zwar aufgrund der lückenhaf-
ten Überlieferung beschränkt und die Ministeriumsmitarbeiter führten in einigen Analysen die Eingaben wegen Nichtzulassung zur Abiturstufe bzw. Nichtaufnahme in eine Spezialklasse gemeinsam und in anderen getrennt auf, dennoch
zeigt sich, dass von den jährlich eingehenden Beschwerden beim Ministerium
für Volksbildung immer auch ein Teil die Nichtzulassung zu einer weiterführenden Bildungseinrichtung beinhaltete.

Obwohl in Diagramm 13 nur partielle Datenreihen dargestellt sind, lassen
sich Tendenzen erkennen und vereinzelte Spitzen erklären. So ist die extreme
Zahl der Eingaben wegen Nichtzulassung zur Abiturstufe Anfang der 1970er
Jahre im Kontext des VIII. Parteitages zu sehen. Infolge dieses Parteitags gab es
„Korrekturen und Akzentverschiebungen" in der Bildungspolitik,[63] die zu einer

61 Die Aufgaben der Hauptabteilung Unterricht II übernahm infolge einer Strukturverän-
    derung im Ministerium ab 1.9.1979 die Hauptabteilung Oberschule. Vgl. dazu Harry
    Drechsler, HA Oberschulen, MfV, Eingabenanalyse - Berichtszeitraum vom 1.7.1979
    bis 31.12.1979 vom 4.1.1980 (BArch, DR 2/13091, unpag.).
62 Karl Dietzel war von 1961 bis 1985 stellvertretender MfV und Leiter der HA Unter-
    richt II und Harry Drechsler von 1979 bis 1986 Leiter der HA Oberschulen und ab Janu-
    ar 1986 stellvertretender Minister für Volksbildung der DDR.
63 Vgl. Anweiler, Schulpolitik und Schulsystem in der DDR, S. 109.

Senkung der Schülerzahlen an den Erweiterten Oberschulen zugunsten der Facharbeiterausbildung führten. In den Folgejahren gingen die Beschwerden zurück und pegelten sich auf einem niedrigeren Niveau als 1972 ein, da die Zulassungskontingente für die Berufsausbildung mit Abitur vorerst unverändert blieben und damit eine Ausweichmöglichkeit für den Abiturerwerb boten. Ein erneuter Anstieg der Eingaben wegen der Nichtzulassung zum Abitur ab 1978 stand im Zusammenhang mit der Einführung des obligatorischen Wehrkundeunterrichts. Schüler, die ihre Teilnahme daran verweigerten, wurden von der Abiturausbildung ausgeschlossen. Im weiteren Verlauf fällt auf, dass die Beschwerdezahl in den Jahren 1982/83 relativ gering ausfiel. Dies scheint eine Folge der Umstrukturierung der Abiturstufe von einer vierjährigen in eine zweijährige Schulform zu sein. Ab 1981 wurden die Vorbereitungsklassen der EOS abgeschafft, der Übergang in die Abiturstufe fand ab diesem Jahr nach der zehnten Klasse statt. Zudem erfolgte erstmals „die Auswahl und Aufnahme von Schülern in Spezialklassen der Klassenstufe 9 an Einrichtungen der Volksbildung nicht mehr in Verbindung mit der Aufnahme in die Vorbereitungsklassen".[64] In der Folge gewannen Spezialklassen zunehmend an Bedeutung, denn Eltern sahen in ihnen einen Ersatz für die Vorbereitungsklassen. Allerdings gestaltete sich die Aufnahme in eine Spezialklasse ähnlich schwierig wie die in die Abiturstufe, woraufhin einige Eltern ebenfalls mit Eingaben reagierten.[65]

Aussagekräftiger als das Zahlenmaterial sind die Auswertungen, Erklärungen, Stellungnahmen und Schlussfolgerungen der Ministeriumsmitarbeiter, die einen weiteren Bestandteil der Eingabeanalysen darstellten. Die Auswertung der Beschwerden und der Reaktionen von Verantwortlichen des Volksbildungswesens spiegelt dabei ebenfalls die antifaschistisch-antibürgerlich dominierte Phase, die antiklerikal-atheistisch-sozialistisch dominierte Phase und die antipazifistisch-antichristlich dominierte Phase wider.

Die häufigen Beschwerden infolge einer Nichtaufnahme von Schülern in die Abiturstufe sind nicht nur auf die besonders strenge Auslegung der Aufnahmekriterien im Hinblick auf das staatsbürgerliche Bewusstsein, die soziale Herkunft, die Weltanschauung oder die gesellschaftlichen Aktivitäten der Schulfunktionäre vor Ort zurückzuführen, sondern auch auf Verschleierungen der wahren Ablehnungsgründe, um den Schein des Verfahrens zu wahren. Ein Vorgehen, das sich für die antiklerikal-atheistisch-sozialistisch dominierte Phase an einem exemplarischen Fall verdeutlichen lässt: Im Jahre 1961 beschwerte sich ein Vater aus Annaberg-Buchholz beim Ministerium für Volksbildung, dass sein Sohn nicht für die Erweiterte Oberschule zugelassen sei. Daraufhin führten der stellvertretende Kreisschulrat, Huß, der stellvertretende Bezirksschulrat, Reichel,

---

64 Dietzel, HA Oberschule, MfV, Eingabenanalyse 2. Halbjahr 1981 vom 11.1.1982 (BArch, DR 2/13091, unpag.).

65 Vgl. Dietzel, HA Oberschule, MfV, Eingabenanalyse 1. Halbjahr 1982 vom 22.7.1982 (BArch, DR 2/13554, Band 2, unpag.); Gerhard Schreier sah mit der Einführung der Spezialklassen sowie in der Begabtenförderung allgemein die Chance für eine zunehmende „Selbstreproduktion der akademischen Eliten" ab den 1970er Jahren. Dieser

und der Leiter der Abteilung Kirchenfragen des Rates des Bezirkes mit den Eltern eine Aussprache. Wie aus einer Information des Bezirksschulrates an das Ministerium für Volksbildung hervorgeht, bereiteten sich die staatlichen Vertreter gründlich auf dieses Gespräch vor. Der Leiter des Referates Kirchenfragen hatte dazu „in alle Unterlagen, welche bei der V[olks]P[olizei] in Annaberg liegen, die von der Bevölkerung kamen und über das Auftreten des Herrn B. in der Öffentlichkeit bzw. in christlichen Kreisen Aufschluss geben", Einsicht genommen.[66] Zur Nichtzulassung des Sohnes führte laut Informationsschreiben,

„dass Herr B. bei verschiedenen Veranstaltungen, (er ist Reisesekretär des Landeskirchenamtes für Männerarbeit) gegen die von unserem Staat durchgeführten Maßnahmen aufgetreten ist. (Nach Aussagen der Vertreter der Abteilung Kirchenfragen gehört Herr B., Synodaler im Land Sachsen, zu den Vertretern der NATO-Kirche[67]). Besonders deutlich wurde das in der Zeit der Umstellung der Landwirtschaft und bei der Diskussion über das Schulgesetz. Herr B. ist bisher auch nie zur Wahl gegangen. Die bei der VP liegenden Unterlagen stammen von Bürgern, die mit diesem Auftreten des Herrn B. nicht einverstanden waren. Auf Grund dieser Haltung des Vaters ist die Erziehung seines Sohnes entsprechend, was sich im Auftreten unter anderen Schülern gezeigt hat. Da der Sohn des Herrn B. sehr gute Leistungen in den einzelnen Fächern zeigt, wurde in Annaberg der Weg über die 10-klassige Polytechnische Oberschule vorgeschlagen, um bei entsprechender Gesamtbeurteilung den Weg über die Abiturklasse zum Studium zu gehen. Das wurde deshalb getan, weil dieser Weg für den Sohn des Herrn B. der bessere ist und sich in jeder Hinsicht positiv auf die Entwicklung auswirken wird."[68]

Effekt habe sich in den 1980er Jahren sogar noch verstärkt. Bei seinen Überlegungen ging Schreier jedoch nur auf die soziale Auslese infolge des Zugangs zu höherer Bildung nach einem sozialen Proporzprinzip ein, die politische Auslese ließ er außen vor. Gerhard Schreier, Begabtenförderung in der DDR. In: Vergleich von Bildung und Erziehung, S. 558 f.

66 Reichel, amtierender BSR Karl-Marx-Stadt, an das Büro des Ministers für Volksbildung, MfV, Eingabe des Bürgers H. B., Annaberg-Buchholz, wegen Ablehnung seines Sohnes vom Besuch der Erweiterten Oberschule vom 17.7.1961 (SächsStAC, 30413/8.1, Nr. 458, unpag.).

67 Die EKD (Evangelische Kirche Deutschlands) wurde von der DDR-Führung als „NATO-Kirche" diffamiert. Die SED-Partei- und Staatsführung warf den evangelischen Kirchen in der DDR vor, „sie seien aufgrund ihrer Mitgliedschaft der damals noch gesamtdeutsch handelnden EKD ideologisch-politisch mit dem ‚Militärblock der NATO' verflochten und förderten den angeblich aggressiven NATO-Block". Kremser, Der Rechtsstatus der evangelischen Kirchen in der DDR, S. 167. Hintergrund war, dass die Bundesrepublik Deutschland mit der EKD den sog. Militärseelsorge-Vertrag am 22.2.1957 schloss. Die Synode stimmte dem Vertrag im Einverständnis mit den Synodalen aus der DDR zu. Die Wirksamkeit des Vereinbarungen wurde „1958 ausdrücklich auf die Gliedkirchen in der Bundesrepublik Deutschland beschränkt", dennoch nahm die DDR dies zum Anlass, „um die EKD als ‚NATO-Kirche' zu diffamieren und, später, den Austritt der DDR-Gliedkirchen zur conditio sine qua non zu machen". Luchterhandt, Die Gegenwartslage der Evangelischen Kirche in der DDR, S. 12.

68 Eingabe des Bürgers H. B., Annaberg-Buchholz, wegen Ablehnung seines Sohnes vom Besuch der Erweiterten Oberschule. Informationsschreiben vom 17.7.1961. Reichel, amtierender BSR Karl-Marx-Stadt, an das Büro des Ministers für Volksbildung (SächsStAC, 30413/8.1, Nr. 458, unpag.).

Als der Vater den Vorschlag ablehnte, sich auf die Verfassung der DDR berief und weiter auf den Besuch der EOS bestand, argumentierten die staatlichen Vertreter im Gespräch mit dem Beschwerdeführer anders. Sie erklärten zum einen, dass lediglich der Besuch der zehnklassigen Oberschule dem Verfassungsrecht entspreche. Zum anderen versuchten sie Herrn B. davon zu überzeugen, dass sein Sohn nicht aufgrund seiner Tätigkeit als Kirchenangestellter abgelehnt worden sei. „Ihm wurde bewiesen, dass er zu dieser Annahme keinen Grund hat", so die selbstsichere Stellungnahme des amtierenden Bezirksschulrates von Karl-Marx-Stadt. Schließlich erklärten die Herren dem Vater, „dass sein Sohn deshalb nicht benachteiligt ist, im Gegenteil, dass sich das sehr vorteilhaft auf seine weitere Entwicklung auswirken wird". Am Ende des Gespräches blieb es bei der Nichtzulassung des Sohnes, was den Vater bewog, sich weitere Male zu beschweren.[69]

An diesem Fall zeigen sich nicht nur die Gründe für Eingaben, sondern auch der Umgang mit dem Beschwerdeführer. Die staatlichen Vertreter traten gegenüber den Eltern nicht nur in Überzahl auf, sondern sie täuschten ein „offenes" Gespräch vor und versuchten mit unglaubwürdigen Argumenten von den wahren Gründen abzulenken. Äußerst sonderbar mutet in diesem Fall an, dass die EOS Annaberg laut einer Aktennotiz in den Unterlagen des Bezirksschulrates noch über ausreichend Plätze verfügte und die Aufnahme des Schülers möglich gewesen wäre.[70]

Zwei ähnliche Eingaben erreichten Johannes Dieckmann,[71] den Volkskammerpräsidenten, 1962 aus dem Bezirk Karl-Marx-Stadt. Der Pfarrer von Bernsdorf (Kreis Hohenstein-Ernstthal) wandte sich an ihn, weil die Aufnahmekommission seine Tochter nicht zur Erweiterten Oberschule zugelassen hatte.[72] Dieckmann bat den Bezirksschulrat von Karl-Marx-Stadt, Weißig, diesen Fall zu prüfen. In seiner Erklärung schrieb Weißig an die Kanzlei des Volkskammerpräsidenten:

„Dass die Aufnahmekommission des Kreises Hohenstein-Ernstthal, die über die Zulassung von Schülern für den Besuch der Erweiterten Oberschulen zu entscheiden hat, gewissenhaft und unter voller Beachtung der gesetzlichen Bestimmungen gearbeitet und ihre Entscheidungen getroffen hat.
Der Antrag wurde von der Kommission einstimmig abgelehnt, da die negative Einstellung des Elternhauses zu unserem Staat keine Gewähr für die Unterstützung der Erziehungs- und Bildungsarbeit an der Erweiterten Oberschule gibt.
Die Aufnahmekommission konnte sich hierbei auch auf eine Stellungnahme der Ständigen Kommission Volksbildung stützen, in der u. a. zum Ausdruck gebracht wird, dass

---

69 Ebd.
70 Handschriftliche Notiz: „Annaberg hat noch 2 Fälle der Beschwerde 1. B. (Christ) 2. B. [...] Vom Platz her in EOS wäre Aufnahme möglich. Anteil an A+B Kindern ca. 50 % Bei Aufnahme der beiden, wäre etwa der Anteil 49,7 % ca. Kann man unter diesen Umständen diese beiden aufnehmen?" (SächsStAC, 30413/8.1, Nr. 458, unpag.).
71 Johannes Dieckmann (geb. 19. 1. 1893, gest. 22. 2. 1969), LDPD, Präsident der Volkskammer von 1949 bis 1969.
72 G. R., Pfarrer in Bernsdorf, Kreis Hohenstein-Ernstthal an Johannes Dieckmann, Eingabe o. D. (SächsStAC, 30413/8.1, Nr. A612, unpag.).

das Pfarrerehepaar [...] noch nie seiner Wahlpflicht genügt hat, demzufolge unseren Arbeiter-und-Bauern-Staat ablehnt. Das Ehepaar [...] kann daher auch keine bestimmten Forderungen an unseren Staat stellen."[73]

Wie fadenscheinig diese Begründung war, zeigte sich bereits an der unterstellten Wahlpflicht: Die damals gültige Verfassung von 1949 gewährleistete die Wahlfreiheit und konnte daher keine Wahlpflicht begründen.[74]

Diesem Schreiben Weißigs ging eine Stellungnahme des stellvertretenden Kreisschulrates von Hohenstein-Ernstthal voraus. Auf dieser fußte nicht nur Weißigs Argumentation, sondern aus ihr ging auch hervor, dass zur Aufnahmekommission „das Mitglied des Büros der Kreisleitung der SED und Sekretär der Kreisleitung Gen. Rückerl gehörte".[75] Diese einseitige personelle Besetzung musste zwangläufig zu einem einstimmigen Votum gegen eine Zulassung des Mädchens führen. Ferner erklärt sich damit die parteiliche Argumentation der Schulräte in ihren Schreiben. Dennoch wurde ein „Kompromiss" in dieser Angelegenheit gefunden: das Mädchen durfte die zehnklassige Oberschule besuchen.[76]

In einer zweiten Eingabe baten Eltern aus Limbach-Oberfrohna den Volkskammerpräsidenten um Hilfe, da ihre Tochter ebenfalls nicht zur Erweiterten Oberschule zugelassen wurde. Die Eltern vermuteten, dass die Nichtteilnahme des Mädchens an der Jugendweihe zu dieser Entscheidung geführt habe.[77] In seinen Ausführungen an die Kanzlei des Volkskammerpräsidenten teilte Weißig mit, nicht die fehlende Jugendweihe, sondern die geringen Planzahlen für diesen Jahrgang hätten zu einer äußerst strengen Auswahl im Kreis Karl-Marx-

---

73 Weißig, BSR Karl-Marx-Stadt, an Hanemann, Kanzlei des Präsidenten der Volkskammer, vom 2.4.1962 (ebd.).

74 Vgl. Artikel 54 Satz 2 Verfassung der DDR 1949.

75 „Werte Genossen! In der Anlage übersenden wir die angeforderten Unterlagen. Die Aufnahmekommission, zu der auch das Mitglied des Büros der Kreisleitung der SED und Sekretär der Kreisleitung Gen. Rückerl gehörte, lehnte diesen Antrag einstimmig ab, da seitens des Elternhauses wegen der negativen Einstellung zu unserem Staat keine Gewähr für die Unterstützung der sozialistischen Erziehungsarbeit an der erw. Oberschule gegeben ist. Die Kommission schloss sich der Stellungnahme der örtlichen Volksvertreter an und war der Meinung, dass Eltern, die durch ihre vorsätzliche Nichtteilnahme an den Wahlen unseren Staat ignorieren, kein Recht haben, bestimmte Forderungen zu stellen. Dem Besuch der 10-kl. Oberschule wurde zugestimmt und die Eltern z. Zt. davon in Kenntnis gesetzt." Schubert, stellvertretender KSR Hohenstein-Ernstthal, an Weißig, BSR Karl-Marx-Stadt vom 23.3.1962 (SächsStAC, 30413/8.1, Nr. A612, unpag.).

76 Vgl. ebd.; Weißig, BSR Karl-Marx-Stadt, an Hanemann, Kanzlei des Präsidenten der Volkskammer. vom 2.4.1962 (SächsStAC, 30413/8.1, Nr. A612, unpag.).

77 Vgl. A. R., Limbach-Oberfrohna, an Johannes Dieckmann, Eingabe o. D. (ebd.). Dieser Verdacht der Eltern lag sehr nahe, wie folgender Vorgang bestätigt: Im Februar 1962 bat Werner Lorenz, Staatssekretär des MfV, um eine Überprüfung der Aufnahmen für den Besuch der Erweiterten Oberschule im Kreis Aue. Die Parteileitung der CDU wandte sich an das Ministerium mit dem Vorwurf, dass einige Schüler in diesem Kreis nicht zur EOS zugelassen wurden, weil sie nicht an der Jugendweihe teilgenommen hatten. Vgl. Lorenz, Staatssekretär, MfV, an Reichel, BSR Karl-Marx-Stadt, vom 7.2.1962 (ebd., Nr. 458, unpag.).

Stadt geführt.[78] Auch diesem Mädchen legten die Schulfunktionäre den Besuch der zehnklassigen Oberschule nahe.[79]

Das Ministerium für Volksbildung registrierte, analysierte und bearbeitete die eingehenden Eingaben (direkt an das MfV geschickte und von anderen Institutionen weitergeleitete Eingaben) für die Nichtaufnahme in die Abiturstufe. Die häufigen Beschwerden zu dieser Problematik führte die Hauptabteilung Unterricht im ersten Quartal 1965 auf fehlende Rechtskenntnisse und bürokratisches Verhalten vor Ort zurück, denn „die Aufnahme der Schüler in die EOS erfolgt nach einer Richtlinie aus dem Jahre 1955 und entspricht nicht mehr den jetzigen Erfordernissen".[80] Im zweiten Quartal des Jahres kritisierte der Mitarbeiter der Abteilung Unterricht, Stöhr, „herzloses und bürokratisches Verhalten sowie Unkenntnis der gesetzlichen Bestimmungen".[81] Um diese Defizite wirksam zu bekämpfen, wollte Stöhr „für die Durchführung des Aufnahmeverfahrens für das Schuljahr 1965/66 neue Richtlinien" erarbeiten lassen.[82] Bereits in der Analyse für das erste Quartal 1966 traten erneut Mängel auf:

> „– Unkenntnis der Eltern über die 1. D[urchführungs]B[estimmung] zum Gesetz über das einheitliche sozialistische Bildungssystem und ungenügende Erläuterung durch Direktoren und Lehrer.
> – Nicht ausreichende Zusammenarbeit zwischen Schule und Elternhaus.
> – Formale Auslegung der Forderung nach gesellschaftlicher Arbeit der Schüler für die Entscheidung über die Aufnahme in die EOS."[83]

Ferner wies der Bezirk Karl-Marx-Stadt eine „Konzentration" derartiger Beschwerden auf, deshalb wurde vorgeschlagen: „Brief des Ministers an den Vorsitzenden des Rates des Bezirkes Karl-Marx-Stadt, um für die EOS-Aufnahmen den richtigen Maßstab anzulegen."[84]

Im darauffolgenden Quartal gingen weitere 21 Eingaben wegen Nichtzulassung zur EOS ein. Dieses Mal vermutete man in Berlin (Ost) als Ursache eine „ungenügende kontinuierliche politisch-ideologische Arbeit seitens der Lehrer

---

78 Im Bezirk Karl-Marx-Stadt ging die Zahl der Neuaufnahmen in die Erweiterte Oberschule von 2494 im Jahre 1961 auf 2133 im Jahre 1962 zurück. Vgl. Schulen, Klassen, Schüler, Lehrkräfte, Neuaufnahmen und Entlassungen 1961–1963. Statistischer Jahresbericht 1964 Bezirk Karl-Marx-Stadt, o. O., o. D., S. 174.

79 Weißig, BSR Karl-Marx-Stadt, an Hanemann, Kanzlei des Präsidenten der Volkskammer vom 3. 4. 1962 (ebd., Nr. A612, unpag.).

80 HA Unterricht, MfV, an das Ministersekretariat, MfV, Analyse der Eingaben für das I. Quartal 1965 vom 12. 4. 1965 (BArch, DR 2/20101, unpag.).

81 „Die Einsprüche wegen Ablehnung von Schülern zur Aufnahme in die EOS signalisieren herzloses und bürokratisches Verhalten sowie Unkenntnis der gesetzlichen Bestimmungen vom 12. 12. 1955, die auch dem Stand unserer Entwicklung entsprechend neu gefasst werden müssen." Stöhr, Abt. Unterricht, MfV an Ministersekretariat, MfV, Analyse der Eingaben für das II. Quartal 1965 vom 14. 7. 1965 (BArch, DR 2/20102, unpag.).

82 Ebd.

83 Stöhr, Abt. Unterricht, MfV, an Ministersekretariat, MfV, Analyse der Eingaben für das I. Quartal 1966 vom 14. 4. 1966 (BArch, DR 2/20105, unpag.).

84 Ebd.

und Direktoren mit den Schülern und Eltern" und verwies obendrein auf ansteigende Bewerberzahlen für die Erweiterte Oberschule. In der Folgezeit fiel der
Bezirk Karl-Marx-Stadt nicht mehr auf, stattdessen verlagerten sich die „Konzentrationen" in den Bezirk Frankfurt/Oder.[85]

Die vom Ministerium eingeleiteten Maßnahmen zur Verringerung der Zahl
diesbezüglicher Eingaben lassen den Schluss zu, dass die Mitarbeiter der
Abteilung Unterricht – wenn auch nur für kurze Zeit – erkannt hatten, dass es
sich hierbei um kein lokal begrenztes „Problem" handelte. Daher sollten auf
den zentralen Beratungen der Bezirks- und Kreisschulräte neben der Instruktion
zur Umgestaltung der EOS auch „Fragen der Auswahl und Vorbereitung der
Schüler" diskutiert werden.[86] In diesem Zusammenhang ließen die obersten
Schulfunktionäre eine Konsultation zu den Fragen der Erweiterten Oberschule
erarbeiten und in den Verfügungen und Mitteilungen des Ministeriums publizie-
ren, die „besonders erläutert, welche Schüler künftig in die EOS aufgenommen
werden".[87]

In den folgenden Jahren zeichnete sich unter anderem im Bezirk Karl-Marx-
Stadt die Tendenz ab, dass Schuldirektoren und Lehrer die Aufnahmekriterien
zwar kannten, diese den Schülern und Eltern aber nur bedingt erläuterten oder
vermitteln konnten.[88] Sie überließen „notwendige Entscheidungen, die auf
Schul- oder Kreisebene getroffen werden müssen, übergeordneten Organen",
wie Bezirksschulrat Werner Krußk in seinen Eingabenanalysen für 1970/71 fest-
stellte.[89] Dieses Vermeidungsverhalten auf Schul- und Kreisebene trug mitunter
dazu bei, dass sich Eltern gleich bei „höherer Stelle" beschwerten. Darüber
hinaus zeugte dieses Verhalten der Eltern von Unzufriedenheit und Vertrauensverlust gegenüber regionalen „Volksbildungsorganen".[90]

---

85 Stöhr, Abt. Unterricht, MfV, an Ministersekretariat, MfV, Analyse der Eingaben für das
    II. Quartal 1966 vom 11.7.1966 (BArch, DR 2/20106, unpag.).
86 Ebd.
87 Stöhr, Abt. Unterricht, MfV, an Ministersekretariat, MfV, Analyse der Eingaben für das
    III. Quartal 1966 vom 13.10.1966 (BArch, DR 2/20107, unpag.). Die Konsultation
    erschien als Richtlinie für die Vorbereitung auf den Besuch der Erweiterten Oberschule
    und für die Aufnahme in die Erweiterte Oberschule am 10.6.1966.
88 Vgl. Krußk, BSR Karl-Marx-Stadt, Eingabenanalyse II. Quartal 1970 vom 13.7.1970
    (SächsStAC, 30413/8.1, Nr. 63559, unpag.).
89 Krußk, BSR Karl-Marx-Stadt, Eingabenanalyse III. Quartal 1971 vom 13.10.1971 (ebd.)
90 In der Eingabenanalyse für das IV. Quartal 1965 hieß es: „Die Lösung der angesproche-
    nen Fragen ist jedoch fast ausschließlich Angelegenheit der örtlichen Organe. In diesem
    Zusammenhang ist bemerkenswert, dass in keinem Fall der schriftlichen Eingaben sich
    die Eingeber an den für sie oder für die angesprochene Problematik zuständigen Bezirk
    wandten, wenn sie mit getroffenen Entscheidungen durch Kreisorgane nicht einver-
    standen waren." HSI, MfV, an Ministersekretariat, MfV, Analyse der Eingaben für das
    IV. Quartal 1965 vom 14.1.1966 (BArch, DR 2/20104, unpag.). Einige Jahre später hieß
    es: „Bei einer Reihe von Eingaben wurde deutlich, dass sich die Eingeber deshalb an das
    MfV wandten, weil die von ihnen dargestellten Probleme an den Schulen und in Kreis-
    abteilungen nicht zur Zufriedenheit gelöst wurden bzw. das Vertrauensverhältnis zu ein-
    zelnen Leitungskadern gestört ist. Bei der Eingabenbearbeitung zeigten sich in einzel-
    nen Kreisen Mängel in der Arbeit mit Menschen, wurden Anzeichen von Formalismus
    und Bürokratismus festgestellt. [...] Einige Bürger hoben im Zusammenhang mit der Ein-

Eine trügerische Entspannung in der Statistik bewirkte der Staatsratserlass vom 20. November 1969,[91] wonach Einsprüche gegen die Nichtaufnahme in Vorbereitungsklassen der EOS und in die Klassen der Berufsausbildung mit Abitur nur dann noch als Eingabe auszuweisen waren, „wenn sie den Charakter einer Beschwerde" trugen.[92] Aus diesem Grund konnte beispielsweise der Bezirk Karl-Marx-Stadt einen Rückgang von 56 Eingaben (I. Quartal 1970) auf 45 Eingaben (I. Quartal 1971) verzeichnen.[93] Diese Verringerung der Eingaben konnte jedoch über die folgenden Jahre nicht gehalten werden.

Im Kontext des VIII. Parteitages der SED (Juni 1971), der die „untrennbare Einheit von Wirtschafts- und Sozialpolitik" propagierte, kam es zu deutlichen „Korrekturen und Akzentverschiebungen" in der Bildungspolitik.[94] Margot Honecker plante im kommenden Fünfjahresplan 900 000 Facharbeiter auszubilden, anstatt „die Jugend in erster Linie auf das Studium an den Hoch- und Fachschulen vor[zu]bereiten".[95] Folglich ließ sie die geplanten Aufnahmezahlen für die Abiturstufe und das Studium sukzessive reduzieren.[96] Im Jahr 1971 wurden 29 012 Schüler in die elfte Klasse aufgenommen; das entsprach etwa elf Prozent des Altersjahrganges. Danach sanken die Zulassungszahlen auf 24 163 Schüler im Jahre 1975 und auf 22 600 Schüler für das Jahr 1980. Die Quote sank entsprechend auf 8,8 bzw. 8,3 Prozent des jeweiligen Altersjahrganges.

Zusätzlich negativ wirkte sich der angestrebte Mädchen-Jungen-Ausgleich aus. Die durchschnittlichen Schulleistungen der Mädchen lagen über denen der Jungen des gleichen Jahrgangs, weshalb mehr Mädchen als Jungen in die Abiturstufe aufgenommen wurden. Diese Relation sollte zugunsten der Jungen verbessert werden. Sowohl die niedrigen Aufnahmequoten als auch die Reduzierung des Mädchenanteils ließen die Eingabenzahlen ansteigen.[97] Die Tatsache, dass durchschnittlich nur noch zwei Schüler einer Klasse in die Erweiterte Oberschule übertreten durften, löste unter den Schülern nicht nur einen

---

gabenbearbeitung das schnelle und korrekte Reagieren des MfV und einiger Bezirksabteilungen hervor." HSI, MfV, Eingabenanalyse II. Halbjahr 1978 vom 24. 1. 1979 (BArch, DR 2/27187, unpag.).

91　„Die in Rechtsvorschriften vorgesehenen Rechtsmittel sind keine Eingaben im Sinne dieses Erlasses. Gleiches gilt für Neurervorschläge und Anträge, deren Bearbeitung durch besondere Rechtsvorschriften geregelt ist." § 2 Abs. 3 Erlasses des Staatsrates der Deutschen Demokratischen Republik über die Bearbeitung der Eingaben der Bürger vom 20. 11. 1969 (DDR-GBl. I 1969, S. 239).

92　Krußk, BSR Karl-Marx-Stadt, Eingabenanalyse I. Quartal 1971 vom 15. 4. 1971 (SächsStAC, 30413/8.1, Nr. 63559, unpag.).

93　Vgl. ebd.

94　Vgl. Anweiler, Schulpolitik und Schulsystem in der DDR, S. 109.

95　Diskussionsbeitrag des Ministers für Volksbildung, Margot Honecker, auf dem VIII. Parteitag der Sozialistischen Einheitspartei Deutschlands vom 18. 6. 1971. Protokoll der Verhandlungen des VIII. Parteitages der Sozialistischen Einheitspartei Deutschlands. 15. bis 19. 6. 1971. In: Monumenta Paedagogica, Band 16,1, S. 496–500, hier 497.

96　Vgl. Anweiler, Schulpolitik und Schulsystem in der DDR, S. 109.

97　Vgl. Abt. Volksbildung beim ZK der SED, Analyse der Eingaben für das I. Halbjahr 1973 vom 15. 7. 1973 (SAPMO-BArch, DY 30/ IV B 2/9.05/27, unpag.).

Konkurrenzkampf aus, sondern erzeugte bei Schülern und Eltern zunehmend ein Gefühl der Benachteiligung.[98]

Von dem verschlechterten Verhältnis zwischen Bewerberzahl und verfügbaren Plätzen war nicht nur die Erweiterte Oberschule, sondern auch die Berufsausbildung mit Abitur betroffen. Die Gründe dafür lagen erstens darin, dass Schulfunktionäre zur Entspannung der Lage einige Bewerber für die Erweiterte Oberschule auf die Berufsausbildung mit Abitur umlenkten. Zweitens liefen im Schuljahr 1969/70 und zu Beginn des Schuljahres 1970/71 intensive Werbungskampagnen für die Berufsausbildung mit Abitur; das „weckte bei vielen Bürgern Hoffnungen auf Aufnahme ihrer Kinder in diese Ausbildungsform".[99] Drittens verringerte das Ministerium für Volksbildung schrittweise auch die Planzahlen für die Berufsausbildung mit Abitur. Dieser Politik zufolge stieg die Unzufriedenheit unter Schülern und Eltern, was sich in vermehrten Eingaben ausdrückte.[100]

Der allgemeine Engpass verminderte zusätzlich die Chancen von Schülern, deren Aufnahme in die Erweiterte Oberschule ohnehin aus staatlicher Sicht als fraglich erschien. Mit Beschwerden, Einsprüchen und Eingaben wandten sich Eltern an Vertreter der Staatsorgane, an Parteien und das Ministerium für Volksbildung oder hofften auf die Hilfe von Kirchenvertretern. Mit Unverständnis reagierte beispielsweise der Bezirksschulrat von Karl-Marx-Stadt, Kruß, auf die „verstärkte Aktivität bestimmter Kreise religiös gebundener Bürger", denn „diese Bürger erheben in ihren Eingaben die Leistungen der Schüler bewusst zum einzigen Kriterium der Aufnahme und sehen nicht alle Anforderungen im Komplex, die an einen künftigen Abiturienten gestellt werden müssen".[101] Kruß vertrat dezidiert den Standpunkt: „Bei der Ablehnung von Anträgen zur Aufnahme in Vorbereitungsklassen bzw. Klassen der Abiturstufe stellen manche Eingeber ihre persönlichen Interessen über die gesellschaftlichen Erfordernisse. Dabei sehen sie die Notwendigkeit der durchgeführten Reduzierung der Ausbildungsplätze in der Abiturstufe, die volkswirtschaftlich begründet ist, nicht in jedem Fall ein bzw. sind nicht bereit, persönliche Konsequenzen daraus zu ziehen."[102]

Neben der „Uneinsichtigkeit" und dem „Egoismus" der Eingabenschreiber hatte der Bezirksschulrat auch „einige Pädagogen" und Ausbildungsbetriebe als Mitschuldige an der Misere ausgemacht. Diese hätten gegenüber den Eltern Versprechungen und Zusagen gemachten, die sich nicht einhalten ließen.[103]

---

98 Vgl. Baske, Die Erweiterte Oberschule in der DDR, S. 215.
99 Kruß, BSR Karl-Marx-Stadt, Eingabenanalyse III. Quartal 1971 vom 13.10.1971 (SächsStAC, 30413/8.1, Nr. 63559, unpag.); vgl. auch Kruß, BSR Karl-Marx-Stadt, Eingabenanalyse IV. Quartal 1971 vom 12.1.1972 (ebd.).
100 Vgl. ebd.
101 Kruß, BSR Karl-Marx-Stadt, Eingabenanalyse II. Quartal 1971 vom 13.7.1971 (ebd.); vgl. auch Kruß, BSR Karl-Marx-Stadt, Eingabenanalyse II. Quartal 1972 vom 7.7.1972 (ebd.).
102 Kruß, BSR Karl-Marx-Stadt, Eingabenanalyse III. Quartal 1971 vom 13.10.1971 (ebd.).
103 Ebd.; Kruß, BSR Karl-Marx-Stadt, Eingabenanalyse IV. Quartal 1971 vom 12.1.1972 (ebd.).

Auffällig und problematisch seien zudem widersprüchliche Schülerbeurteilungen in den Zeugnisheften und im Aufnahmeantrag, d. h. Einzelaspekte würden „verabsolutiert und losgelöst von der Gesamtpersönlichkeit des Schülers bewertet", was zu nachträglichen Entscheidungsrevisionen führe.[104] Überdies seien den Eltern die „Rückstände in der Gesamtentwicklung ihrer Kinder zu spät bekannt geworden".[105] Insgesamt leiste die Mehrzahl der Schulräte und Schuldirektoren „bei der Durchsetzung der Umlenkungsmaßnahmen [...] eine gute Arbeit und erläuterte den Eltern und Schülern in geduldigen, aber prinzipiellen Gesprächen die Bildungspolitik von Partei und Regierung", dennoch behandelte der Bezirksschulrat in nachfolgenden Dienstbesprechungen mit allen Kreisschulräten dieses Thema „ausführlich". Die Kreisschulräte ihrerseits „erhielten den Auftrag, Fragen der Auswahl und Aufnahme von Schülern in einer Direktorenkonferenz [...] ausführlich allen Schuldirektoren ihres Territoriums zu erläutern und den Umsetzungsprozess zu kontrollieren".[106] Ziel war es, „von vornherein bei den Eltern Klarheit über die Aufnahmekriterien zu erreichen und die große Anzahl von Anträgen weiter zu senken".[107]

Im Ministerium für Volksbildung verzeichnete die Hauptabteilung Unterricht II 166 Eingaben im ersten Halbjahr 1973, von denen allein 75 Prozent die Nichtaufnahme in Vorbereitungsklassen bzw. in die Abiturstufe betrafen.[108] Mehrere Ursachen sind in dieser Analyse benannt: Zum einen sei das Aufnahmeverfahren für die Kreisschulräte komplizierter geworden, da die Zahl geeigneter Schüler zugenommen habe und gleichzeitig die Aufnahmekontingente verringert worden seien. Zum anderen gebe es in verschiedenen Oberschulen kein „verantwortungsbewusstes" Delegierungsverfahren, da „nicht langfristig genug und in kollektiver Weise" Schüler für die Delegierung vorgeschlagen würden. Ferner hätten sich einige Direktoren gescheut, den Eltern offen ihre Ablehnung bekanntzugeben und stattdessen die Verantwortung dem Kreisschulrat zugeschoben. In der Einschätzung des Ministeriums hieß es dazu: „In der Folge erhalten diese Eltern dann eine sehr allgemeine und zu wenig auf die Person des Schülers bezogene stichhaltige Begründung für die ausgesprochene Ablehnung. Dadurch entsteht oftmals gerade bei Eltern, die konfessionell gebunden sind oder zur Gruppe der Intelligenz zählen, der Eindruck, dass sich hinter der allgemeinen (z. T. formalen) Ablehnung eben konfessionelle Bindungen (Bekenntnisse) oder soziale Gründe (kein Arbeiter) ausschließlich verbergen."[109]

---

104 Krußk, BSR Karl-Marx-Stadt, Eingabenanalyse II. Quartal 1972 vom 7. 7. 1972 (ebd.).
105 Krußk, BSR Karl-Marx-Stadt, Eingabenanalyse IV. Quartal 1971 vom 12. 1. 1972 (ebd.).
106 Ebd.
107 Krußk, BSR Karl-Marx-Stadt, Analyse der Arbeit mit den Eingaben der Bürger im Bereich der Volksbildung für die Zeit vom 1.1. bis 31.8.1972. Vorlage für die 6. Sitzung des Bezirkstages vom 12.9.1972 (ebd.).
108 Vgl. Dr. Fred Postler, HA Unterricht II, MfV, Eingabenanalyse – Berichtszeitraum 1.1. bis 30.6.1973 vom 18.7.1973 (BArch, DR 2/13090, unpag.).
109 Ebd.

Laut dieser Analyse hatte sich die Situation noch dadurch verschärft, weil „in einigen Fällen [...] das Bestreben bestand, die geschlechtliche Zusammensetzung der V-Klassen bzw. der Klassen 11 auch durch administrative Entscheidungen und formale Prozenteinhaltung in Ordnung zu bringen". Auf diese Weise wurden „allseitig gut geeignete Mädchen lediglich mit dem allgemeinen Hinweis auf die objektiv ausgewogene Relation von Jungen und Mädchen abgelehnt, während Jungen mit einem ungünstigeren Zensurenbild aufgenommen wurden".[110]

Um die offensichtliche Diskriminierung von Mädchen gegenüber Jungen zugunsten eines ausgewogenen Geschlechterverhältnisses in der Abiturstufe zu beseitigen, erging die Anweisung, „die Auswahl der Jungen [...] rechtzeitig zu treffen", um sie so zu fördern, „dass sie zum Entscheidungszeitpunkt den Mädchen weder in ihren Leistungen noch in ihrem Verhalten nachstehen".[111] Bereits nach einem halben Jahr schienen sich erste Erfolge bei der Auswahl von Jungen und Mädchen zu zeigen. Die Neigung von Schulräten (der unteren Ebene), Direktoren und Lehrern, sich der Verantwortung für eine Nichtzulassung zur Abiturstufe zu entziehen, blieb jedoch bestehen. Und ein neuer Beschwerdegrund kam hinzu: Bei einigen Jungen wurde die Aufnahme in die V-Klasse davon abhängig gemacht, ob sie nach dem Abitur als Zeitsoldat oder als Berufsoffizier in der NVA dienen würden. Dieser Aktionismus in einigen Regionen erschien auch dem Ministerium für Volksbildung unzulässig. Deshalb beauftragte es „die betreffenden Bezirke [...], gemeinsam mit den zuständigen Wehrkreiskommandos zu klären, dass derartige Forderungen der ,Vereinbarung des Ministers für Volksbildung und des Ministers für nationale Verteidigung vom April 1973' widersprechen".[112]

Trotz der Analysen und Gegenmaßnahmen riss der Eingabenstrom nicht ab. Vielmehr traten altbekannte Probleme wieder auf und weitere gesellten sich hinzu. Für das erste Halbjahr 1974 zeigte sich erneut, welche Schwierigkeiten die Schulräte hatten, angesichts der vielen Anträge sowie der geringen Aufnahmequote die „besten" Schüler auszuwählen. In den vielen Beschwerden führten die Eltern an, dass Klassenleiter bei Schülern „über einen längeren Zeitraum [...] die Hoffnung auf einen Besuch der EOS über eine V-Klasse geweckt" und diese „nicht rechtzeitig genug auch auf andere Entwicklungsmöglichkeiten [...] orientiert" hätten.[113] Als zusätzliches Auswahlkriterium für die Abiturstufe schien der Studienwunsch an Gewicht zu gewinnen; „beispielsweise wurden Schüler mit dem Studienwunsch ,Medizin' abgelehnt, aber in Aussicht gestellt, wenn Offizier oder Mathematik/Physik-Lehrer, dann ist die Aufnahme möglich".[114] Bereits in den Jahren zuvor hatten sich zwei weitere Beschwerdegründe

110 Ebd.
111 Ebd.
112 Dr. Fred Postler, HA Unterricht II, MfV, Eingabenanalyse – Berichtszeitraum 1. 7. 1973 bis 31. 12. 1973 vom 8. 1. 1974 (BArch, DR 2/13090, unpag.).
113 Dr. Fred Postler, HA Unterricht II, MfV, Eingabenanalyse – Berichtszeitraum 1. 1. 1974 bis 30. 6. 1974 vom 5. 7. 1974 (ebd.).
114 Ebd.

bezüglich der Nichtzulassung zur Abiturstufe herauskristallisiert. Zum einen fühlten sich Angehörige der Intelligenz durch die Auswahl der Schüler entsprechend der sozialen Struktur der Bevölkerung benachteiligt, da die Kinder von Akademikern im Auswahlverfahren der Intelligenz zugerechnet worden, selbst wenn diese ursprünglich aus der Arbeiterklasse stammten. Zum anderen forderten „religiös gebundene Eltern [...] unter Berufung auf die Verfassung und verschiedene Konventionen den EOS-Besuch für ihre Kinder".[115] Die Ministeriumsmitarbeiter reagierten auf die Eingaben, indem sie bereits Anfang Mai 1974 schriftlich ausgearbeitete „Hinweise zur Aufnahme in die V-Klassen, in die EOS und in die Klassen ‚Berufsausbildung mit Abitur'" als Führungsmaterial an die Bezirksschulräte übergaben und diesbezüglich von Mitarbeitern der Abteilung Abiturstufe Konsultationen in allen Bezirken durchführen ließen.[116]

Trotz dieser Maßnahmen stellte Fred Postler in seiner Eingabenanalyse für die zweite Jahreshälfte 1974 erneut Mängel bei der Auswahl geeigneter Schüler fest. Zwar hätten die Oberschulen die Auswahl der Schüler langfristig vorbereitet, jedoch zeige sich dabei

> „zum Teil ein formales Vorgehen bei der Vorbereitung der Auswahl der Schüler [...].
> (Die Schulen erhalten Sollzahlen, Direktoren schlüsseln die Zahlen auf Klassen auf; formale Vergabe des Jungen/Mädchen-Anteils).
> Auf der Grundlage von Sollzahlen, die bis auf die Klassen aufgeschlüsselt werden, sprechen Klassenleiter bereits Ablehnungen aus. In den Gesprächen mit den Eltern können die Klassenleiter nicht ausreichend das ‚Auswahl- und Aufnahmeverfahren' schulpolitisch und schulrechtlich erläutern."[117]

Das Vorgehen der Direktoren orientierte sich sowohl an dem geringen Zulassungskontingent als auch der statistischen Aufschlüsselung, die an die Schulräte übermittelt werden mussten.[118] Zudem hatten die Schulleiter immer wieder Quoten zu erfüllen, sei es für die militärische Nachwuchsgewinnung oder für einen ausgeglichenen Jungen/Mädchen-Anteil. Das formale Vorgehen nutzte so mancher Schuldirektor als probates Mittel, der Kritik der Vorjahre entgegenzuwirken.[119] Allerdings schien das vom Ministerium empfohlene Vorgehen zur zusätzlichen Förderung von Jungen dabei nur wenig Beachtung gefunden zu haben.

---

115 Ebd.
116 Ebd.
117 Dr. Fred Postler, HA Unterricht II, MfV, Eingabenanalyse – Berichtszeitraum 1.7.1974 bis 31.12.1974 vom 10.1.1975 (BArch, DR 2/13090, unpag.).
118 Sowohl die Schulräte als auch die Schuldirektoren gingen dazu über, die vorgegebenen Sollzahlen auf Bezirks-, Kreis-, Stadt- und Schulebene aufzusplitten, um die Planvorgaben des Ministeriums für Volksbildung möglichst nicht zu überschreiten.
119 Die Reglementierung von Schuldirektoren durch die Vorgabe von Kontingenten bemängelte beispielsweise der BSR von Karl-Marx-Stadt bereits 1971 in den Kreisen Hohenstein-Ernstthal und Freiberg. Vgl. Krußk, BSR Karl-Marx-Stadt, Eingabenanalyse IV. Quartal 1971 vom 12.1.1972 (SächsStAC, 30413/8.1, Nr. 63559, unpag.); Reglementierungen traten u.a. auch im Kreis Oelsnitz auf. Krußk, BSR Karl-Marx-Stadt, Eingabenanalyse II. Quartal 1973 vom 9.7.1973 (ebd., Nr. 63558, unpag.).

Die von Fred Postler kritisierte Initiative der Klassenleiter lässt sich zudem als eine Reaktion auf die scheinbar missverstandenen Beanstandungen der letzten Jahre und Monate verstehen. Schließlich lastete man den Klassenleitern in der Eingabenanalyse des ersten Halbjahres 1974 an, über längere Zeit die Hoffnung auf einen EOS-Besuch bei Schülern geweckt und nicht rechtzeitig die Schüler auch auf andere Entwicklungsmöglichkeiten orientiert zu haben.[120] Entsprechend dieses Vorwurfes hatten die Klassenleiter reagiert. Sie konfrontierten die Schüler bereits frühzeitig mit den realen Verhältnissen und nahmen ihnen somit die Hoffnung auf eine Aufnahme in die Abiturstufe. Allerdings gelang es ihnen oftmals nicht, die Eltern von ihrer Entscheidung zu überzeugen, sodass diese sich in vielen Fällen an die nächst höhere Instanz wandten. Um diese „falschen" Entwicklungen im Auswahl- und Aufnahmeprozess zur Abiturstufe zu korrigieren, diskutierten die obersten Schulfunktionäre im Dezember 1974 auf einem Seminar der Bezirksschulräte diesbezügliche Fragen. Für die Unterweisung von Schuldirektoren und Lehrern vor Ort sah das Ministerium für Volksbildung „operative Einsätze" von Mitarbeitern der Abteilung Abiturstufe und Kontrollen durch die Hauptschulinspektion vor.[121]

Diese Maßnahmen wirkten laut Analyse des ersten Halbjahres 1975 zwar positiv auf die Auswahl bzw. Zulassung zur Abiturstufe und damit gegen die Eingabenflut. Bis auf Einzelfälle trafen „die Schulräte in der Mehrzahl eine politisch und pädagogisch richtige Entscheidung"; dennoch verursachte die begrenzte Aufnahmekapazität weiterhin „objektive Schwierigkeiten", sodass „eine größere Anzahl von Schülern nachträglich in die V-Klassen aufgenommen" werden musste.[122] „Die Schulräte machten dabei von der Möglichkeit Gebrauch, nach eigenem Ermessen nachträglich pro V-Klasse 2 Schüler aufzunehmen. (Diese Orientierung wurde durch das Ministerium für Volksbildung im Mai 1974 den Schulräten übermittelt.) Dadurch konnten einige berechtigte Härtefälle korrigiert werden."[123]

Mit dieser temporären Strategieänderung gab das Ministerium für Volksbildung den Wünschen und Forderungen der Eingabenschreiber nach. Die Folgen dieser sehr kurzsichtigen Lösung zeigten sich zwei Jahre später. Da die Aufnahmezahlen für die elfte Klasse nicht entsprechend erhöht worden waren, mehrten sich die Eingaben von Eltern, deren Kinder zwar seinerzeit in die V-Klassen aufgenommen, jedoch nicht in die elfte Klasse übernommen wurden. Besonders schwer wog diese Problematik im Stadtbezirk Berlin-Pankow, hier erhielten 42 von 200 Schülern keinen Platz in der Abiturstufe. Zusätzlich konnten auch keine Schüler mehr in die elfte Klasse aufgenommen werden, die direkt nach dem POS-Abschluss in die Erweiterte Oberschule übertreten sollten. Schließlich

---

120 Vgl. Dr. Fred Postler, HA Unterricht II, MfV, Eingabenanalyse – Berichtszeitraum 1.1.1974 bis 30.6.1974 vom 5.7.1974 (BArch, DR 2/13090, unpag.).
121 Dr. Fred Postler, HA Unterricht II, MfV, Eingabenanalyse – Berichtszeitraum 1.7.1974 bis 31.12.1974 vom 10.1.1975 (ebd.).
122 Dr. Meier, HA Unterricht II, MfV, Eingabenanalyse – Berichtszeitraum 1.1.1975 bis 30.6.1975 vom 2.7.1975 (ebd.).
123 Ebd.

nahm die Ministeriumsleitung die Lockerung der Aufnahmequoten für die V-Klassen zurück, um die Situation bis 1981 wieder zu entspannen.[124]

Infolge der Mehraufnahmen von Schülern in die V-Klassen ab 1975 mussten einige Schüler nach der zehnten Klasse die Erweiterte Oberschule verlassen. Da manche Schuldirektoren es versäumt hatten, die betroffenen Schüler und deren Eltern rechtzeitig über die Nichtaufnahme in die elfte Klasse zu informieren, kam es erneut zu Beschwerden. Diese Schüler fühlten sich gegenüber ihren Altersgenossen benachteiligt, weil sie sich nur unzureichend im Vorfeld beruflich orientieren konnten. Zudem sei „nach wie vor die Aufnahme in Klasse 11 nicht so sorgfältig durchgeführt [worden] wie die Aufnahme in V-Klassen". Darüber hinaus herrsche bei den Eltern „nicht ausreichend Klarheit über den Charakter der V-Klassen als Bestandteil der OS", hieß es in dieser Eingabenanalyse von 1978.[125] Nach Ansicht des Ministeriums fiel es einzelnen Eltern offensichtlich schwer, „den Entwicklungsstand und das Leistungsvermögen ihrer Kinder objektiv einzuschätzen". So akzeptierten sie die Nichtaufnahme in Klasse 11 nicht, obwohl ihre Kinder nur mittelmäßige Leistungen in den V-Klassen erbracht hätten. Mitunter sei „für viele Eltern die Aufnahme in die V-Klasse identisch [...] mit dem Weg zum Abitur".[126] In diesem Zusammenhang stellte das Ministerium fest, dass „Stil und Ton" bei der Gesprächsführung die Haltung der Beschwerdeführer beeinflussten, sodass diese „bei sachlichen und überzeugenden Begründungen meist Verständnis für getroffene Entscheidungen" aufgebracht hätten.[127]

In den frühen 1970er Jahren wiesen die Eingabenschreiber die Ministeriumsmitarbeiter auf weitere Diskrepanzen hin, diesmal bezüglich der Aufnahme zur Berufsausbildung mit Abitur. Nachdem die Kreiskommission die Schüler für die Abiturstufe zugelassen hatte, fanden die Schüler keine Lehrstelle in der von ihnen gewünschten Ausbildungsrichtung, da ihre Berufsvorstellungen von den tatsächlich vorhandenen Ausbildungsplätzen abwichen und einzelne Pädagogen die konkreten Ausbildungsrichtungen nicht kannten.[128] In den ersten Jahren begegneten die Ministeriumsmitarbeiter diesem Problem mit Veröffentlichungen in der Tagespresse und in pädagogischen Zeitungen, um Schüler, Eltern und Lehrer über die Ausbildungsmöglichkeiten zu informieren. Da nach wie vor Eingaben zu dieser Thematik eingingen, sah sich das Ministerium gezwungen, die Anweisung zur Ausbildung von Schülern der Klassen „Berufsausbildung mit Abitur" aus dem Jahre 1969 zu überarbeiten. Noch bestand die Hoffnung, dass durch „Presseveröffentlichungen, zentrale Beratungen von Schulfunktionären und Funktionären der Berufsausbildung, Schaffung von Berufsberatungszentren

---

124 Vgl. Dr. Fred Postler, HA Unterricht II, MfV, Eingabenanalyse 2. Halbjahr 1977 vom 4. 1. 1978 (BArch, DR 2/13554, Band 2, unpag.).

125 Dietzel, HA Oberschule, MfV, Eingabenanalyse 2. Halbjahr 1978 vom 22. 1. 1979 (ebd.).

126 Dr. Fred Postler, HA Unterricht II, MfV, Eingabenanalyse 1. Quartal 1979 vom 4. 4. 1979 (ebd.).

127 Dietzel, HA Oberschule, MfV, Eingabenanalyse 2. Halbjahr 1978 vom 22. 1. 1979 (ebd.).

128 Vgl. Dr. Meier, HA Unterricht II, MfV, Eingabenanalyse – Berichtszeitraum 1. 1. 1975 bis 30. 6. 1975 vom 2. 7. 1975 (BArch, DR 2/13090, unpag.).

in den Kreisen [...] eine bessere Übereinstimmung der Berufswünsche mit den tatsächlichen Möglichkeiten an Ausbildungseinrichtungen im Territorium geschaffen werden".[129]

Ende der 1970er Jahre fragten Eltern abermals „nach Gleichberechtigung und Gerechtigkeit bei der Entscheidungsfindung",[130] da einige Zulassungskommissionen trotz schlechterer Leistungen Jungen gegenüber Mädchen bevorzugt in die Abiturstufe aufgenommen hatten, um eine Parität der Geschlechter zu gewährleisten. Hinzu kamen Eingaben, in denen Eltern die ungenügende Würdigung der Schulleistungen gegenüber anderen Kriterien, wie beispielsweise Studienwünschen, im Auswahlprozess beklagten. Weiterhin zeigte sich „verschiedentlich eine ungerechtfertigte wertende Differenzierung zwischen Vorschlägen der Schulen und Anträgen von Eltern", d. h. die Anträge von Eltern wurden oftmals hintangestellt. Diese Praxis diente letztlich auch als Begründung in Ablehnungsbescheiden.[131] Ferner bemängelten die Ministeriumsmitarbeiter „vielfach formale standardisierte Begründungen" in den Ablehnungsschreiben, bei denen „auf die Individualität des Schülers wenig oder gar nicht Bezug genommen wird", was letztendlich auf Seiten der Eltern und Schüler „zu Verhärtungen und Verkomplizierungen und zu erneuten Eingaben bis zum Staatsrat" führe.[132]

Laut Hauptabteilung Unterricht II half gegen diese Unzulänglichkeiten nur verstärkte „operative Arbeit", um die örtlichen Organe auf ihre Fehler hinzuweisen.[133]

Als neuer Kritikpunkt des Ministeriums tauchte mitunter auf, es werden „die bisherige Entwicklung und die Entwicklungsbedingungen der Schüler (besondere Familiensituation, Krankheit der Schüler, Krankheits- und Todesfälle in der Familie, die den Schülern zusätzliche Belastungen bringen) oft nicht berücksichtigt".[134]

Zum Ende der 1970er Jahre dominierte die Kritik an der Formulierung der Ablehnungsschreiben die Eingabenanalysen:

129 Ebd.
130 Dr. Fred Postler, HA Unterricht II, MfV, Eingabenanalyse 1. Halbjahr 1978 vom 30.6.1978 (BArch, DR 2/13554, Band 2, unpag.).
131 Ebd.
132 Ebd. Auf dieses Problem wurde nochmals in der Eingabenanalyse des zweiten Halbjahres 1987 Bezug genommen. Darin hieß es, dass „bei 5 Eingaben zu wenig die besondere Situation der betreffenden Schüler (gesundheitliche Probleme, kinderreiche Familien, alleinstehende Elternteile u. a.) durch die Kommission berücksichtigt wurde. Auch hier wurden im Zuge der Eingabenbearbeitung durch die Bezirksschulräte die richtigen endgültigen Entscheidungen getroffen." Bereich Drechsler, HA Oberschule, MfV, Eingabenanalyse 2. Halbjahr 1987, o. D. (BArch, DR 2/13032, unpag.).
133 Dr. Fred Postler, HA Unterricht II, MfV, Eingabenanalyse 1. Halbjahr 1978 vom 30.6.1978 (BArch, DR 2/13554, Band 2, unpag.).
134 Dietzel, HA Oberschule, MfV, Eingabenanalyse 2. Halbjahr 1978 vom 22.1.1979 (ebd.).

„Die Ablehnungen wurden zum Teil gar nicht begründet oder die Begründungen erfolgten mit
- fehlender Kapazität,
- unklaren Berufs-/Studienwünsche,
- ungenügenden Leistungen bzw. Absinken der Leistungen,
- nicht gefestigte Persönlichkeitseigenschaften bzw. Mängel in der gesellschaftlichen Aktivität der Schüler,
- Verschlechterung des Verhaltens."[135]

Im Wesentlichen traten immer wieder die gleichen Probleme auf und alle Versuche, Fehlentwicklungen zu korrigieren, nützten letztlich wenig, weil sie nur Symptome linderten, nicht aber die Ursache behoben. Neben einer eindeutig politisch motivierten Auslese zugunsten systemkonformer Schüler kristallisierten sich zwei weitere Gründe heraus, die eigentlich einer Korrektur bedurft hätten: formales und bürokratisches Vorgehen und (zu) geringe Zulassungsquoten für die V-Klassen, die Abiturstufe und verschiedene Studienrichtungen.

In den Folgejahren wechselte lediglich die Häufigkeit der üblichen Eingabeanliegen zum Auswahlprozess. Für das erste Halbjahr 1980 beklagten Eltern, dass Mädchen gegenüber Jungen benachteiligt würden, dass die Begründungen für die Ablehnungen zu allgemein und nicht persönlichkeitsbezogen seien und dass eine mangelhafte Berufs- und Studienorientierung für Schüler stattfinde.[136] Im zweiten Halbjahr 1980 hieß es:

„Die Eingaben resultieren vor allem daraus, dass Kreis- und Bezirksschulräte strengere Maßstäbe an den Entwicklungsstand der Gesamtpersönlichkeit – einschließlich der Berufs- und Studienvorstellungen der Schüler – bei ihren Entscheidungen anlegten und oftmals diese hohen Ansprüche an den betreffenden Schulen in der Arbeit mit den Schülern und Eltern nicht allseitig bewusst gemacht wurden. Ausdruck dafür ist, dass Standpunkte von Lehrern und Direktoren den Entscheidungen der Kreis- bzw. Bezirksschulräte gegenüber gestellt wurden."[137]

Dementsprechend war es notwendig, Schüler und Eltern einerseits „noch gründlicher mit den Gesamtanforderungen an die Persönlichkeit vertraut zu machen, einseitiges ‚Zensurendurchschnittsdenken' abzubauen und rechtzeitig auf sichtbar werdende Entwicklungsprobleme der Schüler aufmerksam zu machen". Andererseits forderte man die Lehrer und Direktoren auf, im Falle einer Ablehnung des Bewerbers „noch besser die Vielfalt der Entwicklungsmöglichkeiten in unserem sozialistischem Bildungssystem aufzuzeigen (Facharbeiterausbildung, Ingenieurschulen, Ingenieurhochschulen, Abiturlehrgänge an Volkshochschulen usw.)".[138] Widersprüchlich blieb in der Praxis, dass die Bezirksschulräte in Einzelfällen die formale Entscheidung von Kreisschulräten nochmals prüften und ggf. korri-

---

135 Parr, HA Unterricht, MfV, Eingabenanalyse 2. Quartal 1979 vom 20.7.1979 (ebd).
136 Vgl. Drechsler, HA Oberschule, MfV, Eingabenanalyse 1. Halbjahr 1980 vom 3.7.1980 (BArch, DR 2/13091, unpag.).
137 Drechsler, HA Oberschule, MfV, Eingabenanalyse 2. Halbjahr 1980 vom 14.1.1981 (ebd.).
138 Ebd.

gierten. Das betraf vor allem die Überbewertung des Studienwunsches bzw. die „einseitige Bewertung religiöser Bindungen".[139] Insbesondere diese beiden Punkte gaben in den Folgejahren häufiger Anlass zur Kritik.[140] Insgesamt beschwerte sich im Verhältnis zu allen Ablehnungen mit oder ohne Zulassungsantrag jedoch nur ein Bruchteil der Eltern.

Ab dem zweiten Halbjahr 1982 gingen beim Ministerium für Volksbildung auch Eingaben ein, die Ablehnungen von Studienbewerbungen betrafen. Eltern zweifelten an einer objektiven Einschätzung ihrer Kinder, zumal die Jugendlichen von der Schule keine Informationen über die Studienbeurteilungen erhielten. Die Mitarbeiter der Hauptabteilung Oberschule erkannten unter den Schuldirektoren eine allgemeine Verunsicherung darüber, ob die Studienbewerber die Gesamteinschätzung einsehen dürften. Letztlich schlugen sie deshalb vor, den Abiturienten die Einsicht zu gewähren.[141] Inwiefern dieser Vorschlag auch praktiziert wurde, geht aus den Akten nicht hervor.

Als zweifelhaft erwies sich im Zusammenhang mit Schülerbeurteilungen weiterhin, „dass es in Einzelfällen gravierende Unterschiede gab zwischen der Jahresbeurteilung auf dem Zeugnis der Klasse 9 und der Gesamteinschätzung für die Aufnahmekommission".[142] Diese Differenzen ließen sich jedoch nicht allein mit unrealistischen Einschätzungen der Lehrer und Direktoren begründen, wie die Ministeriumsmitarbeiter meinten.[143] Einige Lehrer und Direktoren beurteilten einen Schüler nämlich absichtlich im Aufnahmeantrag anders als im Jahreszeugnis, um unangenehmes Nachfragen der Eltern und anschließende Diskussionen zu umgehen. Die Schülerbeurteilung des Aufnahmeantrages durften die Eltern in der Regel nicht einsehen, sodass eine negative Bewertung auf internem Wege nur der Aufnahmekommission zuging. Das Ablehnungsschreiben sandte die Aufnahmekommission bzw. der Stadtbezirks-, Stadt- oder Kreis-

---

139 Ebd.
140 In der Eingabenanalyse für das zweite Halbjahr 1982 hieß es dazu: „In 8 Fällen wurden Schüler mit sehr guten politischen und fachlichen Voraussetzungen abgelehnt, weil ihr Studienwunsch (z. B. Medizin, Biochemie, künstlerische Fachrichtungen) nach Auffassung des Kreises nicht volkswirtschaftlichen Schwerpunkten entsprach. In drei Fällen war über religiös gebundene Schüler nicht mit dem notwendigen politischen Verantwortungsbewusstsein entschieden worden, d. h. allein die Tatsache ihrer religiösen Bindung und nicht die Haltung dieser Schüler als Staatsbürger gab den Ausschlag für die getroffene Entscheidung." Dietzel, Drechsler, HA Oberschule, MfV, Eingabenanalyse 2. Halbjahr 1982 vom 18. 1. 1983 (ebd.). Ähnliche Formulierungen, teils gar mit gleichem Wortlaut, fanden sich in der Eingabenanalyse für das zweite Halbjahr 1983: „In vier Fällen war über religiös gebundene Schüler nicht mit der notwendigen politischen Sorgfalt entschieden worden, d. h. allein die Tatsache ihrer religiösen Bindung und nicht die Haltung dieser Schüler als Staatsbürger gab den Ausschlag für die getroffene Entscheidung." Dietzel, HA Oberschule, MfV, Eingabenanalyse 2. Halbjahr 1983 vom 18. 1. 1984 (BArch, DR 2/13554, Band 2, unpag.).
141 Vgl. Dietzel, HA Oberschule, MfV, Eingabenanalyse 2. Halbjahr 1982 vom 12. 1. 1983 (BArch, DR 2/13554, Band 1, unpag.).
142 Dietzel, Drechsler, HA Oberschule, MfV, Eingabenanalyse 2. Halbjahr 1982 vom 18. 1. 1983 (BArch, DR 2/13091, unpag.).
143 Vgl. ebd.

schulrat an die Eltern, für die somit nicht nachvollziehbar war, welche Gründe wirklich die Entscheidung beeinflusst hatten.

Die fortwährenden und gleichgearteten Schwierigkeiten im Rahmen des Auswahl- und Aufnahmeprozesses waren schließlich auch Gegenstand der Ministerdienstbesprechungen. Insbesondere am 20. Dezember 1983 und 11. Dezember 1984 konstatierte die Ministeriumsleitung, dass es sich nur um territoriale Erscheinungen handele.[144] Eine Feststellung, die bereits in den 1960er Jahren aufkam und zur Verharmlosung des Problems wieder aufgegriffen wurde. Da Zweifel an der Partei- und Staatspolitik von vornherein ausgeschlossen waren, musste es sich aus Sicht der Ministeriumsführung bei den auftretenden Häufungen der Fälle[145] um lokale bzw. regionale „Erscheinungen" handeln. Somit blieb der Gedanke an eine DDR-weite Problematik außen vor und der Schweregrad ließ sich herunterspielen. In der Kritik standen einzelne Vertreter der Partei- und Staatsorgane, also Schulräte, Schuldirektoren und Lehrer, die die Vorgaben aus der Hauptstadt noch nicht ausreichend verinnerlicht oder falsch interpretiert hatten. Folglich bestanden die Schwierigkeiten aufgrund persönlicher Versäumnisse einzelner Leitungskader oder Lehrer.

Ab 1983 trat das Phänomen auf, dass sich einzelne Eltern bereits ein Jahr vor dem Auswahltermin bezüglich einer Aufnahme in die Abiturstufe an das MfV wandten. Dabei handelte es sich ausschließlich um Schüler, denen die Direktoren der Oberschulen eine Delegierung für den Besuch der Abiturstufe verwehrt hatten.[146] Als Reaktion darauf erhielten die Eltern lediglich „Sachinformationen über die Aufnahmeordnung vom 5. Dezember 1981".[147]

Drei Jahre später kam es in zwei Kreisen des Bezirkes Potsdam zur Nichtzulassung mehrerer Schüler zur Erweiterten Oberschule durch die örtlichen Auf-

---

144 Vgl. Ministerdienstbesprechung vom 20.12.1983 (BArch, DR 2/30452, unpag.); Ministerdienstbesprechung vom 11.12.1984 (BArch, DR 2/30668, unpag.).

145 Häufungen fielen beispielsweise für das zweite Halbjahr 1983 in Schwerin-Stadt und Magdeburg-Nord auf, für das zweite Halbjahr 1984 in Weimar-Stadt, Halle-Stadt sowie in den Berliner Stadtbezirken Marzahn und Lichtenberg. Im zweiten Halbjahr 1986 kamen vermehrt Beschwerden aus den Bezirken Berlin, Dresden, Halle, Karl-Marx-Stadt, Potsdam und Suhl und im zweiten Halbjahr 1987 lagen die Bezirke Berlin, Dresden und Erfurt an der Spitze. Vgl. Dietzel, HA Oberschule, MfV, Eingabenanalyse 2. Halbjahr 1983 vom 18.1.1984 (BArch, DR 2/13554, Band 2, unpag.). Vgl. Bereich Dietzel, HA Oberschule, MfV, Eingabenanalyse für den Berichtszeitraum vom 1.7. bis 31.12.1984 vom 16.1.1985 (ebd., Band 1, unpag.); Bereich Drechsler, HA Oberschule, MfV, Eingabenanalyse 2. Halbjahr 1986, o.D. (BArch, DR 2/13091, unpag.); Bereich Drechsler, HA Oberschule, MfV, Eingabenanalyse 2. Halbjahr 1987, o.D. (BArch, DR 2/13032, unpag.).

146 Vgl. Bereich Drechsler, HA Oberschule, MfV, Eingabenanalyse 1. Halbjahr 1987, o.D. (BArch, DR 2/13091, unpag.).

147 Dietzel, HA Oberschule, MfV, Eingabenanalyse 2. Halbjahr 1983 vom 12.1.1983 (BArch, DR 2/13554, Band 2, unpag.); vgl. auch Bereich Dietzel, HA Oberschule, MfV, Eingabenanalyse für den Berichtszeitraum vom 1.1. bis 30.6.1984 vom 17.7.1984 (ebd., Band 1, unpag.); Sekretariat des Ministers, MfV, Analyse der Eingaben für die Zeit vom 1.1.1985 bis 30.6.1985 – 1. Halbjahr, o.D. (BArch, DR 2/14287, unpag.); Bereich Drechsler, HA Oberschule, MfV, Eingabenanalyse 1. Halbjahr 1987, o.D. (BArch, DR 2/13091, unpag.).

nahmekommissionen. Allerdings ließen diese die Betroffenen im Gegenzug zu einer Berufsausbildung mit Abitur zu, jedoch ohne sich im Vorfeld mit den Schülern und deren Eltern darüber zu verständigen.[148]

Auch scheiterte der Versuch des Berliner Bezirksschulrates, mithilfe der „Bildung einer hohen Reserve (ca. 40 Plätze) zur Verfügbarkeit des Bezirksschulrates" die Eingaben zu reduzieren. Da dies „bei der insgesamt angespannten Aufnahmesituation besonders in den neuen Stadtbezirken Marzahn, Hellersdorf und Hohenschönhausen zu einer größeren Anzahl von Ablehnungen und damit zu einer Konzentration von Einsprüchen" geführt hätte.[149]

Um sowohl den Eingaben als auch den Problemen vor Ort adäquat zu begegnen, setzte die Hauptabteilung Oberschule darauf, dass die Hauptschulinspektoren die Eingabenschwerpunkte mit den Bezirksschulräten auswerteten. Die Inspektoren „wurden darauf orientiert, in der persönlichen operativen Anleitung und Kontrolle noch stärker darauf Einfluss zu nehmen, dass die Eingabenbearbeitung in den Bezirks- und Kreisabteilungen entsprechend den gesetzlichen Bestimmungen erfolgt".[150]

Margot Honecker als Ministerin schien die Fakten jedoch anders zu interpretieren:

„Ich sehe 2 Hauptprobleme:
1. Vielfach 30–60 Prozent der Eingaben im Sinne der Einsender entschieden. Das lässt auf ernste Mängel in der Leitungstätigkeit schließen.
2. Es zeigt sich in örtlichen Organen und Schulen verbreitet fehlende Rechtskenntnis. Die Fragen der Qualifiz[ierung] auf diesem Gebiet und für Bereich PHS u. Kader in den Kreisen u. auch für die Direktoren immer dringender."[151]

Da Margot Honecker die Eingaben auf eine fehlerhafte Amtsführung und auf Wissensdefizite der Funktionäre der unteren Ebenen zurückführte, versprach eine bessere Anleitung rasche Abhilfe. So zielten „EOS-Direktorenlehrgänge" in den Folgejahren darauf, „die Direktoren in der Anwendung und Umsetzung schulrechtlicher Bestimmungen sicherer zu machen".[152] Die Hauptabteilung Oberschule im Volksbildungsministerium erachtete es für notwendig, über die Kreisschulräte alle Direktoren der zehnklassigen Oberschulen zur Führung des Auswahl- und Aufnahmeverfahrens für die Abiturstufe zu qualifizieren. Auf diese Weise sollte insbesondere die Qualität und Aussagekraft der Einschätzung

---

148 Vgl. Bereich Drechsler, HA Oberschule, MfV, Eingabenanalyse 2. Halbjahr 1986, o. D. (ebd.).
149 Bereich Drechsler, HA Oberschule, MfV, Eingabenanalyse 2. Halbjahr 1987, o. D. (BArch, DR 2/13032, unpag.).
150 Ebd.
151 Handschriftliche Anmerkung Margot Honeckers auf dem Deckblatt der Eingabenanalyse. Bereich Drechsler, HA Oberschule, MfV, Eingabenanalyse 2. Halbjahr 1987, o. D. (ebd.).
152 Bereich Drechsler, HA Oberschule, MfV, Eingabenanalyse 1. Halbjahr 1988, o. D. (BArch, DR 2/13091, unpag.).

über die „politisch-moralische" und „charakterliche" Eignung des vorgeschlagenen Schülers verbessert werden.[153]

Weder Margot Honecker noch ihre Ministeriumsmitarbeiter stellten das
Zulassungssystem infrage. Nach dieser Lesart waren individuelle Fehler von aus-
führenden Personen, die das System noch nicht „richtig" verstanden hatten, für
die Eingaben verantwortlich. Dass sich die in den Eingaben widerspiegelnde
Unzufriedenheit in der Bevölkerung durch „besser funktionierende" Funktionäre abstellen ließe, stellte sich allerdings als ein Trugschluss heraus. Nur ein
völlig transparentes Zulassungssystem, das sich ausschließlich an der Leistung
des Schülers orientierte, ohne Rücksicht auf dessen politische Einstellung oder
die seiner Eltern, hätte Aussicht gehabt, von Eltern und Schülern als gerecht
akzeptiert zu werden. So weit wollte die SED-Führung jedoch nicht gehen.

2.2 Eingaben aufgrund weiterer Benachteiligungen

Eltern wandten sich jedoch nicht nur wegen des verweigerten Zugangs zur
Abiturausbildung an das Ministerium für Volksbildung, sondern auch aufgrund
weiterer vielfältiger Diskriminierungen,[154] die sich vorwiegend gegen christliche
Schüler richteten und mit gewissen Schwankungen für alle Phasen der DDR-
Geschichte bezeichnend waren.

Bereits seit 1946 enthielten die Lehrpläne antireligiöse Unterrichtsinhalte,
die christliche Schüler und Eltern als Blasphemie empfanden, etwa das Gedicht
„Die schlesischen Weber" von Heinrich Heine.[155] Gegen die Vermittlung derartiger Unterrichtsinhalte wehrten sich Schüler, Eltern und Kirchenvertreter,
sodass die Ministeriumsmitarbeiter diese Thematik in der Eingabenanalyse von
1965 als „Eingabe gegen obligatorische Unterrichtsstoffe (Die schlesischen
Weber; Die Internationale)" registrierten.[156]

Elterliche Beschwerden erfolgten auch seit Einführung der Jugendweihe;
einige Kinder erlitten im Schulalltag Repressionen, weil sie die staatliche Initia-
tionsfeier ablehnten.[157] In den Eingabenanalysen sind diese Vorfälle nur knapp
und schlagwortartig unter dem Stichpunkt „Nichtteilnahme an der Jugend-

---

153 Bereich Drechsler, HA Oberschule, MfV, Eingabenanalyse 2. Halbjahr 1988, o. D.
   (BArch, DR 2/13033, unpag.).
154 Siehe dazu Kapitel IV.2. Unter anderem richteten Eltern Eingaben auch an das MfV, um
   sich gegen Militärspielzeug für Kinder zu beschweren. Vgl. Fröhlich, Abt. Erziehung,
   MfV, an Ministersekretariat, MfV, Eingaben-Analyse II/66 vom 17.10.1966 (BArch,
   DR 2/20107, unpag.).
155 Vgl. zu dieser Thematik Kapitel IV.2.8.; Tüting, „Die schlesischen Weber" in der Schule
   der DDR.
156 Dr. Weiß, Abt. Unterricht, MfV, an Ministersekretariat, MfV, Analyse der Eingaben für
   das III. Quartal 1965 vom 15.10.1965 (BArch, DR 2/10103, unpag.).
157 Vgl. Stöhr, Abt. Unterricht, MfV, an Ministersekretariat, MfV, Analyse der Eingaben für
   das I. Quartal 1966 vom 14.4.1966 (BArch, DR 2/20105, unpag.).

weihe" zusammengefasst.[158] In Einzelfällen strichen die Mitarbeiter des Ministeriums für Volksbildung diese Eingaben auch in den Entwürfen des Analysebogens, sodass diese in der Reinschrift für Vorgesetzte bis hin zum Minister nicht mehr auftauchten.[159]

Ein Gegenstand von Eingaben waren Relegierungsanträge und Relegierungen von Schülern.[160] Diese Schulstrafe setzten manche Direktoren gezielt ein, um Schüler noch kurz vor dem Abitur zu maßregeln, ihnen ihre Grenzen aufzuzeigen und sie in eine ungewisse, teils perspektivlose Zukunft zu entlassen. Für das zweite Quartal 1966 stellten die Mitarbeiter des Sektors Arbeit und Recht im Ministerium für Volksbildung deshalb fest, dass „in der Zeit der Vorbereitung auf das Abitur und auch noch während des Abiturs immer wieder die Zahl der Relegierungsanträge besonders ansteigt".[161]

Eine Relegierung erfolgte in vielen Fällen, wenn Schüler allein, gemeinsam mit ihren Eltern oder auch nur nächste Angehörige des Schülers „Republikflucht" begangen oder versucht bzw. einen Antrag auf Ausreise aus der DDR gestellt hatten. Einen vermehrten Eingang diesbezüglicher Eingaben stellte das Ministerium für Volksbildung vor allem in den 1980er Jahren fest.[162]

Ein weiterer Beschwerdegrund bezog sich auf das Verhalten von Lehrern gegenüber Schülern respektive von Direktoren gegenüber Eltern. Bei dieser Problematik erhielten die Eltern meist recht und für die Leiter erfolgten

---

158 Vgl. z. B. Ohl, Abt. Grundsätze, MfV, an Dietzel, HA Oberschulen, MfV, Analyse der Eingaben für das 2. Halbjahr 1974 vom 15.1.1975 (BArch, DR 2/13090, unpag.).

159 Beispielsweise beklagte sich im Jahre 1978 ein Elternpaar aus dem Kreis Löbau, dass die Schulleitung ihr Kind vom Wandertag ausschloss, weil es nicht an der Jugendweihe teilnahm. Im Entwurf der Eingabenanalyse für das zweite Halbjahr 1978 der Hauptschulinspektion ist diese Beschwerde handschriftlich gestrichen worden und folglich nicht in die Reinschrift eingegangen. Vgl. HSI, MfV, Eingabenanalyse II. Halbjahr 1978 vom 24.1.1979 (BArch, DR 2/27187, unpag.).

160 Relegierungen fanden sich in: Dietzel, HA Oberschulen, MfV, Eingabenanalyse 2. Halbjahr 1978 vom 22.1.1979 (BArch, DR 2/13554, Band 2, unpag.); Drechsler, HA Oberschulen, MfV, Eingabenanalyse 2. Halbjahr 1980 vom 14.1.1981 (BArch, DR 2/13091, unpag.).

161 Krahn, Sektor Arbeit und Recht, MfV, an Ministersekretariat, MfV, Analyse der Eingabenbearbeitung im Sektor Arbeit und Recht im II. Quartal 1966 vom 20.7.1966 (BArch, DR 2/20106, unpag.).

162 Im November 1982 wandte sich beispielsweise eine Mutter an Margot Honecker und bat darum, die Relegierung ihrer Tochter von der EOS „Käthe Kollwitz" in Berlin aufzuheben. Der BSR erlaubte dem Schuldirektor, das Mädchen von der Schule zu verweisen, weil die Mutter sich mit einem Westberliner vermählen wollte und die Ausreise aus der DDR beantragt hatte. Nach der Prüfung der Vorwürfe hielt der Leiter der Abteilung Abiturstufe, Dr. Wolfgang Peter, die Relegierung für gerechtfertigt, denn die Tochter machte ihre Ausreise von der ihrer Mutter abhängig. Vgl. Mutter der Betroffenen an Margot Honecker vom 1.11.1982 (BArch, DR 2/28938, unpag.); Schütt, Sekretariat des Staatssekretärs an Dr. Wolfgang Peter, Leiter der Abt. Abiturstufe, MfV, Aktennotiz vom 4.11.1982 (ebd.); Dr. Ch. Heidamke, Abt. Volksbildung, Magistrat von Berlin, an MfV, Aktennotiz vom 1.12.1982 (ebd.).

Auswertungen dieser Fälle, so geschehen auf einer Konferenz der Arbeitsgruppe „Klassenleiter" im Jahre 1966.[163]

Fast ebenso häufig wie die Nichtzulassung zur Abiturstufe beanstandeten Eltern falsche bzw. unangemessene Beurteilungen und Zensuren sowie verweigerte Auszeichnungen ihrer Kinder. Zu diesen Klagen äußerten sich Ministeriumsmitarbeiter teilweise sehr widersprüchlich in ihren Analysen. Aus Sicht des Verfassers der Eingabenanalyse für das zweite Halbjahr 1973 resultierte der erneute Anstieg dieser Beschwerden daraus, „dass viele Eltern mit dem Zeugnis und der Beurteilung ihrer Kinder nicht einverstanden sind. Eine besondere Konzentration gibt es in Bezug auf das Gesamtprädikat in den Abschluss- und Reifezeugnissen der Schüler." Allerdings bestätigte die Hauptabteilung Oberschule „in fast allen Fällen" die „sach- und fachgemäß" richtige Entscheidung der „Schulen bzw. die örtlichen Organe".[164]

Im Gegensatz dazu analysierte man im darauffolgenden Halbjahr, „dass es nach wie vor Lehrer gibt, die bei den Beurteilungen herzlos sind bzw. die Schüler einseitig von negativen Erscheinungen ausgehend beurteilen". Zudem schien die „Festlegung des Gesamtprädikates" und dessen Rechtfertigung häufig strittig, auch weil es sich dabei „um die Anwendung der Kannbestimmung" handelte.[165]

Im zweiten Halbjahr 1974 musste sich die Abteilung Grundsätze mit Fragen zur Beurteilung und Zensierung als einem von vier Hauptproblemen auseinandersetzen.[166] Damit hingen auch kontroverse Fragen und Beschwerden von Eltern zum Prüfungsverfahren und zur Prüfungsordnung zusammen. Da es sich bei den immer wiederkehrenden Vorwürfen offensichtlich um kein temporär und lokal begrenztes Problem handelte, plante die Abteilung Grundsätze 1975 als „Gegenmaßnahme" einen Artikel in der „Deutschen Lehrerzeitung" (DLZ), um der Lehrerschaft nochmals die Anwendung der Prüfungsordnung zu erläutern.[167]

Vereinzelt wandten sich christliche Eltern an das Ministerium für Volksbildung, wenn die religiöse Bindung ihrer Kinder in Zeugnisbeurteilungen erwähnt wurde oder zur Abwertung der Kopfnoten geführt hatte. Diese Diskriminierung wurde von Lehrern und Schuldirektoren vor allem während der antiklerikalatheistisch-sozialistisch und der antipazifistisch-antichristlich dominierten Phase

---

163 Vgl. Fröhlich, Abt. Erziehung, MfV, an Ministersekretariat, MfV, Eingaben-Analyse II/66 vom 17.10.1966 (BArch, DR 2/20107, unpag.).

164 Griem, Büro Dietzel, MfV, an Ministersekretariat, MfV, Analyse der Eingaben für das 2. Halbjahr 1973 vom 16.1.1974 (BArch, DR 2/13090, unpag.).

165 Dietzel, HA Oberschulen, MfV, Analyse der Eingaben für das I. Halbjahr 1974 vom 19.7.1974 (ebd.).

166 Als vier Hauptprobleme galten Fragen zur Beurteilung und Zensierung, Versetzung, Ferienregelung und zum Schulnetz. Vgl. Ohl, Abt. Grundsätze, MfV, an Dietzel, HA Oberschulen, MfV, Analyse der Eingaben für das 2. Halbjahr 1974 vom 15.1.1975 (ebd.).

167 Vgl. Griem, Büro Dietzel, HA Oberschulen, MfV, an Ministersekretariat, MfV, Eingabenanalyse I. Halbjahr 1975 vom 18.7.1975 (ebd.).

genutzt, um die fehlende Mitgliedschaft in der Pionierorganisation bzw. der FDJ oder die Nichtteilnahme an der Jugendweihe zu ahnden.[168] So beschwerte sich etwa im Jahre 1959 eine Mutter aus Meerane im Kreis Glauchau darüber, dass im Zeugnis ihrer beiden Töchter die Kopfnoten für Fleiß und Mitarbeit mehrmals von Note 1 auf 2 abgewertet worden seien. Sie vermutete, der Schuldirektor habe die Mädchen vom Eintritt in die Pionierorganisation und später von der Teilnahme an der Jugendweihe „überzeugen" wollen.[169] Der zuständige Hauptreferent Haffner im Ministerium für Volksbildung reagierte auf die Vorwürfe mit der Anordnung einer Kontrolle und einer öffentlichen Auswertung vor Ort.[170]

Dazu berichtete Manfred Fischer, Kreisschulrat von Glauchau, dass die Fachlehrer der Schule die Noten gemeinsam festgelegt hätten. „Beide Schülerinnen erhielten nicht die Note 1, da die Leistungen nach der Anweisung über die Bewertung des Gesamtverhaltens der Schüler nicht ausreichen." Hingegen habe es bei der Notenvergabe für eines der Mädchen „in der Fachlehrerkonferenz heftige Auseinandersetzungen" gegeben. Zudem stamme „die Äußerung, die Note 1 in Fleiß und Mitarbeit könne nur ein Schüler erhalten, der der Pionierorganisation angehöre", nicht von den Lehrern, sondern von den Schülern. Ein Beweis hierfür sei, dass ein Schüler aus einer anderen Klasse in Fleiß und Mitarbeit die Note 1 erhalten habe, obwohl er kein Mitglied der Pionierorganisation sei. „Allerdings muss angeführt werden, dass die Aussprache im Pädagogischen Rat zeigte, dass einige Lehrer den Standpunkt vertreten, wer nicht Mitglied der Pionierorganisation ist, kann in Fleiß und Mitarbeit nicht die Zensur 1 erhalten."[171] Der Mutter der beiden Schülerinnen teilte Manfred Fischer letzlich mit:

„Es gibt keine Richtlinie, die besagt, wer nicht Mitglied der Pionierorganisation ist, kann in Fleiß und Mitarbeit nicht die Note 1 erhalten. Für die Erteilung der Note 1 ist nach der Anweisung über die Bewertung des Gesamtverhaltens der Schüler ausschlaggebend: Der Schüler muss an der Erfüllung gemeinsamer schulischer und außerschulischer Aufgaben entscheidend beteiligt sein und seine Mitschüler zur aktiven Mitarbeit anregen. Die Note 1 beschließt nicht etwa nur der Klassenleiter, sondern das Kollektiv der Fachlehrer der betreffenden Klasse.
Die Überprüfung hat anhand der Unterlagen ergeben, dass die Note 2 in Fleiß und Mitarbeit bei S. zu Recht besteht. Die Leistungen bei U. sind jedoch so, dass bei ihr die Note 2 in eine 1 umgewandelt wurde."[172]

168 Vgl. auch Geißler, Auslese im allgemein bildenden Schulwesen der DDR, S. 69 f.
169 Vgl. Mutter der beiden Schülerinnen an das MfV, Beschwerde über die Zensierung in Mitarbeit und Fleiß vom 26.2.1959 (SächsStAC, 30413/8.1, Nr. A449, unpag.).
170 „Ich glaube, hier sollte direkt eine Kontrolle und öffentliche Auswertung erfolgen. H." Handschriftliche Anmerkung von Haffner, Hauptreferent, Abt. Entwicklung und Organisation, MfV, zur Beschwerde über die Zensierung in Mitarbeit und Fleiß von zwei Schülerinnen aus Meerane vom 26.2.1959 (ebd.).
171 Manfred Fischer, KSR Glauchau, an die BSI Karl-Marx-Stadt, Stellungnahme zur Beschwerde über die Zensierung in Mitarbeit und Fleiß von zwei Schülerinnen aus Meerane vom 14.4.1959 (ebd.).
172 Manfred Fischer, KSR Glauchau, an die Mutter der zwei Schülerinnen, Stellungnahme zur Beschwerde über die Zensierung in Mitarbeit und Fleiß vom 20.4.1959 (ebd.).

Die Reaktionen der Verantwortlichen auf die Eingabe aus Meerane verdeutlichen eine geradezu typische Vorgehensweise: zwar prüften und ggf. bewerteten sie die Ereignisse neu, dennoch versuchten Lehrer, Schuldirektoren und Schulräte sowohl gegenüber dem Ministerium für Volksbildung als auch gegenüber dem Beschwerdeführern das Geschehene herunterzuspielen, als Missverständnis zu erklären oder gar abzustreiten. Bei Eingaben infolge fehlerhafter Beurteilungen aufgrund der religiösen Bindung eines Schülers ordnete die Hauptschulinspektion auch in späterer Zeit eine „prinzipielle" Auswertung mit dem jeweiligen Bezirks- und Kreisschulrat an, denn es zeige sich „die Notwendigkeit deutlich, nochmals die prinzipiellen Fragen unserer Schulpolitik zu klären".[173]

Mehrfach bemängelten Eltern zudem das Auszeichnungsverfahren zur Verleihung der Lessingmedaille. Diese blieb oft, aber nicht ausschließlich,[174] christlichen Schülern vorenthalten.[175] Die Häufung dieser Eingaben erklärten die Ministeriumsmitarbeiter wieder mit mangelnder Rechtskenntnis, allerdings auf Seiten der Schuldirektoren und der Eltern. Denn einerseits verweigerten einzelne Schuldirektoren die Auszeichnung, andererseits wüssten Eltern nicht, dass es sich um eine „Kannbestimmung" handele und folglich kein Rechtsanspruch bestehe.[176] Mit dieser Argumentation bestätigten die Ministeriumsmitarbeiter, dass die Verleihung der Auszeichnung aufgrund der rechtlichen Unverbindlichkeit grundsätzlich einen Willkürakt darstellte.

Auch drei Jahre später sahen die ministerialen Verantwortlichen den Grund für die elterlichen Beschwerden in der fehlenden Rechtskenntnis, die sie auf „verschiedene – oft nicht mehr zugängliche – offizielle und interne Regelungen" zurückführten, die es „den Direktoren und Schulfunktionären" erschwerten „sich sachkundig zu machen". Weiterhin erwiesen „sich die bisher vorgegebe-

---

173 Bauer, HSI, MfV, Eingabenanalyse – 2. Halbjahr 1975 vom 10.1.1976 (BArch, DR 2/26348, unpag.).

174 In einem Schreiben des Jahres 1954 teilte Löbner, Leiter der HA Unterricht und Erziehung, MfV, dem Direktor der Oberschule Dresden-Nord mit, dass die vorgeschlagene Abiturientin nicht mit der Lessingmedaille ausgezeichnet werden könne, da „die mangelnde gesellschaftliche Tätigkeit und die vielen Unklarheiten in der Darstellung der Entwicklung" die Auszeichnung nicht rechtfertigen. Zudem veränderten die Ministeriumsmitarbeiter die Note der schriftlichen Prüfung in Englisch von 2 auf 3. Von allen für den Bezirk Dresden abgelehnten Verleihungen der Lessingmedaille erfolgte nur diese nicht aus Leistungsgründen. Vgl. Löbner, Leiter der HA Unterricht und Erziehung, MfV, an den Direktor der Oberschule Dresden-Nord vom 5.10.1954 (SächsHStA, 11430 BT/ RdB Dresden, Nr. 6445, Bl. 98).

175 Vgl. Dr. Fred Postler, HA Unterricht II, MfV, Eingabenanalyse – Berichtszeitraum 1.1. bis 30.6.1973 vom 18.7.1973 (BArch, DR 2/13090, unpag.).

176 „In den Eingaben zur Verleihung der Lessing-Medaille wird deutlich, dass die in der Schulordnung § 33 festgelegten Möglichkeiten nicht immer verantwortungsbewusst genutzt werden. Die Ergebnisse der Eingabenbearbeitung zeigen, dass einerseits Versäumnisse und teils sogar Unkenntnis der Rechtsgrundlage seitens der Schule vorliegen und die Verleihung nachträglich vorgenommen werden muss. Andererseits glauben die Eltern, aus den entsprechenden Bestimmungen Rechtsansprüche ableiten zu können. Sie übersehen, dass es sich dabei um Kannbestimmungen handelt." Hammerschmidt, Abt. Schulorganisation an Staatssekretär, MfV, Eingabenanalyse – 2. Halbjahr 1976 vom 14.1.1977 (BArch, DR 2/26352, unpag.).

nen inhaltlichen Kriterien für die Auswahl der Schüler und für die Entscheidung über die Vorschläge der Direktoren" als unzulänglich. Des Weiteren beziehe sich die „Kann-Bestimmung" lediglich auf die Geldprämie, die mit der Lessing-Medaille vergeben werde. Schlussendlich hoffte das Ministerium darauf, den Schwierigkeiten im Zusammenhang mit dieser Auszeichnung weitestgehend zu begegnen, wenn deren Verleihung neu geregelt sei.[177] Dagegen zeigte sich anhand der Analyse für das zweite Halbjahr 1979, dass sowohl die Beschwerden als auch deren Ursachen in Verbindung mit dieser Ehrenmedaille vielschichtiger waren, angesichts deren eine Neuregelung der Verleihung viel zu kurz griff. Im Einzelnen registrierte die Hauptabteilung Oberschule elf Eingaben zur Problematik „Lessing-Medaille" und erläuterte in Stichworten kurz dazu:

„– Einsprüche gegen Ablehnung der Auszeichnung mit Lessing-Med., obwohl Abschluss mit ‚Auszeichnung' bestanden,
  – Einspruch, weil nicht alle Schüler eine materielle Anerkennung zusammen mit der Lessing-Med. erhielten,
  – Einspruch gegen zu geringe Geldprämie im Zusammenhang mit Verleihung der Lessing-Med.,
  – Auszeichnung mit Lessing-Med. konnte an 2 Schüler nicht vorgenommen werden, weil Direktorin vergaß, Vorschläge einzureichen,
  – Einspruch gegen Verleihung der Lessing-Med. in Silber anstatt in Gold,
  – Verleihung der Lessing-Med. konnte nicht erfolgen, weil keine Medaillen gestanzt werden konnten,
  – Lessing-Med. wurde nicht verliehen, obwohl öffentlich durch den Direktor bei der Zeugnisausgabe die vorgesehene Verleihung bereits bekannt gegeben wurde,
  – Einspruch wegen unterschiedlicher Handhabung der materiellen Anerkennung im Zusammenhang mit der Verleihung der Lessing-Med.,
  – Ehrung mit der Lessing-Med. gestrichen, weil nicht genügend Medaillen und Geld zur Verfügung standen (dadurch Nachteile für Studienplatzbewerbung)."[178]

Die aufgezeigten Versorgungsschwierigkeiten mit Medaillen und Geldprämien konnten schließlich auch zu Benachteiligungen führen, die jedoch nicht gezielt erfolgten, sondern aufgrund eines materiellen Engpasses. Im Nachhinein ist nicht auszuschließen, dass Schuldirektoren gerade aufgrund dieses Defizits Schüler nach sehr strengen, teils einseitigen Kriterien auswählten und auffällige oder nonkonforme Schüler bereits in der Vorauswahl ablehnten.

Obwohl man die Auszeichnungsvergabe 1980 neu geregelt hatte, gingen weiterhin Beschwerden bezüglich der Verleihung der Lessing-Medaille ein. Indessen änderte sich die bisherige Argumentation in den Eingabenanalysen, denn mit der Neuregelung entschieden nun mehr nicht nur ausgezeichnete Leistungen, sondern auch die Gesamtpersönlichkeit des Schülers über dessen mögliche Ehrung mit der Medaille.[179] Die Probleme blieben jedoch bestehen, und die

---

177 Drechsler, HA Oberschulen, MfV, Eingabenanalyse 2. Halbjahr 1979 vom 4. 1. 1980 (BArch, DR 2/13554, Band 2, unpag.).
178 Drechsler, HA Oberschulen, MfV, Eingabenanalyse – Berichtszeitraum vom 1. 7. 1979 bis 31. 12. 1979 vom 4. 1. 1980 (BArch, DR 2/13091, unpag.).
179 Vgl. Drechsler, HA Oberschulen, MfV, Eingabenanalyse 2. Halbjahr 1980 vom 14. 1. 1981 (ebd.).

Abteilung Oberschule musste angesichts der 33 Eingaben für das zweite Halbjahr 1983 (resignierend) feststellen: „Auffällig ist nach wie vor die relativ hohe Anzahl von Eingaben, bei denen nach sorgfältiger Prüfung durch die Abteilung Volksbildung beim Rat des Kreises oder Bezirkes im Interesse des Eingebers eine Revision vorgenommen werden musste. Das ist besonders bei den Eingebern zur Beurteilung, zum Prädikat und zur Lessingmedaille der Fall."[180]

In einer Zwischeneinschätzung aus dem Jahr 1986 wurde erstmals ausführlich von zwei Fällen berichtet, in denen konfessionell gebundene Eltern das Ministerium baten, die Nichtauszeichnung ihrer Kinder mit der Lessingmedaille zu prüfen. Laut der Zeugnisbeurteilungen wiesen beide Schüler ausgezeichnete Leistungen auf und galten als gesellschaftlich sehr aktiv. Die Beschwerden der Eltern bei den regionalen Volksbildungsabteilungen in Greifswald bzw. Löbau wurden vom jeweiligen Stadt- bzw. Kreisschulrat zurückgewiesen. Im Greifswalder Fall schrieb die Bezirksschulrätin von Rostock, Liselotte Dahms, erst nach der Eingabe beim MfV an die Mutter: „In Bearbeitung der Eingabe [...] teile ich Ihnen mit, dass die Schülerin B. mit der Lessingmedaille ausgezeichnet wird. Ausgehend von der unkorrekten Anwendung des § 25 (Auszeichnungsordnung) und der Anweisung zur Durchführung der Abschluss- und Reifeprüfung durch die Prüfungskommission der Arndt-Oberschule war es notwendig, diese Entscheidung zu treffen. Der Schulrat der Stadt Greifswald wurde angewiesen, die Auszeichnung vorzunehmen."[181]

Zwar erhielt die Schülerin, wie aus diesem Auszug hervorgeht, die Auszeichnung nachträglich verliehen, gleichwohl schien die Bezirksschulrätin nur auf Anweisung gehandelt zu haben, da sie ihre Entscheidung nur aufgrund der Auszeichnungs- und Prüfungsordnung als „notwendig" erachtete. Der Schüler aus Löbau erhielt die Lessingmedaille ebenfalls im Nachhinein überreicht.[182]

Ähnliche Fälle[183] traten bis zum Ende der 1980er Jahre immer wieder auf: „Die Eingeber hatten sich zuvor bereits an die Direktoren, Kreis- und Stadtschulräte gewandt. Ihre Beschwerde war jedoch mit Argumenten, bei denen ein-

---

180 Dietzel, HA Oberschule, MfV, Eingabenanalyse 2. Halbjahr 1983 vom 18.1.1984 (BArch, DR 2/13554, Band 2, unpag.). Im Detail bemängelten zwölf Eingaben das Prädikat des Abschlusszeugnisses, sechs Eingaben die Nichtverleihung der Lessingmedaille, sieben Eingaben die Zeugnisbeurteilung, fünf Eingaben die Fachzensuren, drei Eingaben die Auszeichnung mit der „Urkunde für gutes Wissen".
181 Abiturstufe, Bereich Drechsler, MfV, Zwischeneinschätzung der Eingabenarbeit I. Quartal 1986 vom 7.4.1986 (BArch, DR 2/13554, Band 1, unpag.).
182 Ebd.
183 Neben der Auszeichnung mit der Lessingmedaille gab es auch Beschwerden, weil Schülern die „Urkunde für gutes Lernen" oder die „Urkunde für gutes Wissen" aus ähnlichen Gründen vorenthalten wurde. In der Eingabenanalyse für das zweite Halbjahr 1986 hieß es dazu: „In drei Eingaben beschwerten sich Eltern über die Nichtauszeichnung ihrer Kinder mit der ‚Urkunde für gutes Lernen'. In allen drei Fällen hatten Klassenleiter und Direktoren keine gründlich durchdachten und abgewogenen Entscheidungen getroffen. Sie mussten korrigiert werden." Bereich Drechsler, HA Oberschulen, MfV Eingabenanalyse 2. Halbjahr 1986, o. D. (BArch, DR 2/13091, unpag.).

zelne Seiten in der Entwicklung der Schülerpersönlichkeit überbewertet oder auch schulpolitisch falsch eingesetzt wurde abgelehnt worden."[184]

Darüber hinaus veranlasste die ständige Flut von Eingaben Siegfried Kaulfuß, Mitarbeiter des Ministeriums für Volksbildung, zu einer Nachfrage, welche Angelegenheiten von der Bevölkerung ständig kritisiert würden, woraufhin Heinz Kahra, persönlicher Referent im Sekretariat des Staatssekretärs, im Juli 1977 eine Zusammenstellung der häufigsten Eingabenanlässe der vergangenen sechs Jahre ausgehändigt bekam. In dieser Aufschlüsselung rangierte mit 101 Eingaben an erster Stelle die Kritik am Leitungsstil der Direktoren. Neben anderen Themenschwerpunkten war in lediglich 17 Eingaben die Notenvergabe und Schülerbeurteilungen der Stein des Anstoßes. Das Ende der Liste bildeten fünf Eingaben mit der „Behauptung, dem Kind würden aus religiösen Bindungen Nachteile erwachsen".[185]

Beschwerden, die eine Benachteiligung aufgrund der religiösen Bindung beinhalteten, begegneten die Ministeriumsmitarbeiter mit zwei Argumentationsmustern. Gegenüber dem Eingabenschreiber zweifelten sie an seiner objektiv richtigen Wahrnehmung und Darstellung derartiger Vorkommnisse, stritten die Schilderungen ab und führten andere Erklärungen an. Intern spielten sie diese Vorwürfe herunter, kritisierten die Arbeitsweise der regionalen „Volksbildungsorgane" und ordneten deren „Nachschulung" an.

Die Beschwerden von Adventisten, deren Kinder sonnabends nicht am Unterricht teilnahmen oder teilnehmen sollten, erschienen in den Eingabenanalysen teils verallgemeinert unter dem Stichwort „Samstagsunterricht" zusammengefasst, ohne näher auf die religiösen Beweggründe einzugehen.[186]

Ab 1978 kritisierten Teile der Bevölkerung, zumeist christliche Eltern und Kirchenvertreter, die Einführung des obligatorischen Faches Wehrkundeunterricht. Die Eingaben richteten sich nicht nur an das Ministerium für Volksbildung, sondern beispielsweise auch an die Abteilung Volksbildung beim Zentralkomitee der SED.

Daneben fand sich im Eingabenbuch des Ministeriums für Volksbildung im Zeitraum von 1975 bis 1985 auch das Schreiben eines Pfarrers aus Rudolstadt, der 1976 auf die Benachteiligung christlicher Schüler hinwies und sich dagegen aussprach. Diesen Vorwürfen sollten der Bezirksschulrat und die Abteilung Inneres des Bezirkes Gera in einer Aussprache nachgehen, so die Anweisung

---

184 Ebd.
185 Anmerkung am Ende des Analyseentwurfs, der infolge der Anfrage Kaulfuß erstellt wurde. Hegmann, HSI, MfV, an Heinz Kahra, persönlicher Referent im Sekretariat des Staatssekretärs, MfV, vom 8.7.1977 (BArch, DR 2/26362, unpag.). Der Entwurf wurde jedoch nochmals überarbeitet, sodass nicht alle Analysepunkte in das Antwortschreiben an Kaulfuß aufgenommen wurden.
186 Vgl. Kahra, Sekretariat des Staatssekretärs, MfV, an Imhof, Sekretariat des Ministers für Volksbildung, MfV Eingabenanalyse - 1. Halbjahr 1977 vom 15.7.1977 (BArch, DR 2/26362, unpag.); HSI, MfV, Eingabenanalyse I. Halbjahr 1978 vom 3.7.1978 (BArch, DR 2/26383, unpag.); HSI, MfV, Eingabenanalyse II. Halbjahr 1978 vom 24.1.1979, (BArch, DR 2/27187, unpag.).

des Ministeriums für Volksbildung. Weiterhin beschwerte sich eine christliche Familie aus Lübbenau, weil der Staatsbürgerkundelehrer ihre Tochter im Unterricht wegen ihres Glaubens benachteilige. In diesem Fall „wurde durch Direktor und Bezirksschulinspektor sowie Staatsbürgerkundelehrer eine Aussprache mit Familie K. geführt, in d[er] alle Probleme geklärt wurden".[187]

Mit dem Aufkommen der Friedensbewegung und des Abzeichens „Schwerter zu Pflugscharen" gingen beim Ministerium für Volksbildung wie bei anderen „Regierungs- und Parteiorganen" auch Eingaben zu dieser Thematik ein, da Schüler, die einen derartigen Aufnäher trugen, verstärkt Repressionen ausgesetzt waren.[188]

Entgegen aller ministeriellen „Bemühungen" blieben Vorurteile und Ausgrenzung von Christen in den Regionen bestehen. Elternaktivmitglieder beschwerten sich gelegentlich über Schuldirektoren und Klassenlehrer, die ihr Engagement in diesem Gremium ablehnten, weil sie Christen seien. Selbst in Fällen langjähriger Mitarbeit gab es Versuche, eine weitere Kandidatur zu verhindern.[189]

Insgesamt stieg die Eingabenzahl beim Ministerium ab Mitte der 1980er Jahre stark an. Im Vergleich des zweiten Halbjahres 1985 zu 1986 verdoppelten sich die Eingaben von 160 auf 318. Für das ganze Jahr wuchs ihre Zahl von 363 auf 577 an. Das entsprach einer Steigerungsrate von knapp 63 Prozent. Aus dieser Mitteilung schlussfolgerte der Staatssekretär, dass „der vertrauensvollen Zusammenarbeit mit den Pädagogen und Schulfunktionären noch größere Aufmerksamkeit zu schenken" sei.[190]

Die Eingaben ließen sich in den letzten Jahren der DDR nicht verringern. Die Benachteiligung christlicher Schüler tauchte in den Analysen weiterhin auf und manche Schilderungen erinnerten an die 1950er oder 1960er Jahre. Beispielsweise wandten sich 1987 Eltern an das Ministerium für Volksbildung, deren Kinder keine Mitglieder in der Pionierorganisation waren. Aus diesem Grund hatten die Lehrer sie von Veranstaltungen der Klasse ausgeschlossen oder bereits verliehene Auszeichnungen zurückgenommen. Ob die Diskriminierung von christlichen Kindern in den 1970er und frühen 1980er Jahren tatsächlich zurückging, ist schwer zu beurteilen. Denn es könnte auch sein, dass in diesen Jahren die Zahl der Beschwerden nur deshalb abnahm, weil Eltern

---

187 MfV, Eingabenbuch 1975–1985 (BArch, DR 2/K1209, unpag.).
188 Vgl. auch ebd.
189 „In einer Eingabe beschwerte sich ein Mitglied des Elternaktivs, seit sieben Jahren in diesem Gremium tätig, darüber, dass es nicht wieder kandidieren darf. Der Direktor begründete das in politisch unverantwortlicher Weise mit der Bemerkung, dass ein Christ mit einer idealistischen Weltanschauung nicht mehr im Elternaktiv tätig sein kann' (POS Einstein Caputh, Bezirk Potsdam). Diese falsche Position wurde prinzipiell aufgeklärt und die weitere Mitarbeit im Elternaktiv gesichert." Staatssekretariat, MfV, Eingabenanalyse für den Zeitraum 1.7.1986–31.12.1986 vom 8.1.1987 (BArch, DR 2/10883, unpag.).
190 Staatssekretär, MfV, Analyse der Eingaben für den Zeitraum vom 1.7.1986 bis 31.12.1986 vom 19.1.1987 (BArch, DR 2/10883, unpag.).

den Erfolg einer solchen Eingabe als zu gering einschätzten oder weil die Eingaben bereits von den regionalen „Volksbildungsorganen" zurückgewiesen worden waren. Nachvollziehbar wäre zudem, dass sich mit einer Eingabe zwar die momentane Benachteiligung beseitigen ließ, weitere Diskriminierungen infolge der Eingabe aber nicht ausgeschlossen werden konnten.

Auf die wiederkehrenden Probleme und die steigende Zahl der Eingaben reagierte das Ministerium für Volksbildung ab Mitte der 1980er Jahre nur noch sehr zurückhaltend. Lediglich die Planungen bezüglich der EOS-Direktorenlehrgänge für den Herbst 1989 sahen noch „Nachschulungen" vor, die Direktoren der Polytechnischen Oberschulen blieben in diesen Plänen unerwähnt.

Trotz der vielen Eingaben überwachte das Ministerium für Volksbildung die ordnungsgemäße und termingerechte Bearbeitung der Beschwerden in allen Bereichen und auf allen Ebenen der Volksbildung, um so eine einheitliche Bearbeitung in allen Einrichtungen der Volksbildung zu erzielen und um der Bevölkerung zu signalisieren, dass die Bearbeitung der Eingaben auch vor Ort stattfand. Damit würde, so die Hoffnung, nicht nur das Vertrauen in den Staat auf zentraler Ebene gestärkt, sondern vor allem auf regionaler Ebene, um schlussendlich die Zahl der Eingaben zu senken. Denn die Bevölkerung wandte sich vorwiegend an übergeordnete Staatsorgane oder höchste Persönlichkeiten. Sie bat dort um Verständnis und Hilfe, da ihr das Vertrauen in die Stadt-, Kreis- und Bezirksorgane fehlte.[191] In ihren Eingabenanalysen bestätigten die Ministeriumsmitarbeiter diese Denkweise der Bürger und mussten feststellen, dass „einige Bürger [...] im Zusammenhang mit der Eingabenbearbeitung das schnelle und korrekte Reagieren des MfV und einiger Bezirksabteilungen hervor[hoben]".[192]

Die Überwachung der Eingabenbearbeitung legte vielfältige Defizite bei den regionalen „Volksbildungsorganen" offen, was sich für die obersten Schulfunktionäre besonders an einem sehr hartnäckig vorgetragenen und fortwährenden Kritikpunkt offenbarte: dem „richtigen" Umgang mit den Menschen. In einer Analyse des ersten Quartals 1965 der Hauptschulinspektion hieß es dazu:

„Insbesondere wurden viele Eingaben (mündlich und schriftlich) genutzt, um einzelnen Schulfunktionären und Kollektiven deutlich zu machen, dass die Entwicklung einer wissenschaftlichen Leitungstätigkeit in erster Linie eine Arbeit *mit* den Menschen und nicht *gegen* die Menschen bedeutet.
Es gibt immer noch einzelne Lehrer, die Eingaben nicht als Hilfe für die Verbesserung ihrer Leitungstätigkeit betrachten, sondern sie als unberechtigte Kritik, Nörgelei oder Unkenntnis der Sachlage ansehen."[193]

---

191 Vgl. dazu beispielsweise HSI, MfV, Eingabenanalyse II. Halbjahr 1978 vom 24.1.1979 (BArch, DR 2/27187, unpag.).
192 Ebd.
193 HSI, MfV, Analyse der Eingaben (I. Quartal 1965) vom 10.4.1965 (BArch, DR 2/23019, unpag.). Hervorhebungen im Original.

Daraus lässt sich schließen, dass einige Vertreter der Volksbildung und Lehrer den Eingaben eher negativ bis feindlich gegenüberstanden. Beim Ministerium für Volksbildung und anderen Regierungsinstitutionen beschwerten sich die Eingabenschreiber über Fälle, bei denen ihre Anliegen bereits durch Lehrer, Schuldirektoren oder Schulräte vor Ort abschlägig entschieden worden seien. Die angeordnete Überprüfung der Ereignisse „von oben" mochten einige Vertreter der regionalen Volksbildungseinrichtungen als Gängelung empfunden haben. Meist folgte zudem noch eine ministerielle Anweisung, wie im vorliegenden Fall vorzugehen sei. Eine Entscheidungsrevision im Sinne des Eingabenschreibers kam dabei nicht selten vor, was wiederum zu einem Autoritätsverlust der Verantwortlichen auf unterer Ebene führte. Ferner verbreiteten sich derartige Fälle unter der Bevölkerung, sodass Eltern „unter Umgehung der Kreis- und Bezirksebene"[194] vorwiegend Unterstützung bei den höchsten staatlichen statt bei den örtlichen bzw. regionalen Instanzen suchten. Auf diese Problematik wiesen die Ministeriumsmitarbeiter bereits in den ersten Eingabenanalysen aus dem Jahre 1965 hin:

„Eine wesentliche Ursache für auftretende Terminverzögerungen bei der Erledigung der Eingaben liegt vor allem darin, dass Bürger, aber auch staatliche Organe der Gemeinden, Städte und Kreise ihre Probleme sofort dem Ministerium zuleiten.
Die Lösung der angesprochenen Fragen ist jedoch fast ausschließlich Angelegenheit der örtlichen Organe.
In diesem Zusammenhang ist bemerkenswert, dass in keinem Fall der schriftlichen Eingaben sich die Eingeber an den für sie oder für die angesprochene Problematik zuständigen Bezirk wandten, wenn sie mit getroffenen Entscheidungen durch Kreisorgane nicht einverstanden waren."[195]

In diesem Zusammenhang zeigten sich weitere Schwierigkeiten: Oft konnte die Eingabenbearbeitung sehr bürokratisch sein und nicht fristgemäß erfolgen, vornehmlich im Falle umfangreichen Schriftwechsels zwischen verschiedenen Ebenen. Ursache hierfür waren die „ungenügende Qualität der Eingabenbearbeitung in den Kreisorganen" und deren mangelnde Kontrolle und Anleitung vonseiten der Bezirksabteilungen. Deshalb sollten die Bezirksschulräte als Mittler die Eingabenbearbeitung „systematischer und intensiver [...] kontrollieren".[196]

---

194 Bauer, HSI, MfV an Ministersekretariat, MfV, Analyse der Eingaben für das III. Quartal 1966 vom 19.10.1966 (BArch, DR 2/20107, unpag.).
195 HSI, MfV an Ministersekretariat, MfV, Analyse der Eingaben für das IV. Quartal 1965 vom 14.1.1965 (BArch, DR 2/20104, unpag.).
196 „Dass die Bürger in fast allen Fällen bei unbefriedigender Erledigung ihrer Eingaben durch die Kreisorgane sich direkt an das Ministerium wenden, liegt zum Teil darin begründet, dass die Bezirksorgane nur ungenügend die Qualität der Eingabenbearbeitung in den Kreisorganen kontrollieren und beeinflussen. Deshalb sollten die Bezirksschulräte darauf orientiert werden, systematischer und intensiver die Eingabenbearbeitung auf der Grundlage des Staatsratserlasses und des Volkskammerbeschlusses in den Kreisabteilungen zu kontrollieren." HSI, MfV, an Ministersekretariat, MfV, Analyse der Eingaben für das IV. Quartal 1965 vom 14.1.1965 (ebd.).

Obwohl Ministeriumsmitarbeiter versuchten sowohl die fachlichen Kompetenzen der Stadt- und Kreisschulräte zu festigen als auch deren Arbeit vermehrt zu überprüfen, konnte das Vertrauen der Bevölkerung in die örtlichen und regionalen Schulfunktionäre nicht gestärkt werden. Schließlich passte sich die Verwaltung diesen Gegebenheiten an, um zumindest eine fristgerechte Bearbeitung der Eingaben zu erreichen.[197]

Allerdings erachtete man eine Kontrolle weiterhin für nötig, da die Bearbeitung vor Ort scheinbar auch Mitte der 1970er Jahre noch nicht gewährleistet schien.[198] Dabei diente die Eingabe als Instrument der Rückkoppelung zur Überwachung der Verwaltungsarbeit.[199]

Im Wesentlichen wies die Kritik der Ministeriumsmitarbeiter seit den 1960er Jahren auf folgende Probleme hin:

1. Bei den Schulfunktionären herrschten Defizite im menschlichen Umgang, da „einzelne Leiter in ihrer Arbeit mit den Menschen den höheren Ansprüchen nicht gerecht" würden. Das führe zu „Unzufriedenheit oder Unverständnis für getroffene Entscheidungen", weil versäumt werde, „die anstehenden Probleme offen und kameradschaftlich mit den Beteiligten zu beraten und zu klären".[200]

2. „Bei der Eingabenbearbeitung [...] wurden Anzeichen von Formalismus und Bürokratismus festgestellt."[201]

3. Lehrer, Schuldirektoren und Schulräte informierten Schüler und deren Eltern nur unzureichend über die bestehende Rechtslage, damit weckten sie unrealistische Vorstellungen über die weiteren schulischen oder beruflichen Möglichkeiten des Schülers.[202] Darüber hinaus hielten Eingebende an „falschen Positionen" fest und akzeptierten „die vorgebrachten Fakten und Argumente nicht bzw. nur teilweise".[203]

---

197 Vgl. Kahra, Sekretariat des Staatssekretärs, MfV, an Imhof, Sekretariat des Ministers, MfV, Eingabenanalyse 2. Halbjahr 1976 vom 19. 1. 1977 (BArch, DR 2/26352, unpag.).

198 Über die Gründe lässt sich nur mutmaßen: Überlastung, Beratungsresistenz, unzureichende Flexibilität oder Scheu vor Verantwortung könnten für die schleppende Eingabenbearbeitung durch Mitarbeiter der regionalen Volksbildungsorgane genannt werden.

199 Vgl. Mühlberger, Bürger, Bitten und Behörden, S. 279.

200 Bauer, HSI, MfV, Eingabenanalyse – 2. Halbjahr 1975 vom 10. 1. 1976 (BArch, DR 2/26348, unpag.).

201 HSI, MfV, Eingabenanalyse II. Halbjahr 1978 vom 24. 1. 1979 (BArch, DR 2/27187, unpag.).

202 Vgl. z. B. Dietzel, Drechsler, HA Oberschulen, MfV Eingabenanalyse 2. Halbjahr 1982 vom 18. 1. 1983 (BArch, DR 2/13091, unpag.).

203 HSI, MfV, Eingabenanalyse II. Halbjahr 1978 vom 24. 1. 1979 (BArch, DR 2/27187, unpag.). 1965 gaben sich die Mitarbeiter des Ministeriums für Volksbildung noch optimistisch: „Es zeigt sich nämlich in der Praxis, dass unsere Bürger durchaus nicht überspitzte Forderungen stellen, dass sie bereit sind, an den Lösungen ihrer Probleme selbst mitzuarbeiten und auch bei richtiger Erläuterung einsehen, dass manche Fragen nicht sofort realisiert werden können. [...] Es zeigt sich immer wieder, dass viele Eingeber sofort bereit sind, wenn ihnen ihre Fragen gründliche erläutert werden, an der Lösung mitzuarbeiten." HSI, MfV, Analyse der Eingaben (I. Quartal 1965) vom 10. 4. 1965 (BArch, DR 2/23019, unpag.).

4. Bei Schuldirektoren und Schulräten bestünden nach wie vor unzureichende Rechtskenntnis und mangelnde Qualifikation.[204]
5. Eingaben würden nicht termingerecht bearbeitet.

Mit dem erneuten sprunghaften Anstieg der Eingaben seit Mitte der 1980er Jahre nahm die Kritik gegenüber den regionalen Volksbildungsfunktionären zu. Der Bezirksschulrat von Dresden musste sogar einräumen: „Bis zum vorigen Jahr hatten wir noch die Situation, die Mehrzahl der Beschwerden [über die Arbeitsweise der Volksbildungsorgane] zurückweisen zu können. Heute ist das nicht mehr so."[205] Deshalb wies er seine Mitarbeiter an:

> „Genossen! Ich verlange, dass jede Eingabe zuerst so geprüft wird, wie wir dem Anliegen der Bürger entsprechen können. Jede Rechthaberei, jedes auf festgefügten Standpunkten beharren, dient weder uns noch der Sache. Jeder Leiter hat persönlich die Pflicht, Entscheidungen, die Mitarbeiter treffen, zu bestätigen.
> Hier geht es nicht um Misstrauen, hier geht es einfach um Sicherheit. [...]
> Wir müssen zwingender gegenüber den Räten der Kreise die Festlegungen des Gesetzes über die örtlichen Volksvertreter durchsetzen.
> Darauf hat uns Genosse Modrow auf dem Bezirkstag mit Nachdruck hingewiesen."[206]

Ob damit für Eltern zumindest im Bezirk Dresden die Chance zu steigen schien, mit einer Eingabe nicht nur auf die Diskriminierung ihrer Kinder im Schulalltag hinzuweisen, sondern auch auf Abhilfe zu hoffen, um damit den schulischen bzw. beruflichen Werdegang ihrer Kinder entscheidend verändern zu können, sei dahin gestellt.

Fest steht, dass der Beschwerdeführer mit einer Eingabe über kurz oder lang zumindest eine Überprüfung der Vorgänge in der jeweiligen Bildungseinrichtung oder in Bezug auf das Aufnahmeverfahren erreichte. Ob sich die Verhältnisse für benachteiligte Schüler dauerhaft verbesserten, zeigte sich jedoch nur im jeweiligen Einzelfall.[207] Eine Eingabe an das Ministerium für Volksbildung

---

204 Vgl. Kahra, Sekretariat des Staatssekretärs, MfV, an Imhof, Sekretariat des Ministers, MfV, Eingabenanalyse 2. Halbjahr 1976 vom 19.1.1977 (BArch, DR 2/26352, unpag.).

205 Beuhne, BSR Dresden, an Geiler, HSI, MfV, Referat (unrediziert) des BSR von Dresden Beuhne am 30.6.1986 (BArch, DR 2/D128, Band 4, unpag.).

206 Ebd.

207 Erfolgreicher waren in den 1950er JahrenEltern von Schülern, die zur Schicht der Intelligenz gehörten, wenn sie drohten, die DDR zu verlassen oder wenn sie über Einzelverträge verfügten, in denen die Zulassung ihrer Kinder zur Abiturstufe und zum Studium vereinbart waren. Im Fall eines Schülers aus Bautzen wandte sich der Vater 1953 an den Stellvertreter des Vorsitzenden des RdB Dresden Schlesinger. Der Vater war zwar Angehöriger der Intelligenz, aber er hatte sich aber zum TBC-Arzt verdient gemacht. Schlesinger seinerseits bat die Bezirksschulrätin Dr. Bobeck beim KSR in Bautzen die Gründe für die Ablehnung des Sohnes zu erfragen. Letztlich teilte Dr. Bobeck mit: „Die Schule hatte B. M. nicht empfohlen, da er anscheinend zwar begabt, aber nicht fleißig ist und seine Noten daher in einer Reihe von Fächern nur befriedigend sind. Der Abteilungsleiter für Volksbildung wird nochmals mit der Schule sprechen und auf jeden Fall die Angelegenheit in Übereinstimmung mit Dr. M. regeln." Schlesinger, Stellvertreter des Vorsitzenden des RdB Dresden, an Dr. Bobeck, BSR Dresden, vom 22.5.1953 (SächsHStA, 11430 BT/RdB Dresden, Nr. 6342, Bl. 95); Dr. Bobeck, BSR Dresden, an Schlesinger, Stellvertreter des Vorsitzenden des RdB Dresden, vom 30.5.1953 (ebd., Bl. 94).

oder andere Regierungsorgane erschien zumindest Erfolg versprechend, da ca. 40-60 Prozent der Entscheidungen im Sinne des Eingabenschreibers ausfielen.[208] In Tabelle 9 sind Eingabenzahlen aus den 1970er und 1980er Jahren aufgeführt, bei denen das Ministerium für Volksbildung die Nichtzulassung für die Abiturstufe revidierte.

Tabelle 9: Eingaben wegen Nichtaufnahme in die Abiturstufe

Eingabenanalyse	Insgesamt	davon positiv entschieden	prozentualer Anteil
2. Halbjahr 1978[209]	77	k. A.	k. A.
1. Halbjahr 1979[210]	49	k. A.	k. A.
1. Halbjahr 1980[211]	67	k. A.	k. A.
2. Halbjahr 1980[212]	64	k. A.	k. A.
2. Halbjahr 1981[213]	43	15	33
2. Halbjahr 1982[214]	28	22	78
1. Halbjahr 1983[215]	12	1	8
2. Halbjahr 1983[216]	51	30	59
2. Halbjahr 1984[217]	40	18	45
2. Halbjahr 1986[218]	75	42	56
1. Halbjahr 1987[219]	12	k. A.	k. A.
2. Halbjahr 1987[220]	56	25	45
1. Halbjahr 1988[221]	10	6	60
2. Halbjahr 1988[222]	30	14	47

208 So stellte die Abt. Volksbildung beim ZK der SED 1973 fest, dass von den Eingaben infolge der Nichtaufnahme in der Abiturstufe „50 % im Sinne der Antragsteller" entschieden wurden. Abt. Volksbildung beim ZK der SED, Analyse der Eingaben für das II. Halbjahr 1973 vom 15.1.1974 (BArch, DY 30/IV B 2/9.05/27, unpag.).
209 Vgl. Dietzel, HA Oberschulen, MfV, Eingabenanalyse 2. Halbjahr 1978, o.D. (BArch, DR 2/13554, Band 2, unpag.).
210 Vgl. Dietzel, HA Oberschulen, MfV, Eingabenanalyse 1. Halbjahr 1979, o.D. (ebd.).
211 Vgl. Dietzel, HA Oberschulen, MfV, Eingabenanalyse 1. Halbjahr 1980, o.D. (ebd.).
212 Vgl. Dietzel, HA Oberschulen, MfV, Eingabenanalyse 2. Halbjahr 1980, o.D. (ebd.).
213 Vgl. Dietzel, HA Oberschulen, MfV, Eingabenanalyse 2. Halbjahr 1981 vom 11.1.1982 (BArch, DR 2/13091, unpag.).
214 Vgl. Dietzel, Drechsler, HA Oberschulen, MfV, Eingabenanalyse 2. Halbjahr 1982 vom 18.1.1983 (ebd.).
215 Vgl. Dietzel, HA Oberschulen, MfV, Eingabenanalyse 1. Halbjahr 1983 vom 21.7.1983 (BArch, DR 2/13554, Band 2, unpag.).
216 Vgl. Dietzel, HA Oberschulen, MfV, Eingabenanalyse 2. Halbjahr 1983 vom 18.1.1984 (ebd.).
217 Vgl. Dietzel, HA Oberschulen, MfV, Eingabenanalyse für den Berichtszeitraum vom 1.7. bis 31.12.1984 vom 16.1.1985 (ebd., Band 1, unpag.).
218 Vgl. Bereich Drechsler, HA Oberschule, MfV. Eingabenanalyse 2. Halbjahr 1986, o.D. (BArch, DR 2/13091, unpag.).

Auf Bezirksebene differierten diese Quoten unter Umständen. Im Bezirk Karl-Marx-Stadt stufte beispielsweise die Abteilung Volksbildung je nach Klagegrund ca. 13 bis 60 Prozent aller Eingaben der Jahre 1970 bis 1973 als berechtigt ein.[223] Die Eingaben bezüglich der Aufnahme in die Abiturstufe waren in diesen Quoten zwar enthalten, bei separater Ausweisung dieser Fälle zeigen sich jedoch erhebliche Abweichungen der Erfolgsaussichten. Für eine nachträgliche Aufnahme in die Abiturstufe entschied sich die Abteilung Volksbildung des Bezirkes in zwölf Prozent (II. Quartal 1971) bzw. in 35 Prozent (II. Quartal 1972) der Fälle.[224] Für den gleichen Zeitraum sah die Abteilung 27 Prozent (1971) respektive 43 Prozent (1972) aller Eingaben als berechtigt an.[225]

In den Eingabenanalysen vermittelten die Ministeriumsmitarbeiter den Eindruck, dass sie danach strebten, mit vielfältigen Anweisungen, Auswertungen und Kontrollen den örtlichen Schulfunktionären und Lehrern die Schulpolitik zu erläutern. Die immer wiederkehrenden Probleme behoben sie damit jedoch nicht. Vielmehr schien dieses Vorgehen einer Doppelstrategie gleich zu kommen, die letztlich ein Ausdruck von Willkür darstellte. Einerseits fanden die Beschwerden der Bürger Beachtung, um im Einzelfall „wohlwollend zu reparieren", andererseits wiesen andere Akten des Volksbildungswesens aller Ebenen auf gezielte Diskriminierung von Schülern mit abweichendem Verhalten hin, um die Schulpolitik von Partei und Staat durchzusetzen.

---

219 Vgl. Bereich Drechsler, HA Oberschule, MfV, Eingabenanalyse 1. Halbjahr 1987, o. D. (BArch, DR 2/13032, unpag.).

220 Die Zahl der positiv entschiedenen Eingaben zur Aufnahme in die Abiturstufe entsprach knapp 45 %, auch wenn Margot Honecker nur „40 %" am Seitenrand notierte. Sekretariat des Ministers, MfV, Eingabenanalyse 2. Halbjahr 1987, o. D. (BArch, DR 2/13032, unpag.).

221 Vgl. Bereich Drechsler, HA Oberschulen, MfV, Eingabenanalyse 1. Halbjahr 1988, o. D. (BArch, DR 2/13091, unpag.).

222 Vgl. Bereich Drechsler, HA Oberschulen, MfV, Eingabenanalyse 2. Halbjahr 1988, o. D. (ebd.).

223 Im Bezirk Karl-Marx-Stadt beispielsweise entschied die Abteilung Volksbildung für den Eingabenschreiber insgesamt 40 von 90 Eingaben (44 %) im IV. Quartal 1970, 6 von 45 Eingaben (13 %) im I. Quartal 1971, 20 von 75 Eingaben (27 %) im II. Quartal 1971, 26 von 83 Eingaben (31 %) im III. Quartal 1971, 38 von 93 Eingaben (41 %) im IV. Quartal 1971, 29 von 68 Eingaben (43 %) im II. Quartal 1972 und 26 von 55 Eingaben (60 %) im II. Quartal 1973. Vgl. Krußk, BSR Karl-Marx-Stadt, Eingabenanalyse IV. Quartal 1970 vom 13.1.1971, Eingabenanalyse I. Quartal 1971 vom 13.4.1971, Eingabenanalyse II. Quartal 1971 vom 13.7.1971, Eingabenanalyse III. Quartal 1971 vom 13.10.1971, Eingabenanalyse II. Quartal 1972 vom 7.7.1972 (SächsStAC, 30413/8.1, Nr. 63559, unpag.); Krußk, BSR Karl-Marx-Stadt, Eingabenanalyse II. Quartal 1973 vom 9.7.1973 (ebd, Nr. 63558, unpag.).

224 Im Bereich Zulassung für die Abiturstufe entschied sich die Bezirksabteilung Volksbildung Karl-Marx-Stadt für eine Zulassung bei 3 von 24 Eingaben (12 %) im II. Quartal 1971 und in 6 von 17 Eingaben (35 %) im II. Quartal 1972. Vgl. Krußk, BSR Karl-Marx-Stadt, Eingabenanalyse II. Quartal 1971 vom 13.7.1971, Eingabenanalyse II. Quartal 1972 vom 7.7.1972 (ebd., Nr. 63559, unpag.).

225 Vgl. ebd.

So forderte etwa der Bezirksschulrat von Dresden in einem Kontrollauftrag an alle Kreise seines Bezirkes aus dem Jahr 1971 eine Einschätzung der Reifeprüfungen dieses Jahres. In der Reihenfolge der Schwerpunkte, nach denen die Prüfungen beurteilt werden sollten, rangierte das Kriterium der „gewachsenen politische Reife" der Absolventen an erster Stelle noch vor deren fachlichen Fähigkeiten. Mit Blick auf die Auswahl und Aufnahme von Schülern in die Abiturstufe sollte u. a. die „Einflussnahme auf die sozialistische Erziehung im Elternhaus" eingeschätzt werden. Die „Qualität der Beurteilung" des Schülers hatte nach folgenden Gesichtspunkten zu erfolgen:

„– Stand der Bewusstseinsentwicklung,
 – Einschätzung, wie der Klassenstandpunkt des Schülers, insbesondere seine Haltung zur Sowjetunion, zur Ideologie des Imperialismus, besonders des westdeutschen Imperialismus, gewertet wird,
 – Lernhaltung und Leistungsvermögen,
 – aktive gesellschaftliche Tätigkeit,
 – weltanschauliche Auffassung und Position,
 – Fähigkeit, ein Kollektiv zu leiten,
 – besondere Merkmale der Erziehung im Elternhaus."[226]

Anhand dieser und anderer Quellen lässt sich, sowohl die eindeutige politisch-ideologische Ausrichtung des Schullebens als auch die Förderung von systemkonformen (aber auch politisch indifferenten) Schülern belegen, die sich persönlich und politisch diesen Bedingungen in der DDR anpassten oder gar das System durch „fortschrittliches" Verhalten stützten. Aus Sicht von Partei und Staat war es daher völlig legitim, Abweichler zu benachteiligen, um sie in ihrer persönlichen und beruflichen Entwicklung zu hemmen.

Im Selbstverständnis von Partei- und Schulfunktionären hatten sich Förderung und Auslese entsprechend den schulpolitischen Richtlinien so stark manifestiert, dass sie erwarteten, die Zahl der Aufnahmebegehren für die Erweiterte Oberschule und folglich auch die Zahl der Eingaben mittels Einsicht der Eltern, quasi „im vorauseilendem Gehorsam", eindämmen zu können.[227] Typisch dafür waren Argumentationen wie: Eingaben bzw. vorausgehende Anträge auf Aufnahme in die Abiturstufe wären vermeidbar, wenn die Eltern die Aufnahmebedingungen kennen würden und daraufhin selbst zu der realistischen Einschätzung kämen, dass ihr Kind diesen Kriterien nicht entspreche und folglich eine Bewerbung unnötig sei.[228] Oder: Schüler und Eltern müssten ihre persönlichen Bedürfnisse den gesellschaftlichen Interessen nachordnen, wie Werner Krußk, Bezirksschulrat von Karl-Marx-Stadt, meinte.[229]

226 Dr. Hasler, amtierender BSR Dresden, an alle StSR und KSR, Kontrollauftrag zur Erarbeitung einer Analyse der Ergebnisse der Bildungs- und Erziehungsarbeit und ausgewählter Schwerpunkte der politischen Führung der Abiturstufe vom 13. 9. 1971 (SächsHStA, 11430 BT/RdB Dresden, Nr. 30056/1, unpag.).
227 Vgl. Wolf, Besondere Vorkommnisse, S. 169.
228 Vgl. Abt. Volksbildung beim ZK der SED, Analyse der Eingaben für das II. Halbjahr 1973 vom 15. 1. 1974 (SAPMO-BArch, DY 30/IV B 2/9.05/27, unpag.).
229 „Bei der Ablehnung von Anträgen zur Aufnahme in Vorbereitungsklassen bzw. Klassen der Abiturstufe stellen manche Eingeber ihre persönlichen Interessen über die gesell-

3.   Hilfsgesuche

Neben der Beschwerde und der Eingabe gegenüber staatlichen Einrichtungen
bzw. Partei- und Schulfunktionären suchten insbesondere christliche Schüler
und Eltern auch Unterstützung bei den Kirchen.[230] Während allen Verfolgungs-
phasen konnten Kirchenvertreter jedoch nur sehr begrenzt helfen, indem sie
beispielsweise die Fälle von Diskriminierungen registrierten und bei Zusammenkünften mit Partei- und Staatsfunktionären oder in Briefen ansprachen.[231] Aus
einer Niederschrift eines Gesprächs zwischen dem ersten Stellvertreter des
Vorsitzenden des Rates des Bezirkes Leipzig, Kühn, und allen Superintendenten
des Bezirkes im November 1960 geht hervor, dass die Kirchenvertreter sehr
deutlich die Diskriminierung von Christen, insbesondere von Kindern und
Jugendlichen zur Sprache brachten.[232] Mit diesem Treffen zielte Kühn darauf,
die Meinungen der Geistlichen zur Staatsratserklärung Walter Ulbrichts über
„das Christentum und die humanistischen Ziele des Sozialismus" in Erfahrung
zu bringen.[233] Diese äußerten sich dazu mehr als verhalten. Ihre Reaktion lässt
gar den Schluss zu, dass in ihren Augen das Christentum und die „humanistischen Ziele des Sozialismus" allein schon aufgrund der atheistischen Weltanschauung und deren aggressiver Durchsetzung gegenüber den Christen unvereinbar waren. Die Kirchenvertreter beklagten verweigerte Zulassungen zur
Abiturstufe sowie zu Fach- und Hochschulen, tägliche Diffamierungen durch
Lehrer und Repressionen gegenüber Kindern, die die Jugendweihe verweigerten bzw. den Religionsunterricht besuchten. Der Superintendent von Leipzig,
Stiehl, bezeichnete dieses Vorgehen völlig unverblümt als „Prinzip" und nicht

    schaftlichen Erfordernisse. Dabei sehen sie die Notwendigkeit der durchgeführten
    Reduzierung der Ausbildungsplätze in der Abiturstufe, die volkswirtschaftlich begrün-
    det ist, nicht in jedem Fall ein bzw. sind nicht bereit, persönliche Konsequenzen daraus
    zu ziehen." Krußk, BSR Karl-Marx-Stadt, Eingabenanalyse III. Quartal 1971 vom
    13. 10. 1971 (SächsStAC, 30413/8.1, Nr. 63559, unpag.).
230 Vgl. dazu zum Beispiel SLFS, Rehabilitierungsbehörde, Az. 97/74/0172, 97/74/ 0063,
    97/72/0084, 94/70/0051, 94/73/0045, 97/72/0088, 97/73/ 0164, 95/70/0051,
    96/70/0022.
231 Kardinal Bengsch übergab beispielsweise am 12.6.1978 eine Eingabe der Berliner
    Bischofskonferenz gegen die geplante Einführung des Wehrunterrichts während eines
    Gesprächs an den Staatssekretär für Kirchenfragen Seigewasser. Vgl. Haese, Katholische
    Kirche in der DDR und MfS, S. 136. Gottfried Forck, Bischof von Berlin-Brandenburg,
    forderte „Klarheit über die Glaubensfreiheit" in einem Interview des Deutschlandfunks
    am 3. 1. 1988. Er sagte, „die Glaubens- und Gewissensfreiheit wirke sich bis in die Volks-
    bildung aus und müsse dort zu ganz klaren Anweisungen für Lehrer und Schulleiter füh-
    ren. Immer wieder komme es vor, dass die Pädagogen ihre Kompetenzen überschrit-
    ten". Frankfurter Rundschau vom 4. 1. 1988.
232 Vgl. Wiese, Erster Stellvertreter des Vorsitzenden des RdB Leipzig, an Zschille, BSR
    Leipzig, Niederschrift über die mit den Superintendenten des Bezirkes Leipzig geführte
    Aussprache am 22.11.1960 vom 24.11.1960 (SächsStAL, 20237 BT/RdB Leipzig,
    Nr. 1740, Bl. 1–9).
233 Walter Ulbricht erklärte: „Das Christentum und die humanistischen Ziele des Sozialis-
    mus sind keine Gegensätze." Staatsratserklärung Walter Ulbrichts vor der Volkskammer
    am 4. 10. 1960 (BArch, DA 5/3, Bl. 89).

als „Einzelerscheinungen". Um ihre Gemeindemitglieder zu schützen, vermieden es die Kirchenvertreter konkrete Namen zu nennen. Das spielte dem Mitarbeiter des Bezirkes Leipzig in die Hände, denn so konnte er den Superintendenten fehlendes Vertrauen unterstellen und fordern: „Wir sind gegen jegliche Beleidigung und Diskriminierung unserer Kinder. Das ist auch nicht der Grundsatz unserer Politik. Wir müssen verlangen, dass Sie uns offen sagen, wo solche Fälle passieren."[234] Mit seinen weiteren Ausführungen ging er sofort wieder in die Offensive und erklärte selbstbewusst: „Jede bisherige gesellschaftliche Epoche drückt ihrem Zeitabschnitt ihren Stempel auf. Niemand kann die politisch herrschende Klasse hindern, ihre Weltanschauung offen darzulegen und zu propagieren. Aber gerade das ist der größte Dorn in Ihrem Auge. Wenn wir dies dann wieder an den Ausgangspunkt unserer Beratung stellen, werden wir schnell merken, dass wir nicht allzu weit kommen."[235]

Letztlich blieb es bei gegensätzlichen Standpunkten, auch wenn Kühn „überzeugt" war, „dass solche Gespräche regelmäßiger geführt werden, damit wir zu einer größeren Gemeinsamkeit und Übereinstimmung in den uns gemeinsam angehenden Fragen kommen".[236] Der Verlauf des Gespräches lässt klar erkennen, dass die staatliche Seite sehr wohl von Diskriminierungen und Repressionen gegenüber christlichen Schülern wusste, diese duldete und in der Folge nur wenig oder gar nichts änderte, was Kirchenvertreter auch in späterer Zeit immer wieder anprangerten. So sprach etwa der Bischof der evangelischen Kirche Sachsens, Krusche, in seinen „Hirtenworten" an die Gemeinden unverhohlen über das Verhalten von Lehrern und Schuldirektoren gegenüber christlichen Schülern. Damit bezweckte er, die Benachteiligungen öffentlich zu machen und die eigenen Gemeindemitglieder zu stärken. Gleichzeitig rief Krusche die Eltern in seinen Gemeinden dazu auf, sich gegen die Diffamierung des Glaubens und die Benachteiligung ihrer Kinder zu wehren, ihre Rechte wahrzunehmen und die Unterstützung der Gemeindemitglieder zu suchen, um nicht in Unsicherheit, Isolation, Ängstlichkeit oder gar Resignation zu verfallen.[237] Das Hirtenwort des Bischofes vom Februar 1975 werteten sowohl die Abteilung Volksbildung des Bezirkes Leipzig als auch das Ministerium für Volksbildung gründlich aus.[238] Die staatlichen Vertreter reagierten auf die Beschwerden von Kirchenvertretern über die Benachteiligung von christlichen Schülern mit einer eigenen Strategie.

---

234 Wiese, Erster Stellvertreter des Vorsitzenden des RdB Leipzig, an Zschille, BSR Leipzig, Niederschrift über die mit den Superintendenten des Bezirkes Leipzig geführte Aussprache am Dienstag, den 22.11.1960, vom 24.11.1960. (SächsStAL, 20237 BT/RdB Leipzig, Nr. 1740, Bl. 1–9).
235 Ebd.
236 Ebd.
237 Mit ähnlichem Inhalt waren diverse Vorlagen des Berichtsausschusses zum Bericht der Kirchenleitung verfasst. Vgl. Drucksache 12.4./78 (ebd., Nr. 21125, Bl. 142a–144b); Drucksache 30.1./81 (ebd., Nr. 20723, Bl. 65 f.).
238 Vgl. Wort der Kirchenleitung an die Gemeinde im Rahmen der Kirchensynode in Sachsen im Herbst 1974 vom 26.2.1975 (ebd., Nr. 21125, Bl. 191–194 und BArch, DR 2/25053, unpag.).

Sie gingen den Vorwürfen nur insofern nach, als das sie diese als „die Wirklichkeit entstellende Behauptungen" brandmarkten und mit Gegenbeispielen zu entkräften versuchten. In diesem Zusammenhang gingen Staats- und Parteifunktionäre dazu über, den prozentualen Anteil der Pfarrer und kirchlichen Amtsträger an der Bevölkerung dem prozentualen Anteil ihrer Kinder in der Erweiterten Oberschule gegenüberzustellen. Dieser lag beispielsweise in den 1970er Jahren um das zehn- bis zwölffache über dem Anteil von Pfarrern und kirchlichen Amtsträgern an der DDR-Bevölkerung. Angesichts dessen seien diese Kinder gegenüber Kindern anderer Bevölkerungsgruppen sogar privilegiert.[239]

In der Folge gab es keine grundlegende Verbesserung für christliche Schüler. Nur im Einzelfall konnte ein Superintendent oder Bischof helfen, eine nachträgliche Zulassung zur Abiturstufe zu erreichen.[240] Die Intervention von Kirchenvertretern blieb aber in der Mehrzahl der Fälle ohne sichtbare Wirkung. Ein allzu energisches Auftreten gegenüber den Vertretern von Partei und Staat vermieden Pfarrer und Kirchenleitung, da sie weitere „Schikanen" für die betroffenen Schüler befürchteten. Aus diesem Grund wünschten manche Beschwerdeführer, dass die Kirchenvertreter den Vorfall zwar publik machten, allerdings ohne die Identität der betroffenen Familie preiszugeben, um eine schützende Anonymität zu wahren. Diese Problematik beeinträchtigte letztlich die Wirkung ihrer Interventionen, da die staatliche Seite die Glaubwürdigkeit ihrer Argumente stark anzweifelte. Des Weiteren war es kirchlichen Amtsträgern nur bedingt erlaubt, mit staatlichen Vertretern zu kommunizieren.[241]

239 Erster Stellvertreter des Vorsitzenden des RdB Leipzig an Staatssekretär für Kirchenfragen, Bischof Krusche und Kollegen. Redemanuskript oder offener Brief des ersten Stellvertreters des Vorsitzenden des RdB Leipzig zum Bericht der Kirchenleitung an die Synode im Herbst 1971 vom 9.2.1972 (SächsStAL, 20237 BT/RdB Leipzig, Nr. 21125, Bl. 195-213). Vgl. dazu auch Geißler, Auslese im allgemein bildenden Schulwesen der DDR, S. 73.

240 Zwei Beispiele: 1968 veranlasste die Hauptschulinspektion die Aufnahme von zwei Schülerinnen in die Vorbereitungsklassen an Erweiterten Oberschulen in Berlin, nachdem der katholische Bischof interveniert hatte. „Die ursprüngliche Ablehnung ist auf die Stellungnahme der Organe für Inneres und Sicherheit zurückzuführen (parteiliches und öffentliches Verhalten der Eltern). Die erneute Rücksprache mit diesen Dienststellen ergab die neue Entscheidung." Naumann, HSI, MfV, Aktennotiz vom 4.9.1968 (BArch, DR 2/D1695, unpag.). Einem Schüler aus Zwickau verweigerten KSR und BSR 1980 die Berufsausbildung mit Abitur. Nach Intervention des Superintendenten veranlasste der BSR die nachträgliche Zulassung des Schülers. Vgl. SLFS, Rehabilitierungsbehörde, Az. 97/74/0063.

241 Vgl. Erster Stellvertreter des Vorsitzenden des RdB Leipzig an Staatssekretär für Kirchenfragen, Bischof Krusche und Kollegen. Redemanuskript oder offener Brief des ersten Stellvertreters des Vorsitzenden des RdB Leipzig zum Bericht der Kirchenleitung an die Synode im Herbst 1971 vom 9.2.1972 (SächsStAL, 20237 BT/RdB Leipzig, Nr. 21125, Bl. 195-213).

Zu den benachteiligten Schülern gehörten auch Kinder, deren Eltern im kirchlichen Dienst standen oder deren Vater ein Pfarramt bekleidete.[242] Diese Eltern wandten sich laut Aktenlage nur selten mit der Bitte um Unterstützung an die Kirchenleitung.[243] In einem dokumentierten Ausnahmefall verweigerte der Kreisschulrat von Aue im September 1983 einem Schüler die Berufsausbildung mit Abitur, weil es ihm an „politisch-moralischer Reife" fehle (und der Vater Pfarrer war).[244] Der Vater erhob daraufhin Einspruch beim Vorsitzenden des Rates des Kreises. Nach drei Aussprachen mit Kreisschulrat Krutzsch und dessen Stellvertreter Junghans erhielt der Sohn doch noch die Zulassung zur Berufsausbildung mit Abitur. Da sich die Gespräche bis zum November hinzogen, waren jedoch alle Ausbildungsplätze der Fachrichtung Elektrotechnik bereits vergeben, sodass sich dieser Erfolg als Pyrrhussieg erwies, denn der Sohn konnte sich für keine der noch verfügbaren Fachrichtungen begeistern. Letztlich informierte der Vater den Superintendenten über die Ereignisse.[245] Nun beschwerte dieser sich beim Stellvertreter des Vorsitzenden des Rates des Kreises Aue über die „vertrauenshemmenden Maßnahmen in der Abt. Volksbildung":

„Da wir diese gleiche Situation bei 2 eigenen Söhnen erlebt haben, möchte ich diesen Vorfall zum Anlass nehmen, wiederum deutlich zu machen, dass unsere Jugend durch solche Maßnahmen und Entscheidungen keinesfalls an Vertrauen zum Staat gewinnen kann, im Gegenteil. Da ich es auch nach dem Gespräch mit dem neuen Vorsitzenden, Herrn Kugler, für meine Verantwortung halte, Sie davon zu unterrichten, wenn mir solche vertrauenshemmende Entscheidungen dargelegt werden, reiche ich Ihnen diesen Vorfall wiederum exemplarisch ein und bitte Sie um Überprüfung."[246]

---

242 Unter den Antragstellern eines Rehabilitierungsantrages befanden sich 40 Pfarrerskinder. In einzelnen Fällen stand die Mutter ebenfalls im kirchlichen Dienst. Zur Situation von Pfarrerskindern in der DDR vgl. auch Bettina Ernst-Bertram/Jens Planer-Friedrich, Pfarrerskinder in der DDR.

243 In Leipzig wandte sich ein Pfarrer 1953 an den Superintendenten der Evangelisch-lutherischen Landeskirche Sachsen Stiehler, weil seine Tochter nicht für die Oberschule zugelassen wurde. Erst nach Intervention des Superintendenten überprüfte die Abt. Volksbildung nochmals ihre Entscheidung. Vgl. Gollert, Referent des Referates Religionsgemeinschaften, RdB Leipzig, an Stiehler, Superintendent Leipzig-Stadt der Evangelisch-lutherischen Landeskirche Sachsen, vom 18.7.1953 (SächsStAL, 20237 BT/RdB Leipzig, Nr. 1649, Bl. 66). Bei einer Aussprache im Dezember 1960 in Eilenburg zwischen 20 Geistlichen der Region und dem Vorsitzenden des RdK Eilenburg sowie seinem ersten Stellvertreter sprach Superintendent Edler ebenfalls Diskriminierungen von Kindern an. Die Kinder von Kirchenangestellten hatten wegen ihrer fehlenden Mitgliedschaft in der FDJ gar keine Lehrstelle bzw. nur eine unliebsame Berufen erhalten. Vgl. Referat für Kirchenfragen, RdK Eilenburg, an das Referat für Kirchenfragen, RdB Leipzig, Abschrift der Aussprache mit Pfarrern vom 2.12.1960 (ebd., Nr. 1577, Bl. 50 f.). Die Gemeindevorsteherin aus Schönheide, Bezirk Karl-Marx-Stadt, wandte sich mit ihrer Eingabe an das MfV ohne sich von der Kirchenleitung unterstützen zu lassen. Ihr Sohn wurde nachträglich für die Vorbereitungsklasse der Erweiterten Oberschule zugelassen. Vgl. HSI, MfV, Aktennotiz, o.D. (BArch, DR 2/D1695, unpag.).

244 KSR Aue an den Betroffenen vom 21.9.1983 (SLFS, Rehabilitierungsbehörde, Az. 97/72/0094).

245 Vater des Betroffenen an den Superintendenten Aue vom 28.4.1984 (ebd.).

246 Gilbert, Evangelisch-Lutherischer Superintendent Aue, an Schädlich, Stellvertreter des Vorsitzenden beim RdK Aue, Abteilung Inneres, vom 8.5.1984 (ebd.).

An der Situation änderte sich infolge dieser Beschwerde nichts, denn der Schüler hatte die Zulassung für die Berufsausbildung mit Abitur ja erhalten. Dass die noch vorhandenen Ausbildungsplätze nicht seinem Interesse entsprachen, sahen der Kreisschulrate und andere Funktionäre nicht mehr als ihr Problem an.[247]

Um sich gegen Diskriminierungsmaßnahmen zu wehren, hofften Christen mitunter auf Unterstützung aus den Reihen der CDU in der DDR.[248] Bereits im Jahre 1953 hießen jedoch der Parteivorsitzende und die Parteileitung „die staatlichen Maßnahmen gegen die Junge Gemeinde gut", wodurch sie sich „an der groben Verletzung von Verfassungsbestimmungen" beteiligten.[249] Ebenso unrühmlich verhielt sich die Parteileitung der Ost-CDU bei der Durchsetzung der staatlichen Jugendweihe seit 1954. Hatte sich in den ersten Jahren noch Widerstand geregt, so gab die Parteispitze ab 1958 dem Druck der SED nach und passte ihre Politik entsprechend an.[250] Dennoch beklagten sich Christen bei ostdeutschen CDU-Mitgliedern, dass ihre Kinder in den Schulen „täglich" benachteiligt würden. Während einer gemeinsamen Veranstaltung des Demokratischen Frauenbundes Deutschlands (DFD), des Kreisfriedensrates und der Ost-CDU im November 1961 sprachen christliche Frauen über die negativen Erfahrungen ihrer Kinder in den Schulen, wie aus der Niederschrift hervorgeht:

> „Einige Frauen weisen auf große Schwierigkeiten ihrer Kinder in der Oberschule hin, die zur Jungen Gemeinde gehören und fast täglich deshalb Schwierigkeiten haben. Die Kinder, die sich bemühen, ihren Schulpflichten nachzukommen und auch ein gutes Verhältnis zu den atheistischen Schülern haben, sind durch diese Nöte außerordentlich belastet und überlastet. Eine anwesende Mutter sagt, ob es die Schule verantworten könne, dass die Kinder einem Nervenzusammenbruch nahe sind, nur weil sie ehrlich gewesen seien und es nicht verschwiegen haben, dass sie zur Jungen Gemeinde gehören – übereinstimmend sagen diese Mütter, dass ihre Kinder ‚gequält' werden."[251]

Die Vertreterinnen von Ost-CDU und DFD verurteilten diese Praxis und versprachen, „sich um diese Sache zu kümmern [...], ohne dass die Kinder darunter zu leiden hätten".[252] Darüber hinaus zeigte dieser Gesprächsbericht an anderer Stelle, wie skeptisch die anwesenden Frauen derartigen Versprechen gegenüberstanden. Sie glaubten nicht daran, dass der Austausch mit Parteimitgliedern auf unterster Ebene erfolgreich sei, denn einige Mütter vertraten die Meinung, „dass es doch nicht viel hilft, wenn in solchen kleinen Kreisen Übereinstimmung erzielt wird, dass das Vertrauen aufgebaut werden muss, dass alles mit Takt gesagt werden muss usw., wenn sich dies nicht von oben her, nach unten durch-

---

247 An dieser Stelle sei erwähnt, dass Pfarrerskinder äußerst ambivalente Erfahrungen im Bildungs- und Erziehungswesen der DDR machen konnten. Vgl. dazu Ernst-Bertram/Planer-Friedrich, Pfarrerskinder in der DDR, S. 4.
248 Vgl. Raabe, Sozialismus aus christlicher Verantwortung?, S. 129.
249 Vgl. ebd., S. 131 f.
250 Vgl. ebd., S. 135 f.
251 Pank, Mitglied des DFD an Referat Kirchenfragen, RdB Leipzig, Niederschrift einer Aussprache mit christlichen Frauen, veranstaltet in Zusammenarbeit mit dem DFD, dem Kreisfriedensrat und der CDU in Borna vom 29. 11. 1961 (SächsStAL, 20237 BT/RdB Leipzig, Nr. 1576, Bl. 31–33).
252 Ebd.

setzt, dass wir ‚Kleinen' eben doch machtlos sind".[253] Die kritische Einschätzung der Mütter bestätigte sich, denn der Verfasser dieser Niederschrift kam in seiner Einschätzung der Aussprache lediglich zu dem Schluss, dass die Vertreterinnen von DFD und Ost-CDU „bei den christlichen Frauen sehr gut ankamen".[254]

Bei der Wahrung und Vertretung der Interessen von Christen spielte die Führung der Ost-CDU auch in späteren Jahren nur eine untergeordnete Rolle. So beschwerte sich 1983 ein Vater aus Dresden beim Vorsitzenden der Ost-CDU in Berlin über die Nichtzulassung seiner Tochter zur Erweiterten Oberschule. Der Vater, selbst Sohn eines Pfarrers, hatte seine Zulassung sowohl zur Erweiterten Oberschule 1953 als auch zum Hochschulstudium 1959 erst infolge mehrfacher Eingaben erhalten. Der Beschwerdeführer schrieb:

„Ich werde den Verdacht nicht los, dass bei der Auswahl von Jugendlichen für einen höheren Bildungsweg Christen nach wie vor benachteiligt werden. [...] Ich halte es für eine gefährliche Unterstellung, zu behaupten, dass Bürger, um ihren Bildungsweg zu sichern, nur formal gesellschaftliche Aktivitäten zeigen. Und für eine ebenso gefährliche Unterstellung halte ich es, mangelnde Verbundenheit zu unserer Republik erkennen zu wollen, wenn eine 15-jährige Jugendliche aus Gewissensgründen am Wehrkundeunterricht nicht teilnimmt. Die Ablehnungsbegründung vom 1. 10. 1983 enthält inhaltlich diese Unterstellung. Derartige Äußerungen untergraben das Vertrauen zwischen Bürgern und staatlichen Dienststellen."[255]

Werner Wünschmann, Sekretär des Hauptvorstandes der CDU, nahm sich zwar des Falls an und erwirkte eine Stellungnahme des Stadtbezirksschulrates zum Vorgang, allerdings gebe es aus seiner Sicht keinerlei Hinweise auf eine Diskriminierung, wie er dem Vater des Mädchens mitteilte. Wünschmann argumentierte sogar im Stile eines SED- und Volksbildungsfunktionärs: „Übrigens studieren anteilmäßig etwa doppelt so viele Pfarrer- wie Arbeiterkinder!"[256] Er führte weiter aus, dass für die Aufnahme in die Erweiterte Oberschule nur „zwei Gesichtspunkte maßgebend" seien: „der Berufswunsch (aus dem sich u. a. ergibt, ob der Weg EOS – Abitur – Studium richtig und nötig ist; oft ist ein anderer Weg günstiger) und die Eignung (die auf Leistungen, Charakter und gesellschaftlicher Haltung als Einheit beruht)".[257] In seiner weiteren Argumentation enthielt er sich nur scheinbar einer Parteinahme: „Ob die Einschränkung, die in jenem Schreiben in Bezug auf die gesellschaftliche Haltung (aber nicht nur auf sie!) Ihrer Tochter deutlich wird, sachlich berechtigt ist, kann von hier nicht beurteilt werden. Sie selbst teilen keinerlei Einschränkungen mit, die das Gegenteil beweisen. Dass diese Einschränkung oder gar die Ablehnung in der

253 Ebd.
254 Ebd.
255 Vater der Betroffenen an den Vorsitzenden der CDU vom 4. 10. 1983 (SLFS, Rehabilitierungsbehörde, Az. 95/70/0060).
256 Dieser Satz war in Klammern gefasst. OStR Werner Wünschmann, Mitglied des Präsidiums und Sekretär des Hauptvorstandes der Ost-CDU, an den Vater der Betroffenen vom 11. 10. 1983 (ebd.).
257 Ebd.

christlichen Position Ihrer Tochter begründet sind, ist nach den von Ihnen vor-
gelegten Schriftstücken völlig unbewiesen. Wenn schon von Unterstellungen die
Rede sein soll, so sollten Sie sie nicht bei anderen suchen."[258]
Dem nicht genug, fand er schließlich deutliche Worte, um dem Vater mitzuteilen: „In Wirklichkeit haben Sie ja selbst die Ursache genannt, die zu jener
Einschätzung geführt hat: die Nicht-Teilnahme Ihrer Tochter am Wehrkunde-
Unterricht." In seiner anschließenden Begründung argumentiert Wünschmann
im Sinne des Ministeriums für Volksbildung und der SED, wonach „dieses Fach
eines wie jedes andere ist" und „dessen absichtliches Versäumen nur als bewusster Verstoß gegen die Schulordnung und Schulpflicht aufgefasst werden" könne.
Denn „wer bestehende Rechtsnormen nicht einhält, muss sich wohl zu Recht
nach seiner Verbundenheit zu unserer Republik fragen lassen". Folglich wider-
spreche aus seiner Sicht „der Erwerb von Kenntnissen über die gesellschaftlichen Ursachen von Aggressivität und Krieg sowie von Fähigkeiten der Ersten
Hilfe, des Katastrophen- und Zivilschutzes" nicht dem christlichen Gewissen.
„Im Gegenteil, christlicher Friedensdienst bedarf solcher Kenntnisse, und Hilfe
für den Nächsten kann auch solche Fähigkeiten verlangen."[259]
Abschließend gestand der Sekretär des Hauptvorstandes der CDU dem Vater
zwar zu, seine Rechte wahrzunehmen, jedoch sollte er das nicht „als vorgeblich
benachteiligter Christ tun, sondern in sachlich-konstruktiver Weise als
Staatsbürger, der von den für alle geltenden Gesetzen und Rechtsnormen aus-
geht".[260]
Da Wünschmann in der verweigerten Teilnahme am Wehrkundeunterricht
einen Verstoß gegen die Schulordnung sah, versagte er seine Unterstützung und
machte die Tochter und die Eltern für die Situation selbst verantwortlich. Die
Schilderung seiner Sicht auf die Inhalte des Wehrunterrichts strotzte nicht nur
vor Propagandafloskeln, sondern widersprach auch dem christlichen Verständnis. In den Ausführungen des Eingabenschreibers sah Wünschmann lediglich
unbegründete Behauptungen, die ihn schließlich dazu veranlassten, den Beschwerdeführer aufzufordern, diese bei seinen Einsprüchen außen vor zu lassen.
Diese negative Erfahrung blieb allerdings nicht die einzige für die Familie.
Nach dem Abschluss der zehnten Klasse begann das Mädchen eine Lehre, nach
deren Abschluss sie das Abitur an der Volkshochschule (VHS) nachholen wollte.
Die Zulassung zum Abiturlehrgang an der VHS erwies sich als ebenso schwierig wie die zur Erweiterten Oberschule, denn in der Beurteilung des
Lehrbetriebes hieß es: „Aktivitäten in gesellschaftlichen Organisationen sind
kaum vorhanden, da Frl. [...] nicht Mitglied der FDJ ist und gegenwärtig auch
nicht bereit ist diesen Schritt zu gehen."[261] Dem nicht genug wandte sich der

---

258 Ebd.
259 Ebd.
260 Ebd.
261 Prof. Dr. rer. oec. Heyde, Sektion Sozialistische Betriebswirtschaft der TU Dresden,
  Beurteilung vom 23. 1. 1986 (SLFS, Rehabilitierungsbehörde, Az. 95/70/0060).

Schuldirektor der ehemaligen Schule in einem vertraulichen Brief an den Direktor der Volkshochschule:

„Seinerseits wurde K. vom Besuch der EOS ausgeschlossen, d. h. sie wurde nicht empfohlen. Die Eltern beschwerten sich deshalb beim CDU-Hauptvorstand in Berlin und argumentierten, sie seien als Christen benachteiligt worden. Von dort wurde sauber argumentiert, warum eine Ablehnung erfolgte: keine Übernahme von Pflichten, kein FDJ-Mitglied, ZV-Verweigerer usw. [...]
Da wir verpflichtet sind, jedem unserer jungen Leute den Weg zu ebnen, verwendete ich mich seiner Zeit hinsichtlich einer Lehrstelle bei der TU-Dresden. Von der TU muss bei Ihnen auch eine Beurteilung eingegangen sein. K. hat ein Abendstudium an der Kunsthochschule für Restaurierung aufgenommen. Ursprünglich – so die Aussagen der Mutter – sollte das zum Hochschulstudium überleiten. Nun wird dafür das Abitur verlangt. Logischerweise gehen die Eltern nun den Weg über das Abitur. Nach Lage der Dinge wird K. irgendwie im kirchlichen Bereich der Restauration ‚landen'.
Ich empfehle Ihnen, die Eltern und K. zum Gespräch zu bestellen und ihnen Pflichten und Rechte eines Hörers der Volkshochschule zu erläutern. Auf keinen Fall darf bei einer Ablehnung vom Abitur das Christentum herangezogen werden."[262]

Mit diesem Schreiben informierte der Schuldirektor nicht nur seinen Kollegen der Volkshochschule über die Umstände, die einst zur Ablehnung für die Erweiterte Oberschule geführt hatten, sondern er verdeutlichte seine ablehnende Haltung und erteilte Ratschläge für eine Argumentation, um dem Mädchen weiterhin das Abitur vorzuenthalten. Quasi „zwischen den Zeilen" äußerte er sein Unverständnis über unangepasstes Verhalten und einer Tätigkeit im kirchlichen Bereich. Ob er mit seinem Brief die Aufnahme in den Abiturkurs der Volkshochschule verhindert hätte, bleibt offen, da die junge Frau ihre Bewerbung zurückzog und ein Abendstudium an der Hochschule für bildende Kunst in Dresden begann. Nachdem sie später von der Fachschule für angewandte Kunst in Heiligendamm trotz bestandener Aufnahmeprüfung mehrmals abgelehnt wurde, legte sie 1989 und 1990 doch noch das Teilabitur an der Volkshochschule ab. Erst nach 1990 konnte sie ein Studium in der gewünschten Fachrichtung aufnehmen und abschließen. Sie wurde 2001 rehabilitiert.[263]

Ein anderer Fall aus dem Jahre 1984 beweist, dass die Unterstützung der Ost-CDU im Zulassungsverfahren durchaus möglich war. Einzelne Parteimitglieder verhielten sich hierbei äußerst ambivalent. Der bereits genannte Werner Wünschmann verwandte sich in einem Schreiben an Werner Lorenz, Staatssekretär im Ministerium für Volksbildung, für die Tochter eines Kirchenmusikers. Diese hatte sich bereits einmal erfolglos um einen Studienplatz für Sonderschulpädagogik beworben. Im Zuge der zweiten Bewerbung beauftragte ihn der Parteivorstand, „seine Zustimmung und lebhafte Unterstützung" an Lorenz zu übermitteln. Neben den Leistungen, dem hohen gesellschaftlichen und sozialpädagogischen Engagements der jungen Frau beruhte dieser Einsatz auf der „bedeutenden Rolle" ihres Vaters, „der einer der führenden

262 Nowatschin, Schuldirektor der 25. Oberschule „Ernst Thälmann" Dresden, an den Direktor der Volkshochschule Dresden vom 23. 3. 1986 (ebd.).
263 Vgl. SLFS, Rehabilitierungsbehörde, Az. 95/70/0060.

Kirchenmusiker Thüringens" sei und „durch sein frühzeitiges und aktives politisches Engagement in der CDU für die Entwicklung eines guten, vertrauensvollen Verhältnisses zwischen Staat und der Thüringischen Landeskirche seit Bischof Mitzenheim" gesorgt habe.[264]

Trotz einiger Schwierigkeiten[265] erreichte Lorenz die Studienzulassung in der Fachrichtung Diplomlehrer für Hilfsschulen an der Wilhelm-Pieck-Universität in Rostock.[266] Dieser Fall belegt, dass das Denken und Handeln der Akteure zum Teil auch von einer parteipolitischen Funktionslogik gesteuert war, die unabhängig vom jeweiligen politischen System existierte.[267]

Abschließend lässt sich feststellen: Die Kirchenvertreter unterstützten zwar ihre Gemeindemitglieder im Kampf gegen Diskriminierung im Schulalltag und bei der Zulassung für eine höhere Bildungseinrichtung, jedoch konnten auch sie keine Gleichbehandlung garantieren. Interventionen von Superintendenten und Bischöfen konnten im Einzelfall durchaus erfolgreich sein, obgleich diese Würdenträger selbst der Willkür von Partei- und Staatsfunktionären ausgesetzt waren. Daran änderte auch das Gespräch zwischen Erich Honecker und dem Vorstand der Konferenz der evangelischen Kirchenleitungen am 6. März 1978 nur wenig.[268]

264 OStR Werner Wünschmann, Mitglied des Präsidiums und Sekretär des Hauptvorstandes der CDU, an Werner Lorenz, Staatssekretär, MfV, vom 9. 11. 1984 (BArch, DR 2/28946, unpag.).

265 Einer Anfrage des Staatssekretärs beim BSR von Suhl, Ludwig, ob eine Delegierung der jungen Frau möglich sei, konnte dieser nicht entsprechen, da „im Zusammenhang mit der Wahrung schulpolitischer Erfordernisse, der Sozialstruktur und des Leistungsprinzips [...] im Rahmen des dem Bezirk zur Verfügung stehenden Kontingents von 3 Studienplätzen" keine Delegierung möglich sei. Zudem war das Delegierungsverfahren bereits abgeschlossen. Auf Wunsch der Bewerberin waren die Unterlagen bereits an die Universität Rostock weitergeleitet. Vgl. Werner Lorenz, Staatssekretär, MfV, an Ludwig, BSR Suhl, vom 12. 11. 1984 (ebd.); Ludwig, BSR Suhl, an Werner Lorenz, Staatssekretär, MfV, vom 23. 11. 1984 (ebd.).

266 Bernhardt, Ministerium für Hoch- und Fachschulwesen, an Werner Lorenz, Staatssekretär, MfV, vom 9. 1. 1985 (ebd.).

267 Im Zusammenhang mit der Neurekrutierung von Funktionseliten in der DDR konstatierte Peter Hübner, dass „das Ausmaß an politischer Überzeugung und Indoktrination als wichtiger Faktor" zwar mit von Bedeutung ist, dennoch ähnle das Karriereverhalten anderen Gesellschaften. Die meisten Vertreter der neuen Funktionselite hatten „in der sozialistischen Realität [...] deren Leitbildern zu entsprechen, also eher das Egalitäre als das Elitäre hervorzukehren." Dennoch gelang es ihnen das Kadersystem „für ihre eigenen Zwecke zu instrumentalisieren". Auch standen ihnen Handlungsspielräume zur Verfügung, die sie im konkreten Einzelfall mithilfe persönliche Netzwerke und Interessengruppen zu nutzen wussten. Vgl. Hübner, Einleitung: Antielitäre Eliten?, S. 34.

268 Vgl. Noack, Die Phasen der Kirchenpolitik der SED, S. 1115. Belege für anhaltende Benachteiligungen, Diffamierungen und Repressionen im Bildungswesen gegenüber christlichen Kindern auch nach dem Gespräch mit Erich Honecker finden sich in diversen Vorlagen des Berichtsausschusses zum Bericht der Kirchenleitung. Vgl. dazu z. B. Drucksache 12.4./78 (SächsStAL, 20237 BT/RdB Leipzig, Nr. 21125, Bl. 142a-144b); Drucksache 30.1./81 (ebd., Nr. 20723, Bl. 65 f.); Drucksache 19.1./81: Vorlage des Sonderausschusses Friedensproblematik (ebd., Bl. 69-72); Drucksache 30/81: Bericht der Kirchenleitung auf der 4. Tagung der IX. Synode der Kirchenprovinz Sachsen vom 4. November 1981 (ebd., Bl. 73a-91a).

Eher unrühmlich und letztlich unglaubwürdig verhielten sich einzelne Partei-funktionäre der Ost-CDU,[269] wenn sie einerseits den Argumentationen der SED folgten und deren Politik gegenüber ihren Mitgliedern vertraten, andererseits sich jedoch für „ausgewählte" Personen einsetzten.[270] Vereinzelt, so auch am 7. März 1978, wies die Ost-CDU jedoch „in einem umfangreichen Papier an Honecker [...] nachdrücklich auf die Benachteiligung von Christen in Staat und Gesellschaft hin".[271]

4. Zusammenfassung

Laut Verfassung der DDR verfügte jeder Bürger über ein Recht auf Bildung und freie Berufswahl. Dieses Recht war jedoch lediglich auf die schulische Bildung bis zum Zehnklassenabschluss und ggf. einer anschließenden Lehrausbildung beschränkt. Hingegen unterlag der Besuch einer weiterführenden Bildungsein-richtung einer strengen Auswahl von geeigneten, systemkonformen Schülern.

Bestehende Engpässe aufgrund geringer Platzkontingente für die Abituraus-bildung, bei beliebten Lehrstellen oder bestimmten Studienrichtungen verschärf-ten die Bewerbungssituation noch zusätzlich, insbesondere für Bewerber, die über kein „vorbildliches staatsbürgerliches Bewusstsein" verfügten oder deren soziale, manchmal auch familiäre Herkunft aus Sicht des SED-Regimes einen Makel aufwies.[272]

Die erhaltene Zulassung war zudem an weitere Bewährungskriterien gebun-den, die zumindest eine politisch-ideologische Anpassung erforderten, ansons-ten konnte der Besuch einer weiterführenden Bildungseinrichtung vorzeitig beendet sein. In einigen Fällen nahmen die betroffenen Schüler und ihre Eltern die Nichtzulassung oder Diskriminierungen im Bildungsalltag nicht hin. Mittels Einsprüchen, Beschwerden und Eingaben auf den unterschiedlichsten staatli-chen Ebenen, aber auch mithilfe kirchlicher Instanzen versuchten sie dagegen

269 Laut Martin Rißmann zeigte die CDU-Führung „auch in anderen Fragen, die die Grundlagen christlichen Selbstverständnisses berührten [...] wenig Verständnis für die besonderen Belange ihrer Mitglieder", so in Fragen der Wehrpflicht und des Wehr-kundeunterrichts. Rißmann, Zur Rolle der Ost-CDU im politischen System der DDR, S. 80.

270 Nach Martin Rißmann entsprach dieses Vorgehen dem allgemeinen Selbstverständnis und der Funktion der Partei als „Transmissionsriemen". „Die zentrale Aufgabe der Ost-CDU bestand darin, christliche Bürger und selbständige Berufsgruppen (Handwerker, Einzelhändler, Unternehmer) an die Politik der SED heranzuführen, sie im Sinne des Staates ideologisch zu beeinflussen und zu einem zusätzlichen Engagement für die sozia-listische Gesellschaft zu bewegen." Ebd., S. 70 und 72. Thomas N. Raabe kommt zu dem Schluss, dass Christen in der DDR die Ost-CDU kaum als Sachwalterin ihrer Interessen gegenüber dem Staat verstehen konnten, da diese bei strittigen Themen zwischen Staat und Kirche eher die Position des Staates vertrat. Vgl. Raabe, Sozialismus aus christli-cher Verantwortung?, S. 136.

271 Agethen, Neuere Literatur zur Ost-CDU, S. 245.

272 Vgl. Geißler, Auslese im allgemein bildenden Schulwesen der DDR, S. 74 f.

vorzugehen.[273] Die Erfolgschancen stiegen zwar mit der hierarchischen Stellung der Appellationsinstanz, doch war ein Scheitern nicht auszuschließen. Bei mehrfachen Eingaben oder im Zusammenhang mit einem Ausreisebegehren konnte eine Antwort sogar ausbleiben.

Die Gründe für die Eingaben waren unterschiedlich. Beschwerdepunkte waren die Nichtaufnahme von Schülern in die Abiturstufe, Fragen der Beurteilung und Bewertung, vorenthaltene Auszeichnungen, ungerechtfertigte Relegierungen oder andersartige Diskriminierungen im Schulalltag, die vorwiegend christliche Schüler betrafen.

Akribisch registrierten die „Volksbildungsorgane" (wie alle Verwaltungs-, Regierungs- und Parteiinstitutionen) eingehende Eingaben und analysierten deren Gründe, Bearbeitung sowie Ergebnisse. Als Ursache für viele Eingaben, insbesondere wegen der Nichtzulassung zur Abiturstufe, machten die Mitarbeiter des Ministeriums für Volksbildung „herzloses" und bürokratisches Verhalten sowie Unkenntnis der gesetzlichen Bestimmungen aus. Nicht vorhandene Maßstäbe, ungenügende politisch-ideologische Arbeit, fehlende langfristige Förderung und Auslese von geeigneten Schülern durch Lehrer und Direktoren kamen hinzu.

Eingabenschreibern warf man „Uneinsichtigkeit" und „Egoismus" vor. Schuld an der angespannten Situation gaben die Volksbildungsfunktionäre zudem einigen Pädagogen und Ausbildungsbetrieben, da sie gegenüber Eltern Versprechungen und Zusagen gaben, die so nicht realisierbar waren. Zusätzliche Spannungen ergaben sich aufgrund des angestrebten Mädchen-Jungen-Ausgleichs. Die bevorzugte Aufnahme von Jungen in die Abiturstufe, insbesondere wenn sich diese für einen militärischen Beruf entschieden, zog weitere Beschwerden nach sich. Als zusätzliches Auswahlkriterium für die Abiturstufe gewann zunehmend die Wahl eines volkswirtschaftlich wichtigen Studiums einen positiven Einfluss auf die Zulassung. Folglich beklagten Schüler und Eltern, dass im Auswahlprozess die Schulleistungen zu gering gegenüber anderen Kriterien gewichtet und Delegierungsanträge der Schuldirektoren gegenüber Anträgen von Eltern bevorzugt behandelt würden.

Problematisch waren zudem widersprüchliche Schülerbeurteilungen in den Zeugnisheften und im Aufnahmeantrag. Vielfach blieb Eltern der Inhalt des Aufnahme-/Delegierungsantrages verborgen, sodass sie die Nichtzulassung ihres Kindes nicht nachvollziehen konnten.

Im Wesentlichen kamen immer wieder die gleichen Probleme auf und alle Korrekturen von Fehlentwicklungen nützten letztlich nur wenig, weil sie nur Symptome linderten, aber nicht die Ursache behoben. Der wahre Grund für eine Vielzahl von formalen und bürokratischen Entscheidungen war in der (zu) geringen Zulassungsquote für die V-Klassen, die Abiturstufe und verschiedene Studienrichtungen zu suchen.[274] Das konnten, wollten oder durften die leiten-

273 Vgl. ebd., S. 73.
274 Vgl. ebd., S. 71–73.

den Ministeriumsmitarbeiter nicht zugeben, also versuchten sie „Defizite" mit neuen Richtlinien, Presseveröffentlichungen, zentralen Beratungen mit Schulfunktionären und Funktionären der Berufsausbildung zu bekämpfen. Die Einrichtung von Berufsberatungszentren in den Kreisen sollte dazu dienen, die Berufswünsche von Schülern mit den tatsächlichen Möglichkeiten an Ausbildungseinrichtungen im Territorium in Übereinstimmung zu bringen.

Zwischenzeitlich erkannten die obersten Schulfunktionäre immerhin, dass es sich um keine lokal begrenzte Eingabenproblematik handelte, sodass sie mit zentralen Beratungen die Bezirks- und Kreisschulräte zu instruieren versuchten, die dann wiederum Schuldirektoren und Lehrer mit den gesetzlichen Bestimmungen vertraut machten. In der Folge kannten Schuldirektoren und Lehrer zwar die Aufnahmekriterien, scheuten sich jedoch, sie den Schülern und Eltern zu erläuterten. Sie überließen Entscheidungen oftmals den Aufnahmekommissionen oder leitenden Schulfunktionären. Diese Vermeidungsstrategie auf Schul- und Kreisebene trug dazu bei, dass sich Eltern gleich an „höherer Stelle" beschwerten, um diese über ihre Unzufriedenheit und ihren Vertrauensverlust gegenüber Vertretern regionaler Volksbildungseinrichtungen zu informieren.

Die Eingabenzahl ließ sich allerdings immer nur für kurze Zeit verringern, wie beispielsweise nach dem Staatsratserlass von 1969, wonach nur noch Einsprüche im Sinne einer Beschwerde als Eingabe auszuweisen waren. Die nachfolgende Reduzierung der Platzkontingente im Kontext des VIII. Parteitages ließ die Eingabenzahl wieder steigen, denn die Zulassungszahlen für die Abiturstufe sanken von durchschnittlich elf auf etwas mehr als acht Prozent der Schüler eines Altersjahrganges. Fehlgeschlagene Einzelaktionen wie 1975, als vermehrt Schüler für die Vorbereitungsklassen zugelassen, aber zwei Jahre später nicht in die elfte Klasse übernommen wurden, oder wie 1987, als der Bezirksschulrat von Berlin dutzende Plätze für das Beschwerdeverfahren reserviert hatte, waren Folge der viel zu geringen Zulassungskontingente gegenüber einem dauerhaft bestehenden Bildungsbedürfnis.

Da durchschnittlich nur noch zwei Schüler einer Klasse in die Erweiterte Oberschule übertreten durften, brach unter den Schülern nicht nur ein Konkurrenzkampf aus, sondern bei Schülern und Eltern verstärkte sich das Gefühl der Benachteiligung. Der allgemeine Mangel verminderte die Chancen von Schülern erheblich, deren Aufnahme in die Erweiterte Oberschule ohnehin schon fraglich schien.

Beschwerden und Hilfegesuche von christlichen Schülern sowie deren Eltern bei den Kirchen wirkten nur im Einzelfall, denn die Kirchenvertreter konnten ebenfalls bloß sehr begrenzt helfen, indem sie die Fälle von Diskriminierungen registrierten und bei Zusammenkünften mit oder in Briefen an Partei- und Staatsfunktionären offenlegten. Eine unrühmliche Rolle spielten einzelne Funktionäre der Ost-CDU, wenn sie einerseits die staatliche Schulpolitik gegenüber ihren Mitgliedern verteidigten, aber andererseits einzelne „ausgewählte" Personen unterstützten.

Beschwerden, die eine Benachteiligung aufgrund der religiösen Bindung beinhalteten, begegneten die Mitarbeiter des Ministeriums für Volksbildung mit zwei Argumentationsmustern: Sie zweifeln an der objektiv richtigen Wahrnehmung des Eingabenschreibers und bestritten grundsätzlich derartige Vorkommnisse. Intern spielten sie diese Vorwürfe herunter, kritisierten die Arbeitsweise regionaler „Volksbildungsorgane" und ordneten „Nachschulungen" an. Entgegen allen ministeriellen Bemühungen blieben Vorurteile und Ausgrenzung von Christen bestehen.

Die Eingabenzahl an das Ministerium stieg ab Mitte der 1980er Jahre explosionsartig an. Staatssekretär Werner Lorenz empfahl deshalb, die vertrauensvolle Zusammenarbeit mit den Pädagogen und Schulfunktionären weiter zu verstärken. Margot Honecker als Ministerin sah nach wie vor nur Mängel in der Leitungtätigkeit und fehlende Rechtskenntnis bei regionalen „Volksbildungsorganen" und in den Schulen. Sie propagierte weiterhin die Qualifizierung auf allen Ebenen der Volksbildung, um Defiziten bei damaligen und künftigen Entscheidungsträgern entgegenzuwirken.

Trotz ihrer großen Anzahl überwachte das zuständige Ministerium die ordnungsgemäße und termingerechte Bearbeitung der Eingaben auf allen Ebenen der Volksbildung, um deren einheitliche Bearbeitung in allen regionalen Einrichtungen zu gewährleisten. Damit sollte nicht nur das Vertrauen in den Staat auf höchster Ebene, sondern vor allem auf regionaler Ebene gestärkt und letztlich die Zahl der Eingaben gesenkt werden. Dieses Vorgehen der Schulfunktionäre gegen immer wiederkehrende Probleme glich einer Doppelstrategie, die schlussendlich ein Zeichen von Willkür war. Denn die leitenden Mitarbeiter des Ministeriums für Volksbildung beachteten zwar die Beschwerden der Bürger und „reparierten" im Einzelfall, gleichzeitig wiesen andere Dokumente des Volksbildungswesens aller Ebenen auf gezielte Diskriminierungsmaßnahmen gegenüber nonkonformen Schülern hin, um die Schulpolitik von SED und Staat durchzusetzen.

Im Selbstverständnis von SED-Partei- und Schulfunktionären waren Förderung und Auslese entsprechend den schulpolitischen Richtlinien so stark manifestiert, dass sie erwarteten, die Zahl der Aufnahmebegehren für die Erweiterte Oberschule und folglich auch die Zahl der Eingaben mittels Einsicht der Eltern, quasi „im vorauseilendem Gehorsam", einzudämmen. Es erschien paradox zu glauben, dass Eingaben bzw. vorausgehende Anträge zur Aufnahme in die Abiturstufe zu vermeiden wären, wenn Eltern die Chancen ihres Kindes anhand der Aufnahmekriterien selbstkritisch einschätzten. Ebenso widersinnig war die Forderung gegenüber Schülern und Eltern, sie müssten ihre persönlichen Bedürfnisse den gesellschaftlichen Interessen nachordnen.

VI. Langfristige biographische Folgen

Die Wahrnehmung von Ereignissen in der Vergangenheit ist sehr subjektiv. Sie wird zum einen von der Persönlichkeit des Einzelnen und seiner Erziehung bestimmt, zum anderen beeinflussen die damalige, zwischenzeitliche und aktuelle Lebenssituation die persönliche Einschätzung des Erlebten.

Im Zusammenhang mit der Benachteiligung von Schülern im Bildungs- und Erziehungswesen der DDR stellen sich im Nachhinein Fragen: Nahmen die Betroffenen die Erlebnisse überhaupt als diskriminierend wahr? Ab wann und in welcher Form erfolgte diese Wahrnehmung? Veränderte sich ihr Leben im weiteren Verlauf? Wenn ja, wie? Inwiefern führten die Betroffenen einen veränderten Lebensweg auf die Diskriminierung zurück? Empfanden/empfinden sie sich letztlich als „Opfer"[1]?

Für die Gruppe der Antragsteller eines Rehabilitierungsantrages kann idealiter davon ausgegangen werden, dass sie die Erlebnisse während ihrer Schul- und Ausbildungsphase als diskriminierend einschätz(t)en. Neben vielfältigen anderen Motiven hatte vor allem diese Wahrnehmung sie dazu bewogen, ein Rehabilitierungsverfahren anzustreben.

Nicht außer Acht gelassen werden darf, dass nicht alle Betroffenen auch einen Rehabilitierungsantrag gestellt haben. Sei es, weil sie die Benachteiligung nicht als solche empfanden oder weil sie aus Gründen - wie Unkenntnis der Rechtslage, Angst vor Behörden, Enttäuschung, Bürokratiemüdigkeit, Erfolgszweifeln, Desinteresse oder Bequemlichkeit - kein Rehabilitierungsverfahren angestrebt hatten. Ein weiterer Beweggrund war mitunter, dass Betroffene für sich persönlich in der Rehabilitierung keinen Sinn sahen oder die mit der Rehabilitierung verbundenen Leistungen für sie keinen Motivationsanreiz darstellten. Aber auch persönliche Zufriedenheit wird dazu beigetragen haben, auf ein Rehabilitierungsverfahren zu verzichten. Deshalb kann vermutet werden, dass die Dunkelziffer bei benachteiligten Schülern, Auszubildenden und Studenten weit über der Zahl der Rehabilitierungsanträge liegt. Ebenso lassen sich nicht alle abgelehnten Rehabilitierungsanträge als „unbegründet" interpretieren, da für eine Rehabilitierung neben der Benachteiligung weitere Bedingun-

---

1 Der Begriff „Opfer" findet in der Kriminologie, Soziologie und Psychologie seine Anwendung. Auch wenn im alltäglichen Sprachgebrauch von „Opfern" politischer Verfolgungsmaßnahmen in der DDR gesprochen wird, existiert keine allgemein gültige Definition des Begriffes. Eine Definition des Begriffes wird von der Forschung als problematisch angesehen. Die Viktimologie gilt als die Lehre vom Opfer und beschäftigt sich mit der Opferwerdung. Nach Wolfgang Lebe hat sie „die Aufgabe, alle individuellen, sozialen und gesellschaftsstrukturellen Prozesse aus der Sicht des Opfers zu analysieren, zu bewerten und Strategien zur Prävention zu entwickeln". In seinem Aufsatz „Viktimologie - die Lehre vom Opfer. Entwicklung in Deutschland" gibt Lebe eine Übersicht einzelner Opfertypologien. Vgl. Lebe, Viktimologie - die Lehre vom Opfer. Entwicklung in Deutschland. In: Berliner Forum Gewaltprävention, (2003) 12, S. 8-19 (http://www.berlin.de/imperia/md/content/lb-lkbgg/bfg/nummer12/04_lebe.pdf; 1.12.2008). Vgl. auch Schweizer, Täter und Opfer in der DDR, S. 143-154 und 173.

gen, wie Schweregrad und Dauer dieser „Verfolgungsmaßnahme", relevant sind.[2] Demzufolge zeigen sich auch hier Unterschiede in Interpretation und Wahrnehmung der Ereignisse.

Für den Einzelnen konnte und kann sich die Benachteiligung auf seine Persönlichkeit, seine berufliche Entwicklung, seine Gesundheit und/oder auf sein finanzielles Vermögen auswirken. Dabei war es möglich, dass die einzelnen Bereiche inhomogen, partiell oder separat tangiert wurden. Zudem konnten einzelne Folgen nur temporär auftreten.

Die Auswertung der Rehabilitierungsanträge zeigte, dass es insgesamt fast der Hälfte (47 Prozent) der Antragsteller gelang, einen Bildungsabschluss über den Facharbeiterbrief hinaus zu erwerben. Allerdings blieb fast ein Fünftel der Betroffenen ohne vollwertigen Berufsabschluss (16 Prozent ohne Berufsabschluss, 2 Prozent mit Teilberufsabschluss).

Zudem schien die Chance, eine weiterführende Bildungseinrichtung auf direktem Wege (erster Bildungsweg) zu besuchen, unabhängig davon zu sein, ob die Betroffenen in der DDR oder nach ihrer Ausreise in der Bundesrepublik lebten – ihr Anteil lag bei 20 Prozent. Die Möglichkeit auf indirektem Wege (zweiter Bildungsweg) ihre Bildungsziele zu verwirklichen, nutzten Betroffene in der DDR häufiger als in der Bundesrepublik. Das Verhältnis liegt bei 3:2. Der entscheidende Unterschied – gute bis sehr gute schulische Leistungen sowie persönliche Eignung vorausgesetzt – lag jedoch in der Möglichkeit, seine ursprünglichen Berufswünsche realisieren zu können.[3] Im Gegensatz zur Bundesrepublik waren in der DDR Betroffene viel häufiger gezwungen, trotz guter schulischer Leistungen, auf alternative Bildungsabschlüsse oder Fachrichtungen auszuweichen.[4] Ihren ursprünglichen Berufswunsch konnten sich nur wenige über

---

2	Vgl. §1 und 2 BerRehaG vom 1. Juli 1994 (BGBl. I 1994, S. 1311–1321).

3	In der Bundesrepublik führte das vielfältige Angebot an Berufen eher dazu, dass Jugendliche und Eltern teilweise Probleme hatten, die Berufe und deren Anforderungen zu durchschauen. Diese Unübersichtlichkeit wirkte, auf Jugendliche bei der Berufswahl verunsichernd, deshalb wichen auch in der Bundesrepublik die ursprünglichen Berufswünsche der Jugendlichen vom tatsächlich erlernten Beruf ab. Aufgrund von ungünstigen Arbeitsmarktlagen konnte es in der Bundesrepublik ebenfalls zu einem Unterangebot an bestimmten Ausbildungsplätzen kommen. Vgl. Barbara Hille, Jugend und Beruf in beiden deutschen Staaten, S. 62–64.

4	Aus Studien des Zentralinstituts für Jugendforschung geht hervor, dass eine Vielzahl von Studenten sich nicht für ihr Wunschstudium beworben oder letztlich nicht ihre gewünschte Fachrichtung studiert hatte. Beispielsweise gaben von den Befragten 38,5 % (1977) und 44 % (1979) an, dass sie ursprünglich ein anderes Fach studieren wollten. Vgl. ZIJ, S6132: Student und Studium 1977 (http://www.za.uni-koeln.de/data/ddr-nbl/codebuch/6132cb.pdf; 25.8. 2008; dass., S6131: Student 1979 (http://www.za.uni-koeln.de/data/ddr-nbl/codebuch/6131cb.pdf; 25.8.2008). Zudem gaben 72,8 % an, bei der Studienbewerbung auch im gewünschten Fach einen Studienplatz erhalten zu haben. 21,2 % der befragen Studenten entschieden sich für ein anderes Studienfach und 4,5 % bewarben sich erneut für das gewünschte Studienfach. Vgl. dass., S6131: Student 1979 (http://www.za.uni-koeln.de/data/ddr-nbl/codebuch/6131cb.pdf; 25.8.2008). In einer weiteren Studie des ZIJ zum Beruf aus dem Jahre 1984 gaben 28,5 % der Befragten an, den gewünschten Beruf erlernt zu haben. 32,2 % erhielten eine Ausbildung in einen völlig anderen Beruf. Die Hinweise und Ratschläge während der Berufswahl interpre-

Umwege in Verbindung mit längeren Ausbildungszeiten und einem Mindestmaß an politischer Anpassung erfüllen.

Basierend auf den Angaben in den Rehabilitierungsanträgen entstand die nachfolgende Übersicht, in der die Bildungswege benachteiligter Schüler dargestellt sind (Abbildung 6).

Aus dem Kreise der Antragsteller schlossen über 16 Prozent ein Hochschulstudium und über 31 Prozent ein Fachschul-, Fachhochschul- bzw. Ingenieur-

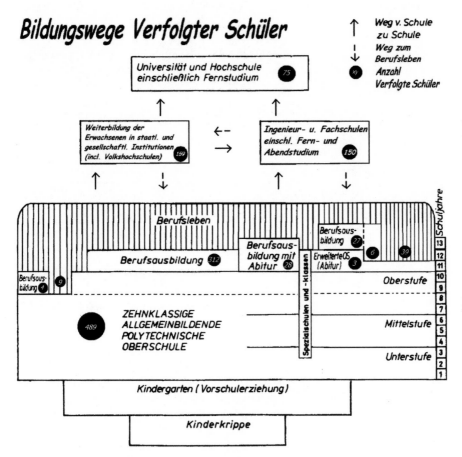

Bildungswege Verfolgter Schüler

Abbildung 6: Bildungswege verfolgter Schüler[5]

tierten 24,7 % als Überredungskünste, sodass sie bei ihrer Entscheidung kein wirkliches Interesse für den Beruf empfunden hatten. Letztlich hingen die Probleme der Berufswahl noch bei 26,6 % nach. Bemerkenswert bei dieser Frage ist, dass 74,5 % sich weder positiv noch negativ äußerten. Vgl. dass., S6202: Beruf 1984 (http://www.za.uni-koeln.de/data/ddr-nbl/codebuch/6202cb.pdf; 25.8.2008).

5   Ursprüngliche Darstellung: Schema des Bildungswesens der DDR in den achtziger Jahren. In: Das Hochschulwesen der DDR, S. 26.

studium ab. Allerdings muss bei diesen Angaben beachtet werden, dass 18 Prozent erst nach 1989 diese Studienmöglichkeiten wahrnahmen. Insgesamt begann nach 1989/90 über ein Viertel, nämlich 127 Antragsteller, mit einer bis dato vorenthaltenen Bildungsmaßnahme. 13 Betroffene konnten eine Berufsausbildung bzw. Erwachsenenqualifizierung anfangen und beenden. Weitere 36 dieser vormals diskriminierten Schüler legten ein Abitur oder eine fachgebundene Hochschulreife ab. 31 nahmen anschließend ein Studium auf. Von den 489 untersuchten Fällen besuchten von den Betroffenen insgesamt 61 eine Hochschule und 20 eine Fachschule bzw. Fachhochschule erst nach 1989. Die Bildungswege im Detail sind in der Tabelle 10 aufgezeigt.[6]

Tabelle 10: Bildungsmaßnahmen nach 1989. Angaben von Teilnehmern des Forschungsprojektes

Begonnene Bildungsmaßnahmen nach 1989	
Berufsausbildung/Erwachsenenqualifizierung	13
Berufliche Weiterbildung	20
Abitur oder fachgebundene Hochschulreife	36
Fachschulstudium	4
Fachhochschulstudium	16
Hochschulstudium	61
Besuch einer Akademie	8

Darüber hinaus erfolgten vor 1989 in der Bundesrepublik vier Hochschul-, je zwei Fachhochschul- und Fachschulbesuche. In der DDR bekamen lediglich zehn Betroffene die Chance eines Hochschulstudiums, dagegen gelang es einem Viertel, nämlich 126 Antragstellern, trotz Diskriminierungen und Repressionen ein Fachschul- oder Fachhochschulstudium absolvieren. Die zehn Hochschulabschlüsse bezogen sich auf die Fachrichtungen Humanmedizin (3), Zahnmedizin (1), Theologie (3), Pädagogik (2) und Technik (1). Gleichwohl darf nicht außer Acht geraten, dass die Betroffenen diese Bildungsabschlüsse unter erschwerten Bedingungen und teilweise mit erheblichen Verzögerungen erreichten. Zudem entsprachen sie oft nicht dem ursprünglichen Berufswunsch.

Im Idealfall erlangte ein Schüler nach acht, zehn oder zwölf Jahren seinen Schulabschluss.[7] Eine Berufsausbildung dauerte durchschnittlich zwei bis drei Jahre und ein Studium vier bis sechs Jahre. Folglich konnte der direkte Bildungs-

---

6 Die Aufstellung enthält 31 Überschneidungen, d. h. 31 Betroffene nahmen erst nach dem Erwerb eines entsprechenden Reifeabschlusses ein Studium auf.

7 Von 1946 bis 1959 schloss die Grundschule regulär nach acht Schuljahren ab. Danach konnte eine vierjährige Oberschule besucht werden. Von 1955 bis 1959 gab es zudem die Möglichkeit nach der Grundschulzeit eine zweijährige Mittelschule zu besuchen. Ab 1959 galt die zehnstufige Polytechnische Oberschule als Pflichtschule für alle Schüler. Nach der achten Klassenstufe konnten die Schüler beantragen, in die Erweiterte Ober-

weg vom ersten Schultag bis zum Berufs- bzw. Studienabschluss im Laufe von zehn bis achtzehn Jahren abgeschlossen sein.[8] Die Analyse der Rehabilitierungsanträge ergab hierzu, dass mehr als 20 Prozent der Betroffenen überdurchschnittlich lang brauchten, um ihre Berufs-, Studien- oder Weiterbildung abzuschließen.[9] Grund dafür waren Verzögerungen, wie Nichtzulassung, Relegierung, Haftzeit, „Bewährungsmaßnahmen",[10] Praktika und die Ausübung einer ungelernten Tätigkeit. In diesen Fällen lagen zwischen dem Schulabschluss und einer abgeschlossenen Berufsausbildung bis zu 16 Jahre oder bis zum Abschluss eines Studiums bis zu 32 Jahre (siehe Tabelle 11).

Tabelle 11: Dauer der Ausbildung bis zum (gewünschten) Berufs- oder Bildungsabschluss nach Angaben der Teilnehmer des Forschungsprojektes

Bildungsmaßnahmen	Dauer bis zum höchsten erworbenen Bildungs-/Berufsabschluss in Jahren		
	Minimum	Maximum	Durchschnitt
Schulbildung bis Mittlere Reife	1	14	9
Weiterführende Schulbildung bis fachgebundene bzw. allgemeine Hochschulreife	0	8	1
Berufsausbildung	0	16	3
Weiterführende Bildungsmaßnahmen/Studium	0	13	2
Gesamt	7	32	15

schule zu wechseln, um nach vier Jahren das Abitur abzulegen. Erst 1981 wurde die vierjährige in eine zweijährige Erweiterte Oberschule umgewandelt. Der Übergang erfolgte seitdem nach der zehnten Klassenstufe. Siehe dazu Kapitel II.2.

8 In der Regel konnte in der DDR das Abitur nach zwölf Jahren abgelegt werden. Zeitweilig waren die Studienbewerber von der Erweiterten Oberschule verpflichtet, ein praktisches Jahr in der Produktion abzuleisten. Junge Männer mussten vor Studienbeginn meist den Wehrdienst von 18 Monaten oder drei Jahren ableisten. Erst danach konnten sie das Studium beginnen.

9 Ausgehend von einer durchschnittlichen Dauer von drei Jahren für eine Berufs- bzw. Facharbeiterausbildung sowie eine Weiterbildungsmaßnahme und fünf Jahren für ein Studium.

10 Bewährungsmaßnahmen dienten der Erziehung. Zu ihnen zählte mitunter, dass auffällig gewordene Personen in der Landwirtschaft, im Bergbau oder in einem Betrieb arbeiten mussten, um ihre Leistungen und ihr Engagement für den Sozialismus in der Produktion unter Beweis zu stellen. Die Dauer dieser Einsätze war unterschiedlich. In Rehabilitierungsbegehren nannten die Betroffenen häufig ein Jahr „Bewährungszeit".

1.   Berufliche und finanzielle Folgen

Die Verfassung der DDR gewährte und verpflichtete jeden Jugendlichen der DDR, einen Beruf zu erlernen.[11] Jedoch bewirkte die Kombination von Recht und Pflicht eine eingeschränkte Berufswahl. Denn die Pflicht, einen Beruf zu erlernen, bedeutete oftmals, seine persönlichen Interessen und Wünsche entsprechend den gesellschaftlichen Erfordernissen, vor allem den wirtschaftlichen Notwendigkeiten, anzupassen oder nachzuordnen.[12] Im Vordergrund stand eine bis ins kleinste betriebene planwirtschaftliche Lenkung,[13] bei der man dem „subjektiven Faktor", d. h. Interessen, Eignung, Fähigkeiten und Fertigkeiten, von Jugendlichen häufig wenig Beachtung schenkte. In der Folge entstand ein generelles Dilemma in der DDR: das Auseinandertriften der realen und angestrebten Möglichkeiten.[14] In den 1980er Jahren konnten Jugendliche zwar unter ca. 300 Ausbildungsberufen wählen,[15] jedoch richtete sich die teils äußerst begrenzte Zahl von verfügbaren Lehrstellen nach den lokal und regional vorherrschenden Wirtschaftszweigen. Zudem orientierte sich die Rangfolge der zehn am häufigsten besetzten Ausbildungsberufe stark an gesellschaftlichen Erfordernissen und veränderte sich kaum.[16]

Am Ende ihrer Schulzeit verfügten durchschnittlich 85 Prozent der Schüler über eine Lehrstelle, jedoch konnte nur etwa die Hälfte damit ihren ursprünglichen Berufswunsch verwirklichen.[17] Unter diesen Bedingungen war die Berufswahl und die Chance, seinen Wunschberuf zu erlernen, in der DDR für Jugendliche ohnehin schon nicht einfach. Wie für die Zulassung zu einer weiterführenden Bildungseinrichtung unterlagen vor allem die wenig verfügbaren, äußerst beliebten und außergewöhnlichen Berufe nicht nur Auswahlkriterien, wie Schulleistungen und Eignung, ihre Vergabe war ebenso an ein „positives staatsbürgerliches Bewusstsein" und die richtige soziale Herkunft des Bewerbers geknüpft.[18] Diese Kriterien konnten auch mittels persönlicher Beziehungen des Bewerbers und seiner Eltern zu Entscheidungsträgern nur sehr eingeschränkt oder gar nicht zu umgangen werden. Folglich kam es im Bereich der Lehrstellenvergabe ebenfalls zu gezielten politisch motivierten Diskriminierungen, wenn auch seltener oder weniger offensichtlich als bei weiterführenden Bildungseinrichtungen.

11   Artikel 25 Abs. 4 der Verfassung der DDR von 1974.
12   Vgl. Hille, Jugend und Beruf in beiden deutschen Staaten, S. 38; Anweiler, Schulpolitik und Schulsystem in der DDR, S. 177.
13   Vgl. Geißler, Auslese im allgemein bildenden Schulwesen der DDR, S. 72.
14   Vgl. Hille, Jugend und Beruf in beiden deutschen Staaten, S. 42.
15   Zum Vergleich standen 1975 bzw. 1984 in der Bundesrepublik 465 bzw. 451 Ausbildungsberufe und in der DDR 298 bzw. 291 Ausbildungsberufe zur Verfügung. Vgl. Zahlenspiegel, Bundesrepublik Deutschland/DDR (1978), S. 70. Zahlenspiegel, Bundesrepublik Deutschland/DDR (1986), S. 92.
16   Vgl. Hille, Jugend und Beruf in beiden deutschen Staaten, S. 49.
17   Vgl. ebd., S. 49.
18   Vgl. z. B. § 11 Abs. 2 der Anordnung über die Bewerbung um eine Lehrstelle - Bewerbungsordnung vom 5.1.1982 (DDR-GBl. 1982 I, S. 95). In: VuM, 1/1982, S. 9-15.

Tabelle 12: Rangliste der zehn am häufigsten besetzten Ausbildungsberufe in der DDR[19]

Rangliste für 1975[20]	Rangliste für 1986[21]
für Jungen:	für Jungen:
1. Baufacharbeiter	1. Instandhaltungsmechaniker
2. Elektromonteur	2. Fahrzeugschlosser
3. Zerspannungsfacharbeiter	3. Elektromonteur
4. Maurer	4. Maschinen- und Anlagenmonteur
5. Installateur	5. Baufacharbeiter
6. Agrotechniker (Facharbeiter für pflanzliche Produktion)	6. Zerspannungsfacharbeiter
7. Facharbeiter für Betriebs-, Mess- und Regeltechnik	7. Agrotechniker/Mechanisator
8. Schlosser	8. Facharbeiter für Fertigungsmittel
9. Koch	9. Installateur
10. Maler	10. Koch
für Mädchen:	für Mädchen:
1. Fachverkäuferin	1. Fachverkäuferin
2. Facharbeiterin für Textiltechnik	2. Facharbeiterin für Schreibtechnik
3. Krankenschwester	3. Wirtschaftskauffrau
4. Kleidungsfacharbeiterin	4. Zootechnikerin/Mechanisatorin
5. Krippenerzieherin	5. Facharbeiterin für Textiltechnik
6. Maschinenbauzeichnerin	6. Köchin
7. Facharbeiterin der Deutschen Reichsbahn	7. Kleidungsfacharbeiterin
8. Kellnerin	8. Gärtnerin
9. Köchin	9. Friseurin
10. Zootechnikerin (Facharbeiterin für Tierhaltung)	10. Facharbeiterin für Datenverarbeitung

---

19 Tabelle aus Hille, Jugend und Beruf in beiden deutschen Staaten, S. 58.
20 Vgl. Zahlenspiegel, Bundesrepublik Deutschland/DDR (1978), S. 70.
21 Vgl. Zahlenspiegel, Bundesrepublik Deutschland/DDR (1986), S. 92.

In den 1950er und 1960er Jahren erfolgten diese Benachteiligungen noch häufig aufgrund der sozialen Herkunft von Bewerbern, so etwa im Fall einer Schülerin aus dem Kreis Riesa. Sie hatte sich 1955 vor ihrem Abschluss der Grundschule bei der Kaufmännischen Berufsschule Riesa um eine Berufsausbildung zur Stenotypistin beworben. Während des Aufnahmegespräches wurde sie von einem Prüfer nach der Tätigkeit ihrer Eltern gefragt. Diese waren Inhaber einer Gastwirtschaft und eines Lebensmittelgeschäftes. Prompt erfolgte die Ablehnung mit der Begründung: „Da Ihre Eltern Geschäftsinhaber sind und somit als Privateigentümer gelten, kann Ihre Bewerbung leider nicht berücksichtigt werden." Die Schülerin belegte nach dem Ende ihrer Schulzeit an der Volkshochschule Lehrgänge für Stenographie und Maschineschreiben – allerdings ohne Qualifizierungsnachweis – und nahm ein Jahr später eine Arbeit als ungelernte Schreibkraft an. Erst zehn Jahre später bot die Volkshochschule auch Kurse mit Qualifizierungsnachweis an. Einen dieser zweijährigen Abendlehrgänge besuchte die junge Frau. Bis zu ihrem Abschluss galt sie als ungelernt und erhielt dafür nur den Mindestlohn, was sich schließlich auch auf die Höhe ihrer Altersrente niederschlug.[22]

In den 1970er und 1980er Jahren verlor die soziale Herkunft des Bewerbers zunehmend an Bedeutung, da die Generation der neu aufgestiegenen Eliten ihren Status erhalten wollte.[23] Dennoch blieb das Augenmerk auf das „richtige" politische Bewusstsein bestehen, dessen Mindestmaß mit der FDJ-Mitgliedschaft, der Jugendweihe und der Teilnahme am Wehrlager bzw. Zivilverteidigungskurs erfüllt sein musste. Beispielsweise erhielt eine Schülerin aus Annaberg, die kein FDJ-Mitglied war, 1984 keine Lehrstelle als Apothekenfacharbeiterin, weil sie trotz ihrer sehr guten Schulleistungen aus „Kapazitätsgründen" nicht berücksichtigt werden konnte. Angeblich habe es „für die vorhandenen Lehrstellen etwa doppelt so viele Bewerber, davon die überwiegende Anzahl mit sehr guten fachlichen Leistungen und großer gesellschaftlicher Aktivität [!]" gegeben, so die Begründung des Kreisapothekers.[24] Dass ihr Vater

22 Vgl. SLFS, Rehabilitierungsbehörde, Az. 97/74/0157. Zudem wurde eine Rehabilitierung mit folgender Begründung abgelehnt: „Nach dem Ergebnis der Antragsprüfung ist bei den von Ihnen vorgetragenen Gründen für die Nichtzulassung zu der Berufsausbildung als Stenotypistin ein Verstoß gegen das Rechtsstaatsprinzip nicht erkennbar. Eine Ablehnung der Lehrstellenbewerbung wegen der sozialen Herkunft ist ebenso wie die Bevorzugung oder Förderung bestimmter sozialer Schichten nicht als schlechthin rechtsstaatswidrig zu bewerten. Eine die Allgemeinheit oder größere Bevölkerungsgruppen betreffende Benachteiligung ist nach dem Willen des Gesetzgebers grundsätzlich nicht rehabilitierungsfähig. Hier fehlt es an der Maßnahme im Einzelfall, welche gezielt gegen Sie persönlich gerichtet war. Die Entscheidung, Arbeiterkinder bei der beruflichen Bildung besonders zu fördern, hatte nicht ihre politische Verfolgung zum Ziel, sondern diente der Verwirklichung der Bildungspolitik der DDR." Rehabilitierungsbehörde an die Betroffene vom 2.5.2001 (ebd.).
23 Vgl. dazu Uhlig, Gleichheit als Bildungsanspruch, S. 158 f.; Solga, Bildungschancen in der DDR, S. 290–294; Geißler, Auslese im allgemein bildenden Schulwesen der DDR, S. 72.
24 Kreisapotheker an die Betroffene vom 9.11.1984 (SLFS, Rehabilitierungsbehörde, Az. 94/70/0051).

als selbständiger Holzbildhauer arbeitete, störte zu dieser Zeit keinen mehr. Einige Monate später bewarb sie sich um ein Fachschulstudium für Physiotherapie, woraufhin sie die Zulassungskommission der Medizinischen Fachschule Zwickau ebenfalls ablehnte. Letztlich erlernte die Schülerin den Beruf einer Holzbildhauerin im elterlichen Handwerksbetrieb – ein Beruf, der eigentlich nichts mit ihren ursprünglichen Interessen gemein hatte.[25]

Mit zunehmender Militarisierung des Bildungswesens gestaltete sich die Lehrstellensuche für Schüler mit pazifistischer Weltanschauung immer schwieriger. Diese Problematik betraf vorwiegend die Zeugen Jehovas, nachdem die Teilnahme an der vormilitärischen Ausbildung seit Anfang der 1970er Jahre einen festen Bestandteil des Lehrvertrages darstellte.[26] Da die Mitglieder dieser Glaubensgemeinschaft eine Teilnahme an der vormilitärischen Ausbildung kategorisch ablehnten, konnten viele Kinder der Zeugen Jehovas keinen Lehrvertrag abschließen und mussten einer zugewiesenen, häufig körperlich anstrengenden, stupiden und schlecht bezahlten Arbeit nachgehen. Ob es den Ungelernten gelang, im Rahmen der Erwachsenenqualifizierung doch noch einen Abschluss für einen (Teil-)Beruf zu erwerben, hing ausschließlich davon ab, ob sie einen wohlwollenden Vorgesetzten fanden, der sie bei ihrem Anliegen unterstützte. Ihre Bezahlung konnte sich anschließend entsprechend ihrer Qualifikation verbessern. Ein beruflicher Aufstieg blieb ihnen bis auf Ausnahmen aber weiterhin verwehrt.[27]

In ähnlicher Wiese wurde auch mit Jugendlichen verfahren, die nicht den Ansprüchen einer sozialistischen Persönlichkeit entsprachen, weil sie während ihrer Schulzeit negativ politisch auffielen[28] oder Kinder von Ausreiseantragstellern[29] waren. In eine vergleichbare Situation gerieten auch Schulabgänger, die keinen Studienplatz entsprechend ihres Interessengebietes erhalten hatten oder sich nicht auf ein anderes Studienfach umlenken ließen.[30] Sie konnten oder mussten Wartezeiten bis zur erfolgreichen Studienplatzbewerbung mittels einer Tätigkeit als Hilfskraft überbrücken. Bestenfalls versuchten sie eine Tätigkeit im Umfeld des späteren beruflichen Fachbereichs zu erhalten. Diese gängige

---

25 Vgl. SLFS, Rehabilitierungsbehörde, Az. 94/70/0051.
26 Vgl. Anordnung über den Abschluss, den Inhalt und die Beendigung von Lehrverträgen vom 30.4.1970 (DDR-GBl. 1970 II, S. 301). In: Sozialistisches Bildungsrecht Berufsbildung, S. 212–223.
27 Von den Zeugen Jehovas, die einen Rehabilitierungsantrag gestellt hatten und in der Datenbank des Forschungsprojektes erfasst wurden, fühlte sich vor 1972 in den Jahren 1962 und 1966 nur jeweils ein Betroffener in seiner Berufsausbildung benachteiligt. Erst ab 1972 traten wieder Benachteiligungen von Zeugen Jehovas in unterschiedlicher Anzahl auf. Eine größere Zahl von Fällen wurde für die Jahre von 1972 bis 1974, von 1982 bis 1985 und schließlich von 1987 bis 1988 angezeigt. Die Mehrheit dieser Schüler fand in der Zeit zwischen dem achten und zehnten Schuljahr keine Lehrstelle. Vgl. dazu Dirksen/Wrobel, „Im Weigerungsfall können diese Jugendlichen kein Lehrverhältnis aufnehmen ...", S. 234.
28 Vgl. Interview mit Herrn M. G. am 25.11.2004.
29 Vgl. Interview mit Herrn S. B. am 26.11.2004; Interview mit Frau S. H. am 27.11.2004.
30 Vgl. Schäfer, Berufliche Weiterbildung in der DDR, S. 389.

Methode barg jedoch die Schwierigkeit, dass die nun zuständigen Kaderleiter eine Delegierung unterstützen mussten. Für den Einzelnen konnte diese Situation sehr belastend werden, wenn die erhoffte Delegierung ausblieb. So erging es der Schülerin R. T. aus dem Kreis Großenhain. Sie kam aus einem kleinbürgerlichen Elternhaus; ihre Eltern besaßen eine kleine Firma. Eine Bewerbung um ein Medizinstudium, welche sie noch während ihrer Abiturzeit eingereicht hatte, blieb ohne Erfolg, da sie trotz ihrer aktiven Mitgliedschaft in der FDJ nur „wenig in Erscheinung" getreten sei.[31] Dennoch behielt sie ihren Studienwunsch bei und ließ sich nicht auf ein Maschinenbau- oder Ökonomiestudium umlenken. Nach dem Abitur nahm sie eine Tätigkeit als pflegerische Hilfskraft im Kreiskrankenhaus (KKH) Großenhain auf, weil sie auf eine Delegierung zum Medizinstudium durch das Krankenhaus hoffte. Da entsprechend des Politbürobeschlusses vom 22. Oktober 1975 gewährleistet werden musste, „dass nur politisch zuverlässige Personen zu einem Medizinstudium delegiert werden", berichtete die Staatssicherheit, Kreisdienststelle Großenhain, mehrmals über die junge Frau. Im Ermittlungsbericht vom November 1979 hieß es: „Ausgehend vom Persönlichkeitsbild der T. wird einer Studienbewerbung für Medizin nicht zugestimmt."[32] Im darauffolgenden Jahr bewarb sich die junge Frau erneut, jedoch wünschten Kaderleiterin und Ökonomischer Direktor des KKH, dass sich die Bewerberin aktiv in der FDJ engagiere, indem sie die Funktion eines FDJ-Gruppenleiters übernehme. Um Frau R. T. für ihre ablehnende Haltung zu bestrafen, schrieb der ärztliche Direktor in Absprache mit der Kaderleitung an die Medizinische Akademie Dresden, „dass wir vorerst aus erzieherischen Gründen von einer Delegierung Abstand nehmen müssen".[33] Infolge dieser Maßnahme besuchte die Betroffene einen Abiturlehrgang der Volkshochschule, um ihre Abiturnoten in Physik, Chemie und Staatsbürgerkunde zu verbessern, der erhofften Delegierung zum Medizinstudium kam sie damit jedoch nicht näher. Schließlich begann sie die Ausbildung zur Krankenschwester und schloss diese 1984 erfolgreich ab. In diesen Jahren verweigerte ihr das KKH Großenhain weiterhin die Delegierung zum Medizinstudium sowie einen möglichen beruflichen Aufstieg zur Stationsschwester. Letztlich verließ Frau R. T. nicht nur das KKH Großenhain, sondern wechselte komplett aus dem medizinischen in den kulturellen Bereich und nahm 1988 eine Tätigkeit beim Rat der Stadt Radeburg auf. Nach der Reprivatisierung 1990 war sie im elterlichen Betrieb tätig, begann 1992 berufsbegleitend ein Betriebswirtschaftsstudium an der Verwaltungs- und Wirtschaftsakademie in Dresden, schloss dieses 1997 ab und leitet seitdem das Familienunternehmen.[34]

---

31 Beurteilung im Reifezeugnis vom 30.6.1978 (SLFS, Rehabilitierungsbehörde, Az. 97/70/0176).
32 Mucke, Oberfeldwebel, MfS KD Großenhain, Ermittlungsbericht vom 15.11.1979 (ebd.).
33 Dr. med. Sellentin, Ärztlicher Direktor des KKH Großenhain, an Studienabteilung der Medizinischen Akademie „Carl Gustav Carus" vom 2.3.1981 (ebd.).
34 Vgl. Interview mit Frau R. T. am 12.1.2005.

Die Erlebnisse von Frau R. T. verdeutlichen exemplarisch, wie sehr der Einzelne auch auf die Unterstützung von Vorgesetzten und Kaderleitern angewiesen war, um seinen Berufswunsch zu verwirklichen. Mit Verlassen der Schulbank endete keineswegs der Gesinnungsdruck, sondern er begleitete fortan den beruflichen Aufstieg. Auch der Arbeitsplatzwechsel, selbst der Umzug in einen anderen Wohnort gewährleisteten nicht unbedingt einen Neuanfang, denn die Kaderakte blieb ein ständiger Begleiter und wurde von Betrieb zu Betrieb weitergereicht. Neben der Kaderakte konnte auch die Beurteilung des Abschlusszeugnisses bei Einstellungs- und Bewerbungsgesprächen lästige Fragen aufwerfen. Diese Erfahrung machte Herr W. M., ebenfalls ein verfolgter Schüler, weil er in der zehnten Klasse (1972) eine Belegarbeit zum Thema „Beatmusik – Ideologische Abgrenzung zur BRD" verfasst hatte. Für den Lehrer schien der Inhalt dieser Arbeit jedoch nicht „mit dem offiziellen Weltbild eines jungen Sozialisten" übereinzustimmen.[35] Vielmehr sahen Lehrer und der Schuldirektor darin den Beweis für den Empfang von Westsendern und entließen den Schüler nach der zehnten Klasse aus der Erweiterten Oberschule. Eine entsprechende Anmerkung in der Abschlussbeurteilung[36] „garantierte" bei jedem Arbeitsplatzwechsel erneute Nachfragen zum Sachverhalt. Herr W. M. erzählte im Interview: „Ich hatte dann immer nur im Nachhinein Probleme, wo ich mich dann bei Arbeitsstellen beworben habe, auch bei der Wismut damals. Ich habe mein Abschlusszeugnis Satz für Satz sinngemäß ‚die Einsichten eines jungen Sozialisten scheinen bei ihm noch nicht gefestigt' oder so in die Richtung. Und das ist immer wieder abgefragt worden. Warum, weshalb, was der Satz bedeutet? Ich habe das kommentiert, erklärt und dann ist das halt so akzeptiert worden."[37]

Zwar erhielt Herr W. M. nach einer Erklärung den Arbeitsplatz, jedoch trug er diesen Makel bis zum Ende der DDR mit sich herum.

Betroffene, die sich nicht von ihrem Berufs- oder Studienwunsch abbringen ließen, obwohl ihnen staatliche Repressionen und die daraus folgenden persönlichen, familiären sowie finanziellen Belastungen drohten, entwickelten mitunter ihre ganz eigene Strategie, um auf beschwerlichen wie zeitraubenden Umwegen peu à peu ihrem Ziel näher zu kommen. In Interviews erzählten die Befragten von verschiedenen Winkelzügen, die sie in der Hoffnung anwandten, ihr Delegierungsverfahren damit positiv beeinflussen zu können. Dazu zählte beispielsweise einen Studienwunsch in einer wirtschaftlich und gesellschaftlich notwendigen Fachrichtung[38] anzugeben oder sich während der Bewerbungsphase für die Abiturstufe zu einem längeren Militärdienst[39] zu verpflichten.[40]

35 Vgl. SLFS, Rehabilitierungsbehörde, Az. 94/70/0041.
36 Die Anmerkung lautete: „Die ideologischen Grundüberzeugungen eines jungen Sozialisten schienen bei ihm noch nicht gefestigt." Zeugnis vom 30.6.1972 (SLFS, Rehabilitierungsbehörde, Az. 94/70/0041).
37 Interview mit Herrn W. M. am 31.1.2005.
38 Vgl. Interview mit Herrn S. B. am 26.11.2004; Interview mit Herrn C. L. am 29.1.2005.
39 Vgl. Interview mit Herrn U. L. am 31.1.2005.
40 Vgl. Geißler, Auslese im allgemein bildenden Schulwesen der DDR, S. 74.

Erst nach der Aufnahme in die Abiturstufe gaben einzelne Schüler ihren wirklichen Studienwunsch an oder zogen die Verpflichtungserklärung zurück. Darauf reagierten die Lehrer und Schuldirektoren meist ungehalten. Besonders wirkten sie einer zurückgenommenen Verpflichtung für die NVA entgegen, indem sie gemeinsam mit Mitarbeitern des Wehrkreiskommandos zum einen vom Schüler forderten, sich für sein Verhalten zu rechtfertigen, und zum anderen ihm mit dem Verlust des Studienplatzes drohten. Dennoch nutzten Schüler diese Strategie, um dem Abitur näher zu kommen. Daraus ergaben sich Probleme für die staatliche Planung von Berufsausbildungs- und Studienplätzen. Schließlich versuchte auch die einschlägige Fachpresse der DDR, die „Deutsche Lehrerzeitung", auf diese Problematik hinzuweisen, um eine verstärkte Sensibilisierung der Lehrer für dieses unerwünschte Vorgehen während des Auswahlprozesses zu erreichen. In der „Deutschen Lehrerzeitung" erschien der folgende Artikel:

„Die Delegierung
Am 30. März spricht der Klassenleiter in seiner 7. Klasse: ‚Also, meine Lieben, ihr seid noch siebente Klasse, aber im nächsten Jahr schon achte. Und da steht die Sache mit der V-Klasse auf der Tagesordnung. Wir haben aber [...] eine breite Spitze in der Klasse. Was ja gut ist, aber natürlich auch Konsequenzen hat. Sechs Schüler kämen für die V-Klasse an der Erweiterten Oberschule in Frage. Zwei Plätze bekommen wir aber nur. Also: ein Junge plus ein Mädchen. Das heißt: ein Berufsoffizier plus eine Lehrerin. [...]'
Am 3. April spricht der Vater zu Tochter Martina: ‚Also, mein Kind [...] im nächsten Jahr [...] steht die Sache mit der V-Klasse auf der Tagesordnung. Aber ihr habt eine breite Spitze in der Klasse. [...] Kurz, um in die V-Klasse zu kommen, musst du Lehrerin werden. [...]'
Die Tochter schreit auf: ‚Vati, ich will nie und nimmer Lehrerin werden. [...]'
Der Vater bleibt ganz ruhig: ‚Mädchen, [...] weißt du nicht, dass wir da nur ein bisschen nachhelfen, schließlich hast du ja die Leistungen. [...] Und weil dem so ist, schreibst du auf, du willst Lehrerin werden.'
Die Tochter fängt an zu verstehen ... Am 26. November schlägt die Schule Martina für die V-Klasse vor. Der Schulrat delegiert sie. Am 1. September des folgenden Jahres besucht Martina die Erweiterte Oberschule. Ein Jahr später muss sie aufschreiben, was sie werden will. Ärztin will sie werden, und nicht mehr Lehrerin. Das erfährt auch die ehemalige Schule von Martina. Auf der nächsten Dienstberatung sagt der Direktor was dazu. Alles fasst sich an den Kopf und fragt sich, wie denn so etwas passieren kann."[41]

Die Chancen des Einzelnen zum Studium delegiert zu werden, konnten mithilfe einer abgeschlossenen Berufsausbildung und im Falle eines männlichen Bewerbers durch einen abgeleisteten Wehrdienst verbessert werden. Ferner berichtete Herr T. L., dass er als Gasthörer die Universität besuchte, um damit seine Zulassungsmöglichkeiten zu begünstigen.[42] Für die Delegierung durch einen Betrieb oder die berufliche Weiterbildung konnten sich zwei Punkte als hilfreich erweisen: Erstens gab es in der DDR „für den Bereich der beruflichen Weiterbildung im umfassendsten Sinne keinen eigenständigen Verantwortungs-

41   Vgl. Niese, Die Delegierung. In: Deutsche Lehrerzeitung 9 (1980), S. 12, gekürzt.
42   Vgl. Interview mit Herrn T. L am 11.2.2005.

träger" und an der Weiterbildung waren auch Träger beteiligt, die nicht zum staatlichen Bildungswesen zählten.[43] Zweitens konnte die Hochschulreife durch den erfolgreichen Besuch unterschiedlich organisierter Bildungsstätten nachgewiesen werden.[43] So entfielen in den 1970er Jahren knapp ein Viertel und in den 1980er Jahren nur noch etwa 12 Prozent aller Studienplätze auf Studenten, die ihre Hochschulreife nicht über die Erweiterte Oberschule bzw. die Berufsausbildung mit Abitur erreicht hatten.[45] Als gängige Alternative zum Erwerb der Hochschulreife boten sich die Fachschulausbildung oder die abendlichen Volkshochschulkurse an. Gerade letztere erfolgreich abzuschließen, war ein kräftezehrendes Unterfangen. Obwohl für beide Bildungseinrichtungen ebenfalls die üblichen Zulassungskriterien galten, bestanden insbesondere für Volkshochschulkurse realistische Aufnahmechancen. In einigen Fällen schien es den staatlichen Entscheidungsträgern zu genügen, dass Schüler mit abweichendem Verhalten diesen beschwerlichen Weg zum Abitur gehen mussten. Vielleicht nahmen sie an, dass die Betroffenen früher oder später scheitern würden. Ferner argumentierten Funktionäre der Volksbildung immer mit dieser Möglichkeit, um in den für sie lästigen Diskussionen, Beschwerden und Eingaben die elterlichen Vorwürfe von benachteiligten Kindern zu entkräften. Und schließlich galt aus staatlicher Sicht die Hochschulreife noch lange nicht als Garantie für die Zulassung zu einem Studium. Eine Alternative hierzu stellten kirchliche Proseminare dar, die die Kirchen an einigen Orten (z. B. Moritzburg, Naumburg, Hermannswerder bei Potsdam) unterhalten konnten, weil sie sich auf Genehmigungen der sowjetischen Militärmacht beriefen. Jedoch berechtigte der Abschluss eines derartigen Seminars lediglich zu einem Theologiestudium.[46]

Der Zugang zur Fachschulausbildung gestaltete sich schwieriger, jedoch boten die kirchlichen Ausbildungsstätten gerade im medizinischen, erzieherischen und theologischen Bereich die Gelegenheit, einen Beruf zu erlernen oder

---

43 Schäfer, Berufliche Weiterbildung in der DDR, S. 382.

44 Die Hochschulreife konnte nachgewiesen werden durch den erfolgreichen Besuch der „Erweiterten Oberschule, der Abiturklassen der Berufsschulen im Rahmen einer Berufsausbildung, zweijährige Abiturlehrgänge der Volkshochschulen, einjährige Vorkurse unter Leitung einer Hochschule (insbesondere für technische und medizinische Fachrichtungen), Ingenieur- und Fachschulen nach abgeschlossener Berufsausbildung in der Aufbauform [...], bis zum Beginn der sechziger Jahre: dreijähriges Vorbereitungsstudium an Arbeiter- und Bauernfakultäten der Hochschulen". Zudem gab es eine Sonderreifeprüfung. Rytlewski, Studienorganisation in der DDR, S. 446.

45 Laut Studien des Zentralinstituts für Jugendforschung erlangten die befragten Studenten ihre Hochschulreife über die EOS und die Berufsausbildung mit Abitur: 76,5 % (1977), 88,1 % (1979) bzw. 88 % (1981/82). Vgl. ZIJ, S6132: Student und Studium 1977 (http://www.za.uni-koeln.de/data/ddr-nbl/codebuch/6132cb.pdf; 25.8.2008); dass., S6131: Student 1979 (http:// www.za.uni-koeln.de/data/ddr-nbl/codebuch/6131cb. pdf; 25.8.2008); dass., S6167: Studenten-Intervallstudie Leistung 1982 bis 1988 – SIL A (http://www.za.uni-koeln.de/data/ddr-nbl/codebuch/6167cb.pdf; 25.8.2008. Ralf Rytlewski geht davon aus, dass in den letzten Jahren der DDR nur etwa ein Viertel aller Zulassungen für das Direktstudium auf Absolventen der EOS bzw. der Berufsausbildung mit Abitur entfallen sei. Vgl. Rytlewski, Studienorganisation in der DDR, S. 446.

46 Vgl. Geißler, Auslese im allgemein bildenden Schulwesen der DDR, S. 73, Anm. 32.

ein kirchliches Abitur abzulegen, wenngleich der Staat diese nur bedingt anerkannte. Zudem konnten die Ausbildungszeiten für einzelne Berufe im Vergleich
zu staatlichen Einrichtungen länger sein, beispielsweise betrug die Berufsausbildung in der Krankenpflege in kirchlichen Krankenhäusern vier, dagegen in staatlichen Krankenhäusern nur drei Jahre.[47]

In anderen Fachrichtungen bot sich nach dem Erwerb des Facharbeiterabschlusses – den der Betroffene im ungünstigsten Fall im Rahmen einer
Erwachsenenqualifizierung erworben hatte – die Möglichkeit einer innerbetrieb-
lichen Delegierung zum Abend- oder Fernstudium. Benachteiligte konnten so
eine Studienzulassung erhalten, obgleich diese Studienformen im Gegensatz
zum Direktstudium schwieriger zu meistern und teilweise gebührenpflichtig
waren.[48] Trotzdem stellte besonders das Fernstudium in der DDR eine sehr
beliebt Option dar, da es auch Vorteile barg: die finanziellen Einnahmen verringerten sich infolge des Studentenstatus nicht, das Arbeitsverhältnis blieb aktiv
erhalten und dem Student wurden vom Betrieb zusätzlich freie Arbeitstage für
sein Studium zugestanden.[49] Zudem blieben Veränderungen aus, die ein Direktstudium normalerweise mit sich brachte, da Wohnort, familiäres Umfeld und
gewohnte soziale Kontakte erhalten blieben.

Nach dem Erwerb des Facharbeiterbriefes nutzten Betroffene auch die
Möglichkeit, sich mittels innerbetrieblicher Weiterbildungsprogramme den
Zugang zu höherer Bildung zu verschaffen oder beruflich aufzusteigen. Hierzu
zählen beispielsweise der Erwerb eines Meisterbriefes oder eines Reifeabschlusses, auf den weitere Bildungsmaßnahmen aufbauen konnten. Hinzu kam, dass
sich die Lebenssituation des Einzelnen durch Berufstätigkeit, Eheschließung,
Familiengründung, Hausbau u. a. in den ersten Jahren nach der Berufsausbildung teilweise extrem veränderte. Ein Studium oder eine andere Weiterbildung
brachte meistens massive zeitliche, organisatorische und finanzielle Konsequenzen mit sich, die sich mit der aktuellen Lebenssituation manchmal nur schwer
vereinbaren ließen. In Interviews begründeten mehrere Betroffene mit diesen
persönlichen Lebensumständen, warum sie den Erwerb eines Abiturs oder eines
Studienabschlusses nicht weiter verfolgten. Gleichwohl gaben sie auch zu, dass
der Gedanke an den Besuch einer weiterführenden Bildungseinrichtung mehr
oder weniger ständig präsent blieb oder hin und wieder bei einigen aufflammte.[50] Herr W. M. glich dieses Defizit beispielsweise damit aus, dass er an
allen beruflichen Zusatzqualifizierungen teilnahm, die sich ihm boten.[51]

---

47   Vgl. Interview mit Frau S. N. am 18.1.2005.
48   Ein Fernstudium kostete 120 Mark im Jahr. Vgl. Usko, Hochschulen in der DDR, S. 79.
49   Ein Fernstudent hatte Anspruch auf zusätzlich 48 freie Arbeitstage für ein Studium der
     Naturwissenschaften, Technischen Wissenschaften, Wirtschaftswissenschaften, Kultur-
     wissenschaften und Berufspädagogik und auf zusätzlich 36 freie Arbeitstage für ein
     Studium der Philosophisch-historischen Wissenschaften, Staats- und Rechtswissenschaf-
     ten, Journalistik und Agrarwissenschaften. Vgl. ebd., S. 80.
50   Vgl. Interview mit Herrn W. M. am 31.1.2005; Interview mit Herrn U. L. am 31.1.2005;
     Interview mit Herrn M. Z. am 18.1.2005.
51   Vgl. Interview mit Herrn W. M. am 31.1.2005.

Vereinzelt wechselten Betroffene, nachdem sie sich über einen längeren Zeitraum vergeblich um weitere schulische bzw. berufliche Qualifizierungen oder ihren beruflichen Aufstieg bemüht hatten, auch generell ihren Beruf oder ihre Tätigkeit bzw. versuchten sich alternativ mit einer ähnlichen Fachrichtung zu arrangieren.[52] Allerdings stellte sich nach einem solchen Arrangement oder Wechsel nicht immer eine berufliche Zufriedenheit ein, wie einige Gesprächspartner im Interview zugaben.[53]

Trotz Repressalien und Diskriminierungen blieb die Mehrzahl der Benachteiligten in der DDR. Eine Entscheidung, die sich entweder aus den persönlichen Lebensumständen ergab[54] oder die bewusst gefällt wurde.[55] Nur vereinzelt führten allein die Benachteiligungen im Schul- und Bildungssystem dazu, dass Betroffene in die Bundesrepublik flüchteten oder ihre Ausreise beantragten.

Weil der Direktor sie, gemäß einer laufenden antikirchlichen Kampagne, wegen ihrer Mitgliedschaft in der Jungen Gemeinde aus ihre Oberschule ausgeschlossen hatte, verließ Frau W. O. Ende Mai 1953 die DDR und ging nach Berlin (West), um eine der sogenannten „Ost-Klassen"[56] zu besuchen.[57]

In einem anderen Fall erhielt eine Betroffene zwischen 1977 und 1979 trotz ihrer sehr guten schulischen Leistungen (Zeugnisnotendurchschnitt von 1,3) und ihrer positiven Beurteilung weder in der achten noch in der zehnten Klasse eine Zulassung zur Erweiterten Oberschule. Grund für die Nichtzulassung war: Sie hatte sich trotz ihres atheistischen Elternhauses in der katholischen Kirche engagiert und sich 1979 taufen lassen. Nach dem POS-Abschluss erlernte sie den Beruf der Krankenschwester und wollte sich anschließend zum einjährigen Abiturlehrgang delegieren lassen. Das Krankenhaus verweigerte diese Delegierung wegen ihrer religiösen Einstellung und ihrer Ablehnung der SED-Mitgliedschaft. Die junge Frau besuchte schließlich die Abendschule und erwarb 1984 das Abitur mit dem Prädikat „sehr gut". Da sich das Krankenhaus weiterhin weigerte, sie zum Medizinstudium zu delegieren, stellte sie 1985 einen Ausreiseantrag. In Gesprächen mit der Antragstellerin garantierten ihr die Mitarbeiter

---

52 Vgl. Interview mit Frau R. T. am 12.1.2005; Interview mit Herrn C. L. am 29.1.2005.
53 Vgl. Interview mit Herrn C. L. am 29.1.2005.
54 Vgl. Interview mit Frau R. T. am 12.1.2005.
55 Vgl. Interview mit Herrn M. Z. 18.1.2005.
56 Im Westteil Berlins wurden sogenannte „Ost-Klassen" eingerichtet. Diese konnten Schüler aus dem Ostteil der Stadt besuchen, um ihren Schulabschluss zu erwerben. Nach DDR-Angaben waren 191 Schüler bis zum 24.8.1961 erfasst. Dagegen verzeichnete der Lehrerverband in Berlin (West) im Dezember 1961, dass 1200 Schüler aus Berlin (Ost) die Schulen des anderen Stadtteils besuchten. Vgl. dazu Geißler, Auslese im allgemein bildenden Schulwesen der DDR, S. 70, Anm. 25.
57 Vgl. Interview mit Frau W. O. am 1.4.2005. Herr H. W. ging als Schüler ebenfalls Anfang Oktober 1956 nach Berlin (West). Ihm wurde der Besuch der Oberschule aufgrund seiner sozialen Herkunft und seiner Mitgliedschaft in der Jungen Gemeinde verwehrt. Auch eine Eingabe an Wilhelm Pieck, den Präsidenten der DDR, änderte nichts daran. Der Vater von Herrn H. W. war Amtsrichter und im Zweiten Weltkrieg gefallen, seine Mutter hatte als Religionslehrerin im kirchlichen Dienst gearbeitet. Vgl. Interview mit Herrn H. W. am 27.11.2004.

der Abteilung Inneres eine Studienzulassung, wenn sie den Antrag zurücknehme. Nachdem die Delegierung und Zulassung zum Studium tatsächlich erfolgte, zog die junge Frau ihren Antrag zurück und studierte ab 1987 Zahnmedizin in Leipzig.[58]

Die restriktiven Zugangsmöglichkeiten zu Bildung konnten allein oder in Kombination mit anderen Ursachen der Grund sein, die DDR zu verlassen[59] oder um wenigstens darüber nachzudenken.[60]

Nach der Ankunft in der Bundesrepublik verbesserte sich die Situation für den Einzelnen zwar insofern, als Bildungseinrichtungen bei entsprechenden Schulleistungen besucht werden konnten, allerdings taten sich nun andere Probleme auf. Die Flucht oder das Ausreiseverfahren zogen psychische, psychosomatische und physische Beeinträchtigungen nach sich, die die Leistungsfähigkeit der Betroffenen in der Regel schwächten.[61] Der Einstieg in das Schulsystem der Bundesrepublik gestaltete sich zudem oftmals schwierig, da die inhaltlichen Anforderungen sich von denen in der DDR in den Fächern Deutsch, Geschichte und Staatsbürgerkunde sowie in den Sprachen unterschieden. Weiterhin brachten Lehrer, Mitschüler und andere Personen des neuen Umfeldes nur wenig Interesse für die Betroffenen und ihr besonderes Schicksal auf. Herr S. B. berichtete über seine Erfahrungen als Neuankömmling in der Bundesrepublik Folgendes:

„Und dann haben wir uns zügig gekümmert, auf die Schule zu kommen. Ich wollte meinen Abschluss ganz schnell wieder haben. [...] Eine große Ernüchterung war es dann letzten Endes, als ich diese Schule auf Empfehlung von Freunden des Vaters gefunden hatte. [...] Da musste ich aber, was ich dann von den Erfahrungen hochinteressant fand, in die 11. Klasse eingeschult werden. [...] Das heißt: Ich musste die 11. Klasse, die 12. Klasse und die 13. Klasse machen. Ich war [in der DDR] kurz vor dem Abschluss des Abiturs, habe im Krankenhaus gearbeitet, und dann habe ich mit der 11. Klasse angefangen. Also ich habe so rund drei Jahre in Anführungszeichen verloren. [...] Ich habe mich anfangs natürlich sehr gelangweilt, denn ich hatte eine gute Ausbildung. Und diese Klischees und diese Voreingenommenheit wurden nicht bestätigt. Es hieß: Wer aus dem Osten kommt, braucht erst einmal richtig Unterricht, der kann ja nichts wissen – es ist halt das Gegenteil der Fall. Ich habe da meine Noten gehabt, diese fünfzehn Punkte, was

---

58 Vgl. SLFS, Rehabilitierungsbehörde, Az. 97/73/0102.
59 Vgl. Interview mit Frau S. H. am 27.11.2004; Interview mit Herrn H.-J. E. am 25.1.2005; Interview mit Frau W. O. am 1.4.2005; Interview mit Herrn M. K. am 8.1.2005; Interview mit Herrn H. W. am 27.11.2004.
60 Vgl. Interview mit Herrn U. L. am 31.1.2005; Interview mit Herrn T. L. am 11.2.2005.
61 Beispielsweise unternahm Herr M. K. nach seinem Abitur am 5.7.1984 einen Fluchtversuch über die ungarische Grenze. Der Versuch scheiterte, der junge Mann wurde von ungarischen Grenzern aufgegriffen, nach seiner Rückführung in die DDR verurteilt und über ein Jahr inhaftiert. Da er nicht freigekauft wurde, stellte er nach seiner Entlassung einen Ausreiseantrag. Bis zur Genehmigung seiner Ausreise Ende Juli 1986 arbeitete er als Hilfsarbeiter. Nachdem er in der Bundesrepublik ankam, konnte er zum Wintersemester 1986/87 kein Studium beginnen, weil er unter den Haftfolgeschäden litt. Erst nach einer Rehabilitierungskur begann er zum Sommersemester 1987 sein Studium. Vgl. Interview mit Herrn M. K. am 8.1.2005.

der Eins entspricht und habe letztendlich mein Abitur mit Bravour gemacht und konnte meinen Studienplatz aussuchen."[62]

Trotz der zusätzlichen Wiederholung der Abiturstufe zählten diese Schilderungen eher zu den positiven Erfahrungen mit dem bundesdeutschen Schulsystem, obwohl Herr S. B. sich ebenfalls negativ über „diese Klischees und diese Voreingenommenheit" äußerte. Über vorwiegend negative Erlebnisse berichtete Frau S. H. Sie wurde aus der elften Klasse der Erweiterten Oberschule relegiert und durfte drei Jahre keinerlei Schul- oder Ausbildung genießen, weil die Familie einen Ausreiseantrag gestellt hatte. Frau S. H. beschrieb ihre Begegnung mit dem Schulleiter des Gymnasiums in der Bundesrepublik so:

„Und dann sind wir natürlich sofort [...] an das nächstgelegene Gymnasium [...] gegangen. Der Direktor hat dann so seine Bedenken geäußert: Ja, dreiundeinhalb Jahre praktisch nichts gemacht für die Schule, und Sprachbarrieren auch noch, also was mal so die Fremdsprache Englisch betrifft. [...] Und das Englisch war ja nicht besonders. Und gegen das Russisch hatte ich ja selber auch so eine Abneigung gehabt oder entwickelt, vielleicht auch im Laufe der Jahre entwickelt, dass ich das alles wieder vergessen hatte. Ich habe wirklich nur für die Arbeit gelernt, und dann war alles wieder in einer Schublade irgendwo. Und das alles wieder zu aktivieren! In der Schule wurde Russisch angeboten. Und wie gesagt, der Direktor hatte seine Bedenken geäußert, weil ich auch schon zu alt war. Ich weiß nicht, zwanzig Jahre alt, fast die Schulälteste. Und das Vierteljahr war ja auch dann schon angefangen von der elften Klasse. Er hat gesagt, wenn ich den Einstieg schaffe, ist es o. k., aber wiederholen kann ich nicht, weil ich zu alt bin."[63]

An diesem bürokratischen und unsensiblen Vorgehen hielt die Schulleitung trotz der besonderen Umstände und eines vorhandenen Flüchtlingsausweises der Familie fest. Auch die Lehrer nahmen keine Rücksicht auf die stark belastenden Erlebnisse, die Frau S. H. in den Jahren bis zur Ausreisegenehmigung erdulden musste.

„Ich glaube, die haben sich da wirklich überhaupt gar keinen Kopf gemacht. Also ich habe da manchmal Bemerkungen gehört. Also nicht, dass sie mich jetzt irgendwo verachtet oder gesagt haben: Ach Gott, die ist ja nur aus dem Osten – das überhaupt nicht. Die haben mich voll als normale Schülerin eingestuft. Aber ich denke, dass sie die Probleme, die damit verbunden waren, überhaupt nicht gesehen haben, sich auch gar keinen Kopf darüber gemacht haben. [...]
Was mir halt in der Zeit noch, sagen wir mal, zu schaffen gemacht hat, ist die ja nicht Erinnerung, aber ich habe einfach gerade durch dieses letzte Jahr in der DDR furchtbar gelitten. Also, ich habe dort wirklich auch Depressionen gehabt [...]. Ich habe das dann alles runter bekommen, es hat nur lange gedauert, fast zu lange gedauert. Auch in Pforzheim damals die erste Zeit war es bestimmt am Anfang fast alle drei, vier Wochen so, dass ich einfach aus heiterem Himmel zusammengebrochen bin, also wirklich, als ob ich keine Kraft mehr hatte."[64]

Aus den Aussagen von Frau S. H. lässt sich schließen, dass die Lehrer die offensichtlichen psychischen Schäden der jungen Frau infolge der dreijährigen Über-

62 Interview mit Herrn S. B. am 26. 11. 2004.
63 Interview mit Frau S. H. am 27. 11. 2004.
64 Ebd.

wachung ihrer Familie durch die Staatssicherheit nur unzureichend beachteten. Ferner hatte die Betroffene das Gefühl, dass die Lehrer dieser Schule nur „relativ wenig Rücksicht" auf die unterschiedlichen Unterrichtsinhalte in beiden deutschen Staaten nahmen und voraussetzten, „wie du mitkommst".[65]

Weniger Schwierigkeiten ergaben sich für Jugendliche, die in der DDR bereits eine Berufsausbildung begonnen hatten und während dieser Zeit eine Ausreisegenehmigung erhielten, da die Bundesrepublik diese Ausbildungszeit für gleichwertige Berufe anerkannte.[66] Probleme und Einschränkungen traten erst beim Besuch weiterführender Schulen auf, denn oftmals mussten Fremdsprachenkenntnisse, insbesondere im Englischen, nachgewiesen werden. In der DDR wurde aber ausschließlich Russisch als erste Fremdsprache gelehrt.[67] Andere Sprachen, wie Englisch oder Französisch, teils auch Latein, konnten Schüler je nach Angebot erst ab Klassenstufe sieben als zweite Fremdsprache belegen. Infolge dessen waren die Kenntnisse in diesen Sprachen im Vergleich zu Schülern aus der Bundesrepublik eher gering, sodass Betroffene im Vorfeld einer Weiterbildung oftmals erst diverse Sprachkurse erfolgreich abschließen mussten. Herr H. S. schilderte seine Erfahrungen in den 1980er Jahren:

„Ich hatte ja damals [in der DDR] nur Russisch und Französisch. [...] Und mein Problem damals war, dass ich in den Westen gekommen bin und hatte nur einen Zehnklassenabschluss und damit keine Zugangsvoraussetzung für eine weiterführende Schule. Ich hatte damals in der Lehre dann die Zeit genutzt und habe in Abendschule mein Englisch so weit aufbereitet, dass ich einen Zugangstest für eine fachgebundene Hochschulreife bestanden habe. Und da habe ich mich dann die zwei Jahre, in der ich die fachgebundene Hochschulreife erlangt habe, englisch-mäßig so durchgewurstelt."[68]

In der Mehrheit gaben verfolgte Schüler verschiedener Generationen an, dass ihnen der Schulwechsel und die Eingliederung nicht leicht gefallen sei. Die nachfolgenden Äußerungen stammen von Frau W. O., die während der Aktionen gegen die Junge Gemeinde 1953 nach Westberlin geflüchtet war, um dort ihr Abitur abzulegen:

---

65 Ebd.
66 Vgl. Gewande, Anerkennung von Übersiedlerzeugnissen, S. 107.
67 Mit Einführung des einheitlichen sozialistischen Bildungssystems 1965 wurden Altsprachen und Klassische Philologie erheblich zurückgedrängt. Russisch galt als erste Fremdsprache. An den Erweiterten Oberschulen konnten Schüler an einem freiwilligen Latein-Unterricht teilnehmen. In den letzten Jahren zählte dieser um die 2 000 Schüler jährlich. Seit 1981 existierten in der DDR neun Schulen an denen Latein und Griechisch in einem erweiterten Altsprachenunterricht gelehrt wurden. Vgl. Markus Gruber, Zur Lage des Griechisch-Unterrichts in der Bundesrepublik Deutschland (2006/07) (http://www.uni-regensburg.de / Fakultaeten / phil_Fak_IV / Klass_Phil / Gruber-Dateien / Statistik2005.htm; 19.11.2008); Geißler, Auslese im allgemein bildenden Schulwesen der DDR, S. 70. Zur „Monopolisierung" des Russischen zu Ungunsten einer Pluralität des Fremdsprachenangebots ab 1948 in der SBZ und später in der DDR. Vgl. Böhme, Wandel in der Fremdsprachenpolitik der DDR, S. 168–172.
68 Interview mit Herrn H. S. am 22.4.2005.

„Ich habe die Schule mit Erfolg durchlaufen, was nicht einfach war, denn es war ja ein ganz anderes Schulsystem, ganz andere Lerninhalte. Wobei ich sagen muss, dass wir DDR-Schüler in den Naturwissenschaften sehr gut waren. Vielleicht kann man das nicht verallgemeinern, aber auf der Kamenzer Schule, wir hatten da einen sehr guten Unterricht gehabt. Eine Katastrophe waren wir in Deutsch, Geschichte. [...] Wir hatten ja nie gelernt, selbstständig zu denken, uns ein Urteil zu bilden. Wenn wir unter einem Aufsatz dann die entsprechenden Phrasen drunter schrieben, war der Aufsatz schon mal gut. Und das war schwer für uns. Auch hatten wir ja in Geschichte überhaupt keine Bildung. Das war nicht einfach. Aber gut, wir haben es gepackt."[69]

Frau W. O. verließ die DDR ohne ihre Eltern, dadurch war ihre nachfolgende Berufs- und Studienwahl stark von dem Gedanken beeinflusst, „du musst ja wenigstens einen Beruf erlangen, der dich mal ernähren kann. Ich habe ja überhaupt keine Rückendeckung. Ich kann jetzt nicht irgendwas studieren und dann sitze ich auf der Straße."[70] Gern hätte sie ein Medizinstudium aufgenommen, doch Mitte der 1950er Jahre rieten ihr Ärzte und Professoren ab, da es in der Bunderepublik genügend Ärzte gebe. Verantwortungsbewusst entschied sie sich daraufhin für ein Ingenieurstudium im Fach Vermessungstechnik, nach dessen erfolgreichen Abschluss sie tatsächlich sofort eine dauerhafte Anstellung fand.

In der DDR herrschte zu dieser Zeit ein Ärztemangel, der sich für den verfolgten Schüler G. M. sogar als Glück erwies. Er wollte gern ein Außenhandelsstudium aufnehmen, hatte aber 1960 während einer Werbekampagne der NVA in der Schule öffentlich den Wehrdienst verweigert. Nach diesem Eklat behielt der Schuldirektor das Abiturzeugnis ein. Der Schüler musste sich für zwei Jahre in der Produktion „bewähren". Im Anschluss daran erhielt Herr G. M. zwar keine Zulassung für ein Außenhandelsstudium, jedoch für ein Medizinstudium in Jena.[71] Der Mehrzahl der benachteiligten Schüler blieb eine solche glückliche Wendung in ihrem beruflichen Leben bis zum Ende der DDR versagt.

Einige Betroffene verdrängten oder bewältigten ihre Benachteiligung, indem sie sich anderen Lebensbereichen, wie der Familie, zuwandten. So gab ein großer Teil der interviewten Frauen an, nach der Geburt ihrer Kinder zumindest zeitweilig ihr persönliches Glück im Familienleben gefunden zu haben.[72] Im Gegensatz dazu wandten sich Männer eher „notgedrungen" diesem Bereich zu, wenn ihre Partnerin über ein besseres Anstellungsverhältnis oder Einkommen verfügte und quasi die Rolle des „Haupternährers" übernahm.[73] Sie fanden ihren Ausgleich zuweilen im Hausbau, bei dem sie ihre Fähigkeiten und Fertigkeiten unter Beweis stellen konnten.[74]

Erst nach 1990 änderten sich die Zugangsbedingungen zu weiterführenden Bildungseinrichtungen, sodass die vormals diskriminierten Schüler, Auszubil-

---

69 Interview mit Frau W. O. am 1.4.2005.
70 Ebd.
71 Vgl. Interview mit Herrn G. M. am 19.1.2005.
72 Vgl. Interview mit Frau J. T. am 2.12.2004; Interview mit Frau S. N. am 18.1.2005; Interview mit Frau U. E. am 20.1.2005.
73 Vgl. Interview mit Herrn M. G. am 25.11.2004; Interview mit Herrn U. L. am 29.1.2005.
74 Vgl. Interview mit Herrn U. L. am 31.1.2005; Interview mit Herrn W. M. am 31.1.2005.

denden und Studenten nun ihre Berufswünsche verwirklichen konnten. Allerdings waren damit wiederum Anstrengungen verbunden, denn als Zugangsvoraussetzung für ein Fachhochschul- oder Hochschulstudium mussten sie – sofern keine Rehabilitierungsbescheinigung vorlag, um sich über eine Sonderzugangsberechtigung zu immatrikulieren – die entsprechenden Reifezeugnisse (fachgebundene bzw. allgemeine Hochschulreife oder Fachhochschulreife) vorweisen. Da der Erlass des Rehabilitierungsgesetzes nicht absehbar war und letztlich erst 1992/94 erfolgte, wollten einige Betroffene nicht noch mehr Zeit verlieren. So besuchten sie entsprechende Kurse an Abend- und Volkshochschulen, immatrikulierten sich an Hochschulen und nahmen an Umschulungs- oder Weiterbildungsmaßnahmen teil, wie sich anhand der statistischen Auswertung der Rehabilitierungsakten belegen lässt. Mit dem endlich erlangten Berufs- oder Studienabschluss ergaben sich jedoch weiterhin Nachteile, denn vormals diskriminierte Schüler traten im Vergleich zu Gleichaltrigen erst später in den Beruf ein und konnten daher keine bzw. nur wenig Berufserfahrung vorweisen. Sie blieben also bei Stellenbewerbungen unter Umständen weiterhin benachteiligt.[75] In einem Interview äußerte Herr M. G. über diese Situation: „Denn letztlich sind mir ja dadurch auch zehn Jahre, ja, ordentliche Verdienstmöglichkeiten verlustig gegangen. Hätte ich zehn Jahre eher studiert, hätte ich zehn Jahre eher als Pfarrer arbeiten können, hätte ich auch zehn Jahre eher Geld verdient und würde jetzt beruflich noch ganz anders dastehen als es jetzt ist, sicherlich. Klar. Denn da hätte ich einfach noch viel mehr Berufserfahrung, klar."[76]

Zwar gewährte die Rehabilitierungsbescheinigung theoretisch eine besondere Förderung von verfolgten Schülern, jedoch ist dieses Recht im Alltag nur bedingt durchsetzbar. Das rechtliche Einklagen dieser Bevorzugung für eine Weiterbildungsmaßnahme erscheint eher unproblematisch. Im Gegensatz dazu trägt die Durchsetzung eines Rechtsanspruchs bei der Stellenvergabe bzw. -besetzung von Beginn an wohl wenig zu einem guten Arbeitsverhältnis bei. Wegen dieser Befürchtung verzichtete beispielsweise Herr C. L. bewusst auf diesen Rechtsweg, wie er im Interview gestand.[77]

Nach Inkrafttreten des Rehabilitierungsgesetzes konnten anerkannte verfolgte Schüler Gelder nach dem Bundesausbildungsförderungsgesetz (BAföG) über die Altersgrenze hinaus beantragen. Die Rückzahlung des Förderungskredites wurde ihnen erlassen. Vorwiegend jüngere Betroffene nutzten gezielt die Möglichkeiten, um ein Studium bzw. eine Weiterbildungsmaßnahme zu beginnen. Die Zugeständnisse in Bezug auf (Hochschul-)Zugangsberechtigung, Altersgrenzen, finanzielle Förderung brachten den Betroffenen nicht nur Erleichterungen, sondern auch das befriedigende Gefühl der Wiedergutmachung an ihrer Person. Frau J. T. beschrieb ihre Situation zum Zeitpunkt des Interviews noch immer freudig bewegt:

---

75 Vgl. Interview mit Frau S. H. am 27.11.2004; Interview mit Herrn C. L. am 29.1.2005; Interview mit Herrn M. G. am 25.11.2004.
76 Interview mit Herrn M. G. am 25.11.2004.
77 Vgl. Interview mit Herrn C. L. am 29.1.2005.

„Dann [...] stand in der LVZ [Leipziger Volkszeitung], dass es halt die Möglichkeit gibt für Leute, die in der DDR kein Abitur machen konnten aus politischen Gründen [...], sich eine Studienrichtung auszusuchen und sich an den Instituten zu bewerben. [...] Genau, das fand ich ganz toll. Also, das war für mich [...] wirklich Wiedergutmachung so an meiner Person. Also, das habe ich als sehr beruhigend empfunden. Ich hatte bis dahin [...] immer wieder also wirklich [...] Wut auch, also, dass ich – ich war ja da schon fünfundzwanzig Jahre alt – eben noch keine Ausbildung hatte und einfach blöd dastand.“[78]

Frau J. T. sowie einige andere der verfolgten Schüler empfanden die Zahlung von BAföG-Geldern als besonders hilfreich, als sie ihr Studium aufnahmen.[79]

Betroffene, die in der DDR aus politischen Gründen eine Haftstrafe absitzen mussten, rehabilitierte und entschädigte die Bundesrepublik bereits vor 1990. Diese Wiedergutmachung des Rechtsstaates empfanden viele als angemessen und zufriedenstellend. Allerdings hinterfragten Einzelne dieses Vorgehen, da sie aus ihrer Sicht einerseits unschuldig waren und andererseits die Bundesrepublik nicht für die Rehabilitierung von Unrechtsmaßnahmen in der DDR verantwortlich war. Herr M. K. äußerte darüber:

„Ich wurde ja in der Bundesrepublik schon vom Generalstaatsanwalt rehabilitiert. Das war vor der Wende schon. Und natürlich was sie [die Rehabilitierungsbehörde des Landesamtes für Familie und Soziales in Chemnitz] hier nochmal gemacht haben, ist schon in Ordnung. Aber das hätte ich wahrscheinlich nicht gebraucht, weil ich unschuldig war. Naja, moralisch ist das angekommen. Und angemessen ist es natürlich nicht. Die Frage ist aber, warum soll die Bundesrepublik was zahlen, was hier der Osten gemacht hat. Ich fand das schon ziemlich entgegenkommend, dass die uns Haftentschädigung zahlen. Deswegen ist es auf jeden Fall angemessen. Aber wenn die DDR das hätte zahlen müssen, das hätte wesentlich mehr sein müssen. Das war ja nicht viel. [...] In welcher Form? Das war Haftentschädigung, [...]. Und dann habe ich... BAföG, das habe ich sowieso gekriegt. Das hatte nichts mit der Entschädigung zu tun. Ich habe auch von der Otto-Benecke-Stiftung noch drei Jahre lang hundert Mark gekriegt, als Student. Das war toll.“[80]

Für Herrn M. K. stellten die Entschädigungszahlungen der Bundesrepublik eine adäquate Starthilfe für seinen Neubeginn dar, zumal nach Ansicht des Betroffenen der andere deutsche Staat nicht für die politischen Verbrechen der DDR hätte aufkommen müssen. Als Unterstützung für sein Studium dienten Herrn M. K. zudem Gelder nach dem BAföG und ein Stipendium der Otto-Benecke-Stiftung.[81] Diese Entschädigungszahlungen ergingen jedoch nur an Rehabilitierte, die eine politische Haftzeit in der DDR verbüßt hatten. Sie und andere, die mittels eines Ausreiseantrages übersiedelten, erhielten in der Bundesrepublik zudem eine finanzielle Unterstützung für den Neubeginn.

---

78 Interview mit Frau J. T. am 2.12.2004.
79 Vgl. ebd.; Interview mit Herrn M. G. am 25.11.2004.
80 Interview mit Herrn M. K. am 8.1.2005.
81 Die Otto Benecke Stiftung e. V. wurde 1965 auf Initiative der Deutschen Studentenverbände in der Technischen Universität Berlin gegründet und hilft mit Stipendien Flüchtlingen und Asylberechtigten in der Bundesrepublik Deutschland eine Hochschulausbildung aufzunehmen oder fortzusetzen. Vgl. www.obs-ev.de/wir-ueber-uns; 16.1.2009.

Ein Gros der diskriminierten Schüler konnte oder wollte aus familiären, beruflichen und finanziellen Gründen oder aufgrund des fortgeschrittenen Alters kein Studium mehr aufnehmen. Über den Sinn dieser späten beruflichen Selbstverwirklichung entschied der Einzelne aufgrund seiner persönlichen Rahmenbedingungen. Allerdings gaben Betroffene nur in Einzelfällen zu, dass sie es als besonders tragisch empfanden, ihren Berufswunsch nicht verwirklicht zu haben. Mehrheitlich äußerten sie, dass sie sich mit ihrer Lebenssituation arrangiert oder zumindest abgefunden hätten.[82] Nach anfänglichem Missmut über dieses Schicksal hoben einige die Bedeutung anderer positiver Aspekte in ihrem Leben hervor, die in der Retrospektive viel wichtiger für sie waren und sind.[83] Herr M. G. meinte dazu:

„Aber hätte, könntste, wärste. Auf der anderen Seite: Wir haben drei Kinder, und die waren damals klein. Und ich habe die Zeit gehabt immer, wenn irgendetwas war, mich um die Kinder zu kümmern. Eigentlich ist das mehr wert. Das war eine schöne Zeit, das war gut. Wenn die krank waren, war ich zu Hause. Oder, wenn irgendetwas war, die Kinder früh in den Kindergarten schaffen oder in die Krippe und wieder abholen – also das war mein Part. S. [die Ehefrau des Betroffenen] hat das Geld verdient, und ich habe mich um die Kinder gekümmert. Und dann war es eben auch ganz gut mit diesem Küsterposten dort. Das war eben auch so zu Hause arbeiten, man war eigentlich immer da, und das war wichtig. Die Kinder haben dann dort im Hof gespielt. Die waren den ganzen Tag im Hof, und da hatte ich sie immer so mit im Blick. Ich habe meinen ‚Muddelich' gemacht, das war eigentlich gut. Für die Zeit war es genau richtig. Also ich habe damit meinen Frieden gemacht und hege keinen Groll darüber. Das war nicht am Anfang so, das muss ich sagen, da war ich schon sauer."[84]

Mit seiner Aussage verdeutlichte Herr M. G., wie er und seine Frau versuchten mit der Benachteiligung zu leben und der Situation sogar noch Vorteile abzuringen. So erwies sich die Stelle als Küster für die Betreuung der Kinder als hilfreich. Dennoch gab Herrn M. G. zu, dass er sich über seine Diskriminierung in früheren Jahren geärgert, später damit aber seinen Frieden geschlossen habe. Diese Sichtweise wird von der Lebenssituation des Betroffenen der letzten Jahre beeinflusst sein. Zwar hatte Herr M. G. in der DDR keine Chance zu einem Studium erhalten. Dafür absolvierte er nach 1990 ein Theologiestudium, erhielt seine Rehabilitierung und brauchte das BAföG-Darlehen nicht zurückzuzahlen. Zum Zeitpunkt des Interviews arbeitete er seit geraumer Zeit als Pfarrer einer Gemeinde und verfügte über eine feste Anstellung.

Indes zeigte sich in Gesprächen mit anderen Interviewpartnern, dass diese sich noch Jahrzehnte später mit der Frage ihres Berufsweges auseinandersetzten. Das weist deutlich darauf hin, dass sie ihre verhinderte Bildungskarriere als sehr einschneidend empfanden und den folgenden massiven Richtungswechsel in ihrem Lebensplan gar als Bruch bewerten. Insbesondere während des Rehabilitierungsverfahrens und nach Erhalten der Rehabilitierungsentscheidung hin-

82   Vgl. Interview mit Herrn H. S. am 22.4.2005; Interview mit Herrn W. M. am 31.1.2005.
83   Vgl. Interview mit Herrn H. S. am 22.4.2005; Interview mit Frau S. N. am 18.1.2005; Interview mit Herrn M. Z. am 18.1.2005.
84   Interview mit Herrn M. G. am 25.11.2004.

terfragten die Betroffenen ihre Biographie. Die nachfolgenden Schilderungen stammen von einer Pfarrerstochter, die gern Medizin studiert hätte, stattdessen aber nur eine Ausbildung zur Krankschwester in einer kirchlichen Einrichtung absolvieren konnte.

„Aus dem Schreiben [Rehabilitierungsbescheid] ging das quasi hervor, dass also die Möglichkeit irgendwie eines kostenlosen Stipendiums gegeben wäre und so weiter. [...] Ich frage mich, wie mein Leben verlaufen wäre. Also: Ich hätte nicht meinen Mann kennengelernt, ich hätte nicht diese drei Kinder. Und mit dem Leben bin ich rundum zufrieden. Und von daher sage ich mir: Ja, es ist ärgerlich, aber ich kann es nicht zurückdrehen. [...] Ja, darüber ärgere ich mich, ja.“[85]

Allerdings betrübte sie das nicht aus finanziellen Gründen, sondern sie gab an: „Ich merke einfach, dass ich mehr gekonnt hätte oder zumindest schulisch die Leistung gehabt hätte, mehr zu tun.“[86] Gleichzeitig versuchte auch sie, sich auf Positives in ihrem Lebensverlauf zu besinnen, den sie letztlich als gegeben hinnahm: „Und wiederum sehe ich auch eben, dass das Leben, dass wir jetzt so leben, nicht so gekommen wäre. Und da sage ich mir: O.k., ich akzeptiere das.“[87]

Mehrere Befragte gaben in Interviews an, dass sie mit ihrer fehlenden Qualifizierung (Abitur, Studium) nach 1989/90 in unterschiedlicher Hinsicht konfrontiert wurden. Zum einen standen ihnen nach der Wiedervereinigung verschiedene Qualifizierungsmöglichkeiten offen. Allein die subjektive Wahrnehmung dieser potentiellen Chancen bewirkte beispielsweise bei Herrn T. G., der sich bereits mit seiner Situation abgefunden hatte, dass er sich wieder mit seiner Diskriminierung auseinandersetzte und deren Folgen nunmehr als besonders schmerzhaft empfand.[88]

Zum anderen zeigte sich, dass Hochqualifizierte wie Akademiker nach 1989/90 zunehmend finanziell besser vergütet wurden als Facharbeiter und Handwerker. Diese Vergütungsunterschiede waren in der DDR eher unerheblich,[89] da teilweise ein Arbeiter gleich oder gar höher entlohnt wurde als bei-

---

85 Interview mit Frau S. N. am 18.1.2005.
86 Ebd.
87 Ebd.
88 Vgl. Interview mit Herrn T. G. am 15.12.2004.
89 Abgesehen von Inhabern eines Einzelvertrages. Der Einzelvertrag zählte zu den besonderen Arbeitsverträgen. Sie wurden geschaffen um die Abwanderung der sog. Intelligenz in die Bundesrepublik zu verhindern. Im Rechtshandbuch der DDR hieß es dazu: „In Einzelverträgen können gemäß § 46 A[rbeits]G[esetz]B[uch] mit Angehörigen der Intelligenz besondere Rechte und Pflichten vereinbart werden, um ständige hervorragende Leistungen bei der weiteren Gestaltung der entwickelten sozialistischen Gesellschaft anzuerkennen. Grundlage dafür sind die V[er]O[rdnungen] über die Neuregelung des Abschlusses von Einzelverträgen mit Angehörigen der Intelligenz in der DDR vom 23.7.1953“ (DDR-GBl. 1953 II, S. 897), in der Fassung der Änderungsverordnung vom 15.3.1963 (GBl. 1963 II, S. 229) sowie einige weiteren Rechtsvorschriften. „Einzelverträge bedürfen der Zustimmung des zuständigen zentralen Staatsorgans“. Rechtshandbuch für den Bürger, S. 99.

spielsweise ein Ingenieur. Daher gab Herr T. G. im Gespräch offen zu, dass er bei einem Fortbestehen der DDR sich mit seiner beruflichen Situation abgefunden und dem vorenthaltenen Studium höchstwahrscheinlich nicht „nachgetrauert" hätte.[90]

Nach der Vereinigung der beiden deutschen Staaten erlangte die Frage des Erwerbseinkommens nicht nur bezüglich der momentanen Vergütung an Bedeutung, sondern auch im Hinblick auf die Altersversorgung. Bei der Rentenbemessung waren und sind anerkannte verfolgte Schüler nach wie vor benachteiligt, da die Rehabilitierung hier keinen Ausgleich bewirkt.[91]

Zum Dritten fühlten sich einzelne Betroffene weiterhin benachteiligt, weil ihre in der DDR teilweise auf indirektem und opferreichem Wege erworbenen Bildungsabschlüsse nach der Wiedervereinigung nur bedingt anerkannt wurden. So hatte beispielsweise eine junge Frau in der DDR keine Zulassung für ein Pharmaziestudium erhalten, dem Staat allerdings ein Studium als Pharmazieingenieur abgetrotzt. Nach 1990 wurde dieser Ingenieurabschluss jedoch als unzureichend angesehen, um eine eigene Apotheke zu betreiben.[92] Ungeachtet der erworbenen akademischen Bildungsabschlüsse empfanden verfolgte Schüler die Verzögerungen als Nachteil, da eine weitere Bildungskarriere aufgrund ihres fortgeschrittenen Alters nur sehr begrenzt möglich schien. Zum Beispiel bemängelte ein Kunsthistoriker, dass er durch die fehlende Dissertation bei der Stellenbewerbung hin und wieder beeinträchtigt gewesen sei. Bitterkeit verspürte Herr M. Z. im Vergleich zu anderen, die mithilfe der Partei (SED) ein Studium aufnehmen und abschließen konnten:

„Manchmal werde ich so ein bisschen bitter, wenn ich so erlebe, dass jemand, der eine Diakonausbildung hat, eben an irgendeiner Stelle im deutschen System stehenbleibt und – ich sage mal so – jeder dahergelaufene Hochschulstudent erst einmal hier oben anfängt. Das macht mir schon auch manchmal noch etwas aus, wo ich denke: Na ja gut, ich hätte das, wenn ich Theologie studiert hätte, innerkirchlich auch machen können. Aber wenn ich so an diakonische Einrichtungen denke oder Vermittlungsstellen, wo es immer wichtig ist, einen Hochschul- oder Universitätsabschluss zu haben, da kommt mir das manchmal etwas bitter hoch. Aber das überwiegt nicht. Ich meine, ich hätte nach der Wende ja auch noch an der TU Dresden einen Pädagogikabschluss berufsbegleitend machen können – das haben ja einige gemacht –, das wäre ja möglich gewesen so um des Abschlusses willen. Aber da war ich dann eben auch beruflich und persönlich viel zu sehr engagiert, als dass ich dann gesagt hätte: Jetzt fange ich an, meine verlorene Bildungs-, nein nicht Bildungskarriere sondern Bildungsabschlusskarriere – müsste man sagen – noch zu machen."[93]

90   Vgl. Interview mit Herrn T. G. am 15.12.2004.
91   Vgl. Interview mit Herrn H.-J. E. am 25.1.2005; Interview mit Herrn G. H. am 20.1.2005; Interview mit Herrn M. Z. am 18.1.2005.
92   Vgl. Interview mit Frau S. N. am 18.1.2005.
93   Interview mit Herrn M. Z. am 18.1.2005.

2. Persönliche und gesundheitliche Folgen

Ähnlich wie die Folgen für die berufliche Entwicklung erwiesen sich auch die Auswirkungen der Diskriminierung auf die persönliche Entwicklung als sehr vielfältig.

Die Benachteiligung im Bildungs- und Erziehungswesen der DDR konnte sich auf den Einzelnen beschränken oder auf mehrere Familienmitglieder ausgeweitet werden. Die „Sippenhaft" fand auch in der DDR ihre Anwendung. Insbesondere Kinder von kirchlichen Mitarbeitern oder Ausreiseantragstellern gerieten so in das Fadenkreuz der Behörden, was mitunter zu familieninternen Konflikten führte. In der Mehrzahl gaben jedoch gerade diese Betroffenen an, dass „der Druck von außen nach innen wärmte".[94]

Anders gestaltete sich die Situation in Familien, in denen Sohn oder Tochter allein in Konflikt mit der Obrigkeit gerieten und der Strudel der Ereignisse erst später Eltern oder Geschwister erfasste. Diese Schüler litten zusätzlich noch unter Selbstvorwürfen, aber auch unter Vorhaltungen anderer Familienangehöriger, da deren Leben unter Umständen ebenfalls nachhaltig beeinflusst wurde.[95]

Einzelne sahen sich erst Jahre später mit diesem Aspekt konfrontiert.[96] Herr T. S. schilderte beispielsweise, dass sein jüngerer Bruder keine Chance zu einer Abiturausbildung bekam. Seine Eltern und sein Bruder „stellten" ihm gegenüber „fest", dass dies die Folge seiner Relegierung sei. Herr T. S. hatte als Schüler während der Schießübung im ZV-Lager absichtlich neben die Schießscheibe in Form einer menschlichen Silhouette geschossen und sich gegenüber einem Mitschüler, dessen Vater bei der Staatssicherheit arbeitete, zum Schusswaffengebrauch während der Wehrerziehung kritisch geäußert. Nach einer kurzen Haft des Schülers erfolgte anschließend seine Relegierung von der Erweiterten Oberschule.[97]

Bisweilen herrschte in einigen Familien eine äußerst angespannte Eltern-Kind-Beziehung, die sowohl vor als auch nach dem schulischen Konflikt entstanden sein konnte. Meistens handelte es sich um Jugendliche oder junge Erwachsene, die im Zuge ihrer Pubertät und Adoleszenz teils selbstbewusst, kritisch und/oder provozierend auftraten. Manche Kontroversen wurden von den Betroffenen durch ihr abweichendes Verhalten und durch Ignorierung der elter-

---

94 Vgl. ebd.; sowie Interview mit Herrn S. B. am 26.11.2004; Interview mit Frau S. H. am 27.11.2004, Interview mit Frau S. N. am 18.1.2005; Interview mit Frau U. E. am 20.1.2005; Interview mit Herrn H. W. am 27.11.2004.

95 Vgl. Interview mit Herrn M. K. am 8.1.2005; Interview mit Frau W. O. am 1.4.2005.

96 Frau W. O. erzählte, dass sie 1953 während der Kampagne gegen die Junge Gemeinde nach Westberlin flüchtete. Anschließend wurde ihre Schwester in derselben Schule benachteiligt. Denn zum einen war sie ebenfalls kirchlich gebunden, zum anderen galt die ältere Schwester als Republikflüchtling. Die jüngere Schwester strebte zwar nicht nach dem Abitur, sondern wollte gern Erzieherin werden, allerdings erhielt sie unter diesen Umständen keinen Ausbildungsplatz. Interview mit Frau W. O. am 1.4.2005.

97 Vgl. Interview mit Herrn T. S. am 19.1.2005.

lichen Mahnungen zur Anpassung regelrecht heraufbeschworen. Aufgrund des Konflikts mit Schule und Staat kam es vor, dass sich die Eltern der Betroffenen zudem überfordert, ohnmächtig und gedemütigt fühlten, was das Familienleben insgesamt negativ belasteten konnte. In einem Interview berichtete Frau J. T., dass ihre Protesthaltung (Engagement in Kirchenkreisen und ihre Kritik am Militarismus) in Folge ihrer Nichtzulassung zu einer Spezialschule zu erheblichen Auseinandersetzungen mit der Mutter geführt hatte. Schließlich zog die Tochter zu Freunden, um weiteren Konflikten zu entgehen.[98]

Herr C. L. wurde 1976 in der achten Klassenstufe vom eigenen Vater, selbst Schuldirektor, gedrängt, sich für den Offiziersberuf zu verpflichten. Der Sohn nahm seine Verpflichtung in der elften Klasse zurück und geriet wegen seiner Verweigerung nicht nur in Disput mit der Schule und dem Wehrkreiskommando, sondern mehr noch mit dem eigenen Vater. Schließlich hielt der Schüler seine Entscheidung aufrecht und ließ sich auf ein Lehrerstudium „umlenken". Der vermeintliche Familienfrieden schien wieder hergestellt. Jedoch trat der junge Mann das Studium nach seinem Pflichtwehrdienst nicht an, weil er gern einen kreativen Beruf ergreifen wollte. Diese Entscheidung führte schließlich wieder zu Auseinandersetzungen mit dem Vater und endete mit einem Verweis aus der elterlichen Wohnung. Dem nicht genug, sandte die Mutter ihrem Sohn noch einen Brief, in dem sie ihm weitere Vorwürfe machte. Eltern und Sohn fanden erst 1991 wieder zueinander.[99]

Besonders schwerwiegende Konflikte zwischen Jugendlichen und ihren Eltern oder Lehrern konnten ohnehin die zwischenmenschlichen Beziehungen nachhaltig belasten. Im Zusammenspiel unterschiedlicher politischer Ansichten, drohenden oder erlittenen staatlichen Repressionen verloren einige verfolgte Schüler für längere Zeit das Vertrauen in ihre Eltern, Mitmenschen, Behörden und den Staat. In der Folge versuchten die Betroffenen sich neu zu orientieren, wodurch sich ihr persönliches Umfeld veränderte. Sie fanden neuen Halt bei Kirchen oder in Studentengruppen, die ein offenes und freies Denken in ihren Kreisen zuließen. Auch konnten diese Kontakte ein Umdenken bei den Jugendlichen und jungen Erwachsenen bewirken bzw. sie in ihren Ansichten bestärken.[100]

Im Interview erzählte Herr M. K., dass er aus einer „kommunistischen" Familie stamme. Die Eltern waren geschieden und sein Vater war Offizier im besonderen Einsatz bei der Staatssicherheit. Nach dem Abitur wollte er ursprünglich Militärmedizin studieren. Aufgrund der hohen Bewerberzahl hatte man ihm ein Studium im Fach Mikroelektronik angeboten, was er schließlich auch annahm. Während seiner Abiturzeit lernte Herr M. K. Studenten kennen, über die er später äußerte: „Da hat sich mein Blickfeld etwas erweitert. Wenn man plötzlich mit Afrikanern, Asiaten und allen möglichen Leuten zusammen ist, und redet und man merkt, dass die Welt doch viel größer ist, als was man beigebracht

98 Vgl. Interview mit Frau J. T. am 2.12.2004.
99 Vgl. Interview mit Herrn C. L. am 29.1.2005.
100 Vgl. ebd.

bekommen hat." Selbst wenn es sich bei diesem Kreis um „mehr oder weniger ‚rote' Leute" gehandelt habe, hätten selbst die „ja ein gewisses Spektrum an Weltoffenheit zu bieten". Schließlich gab Herr M. K. an, dass der Kontakt zu diesen Studenten ihm „das Gefühl eingesperrt zu sein" offenbart habe. Er bemerkte dazu: „Ich hatte einfach durch diese Leute das Gefühl. Die sind ja irgendwann nach dem Studium nach Hause und ich konnte da nicht hin. Ich hatte einfach das Gefühl, ich bin hier in einem großen Gefängnis. [...] Ich war auch kein Antikommunist, oder so was. [...] aber ich wollte einfach raus."[101]

Letzten Endes blieb diese veränderte Wahrnehmung nicht ohne Folgen, denn Herr M. K. plante 1982 nach seinem Abitur über Ungarn und Österreich in die Bundesrepublik zu flüchten. Die Flucht misslang und er wurde inhaftiert. Der Vater distanzierte sich von seinem Sohn. Mit Bedacht auf die eigene Karriere ergriff er nicht die Initiative für seinen Sohn. Während der Haft vermittelte ein älterer Mithäftling dem jungen Mann Einblicke in christliche Religionen, und über persönliche Kontakte fand Herr M. K. Halt im Glauben. Nach der Entlassung aus dem Gefängnis stellte er einen Ausreiseantrag und durfte im Juli 1986 die DDR verlassen. In der Bundesrepublik studierte der junge Mann Theologie. Zu seinem Vater hatte er erst zwanzig Jahre später kurz vor dessen Tod wieder Kontakt.[102] Über seine Inhaftierung sagte Herr M. K.: „Ich war kein Antikommunist. Im Knast ist man das natürlich geworden. [...] So schlimm ist es gar nicht in der DDR. [...] Und wenn man auch die ganze Brutalität sieht, dieses Systems dort hinter der [Gefängnis]Mauer. Die Stasi war ja noch relativ harmlos. [...] Das war schon übel. Bis hin zu Todesfällen."[103]

Infolge von Eingriffen staatlicher Behörden und Institutionen, strafrechtlichen Maßnahmen oder durch jahrelange Ausübung von körperlich schweren bzw. gesundheitsgefährdenden Tätigkeiten entstanden auch psychische und physische Gesundheitsschäden bei verfolgten Schülern. Aus dem Kreise der Interviewten betraf das ein Drittel. Dabei nahmen die Betroffenen weniger physische Gesundheitsschäden als Folge der Diskriminierung wahr. Körperliche Schäden schätzten sie zwar als Verschleißerscheinungen ein, die aufgrund körperlich schwerer Arbeit auftraten, allerdings brachten nur vereinzelt verfolgte Schüler diese in Zusammenhang mit ihrer Benachteiligung bei der Verwirklichung ihres Berufswunsches. Beispielsweise gab Frau S. N. an, dass ihre Rückenprobleme bereits mit Beginn der Ausbildung zur Krankenschwester begonnen und sich während der anstrengenden Pflegetätigkeit ohne moderne Hilfsmittel noch verstärkt hatten. Sie stellte fest, dass sie als Ärztin keiner so schweren körperlichen Arbeit ausgesetzt gewesen und unter Umständen körperlich unversehrt geblieben wäre.[104]

Häufiger offenbaren Betroffene ihre psychischen Beeinträchtigungen, die sie infolge der Repressionen erlitten hatten. Trotz des zeitlichen Abstandes zu den

101 Interview mit Herrn M. K. am 8.1.2005.
102 Vgl. ebd.
103 Vgl. ebd.
104 Vgl. Interview mit Frau S. N. am 18.1.2005.

Erlebnissen der Jugendzeit fiel es Einzelnen zum Zeitpunkt der Interviews, 15 Jahre nach dem Ende der DDR, sehr schwer, über das Erlebte zu sprechen.[105] Das deutet an, wie schmerzvoll die Erfahrungen für die Betroffenen gewesen sein müssen und dass sie die teilweise traumatischen Ereignisse noch nicht vollends bewältigt haben.[106]

Im Jugendalter findet laut Entwicklungspsychologie ein Prozess von Identitätsfindung und Ich-Entwicklung statt, bei dem unter anderem die Festlegung von Berufszielen von Bedeutung ist.[107] Während dieses Entwicklungsprozesses wird einerseits die Persönlichkeit des Jugendlichen durch die Berufstätigkeit gefördert, andererseits kann dieser Prozess gestört werden, wenn Jugendlichen die Überzeugung verwehrt bleibt, „dass man auf eine erreichbare Zukunft zuschreitet, dass man sich zu einer bestimmten Persönlichkeit innerhalb einer nunmehr verstandenen Wirklichkeit entwickelt".[108] Folglich konnte eine blockierte Ausbildung eine negative Entwicklung nach sich ziehen. Bei der Entwicklung der Identität orientieren sich Jugendliche vorwiegend an Gleichaltrigen, deren Anerkennung und Unterstützung ein wichtiges Bedürfnis darstellt. Damit einher geht eine steigende Angst des Jugendlichen vor Zurückweisung.[109] Die Ausgrenzung durch Freunde, Mitschüler und Lehrer konnten das Vertrauen des betroffenen Jugendlichen in sich selbst und in seine Mitmenschen schwinden lassen. Zusätzlich belastend wirkte dabei das Gefühl, ungerecht behandelt zu werden oder gar einer Willkür ausgesetzt zu sein. Derartige Extremsituationen konnten nachhaltig negativ wirken, wie im nachfolgenden Fall deutlich wird. Herr T. S., der infolge seiner pazifistischen Einstellung während des Wehrkundeunterrichts ins Kreuzfeuer geraten war und schließlich relegiert wurde, beschrieb diese Zeit als eine „extreme Situation".[110] Nach den Verhören durch die Staatssicherheit hätten sich fast alle Mitschüler von ihm abgewandt. Nur zwei Freunde seien dem selbstbezeichneten „Gruppentypen" noch geblieben. Als besonders schockierend habe er die „Aussprache" vor der FDJ-Versammlung seiner Schule empfunden. Das Präsidium bildeten Klassenlehrer, FDJ-Sekretärin, Parteigruppenvorsitzender, Direktor und verschiedene andere Personen. Der ehemalige Schüler erinnerte sich an folgende Szene:

„Die saßen dann alle wirklich wie beim Gericht vorn und dann im U saß die ganze Klasse. Ich saß irgendwo in der Ecke mit drin. [...] Dann wurde erst einmal erzählt, wie schlimm das war, was ich gemacht habe. Und das Ganze wirklich hoch geputscht. Und dann ging es in der Runde rum. Dann musste jeder Schüler seine Position erklären. Also wie er darüber denkt und so. Und da ging das los beim ersten und da prägte der gleich

---

105 Vgl. Interview mit Herrn G. M. am 19.1.2005; Interview mit Herrn T. S. am 19.1.2005; Interview mit Herrn M. K. am 8.1.2005, Interview mit Herrn S. B. am 26.11.2004; Interview mit Frau S. H. am 27.11.2004.
106 Vgl. Kühner, Kollektive Traumata – Annahmen, Argumente, Konzepte, S. 41 und 52.
107 Vgl. Zimbardo, Psychologie, S. 86 und 92.
108 Mit Bezug auf die Forschungen von E. H. Erikson und James E. Marcia. Ewert, Entwicklungspsychologie des Jugendalters, S. 125–128.
109 Vgl. Zimbardo, Psychologie, S. 90 f.
110 Interview mit Herrn T. S. am 19.1.2005.

den Satz: ‚Ich distanziere mich auf alle Fälle von T.'s Meinung.' Und dann fügte jeder immer sein Persönliches an und so, und dann wieder diesen Satz. Und die am fairsten waren, die haben einfach nur diesen Satz gesagt, und haben gesagt: ‚Ich kann da nichts groß dazu sagen'. Und dann die schlimmste Sache war eben, dass wirklich zwei Freunde von mir da gesagt haben, ‚ja, das ist ganz schlimm. Und T. hat ja auch sehr viel gelesen usw., aber bestimmt die falschen Bücher.' Und dann eben so in die Kerbe rein gehauen, dass ich gedacht habe, ‚das kann doch nicht wahr sein'. Und dann sagten sie: ‚Ich bin nicht bloß dafür, dass T. von der Schule verwiesen wird, sondern dass er auch aus der FDJ ausgeschlossen wird'. Da habe ich gedacht, ‚warum das'.“[111]

Herr T. S. war über das Verhalten seiner Mitschüler enttäuscht und von der plötzlichen Eigendynamik der Vorgänge schockiert. Insbesondere, dass sich vermeintliche Freunde von ihm abwandten, konnte er nicht verarbeiten: „Das war für mich dann so irgendwo, dass es seelisch zu viel war.“ Schließlich begann er, Tabletten zu nehmen, um mit deren Hilfe die damaligen Ereignisse zu überstehen. Er erklärte: „Wenn alle gegen dich sind, das ist schon extrem. Das ist eine extreme Situation. Wo man auch nicht weiß, was passiert denn jetzt wirklich. Musst du vielleicht doch ins Gefängnis?“ Während dieser Ausnahmesituation habe nur eine Mitschülerin zu ihm gestanden, die während der Versammlung öffentlich ihren Unmut über das Geschehen und das Verhalten ihrer Mitschüler geäußerte habe. Nach diesen Tagen des „Spießrutenlaufens“ schloss sich der Betroffene in sein Zimmer ein, isolierte sich und suchte Zuflucht in Tabletten. In Angst um ihren Sohn suchten die Eltern einen befreundeten Psychologen auf. Er schrieb den Schüler krank, um ihm den täglichen Gang zur Schule bis zur Relegierung zu ersparen. Aus der Retrospektive ordnete der Betroffene die Vorgänge für sich so ein: „Da haben die noch zig Jahre später von mir erzählt in dieser Schule. Ich wurde immer als Negativbeispiel benannt. Und sie hatten dann endlich mal ihren Präzedenzfall geschaffen.“[112]

Ereignisse dieser Art konnten langfristige bis dauerhafte psychische Folgen nach sich ziehen.[113] Zudem waren Schüler und Eltern in diesen Extremsituationen meist auf sich allein gestellt. Psychologische Hilfe von staatlicher Seite war für diese „abtrünnigen“ Jugendlichen nicht vorgesehen, da sie nach SED-Parteidoktrin als „Gegner des Sozialismus“ galten und als solche von Schulfunktionären in der DDR wahrgenommen wurden. Die Machthaber reagierten darauf im Stile totalitärer Systeme: „Feinde auszugrenzen und gegebenenfalls zu vernichten“,[114] sei es physisch oder psychisch. Folglich überließen Pädagogen und Schulfunktionäre die Jugendlichen sich selbst, nachdem sie die staatliche Allmacht in Form von Relegierung, Zwangsexmatrikulation oder sogar Haft verspüren mussten. Keine Akte - sei sie aus den Beständen der Rehabilitierungsbehörde beim Sächsischen Landesamt für Familie und Soziales oder aus der Abteilungen für Volksbildung - weist darauf hin, dass in diesen Fällen eine psy-

---

111 Ebd.
112 Vgl. ebd.
113 Vgl. Schweizer, Täter und Opfer in der DDR, S. 158-163.
114 Jesse, Diktaturen in Deutschland, S. 20.

chische Betreuung vorgesehen oder erfolgt wäre.[115] Sehr vereinzelt erinnern sich
Betroffene, dass sie versucht hatten, bei einem Psychologen Hilfe zu suchen.
Dieses Bedürfnis konnte jedoch sehr ernüchternd enden, so erinnerte sich Frau
J. T.:

> „Doch ich erinnere mich, als welchen starken Bruch ich es in meiner Biographie emp-
> fand, dass mir (der ständig ausgezeichneten, von allen Seiten gelobten Schülerin) plötz-
> lich jeder direkte Weg zu einer entsprechenden Qualifikation verweigert wurde. So
> vereinbarte damals meine Mutter auf mein Drängen einen Besuch bei einem Jugendpsy-
> chologen in Wurzen, der jedoch völlig erfolglos war. Mein eigentliches Problem, die Kon-
> fliktbewältigung, blieb völlig unberührt. Stattdessen riet der Psychologe meiner Mutter,
> mir die Pille verschreiben zu lassen. Angesichts meiner plötzlichen Perspektivlosigkeit
> war das der reine Hohn."[116]

Unterstützung und Rückhalt fand die Mehrzahl der Jugendlichen bei ihren
Eltern, aber auch bei einzelnen „wahren" Freunden. Seelsorgerischen Beistand
boten zudem Kirchenvertreter oder kirchliche Gemeinden. Deshalb wandten
sich einige Jugendliche, selbst solche aus atheistischen Elternhäusern, während
dieser Zeit dem Glauben zu und fanden darin Halt. Das betraf fast die Hälfte
der Interviewpartner.

Mit der Abstrafung von Schülern mit abweichendem Verhalten glaubte die
Obrigkeit, ihre Gegner in die Schranken gewiesen zu haben. Allerdings traf das
nicht auf alle Betroffenen zu, denn einige wandten sich nach diesen Erfahrungen
erst recht vom System ab. Viele Gesprächspartner lehnten im Interview die
Staatspartei ab und führten diese Haltung auf ihre Erlebnisse während der
Schul-, Ausbildungs- und/oder Studienzeit zurück. Die nachfolgenden Aussagen
von Herrn U. L. und G. H. verdeutlichen das: „Kommunistisch war ich nicht.
Ich war nie in der Partei oder irgendwie in leitenden Organisationen, die mich
da weitergebracht hätten, oder hätten können. [...] den Zahn haben sie mir gezogen, dass ich da Partei oder irgendwelche kommunistischen Organisationen
dann beigetreten bin. Das war nicht der Fall. Da wollte ich mit denen im Prinzip
auch nichts zu tun haben."[117]

„Ich war einmal beim Betriebsdirektor gewesen zu einem Gespräch. Der
hatte halt die Vorgaben, mit Leuten zu sprechen und die für die Partei zu werben. Und als ich zu ihm gesagt habe, ich bin 1971 von der Erweiterten Oberschule relegiert worden, da hat er das Gespräch in eine ganz andere Richtung
geleitet. Ich war trotzdem noch 10 Minuten bei ihm gewesen, da haben wir über
Belangloses gesprochen und das war es. Aber nie wieder hat jemand versucht,
mich zum Eintritt in die SED zu bewegen."[118]

---

115   Unter Umständen waren einige Betroffene darüber auch froh, weil sie als „Abweichler"
      ins Visier der Jugendhilfe geraten konnten. Das Image der DDR-Jugendhilfe war inner-
      halb der Bevölkerung eher negativ. Vgl. dazu Zimmermann, Den neuen Menschen schaf-
      fen.
116   Frau J. T. an das SLFS, Rehabilitierungsbehörde, vom 19.2.1997 (SLFS, Rehabilitie-
      rungsbehörde, Az. 96/70/0034).
117   Interview mit Herrn U. L. am 31.1.2005.
118   Interview mit Herrn G. H. am 20.1.2005.

Zudem zog mancher Konflikt erneutes Aufbegehren nach sich. Viele Betroffene empfanden die staatlichen Sanktionen als ungerecht. Sie waren mit ihrer persönlichen Situation unzufrieden. Diese erschien ihnen unveränderbar, weil sie vom Wohlwollen der staatlichen Obrigkeit abhing. Die Folgereaktionen reichten von Anpassung, Gleichgültigkeit, Resignation, Rückzug bis hin zu weiteren und gesteigerten abweichenden Verhaltensformen. Das politische System nahmen viele hin, einige hinterfragten es mehr oder weniger, andere wandten sich ab. In Interviews offenbarte sich das gesamte Spektrum. In der Retrospektive meinte Frau R. T., dass sie zwar die mehrfachen Delegierungs- bzw. Studienablehnungen als „belastend" empfunden, die Benachteiligung aber gar nicht bewusst wahrgenommen habe. Letztlich habe sie die Situation hingenommen und darauf gehofft, beim nächsten Versuch doch noch die Zulassung zu erhalten.[119]

Herr M. Z. begründete seine kirchliche Ausbildung zum Diakon als „Rückzug aus dem staatlichen System". Er „hätte den Kampf in so einem Betrieb gehabt, hätte da bestimmt den Meister machen können oder vielleicht auch irgendwo Ingenieur, Fachschulabsolvent". Schließlich resümierte er, „aber wenn ich mir das so angeguckt hatte, war das auch nicht so furchtbar attraktiv".[120]

Von immer wiederkehrenden Konflikten in der Schule und mit den Eltern berichtete Frau J. T. Obwohl sie einen Notendurchschnitt von 1,0 hatte, wurde sie von einer Spezialschule für Sprachen nicht angenommen. Am 1. Mai 1984, nach der Maidemonstration, sei sie mit ihrer Freundin an einem Haus vorbeigekommen, an dessen Zaun eine Kette mit DDR-Fähnchen hing. Als sie das gesehen habe, sei ihr Ärger über den Ablehnungsbescheid in „kalte Wut" umgeschlagen, weil sie sich „so verklappst gefühlt" habe. Sie riss die Kette ab. Ein Dorfbewohner erwischte die Mädchen, brachte sie zum Abschnittsbevollmächtigten und zeigte beide wegen Vandalismus und staatsfeindlichem Handeln an. Daraufhin folgten in der Schule Aussprachen mit Lehrern, Direktor und Vertretern des Schulrates. Ihre Zulassung für die Abiturstufe galt daraufhin als sehr fraglich. Während des Zivilverteidigungskurses wurde ihr vom Physiklehrer angeboten, sich während der Ausbildung als Gruppenführerin zu bewähren, um so ihre Chance auf eine Berufsausbildung mit Abitur zu verbessern. Allerdings sei sie eher pazifistisch eingestellt gewesen und habe sich „so in die Pfanne gehauen" gefühlt. In die Enge getrieben und trotz des Gefühls, „manipuliert" worden zu sein, nahm die Schülerin diesen „Auftrag" an. Sie erinnerte sich:

> „Das macht der mit Absicht. Und ich wusste nicht, dass diese Chance echt überhaupt keine Bedeutung hatte, ob ich da jetzt Gruppenführerin bin oder nicht, das war mir nicht so klar. Aber dass der mich in diese Situation bringt! Also, ich war ja auch anerkannt. Ich hatte so das Gefühl: Der demontiert mich in meiner ganzen Glaubwürdigkeit. Also, ich war dann selber in dem Konflikt: Werde ich jetzt Gruppenführerin und stelle alles das, was ich so erzähle, in Frage und beteilige mich da offen an der Kriegsvorbereitung,

---

119 Sie wurde nicht zum Medizinstudium delegiert bzw. zugelassen, weil sie sich nicht als FDJ-Sekretärin engagieren wollte. Vgl. Interview mit Frau R. T. am 12.1.2005.
120 Interview mit Herrn M. Z. am 18.1.2005.

so wie ich das bewertet habe, oder habe ich so die Standfestigkeit zu sagen: Nein, das mache ich aber nicht. So habe ich mich da gefühlt. Und dann stand ich natürlich total unter Druck. Also, meine Mutter wäre durchgedreht, wenn ich gesagt hätte: Also, das mache ich jetzt auch nicht. Und ich habe das dann gemacht und hatte dabei ein ganz schlechtes Gefühl."[121]

Um sich ihre Selbstachtung und Glaubwürdigkeit gegenüber anderen zu erhalten, wollte Frau J. T. ihre Funktion mit einem „Gestaltungsfreiraum" ausüben. Während der Wehrkundeausbildung „musste jede Gruppe irgendwie mal früh den Appell gestalten". Einerseits mit „Widerwillen", andererseits „mit viel Aufwand" bereitete sie sich auf den Appell vor. Sie wählte absichtlich ein Gedicht von Tucholsky aus, weil „Tucholsky ja ganz normal im Lehrplan enthalten war. Der war ja bekannt und wurde zitiert, nur eben das Gedicht nicht, das nicht. ‚Drei Minuten Gehör' – das ist ein ganz klares Antikriegsgedicht mit einem pazifistischen Hintergrund." Ihr war bewusst, dass dieses Gedicht[122] „total eindeutig" war oder „mindestens als sehr provokant aufgefasst werden" konnte. Darüber hinaus befand Frau J. T. den Appell als „gute Gelegenheit", um „alle anzusprechen". Sie wollte um eine Geldspende für Äthiopien bitten, da die Menschen dort unter einer schrecklichen Hungerkatastrophe litten. Weiter erzählte Frau J. T., dass sie das nicht im Namen der FDJ machen wollte, weil sie davon überzeugt gewesen sei, „dass das Geld für Waffen ausgegeben wird". Also nahm sie ihr Sparschwein und schrieb „mit einem dicken Stift ‚Brot für die Welt'" drauf. Während des Appells trug sie das Gedicht „mit viel Pathos" vor, daraufhin folgte „kurz Stille" und dann hörte Frau J. T. hinter sich wie der Physiklehrer („der war also total cholerisch, [...] der konnte so die Kontrolle verlieren") der Direktorin ins Ohr „zischte": „Hier, hier spricht der Klassenfeind." Diese Aussage verglich Frau J. T. mit einem „Schuss" und in dem Moment sei ihr bewusst gewesen: „Also, das ist jetzt vorbei."[123]

Als sofortige Strafe musste der gesamte Jahrgang im Kreis marschieren, später folgte eine FDJ-Versammlung. Glücklicherweise entschärften die anwesenden Deutschlehrer die Situation, weil sie sagten: „Das ist halt Tucholsky." In den folgenden Winterferien sammelte die Schülerin weiter mit ihrem Sparschwein für „Brot für die Welt". Sie gab die Spardose sogar ins Lehrerzimmer. Diese Situation beschrieb sie folgendermaßen: „Das war dann irgendwie auch lustig, weil die wieder so fassungslos waren, dass ich das mache, dass da ‚Brot für die Welt' draufsteht und ich denen das jetzt gebe. Da dachten die: Jetzt ist die völlig abgetreten." Schließlich bekam sie ihr Sparschwein wieder und rechnete das Geld mit Quittung bei der Pastorin ab. Nach einigen ruhigen Monaten kam es nach der Zeugnisausgabe am letzten Schultag vor den Sommerferien doch noch zu einem Eklat, denn der Physiklehrer berief für ihren Zug aus dem Wehrkundeunterricht nochmals eine FDJ-Mitgliederversammlung wegen der

---

121 Interview mit Frau J. T. am 2.12.2004.
122 Tucholsky, Drei Minuten Gehör! In: Kurt Tucholsky, Gesamtausgabe, Band 5: Texte 1921–1922, S. 460–463.
123 Interview mit Frau J. T. am 2.12.2004.

Sammlung „Brot für die Welt" ein.[124] Ihre Gefühle und Gedanken während dieses Ereignisses schilderte sie wie folgt:

„Da wurde mir richtig mulmig, also da war ich dann so fiebrig und dachte: Nein, was ist das denn jetzt, wo kommt das jetzt her? Also, das gab es, da ist nie wieder die Sprache draufgekommen. Und durch dieses plötzliche Überfallartige vor den Sommerferien, also wo dann auch gar kein Handlungsspielraum mehr war, danach irgendetwas zu beeinflussen, weil alle irgendwie in Urlaub waren und die Schule geschlossen war. Das macht der mit den Kindern und Jugendlichen, die eigentlich nach Hause wollen, weil Ferien sind. Die lässt er noch einmal antreten zu einer FDJ-Mitgliederversammlung wegen mir."[125]

Das Lehrerkollegium nebst zwei Parteisekretären war, im Gegensatz zum Klassenlehrer, eingeweiht und ebenfalls anwesend. Der Physiklehrer ließ die Schülerin vor allen stehen und erklärte der Klasse, dass die „Brot für die Welt"-Sammlung nur ihrer persönlichen Bereicherung gedient habe. Das Mädchen konnte jedoch die Quittung vorweisen, weil sie diese immer bei sich trug. Da sie den Nachweis zwar vorlegte, aber sich weigerte, ihn auszuhändigen, eskalierte die Situation:

„Na ja, dann habe ich die Quittung rausgeholt und bin zu ihm gegangen. Jetzt wusste ich aber schon: Also ich darf die ihm nicht geben, ich hatte ja keine Kopie oder so etwas. Und das war für den so eine Provokation. Ich bin dann auf den zugegangen, habe ihm die Quittung so hingehalten, dass er sie lesen konnte. Er hat sie gelesen und dann wollte er die haben und griff so danach - also das ist mir so richtig plastisch noch vor Augen - und da habe ich mich richtig erschrocken und habe die wieder eingesteckt. Und da habe ich gedacht: Der knallt mir gleich eine. Da ist der wieder so total wütend geworden und schrie mich an. Ich bin dann zurück auf meinen Platz und habe den Rest irgendwie über mich ergehen lassen. Das war dann auch bald zu Ende."[126]

Im nächsten Schuljahr gab es nur kleinere „Scharmützel". Dazu zählte auch, dass sich die Schuldirektorin bei der Mutter von Frau J. T. beschwerte, weil diese einen Hut in der Schule trug. An ihrem Aufnäher „Schwerter zu Pflugscharen" störten sich die Lehrer sichtlich weniger.[127]

Während dieser konfliktreichen Jahre nahm Frau J. T. Kontakt zur Jungen Gemeinde in ihrem Heimatort auf, fand dort Halt und ließ sich in dieser Zeit auch taufen. Zum anderen nahmen ihre Auseinandersetzungen mit den Eltern zu, sodass sie einige Tage nicht nach Hause kam. Da ihre Eltern die Polizei informiert hatten, folgte nach Rückkehr der Sechzehnjährigen ein Gespräch mit der Jugendhilfe, die ihr im Wiederholungsfall mit einer Einweisung in einen Jugendwerkhof drohte. Anschließend bemühte sie sich, ihre Ausbildung zu absolvieren, und zog zu ihrem Freund. In den letzten drei Wochen brach sie ihre Lehre ab und versuchte ihren Lebensunterhalt als Hilfsarbeiterin zu verdienen. Letztendlich begann sie nach ihrer Rehabilitierung, über eine Sonderzugangsberechtigung ohne Hochschulreife Psychologie zu studieren, was sie mit

---

124 Vgl. ebd.
125 Ebd.
126 Ebd.
127 Ebd.

ihren eigenen Erlebnissen begründete. Insbesondere ein Besuch ihrer ehemaligen Schule und das Gespräch mit dem Physiklehrer Mitte der 1990er Jahre war für sie ein „Schlüsselerlebnis". Denn danach spürte Frau J. T. ihr „wissenschaftliches Interesse" und wollte „einfach wissen, wie so etwas zustande kommt". Zu der eher zufälligen Begegnung kam es, weil sie für ihren Rehabilitierungsantrag die Schulakte benötigte. Den Verlauf und ihre Emotionen beschrieb sie eindrücklich:

> „Also erst einmal zu Beginn in der Schule – das war kurz vor dem Gespräch – war er total höflich und freundlich mir gegenüber. Und als wir dann da saßen, da hat er dann schon Mühe damit gehabt. Ich habe ihn einfach, ja, ich habe ihn damit konfrontiert. Es ging ja auch um mein Selbstbild. Also, wie stehe ich denn da, wenn der mir sagt: Also, so etwas gab es ja überhaupt nicht. Also mein Mann, die Frau, also die Amtsschulrätin, und der sagt mir ins Gesicht: An so etwas kann er sich gar nicht erinnern. Und vor allen Dingen: Das war eben auch nicht irgendwie so ein kleines Missgeschick, weißt Du, so ohne Konsequenzen, das hat mein ganzes Leben verändert, und das hätte mich kaputtgemacht, wenn es für mich nicht zufällig diese Wende gegeben hätte, dann hätte ich mich völlig aufgegeben, das hätte mich wahrscheinlich zerstört. Und dem fällt nichts anderes ein, als mir zu sagen: Ja, also ich erinnere mich, sie waren immer eine leistungsstarke Schülerin. Also, der hat doch gemerkt, wie mir also wurde, da bin ich so aggressiv geworden, am liebsten hätte ich dem eine rein gehauen, wirklich." [128]

Das erlebte Unrecht hinterließ bei anderen Betroffenen ähnliche Eindrücke. Sie gaben an, dass sie durch das erlebte Unrecht „irgendwie traurig", „verunsichert" und seelisch „negativ beeinflusst" seien. [129] Bei besonders schwerwiegenden Erlebnissen litten die Betroffenen wie beispielsweise Frau S. H. unter psychischen Erkrankungen, wie Depressionen oder Burnout-Syndrom. [130] Herr M. K. berichtete, dass er nach seiner Haftentlassung wegen versuchter Republikflucht einen Ausreiseantrag stellte. Noch in der DDR, während seiner Wartezeit, verliebte er sich in seine spätere Ehefrau. Dass es zur Eheschließung erst nach seiner Ausreise kam, begründete Herr M. K. mit seiner psychischen Anspannung vor und nach der Ausreise: „Dann wäre es für mich noch schwieriger gewesen. [...] Ich habe manchmal unmotiviert angefangen zu weinen oder irgendwas. Ich war schon im Trauma, ich musste weg. Wenn man dann noch geheiratet hätte, dann wäre es noch viel härter geworden." [131]

Wie stark diese Folgeprobleme bis in die heutige Zeit anhalten, wollen die Betroffenen teilweise selbst nicht beurteilen oder vor anderen offenbaren. [132] In Interviews gab es hin und wieder einzelne Hinweise dafür. Während des Interviews erzählten sie teils mit leiser oder zitternder Stimme, gaben sich betont lässig oder kontrolliert, lachten manchmal nervös oder kämpften gegen Tränen.

Als Folge ihrer Erlebnisse während der Schul-, Ausbildungs- und Studienzeit manifestierte sich bei einzelnen Betroffenen Skepsis und Argwohn gegenüber

---

128 Ebd.
129 Vgl. Interview mit Herrn H. W. am 27.11.2004.
130 Interview mit Frau S. H. am 27.11.2004.
131 Interview mit Herrn M. K. am 8.1.2005.
132 Vgl. z. B. Interview mit Herrn H. W. am 27.11.2004; Interview mit Herrn T. S. am 19.1.2005; Interview mit Herrn C. L. am 29.1.2005.

anderen Menschen. Herr M. G. meinte dazu: „Was ich als schlimm empfunden habe in diesem Leben, war das, dass jeder jeden verdächtigt hat. Und da diese Verdächtigungen, ja, nicht ausgeräumt waren, weil sie nie laut ausgesprochen wurden. Sie waren so hinten herum, man konnte sich nicht dagegen wehren. Man hat irgendetwas gespürt, dass irgendetwas nicht stimmt, und wusste nicht warum. Das ist eigentlich das Übelste an diesem ganzen System gewesen."[133]

Andere gaben zu, dass sie als Eltern gegenüber Erziehern und Lehrern ihrer Kinder misstrauisch seien.[134] Daneben begrüßte Herr U. L., dass Eltern heutzutage auf die Erziehung ihrer Kinder in der Schule mehr Einfluss nehmen könnten als zu DDR-Zeiten.[135] Bis auf eine Ausnahme gab kein Gesprächspartner an, wie er mit seinen Erinnerungen, Gefühlen und Bedenken umging. Lediglich Herr C. L. berichtete, dass ihm das Lesen seiner Stasi-Akte dabei geholfen habe, das entstandene Misstrauen gegenüber seinen Mitmenschen und seine allgemeine Verunsicherung abzubauen. Denn er stellte während der Einsichtnahme fest, dass er die falschen Menschen verdächtigt hatte.[136]

Umso verständlicher ist der Stolz einzelner verfolgter Schüler, wenn sie „über Umwege" den höheren Bildungsweg doch noch beschreiten und abschließen konnten.[137] Zusätzlich motivierend wirkten dabei Eifer, Ehrgeiz oder Trotz, gepaart mit Durchhaltewillen und Glück. Zudem gaben Betroffene in den Interviews an, dass sie durch ihre Erlebnisse Selbstbewusstsein und Lebenserfahrung erlangt hätten. Das sagten allerdings nur Interviewpartner, deren schulische und berufliche Entwicklung letztlich positiv verlaufen ist.[138]

Trotz aller negativen Erlebnisse, welche die verfolgten Schüler in den Interviews wiedergaben, schätzt sich kein Gesprächspartner selbst als „Opfer" ein. Sie sprachen vielmehr davon, Opfer erbracht zu haben. Aufgrund der umstrittenen Forschung hierzu wurde der Begriff „Opfer" bewusst in den Interviewleitfragen vermieden.[139] Überraschenderweise gebrauchte auch kein Gesprächspartner diesen Begriff von sich aus. Der Schluss, dass sich die Betroffenen deshalb generell nicht als Geschädigte des SED-Regimes wahrnehmen würden, wäre aber bei weitem zu kurz gegriffen. Vielmehr stellt sich die Frage, warum die Betroffenen es bewusst oder unbewusst vermieden, von sich als „Opfer" zu sprechen. Im Rahmen dieser Arbeit könnte über die Beweggründe nur spekuliert werden. Eine den wissenschaftlichen Standards genügende Antwort kann an dieser Stelle nicht gegeben werden. Es lässt sich jedoch festhalten, dass sich einige Betroffene in ihrer Selbstwahrnehmung nicht als Opfer sehen wollten, denn in Interviews relativierten sie ihr eigenes Schicksal und empfanden es im

---

133 Interview mit Herrn M. G. am 25.11.2004.

134 Vgl. Interview mit Frau J. T. am 2.12.2004; Interview mit Herrn G. M. am 19.1.2005; Interview mit Herrn M. Z. am 18.1.2005.

135 Vgl. Interview mit Herrn U. L. am 31.1.2005.

136 Vgl. Interview mit Herrn C. L. am 29.1.2005.

137 Vgl. Interview mit Herrn S. B. am 26.11.2004; Interview mit Frau S. H. am 27.11.2004.

138 Vgl. Interview mit Herrn M. K. am 8.1.2005; Interview mit Herrn M. G. am 25.11.2004, Interview mit Herrn S. B. am 26.11.2004.

139 Vgl. Schweizer, Täter und Opfer in der DDR, S. 143–154 und 173.

Vergleich zu anderen Schicksalen weniger schlimm.[140] Exemplarisch geben nachfolgende Aussagen diese Auffassung wieder: „Na ja, ich habe eigentlich nie wirklich ernsthaft Verfolgung erlebt, wie Gefängnis oder irgendetwas, sondern ich durfte nicht studieren, das war es."[141] Oder: „Es ist ja nicht so, dass ich irgendwie direkt wirklich große Stolpersteine in den Weg bekommen habe. Es war halt das Einzige nur, dass ich nicht weiter auf die EOS gehen konnte."[142] Zudem verglich Herr C. L. seine Lebenssituation in der DDR in den 1980er Jahren mit der anderer in den 1950er Jahren:

„Und natürlich wussten wir, dass man nicht erschossen wird oder nicht nach Sibirien kommt. Und unbewusst beeinflusst einen das natürlich schon bei dem, was man tut. Man wird auch frecher, das ist klar. Gleichzeitig gibt es ja auch diese Generation, die wirklich dann noch nach Bautzen sind usw. Wenn man diese Zeitschrift liest, den ‚Stacheldraht'. Das ist erschütternd. Die kommen ja weit weniger raus als wir. Das war ja später viel harmloser. Natürlich sind da auch noch Leute gestorben oder psychisch zerbrochen. Die sich umgebracht haben oder wie auch immer. Aber man hat gespürt, die Gefahr ist nicht mehr so virulent."[143]

Schließlich war Herr C. L. davon überzeugt, er sei den geradlinigen Weg gegangen und ihn ärgere im Nachhinein, dass er nicht radikaler gewesen sei.

„Im Nachhinein ärgere ich mich, dass man nicht noch radikaler war. Eigentlich muss ich feststellen, trotz allem Rumgehampel und Punkmusikmachen und Super-8-Filme drehen, war man doch ziemlich ängstlich. Man ist nur einmal in so einer Phase, in der man eben so energiegeladen ist. Und das ist eigentlich ein bisschen schade, dass ich da große Strecken auch so schaumgebremst war. Denn hätte man gewusst, auf welch tönernen Füssen die DDR gestanden ist, dann wäre man vielleicht noch radikaler vorgegangen. Aber in der Hinsicht hat die DDR ganz gut funktioniert. Wie hat die DDR es eigentlich geschafft, diese Illusion zu erwecken, dass sie gefährlich ist? Also ein Widerspruch zu dem, was ich vorhin sagte. Verschiedene Sachen hat man einfach aus Angst nicht gemacht. Und das ist im Nachhinein bedauerlich."[144]

Die DDR und das Leben in ihr wurde zwar von den Gesprächspartnern unterschiedlich beurteilt. Sie lehnten jedoch alle das politische System der DDR einstimmig ab. Dabei bezeichneten sie die DDR als „Gefängnis",[145] „Diktatur übelster Sorte",[146] „menschenverachtend"[147] und die Vertreter der staatlichen Obrigkeit als „armselige Figuren".[148]

„Ich bin froh, dass das vorbei ist. Auch wenn ich jetzt nicht Pfarrer geworden wäre oder irgendetwas, die Freiheit ist mir lieber, ja. Und ich habe es nicht vergessen, was damals war. Auch dass sie die KZ [gemeint sind die geplanten Isolierungslager des MfS] eigent-

---

140 Vgl. Interview mit Frau W. O. am 1.4.2005; Interview mit Herrn W. M. am 31.1.2005; Interview mit Herrn U. L. am 31.1.2005.
141 Interview mit Herrn M. G. am 25.11.2004.
142 Interview mit Herrn W. M. am 31.1.2005.
143 Interview mit Herrn C. L. am 29.1.2005.
144 Ebd.
145 Interview mit Herrn S. B. am 26.11.2004.
146 Interview mit Herrn H.-J. Ernst am 25.1.2005.
147 Vgl. Interview mit Herrn H. S. am 25.4.2005.
148 Interview mit Herrn S. B. am 26.11.2004.

lich fertig hatten, ja. Und wir haben – ich kann mich gut erinnern – dass wir manchmal in Angst gelebt haben um kirchliche Mitarbeiter, ob sie denn kommen oder abgeholt werden. Da war gerade in der Vorwendezeit ständig die Gefahr. Das war die Gefahr, dass so etwas mal kommt. Und deshalb war ich eigentlich nicht böse, dass das irgendwann zu Ende ging, das Kapitel Geschichte, dass die nicht mehr regieren durften."[149]

Im Rückblick wunderten sich manche Gesprächspartner über ihr eigenes Verhalten. So rief es bei bei Frau R. T. „Kopfschütteln" hervor, weil sie vieles in der DDR einfach so hingenommen und nicht hinterfragt habe:

„Wenn man sich das so im Nachhinein betrachtet, ich weiß nicht, da könnte man auch manchmal den Kopf schütteln, was eigentlich so abgelaufen [ist]. Was man so richtig bewusst dann gar nicht mehr wahrgenommen hat. So wie verschiedene Sachen abgelaufen sind, das ist teilweise jenseits von Gut und Böse. Diese Eingriffe, die gemacht worden sind. Aber was man vielleicht teilweise, ich weiß nicht, vielleicht bin ich damals auch zu jung gewesen oder einfach auch zu naiv, oder zu gutgläubig, dass ich das erst einmal nicht als so empfunden habe."[150]

Sie begründete diese Haltung mit ihrer Sozialisation. Sie sei nicht so erzogen worden, „egal was für ein Opfer das mit sich bringt, dass diese Sache durchgezogen worden ist". Sie habe Rücksicht auf ihre Familie genommen, besonders auf ihre Mutter, die mehrere Schicksalsschläge in kurzer Zeit hinnehmen musste. Beispielsweise habe sie deshalb auch nicht über einen Ausreiseantrag nachgedacht.[151]

Warum verfolgte Schüler das Leben in der DDR trotz ihrer negativen Erfahrungen weiter „hinnahmen", hin und wieder dagegen rebellierten oder sich langzeitig damit arrangierten, ohne ernsthaft an einen Ausreiseantrag zu denken, begründete Herr T. L. damit, dass für ihn „das System einfach gar nicht so vordergründig die Rolle gespielt" habe. Es habe zwar das „Leben bestimmt", „aber man hat eben eher versucht, das wegzuschieben. Man hat versucht, seinen Bereich zu finden und versucht, sein Ding zu machen. [...] Man wusste schon, dass das irgendwo alles nicht das Optimale ist. Man hat auch manchmal im Zwiespalt gestanden zwischen Ausreiserei und Bleiben."[152] Letzten Endes gestand Herr T. L.: „Aber ich war wahrscheinlich nicht der ernsthafte Ausreisekandidat. Das war ich eigentlich nie."[153]

Auch Herr T. G. schätzte sich selbst nicht als „Konterrevolutionär" ein. Seine Auffassung war: „Ich wollte ganz einfach nur meine Ruhe haben. Aber ich wollte so leben, wie man das mit dem Gewissen so vereinbaren kann. Manchmal war ich da hart an der Grenze. Aber ich habe denen nichts getan, was ich allerdings im Gegenzug erwartet habe, dass die mich in Ruhe lassen. Und das ist eben in der Berufsschule nicht der Fall gewesen. Da hatte man schon das Gefühl, dass

---

149 Interview mit Herrn M. G. am 25.11.2004.
150 Interview mit Frau R. T. am 12.1.2005.
151 Ebd.
152 Interview mit Herrn T. L. am 11.2.2005.
153 Ebd.

man, ja, eben nicht willkommen war, wenn man nicht den roten Faden mit gesponnen hat."[154]

Für mehrere Interviewte kam ein Verlassen der DDR nicht infrage, weil sie das Land als ihre Heimat betrachteten. Frau S. N. half dabei die Unterscheidung der Lebenswelt in „politisch-öffentlichen" und „unpolitisch-privaten" Raum:

> „Ich hatte eine Heimat, habe die aber nicht politisiert. Heimat wurde in der DDR doch immer so dargestellt: Heimat und Sozialismus sind eins. Und da gab es eine deutliche Trennung: Also, soweit ich das auch aus Gesprächen mit meinen Eltern weiß, die auch nie auf die Idee gekommen sind, in den Westen zu gehen, weil sie sagen: Wir gehören hierher. Aber wir gehören zu diesen Menschen, aber nicht zu dieser Situation. Und da ist für mich auch ein Stück Dankbarkeit gegenüber meinen Eltern, dass sie uns das erhalten haben. Und ich denke, dass das eine Kunst gewesen ist, zu sagen: Wir leben hier, aber wir müssen uns hier nicht mit allem identifizieren."[155]

Ein Arrangement mit dem politischen System in der DDR konnte zuweilen sehr gespalten ausfallen. Herr G. M., der trotz Diskriminierung nach einigen Jahren Arzt werden durfte, rechtfertigte sein Handeln zwischen vermeintlichem „Widerstand und Anpassung" so: „Man denkt ja da manchmal drüber nach, weil ich ja dann auch eine leitende Position hatte und meine Mitarbeiter auch aufgefordert habe, am sozialistischen Wettbewerb teilzunehmen und so etwas, weil die ja sonst keine Prämie gekriegt hätten. Ich habe aber immer einen ganz klaren Standpunkt während der ganzen DDR-Zeit gehabt. Wir haben sehr lange von der Ostzone gesprochen, ich sage mal bis in die siebziger Jahre hinein."[156]

Im Zwiespalt, einerseits seine berufliche Position nicht zu gefährden, andererseits das politische System infrage zu stellen, fand er für sich den Minimalkonsens der „Prämie" als materiellen Vorteil und die Diffamierung der DDR als „Ostzone" als Ausdruck seiner Protesthaltung. Selbstkritisch schätzte er ein, dass sein Verhalten und seine Ablehnung, die DDR zu verlassen „ganz klar eine Näherung an diese politische Denklehre" gewesen sei. Die bewusste Entscheidung, in der DDR zu leben, begründete er aber nicht politisch, sondern familiär, weil er „als Fünfjähriger die Flucht erlebt hatte, also das Verlassen einer Heimat". Schließlich habe er sich gedacht: „Man kann sich eben engagieren, ohne irgendwo dabei zu sein."[157]

Obwohl alle Interviewten das politische System der DDR strikt ablehnten, beurteilten sie das Leben in der DDR differenziert. Herr M. K. konnte der DDR auch positive Seiten abgewinnen, wie „zum Beispiel die Sachen mit der Wiedereingliederung der [kriminellen] Strafgefangenen. Das war eine soziale Sache. Die gibt es im Westen nicht."[158] Er meinte, es „war nicht alles schlecht".[159] Herr G. M. äußerte: „Rein vom Zwischenmenschlichen her war es bedeutend besser

---

154 Interview mit Herrn T. G. am 15. 12. 2004.
155 Interview mit Frau S. N. am 18. 1. 2005.
156 Interview mit Herrn G. M. am 19. 1. 2005.
157 Ebd.
158 Interview mit Herrn M. K. am 8. 1. 2005.
159 Ebd.

in der DDR.“[160] Herr U. L. resümierte: „Man ist eben ausgekommen da drin. Wenn man heute so vieles sieht, ist es anders, aber auch nicht viel besser. [...] Es waren schon einige Sachen schlimm. Aber heutzutage sind auch einige schlimm. Das kann man schlecht vergleichen.“[161]

In ihrer Haltung grenzten sich alle Betroffenen deutlich von einer Verklärung der DDR und des Lebens in der DDR ab. Über „Ostalgie“ äußerten sich beispielsweise Herr H. S.: „Da kriege ich die Krise, da kriege ich einen Hals ohne Ende. Die Leute wissen gar nicht, wie gut sie es haben. Die müssen bloß mal wieder einen Anstoß bekommen.“[162]

Aus heutiger Sicht ist es für manche Befragte einerseits unerklärlich, warum Menschen das politische System der DDR mittrugen, andererseits verstehen sie die nachträglichen Rechtfertigungen früheren Handelns nicht. Für Herrn H.-J. E. erschien es „unbegreiflich, wie sich Menschen wandeln können. [...] Aber das Schlimmste waren bei der Stasi ihre Mitarbeiter, also die Zuträger. Das war das Schlimme. Die haben ja die Bevölkerung denunziert [...] bis zuletzt.“[163]

Mit fehlender Kritik anderer Art sah sich Frau J. T. konfrontiert, wenn sie in ihrer früheren Heimat ihre Erlebnisse zur Sprache kamen:

„Das ist also einfach hier im Osten – das habe ich da mal kurz gespürt – ganz verbreitet, dann so eine Haltung zu haben: ‚Na ja, aber wenn du gewollt hättest – und – das war ja auch deine Schuld, hättest du irgendwie mitgemacht, dann wäre das schon gegangen.‘ Klar, wäre es gegangen, wenn ich mitgemacht hätte. Aber da fehlt so ein kritischer Blick darauf, dass man mit Menschen so etwas macht. Und das ist verletzend so, weil das genauso über die Person drüber geglättet ist wie damals diese Handlungen dann einfach, also was da passiert ist – die Haltungen.“[164]

Diese Sichtweise, die von Unverständnis, Verklärung, Unwissenheit, Kritiklosigkeit, Desinteresse usw. zeugte, habe für die junge Frau den Ausschlag dafür gegeben, ihren Wohnsitz nach Hessen zu verlegen. Herr M. Z. sprach über das Unverständnis, das ihm seine Mitmenschen entgegengebracht hätten, wenn er von seiner Diskriminierung in der DDR berichtet habe. Auffällig war, dass Herr M. Z. in diesem Zusammenhang nicht von Individuen als Gesprächspartner oder Zuhörer sprach, sondern pauschal vom „System“. Damit verfiel er in ein Systemdenken, in dem Anschauungen und Taten keine einzelnen greifbaren Subjekte zu verantworten hatten, sondern ein unnahbares, übergeordnetes Ganzes, das „System“. Anscheinend fiel es ihm schwer, sich von dieser entpersonalisierenden und generalisierenden Denkweise zu lösen: „Aber das System heute versteht es, glaube ich, nicht, was das für Kämpfe sind. Und das ist das System, was dann eher noch mit Vorhaltungen kommt: Warum hast du es doch

160 Interview mit Herrn G. M. am 31. 1. 2005.
161 Interview mit Herrn U. L. am 31. 1. 2005.
162 Interview mit Herrn H. S. am 25. 4. 2005.
163 Interview mit Herrn H.-J. E. am 25. 1. 2005.
164 Interview mit Frau J. T. am 2. 12. 2004.

nicht noch einmal auf anderem Weg probiert oder das noch einmal versucht oder so. Es bleibt auch da wieder so ein bisschen eine Fremdheit."[165]

Auf die Frage, warum sie das Forschungsprojekt unterstützten, nannten die Interviewpartner unterschiedliche Gründe. Einige Betroffene empfanden es positiv, dass sich jemand mit dieser Problematik des Bildungs- und Erziehungssystem in der DDR auseinandersetzte. Sie sahen das mit großem Interesse.[166]

„Durch diesen Rehabilitierungsantrag ist dann schon einiges hochgekommen. Man hat ja fast keine Gelegenheit mehr, darüber zu reden. Und ich fand eigentlich schon gut, dass sich dafür jemand interessiert, wie es einem damals schon so ging. Weil, im Nachhinein war man doch relativ ohnmächtig dagegen und konnte nichts machen. Man hat sich schlecht gefühlt im Nachhinein, dass sie so mit dir umgesprungen sind und dass sie das einfach so konnten. Und das ist eigentlich dieser Beweggrund gewesen. Da gibt es jemanden, der das aufarbeitet, und das finde ich eigentlich in Ordnung."[167]

Zudem gab das Interview den Gesprächspartnern die Möglichkeit, ihre Erlebnisse nochmals zu reflektieren, um sie gegebenenfalls mithilfe dieser zeitlichen Distanz persönlich aufzuarbeiten. Beispielsweise äußerte Herr H. S. zu Beginn des Interviews „das Thema ist durch". Seine Bereitschaft über seine Lebensgeschichte zu berichten, die für ihn teils mit leidvollen Erfahrungen und Erinnerungen behaftet war, begründete er als „Gelegenheit, das Erlebte als ‚Klumpen' zu reflektieren". Eine Aussage die eigentlich im Gegensatz zu seiner anfänglichen Äußerung stand.[168]

3.   Zusammenfassung

Abschließend lässt sich festhalten, dass jeder Betroffene die Diskriminierung unterschiedlich wahrnahm. Je nach Persönlichkeit, Erziehung und sozialem Umfeld in damaliger, zwischenzeitlicher und aktueller Lebenssituation wurden die Erinnerungen als persönliche Einschätzung des Erlebten wiedergegeben. Bei Betroffenen, die nach 1989/90 ein Rehabilitierungsverfahren anstrebten, kann idealiter angenommen werden, dass sie sich nach wie vor als benachteiligt einschätzten. Jedoch haben nicht alle vormals diskriminierten Schüler, einen Rehabilitierungsantrag gestellt. Die Gründe dafür sind vielfältig und zeugen von einer eingeschränkten oder veränderten Wahrnehmung der Diskriminierung bis hin zu Unkenntnis der Rechtslage oder persönlichen Vorbehalten. Für einige Betroffene fehlte bisweilen in einer Rehabilitierung und daran anknüpfenden Wiedergutmachungsmaßnahmen die Sinnhaftigkeit und Motivationsanreize, wie beispielsweise eine rentenrechtliche Anerkennung der Verfolgungszeit. Die Dunkelziffer von benachteiligten Schülern, Auszubildenden und Studenten wird

---

165 Interview mit Herrn M. Z. am 18.1.2005.
166 Vgl. Interview mit Frau W. O. am 1.4.2005; Interview mit Herrn H. S. am 25.4.2005.
167 Interview mit Herrn U. L. am 31.1.2005.
168 Vgl. Interview mit Herrn H. S. am 25.4.2005.

daher weit höher liegen. Ebenso lassen sich nicht alle abgelehnten Rehabilitierungsanträge als „unbegründet" interpretieren, da für eine Rehabilitierung neben der Benachteiligung weitere Bedingungen wie Schweregrad und Dauer dieser „Verfolgungsmaßnahme" relevant sind. Demzufolge zeigen sich auch hier Unterschiede bei der Wahrnehmung der Ereignisse und ihrer späteren Interpretation. Je nach Sozialisation folgten unterschiedliche Reaktionen von den Betroffenen selbst oder ihren Eltern, teils auch Geschwistern.

Trotz ihrer Zurücksetzung gelang es fast der Hälfte der Antragsteller eines Rehabilitierungsantrages, einen Bildungsabschluss über den Facharbeiterbrief hinaus zu erwerben. Allerdings blieb fast ein Fünftel der Betroffenen ohne vollwertigen Berufsabschluss.

Unabhängig davon, ob die Betroffenen in der DDR oder nach ihrer Ausreise in der Bundesrepublik lebten, gelang es 20 Prozent der Betroffenen eine weiterführende Bildungseinrichtung auf direktem Wege (erster Bildungsweg) zu besuchen. Im Gegensatz zu Betroffenen, die in die Bundesrepublik ausreisten oder flüchteten, mussten Betroffene in der DDR häufiger den indirekten Weg (zweiter Bildungsweg) beschreiten, um ihre Bildungsziele zu verwirklichen. Dabei waren in der DDR diskriminierte Schüler oft gezwungen auf alternative Bildungsabschlüsse oder Fachrichtungen auszuweichen. Ihren ursprünglichen Berufswunsch konnten so nur wenige über Umwege und mit längeren Ausbildungszeiten erfüllen. Die Mehrzahl der Betroffenen begann erst nach 1989 mit einer Bildungsmaßnahme, die ihnen bis dato vorenthalten blieb. Die Folgen der Benachteiligung konnten sich auf die Persönlichkeit, die berufliche Entwicklung, die Gesundheit und/oder das finanzielle Einkommen des Einzelnen auswirken.

Die Verfassung der DDR stand zwar jedem Jugendlichen das Recht und die Pflicht, einen Beruf zu erlernen zu, jedoch rechtfertigte gerade diese Kombination von Recht und Pflicht eine eingeschränkte Berufswahl. Denn mit der Pflicht, einen Beruf zu erlernen, galt es, persönliche Interessen und Wünsche den gesellschaftlichen Erfordernissen und den wirtschaftlichen Notwendigkeiten anzupassen. Vorrangig war eine planwirtschaftliche Lenkung, bei der „subjektive Faktoren", d.h. Interessen, Eignung, Fähigkeiten und Fertigkeiten, von Jugendlichen weniger relevant waren. Folglich divergierten reale und angestrebte Berufs- und Bildungschancen in der DDR häufig auseinander. Unter diesen Bedingungen war für Jugendliche in der DDR die Berufswahl und die Chance, seinen Wunschberuf zu erlernen, ohnehin schon nicht einfach. Wie für die Zulassung zu einer weiterführenden Bildungseinrichtung unterlagen vor allem äußerst beliebte wie auch seltene Berufe nicht nur Auswahlkriterien wie Schulleistungen und Eignung, sondern für deren Vergabe waren ebenso ein „positives staatsbürgerliches Bewusstsein" und die „richtige soziale Herkunft" des Bewerbers erforderlich. Folglich kam es ebenfalls im Bereich der Lehrstellenvergabe zu gezielten politisch motivierten Diskriminierungen, wenn auch seltener und weniger offensichtlich als bei weiterführenden Bildungseinrichtungen.

Betroffene, wie z. B. Zeugen Jehovas, Abiturienten ohne Studienzulassung oder Ausreiseantragstelle, die keinen Lehrvertrag abschließen konnten, bekamen eine Arbeit zugewiesen, die häufig körperlich anstrengend, stupide und schlecht bezahlt war. Als Ungelernte war es ihnen mit Unterstützung von wohlwollenden Vorgesetzten möglich, im Rahmen der Erwachsenenqualifizierung den Abschluss für einen (Teil-)Beruf oder eine Delegierung zu einer weiterführenden Bildungseinrichtung zu erlangen.

Der Gesinnungsdruck endete keineswegs mit Verlassen der Schulbank, sondern er blieb weiterhin ein Kriterium des beruflichen Aufstiegs. Auch der Arbeitsplatzwechsel, selbst mit Umzug in einen anderen Wohnort ermöglichten nicht unbedingt einen Neuanfang, denn die Betriebe gaben die Kaderakte untereinander weiter. Neben der Kaderakte konnten auch Formulierungen in der Beurteilung des Abschlusszeugnisses bei Einstellungs- und Bewerbungsgesprächen lästige Fragen aufwerfen.

Um ihren Berufs- oder Studienwunsch zu verwirklichen, entwickelten Betroffene zum Teil regelrechte Strategien, um auf Umwegen peu à peu ihrem Ziel näher zu kommen. Dieses Unterfangen konnte allerdings ebenso in einer Sackgasse enden, wenn die Schüler beispielsweise erst nach der Aufnahme in die Abiturstufe ihren wahren Studienwunsch angaben.

Als vorteilhaft für die Delegierung durch einen Betrieb oder für die berufliche Weiterbildung erwiesen sich mitunter administrative Eigenheiten im Bereich der beruflichen Weiterbildung in der DDR: Zum einen fehlten eigenständige Verantwortungsträger, zum anderen gab es Träger des nicht staatlichen Bildungswesens. Zudem konnte die Hochschulreife „durch den erfolgreichen Besuch unterschiedlich organisierter Bildungsstätten nachgewiesen werden".[169]

Problematisch war für Schüler mit abweichendem Verhalten auch die Zulassungschance für eine Fachschulausbildung. Eine Alternative dazu boten kirchliche Ausbildungsstätten. In einigen Fachrichtungen war nach dem Erwerb des Facharbeiterabschlusses, den mancher Betroffener nur über eine Erwachsenenqualifizierung erlangen konnte, eine innerbetriebliche Delegierung zum Abend- oder Fernstudium möglich, obgleich diese Studienformen im Gegensatz zum Direktstudium schwieriger zu meistern und teilweise gebührenpflichtig waren.[170]

Neben einem Studium konnten auch innerbetriebliche Weiterbildungsprogramme Zugang zu höherer Bildung verschaffen, um beruflich aufzusteigen oder um weitere Bildungsmaßnahmen anzustreben.

Nachteilig wirkte sich mitunter aus, dass sich die persönliche Lebenssituation des Einzelnen nach der Berufsausbildung teils extrem veränderte und mit einem Studium oder einer anderen Weiterbildung nur schwer zu vereinbaren war. Einige Betroffene distanzierten sich daher vom Erwerb eines Abiturs oder eines Studienabschlusses. Über kurz oder lang zeigte sich jedoch, dass der Gedanke

---

169 Schäfer, Berufliche Weiterbildung in der DDR, S. 382.
170 Ein Fernstudium kostete 120 Mark im Jahr. Vgl. Usko, Hochschulen in der DDR, S. 79.

an den Besuch einer weiterführenden Bildungseinrichtung hin und wieder bei einigen aufflammte.

Hielt die Diskriminierung über einen längeren Zeitraum an und blieben alle Bemühungen um eine weitere schulische bzw. berufliche Qualifizierung oder einen beruflichen Aufstieg erfolglos, wechselten einzelne Betroffene auch ihren Beruf oder ihre Tätigkeit oder sie versuchten sich alternativ mit einer ähnlichen Fachrichtung zu arrangieren. Dennoch erfüllte sich in der Folge mit diesem Arrangement oder Wechsel nicht immer eine berufliche Zufriedenheit.

Trotz Repressalien und Diskriminierungen blieb die Mehrzahl der Betroffenen in der DDR. Nur vereinzelt führten allein die Benachteiligungen im Schul- und Bildungssystem dazu, dass Betroffene in die Bundesrepublik flüchteten oder ihre Ausreise beantragten.

Nach der Ankunft in der Bundesrepublik verbesserte sich die Situation für den Einzelnen zwar insofern, als für den Besuch von Bildungseinrichtungen nur noch die entsprechenden Schulleistungen relevant waren, allerdings zeigten sich andere Probleme. Die Flucht bzw. das Ausreiseverfahren zog psychische, psychosomatische und häufig auch physische Folgen nach sich, wodurch die Leistungsfähigkeit der Betroffenen geschwächt war. Der Einstieg in das Schulsystem der Bundesrepublik gestaltete sich zudem oftmals schwierig, da die inhaltlichen Anforderungen sich von denen in der DDR in einzelnen Fächern, insbesondere im Fremdsprachenunterricht, unterschieden. Ferner konnte es sein, dass das neue Umfeld nur wenig Interesse für diese Schüler, ihr besonderes Schicksal oder gar die DDR aufbrachte.

Verfolgte Schüler, die in der DDR ihren Berufswunsch nicht verwirklichen konnten, verdrängten oder bewältigten ihre Benachteiligung, indem sie sich anderen Lebensbereichen zuwandten, um zumindest zeitweilig ihr persönliches Glück zu finden.

Erst nach 1990 änderten sich die Zugangsbedingungen zu weiterführenden Bildungseinrichtungen und aufgehaltene/aufgeschobene Berufswünsche ließen sich verwirklichen. Allerdings waren damit wiederum Anstrengungen verbunden, denn als Zugangsvoraussetzung für ein Fachhochschul- oder Hochschulstudium waren die entsprechenden Reifezeugnisse (fachgebundene bzw. allgemeine Hochschulreife oder Fachhochschulreife) nachzuweisen, wenn keine Rehabilitierungsbescheinigung vorlag. Zudem ließ der Erlass des Rehabilitierungsgesetzes bis 1992/94 auf sich warten, sodass einige Betroffene bis dahin bereits eine Bildungsmaßnahme absolviert hatten, um nicht noch mehr Zeit zu verlieren.

Mit dem endlich erlangten Berufs- oder Studienabschluss ergaben sich jedoch weiterhin Nachteile, denn im Vergleich zu Gleichaltrigen verfügten verfolgte Schüler über weniger oder keine Berufserfahrung.

Nach Inkrafttreten des Rehabilitierungsgesetzes konnten anerkannte verfolgte Schüler Gelder nach dem Bundesausbildungsförderungsgesetz (BAföG) über die Altersgrenze hinaus beantragen und die Rückzahlung des Förderungskredites blieb ihnen erlassen. Vorwiegend jüngere Betroffene nutzten gezielt diese Möglichkeiten, um ein Studium bzw. eine Weiterbildungsmaßnahme zu finanzieren. Die Zugeständnisse in Bezug auf (Hochschul-)Zugangsberechtigung, Altersgrenzen und finanzielle Förderung brachten diesen Betroffenen nicht nur Erleichterungen, sondern auch das befriedigende Gefühl der Wiedergutmachung an ihrer Person.

In Gesprächen zeigte sich, dass einige Interviewpartner sich noch Jahrzehnte später mit ihrer beruflichen Entwicklung beschäftigten, manchmal war das Rehabilitierungsverfahren sogar der Auslöser dafür. Mehrere Befragte gaben in Interviews an, dass sie mit ihrer fehlenden Qualifizierung (Abitur, Studium) nach 1989/90 in unterschiedlicher Hinsicht konfrontiert waren.

Darüber hinaus blieb die Diskriminierung von Schülern nicht ohne Folgen für deren persönliche Entwicklung. Da in der DDR teilweise auch eine „Sippenhaftung" existierte, zogen Konflikte mit der Staatsmacht auch familieninterne Kontroversen nach sich, die teilweise sehr lange anhielten und die Beziehungen zu Eltern und Geschwistern nachhaltig beeinflussten.

Im Zusammenspiel mit unterschiedlichen politischen Ansichten, drohenden oder erlittenen staatlichen Repressionen war es möglich, dass Schüler das Vertrauen gegenüber ihren Eltern, anderen Mitmenschen, Behörden und dem Staat für längere Zeit verloren. Eine mögliche nachfolgende Neuorientierung brachte zudem Veränderungen im persönlichen Umfeld mit sich. Die Betroffenen fanden Halt, Verständnis und Bestätigung in Gruppierungen, die ein liberales Denken zuließen.

Die Eingriffe staatlicher Behörden und Institutionen, strafrechtliche Maßnahmen oder die jahrelange Ausübung von körperlich schwerer bzw. gesundheitsgefährlicher Tätigkeiten führten bei verfolgten Schülern auch zu Gesundheitsschäden. Die Betroffenen nahmen jedoch weniger physische denn psychische Beeinträchtigungen als Folge der Diskriminierung wahr. Einzelnen fiel es selbst Jahrzehnte später noch schwer, über das Erlebte zu sprechen.

Mit der Abstrafung von Schülern mit abweichendem Verhalten glaubte die Obrigkeit, diese in die Schranken gewiesen zu haben. Allerdings traf das nicht auf alle Betroffenen zu, denn einige wandten sich nach diesen Erfahrungen erst recht von Partei und Staat ab. Mitunter begehrten sie gegen die staatliche Obrigkeit (erneut) auf, weil sie sich nach wie vor ungerecht behandelt fühlten. Verfolgte Schüler entwickelten Skepsis, Argwohn und Misstrauen gegenüber anderen Menschen, insbesondere gegenüber Lehrern. Unter Umständen halten die psychischen und emotionalen Folgen bis in die heutige Zeit an.

Umso verständlicher ist der Stolz von verfolgten Schülern, wenn sie „über Umwege" doch den höheren Bildungsweg beschreiten und abschließen konnten. Betroffene, deren schulische und berufliche Entwicklung letztendlich positiv verlief, bekundeten gar einen Zuwachs an Selbstbewusstsein und Lebenserfahrung durch ihre Erlebnisse.

Trotz aller negativen Erfahrungen, die verfolgten Schülern widerfuhren, relativierten einige ihr eigenes Schicksal als vergleichsweise weniger schlimm. In der Retrospektive beurteilten sie die DDR und das Leben in ihr unterschiedlich.

Einstimmig lehnten sie das politische System der DDR ab. Die Ausreise stellte für Betroffene oft keine Alternative dar, weil sie die DDR als ihre Heimat betrachteten und/oder aus familiären Gründen blieben. Dabei half die Unterscheidung in politisch-öffentlichen und unpolitisch-privaten Raum, sodass das Arrangement mit dem politischen System zuweilen sehr gespalten ausfiel. Manche konnten dem Leben in der DDR auch positive Seiten abgewinnen, was jedoch keine Verklärung der DDR darstellt. Zudem ist es für einzelne verfolgte Schüler unerklärlich, warum Menschen das politische System der DDR mittrugen, und wie sie ihr Handeln nach dem Ende der DDR rechtfertigten. Mitunter waren verfolgte Schüler auch mit Unverständnis, Verklärung, Unwissenheit, Kritiklosigkeit, Desinteresse usw. konfrontiert, wenn sie Mitmenschen über ihre Erlebnisse berichteten.

VII. Die Rehabilitierung in Sachsen: Möglichkeiten und Grenzen

Mit dem Einigungsvertrag trat die Bundesrepublik die Rechtsnachfolge der DDR an und als Rechtsstaat zielt sie auf die Verwirklichung von Gerechtigkeit. Mit dem Einigungsvertrag wurde die Aufarbeitung der SED-Diktatur eine gesamtdeutsche Aufgabe, die weiterhin anhält und besonders den Opfern der SED-Diktatur geschuldet ist. Wie schwierig sich dieser Aufarbeitungsprozess für den Rechtsstaat oftmals gestaltet, zeigt sich an verfolgten Schülern. So wurden gesetzliche Grundlagen für eine Rehabilitierung geschaffen, um die Opfer des SED-Unrechts zu rehabilitieren und ggf. zu entschädigen, jedoch sind die Möglichkeiten der rechtlichen und moralischen Wiedergutmachung begrenzt.

1. Der Begriff „Wiedergutmachung"

Der Begriff der Wiedergutmachung suggeriert, dass erfahrenes Unrecht als solches erkannt und, falls es weiterhin fortbesteht, aufgehoben wird, die Verantwortlichen dafür zur Rechenschaft gezogen und die Geschädigten neben einer moralischen Rehabilitierung ggf. auch für materielle und immaterielle Schäden entschädigt werden.

Auf den ersten Blick scheint eine Vielzahl der Fälle ähnlich gelagert zu sein, bei näherer Betrachtung jedoch werden Details deutlich, die jeden Fall als Einzelfall kennzeichnen. In der Bundesrepublik werden entsprechend der Gewaltenteilung die Gesetze von der Legislative erlassen, von der Exekutive ausgeführt und von der Judikative kontrolliert, ob das bestehende Recht auch richtig angewandt wird.

Für eine wirksame Gesetzgebung sind Verallgemeinerungen notwendig, um eine generelle Norm zu gewährleisten, jedoch ist damit keine individuell angemessene Entscheidung garantiert. Vielmehr sind die Rechtsanwender dazu angehalten, die allgemein gültige Norm nicht durch Einzellösungen zu unterlaufen.[1] Damit ist eine Individualgerechtigkeit und angemessene Entschädigung, die häufig aus Sicht der Opfer/Betroffenen[2] notwendig wäre, unmöglich, d. h. der Rechtsstaat kann zwar dem Anspruch, Gerechtigkeit zu schaffen, folgen, jedoch weicht das individuelle Empfinden des Einzelnen für Gerechtigkeit und eine angemessene Wiedergutmachung von diesem staatlichen Anspruch ab.

Vor diesem Hintergrund scheint der Begriff „Wiedergutmachung" als problematisch, denn abgesehen von dem oben genannten, ist eine Wiedergutmachung

---

1   Vgl. Fischer-Hübner (Hg.), Die Kehrseite der „Wiedergutmachung", S. 182.
2   Zur Erklärung der juristischen Grundlagen wird in den nachfolgenden Ausführungen der juristische Terminus „Opfer" zum leichteren Verständnis beibehalten.

von persönlichen und gesundheitlichen Schäden nur schwer oder gar nicht möglich. Zwar können eine moralische Rehabilitierung und materielle Hilfen zu einer Milderung der Folgeschäden beitragen, eine wirkliche Wiedergutmachung kann jedoch damit nicht geleistet werden.

Aus diesem Grunde scheinen Begriffe, wie moralische Rehabilitierung, moralische Anerkennung und finanzielle Entschädigung, in diesem Zusammenhang geeigneter.

2. Rechtliche Grundlagen

2.1 Das Strafrechtsänderungsgesetz vom 29. Juni 1990

Noch vor der Vereinigung der beiden deutschen Staaten versuchte die DDR in einer Art Selbstreinigungsprozess das Unrecht der SED-Diktatur aufzuarbeiten. Im Bereich der Strafjustiz wurde mittels „Kassation" die Aufhebung rechtskräftiger strafrechtlicher Entscheidungen ermöglicht. Die Kassation konnte nach der Strafprozessordnung der DDR (DDR-StPO) von den staatlichen Organen beantragt werden, wenn die gerichtliche Entscheidung auf einer Verletzung des Gesetzes beruhte, die gerichtliche Entscheidung im Strafausspruch gröblich unrichtig erschien oder die Begründung der gerichtlichen Entscheidung unzutreffend war.[3]

Am 29. Juni 1990 verabschiedete die 10. Volkskammer das 6. Strafrechtsänderungsgesetz und passte das Kassationsverfahren an die Entwicklung an: aus dem Kontrollinstrument wurde ein Korrekturinstrument.[4]

2.2 Der Einigungsvertrag

Mit der Unterzeichnung des Einigungsvertrages am 31. August 1990 verpflichten sich beide Vertragspartner nach Artikel 17, „unverzüglich" eine gesetzliche Grundlage für die Rehabilitierung und Entschädigung der Opfer des SED-

---

3 Vgl. Rose, Der Umgang mit den Opfern der DDR-Diktatur. Die sogenannten SED-Unrechtsbereinigungsgesetze, Hamburg 2004, S. 2 f. (http://www.normanrose.de/geschichte/Reha.pdf; 25.7.2006).

4 „Die Kassation war nur noch zugunsten des Verurteilten und nur noch bei schwerwiegender Gesetzesverletzung oder bei gröblich unrichtigem Strafausspruch möglich. Eine Kassation aufgrund einer unrichtigen Begründung der gerichtlichen Entscheidung war von nun an nicht mehr möglich." Mittels diesem, dem bundesdeutschen Recht unbekannten, Rechtsbehelf wurden noch vor der Vereinigung ca. 50 politische Strafurteile aufgehoben, darunter auch die prominenter Justizopfer, wie Vera Wollenberger, Erich Loest, Rudolf Bahro. Das Oberste Gericht der DDR hob in diesen Fällen das Urteil auf, erklärte die Betroffenen für unschuldig und sprach ihnen eine Entschädigung zu. Vgl. ebd., S. 3.

Unrechts-Regimes zu schaffen.[5] Aufgrund der zusätzlichen Vereinbarungen des Einigungsvertrages galten die Kassationsvorschriften der DDR-StPO in geänderter Form weiter. Dieses Verfahren endete am 3. November 1992[6] mit Inkrafttreten des Strafrechtlichen Rehabilitierungsgesetzes[7]. Bis dahin hatten bundesrepublikanische Gerichte die Urteile der DDR-Justiz überprüft.[8]

Noch vor der deutschen Einheit verabschiedete die 10. Volkskammer der DDR am 6. September 1990 ein Rehabilitierungsgesetz,[9] mit dem strafrechtliches, verwaltungsrechtliches und berufliches Unrecht wie auch von alliierten Besatzungsmächten zugefügtes Unrecht bereinigt werden konnte.[10] Dieses Gesetz bezog eine Vielzahl rechtsstaatswidriger Entscheidungen ein, dennoch zeigte sich auch, dass es ganze Opfergruppen unberücksichtigt ließ. Beispielsweise konnte Beteiligten des Aufstandes am 17. Juni 1953 eine Rehabilitierung teilweise oder ganz versagt werden, wenn sich deren Widerstand nicht ausschließlich auf gewaltlose Aktionen beschränkt hatte.

In den Einigungsvertrag zwischen beiden deutschen Staaten flossen nur einzelne Fragmente dieses Rehabilitierungsgesetzes, wie die strafrechtliche Rehabilitierung und die Rehabilitierung von Psychiatrie-Opfern, ein.[11] Allerdings sind die Regelungen des Einigungsvertrages widersprüchlich,[12] da die Bundesrepu-

---

5   Artikel 17 Vertrag zwischen der Bundesrepublik Deutschland und der Deutschen Demokratischen Republik über die Herstellung der Einheit Deutschlands – Einigungsvertrag vom 31.8.1990. In: Dokumente zu Deutschland 1944-1994, S. 217.
6   Erstes Gesetz zur Bereinigung von SED-Unrecht (Erstes SED-Unrechtsbereinigungsgesetz - 1. SED-UnBerG) vom 29.10.1992 (BGBl. I 1992, S. 1814-1821).
7   § 26 StrRehaG (BGBl. I 1992, S. 1814-1821).
8   Vgl. Rose, Der Umgang mit den Opfern der DDR-Diktatur, S. 3.
9   Rehabilitierungsgesetz vom 6.9.1990 (DDR-GBl. 1990 I, S. 1459- 1465).
10 Im Wesentlichen sollten Personen rehabilitiert werden, die infolge der Wahrnehmung ihrer verfassungsmäßig politischen Grundrechte, strafrechtlich verurteilt worden waren. (§ 3 DDR-RehaG) Zu den politischen Grundrechten zählten: politischer Widerspruch in Wort und Schrift, friedliche Demonstrationen oder Zusammenschlüsse, gewaltloser Widerstand, mit friedlichen Mitteln die Genehmigung einer Ausreise aus der DDR zu beeinflussen, die Kontaktaufnahme zu Dienststellen, Organisationen und Personen außerhalb der DDR, ohne im Sinne des Strafrechtsänderungsgesetzes eine Spionage- oder Agententätigkeit ausgeübt zu haben. Ferner waren Personen zu rehabilitieren, die entgegen den gesetzlichen Bestimmungen versucht hatten, die DDR zu verlassen oder sie tatsächliche verlassen hatten.
11 § 21 Abs. 2 Satz 4 EV.
12 Einerseits legte der Einigungsvertrag unmissverständlich in Artikel 17 fest, dass unverzüglich eine gesetzliche Grundlage zur Rehabilitierung der Opfer des SED-Unrechts geschaffen werden solle; andererseits wurden mit Artikel 18 alle gerichtlichen Entscheidungen und mit Artikel 19 alle verwaltungsrechtlichen Entscheidungen für weiterhin gültig erklärt. Nach dieser Regelung des Einigungsvertrages wurde zwar auch das staatliche Unrecht der ehemaligen DDR grundsätzlich weiterhin als „wirksam" festgeschrieben; jedoch konnte es in Einzelfällen entsprechend Artikel 17 und 19 aufgehoben werden. Soziale Ausgleichsleistungen für Opfer des SED-Regimes blieben ausgeschlossen, wenn der Berechtigte oder derjenige, von dem sich die Berechtigung ableitet, inhuman oder rechtsstaatswidrig gehandelt bzw. sich egoistisch und niederträchtig gegenüber anderen verhalten hat. In ihrem Wortlaut unterscheidet diese Regelung nicht, ob es sich um Unrecht oder Willkür von Trägern des Systems gegenüber den Opfern des Regimes

blik die Kosten für einen sozialen Ausgleich gegenüber den Opfern des SED-
Regimes noch nicht abschätzen konnte. Deshalb blieben die Gründe für eine
Rehabilitierung vorerst sehr eingeschränkt.

2.3   Das Erste SED-Unrechtsbereinigungsgesetz

Das Erste SED-Unrechtsbereinigungsgesetz trat am 4. November 1992 in Kraft;
es regelt die Rehabilitierung und Entschädigung von Opfern rechtsstaatswidriger Strafverfolgung[13] und rechtsstaatswidriger Einweisung in eine psychiatrische
Anstalt[14] in der DDR, gegen die in der Zeit vom 8. Mai 1945 bis zum 2. Oktober
1990 von einem „staatlichen deutschen Gericht"[15] rechtsstaatswidrig Entscheidungen[16] erfolgten. Sie können mittels dieses Gesetzes rehabilitiert werden. Das
Rehabilitierungsgesetz führt einen Katalog[17] von Straftatbeständen des Strafgesetzbuches der DDR[18] an, die der politischen Verfolgung gedient haben und
rehabilitiert werden können. Obwohl dieser Katalog gemeinsam mit den Opferverbänden ausgearbeitet wurde, fehlt dennoch eine Vielzahl an Paragraphen des
DDR-Rechts, die ebenfalls zur der politischen Verfolgung missbraucht worden
waren.[19] Trotz Kritik aus den Reihen der Opfer begründete die Bundesregie-

---

    handelte. Prinzipiell konnte nur ein „Verstoß gegen die Menschlichkeit oder Rechtsstaat-
    lichkeit" zu Vorbehalten führen. Im Einzelfall musste ein Nachweis dafür erbracht wer-
    den, was sich praktisch allerdings nur sehr schwer umsetzen ließ. Vgl. dazu Rose, Der
    Umgang mit den Opfern der DDR-Diktatur, S. 5.

13 § 1 StrRehaG (BGBl. I 1992, S. 1814–1821).

14 § 2 StrRehaG (ebd.).

15 Damit werden Entscheidungen der Sowjetischen Militärtribunale ausgenommen, deren
    Überprüfung und Aufhebung von der Russischen Föderation erfolgen muss. Das
    StrRehaG sieht für Opfer der sowjetischen Besatzungsmacht einen finanziellen Aus-
    gleich vor.

16 In der Begründung des Gesetzentwurfes wird der Begriff „Entscheidungen" ausdrück-
    lich verwendet, weil damit nicht nur Urteile, sondern auch andere gerichtliche Maßnah-
    men wie Haftbefehle erfasst werden. Vgl. Gesetzentwurf der Bundesregierung, Entwurf
    eines Ersten Gesetzes zur Bereinigung von SED-Unrecht (SED-Unrechtsbereinigungs-
    gesetz - 1. SED-UnBerG) vom 15. 11. 1991, BT-Drs. 12/1608, S. 16 f. Das StrRehaG
    bezieht sich jedoch ausdrücklich auf strafrechtliche Entscheidungen deutsche Gerichte.
    „Ordnungsstrafmaßnahmen nach dem DDR-Gesetz zur Bekämpfung von Ordnungs-
    widrigkeiten (OWG)" bleiben davon unangetastet. Vgl. ebd., S. 17.

17 Vgl. § 1 Abs. 1 Nr. 1 StrRehaG (BGBl. I 1992, S. 1814–1821).

18 Dazu zählen: Landesverräterische Nachrichtenübermittlung (§ 99 DDR-StGB), Staats-
    feindlicher Menschenhandel (§ 105 DDR-StGB), Staatsfeindliche Hetze (§ 106
    DDRStGB), Ungesetzliche Verbindungsaufnahme (§ 219 DDR-StGB), Ungesetzlicher
    Grenzübertritt (§ 213 DDR-StGB), Wehrdienstentziehung und Wehrdienstverweigerung
    (§ 256 DDR-StGB).

19 Dazu zählen: Staatsverleumdung (§ 131 DDR-StGB), Widerstand gegen staatliche Maß-
    nahmen (§ 212 DDR-StGB), Beeinträchtigung staatlicher oder gesellschaftlicher Tätig-
    keit (§ 214 DDR-StGB), Zusammenrottung oder Zusammenschluss zur Verfolgung
    gesetzwidriger Ziele (§§ 217, 218 DDR-StGB), Missachtung staatlicher und gesellschaft-
    licher Symbole (§ 222 DDR-StGB), Beeinträchtigung der öffentlichen Ordnung und
    Sicherheit durch asoziales Verhalten (§ 249 DDR-StGB).

rung die Auswahl der rehabilitierungsfähigen Straftatbestände in ihrem Gesetzesentwurf damit, dass diese Paragraphen eben auch kriminelles Unrecht erfasst hätten.

Entsprechend den Forderungen in Artikel 17 des Einigungsvertrages sollten die Opfer angemessen entschädigt werden. Das Strafrechtliche Rehabilitierungsgesetz verwendet für diese Regelung nicht den Begriff der Entschädigung, sondern folgt in seinem Wortlaut „soziale Ausgleichsleistungen" dem Rehabilitierungsgesetz der „Noch"-DDR. Somit erhalten anerkannte Opfer des SED-Unrechts nach dem Ersten SED-Unrechtsbereinigungsgesetzes soziale Ausgleichsleistungen als Kapitalentschädigung und als Beschädigtenversorgung bzw. als Hinterbliebenenversorgung für Gesundheitsschäden infolge der Haft. Dabei orientierte sich der Gesetzgeber an den Entschädigungsleistungen für Opfer der NS-Diktatur. Die Basis für dieses Wiedergutmachungsrecht ergab sich für den Gesetzgeber nach dem Sozialstaatsprinzip in Art. 20 Abs. 1 GG und nicht nach dem Staatshaftungsprinzip[20]. „Weder aus dem Einigungsvertrag noch aus der Europäischen Menschenrechtskonvention oder völkerrechtlichen Regeln" lässt sich herleiten, dass für die Bundesrepublik Deutschland eine Schadensersatzpflicht oder eine Einstandspflicht „für die rechtswidrig handelnden DDR-Verwaltungsorgane" besteht. Nach dem Sozialstaatsprinzip erwächst „der staatlichen Gemeinschaft die Pflicht [...], Lasten mitzutragen, die ihre Ursache in schicksalhaften Umständen haben, von denen einzelne Teile der Bevölkerung betroffen wurden".[21] Für die Wiedergutmachungsleistungen ergibt sich daraus, dass der Gesetzgeber die Regelung für einen Ausgleich weitestgehend frei gestalten konnte, d. h. ihm oblagen die Anforderungen an den Schädigungstatbestand und wie umfangreich Fördermaßnahmen und Wiedergutmachungsleistungen ausfallen sollten. Art und Umfang der Entschädigungsleistungen sind dabei unter Berücksichtigung aller einschlägigen öffentlichen Belange abzuwägen. Wichtige Eckpunkte bilden hierbei die Sonderbelastung des Betroffenen und inwieweit die Gesamtbevölkerung aus Gründen der sozialen Gerechtigkeit mit an den Lasten zu beteiligen ist. Dieser Beurteilungs- und Gestaltungsspielraum erlaubt es dem Gesetzgeber einerseits, die Wiedergutmachung auf besonders schwere Einzelfälle zu begrenzen und „weniger schwerwiegende Einzelfälle durch konkrete Tatbestandsabgrenzungen von der Rehabilitierung auszuschließen".[22] Andererseits ist auch eine differenzierte Gestaltung

---

20 Nach dem Staatshaftungsprinzip wäre der Gesetzgeber zu Schadensersatz infolge rechtswidrigen und schadensstiftenden Fehlverhalten der eigenen Verwaltungsorgane verpflichtet. Vgl. Lissewski, Verfolgte Schüler: Rehabilitierung und Wiedergutmachung, S. 183 f.; Guckes, Öffentliche Anhörung „SED-Unrechtsbereinigungsgesetz" im Rechtsausschuss des Deutschen Bundestages, Protokoll 16/59 vom 7.5.2007, S. 50 (http://www.bundestag.de/ausschuesse/a06/anhoerungen/Archiv/18_SED-Unrechtsbereinigung/05_Protokoll.pdf; 1.12.2008).
21 Lissewski, Verfolgte Schüler: Rehabilitierung und Wiedergutmachung, S. 184.
22 Ebd.

der Wiedergutmachungsleistungen je nach Opfergruppe und Schwere des jeweiligen Rechtseingriffes möglich.[23]

2.4 Das Zweite SED-Unrechtsbereinigungsgesetz

Fast zwei Jahre nach dem Ersten SED-Unrechtsbereinigungsgesetzes trat am 1. Juli 1994 das Zweite SED-Unrechtsbereinigungsgesetz in Kraft. Es umfasst zwei Bereiche: das Verwaltungsrechtliche Rehabilitierungsgesetz und das berufliche Rehabilitierungsgesetz.[24]

Im Verwaltungsrechtlichen Rehabilitierungsgesetz geht der Gesetzgeber grundsätzlich davon aus, dass die Verwaltungsentscheidungen der ehemaligen DDR bestehen bleiben. Im Einzelfall kann eine Entscheidung, „die zu einer gesundheitlichen Schädigung, einem Eingriff in Vermögenswerte oder einer beruflichen Benachteiligung geführt hat", aufgehoben werden, „soweit sie mit den tragenden Grundsätzen eines Rechtsstaates schlechthin unvereinbar ist und ihre Folgen noch unmittelbar schwer und unzumutbar fortwirken".[25] Dabei gelten Maßnahmen als „schlechthin rechtsstaatswidrig", wenn diese „gegen die Prinzipien der Gerechtigkeit, der Rechtssicherheit oder der Verhältnismäßigkeit verstoßen haben oder Willkürakte im Einzelfall dargestellt haben". Außer Zwangsaussiedlungen aus dem Grenzgebiet der DDR, Aufenthaltsbeschränkungen nach dem 24. August 1961 und damit zusammenhängenden Eingriffen in Vermögenswerte werden vom Gesetzgeber keine Regeltatbestände genannt,[26] was dieses Gesetz vom Ersten SED-Unrechtsbereinigungsgesetz unterscheidet.

Verwaltungsentscheidungen, die sich auf den Beruf oder das Ausbildungsverhältnis des Betroffenen auswirkten, fallen in die Regelungen des Beruflichen Rehabilitierungsgesetzes.[27] Als Verfolgter mit beruflicher Benachteiligung gilt, wem unrechtmäßig die Freiheit entzogen wurde, wer nach dem Strafrechtlichen

---

23 Vgl. ebd.
24 Das Verwaltungsrechtliche Rehabilitierungsgesetz wurde am 11. 3. 1994 vom Deutschen Bundestag verabschiedet. Die Fraktionen von Bündnis 90/Die Grünen und PDS stimmten dem Gesetz in dieser Form nicht zu. Der Bundesrat stimmte dem Gesetz mit Mehrheit am 29. 4. 1994 zu, obwohl die meisten seiner 26 Änderungswünsche des Gesetzesentwurfes unberücksichtigt blieben. Vgl. dazu: Roth/Saathoff/vom Stein, Das Zweite SED-Unrechtsbereinigungsgesetz, S. 449.
25 Zweites Gesetz zur Bereinigung von SED-Unrecht (Zweites SED-Unrechtsbereinigungsgesetz – 2. SED-UnBerG) vom 1. 7. 1994 (BGBl. I 1994, S. 1311–1321).
26 Dabei hatte die Bundesregierung im Vorfeld des 2. SED-UnBerG umfangreiche empirische Studien über typische Schadenstatbestände in Auftrag gegeben. Vgl. Roth/Saathoff/vom Stein, Das Zweite SED-Unrechtsbereinigungsgesetz, S. 452.
27 Das Zweite Gesetz zur Bereinigung von SED-Unrecht (Zweites SED-Unrechtsbereinigungsgesetz – 2. SED-UnBerG) vom 1. 7. 1994 (BGBl. I 1994, S. 1311–1321) besteht aus mehreren Artikeln. Das Gesetz über die Aufhebung rechtsstaatswidriger Verwaltungsentscheidungen im Beitrittsgebiet und die daran anknüpfenden Folgeansprüche (Verwaltungsrechtliches Rehabilitierungsgesetz – VwRehaG) bildet Artikel 1 und das Gesetz über den Ausgleich beruflicher Benachteiligungen für Opfer politischer Verfolgung im Beitrittsgebiet (Berufliches Rehabilitierungsgesetz – BerRehaG) bildet Artikel 2.

Rehabilitierungsgesetz[28] anerkannt wurde, wer Opfer von rechtsstaatswidrigen Verwaltungsmaßnahmen laut Verwaltungsrechtlichem Rehabilitierungsgesetz ist oder durch eine andere Maßnahme politisch verfolgt war und zumindest zeitweilig seine berufliche Ausbildung oder seinen Beruf oder einen sozial gleichwertigen Beruf nicht ausüben konnte.[29]

Mithilfe der Rehabilitierungsbescheinigung bezweckte der Gesetzgeber, dass Betroffene bevorzugt an einer beruflichen Fortbildung oder Umschulung teilnehmen konnten. Zudem bestand für sie die Möglichkeit soziale Ausgleichsleistungen zu beantragen und die Verfolgungszeit bei der Rentenberechnung geltend zu machen.

Bereits mit Inkrafttreten des Gesetzes kritisierten Parlamentarier, Juristen, Vertreter von Opfergruppen wie auch die Enquete-Kommission „Aufarbeitung von Geschichte und Folgen der SED-Diktatur in Deutschland", dass die Rehabilitierung von einem Schadensausgleich abhängig gemacht werde, d. h. zwischen Rehabilitierung und Entschädigung werde nicht formal getrennt. Obendrein hatte der Gesetzgeber den Verfolgungstatbestand an den Begriff „schlechthin rechtsstaatswidrig" gekoppelt, was eine mögliche Rehabilitierung zusätzlich erschwerte.[30]

Zudem wurden in diesem Gesetzentwurf einzelne Opfergruppen gar nicht genannt und ihnen somit eine mögliche Rehabilitierung vorenthalten. Eine dieser Opfergruppen sind die „verfolgten Schüler". Sie wurden im Gesetzesentwurf erst auf Anregung des Bundestagsausschusses für Bildung und Wissenschaft aufgeführt, denn als Verfolgte galten ursprünglich nur Personen, die bereits eine Berufsausbildung oder ein Studium begonnen hatten. Schüler, die bereits im Bewerbungsverfahren um einen Ausbildungs-, Oberschul- oder Studienplatz benachteiligt wurden, blieben laut dieser Definition außen vor.

Der Gesetzgeber behob diesen Mangel, indem er 1994 die „verfolgten Schüler" in § 3 des Beruflichen Rehabilitierungsgesetzes aufnahm.[31] Jedoch sind

---

28 „(2) Die Leistungen nach den §§ 17 bis 19 werden auch Personen gewährt, die eine Bescheinigung nach § 10 Abs. 4 des Häftlingshilfegesetzes erhalten haben 1. für einen Gewahrsam, der auf einer Verurteilung durch ein deutsches Gericht oder auf einer der in § 1 Abs. 5 genannten strafrechtlichen Maßnahmen beruht, wenn diese Bescheinigung vor Inkrafttreten dieses Gesetzes beantragt worden ist, oder 2. weil sie im Zusammenhang mit der Errichtung oder Aufrechterhaltung der kommunistischen Gewaltherrschaft im Beitrittsgebiet dort ohne Verurteilung durch ein deutsches Gericht oder ohne eine der in § 1 Abs. 5 genannten strafrechtlichen Maßnahmen in Gewahrsam genommen oder in Gewahrsam gehalten wurde." Vgl. § 25 Abs. 2 Satz 1 Nr. 1 und 2 StrRehaG (BGBl. I 1992, S. 1814–1821).

29 Vgl. § 1 Abs. 1 BerRehaG (BGBl. I 1994, S. 1311–1321).

30 Bloße „Rechtsstaatswidrigkeit" einer Maßnahme war nicht mehr ausreichend für die Aufhebung einer Verwaltungsentscheidung. Vgl. Roth/Saathoff/vom Stein, Das Zweite SED-Unrechtsbereinigungsgesetz, S. 451.

31 § 3 BerRehaG (BGBl. I 1994, S. 1311–1321): „(1) Wer in dem § 1 Abs. 1 genannten Zeitraum infolge einer Maßnahme nach § 1 Abs. 1 Nr. 1 bis 3 1. nicht zu einer zur Hochschule führenden Bildungseinrichtung zugelassen wurde, 2. die Ausbildung an einer zur Hochschulreife führenden Bildungseinrichtung nicht fortsetzten konnte, 3. nicht zu einer Abschlussprüfung zur Erlangung der Hochschulreife, 4. nicht zur Ausbildung an einer

ihre Folgeansprüche eingeschränkt: Sie haben zwar Anspruch auf eine bevorzugte Förderung der beruflichen Weiterbildung, auf Ausbildungsförderung ohne Altersbegrenzung und (wenn die Verfolgungszeit länger als drei Jahre andauerte) auf Erlass des Darlehensteils der BAföG-Förderung oder auf eine bevorzugte berufliche Aufstiegsfortbildung. Nichtsdestotrotz blieben ihnen ein Nachteilsausgleich in der Rentenversicherung nach den Vorschriften des Beruflichen Rehabilitierungsgesetzes und soziale Ausgleichsleistungen vorenthalten.[32] Erst 2001 sollte sich dank einer Gesetzesänderung[33] auch die rentenrechtliche Situation dieser Opfergruppe verbessern, Die Ausbildungsjahre konnten nun bis zum Doppelten der allgemeinen Höchstdauer angerechnet werden.

2.5   Das Dritte SED-Unrechtsbereinigungsgesetz

Erst 13 Jahre nach dem Zweiten SED-Unrechtsbereinigungsgesetz und 17 Jahre nach dem Einigungsvertrag folgte eine dritte Gesetzesnovelle. Bereits in den Jahren zuvor gab es von allen Bundestagsparteien immer wieder Initiativen, die vorhandenen Gesetzeslücken mittels Änderung der bestehenden Regelungen und mit neuen Gesetzentwürfen zu schließen.

Dabei legten Vertreter der Bundestagsparteien und Sachverständige ihr Augenmerk auf folgende Schwerpunkte, um Verbesserungen für die Betroffenen herbeizuführen:[34]

Fach- oder Hochschule zugelassen wurde oder 5. die Ausbildung an einer anderen als einer zur Hochschulreife führenden Bildungseinrichtung nicht fortsetzen konnte, hat Anspruch auf Leistungen nach dem Zweiten Abschnitt." Auch nach der Überarbeitung des Gesetzes 1997 blieb § 3 bestehen. Vgl. § 3 BerRehaG (BGBl I 1997, S. 1625–1626).

32 Vgl. Roth/Saathoff/vom Stein, Das Zweite SED-Unrechtsbereinigungsgesetz, S. 454. Weitere Mängel des BerRehaG innerhalb der Folgeansprüche sind der Verzicht auf Nachzahlungen von entgangenem Einkommen, zu geringe finanzielle Ausgleichsleistungen, dass nur Betroffene, die dauerhaft vom Erwerbsleben ausgeschlossen sind, einen finanziellen Schadensausgleich erhalten können, dass sich ein Schadensausgleich auf die gesetzliche Rentenversicherung und auf eine erleichterte Aus- und Fortbildung beschränkt. Zudem fehlt eine möglich Wiedereinstellung in eine frühere berufliche Position, eine bevorzugte Vergabe von Arbeits-, Ausbildungs- und Studienplätzen. Auch gibt es keine Vorsorge, um fehlende Abschlüsse nach- oder aufzuholen, und es gibt keine Möglichkeit, verwehrte Bildungsabschlüsse anerkennen zu lassen. Vgl. ebd.

33 2. Änderung des Anspruchs- und Anwartschaftsüberführungsgesetzes (2. AAÜG-Änderungsgesetz) vom 27.7.2001 (BGBl. I 2001, S. 1939).

34 Vgl. u. a. Antrag der Fraktion PDS „Erleichterung und erweiterte Rehabilitierung und Entschädigung für Opfer der politischen Verfolgung in der DDR" vom 15.3.2000, BT-Drs. 14/2928; Gesetzentwurf der Fraktion CDU/CSU „Entwurf eines Dritten Gesetzes zur Bereinigung von SED-Unrecht (Drittes SED-Unrechtsbereinigungsgesetz – 3. SED-UnBerG)" vom 27.6.2000, BT-Drs. 14/3665; BT-Plenarprotokoll 14/112 vom 30.6.2000, S. 10643–10650; BT-Plenarprotokoll 14/171 vom 18.5.2001, S. 16761–16771; Gesetzesantrag der Länder Sachsen, Sachsen-Anhalt, Thüringen „Entwurf eines ... Gesetzes zur Bereinigung von SED-Unrecht" vom 25.5.2004, BR-Drs. 425/04; BR-Plenarprotokoll 800 vom 11.6.2004, S. 285 f.; Antrag der Fraktionen der CDU/CSU und SPD „Unterstützung der Opfer der SED-Diktatur – Eckpunkte für ein Drittes SED-Unrechtsbereinigungsgesetz" vom 31.1.2007, BT-Drs. 16/4167; Antrag der Fraktion

– Die Neuregelungen sollten eine angemessen Entschädigung, entsprechend Artikel 17 des Einigungsvertrages, darstellen.

– Bislang ausgeschlossene oder benachteiligte Opfergruppen wie zivildeportierte Frauen östlich von Oder und Neiße, verfolgte Schüler und „Zersetzungsopfer" sollten eine Verbesserung erfahren.

– Die Entschädigungen sollten auf einen größeren Opferkreis verteilt werden, indem ein Sockelbetrag von mindestens 100 Euro pauschal an alle Betroffenen und ein Aufstockungsbetrag von mindestens 150 Euro an sozial bedürftige Personen gezahlt wird.

– Gruppen, wie verfolgte Schüler, deren berufliche Benachteiligung bisher bei der Rentenbemessung außen vor blieb, sollten entweder einen Entgeltpunktezuschlag oder einen monatlichen Pauschalbetrag zur Rente erhalten. Zudem sollte der § 60 des BAföG auch auf verfolgte Schüler zutreffen, die vor dem 3. Oktober 1990 in der Bundesrepublik studierten.

– Das Verfahren zur Anerkennung gesundheitlicher Haftfolgeschäden sollte entbürokratisiert und analog dem der Opfer des Nationalsozialismus (§ 31 Abs. 2 Bundesentschädigungsgesetz) gestaltet werden.

– Die Kapitalentschädigung für Haftopfer sollte erhöht werden, da die Haft in den Gefängnissen der DDR ungleich schlimmer war als in der Bundesrepublik. Zudem sollten die Leistungsansprüche vererbbar sein, weil die Familien ebenso unter der Haft litten wie der Häftling.

– Die wirtschaftliche Lage der Betroffenen sollte bei der Gewährung von Entschädigungsleistungen nicht ausschlaggebend sein. Sollte auf eine Überprüfung der wirtschaftlichen Lage nicht verzichtet werden können, wäre nach der Bewilligung keine nachfolgende oder maximal eine jährliche Überprüfung für die Betroffenen zumutbar.

BÜNDNIS 90/DIE GRÜNEN „Wirksame Unterstützung für die Verfolgten des DDR-Regimes" vom 28.2.2007, BT-Drs. 16/4404; Antrag der Fraktion der FDP „Gerechtigkeit für die Opfer der SED-Diktatur" vom 28.2.2007, BT-Drs. 16/4409; Gesetzentwurf der Fraktionen der CDU/CSU und SPD „Entwurf eines Dritten Gesetzes zur Verbesserung rehabilitierungsrechtlicher Vorschriften für Opfer der politischen Verfolgung in der ehemaligen DDR" vom 27.3.2007, BT-Drs. 16/4842; Gesetzentwurf der Fraktion DIE LINKE „Entwurf eines Dritten Gesetzes zur Verbesserung rehabilitierungsrechtlicher Vorschriften für politisch Verfolgte im Beitrittsgebiet und zur Einführung einer Opferrente (Opferrentengesetz)" vom 27.3.2007, BT-Drs. 16/4846; Öffentlichen Anhörung „SED-Unrechtsbereinigungsgesetz" im Rechtsausschuss des Deutschen Bundestages, Protokoll 16/59 vom 7.5.2007 (http://www.bundestag.de/ausschuesse/a06/anhoerungen/Archiv/18_SED-Unrechtsbereinigung/05_Protokoll.pdf; 1.12.2008); die zu dieser Anhörung vorgelegten Stellungnahmen von Michael Beleites, Ulrike Guckes, Hubertus Knabe, Jürgen Pauly, Johannes Rink, Heike Schrade, Horst Schüler, Hildigund Neubert auf der öffentlichen Anhörung des Rechtsausschuss des Deutschen Bundestages zu den Gesetzentwürfen und Anträgen zur Verbesserung Rehabilitierungsrechtlicher Vorschriften für Opfer politischer Verfolgung in der DDR (BT-Drs. 16/4842, 16/4846, 16/4409, 16/4404) am 7.5.2007 (http://www.bundestag.de/ausschuesse/a06/anhoerungen/Archiv/18_SED-Unrechtsbereinigung/04_Stellungnahmen/index.html; 1.12.2008; Beschlussempfehlung und Bericht des Rechtsausschusses vom 31.5.2007, BT-Drs. 16/5532.

– Die Antragsfristen sollten nach achtmaliger Verlängerung entfristet werden oder zumindest ein weiteres Mal verlängert werden.

Dem letztlich ergangenen Gesetzentwurf ging ein gemeinsamer Entwurf der Regierungsparteien CDU/CSU und SPD sowie eigene Entwürfe der FDP, Bündnis 90/Die Grünen und der PDS/Die Linken voraus. In einer öffentlichen Anhörung des Rechtsausschusses waren Michael Beleites, Ulrike Guckes, Hubertus Knabe, Jürgen Pauly, Johannes Rink, Heike Schrade, Horst Schüler, Hildigund Neubert und Reinhard Schult als Sachverständige geladen.[35] Sie nahmen zu den einzelnen Gesetzesvorschlägen Stellung, legten Mängel offen und gaben ergänzende Vorschläge. Die Experten kritisierten zum einen, dass die Opferrente an die soziale Lage der Betroffenen gebunden sei, und zum anderen, dass der Entwurf eine halbjährliche Überprüfung der Einkommensverhältnisse nach Leistungsgewährung vorsehe. Zudem bemängelten sie, dass nur eine Gruppe der Verfolgten, nämlich die der Häftlinge mit einer Haftzeit von mindestens einem Jahr, begünstigt werde. Um den Defiziten des Gesetzentwurfes und der gesamten Wiedergutmachungspraxis der letzten Jahre entgegenzuwirken, lenkten die Sachverständigen die Aufmerksamkeit der Ausschussmitglieder auf die oben genannten Schwerpunkte, damit diese in die Überlegungen zum Dritten SED-Unrechtsbereinigungsgesetz mit einbezogen werden.[36] Zur Verbesserung der Situation von ca. 3500 bis 4000 anerkannten verfolgten Schülern[37] schlugen die Experten vor, diesen ebenfalls eine Opferrente auszuzahlen. Hubertus Knabe regte an, die Verfolgungszeit und deren Folgeschäden spätestens bei Erreichen des Rentenalters mit einem Entgeltpunktezuschlag

---

35 Michael Beleites: Sächsischer Landesbeauftragter für die Unterlagen des Staatssicherheitsdienstes der ehemaligen DDR; Ulrike Guckes: Ass. iur., Berlin; Hubertus Knabe: Direktor der Gedenkstätte Berlin-Hohenschönhausen; Jürgen Pauly: Amtsleiter des Amtes für Wiedergutmachung, Saarburg; Johannes Rink: Landesvorsitzender des Bundes Stalinistisch Verfolgter und der Vereinigung der Opfer des Stalinismus in Deutschland für Sachsen-Anhalt, Magdeburg; Heike Schrade: Referatsleiterin beim Thüringer Ministerium für Soziales, Familie und Gesundheit, Erfurt; Horst Schüler: Vorsitzender der Union der Opferverbände Kommunistischer Gewaltherrschaft e. V., Hamburg; Hildigund Neubert: Landesbeauftragte des Freistaats Thüringen für die Unterlagen des Staatssicherheitsdienstes der ehemaligen DDR; Reinhard Schult: Mitarbeiter beim Landesbeauftragten für die Unterlagen des Staatssicherheitsdienstes der ehemaligen DDR beim Land Berlin.

36 Vgl. Öffentlichen Anhörung „SED-Unrechtsbereinigungsgesetz" im Rechtsausschuss des Deutschen Bundestages, Protokoll 16/59 vom 7.5.2007 (http://www.bundestag.de/ausschuesse/a06/anhoerung-en/Archiv/18_SED-Unrechtsbereinigung/05_Protokoll.pdf; 1.12.2008); Stellungnahmen von Michael Beleites, Ulrike Guckes, Hubertus Knabe, Jürgen Pauly, Johannes Rink, Heike Schrade, Horst Schüler, Hildigund Neubert auf der öffentlichen Anhörung des Rechtsausschuss des Deutschen Bundestages zu den Gesetzentwürfen und Anträgen zur Verbesserung Rehabilitierungsrechtlicher Vorschriften für Opfer politischer Verfolgung in der DDR (BT-Drs. 16/4842, 16/4846, 16/4409, 16/4404) am 7.5.2007 (http://www.bundestag.de/ausschuesse/a06/anhoerungen/Archiv/18_SED-Unrechtsbereinigung/04_Stellungnahmen/index.html; 1.12.2008).

37 Die Zahlen nannte Reinhard Schult, ebd., S. 23 f.

oder einem monatlichen Pauschalbetrag anzuerkennen.[38] Kritisch erläuterte er dazu, dass das Zweite SED-Unrechtsbereinigungsgesetz „sehr stark unter finanziellen Gesichtspunkten gemacht" und folglich ein „sehr eingeschränktes Leistungsgesetz" sei. Der Gesetzgeber berücksichtige nur eine „absteigende Benachteiligung", folglich können nur Personen entschädigt werden, die bereits eine Bildungskarriere absolviert und ihre Position aus politischen Gründen verloren haben. Dagegen bleibe die „aufsteigende Benachteiligung" außen vor, d. h. Betroffene, die gar nicht erst zu einer Abiturausbildung oder einem Studium zugelassen wurden, sind nicht leistungsberechtigt. Darüber hinaus konnte die Benachteiligung über das gesamte Bestehen der DDR andauern. Das bedeutete einen massiven „Einschnitt für die Erwerbsbiographie".[39] In diesem Zusammenhang schlug Michael Beleites vor, „zunächst diejenigen einzubeziehen, die einer dauernden Bildungsdiskriminierung ausgesetzt waren".[40]

Während der Anhörung bekundete besonders MDB Markus Meckel (SPD) Interesse für die Situation der verfolgten Schüler und bat die Sachverständigen immer wieder um Vorschläge, die deren Situation verbessern könnten. Gemeinsam mit MdB Petra Pau (DIE LINKE) überlegte er, ob es sinnvoll sei, verfolgten Schülern, die vor dem 3. Oktober 1990 die DDR verlassen und mithilfe einer BAföG-Förderung ein Studium absolviert hatten, ebenfalls die Darlehensschuld nach § 60 BAföG[41] zu erlassen. Die Sinnhaftigkeit einer solchen Regelung wurde auch von Reinhard Schult und Michael Beleites bestätigt.[42]

---

38 Vgl. Aussage von Hubertus Knabe, ebd., S. 60.
39 Hubertus Knabe, ebd., S. 44–47.
40 Michael Beleites, ebd., S. 50.
41 „Verfolgten nach § 1 des Beruflichen Rehabilitierungsgesetzes oder verfolgten Schülern nach § 3 des Beruflichen Rehabilitierungsgesetzes vom 23.6.1994 (BGBl. I, S. 1311, 1314) wird für Ausbildungsabschnitte, die vor dem 1.1.2003 beginnen, 1. Ausbildungsförderung ohne Anwendung der Altersgrenze des § 10 Abs. 3 Satz 1 geleistet, sofern sie eine Bescheinigung nach § 17 oder § 18 des Beruflichen Rehabilitierungsgesetzes erhalten haben; § 10 Abs. 3 Satz 2 Nr. 3 bleibt unberührt, 2. auf Antrag der nach dem 31.12.1990 nach § 17 Abs. 2 geleistete Darlehensbetrag erlassen, sofern in der Bescheinigung nach § 17 des Beruflichen Rehabilitierungsgesetzes eine Verfolgungszeit oder verfolgungsbedingte Unterbrechung der Ausbildung vor dem 3.10.1990 von insgesamt mehr als drei Jahren festgestellt wird; der Antrag ist innerhalb eines Monats nach Bekanntgabe des Bescheides nach § 18 Abs. 5a zu stellen, 3. auf Antrag der nach dem 31.7.1996 nach § 17 Abs. 3 geleistete Darlehensbetrag unter den Voraussetzungen der Nummer 2 erlassen; der Antrag ist innerhalb eines Monats nach Erhalt der Mitteilung nach § 18c Abs. 8 an die Kreditanstalt für Wiederaufbau zu richten." Bundesgesetz über individuelle Förderung der Ausbildung (Bundesausbildungsförderungsgesetz – BAföG) vom 26.8.1971 (BGBl. I 1971, S. 1409), in der Fassung der Bekanntmachung vom 6.6.1983 (BGBl. I 1983, S. 645, ber. 1680), zuletzt geändert durch das 22. BAföGÄnd-Gesetz vom 23.12.2007 (BGBl. I 2007, S. 3254).
42 Vgl. Aussage von Reinhard Schult, Mitarbeiter beim Landesbeauftragten für die Unterlagen des Staatssicherheitsdienstes der ehemaligen DDR, auf der Öffentlichen Anhörung „SED-Unrechtsbereinigungsgesetz" im Rechtsausschuss des Deutschen Bundestages, Protokoll 16/59 vom 7.5.2007, S. 28–31 (http://www.bundestag.de/ausschuese/a06/anhoerungen/Archiv/18_SED-Unrechtsbereinigung/05_Protokoll.pdf; 1.12.2008). Vgl. auch Aussage von Michael Beleites, ebd., S. 51.

Insgesamt kamen die Vorschläge der Sachverständigen dem Gesetzentwurf von Bündnis 90/Die Grünen sehr nahe.[43] Dass die Anregungen der Experten jedoch nur äußerst begrenzt in die Beschlussempfehlung des Rechtsausschusses und in das anschließende Gesetz eingegangen waren, wurde auch von den Abgeordneten der Oppositionsparteien in den Bundestagsdebatten stark kritisiert.[44]

Die Koalitionsparteien CDU/CSU und SPD blieben bei einer Opferpension von monatlich 250 Euro für ehemalige politische Häftlinge mit einer Mindesthaftzeit von sechs Monaten. Die ursprüngliche Fassung hatte noch eine Haftzeit von mindestens einem Jahr vorgesehen. Zudem hielt man weiter an der Bedürftigkeitsklausel fest, obgleich diese so formuliert wurde, dass nach dieser Änderung „doppelt so viele Opfer politischer Verfolgung in der ehemaligen DDR zusätzliche Rentenzahlungen erhalten" sollten wie im ursprünglichen Gesetzentwurf.[45] Renten und Leistungen aus anderen Sicherungssystemen sollten beim Feststellen der wirtschaftlichen Bedürftigkeit künftig nicht angerechnet werden. „Damit wird der Tatsache Rechnung getragen, dass Haftopfer, die inzwischen bereits im Rentenalter stehen, den schwersten und unmenschlichsten Haftbedingungen in der Sowjetischen Besatzungszone und den ersten Jahren der DDR unterworfen waren; nicht selten verbunden mit Verschleppung nach Sibirien. Privilegiert werden somit Verfolgte, die wegen Alters, Unfall, Krankheit oder sonstiger besonders belastender Lebensumstände Leistungen beziehen."[46]

Zudem verzichtete man auf eine Befristung der Opferrente. In der Bundestagsdebatte zum Gesetzentwurf am 13. Juni 2007 betonte MdB Klaas Hübner (SPD), dass es sich trotz aller Kritik um „ein gutes Gesetz" handele, mit dem „sich die Lage der überwältigenden Mehrheit der Opfer, vor allem der älteren Opfer, willkürlicher Verfolgung" verbessere.[47] Gleichwohl räumten die Vertreter der Regierungsfraktionen ein, dass von einem „Schlussgesetz" keine Rede sein könne und weitere Verbesserungen für politisch Verfolgte erforderlich seien.[48] Für die Gruppe der verfolgten Schüler regte Andrea Wicklein (SPD) an: „Wir sollten auch prüfen, ob sich bei der beabsichtigten Novellierung des BAföG-Gesetzes noch etwas für die verfolgten Schülerinnen und Schüler tun lässt."[49] Das war jedoch nur ein Lippenbekenntnis, denn in den nachfolgenden Beratungen zum Zweiundzwanzigsten Gesetz zur Änderung des Bundes-

---

43   Vgl. Antrag der Fraktion BÜNDNIS 90/DIE GRÜNEN „Wirksame Unterstützung für die Verfolgten des DDR-Regimes" vom 28.2.2007, BT-Drs. 16/4404.

44   Vgl. BT-Plenarprotokoll 16/102 vom 13.6.2007, S. 10457–10470.

45   Beschlussempfehlung und Bericht des Rechtsausschusses vom 31.5.2007, BT-Drs. 16/5532, S. 7.

46   Ebd., S. 11.

47   Rede von Klaas Hübner (SPD), BT-Plenarprotokoll vom 13.6.2007, S. 10458–10459.

48   Vgl. ebd.; Rede von Andrea Astrid Voßhoff (SPD), BT-Plenarprotokoll vom 13.6.2007, S. 10460–10462.

49   Rede von Andrea Wicklein (SPD), BT-Plenarprotokoll vom 13.6.2007, S. 10467–10469.

ausbildungsförderungsgesetzes[50] fand sich keine Initiative, um insbesondere die Situation für verfolgte Schüler zu verbessern.

2.6   Besondere Regelungen des Freistaates Sachsen

Als einziges Bundesland erließ der Freistaat Sachsen im Dezember 2000 eine Verwaltungsvorschrift[51], um „verfolgte Schüler" zu entschädigen. Je nach Schwere des individuellen Verfolgungsschicksals konnten maximal 10 000 D-Mark (5 112,92 Euro) an Betroffene als Entschädigung gezahlt werden. Sowohl diese sächsische Initiative als auch die geänderte rentenrechtliche Anerkennung von Ausbildungszeiten erklären den sprunghaften Anstieg der Rehabilitierungsanträge ab Januar 2001. Die Sächsische Verwaltungsvorschrift wurde zunächst bis zum 31. Dezember 2001 befristet, dann aber bis zum Ende des Jahres 2003 verlängert.[52] Die Zahl der Anträge ging trotzdem auf ein Minimum zurück, da die meisten Betroffenen wahrscheinlich bereits zum Stichtag 31. Dezember 2001 eine mögliche Entschädigung geltend gemacht hatten.

3.   Wert und Nutzen für Betroffene

Anhand der Schicksale verfolgter Schüler stellt sich die Frage, ob der Rechtsstaat mit seinen Gesetzesinitiativen eine moralische Rehabilitierung und eine finanzielle Entschädigung leisten konnte bzw. geleistet hat, um die Lebenssituation von verfolgten Schülern zu verbessern.

Einen ersten Hinweis kann eine statistische Analyse geben, die zeigt, wie viele Betroffene die angebotenen Möglichkeiten einer beruflichen Rehabilitierung in Form von finanzieller Unterstützung oder einem erleichterten Zugang zu Um- und Weiterbildungsmaßnahmen überhaupt in Anspruch genommen haben.

Laut einer Datenbankanalyse, die 489 Fälle aus dem Freistaat Sachsen enthält, wurden ca. 79 Prozent[53] der Personen aus der untersuchten Kohorte reha-

---

50   Vgl. BR-Drs. 120/07 (Gesetzentwurf), BT-Drs. 16/5172 (Gesetzentwurf), BT-Drs. 16/ 7214 (Beschlussempfehlung und Bericht), BT-Plenarprotokoll 16/127 vom 16.11.2007, S. 13341–13359, BR-Plenarprotokoll 840 vom 20.12.2007, S. 441 f.
51   Verwaltungsvorschrift des Sächsischen Staatsministeriums für Soziales, Gesundheit, Jugend und Familie zur Entschädigung der unter dem SED-Unrechtsregime in Sachsen verfolgten Schüler vom 21.12.2000. In: SächsABl. 2001, S. 96.
52   Verwaltungsvorschrift des Sächsischen Staatsministeriums für Soziales, Gesundheit, Jugend und Familie zur Verlängerung der Geltungsdauer der Verwaltungsvorschrift des Sächsischen Staatsministeriums für Soziales, Gesundheit, Jugend und Familie zur Entschädigung der unter dem SED-Unrechtsregime in Sachsen verfolgten Schüler vom 21.12.2000 (SächsABl. 2001, S. 96); vom 19.12.2001 (SächsABl. 2002, S. 100).
53   Von 489 Antragstellern wurden 388 rehabilitiert, 101 nicht rehabilitiert.

bilitiert. Ausgleichsleistungen nach der Sächsischen Verwaltungsvorschrift[54] erhielt fast jeder zweite der rehabilitierten Betroffenen, nämlich 174 verfolgte Schüler.[55] Die Rückzahlung von Leistungen nach dem Bundesausbildungs-förderungsgesetz (BAföG) wurde drei Prozent der Rehabilitierten erlassen. Bei diesen Personen kann davon ausgegangen werden, dass sie nach 1989 ein Studium aufgenommen haben.

Die folgende Tabelle 13 führt die Gründe für verweigerte soziale Ausgleichs-leistungen nach der Sächsischen Verwaltungsvorschrift auf:

Tabelle 13: Gründe für verweigerte soziale Ausgleichsleistungen nach
　　　　　　Anteilen

Gründe für verweigerte sozialen Ausgleichsleistungen	Anzahl	Anteil
Verfolgungszeit betrug weniger als 5 Jahre	80	37 %
Einkommen während der Antragstellung zu hoch	51	24 %
Wohnsitz lag bis 3.10.1990 nicht im Beitrittsgebiet	26	12 %
Kein Antrag gestellt	23	11 %
Keine Rehabilitierung nach § 3 BerRehaG	14	7 %
BAföG erhalten	10	5 %
Antrag nicht fristgerecht gestellt	7	3 %
Rentenempfänger	2	1 %
Verfolgungsmaßnahme erging nicht in Sachsen	1	0 %
Antragsteller, die keine sozialen Ausgleichsleistungen erhielten	214	100 %

Schließlich wurden Rehabilitierungsanträge zu unterschiedlichen Zeiten und in unterschiedlicher Intensität gestellt. Das nachfolgende Diagramm 14 zeigt die Anzahl der Anträge auf Anerkennung als verfolgte Schüler, die in den Jahren von 1990 bis 2005 beim Sächsischen Landesamt für Familie und Soziales ein-gegangen sind.[56]

54　Verwaltungsvorschrift des Sächsischen Staatsministeriums für Soziales, Gesundheit, Jugend und Familie zur Entschädigung der unter dem SED-Unrechtsregime in Sachsen verfolgten Schüler vom 21.12.2000. In: SächsABl. 2001, S. 96.
55　Insgesamt 45 % der Rehabilitierten.
56　Die Zahlen wurden vom Sächsischen Landesamt für Familie und Soziales in Chemnitz zur Verfügung gestellt.

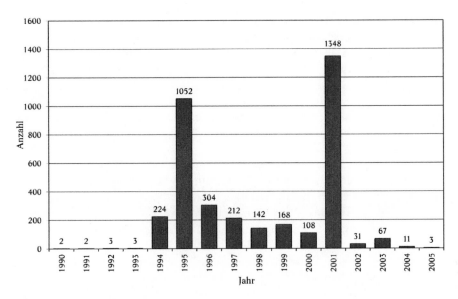

Diagramm 14: Zahl der Anträge im Jahr

In den Jahren 1995 und 2001 ist ein ein sprunghafter Anstieg der Rehabilitierungsanträge erkennbar. Diese Entwicklungen sind eindeutig auf die Gesetzesinitiativen des Zweiten SED-Unrechtsbereinigungsgesetzes und der Sächsischen Verwaltungsvorschrift zurückzuführen. Hier wird deutlich, dass die Betroffenen die Gesetze zur Rehabilitierung und Wiedergutmachung annahmen, wenngleich über Beweggründe, die über eine moralische Rehabilitierung hinausgingen, im Einzelnen keine Aussage getroffen werden kann. Aufschlussreiche Informationen dazu gaben jedoch die Interviews. Grundsätzlich stellten fast alle Gesprächspartner ihren Rehabilitierungsantrag aus ideellen Gründen, d.h. sie verfolgten ihre Rehabilitierung aus moralischen Motiven. Nur drei Betroffene gaben an, ihren Antrag aus rein finanziellen Gründen gestellt zu haben. Herr H. S. war der Meinung, dass ihm infolge seiner Rehabilitierung eine Entschädigung ausgezahlt würde. Die beiden anderen hofften darauf, dass ihnen die Rückzahlung ihrer BAföG-Schulden erlassen bliebe.

Zwar strebte die Mehrzahl der Betroffenen vorwiegend ihre moralische Rehabilitierung an, dennoch verbanden sie damit auch finanzielle Motive, wie Entschädigungszahlungen, rentenrechtliche Anrechnung der Verfolgung oder Ausbildungsunterbrechung, Erlass des BAföG-Darlehens. Aus dem Kreise der Interviewten leitete nur Frau J. T. ein Rehabilitierungsverfahren ein, um ohne Hochschulreife über eine Sonderverordnung zum Studium zugelassen zu werden.[57] Vereinzelt gaben Betroffene auch an, dass sie gespannt auf den Rehabili-

---

57 Vgl. Interview mit Frau J. T. am 2. 12. 2004.

tierungsbescheid warteten, „um auszuloten", wie die Behördenmitarbeiter ihre Diskriminierung beurteilen würden.[58]

Im Nachhinein bewerteten die Gesprächspartner das Rehabilitierungsverfahren, die Rehabilitierung, die Entschädigungsleistungen und deren Bedeutung für sich selbst sehr unterschiedlich. Mitbestimmend waren dabei Alter, Verfolgungsgrund, Sozialisation und aktueller sozialer Hintergrund des Einzelnen. Auch bei dieser persönlichen Einschätzung relativierten einige Betroffene ihre eigenen Erlebnisse im Vergleich zu Geschädigten, denen es noch schlechter erging.[59]

Fast alle Gesprächspartner empfanden den positiven Bescheid als Genugtuung und Befriedigung, wenngleich die Meinungen über die möglichen Entschädigungsangebote und Ausgleichsleistungen sowie deren Gewährung eher kritisch ausfielen. Beispielsweise beschrieb Frau W. O. ihre Gefühle mit den einfachen Worten: „So ungefähr, das ist in Ordnung gebracht."[60] Und Herr W. M. meinte: „Es löste ein kleines bisschen das Gefühl [von Befriedigung] aus und nachträglich eine gewisse Anerkennung."[61] Weniger Genugtuung als vielmehr Bestätigung verband Herr H. S. mit seiner Rehabilitierung: „Ich wusste ja, dass es Unrecht war. Dafür brauche ich kein Papier. Dass es nicht richtig war, was die gemacht haben, das war mir von vornherein klar. Dafür hätte ich das Papier nicht gebraucht."[62]

Mit der rein moralischen Rehabilitierung waren lediglich Frau W. O., Herr S. B. und Herr H. W. vollends zufrieden. Sie verbanden mit dem Antrag keine weitergehenden Ansprüche, die letztlich enttäuscht werden konnten. Alle drei sind Akademiker und konnten nach dem Verlassen der DDR mit einem Zeitverzug von maximal drei Jahren ein Studium aufnehmen und schließlich erfolgreich beenden; sie äußerten sich zufrieden über ihre aktuelle Lebenssituation. Zum Zeitpunkt des Interviews stand Herr S. B. vor dem Abschluss seiner Facharztausbildung – er war Mitte 30 – und Herr H. W. und Frau W. O. hatten bereits das Rentenalter erreicht. Diese Betroffenen erachteten die gesellschaftliche Anerkennung ihrer Verfolgung und die Aufarbeitung dieser Thematik als sehr wichtig. Frau W. O. vermutete zudem, dass mit dem Zweiten SED-Unrechtsbereinigungsgesetz und der Sächsischen Verwaltungsvorschrift „wohl wahrscheinlich Schüler aus späteren Jahrgängen in erster Linie gemeint waren, die nämlich nicht mehr flüchten konnten, so wie wir. Für uns gab es ja noch einen Ausweg".[63] Zu dieser Annahme gelangte auch Herr H. W. nachdem ihm ein Sachbearbeiter der Rehabilitierungsbehörde mitteilte, dass er zwar als verfolgter Schüler anerkannt werde, da sich dieser Sachverhalt jedoch nicht auf seine damalige Berufsentwicklung ausgewirkt habe, könne sich die Anerken-

---

58   Vgl. Interview mit Frau W. O. am 1. 4. 2005.
59   Vgl. Kapitel VI.2.
60   Vgl. Interview mit Frau W. O. am 1. 4. 2005.
61   Interview mit Herrn W. M. am 31. 1. 2005.
62   Interview mit Herrn H. S. am 22. 4. 2005.
63   Interview mit Frau W. O. am 1. 4. 2005.

nung auch nicht in seiner Rente niederschlagen. Dennoch erschien ihm die Rehabilitierung wichtig, was er selbst auf sein „ausgeprägtes Gerechtigkeitsgefühl" zurückführte.[64]

In der Tat zielte der Gesetzgeber mit den Regelungen vorwiegend darauf, jüngeren Jahrgängen von diskriminierten Schülern eine verspätete Bildungskarriere zu ermöglichen. Betroffene, die diese Chance nach dem 3. Oktober 1990 nutzten, empfanden die Regelungen als äußerst hilfreich und zufriedenstellend. Ein Paradebeispiel hierfür ist Frau J. T.: Ihr war von ihrer Schule mit Hinweis auf ihr nonkonformes und pazifistisches Verhalten eine Delegierung zur Erweiterten Oberschule verweigert worden. Eine von ihr als unbefriedigend empfundene Ausbildung zum Facharbeiter für Datenverarbeitung hatte sie abgebrochen und stattdessen als Ungelernte in Altenpflege und in der Drogenberatung gearbeitet. Nach 1990 wollte Frau J. T. parallel zu ihrer Berufstätigkeit das Abitur an einem Abendgymnasium nachholen. Nach ein paar Monaten gab sie jedoch auf, weil sie der neben ihrer Erwerbstätigkeit täglich stattfindende Unterricht von 17 bis 22 Uhr zu sehr belastete. Nach einer längeren Arbeitslosigkeit erfuhr sie, dass es für anerkannte verfolgte Schüler möglich sei, sich über ein Sonderzulassungsverfahren an einer Hochschule zu immatrikulieren. „Genau, das fand ich ganz toll. Also, das war für mich so, also das war für mich so wirklich Wiedergutmachung so an meiner Person. Also, das habe ich als sehr beruhigend empfunden."[65]

Obendrein konnte sie entsprechend § 60 des BAföG noch eine Studienförderung beantragen, deren Darlehensbetrag sie nicht zurückzahlen musste. Noch immer freudig erregt, erzählte sie im Interview: „Ich kann jetzt den Studienplatz bekommen und gleichzeitig kriege ich BAföG und muss das nicht zurückzahlen. Also das auch. Und als das dann klar war, also als das dann durch war, da war ich sehr erleichtert."[66]

Ebenso zufrieden zeigte sich Herr W. M. mit dem Ausgang seines Rehabilitierungsverfahrens. Er durfte nach 1972 aufgrund seiner Belegarbeit „Beatmusik – Ideologische Abgrenzung zur BRD" die EOS nicht weiter besuchen. Er hatte den Rehabilitierungsantrag „pro forma" gestellt und problemlos einen positiven Bescheid und eine Entschädigungszahlung nach der Sächsischen Verwaltungsvorschrift erhalten.[67] Von dieser Regelung konnten noch zwei weitere interviewte verfolgte Schüler profitieren, allerdings werteten sie die Zahlung angesichts einer verbauten Bildungskarriere eher als „symbolischen Betrag"[68], „Geste"[69] oder „Tropfen auf dem heißen Stein".[70] In diesem Zusammenhang

64 Vgl. Interview mit Herrn H. W. am 27. 11. 2004.
65 Interview mit Frau J. T. am 2. 12. 2004.
66 Ebd.
67 Vgl. Interview mit Herrn W. M. am 31. 1. 2005.
68 Interview mit Herrn H.-J. E. am 25. 1. 2005.
69 Interview mit Frau R. T. am 12. 1. 2005.
70 Ebd.

wiesen sie und andere Betroffene auf ihren finanziellen Verlust hin, der sich primär im Erwerbseinkommen und sekundär bei der Rentenberechnung äußerte.[71] Exemplarisch sei hier nur die Aussage von Frau R. T. aufgeführt. Ihr blieb in der DDR ein Medizinstudium verwehrt: „Wenn das jetzt geklappt hätte mit dem Medizinstudium, oder so. Ich hätte ja finanziell erst einmal ganz anders dagestanden, jetzt rentenmäßig auch. Ich bin der Meinung, das kann mir keiner bezahlen. Deswegen mit dieser Abfindung, die ich dort bekommen habe, das war eben eine Geste."[72]

Trotz der geringen Höhe stellten die finanziellen Zuwendungen nach der Sächsischen Verwaltungsvorschrift eine Möglichkeit dar, um einen kleinen Ausgleich für die berufliche Benachteiligung zu schaffen. Dieser Meinung waren jedenfalls drei Interviewte, denen diese Entschädigung nicht gewährt wurde.[73]

Verfolgte Schüler älterer Jahrgänge kämpften vorwiegend für eine rentenrechtliche Anerkennung ihrer Verfolgung und deren Folgen. Herr G. M. hatte sein Reifezeugnis wegen seiner pazifistischen Einstellung erst nach einer zweijährigen Bewährungszeit in der Produktion ausgehändigt bekommen. Für das gewünschte Außenhandelsstudium wurde ihm jedoch keinen Studienplatz gewährt, sodass er vorerst eine Ausbildung absolvierte. Da zu dieser Zeit in der DDR ein Ärztemangel herrschte, durfte er trotz seiner Vorgeschichte Medizin studieren und später als Arzt arbeiten. Herr G. M. beabsichtigte mit seiner Rehabilitierung einen „vermeintlichen" rentenrechtlichen Ausgleich für die verlorenen Jahre zu erwirken, um so zwei Jahre früher in Rente gehen zu können. Für ihn waren die Regelungen enttäuschend. Besonders übel stieß ihm im Rehabilitierungsbescheid auf, dass er keine rentenrechtlichen Ansprüche geltend machen konnte, jedoch eine neue Berufsausbildung finanziell unterstützt werde. Ein Fauxpas, der sich auf standardisierte Behördenschreiben zurückführen lässt.[74] Die meisten Betroffenen der älteren Jahrgänge beurteilten die nachfolgenden Ausgleichsleistungen als unbefriedigend, da zum einen die Verfolgungszeit und deren Folgen bei der Rente unberücksichtigt blieben, zum anderen orientierte sich die Zahlung einer finanziellen Entschädigungen nach der Sächsischen Verwaltungsvorschrift an eine Einkommensgrenze, die unter den Einkommen der allermeisten Berufstätigen lag. Im Vergleich mit anderen Gruppen, die entsprechend des beruflichen Rehabilitierungsgesetzes auch eine rentenrechtliche Anerkennung erhielten, fühlten sich die verfolgten Schüler zurückgesetzt.[75] Darüber hinaus sahen sie sich gegenüber ehemals systemkon-

---

71   Vgl. ebd., Interview mit Herrn H.-J. E. am 25.1.2005; Interview mit Herrn M. Z. am 27.11.2004.
72   Interview mit Frau R. T. am 12.1.2005.
73   Vgl. Interview mit Frau U. E. am 20.1.2005; Interview mit Herrn H. S. am 22.4.2005, Interview mit Frau S. H. am 27.11.2004.
74   Vgl. Interview mit Herrn G. M. am 19.1.2005.
75   Entsprechend § 12 BerRehaG werden Verfolgungszeiten wie folgt angerechnet: „(1) Hat der Verfolgte wegen einer Verfolgungsmaßnahme seine Fachschulausbildung oder Hochschulausbildung nicht abschließen können, gilt die Ausbildung für die Anerkennung dieser Zeiten als Anrechnungszeit als abgeschlossen. (2) Ist wegen einer Verfolgungs-

formen Personen ein weiteres Mal im Nachteil, insbesondere vor dem Hintergrund, dass die Bundesrepublik die hohen Rentenforderungen ehemaliger Funktionsträger erfüllte.[76]

Die angebotenen Entschädigungsleistungen für verfolgte Schüler erschienen vor allem den älteren Generationen in mancher Hinsicht wenig sinnvoll. Darunter zählte mitunter das Angebot einer bevorzugten beruflichen Fortbildung und Umschulung, d. h. verfolgte Schüler konnten einen Unterhaltszuschuss für die Zeit der beruflichen Fortbildung oder Umschulung erhalten.[77] Diese Regelung nutzten wahrscheinlich nur wenige, da zum einen die Arbeitsmarktlage in den 1990er Jahren eher dem Trend folgte, ältere Arbeitnehmer aus dem Berufsleben ausscheiden zu lassen, zum anderen fiel es mit zunehmendem Alter wohl schwerer, noch einmal einen solchen Neustart zu wagen.

Insgesamt übten die Betroffenen Kritik an den Stichtagsregelungen für Leistungen. So konnte verfolgten Schülern das BAföG-Darlehen nur erlassen werden, wenn das Studium in der Zeit vom 31. Dezember 1990 bis zum 1. Januar 2003 begonnen und mittels BAföG gefördert wurde sowie die Verfolgungszeit oder verfolgungsbedingte Unterbrechung mindestens drei Jahre ange-

---

maßnahme eine Schulausbildung, Fachschulausbildung oder Hochschulausbildung unterbrochen, jedoch später wieder aufgenommen und abgeschlossen oder eine neue Ausbildung begonnen und abgeschlossen worden, sind die Ausbildungszeiten als Anrechnungszeiten bis zum Doppelten der allgemein geltenden Höchstdauer anzuerkennen." § 12 BerRehaG in der Fassung der Bekanntmachung vom 1.7.1997 (BGBl. I 1997, S. 1625), zuletzt geändert durch Artikel 3 des Gesetzes vom 21.8.2007 (BGBl. I 2007, S. 2118).

76 Vgl. Interview mit Herrn M. Z. am 18.1.2005.

77 Im Beruflichen Rehabilitierungsgesetz heißt es dazu: „§ 6 Arbeitslosengeld bei beruflicher Weiterbildung: (1) Verfolgte, die an nach § 77 Abs. 1 Nr. 3 in Verbindung mit §§ 84, 85 des Dritten Buches Sozialgesetzbuch für die Förderung zugelassenen Maßnahmen der beruflichen Weiterbildung teilnehmen und die einen Anspruch auf Arbeitslosengeld bei beruflicher Weiterbildung nach dem Dritten Buch Sozialgesetzbuch nicht haben, erhalten auf Antrag Arbeitslosengeld bei beruflicher Weiterbildung in entsprechender Anwendung des § 124a des Dritten Buches Sozialgesetzbuch. (2) Hat ein Verfolgter auf Grund einer Teilnahme an einer Maßnahme zur beruflichen Fortbildung und Umschulung vor Inkrafttreten dieses Gesetzes ein Unterhaltsgeld nach § 44 Abs. 2a des Arbeitsförderungsgesetzes in der bis zum 31.12.1993 geltenden Fassung erhalten, so wird das Darlehen auf Antrag in einen Zuschuss umgewandelt, soweit es am Tage der Antragstellung noch nicht zurückgezahlt ist. (3) Auf das Arbeitslosengeld bei beruflicher Weiterbildung nach Absatz 1 sind die Vorschriften des Dritten, Fünften und Sechsten Buches Sozialgesetzbuch sowie das Einkommensteuergesetz und sonstige Gesetze, die das Arbeitslosengeld bei beruflicher Weiterbildung oder Bezieher dieser Leistung betreffen, entsprechend anzuwenden. § 7 Erstattung von Kosten: Verfolgte, die an nach den Vorschriften des Dritten Buches Sozialgesetzbuch für die Weiterbildungsförderung zugelassenen Maßnahmen der beruflichen Weiterbildung teilnehmen und für die Weiterbildungskosten nicht nach dem Dritten Buch Sozialgesetzbuch übernommen werden, erhalten auf Antrag die Weiterbildungskosten in entsprechender Anwendung der §§ 79 bis 83 des Dritten Buches Sozialgesetzbuch erstattet." BerRehaG in der Fassung der Bekanntmachung vom 1.7.1997 (BGBl. I 1997, S. 1625), zuletzt geändert durch Artikel 3 des Gesetzes vom 21.8.2007 (BGBl. I 2007, S. 2118).

halten hatte.[78] Damit blieben Betroffene außen vor, die vor diesem Stichtag in der Bundesrepublik ihr Studium mithilfe des BAföG finanziert hatten. Diese Regelung empfand Frau S. H. enttäuschend. Gemeinsam mit ihrer Familie beantragte sie 1986 die Ausreise aus der DDR. Nach ihrer sofortigen Relegierung von der Erweiterten Oberschule und mehr als zwei Jahren Repression, durfte Sie mit ihrer Familie am 9. November 1989 noch offiziell die DDR verlassen, jedoch erhielt die Familie keinen Flüchtlingsausweis-C.[79] In der Bundesrepublik beendete sie ihr Abitur und studierte Zahnmedizin. Ein BAföG-Darlehen erhielt sie nicht, weil ihre Eltern als Mediziner über ein zu hohes Einkommen verfügten. Im Nachhinein bedauerte es Frau S. H., dass sie über kein elternunabhängiges BAföG-Darlehen verfügen konnte, dessen Rückzahlung ihr später sogar erlassen worden wäre.

„Wir sind dadurch, dass meine Eltern halt Mediziner sind, aus vielen Sachen rausgefallen, beziehungsweise hätte ich im Prinzip auch Anspruch auf Bafög gehabt. Das hätte uns am Anfang ja auch geholfen. Ich meine, selbst als Mediziner – man verdient zwar mehr Geld – braucht man Geld. Meine Mutter musste sich selbstständig machen, und das sind so wahnsinnige Summen, die man erst einmal investieren muss, um aufzubauen, dass unterm Strich erst einmal nichts übrig bleibt. Nur, das sagt keiner. Und als angestellter Zahnarzt geht es nicht, gibt es nicht, wird vom Staat nicht finanziert. Dadurch dass das auch alles budgetiert ist. Ich hätte im Prinzip die Möglichkeit gehabt, also die hätten mir das Bafög auch über die Altersgrenze hinaus gegeben – also dadurch die dreieinhalb Jahre wieder wettgemacht – wenn meine Eltern nicht so viel verdient hätten."[80]

Schmerzlich war zudem für Frau H. S., dass sie auch keine Entschädigungszahlung nach der Sächsischen Verwaltungsvorschrift erhielt, da sie zum Zeitpunkt der Antragstellung bereits als Zahnärztin arbeitete und über ein zu hohes Einkommen verfügte.[81]

Insgesamt äußerten mehrere Gesprächspartner ihre Enttäuschung über den praktischen Wert der Rehabilitierung, weil sie verschiedene Regelungen und deren Eingrenzungen nicht nachvollziehen konnten. Dazu zählten die zeitlichen Einschränkungen bezüglich der Dauer der Benachteiligung oder der Unterbrechung der Ausbildung, der Verzicht auf die BAföG-Rückzahlungsverpflichtung und die Gewährung von Entschädigungszahlungen nach der Sächsischen Verwaltungsvorschrift. Ferner bezeichneten die Betroffenen die eingeschränkte rentenrechtliche Anerkennung im Vergleich zu anderen Gruppen beruflich Benachteiligter als unbegreiflich.

---

78 Vgl. § 60 Bundesgesetz über individuelle Förderung der Ausbildung (Bundesausbildungsförderungsgesetz - BAföG) vom 26.8.1971 (BGBl. I 1971, S. 1409), in der Fassung der Bekanntmachung vom 6.6.1983 (BGBl. I 1983, S. 645, ber. 1680), zuletzt geändert durch Art. 2a des Gesetzes vom 20.12.2008 (BGBl. I 2008, S. 2846).
79 Der Flüchtlingsausweis C wurde auf der Grundlage des § 3 des Gesetzes uber die Angelegenheiten der Vertriebenen und Flüchtlinge (Bundesvertriebenengesetz - BVFG) ausgestellt.
80 Interview mit Frau S. H. am 27.11.2004.
81 Vgl. ebd.

Vereinzelt bemängelten Interviewte auch das Rehabilitierungsverfahren, bei dem die Beweislast auf Seiten des Antragstellers lag. Die Betroffenen hatten zu DDR-Zeiten Schreiben wie Ablehnungen oder Einsprüche häufig nicht aufgehoben. Zudem pflegten die Behörden der DDR-Verwaltung, Probleme zum Teil mündlich zu klären, um so eine gewisse Bürgernähe zu demonstrieren. Existierten dennoch Dokumente ist es in einigen Fällen nach wie vor sehr schwierig diese vorzulegen, da Schulakten vorwiegend in Schulen lagerten und die Akten der Schulverwaltungsbehörden teilweise unvollständig sind. Hinzu kommt, dass viele Akten aufgrund des Ablaufs der gesetzlichen Aufbewahrungsfrist bereits vernichtet wurden. Ein Dilemma, vor dem die Sachbearbeiter der Rehabilitierungsbehörden ebenfalls regelmäßig bei ihren Recherchen standen und stehen. Folglich kann nicht jeder Geschädigte die Umstände seiner Benachteiligung eindeutig nachweisen, sodass hin und wieder eine Rehabilitierung verwehrt wird, obwohl die Aussagen des Betroffenen zumindest für Experten stimmig und nachvollziehbar sind.

Selbstkritisch muss festgestellt werden, dass die hier aufgezeigten Mängel der Rehabilitierung für verfolgte Schüler keine neuen Erkenntnisse sind, denn sie sind Opferverbänden, Wissenschaftlern, Behördenmitarbeitern bis hin zu Bundestagspolitikern bekannt und waren bereits Diskussionsgegenstand in der Öffentlichen Anhörung zum SED-Unrechtsbereinigungsgesetz im Rechtsausschuss des Deutschen Bundestages am 7. Mai 2007.[82]

4. Zusammenfassung

Die Benachteiligung beeinflusste den Lebensweg vieler Betroffener nachhaltig und langfristig. Ihnen gestand die DDR in der Regel nur den Erwerb des Facharbeiterbriefes oder den Abschluss eines Teilberufes zu. Oftmals konnten sie sich nicht selbst verwirklichen und hatten insbesondere nach der Wiedervereinigung finanzielle Nachteile aufgrund ihrer fehlenden Qualifikation. Mit dem Zweiten SED-Unrechtsbereinigungsgesetz und der Sächsischen Verwaltungsvorschrift über die Zahlung einer Entschädigung konnte ein Teil an widerfahrenem Unrecht ausgeglichen werden. Dass beide Maßnahmen von Betroffenen angenommen wurden, zeigt der sprunghafte Anstieg von Rehabilitierungsanträgen politisch verfolgter Schüler nach ihrem Inkrafttreten. Die Hoffnung auf eine Anerkennung und eine angemessene Entschädigung der Benachteiligten erfüllt sich damit jedoch nur bedingt. Über Jahre hinweg zeigte sich für viele Betroffene, wie eingeschränkt die Rehabilitierungsgesetze für sie galten. Einen großen Teil der Defizite hätte der Gesetzgeber mit dem Dritten SED-Unrechtsbereini-

---

82 Vgl. Öffentlichen Anhörung „SED-Unrechtsbereinigungsgesetz" im Rechtsausschuss des Deutschen Bundestages, Protokoll 16/59 vom 7. 5. 2007 (http://www.bundestag.de/ausschuesse/a06/anhoer-ungen/Archiv/18_SED-Unrechtsbereinigung/05_Protokoll.pdf; 1.12.2008).

gungsgesetz beseitigen können, was jedoch wider besseres Wissens mit Blick auf die finanziellen Kosten unterblieb.

Verfolgte Schüler blieben nach wie vor eine besondere Gruppe innerhalb der beruflich Benachteiligten, deren Anspruchsrecht hinter dem anderer beruflich Rehabilitierter zurückbleiben musste.

Mit der Anerkennung ihrer Diskriminierung verbanden viele verfolgte Schüler die Hoffnung auf Entschädigungsleistungen, jedoch waren diese vorwiegend für die jüngere Generation unter ihnen sinnvoll, wenn diese ihre Bildungskarriere nachholen wollten. Für die Betroffenen älterer Jahrgänge wäre eine Anrechnung der Verfolgungsmaßnahme und ihrer Folgen auf die Rente zweckmäßiger. Ebenso tauglich wäre eine finanzielle Entschädigung, die einmalig oder als Rentenzuschuss gewährt würde. Die Sächsische Verwaltungsvorschrift stellte sich diesbezüglich als adäquate Möglichkeit heraus, selbst wenn die relativ geringen Zahlungen nur für Härtefälle vorgesehen waren.

VIII. Schlussbetrachtungen

Ausgehend von den forschungsleitenden Thesen und Fragestellungen lassen sich folgende Feststellungen treffen.

Die Partei- und Staatsführung strebte mit dem Erziehungs- und Bildungssystem der DDR danach, die SED-Politik und das Erziehungsideal der allseitig gebildeten sozialistischen Persönlichkeit systematisch durchzusetzen, um ein einheitliches ideologisches Bewusstsein unter der Jugend zu schaffen. Grundlage dafür bildeten Gesetze, Verordnungen und Anweisungen von Partei- und Staatsfunktionären sowie deren Auslegung und Anwendung durch die Vertreter der Volksbildung. Insgesamt stand das Erziehungs- und Bildungswesen der DDR in enger Verbindung zu SED, FDJ, Pionierorganisation, anderen Ministerien und weiteren Massenorganisationen wie GST sowie Gewerkschaft Unterricht und Erziehung etc.

Garant für eine systematische Umsetzung der parteipolitischen Vorgaben der SED war das Ministerium für Volksbildung, das zentralistisch-hierarchisch strukturiert über grundlegende Fragen der Volksbildung entschied, Lernziele und -inhalte festlegte, Lehrpläne und Unterrichtsmittel erarbeitete und die Lehrerausbildung verantwortete.[1] Die Anleitung, Beratung und Kontrolle aller Bildungseinrichtungen und „Volksbildungsorgane" der verschiedenen hierarchischen Ebenen erfolgte entsprechend der Weisungskette „from top to bottom". Zudem verlangte das Ministerium von den Schulräten der Bezirke regelmäßige Informationsberichte über Stimmungen und Meinungen im Bereich der Volksbildung. Ferner achtete das MfV, insbesondere bei leitenden Funktionsträgern, auf ein „fortschrittliches politisches Bewusstsein", sodass bei diesen Personen von einer verstärkten parteipolitischen Identifikation oder zumindest von einem gesteigerten Opportunismus ausgegangen werden kann; schließlich partizipierten Schulfunktionäre aufgrund ihrer Akklamation an der Macht. Sowohl die systematische Durchsetzung der Ministeriumsanweisungen als auch die Kontrolle der Bildungseinrichtungen auf Bezirks-, Kreis- und Stadtebene lag in der Verantwortung der Schulräte. Vor Ort agierten – wie heute auch – Schuldirektoren und Lehrer, allerdings sollten diese „parteilich" auftreten. Die Anleitung, Beratung und Kontrolle der Lehrerschaft erfolgte durch den Schuldirektor, den Parteisekretär der Schule und die jeweiligen Fachberater, allerdings galten Kollegen, Eltern und Schüler als weitere potenzielle Kontrollinstanzen für deren Handeln und Auftreten. Den Lehrern oblag die Erziehung der Schüler zur allseitig gebildeten sozialistischen Persönlichkeit. Kinder und Jugendliche, die diesem staatlichen Erziehungsanspruch zumindest formal entsprachen und nicht durch abweichendes Verhalten auffielen, konnten einen für die DDR „normalen" Schulalltag erleben, ohne dabei übermäßigen Disziplinarmaßnahmen mit Diskriminierung, Stigmatisierung und Verfolgung ausge-

---

1   Vgl. Ministerium für Volksbildung. In: Herbst/Ranke/Winkler, So funktionierte die DDR, S. 701 f.

setzt zu sein. Formale Anpassungskriterien waren dabei die Mitgliedschaft in der Pionierorganisation und der FDJ, die Teilnahme an der Jugendweihe und Formen der vormilitärischen Ausbildung sowie bei männlichen Jugendlichen, die Bereitschaft zu einem bewaffneten Wehrdienst, der bestenfalls über das Pflichtmaß von 18 Monaten hinausging. Was die Machthaber allerdings unter abweichendem Verhalten subsumierten, richtete sich nach den vorherrschenden politischen Rahmenbedingungen der Zeit, sodass sich grob drei Phasen unterscheiden lassen, in denen besonders häufig ein bestimmter Sachverhalt zur Diskriminierung führte. Von 1946 bis Mitte der 1950er Jahre, als sich die SED mit ihrer Politik erst etablieren musste, begründeten sich die Benachteiligungen vorwiegend auf die Aktivitäten des Jugendlichen und seiner Familienmitglieder während der Zeit des Nationalsozialismus und bis Ende der 1950er Jahre auf dessen „falsche" soziale Herkunft, einen Fluchtversuch oder „politisch-feindliches" Handeln. Diese antifaschistisch-antibürgerlich dominierte Phase ging dann seit Beginn der 1950er Jahre fließend bis Anfang der 1970er Jahre in eine antiklerikale-sozialistisch-atheistisch dominierte Phase über. Während dieser Zeit gaben oft Konflikte zwischen der staatlich propagierten wissenschaftlichen Weltanschauung und der traditionellen religiösen Weltanschauung Anlass zu Diskriminierungen. Die SED versuchte den Einfluss der Religionen mittels einer Doppelstrategie zurückzudrängen, indem sie einerseits Gläubige verfolgte, wie sich beispielsweise im Verbot der Zeugen Jehovas und in der Rufmord-Kampagne gegen die Junge Gemeinde zeigte, und andererseits Alternativen zur „Abwerbung" schuf, etwa die staatliche Kinder- und Jugendorganisation der Pioniere oder der FDJ und die Einführung der Jugendweihe. Die Konflikte aufgrund unterschiedlicher Weltanschauungen und religiöser Bindungen blieben weiterhin präsent und zwar bis zum Ende der DDR, jedoch gingen die Machthaber seit Anfang der 1970er Jahre vermehrt gegen pazifistisches Denken vor, das nicht nur bei Christen, sondern auch bei konfessionslosen Akteuren und Sympathisanten der Friedensbewegung anzutreffen war, sodass sich schließlich gegen Ende der 1960er/Anfang der 1970er Jahre ein Übergang zu einer antipazifistisch-antichristlich geprägten Phase feststellen lässt.

Das systematische Vorgehen gegen abweichendes Verhalten richtete sich demnach nicht exklusiv gegen christliche Schüler. Ebenso musste die konfessionelle Bindung bei einer Benachteiligung nicht grundsätzlich eine ausschlaggebende Rolle spielen. In einigen Fällen war sie sekundär oder gar bedeutungslos, da andere Gründe, wie eine Verweigerung der Militärausbildung, Flucht und Ausreise oder fehlende gesellschaftliche Aktivitäten, überwogen. Zum Teil erfolgten Diskriminierungen aufgrund einer „Sippenhaftung", weil sich die staatlichen Repressionen primär gegen Familienmitglieder richteten. Hiervon waren Konfessionslose gleichermaßen betroffen.

Das Spektrum der Diskriminierungen im Schulalltag gestaltete sich vielfältig und konnte bis hin zu Relegierungen, systematisch blockierten Bildungskarrieren oder Bildungsverboten reichen.

Die Vergabe schlechter Fach- und Verhaltenszensuren, das Vorenthalten von Belobigungen und Auszeichnungen für schulische Fachleistungen oder das Versagen von Anerkennung und Wertschätzung waren gängige Mittel zur Sanktionierung abweichenden Verhaltens, wie beispielsweise einer kritischen oder ablehnenden Haltung gegenüber indoktrinierenden Unterrichtsinhalten. Schließlich konnten auch die schriftliche Gesamteinschätzung und die Kopfnoten der Zeugnisse das abweichende Verhalten von Schülern festhalten.

Zum systematischen Einsatz regelrechter Repressionsstrategien gegenüber Schülern, Eltern und Lehrern kam es oft infolge „besonderer Vorkommnisse", die der Schuldirektor an den Schulrat melden musste und die dieser, je nach Schweregrad, über den Bezirksschulrat bis an das Ministerium für Volksbildung weiterleitete. Mit den anschließend einsetzenden Untersuchungsvorgängen der Schulinspektion – teilweise waren auch verschiedene Leitungsebenen der SED, der FDJ, das Ministerium für Staatssicherheit, das Ministerium für Verteidigung und weitere Institutionen involviert – verbanden sich häufig unangenehme Folgen für alle Beteiligten, sodass mancher Schuldirektor eine schulinterne Lösung bevorzugte, auch wenn er sich damit selbst der Gefahr von Kritik und Disziplinarmaßnahmen aussetzte. Allerdings änderte das nichts am rigorosen Vorgehen gegen aufkeimende „pazifistische Tendenzen unter der Jugend" und gegen nonkonformes, widerständiges und kriminelles Verhalten jedweder Art unter Jugendlichen und Lehrkräften.

In diesem Zusammenhang muss auch erwähnt werden, dass im Rahmen des Bewerbungsverfahrens und der Berufsausbildung auch Ausbildungsleiter, Lehrausbilder und Vorgesetzte in Betrieben für Benachteiligungen verantwortlich waren, da sie vor allem ab 1972, nachdem im Lehrvertrag die Teilnahme an der vormilitärischen Ausbildung festgeschrieben wurde, primär gegen Zeugen Jehovas agierten.

Besonderes Augenmerk auf die systematische Durchsetzung des Erziehungsideals der allseitig gebildeten sozialistischen Persönlichkeit legten die Vertreter der Volksbildung bei der Zulassung von Schülern zu weiterführenden Bildungseinrichtungen, die über einen Zehnklassenabschluss und ggf. eine anschließende Lehrausbildung hinausgingen. Denn der Besuch einer weiterführenden Bildungseinrichtung sollte systemkonformen Schülern vorbehalten bleiben. Um die „Richtigen" zu weiterführenden Bildungseinrichtungen zuzulassen, gab es ein mehrstufiges Auswahlverfahren, das beispielsweise für die Zulassung zur Abiturstufe wie folgt gestaltet war: Eine erste Vorauswahl unter geeigneten Schülern traf der Klassenlehrer, danach delegierte der Schuldirektor nach Rücksprache mit dem pädagogischen Rat der Schule die Bewerber zur weiterführenden Bildungseinrichtung und letztlich entschied eine Zulassungskommission über Aufnahme oder Ablehnung des Bewerbers. Zwar konnte eine Bewerbung auch ohne Delegierung erfolgen, jedoch lagen deren Erfolgschancen weitaus niedriger, da die Zulassungskommissionen nicht nur nach dem Leistungsprinzip entschieden, sondern auch großen Wert auf das politische Bewusstsein der Bewerber legten. Dabei führten die vorliegende Einschätzung von Schuldirektoren, dem Ministerium für Staatssicherheit, dem Ministerium des Inneren und dem Ministerium für Verteidigung oft zu abschlägigen Entscheidungen.

Die erfolgreiche Zulassung zu einer weiterführenden Bildungseinrichtung beendete keineswegs den Gesinnungsdruck, denn ein Mindestmaß an politisch-ideologischer Anpassung blieb bis zum Ausbildungsabschluss bestehen.

Dass sich die SED-Politik und die geschaffenen Strukturen in Teilen der Bevölkerung verfestigt hatten, belegen die Fälle „vorauseilenden Gehorsams" von Schülern bzw. der Eltern.[2] Diese hatten sich bereits nach ersten Gesprächen mit dem Klassenlehrer, in denen er die Persönlichkeitsentwicklung und die Schulleistungen eines Jugendlichen als unzureichend eingeschätzt hatte, gegen den Besuch einer weiterführenden Bildungseinrichtung entschieden.

Damit erwies sich das Erziehungs- und Bildungswesen der DDR als Mittel der politischen Selektion und Repression, das von den Vertretern der Volksbildung genutzt wurde, um Kinder und Jugendliche entsprechend ihres jeweiligen Anpassungsgrades an das geforderte Erziehungsideal zu fördern oder zu benachteiligen.

Trotz des systematischen Vorgehens bei der Verwirklichung des Erziehungsideals mithilfe von Gesetzen, Verordnungen und Anweisungen, Kader- und Personalpolitik, Kontroll- und Auswahlverfahren gelang es zu keiner Zeit, die SED-Politik im Erziehungs- und Bildungswesen in vollem Maße umzusetzen, da die beteiligten Akteure über individuelle Handlungsspielräume verfügten, die sie teilweise auch nutzten, um den Anspruch der SED zu umgehen.

Schüler und Eltern entzogen sich beispielsweise dem staatlichen Anspruch zur Erziehung einer allseitig gebildeten sozialistischen Persönlichkeit und nahmen bewusst Nachteile in Kauf, weil sie Individualität und ein Werte- und Normensystem abseits sozialistischer Vorgaben für wichtiger erachteten. Gleichzeitig versuchten sich einige gegen die Benachteiligungen im Bildungsalltag zu wehren, indem sie mit Einsprüchen, Beschwerden und Eingaben auf den unterschiedlichsten staatlichen Ebenen, aber auch mithilfe kirchlicher Würdenträger dagegen vorgingen. Die häufigsten Beschwerden bezogen sich auf die Nichtaufnahme von Schülern in die Abiturstufe, Fragen der Beurteilung und Bewertung, vorenthaltene Auszeichnungen oder ungerechtfertigte Relegierungen. Eltern kritisierten zudem die strengen und formalen Vorgaben für die Auswahl von Bewerbern für die weiterführenden Bildungseinrichtungen. Diese beachteten die Wertigkeit der Schulleistungen nur unzureichend und wiesen die Zulassungskommissionen an, zunehmend Jungen, militärischen Nachwuchs und Bewerber mit volkswirtschaftlich wichtigen Studienwünschen im Auswahlprozess zu bevorzugen. Auch fiel es immer schwerer das Delegierungsverfahren zu umgehen, da Empfehlungen der Schuldirektoren gegenüber Anträgen von Eltern zunehmend bevorzugt wurden.

---

2   Vgl. Wolf, Besondere Vorkommnisse, S. 169.

Wie die mannigfaltigen Eingabeanalysen zeigen, war es nicht so, dass die Mitarbeiter der „Volksbildungsorgane" (und weiterer Verwaltungs-, Regierungs- und Parteiinstitutionen) die eingehenden Eingaben ignorierten. Ihr Eingang wurde von den zuständigen Stellen registriert, ihre Gründe analysiert und deren Bearbeitung kontrolliert sowie der letztendliche Ausgang des Verfahrens vermerkt. Allerdings ließen sich auf diesem, den Einzelfall betrachtenden Weg die vorhandenen Probleme nicht grundsätzlich abstellen, da es sich sowohl bei der politische Auslese als auch bei den äußerst geringen Platzkontingenten um systemimmanente Ursachen handelte. Schlussendlich verfolgte das Ministerium für Volksbildung eine Doppelstrategie im Umgang mit den Eingaben. Einerseits setzte man bei der systematischen Durchsetzung der Schulpolitik von Partei und Staat weiter auf gezielte Diskriminierungsmaßnahmen gegenüber nonkonformen Schülern, was Dokumente des Volksbildungswesens aller Ebenen auch zahlreich belegen. Andererseits fanden die Beschwerden der Bürger zumindest Beachtung. Im Einzelfall wurde sogar „repariert". Diese willkürliche Verfahrensweise ist kennzeichnend für den Umgang dieses Unrechtsstaates mit seinen Bürgern.

Nichtsdestotrotz ließen sich viele Eltern weder von den schulpolitischen Richtlinien noch vom Selbstverständnis von Partei- und Schulfunktionären in Bezug auf Förderung und Auslese überzeugen, sodass die Zahl der Aufnahmebegehren für die Erweiterte Oberschule und folglich auch die Zahl der Eingaben nicht mittels eines „vorauseilendem Gehorsams" der Eltern reduziert werden konnten. Zudem ordneten Schüler und Eltern ihre persönlichen Bedürfnisse nicht den gesellschaftlichen Interessen nach.

Die SED-Politik konnte im Erziehungs- und Bildungswesen der DDR jedoch nicht allumfassend umgesetzt werden. Zwar wurde von den Lehrern im Schulalltag ein „parteiliches" Auftreten gefordert, dennoch verfügte jeder Einzelne von ihnen über einen individuellen Handlungsspielraum, der es dem Lehrer ermöglichte, einen Schüler gemäß seinem Ermessen zu fördern oder zu benachteiligen. Trotz diverser Handlungszwänge, eigener Indoktrination und Kontrolle durch Schuldirektor, Parteisekretär, Fachberater und Kollegen gaben einzelne Lehrer, vornehmlich Klassenlehrer, nonkonformen Schülern auch Rückhalt, indem sie nicht vom Leistungsdenken abrückten und deren Bildungskarriere trotz fehlenden „gesellschaftlichen Engagements" zu fördern versuchten,[3] selbst wenn Schuldirektoren (bis auf wenige Ausnahmen), Vertreter des Schulrates und Zulassungskommissionen diesem persönlichen Einsatz von Lehrern entgegenwirkten.

Eigene Handlungsmöglichkeiten und -strategien zeigten sich im Schulalltag ebenso im Umgang mit „besonderen Vorkommnissen", indem Lehrer und Schuldirektoren eine schulinterne Lösung bevorzugten.

Obwohl sich Diskriminierungsmaßnahmen auf Gesetze, Verordnungen und Anweisungen von Partei- und Staatsfunktionären zurückführen lassen, so lag

---

3   Vgl. Wappler, Klassenzimmer ohne Gott, S. 239.

doch deren Auslegung und Anwendung immer in den Händen konkreter Personen. Es oblag dem Einzelnen, die sich daraus ergebenden Handlungsspielräume trotz der organisierten und repressiven Strukturen im Volksbildungswesen zu nutzen, jedoch hing das von persönlichen Moral- und Wertevorstellungen, Rechtsempfinden, Risikobereitschaft, Charakterstärke und letztendlich von seinem Willen ab.

Insgesamt kann davon ausgegangen werden, dass der überwiegenden Zahl der DDR-Schüler im Erziehungs- und Bildungssystem keine Diskriminierung widerfahren ist. Sei es, weil sie die Erziehung zur allseitig gebildeten sozialistischen Persönlichkeit verinnerlicht oder sich entsprechend den Anforderungen anpasst hatten. Sei es, weil sie das Glück hatten, auf tolerante Pädagogen zu treffen, oder weil sie ihre Schul-, Ausbildungs- und Studienzeit unter politischen Rahmenbedingungen absolvieren konnten, die ihnen einen Zugang zu weiterführenden Bildungseinrichtungen ermöglichten und anderes mehr. Allerdings wurde einigen ehemaligen Schülern eine Verwirklichung ihrer Bildungskarriere in der DDR aktiv verwehrt. Diese mussten auch nach der Wiedervereinigung finanzielle Nachteile aufgrund ihrer fehlenden Qualifikation in Kauf nehmen. Das Bundesamt für Justiz verzeichnete bis zum 31. Juli 2008 6 889 Anträge auf Rehabilitierung als verfolgte Schüler, von denen letztlich 3 878 positiv beschieden wurden. Selbst wenn davon ausgegangen werden kann, dass die Dunkelziffer bei weitem höher liegt, da nicht jeder benachteiligte Schüler seine Rehabilitierung beantragt hat, bestätigt sich doch, dass die Zahl der Betroffenen im Verhältnis zur Gesamtschülerzahl der Jahre 1945 bis 1989 als äußerst gering einzuschätzen ist. Dieses quantitative Verhältnis darf jedoch nicht dazu verführen, die Schattenseite des Erziehungs- und Bildungssystems der DDR auszublenden, denn jeder Einzelfall birgt das Schicksal eines Menschen, dessen Lebensweg aufgrund der Benachteiligung langfristig und nachhaltig negativ beeinflusst wurde.

Ausgehend von der Auswertung der Sächsischen Rehabilitierungsakten lässt sich feststellen, dass die Betroffenen – entsprechend jeweils der eigenen Lebenserfahrung und -umstände – ihre Benachteiligung wahrnahmen und mit dieser umgingen. Das zeigte sich beispielsweise in Bezug auf das Rehabilitierungsverfahren: Einerseits kann zwar bei Betroffenen, die ein Rehabilitierungsverfahren anstrebten, davon ausgegangen werden, dass sie sich als benachteiligt einschätzten, andererseits fühlte sich nicht jeder diskriminierte Schüler motiviert, um einen Antrag zu stellen. Auch entbehren abgelehnte Rehabilitierungsanträge nicht grundsätzlich einer Benachteiligung, denn für eine Rehabilitierung sind neben einem „Verfolgungsgrund" weitere Bedingungen, wie Schweregrad und Dauer dieser „Verfolgungsmaßnahme", relevant. Und trotz einheitlicher Verfahrensweise gestalten die jeweiligen Sachbearbeiter doch den Ablauf und Ausgang des Verfahrens mit.

Der unterschiedliche Umgang der Betroffenen mit ihrer Benachteiligung zeigt sich zudem daran, dass fast die Hälfte der sächsischen Antragsteller eines Rehabilitierungsantrages, einen Bildungsabschluss über den Facharbeiterbrief hinaus erworben hat. Jedoch musste die Mehrheit dabei langwierige Umwege und häufig nicht dem ursprünglichen Berufswunsch entsprechende Abschlüsse in Kauf nehmen. Dieses an sich positive Ergebnis wird jedoch von der Tatsache relativiert, dass die meisten Betroffenen ihre Bildungsmaßnahmen erst nach 1989 antreten konnten und dass fast ein Fünftel nach wie vor über keinen vollwertigen Berufsabschluss verfügt.

Das wichtigste Kriterium für schulisches und berufliches Vorankommen war die richtige politische Gesinnung. Damit bestätigt sich, dass die Volksbildungsorgane systematisch und nachhaltig gegen Abweichler vorgingen, um diese mit einer verhinderten Bildungs- oder Berufskarriere ins existenzielle Abseits zu drängen.

Zwar existierten trotz der üblichen Zulassungskriterien mitunter Alternativen, etwa die betriebliche Delegierung, die administrative Eigenheiten der beruflichen Weiterbildung in der DDR, die Fachschulausbildung, abendliche Volkshochschulkurse, das Abend- oder Fernstudium, jedoch ließ sich der Wunsch nach Bildung nicht immer mit der persönlichen Lebenssituation des Einzelnen vereinbaren.

Für die Mehrzahl der Betroffenen gaben die Repressalien und Diskriminierungen keinen Anlass, die DDR zu verlassen; wer in den anderen deutschen Staat flüchtete oder ausreiste, tat dies in den seltensten Fällen nur aufgrund seiner Benachteiligung und den Repressionen im Schul- und Bildungssystem. Der Neuanfang in der Bundesrepublik gestaltete sich für viele schwierig, denn die Flucht oder das Ausreiseverfahren mit ihren spezifischen Nachwirkungen und das Einleben in einer neuen Umgebung beeinträchtigten häufig die Leistungsfähigkeit der Betroffenen.

Mit der friedlichen Revolution in der DDR änderten sich auch die Zugangsbedingungen zu weiterführenden Bildungseinrichtungen. Ein großer Teil der Betroffenen nutzte die Chance, trotz zusätzlicher Anstrengungen aufgehaltene bzw. aufgeschobene Berufswünsche zu verwirklichen, denn bis zum Erlass des Rehabilitierungsgesetzes 1992/94 mussten ehemals diskriminierte Schüler die nötigen Reifezeugnisse erst erwerben, um eine Berufsausbildung oder ein Studium aufnehmen zu können. Mit Inkrafttreten des Rehabilitierungsgesetzes erhielten anerkannte verfolgte Schüler eine Sonderzugangsberechtigung zu Weiterbildungsangeboten und Studiengängen sowie ein altersunabhängiges und nicht rückzahlungspflichtiges BAföG. Trotz dieser Erleichterungen und das befriedigende Gefühl der Wiedergutmachung an der eigenen Person erfuhren die Betroffenen gegenüber Gleichaltrigen und Gleichqualifizierten eine erneute Zurücksetzung aufgrund ihrer fehlenden Berufserfahrung und den damit verbunden finanziellen Einbußen. Wie nachhaltig die schulische Benachteiligung auf einige verfolgte Schüler wirkte, zeigte sich schließlich auch daran, dass sich Betroffene noch Jahre später mit ihrer beruflichen und persönlichen Entwicklung auseinandersetzten, denn die Konflikte mit der staatlichen Obrigkeit brachten nicht selten auch langwierige Kontroversen in den Familien oder im Freundeskreis mit sich. Zudem riefen die staatlichen Eingriffe, insbesondere

Zersetzungsmaßnahmen, strafrechtliche Verfolgung und körperlich schwere bzw. gesundheitsgefährdende Tätigkeiten, bei Betroffenen anhaltende psychische und physische Gesundheitsschäden hervor. Nur wenige Betroffene, deren schulische und berufliche Entwicklung schließlich noch eine positive Wendung nahm, konnten ihre Erlebnisse bewältigen.

Zwar halfen das Zweite SED-Unrechtsbereinigungsgesetz und die Sächsischen Verwaltungsvorschrift über die Zahlung einer Entschädigung einen Teil des widerfahrenen Unrechts auszugleichen, die Hoffnung vieler verfolgter Schüler auf eine angemessene Entschädigung blieb jedoch unerfüllt. Daran änderte auch das Dritte SED-Unrechtsbereinigungsgesetz nichts.

So stellt sich abschließend die Frage: Wie sehr beeinflusste die Diskriminierung im Erziehungs- und Bildungssystem der DDR die Lebensläufe der in dieser Arbeit untersuchten Schüler? Eine einheitliche Antwort ist aufgrund der sehr unterschiedlichen Einzelschicksale kaum möglich, denn es hängt vom persönlichen Empfinden der Betroffenen ab, ob und inwieweit sie ihre schulische Benachteiligung als biographischen Bruch erlebten. Unabhängig davon steht fest: Zur Geschichte des DDR-Erziehungs- und Bildungssystems gehören zahlreiche Geschichten von Schülern, die aus politischen Gründen benachteiligt wurden und der Willkür von Staat und Partei rechtlich schutzlos ausgeliefert waren. Das politische System der DDR ging gegen solche Benachteiligungen nicht vor, sondern ermöglichte sie überhaupt erst und war sogar darauf angelegt. Während mit der SED-Diktatur 1989/90 auch die von ihr verantworteten Benachteiligungen von Schülern ein Ende fanden, konnten die Folgen des geschehenen Unrechts nicht für jeden einzelnen Betroffenen revidiert oder gemildert werden.

Mit dem Erziehungskonzept einer allseitig gebildeten sozialistischen Persönlichkeit strebte die SED danach, ihren Machtanspruch gegenüber der Bevölkerung frühzeitig und systematisch durchzusetzen. Dieses Streben degradierte Kinder zu „Objekten" der Erziehungspolitik, die es für die eigenen Zwecke mit allen Mitteln zu gewinnen galt. Alternative Erziehungsvorstellungen von Eltern, die vom Werte- und Normenkanon der Parteidoktrin abwichen, wurden dabei nicht toleriert. Um diesen „schädlichen" elterlichen Einfluss zu unterbinden, schreckten die Träger des Systems auch nicht vor Repressionen gegenüber deren Kindern zurück. Zu diesen Trägern des Systems gehörte neben der Gruppe Partei- und Staatsfunktionäre auch ein großer Teil der Schuldirektoren und ein nicht zu unterschätzender Teil der Lehrerschaft, die bewusst, auch mit Einschüchterung und Gesinnungsdruck die Erziehungsansprüche gegenüber Kindern und Jugendlichen durchsetzten. Nach wie vor wäre von Interesse: Wie beschreiben und bewerten diese Träger des Systems in der Retrospektive ihr Agieren? Wie stark war ihr Handeln von eigenen Überzeugungen, Anpassung oder Zwängen motiviert?

Insbesondere vor dem Hintergrund, dass ein Gros der Lehrer und ein Teil der Direktoren nach der Wiedervereinigung im Schuldienst verblieben ist, wäre zu fragen, ob diese ihre Erziehungsmethoden beibehielten oder ob sie sich selbstkritisch und verantwortungsbewusst einer menschenwürdigen Pädagogik zuwandten.

Diese Arbeit stellt mitunter heraus, dass die Lehrerschaft wie auch die Vertreter der Volksbildungseinrichtungen in der DDR bereits im Vorfeld ihrer eigenen Bildungs- und Berufskarriere sich einer politischen Überprüfung unterziehen mussten und vielfach Disziplinierungsmaßnahmen unterlagen. Dennoch sind weitere Forschungen nötig, die genauer untersuchen, wie sich innerhalb dieser Gruppe ein erhöhter Grad der Anpassung erreichen ließ und wie sich Formen der Selbstdisziplinierung im Volksbildungssystem herausbilden konnten. In diesem Zusammenhang wäre auch zu klären, ob es eine systematische und flächendeckende geheimpolizeiliche Überwachung im Volksbildungswesen gegeben hat[4] oder ob dies aufgrund der festen ideologischen Einbindung gar nicht nötig war.[5]

Ebenso nahm diese Arbeit auch Teile der Verwaltungstätigkeit innerhalb der Volksbildung in den Blick. In diesem Bereich zeigt sich ein deutliches Forschungsdesiderat, dass es zu füllen gilt. Beispielsweise sind ein Großteil des Aufbaus, der Organisationsstrukturen und der einzelnen Tätigkeitsfelder innerhalb des Ministeriums für Volksbildung ungeklärt. Weiterhin sind die Beziehungen zwischen dem Ministerium und seinen nachgeordneten Einrichtungen noch nicht ausreichend untersucht. Zudem ist von besonderem Interesse, welches Beziehungsgeflecht das Ministerium für Volksbildung zu anderen Ministerien, zur Abteilung Erziehung und Kultur bzw. Volksbildung beim Zentralkomitee der SED oder zu anderen Parteien und Massenorganisationen unterhielt. Dieses Beziehungsgeflecht wäre ebenso auf den nachgeordneten regionalen Ebenen zu durchleuchten.

Als besonderer Aspekt der Verwaltungstätigkeit innerhalb der DDR und als Potential für die Forschung in vielen Bereichen erwies sich das Eingabewesen. Diese Arbeit hat auch die Eingaben im Volksbildungswesen in ihre Untersuchung mit einbezogen und zumindest für den Bereich der Diskriminierung von Schülern erstmals eine detailliertere Analyse zum Inhalt der Eingaben erstellt. Dabei wurde untersucht, welche Bedeutung sie im Bereich der Volksbildung einnahmen und wie die Mitarbeiter der Volksbildung mit ihnen umgingen. Diese Forschungsergebnisse stellen jedoch nur den Anfang eines weiten Feldes dar, dass es in vielerlei Hinsicht zu „beackern" lohnt.

In Bezug auf die Rehabilitierung konnte nur in Ansätzen geklärt werden, warum Betroffene, die im Erziehungs- und Bildungswesen der DDR Diskriminierungen ausgesetzt waren, keinen Rehabilitierungsantrag gestellt haben. Da sich der Hauptquellenbestand aus Rehabilitierungsakten zusammensetzte, denen ein Rehabilitierungsbegehren zugrunde lag, war eine Beantwortung dieser Fragestellung nur begrenzt möglich und ist damit diesem Quellenbestand der Rehabilitierungsakten geschuldet.

---

4   Vgl. Ackermann, Die Jenaer Schulen im Fokus der Staatssicherheit, S. 10.
5   Vgl. Wiegmann, Pädagogik und Staatssicherheit, S. 149.

Insgesamt stellen sich auch Fragen des Vergleichs mit anderen ehemaligen Ostblockstaaten. In welchem Umfang und mit welchen Folgen haben in diesen Staaten Diskriminierungen im Schul-, Ausbildungs- und Studienalltag stattgefunden? Wie geht man heute in diesen Staaten mit dieser dunklen Seite des Erziehungs- und Bildungswesen um? Welche Bestrebungen der Rehabilitierung oder Wiedergutmachung gibt es in diesen Ländern?

Darüber hinaus kann ein Vergleich lohnen, der die Aufarbeitung von politischer Verfolgung im Erziehungs- und Bildungswesen während der Diktatur des Nationalsozialismus mit der in der SED-Diktatur untersucht. Nach beiden Diktaturen erließ die Bundesrepublik Rehabilitierungsgesetze und Entschädigungsmaßnahmen, um das den Betroffenen widerfahrene Unrecht wiedergutzumachen. So ergeben sich interessante Forschungsfragen: Mit welchen Maßgaben und unter welchen Umständen sind die Rehabilitierungsgesetze und Entschädigungsregelungen jeweils entstanden? In welchem Umfang nahmen die Betroffenen die Wiedergutmachungsformen an und für wie sinnvoll erachteten sie diese.

Abschließend lässt sich feststellen, dass sich im Erziehungs- und Bildungssystem der DDR der Charakter des Unrechtsstaates widerspiegelte, in dem den Funktionsträgern von SED und „Staatsorganen" nur an der systematischen Durchsetzung ihrer Politik gelegen war. Abweichendes Verhalten, Kritik oder gar offener Widerspruch aus den Reihen der Jugend, den zu Erziehenden, war dabei absolut unerwünscht, das verdeutlichte auch nochmal Margot Honecker in einem jüngst publizierten Interview mit aller bornierter Offenheit: „In der DDR konnte man eine Erweiterte Oberschule besuchen und die Hochschulreife erwerben – man musste es nicht. Es gab für den Schüler sowenig eine Pflicht zum Abitur, wie der Staat verpflichtet war, jedem, der das Abitur zu machen wünschte, dies zu ermöglichen. [...] Aber es war nicht unbillig, wenn der Staat einem jungen Menschen die individuelle Ausbildung finanzierte, dafür mindestens Loyalität erwartete. Warum sollte er, um die Metapher in Äsops Fabel ‚Der Bauer und die Schlange' zu benutzen, eine Schlange an seinem Busen nähren oder wärmen?"[6]

6   Margot Honecker, Zur Volksbildung, S. 163.

IX. Anhang

1. Abkürzungen

ABF	Arbeiter-und-Bauern-Fakultät
ABM	Arbeitsbeschaffungsmaßnahme
ABV	Abschnittsbevollmächtigter
AfG	Akademie für Gesellschaftswissenschaften
BAföG	Bundesausbildungsförderungsgesetz
BerRehaG	Berufliches Rehabilitierungsgesetz
BGBl.	Bundesgesetzblatt
BKV	Betriebskollektivvertrag
BLpB	Bayerische Landeszentrale für politische Bildung
BmA	Berufsausbildung mit Abitur
BMiB	Bundesministerium für innerdeutsche Beziehungen
BRD	Bundesrepublik Deutschland
BR-Drs.	Bundesratsdrucksache
BSI	Bezirksschulinspektion/-inspektor
BSR	Bezirksschulrat
BT	Bezirkstag
BT-Drs.	Bundestagsdrucksache
BOB	Berufsoffiziersbewerber
BUB	Berufsunteroffiziersbewerber
BV	Bezirksverwaltung
BVerfG	Bundesverfassungsgericht
BVerfGE	Bundesverfassungsgerichtsentscheidung
CDU	Christlich Demokratische Union
DA	Dienstanweisung
DB	Dienstbesprechung
DDR-GBl.	DDR-Gesetzblatt
DLZ	Deutsche Lehrerzeitung
DPZI	Deutsches Pädagogisches Zentralinstitut
DTSB	Deutscher Turn- und Sportbund
DVV	Deutsche Verwaltung für Volksbildung
EKD	Evangelische Kirche in Deutschland
EOS	Erweiterte Oberschule
ESG	Evangelische Studentengemeinde
FDJ	Freie Deutsche Jugend
FGB	Familiengesetzbuch
GBl.	Gesetzblatt
GG	Grundgesetz
GJWH	Geschlossener Jugendwerkhof
GOL	Gruppenorganisationsleitung
GMS	Gesellschaftlicher Mitarbeiter für Sicherheit
GST	Gesellschaft für Sport und Technik
HA	Hauptabteilung
HHG	Häftlingshilfegesetz

HSI	Hauptschulinspektion
IfG	Institut für Gesellschaftswissenschaften
IM	Inoffizieller Mitarbeiter
JWH	Jugendwerkhof
KD	Kreisdienststelle
KdT	Kammer der Technik
KKH	Kreiskrankenhaus
KPD	Kommunistische Partei Deutschlands
KPdSU	Kommunistische Partei der Sowjetunion
KSG	Katholische Studentengemeinde
KSI	Kreisschulinspektion/-inspektor
KSR	Kreisschulrat
KSZE	Konferenz über Sicherheit und Zusammenarbeit in Europa
KT	Kreistag
KVP	Kasernierte Volkspolizei
LPG	Landwirtschaftliche Produktionsgenossenschaft
LVZ	Leipziger Volkszeitung
MdI	Ministerium des Innern
MfS	Ministerium für Staatssicherheit
MfV	Ministerium für Volksbildung
MinBl.	Ministerialblatt
NATO	North Atlantic Treaty Organization (Nordatlantikvertrag-Organisation)
NÖSPL	Neues ökonomisches System der Planung und Leitung der Volkswirtschaft
NVA	Nationale Volksarmee
POS	Allgemeinbildende polytechnische Oberschule
RdB	Rat des Bezirkes
RdK	Rat des Kreises
RdS	Rat der Stadt
SächsABl.	Sächsisches Amtsblatt
SBZ	Sowjetische Besatzungszone
SED	Sozialistische Einheitspartei Deutschlands
S-Klasse	Spezialklasse
SMAD	Sowjetische Militäradministration in Deutschland
SPD	Sozialdemokratische Partei Deutschlands
Stasi	Staatssicherheit
StrRehaG	Strafrechtliches Rehabilitierungsgesetz
StSR	Stadtschulrat
UdSSR	Union der sozialistischen Sowjetrepubliken
UNO	United Nations Organization (Organisation der Vereinten Nationen)
USA	United States of America (Vereinigte Staaten von Amerika)
VEB	Volkseigener Betrieb
VHS	Volkshochschule
VP	Volkspolizei
V-Klassen	Vorbereitungsklassen

VuM	Verfügungen und Mitteilungen (des Ministeriums für Volksbildung der DDR)
VwRehaG	Verwaltungsrechtliches Rehabilitierungsgesetz
ZIJ	Zentralinstitut für Jugendforschung
ZK	Zentralkomitee
ZV	Zivilverteidigung

2. Quellenverzeichnis

Zeitzeugeninterviews

Interview mit Herrn C. L. am 29. Januar 2005
Interview mit Herrn G. H. am 20. Januar 2005
Interview mit Herrn G. M. am 19. Januar 2005
Interview mit Herrn H. S. am 22. April 2005
Interview mit Herrn H. W. am 27. November 2004
Interview mit Herrn H.-J. E. am 25. Januar 2005
Interview mit Frau J. T. am 2. Dezember 2004
Interview mit Herrn M. G. am 25. November 2004
Interview mit Herrn M. K. am 8. Januar 2005
Interview mit Herrn M. Z. am 18. Januar 2005
Interview mit Frau R. T. am 12. Januar 2005
Interview mit Herrn S. B. am 26. November 2004
Interview mit Frau S. H. am 27. November 2004
Interview mit Frau S. N. am 18. Januar 2005
Interview mit Herrn T. G. am 15. Dezember 2004
Interview mit Herrn T. L. am 11. Februar 2005
Interview mit Herrn T. S. am 19. Januar 2005
Interview mit Frau U. E. am 20. Januar 2005
Interview mit Herrn U. L. am 31. Januar 2005
Interview mit Herrn W. M. am 31. Januar 2005
Interview mit Frau W. O. am 1. April 2005

Genannte Rehabilitierungsakten

Sächsisches Landesamt für Familie und Soziales, Rehabilitierungsbehörde, Az.:

97/74/0095	97/74/0218	97/74/0203	97/74/0198
97/74/0197	97/74/0190	97/74/0177	97/74/0175
97/74/0175	97/72/0178	97/74/0172	97/73/0174
97/72/0176	97/73/0171	97/70/0176	97/73/0167
97/73/0164	97/72/0165	97/74/0161	97/74/0161
97/74/0160	97/74/0159	97/74/0158	97/74/0157
95/72/0158	97/73/0157	97/74/0154	97/74/0116
97/73/0102	97/73/0102	97/74/0095	97/72/0094
97/72/0088	97/72/0084	94/70/0081	97/74/0069

94/70/0066	97/74/0063	97/74/0062	97/72/0064
94/70/0060	95/70/0060	94/70/0053	94/70/0051
95/70/0051	94/70/0047	94/73/0045	95/70/0047
94/70/0046	95/70/0044	94/70/0041	95/70/0038
94/70/0037	95/70/0037	94/70/0035	95/70/0034
96/70/0034	95/70/0033	96/70/0033	94/70/0032
96/70/0022	96/70/0018	96/70/0013	97/74/0012
96/70/0011	94/70/0010	94/70/0008	97/73/0005
97/72/0000			

Archivalien

Bundesarchiv Berlin

Bestand DDR, Volkskammer 1949–1990:
BArch, DA 1/16349

Bestand DDR, Staatsrat 1960–1990:
BArch, DA 5/3

Bestand DDR, Abteilung Volksbildung 1945–1989:

BArch, DR 2/D65, unpag.
BArch, DR 2/D128, Band 2, unpag.
BArch, DR 2/D128, Band 4, unpag.
BArch, DR 2/D133, Band 1, unpag.
BArch, DR 2/D133, Band 2, unpag.
BArch, DR 2/D1507, unpag.
BArch, DR 2/D1509, unpag.
BArch, DR 2/D1695, unpag.
BArch, DR 2/D1686, unpag.
BArch, DR 2/D1688, unpag.
BArch, DR 2/D1698, unpag.
BArch, DR 2/K1209, unpag.
BArch, DR 2/7807, unpag.
BArch, DR 2/8181, unpag.
BArch, DR 2/10103, unpag.
BArch, DR 2/10883, unpag.
BArch, DR 2/11734, Band 2, unpag.
BArch, DR 2/11735, Band 2, unpag.
BArch, DR 2/13031, unpag.
BArch, DR 2/13032, unpag.
BArch, DR 2/13033, unpag.
BArch, DR 2/13034, unpag.
BArch, DR 2/13090, unpag.
BArch, DR 2/13091, unpag.
BArch, DR 2/13295, unpag.
BArch, DR 2/13554, Band 1, unpag.
BArch, DR 2/13554, Band 2, unpag.

BArch, DR 2/13792, unpag.
BArch, DR 2/14277, unpag.
BArch, DR 2/14287, unpag.
BArch, DR 2/20101, unpag.
BArch, DR 2/20102, unpag.
BArch, DR 2/20103, unpag.
BArch, DR 2/20104, unpag.
BArch, DR 2/20105, unpag.
BArch, DR 2/20106, unpag.
BArch, DR 2/20107, unpag.
BArch, DR 2/20108, unpag.
BArch, DR 2/21379, unpag.
BArch, DR 2/21611, unpag.
BArch, DR 2/21612, unpag.
BArch, DR 2/23019, unpag.
BArch, DR 2/24484, unpag.
BArch, DR 2/24485, unpag.
BArch, DR 2/24486, unpag.
BArch, DR 2/25046, unpag.
BArch, DR 2/25050, unpag.
BArch, DR 2/25570, unpag.
BArch, DR 2/25053, unpag.
BArch, DR 2/25880, unpag.
BArch, DR 2/26273, unpag.
BArch, DR 2/26348, unpag.
BArch, DR 2/26352, unpag.
BArch, DR 2/26362, unpag.

BArch, DR 2/26383, unpag.
BArch, DR 2/26686, unpag.
BArch, DR 2/26862, unpag.
BArch, DR 2/27033, unpag.
BArch, DR 2/27132, unpag.
BArch, DR 2/27170, unpag.
BArch, DR 2/27187, unpag.
BArch, DR 2/27340, unpag.
BArch ,DR 2/27343, unpag.

BArch, DR 2/27747, unpag.
BArch ,DR 2/28938, unpag.
BArch, DR 2/28946, unpag.
BArch, DR 2/28971, Band 2, unpag.
BArch, DR 2/30452, unpag.
BArch, DR 2/30668, unpag.
BArch, DR 2/51686, unpag.
BArch, DR 2 MD – Version Uni Jena

Stiftung Archive der Parteien und Massenorganisationen im Bundesarchiv

Zentralkomitee der SED, Sekretariat:
SAPMO-BArch, DY 30/5525, unpag.

Zentralkomitee der SED, Abteilung Volksbildung:
SAPMO-BArch, DY 30/IV B 2/9.05/27, unpag.
SAPMO-BArch, DY 30/IV B 2/9.05/51, unpag.
SAPMO-BArch, DY 30/IV 2/9.05/27.
SAPMO-BArch, DY 30/IV 2/9.05/27.
SAPMO-BArch, DY 30/IV 2/9.05/23.
SAPMO-BArch, DY 30/IV 2/9.05/43.

Zentralkomitee der SED Abteilung Wissenschaft:
SAPMO-BArch, DY 30/IV B 2/9.04/126, unpag.

Sächsisches Hauptstaatsarchiv Dresden

Bestand Rat des Bezirkes/Bezirkstag Dresden, Abteilung Volksbildung:
SächsHStA, 11430 BT/RdB Dresden, Nr. 6339, unpag.
SächsHStA, 11430 BT/RdB Dresden, Nr. 6342
SächsHStA, 11430 BT/RdB Dresden, Nr. 6419, unpag.
SächsHStA, 11430 BT/RdB Dresden, Nr. 6433
SächsHStA, 11430 BT/RdB Dresden, Nr. 6445
SächsHStA, 11430 BT/RdB Dresden, Nr. 6451, unpag.
SächsHStA, 11430 BT/RdB Dresden, Nr. 6488, unpag.
SächsHStA, 11430 BT/RdB Dresden, Nr. 26722, unpag.
SächsHStA, 11430 BT/RdB Dresden, Nr. 30056/1, unpag.

Sächsisches Staatsarchiv Chemnitz

Bestand Rat des Bezirkes/Bezirkstag Karl-Marx-Stadt, Abteilung Volksbildung:
SächsStAC, 30431/8.1, Nr. A449, unpag.
SächsStAC, 30413/8.1, Nr. A612, unpag.
SächsStAC, 30413/8.1, Nr. 457, unpag.
SächsStAC, 30413/8.1, Nr. 458, unpag.

SächsStAC, 30413/8.1, Nr. 460, unpag.
SächsStAC, 30413/8.1, Nr. 515, unpag.
SächsStAC, 30413/8.1, Nr. 63546, unpag.
SächsStAC, 30413/8.1, Nr. 63547, unpag.
SächsStAC, 30413/8.1, Nr. 63558, unpag.
SächsStAC, 30413/8.1, Nr. 63559, unpag.

Bestand Rat des Bezirkes/Bezirkstag Karl-Marx-Stadt, Abteilung Innere
Angelegenheiten:
SächsStAC, 30413/7.1, Nr. 12248

Sächsisches Staatsarchiv Leipzig

Bestand Rat des Bezirkes/Bezirkstag Leipzig, Abteilung Volksbildung:
SächsStAL, 20237 BT/RdB Leipzig, Nr. 132
SächsStAL, 20237 BT/RdB Leipzig, Nr. 157
SächsStAL, 20237 BT/RdB Leipzig, Nr. 326
SächsStAL, 20237 BT/RdB Leipzig, Nr. 979
SächsStAL, 20237 BT/RdB Leipzig, Nr. 1042
SächsStAL, 20237 BT/RdB Leipzig, Nr. 1083/1
SächsStAL, 20237 BT/RdB Leipzig, Nr. 1503
SächsStAL, 20237 BT/RdB Leipzig, Nr. 1576
SächsStAL, 20237 BT/RdB Leipzig, Nr. 1577
SächsStAL, 20237 BT/RdB Leipzig, Nr. 1639
SächsStAL, 20237 BT/RdB Leipzig, Nr. 1641
SächsStAL, 20237 BT/RdB Leipzig, Nr. 1649
SächsStAL, 20237 BT/RdB Leipzig, Nr. 1740
SächsStAL, 20237 BT/RdB Leipzig, Nr. 1745
SächsStAL, 20237 BT/RdB Leipzig, Nr. 1771
SächsStAL, 20237 BT/RdB Leipzig, Nr. 4269
SächsStAL, 20237 BT/RdB Leipzig, Nr. 20723
SächsStAL, 20237 BT/RdB Leipzig, Nr. 21125
SächsStAL, 20237 BT/RdB Leipzig, Nr. 22370
SächsStAL, 20237 BT/RdB Leipzig, Nr. 24312

Bundesbeauftragte für Unterlagen des Staatssicherheitsdienstes der DDR:

BStU, MfS BV Leipzig, Au 252/66
BStU, MfS BV Dresden, AKG PJ 230/86
BStU, MfS BV Dresden, KD Freital, 15021
BStU, MfS BV Dresden, Abt. XX - 9236
BStU, MfS BV Leipzig, Abt. XX 00310/02
BStU, MfS BV Leipzig, Abt. XII 00003/06
BStU, MfS, BV Leipzig, Abt. XX, 1572
BStU, ZA MfS VVS 008-63/68 - BdL Dok. Nr. 1267, Bl. 1-20

Andruschow, Horst: Die politisch-operative Arbeit zur Sicherung der Jugendpolitik der SED. Studienmaterial, Potsdam 1985 (BStU, ZA MfS JHS-Nr. 15/85). Teilausarbeitung zum Forschungsthema „Die politisch-operative Bekämpfung des subversiven Mißbrauchs gesellschaftswidriger Verhaltensweisen Jugendlicher" (MfS JHS 001–1098/80; BStU, MfS, BV Dresden, Abt. XX 11288).

Hennig, Wilfried: Die effektive Nutzung und die objektiv notwendige Erweiterung der operativen Basis der Diensteinheit zur offensiven Bekämpfung gesellschaftswidriger Verhaltensweisen Jugendlicher, die Gefahren für die öffentliche Ordnung darstellen. Diplomarbeit 1985 (BStU, MfS JHS 20314).

Sonstige Quellen

Allgemeine Erklärung der Menschenrechte vom 10. Dezember 1948. In: Menschenrecht. Dokumente und Deklarationen. Hg. von der Bundeszentrale für politische Bildung, Bonn 1999, S. 52–59.

Anordnung über die Bewerbung um eine Lehrstelle – Bewerbungsordnung – vom 5. Januar 1982 (DDR-GBl. 1982 I, S. 95). In: VuM, (1982) Nr. 1, S. 9–15.

Antrag der Fraktion BÜNDNIS 90/DIE GRÜNEN „Wirksame Unterstützung für die Verfolgten des DDR-Regimes" vom 28. Februar 2007, BT-Drs. 16/4404.

Antrag der Fraktion der FDP „Gerechtigkeit für die Opfer der SED-Diktatur" vom 28. Februar 2007, BT-Drs. 16/4409.

Antrag der Fraktion PDS „Erleichterung und erweiterte Rehabilitierung und Entschädigung für Opfer der politischen Verfolgung in der DDR vom 15. März 2000, BT-Drs. 14/2928.

Antrag der Fraktionen der CDU/CSU und SPD „Unterstützung der Opfer der SED-Diktatur – Eckpunkte für ein Drittes SED-Unrechtsbereinigungsgesetz" vom 31. Januar 2007, BT-Drs. 16/4167.

Anweisung zur Information des MfV durch die Bezirksschulräte vom 10. August 1976.

Baske, Siegfried/Engelbert, Martha (Hg.): Zwei Jahrzehnte Bildungspolitik in der Sowjetzone Deutschlands. Dokumente. Erster Teil 1945 bis 1958, Berlin (West) 1966.

–/– (Hg.): Zwei Jahrzehnte Bildungspolitik in der Sowjetzone Deutschlands. Dokumente. Zweiter Teil 1963 bis 1976, Berlin (West) 1979.

Beratung des Antrags der Fraktion der PDS Erleichterte und erweiterte Rehabilitierung und Entschädigung für Opfer der politischen Verfolgung in der DDR – Drucksache 14/2928, BT-Plenarprotokoll 14/112 vom 30. Juni 2000, S. 10643–10650.

Berufliches Rehabilitierungsgesetz (BerRehaG) in der Fassung der Bekanntmachung vom 1. Juli 1997 (BGBl. I 1997, S. 1625), zuletzt geändert durch Artikel 3 des Gesetzes vom 21. August 2007 (BGBl. I 2007, S. 2118).

Berufliches Rehabilitierungsgesetz (BerRehaG) vom 1. Juli 1994 (BGBl. I 1994, S. 1311–1321).

Beschluss der Volkskammer über die Grundsätze für die Aus- und Weiterbildung der Werktätigen vom 16. September 1970 (DDR-GBl. 1970 I, S. 291).

Beschluss zur weiteren Förderung und Sicherung der schöpferischen Arbeit der Lehrer und andere Grundsatzbestimmungen. Dokumente und Beiträge. Hg. vom Ministerium für Volksbildung, Berlin (Ost) 1961.

Beschlussempfehlung und Bericht des Ausschusses für Bildung, Forschung und Technikfolgenabschätzung (18. Ausschuss) zum Gesetzentwurf der Bundesregierung – Drucksache 16/5172 Entwurf eines Zweiundzwanzigsten Gesetzes zur Änderung des Bundesausbildungsförderungsgesetzes (22. BAföGÄndG) vom 15. November 2004, BT-Drs. 16/7214.

Beschlussempfehlung und Bericht des Rechtsausschusses zum Entwurf eines Dritten Gesetzes zur Verbesserung rehabilitierungsrechtlicher Vorschriften für Opfer der politischen Verfolgung in der ehemaligen DDR vom 31. Mai 2007, BT-Drs. 16/5532.

Bundesgesetz über individuelle Förderung der Ausbildung (Bundesausbildungsförderungsgesetz – BAföG) vom 26. August 1971 (BGBl. I 1971, S. 1409), in der Fassung der Bekanntmachung vom 6. Juni 1983 (BGBl. I 1983, S. 645, ber. 1680), zuletzt geändert durch das 22. BAföGÄnd-Gesetz vom 23. Dezember 2007 (BGBl. I 2007, S. 3254).

Dienstordnung für Leiter und Lehrer der allgemeinbildenden Schulen vom 10. März 1954. In: VuM, (1954) Nr. 9, S. 77–82.

Eingabenerlass 1961 (DDR-GBl. I 1961, S. 8), Eingabenerlass 1969 (DDR-GBl. I 1969, S. 239).

Eingabengesetz vom 19. Juni 1975 (DDR-GBl. I 1975, S. 461).

Empfehlung für die Bewertung des Gesamtverhaltens der Schüler im Schuljahr 1960/61 vom 5. Januar 1961. In: VuM, (1961) Nr. 2, S. 14–15.

Entwurf eines ... Gesetzes zur Bereinigung von SED-Unrecht – Antrag der Länder Sachsen, Sachsen-Anhalt, Thüringen gemäß § 36 Abs. 2 GO BR – (Drucksache 425/04), BR-Plenarprotokoll 800 vom 11. Juni 2004, S. 285–286.

Erlass des Staatsrates der Deutschen Demokratischen Republik über die Bearbeitung der Eingaben der Bürger vom 20. November 1969 (DDR-GBl. I 1969, S. 239).

Erstes Gesetz zur Bereinigung von SED-Unrecht (Erstes SED-Unrechtsbereinigungsgesetz – 1. SED-UnBerG) vom 29. Oktober 1992 (BGBl. I 1992, S. 1814–1821).

Familiengesetzbuch der Deutschen Demokratischen Republik vom 20. Dezember 1965 (DDR-GBl. 1966 I, S. 1).

Gesetz über die Aufhebung rechtsstaatswidriger Verwaltungsentscheidungen im Beitrittsgebiet und die daran anknüpfenden Folgeansprüche (Verwaltungsrechtliches Rehabilitierungsgesetz – VwRehaG) vom 1. Juli 1994 (BGBl. I 1994, S. 1311–1321).

Gesetz über die Aufhebung rechtsstaatswidriger Verwaltungsentscheidungen im Beitrittsgebiet und die daran anknüpfenden Folgeansprüche (Verwaltungsrechtliches Rehabilitierungsgesetz – VwRehaG) in der Fassung der Bekanntmachung vom 1. Juli 1997 (BGBl. I 1997, S. 1620), zuletzt geändert durch Artikel 6 des Gesetzes vom 13. Dezember 2007 (BGBl. I 2007, S. 2904).

Gesetz über die Rehabilitierung und Entschädigung von Opfern rechtsstaatswidriger Strafverfolgungsmaßnahmen im Beitrittsgebiet (Strafrechtliches Rehabilitierungsgesetz – StRehaG) vom 29. Oktober 1992 (BGBl. I 1992, S. 1814–1821).

Gesetz über die Teilnahme der Jugend an der Gestaltung der entwickelten sozialistischen Gesellschaft und über ihre allseitige Förderung in der Deutschen Demokratischen Republik – Jugendgesetz der DDR – vom 28. Januar 1974 (DDR-GBl. 1974 I, S. 45).

Gesetz über die Teilnahme der Jugend der Deutschen Demokratischen Republik am Kampf um den umfassenden Aufbau des Sozialismus und die allseitige Förderung ihrer Initiativen bei der Leitung der Volkswirtschaft und des Staates, in Beruf und Schule, bei Kultur und Sport vom 4. Mai 1964 (DDR-GBl. 1964 I, S. 78–84).

Gesetz zur Verbesserung rehabilitierungsrechtlicher Vorschriften für Opfer der politischen Verfolgung in der ehemaligen DDR (BGBl. I 1997, S. 1609–1612).

Gesetz zur Verteidigung der Deutschen Demokratischen Republik (Verteidigungsgesetz) vom 20. September 1961 (DDR-GBl. 1961 I, S. 175–178).

Gesetzentwurf der Bundesregierung „Entwurf eines Zweiundzwanzigsten Gesetzes zur Änderung des Bundesausbildungsförderungsgesetzes (22. BAföGÄndG)" vom 27. April 2004, BT-Drs. 16/5172.

Gesetzentwurf der Bundesregierung, Entwurf eines Ersten Gesetzes zur Bereinigung von SED-Unrecht (SED-Unrechtsbereinigungsgesetz – 1. SED-UnBerG) vom 15. November 1991, BT-Drs. 12/1608.

Gesetzentwurf der Fraktion CDU/CSU „Entwurf eines Dritten Gesetzes zur Bereinigung von SED-Unrecht (Drittes SED-Unrechtsbereinigungsgesetz – 3. SED-UnBerG)" vom 27. Juni 2000, BT-Drs. 14/3665.

Gesetzentwurf der Fraktion DIE LINKE „Entwurf eines Dritten Gesetzes zur Verbesserung rehabilitierungsrechtlicher Vorschriften für politisch Verfolgte im Beitrittsgebiet und zur Einführung einer Opferrente (Opferrentengesetz)" vom 27. März 2007, BT-Drs. 16/4846.

Gesetzentwurf der Fraktionen der CDU/CSU und SPD „Entwurf eines Dritten Gesetzes zur Verbesserung rehabilitierungsrechtlicher Vorschriften für Opfer der politischen Verfolgung in der ehemaligen DDR" vom 27. März 2007, BT-Drs. 16/4842.

Gesetzesantrag der Länder Sachsen, Sachsen-Anhalt, Thüringen „Entwurf eines ... Gesetzes zur Bereinigung von SED-Unrecht" vom 25. Mai 2004, BR-Drs. 425/04.

Hannelore Thurm, Schulinspektorin der Abteilung Volksbildung beim Rat der Stadt Stralsund, Bezirk Rostock. In: VIII. Pädagogischer Kongreß der Deutschen Demokratischen Republik vom 18. bis 20. Oktober 1978. Protokolle. Hg. vom Ministerrat der Deutschen Demokratischen Republik, Ministerium für Volksbildung, Berlin (Ost) 1979, S. 595–599.

Hans-Jürgen Fuchs/Eberhard Petermann (Hg.), Bildungspolitik in der DDR 1966–1990. Dokumente, Berlin 1991.

Joachim Beckmann (Hg.), Kirchliches Jahrbuch für die Evangelische Kirche in Deutschland (KJ), Gütersloh 1955, 82. Jahrgang.

Lehrplan der zehnklassigen allgemeinbildenden Polytechnischen Oberschule, Deutsche Sprache und Literatur. Hg. vom Ministerium für Volksbildung, Berlin (Ost) 1959.

Lehrplan für Deutsche Sprache und Literatur Klasse 8 bis 10. Hg. vom Ministerrat der Deutschen Demokratischen Republik, Ministerium für Volksbildung, Berlin (Ost) 1974.

Monumenta Paedagogica, Band 6: Dokumente zur Geschichte des Schulwesens in der Deutschen Demokratischen Republik, Teil 1: 1945–1955. Hg. von der Kommission für deutsche Erziehungs- und Schulgeschichte der Deutschen Akademie der Wissenschaften zu Berlin, Berlin (Ost) 1970.

Monumenta Paedagogica, Band 7,1: Dokumente zur Geschichte des Schulwesens in der Deutschen Demokratischen Republik, Teil 2: 1956–1967/68, 1. Halbband. Hg. von der Kommission für deutsche Erziehungs- und Schulgeschichte der Deutschen Akademie der Wissenschaften zu Berlin, Berlin (Ost) 1969.

Monumenta Paedagogica, Band 16,1: Dokumente zur Geschichte des Schulwesens in der Deutschen Demokratischen Republik, Teil 3: 1968–1972/73, 1. Halbband. Hg. von der Kommission für deutsche Erziehungs- und Schulgeschichte der Deutschen Akademie der Wissenschaften zu Berlin, Berlin (Ost) 1974.

Monumenta Paedagogica, Band 16,2: Dokumente zur Geschichte des Schulwesens in der Deutschen Demokratischen Republik, Teil 3: 1968–1972/73, 2. Halbband. Hg. von der Kommission für deutsche Erziehungs- und Schulgeschichte der Deutschen Akademie der Wissenschaften zu Berlin, Berlin (Ost) 1975.

Monumenta Paedagogica, Band 24: Dokumente zur Geschichte des Schulwesens in der Deutschen Demokratischen Republik, Teil 4: 1973–1980/81. Hg. von der Kommission für deutsche Erziehungs- und Schulgeschichte der Deutschen Akademie der Wissenschaften zu Berlin, Berlin (Ost) 1986.

Öffentliche Anhörung „SED-Unrechtsbereinigungsgesetz" im Rechtsausschuss des Deutschen Bundestages, Protokoll 16/59 vom 7. Mai 2007 (http://www.bundestag.de/ausschuesse/a06/anhoerungen/Archiv/18_SED-Unrechtsbereinigung/05_Protokoll.pdf; 1.12.2008).

Potsdamer Abkommen. In: Dokumente zu Deutschland 1944–1994. Hg. von der Bayerischen Landeszentrale für politische Bildung, München 2000, S. 82.

Rede von Andrea Astrid Voßhoff (SPD), BT-Plenarprotokoll vom 13. Juni 2007, S. 10460–10462.

Rede von Andrea Wicklein (SPD), BT-Plenarprotokoll vom 13. Juni 2007, S. 10467–10469.

Rede von Klaas Hübner (SPD), BT-Plenarprotokoll vom 13. Juni 2007, S. 10458–10459.

Rehabilitierungsgesetz vom 6. September 1990 (DDR-GBl. 1990 I, S. 1459–1465).

S6028: Lehrerbefragung 1990. Hg. vom Deutschen Jugendinstitut (DJI-Studien-Nr.: B 55).

S6131: Student 1979. Hg. vom Zentralinstitut für Jugendforschung (http://www.za.uni-koeln.de/data/ddr-nbl/codebuch/6131cb.pdf; 25.8.2008).

S6132: Student und Studium 1977. Hg. vom Zentralinstitut für Jugendforschung (http://www.za.uni-koeln.de/data/ddr-nbl/codebuch/6132cb.pdf; 25.8.2008).

S6167: Studenten-Intervallstudie Leistung 1982 bis 1988 – SIL A. Hg. vom Zentralinstitut für Jugendforschung (http://www.za.uni-koeln.de/data/ddr-nbl/codebuch/6167cb.pdf; 25.8.2008).

S6202: Beruf 1984. Hg. vom Zentralinstitut für Jugendforschung (http://www.za.uni-koeln.de/data/ddr-nbl/codebuch/6202cb.pdf; 25.8.2008).

Schreiben vom 21. Januar 1955. Mitzenheim, Landesbischof der Thüringer lutherischen Kirche an Gebhard, Vorsitzender des Rates des Bezirkes Erfurt. In: Joachim Beckmann (Hg.): Kirchliches Jahrbuch für die evangelische Kirche in Deutschland (KJ), 82 (1955), S. 121–122.

Schulen, Klassen, Schüler, Lehrkräfte, Neuaufnahmen und Entlassungen 1961–1963. Statistischer Jahresbericht 1964, Bezirk Karl-Marx-Stadt. Hg. von der Staatlichen Zentralverwaltung für Statistik, Bezirksstelle Karl-Marx-Stadt, o. O., o. D., S. 174.

Schulordnung vom 24. Januar 1951 oder 24. Mai 1951 (DDR-MinBl. 1951, S. 71).

Sozialistisches Bildungsrecht. Bestimmungen und Dokumente für den Bereich des Ministeriums für Volksbildung. Hg. vom Ministerium für Volksbildung, Berlin (Ost) 1968.

Sozialistisches Bildungsrecht. Textsammlung und Sachregister, Hg. vom Staatssekretariat für Berufsausbildung, Berlin (Ost) 1972.

Statistisches Jahrbuch der Deutschen Demokratischen Republik 1956, Berlin (Ost) 1957.

Stellungnahme des Bundesrates „Entwurf eines Zweiundzwanzigsten Gesetzes zur Änderung des Bundesausbildungsförderungsgesetzes (22. BAföGÄndG)". Beschluss vom 30. März 2007, BR-Drs. 120/07.

Stellungnahmen von Michael Beleites, Ulrike Guckes, Hubertus Knabe, Jürgen Pauly, Johannes Rink, Heike Schrade, Horst Schüler, Hildigund Neubert auf der öffentlichen Anhörung des Rechtsausschuss des Deutschen Bundestages zu den Gesetzentwürfen und Anträgen zur Verbesserung Rehabilitierungsrechtlicher Vorschriften für Opfer politischer Verfolgung in der DDR (BT-Drs. 16/4842, 16/4846, 16/4409, 16/4404) am 7. Mai 2007 (http://www.bundestag.de/ausschuesse/a06/anhoerungen/Archiv/18_SED-Unrechtsbereinigung/04_Stellungnahmen/index.html; 1.12.2008).

Strafrecht der Deutschen Demokratischen Republik. Kommentar zum Strafgesetzbuch. Hg. vom Ministerium für Justiz, Akademie der Staats- und Rechtswissenschaften der DDR, Berlin (Ost) 1979.

Suckut, Siegfried/Neubert, Ehrhart/Süß, Walter u.a. (Hg.): Anatomie der Staatssicherheit. Geschichte, Struktur und Methoden – MfS-Handbuch, Berlin 2004.

Verfassung der DDR vom 6. April 1968 (DDR-GBl. 1968 I, S. 199–222).

Verfassung der DDR vom 6. April 1968 in der Fassung vom 7.10.1974 (DDR-GBl. 1974 I, S. 432).

Verfassung der DDR vom 7. Oktober 1949 (DDR-GBl. 1949, S. 5–16).

Verordnung über die Pflichten und Rechte der staatlichen Verwaltungsorgane. Disziplinarordnung vom 10. März 1955. In: VuM, (1955) Nr. 15 Beilage, S. 144–146.

Verordnung über die Prüfung von Vorschlägen und Beschwerden der Werktätigen. Eingabenverordnung vom 6. Februar 1953 (DDR-GBl. 1953, S. 265).

Verordnung über die Sicherung der festen Ordnung an den allgemeinbildenden Schulen – Schulordnung – vom 20. Oktober 1967. In: Sozialistisches Bildungsrecht. Hg. vom Ministerium für Volksbildung, S. 582.

Verordnung vom 3. Februar 1971 über die Durchführung des Einsatzes der Hoch- und Fachschulabsolventen des Direktstudiums und die Förderung der Absolventen beim Übergang vom Studium zur beruflichen Tätigkeit – Absolventenordnung – (GBl. II, S. 297).

Vertrag zwischen der Bundesrepublik Deutschland und der Deutschen Demokratischen Republik über die Herstellung der Einheit Deutschlands – Einigungsvertrag vom 31. August 1990. In: Dokumente zu Deutschland 1944–1994. Hg. von der Bayerischen Landeszentrale für politische Bildungsarbeit, München 2000, S. 217.

Verwaltungsrechtliches Rehabilitierungsgesetz (VwRehaG) – Berufliches Rehabilitierungsgesetz (BerRehaG): Statistik über die Antragseingänge und Bescheiderteilungen, Stand 31. Dezember 2005, Bundesministerium der Justiz, Referat IV B.

Verwaltungsrechtliches Rehabilitierungsgesetz (VwRehaG) – Berufliches Rehabilitierungsgesetz (BerRehaG): Statistik über die Antragseingänge und die Bescheiderteilung, Stand 31. Juli 2008, Bundesamt für Justiz, Referat III 3.

Verwaltungsvorschrift des Sächsischen Staatsministeriums für Soziales, Gesundheit, Jugend und Familie zur Entschädigung der unter dem SED-Unrechtsregime in Sachsen verfolgten Schüler vom 21. Dezember 2000. In: SächsABl. 2001, S. 96.

Verwaltungsvorschrift des Sächsischen Staatsministeriums für Soziales, Gesundheit, Jugend und Familie zur Verlängerung der Geltungsdauer der Verwaltungsvorschrift des Sächsischen Staatsministeriums für Soziales, Gesundheit, Jugend und Familie zur Entschädigung der unter dem SED-Unrechtsregime in Sachsen verfolgten Schüler vom 21. Dezember 2000 (SächsABl. 2001, S. 96) vom 19. Dezember 2001. In: SächsABl. 2002, S. 100.

Zweite Änderung des Anspruchs- und Anwartschaftsüberführungsgesetzes (2. AAÜG-Änderungsgesetz) vom 27. Juli 2001 (BGBl. I 2001, S. 1939).

Zweite und dritte Beratung des von den Abgeordneten Günter Nooke, Ulrich Adam, Hartmut Büttner (Schönebeck), weiteren Abgeordneten und der Fraktion der CDU/CSU eingebrachten Entwurfs eines Dritten Gesetzes zur Bereinigung von SED-Unrecht (Drittes SED-Unrechtsbereinigungsgesetz – 3. SED – UnBerG) – Drucksache 14/3665 – (Erste Beratung 112. Sitzung), BT-Plenarprotokoll 14/171 vom 18. Mai 2001, S. 16761–16771.

Zweite und dritte Beratung des von den Fraktionen der CDU/CSU und der SPD eingebrachten Entwurfs eines Dritten Gesetzes zur Verbesserung rehabilitierungsrechtlicher Vorschriften für Opfer der politischen Verfolgung in der ehemaligen DDR – Drucksache 16/4842 –, Zweite und dritte Beratung des von den Abgeordneten Volker Schneider (Saarbrücken), Petra Pau, Dr. Gesine Lötzsch, weiteren Abgeordneten und der Fraktion der LINKEN eingebrachten Entwurfs eines Dritten Gesetzes zur Verbesserung rehabilitierungsrechtlicher Vorschriften für politisch Verfolgte im Beitrittsgebiet und zur Einführung einer Opferrente (Opferrentengesetz) – Drucksache 16/4846 –BT-Plenarprotokoll 16/102 vom 13. Juni 2007, S. 10457–10470.

Zweite und dritte Beratung des von der Bundesregierung eingebrachten Entwurfs eines Zweiundzwanzigsten Gesetzes zur Änderung des Bundesausbildungsförderungsgesetzes (22. BAföGÄndG) – Drucksache 16/5172 – BT-Plenarprotokoll 16/127 vom 16. November 2007, S. 13341–13359.

Zweites Gesetz zur Bereinigung von SED-Unrecht (Zweites SED-Unrechtsbereinigungsgesetz – 2. SED-UnBerG) vom 1. Juli 1994 (BGBl. I 1994, S. 1311–1321).

Zweiundzwanzigstes Gesetz zur Änderung des Bundesausbildungsförderungsgesetzes (22. BAföGÄndG) – Drucksache 851/07, BR-Plenarprotokoll 840 vom 20. Dezember 2007, S. 441–442.

3. Literaturverzeichnis

Selbständig erschienene Literatur

Ackermann, Jens: Jenaer Schulen im Fokus der Staatssicherheit, Weimar 2005.
Agde, Günter (Hg.): Kahlschlag. Das 11. Plenum des ZK der SED. Studien und Dokumente, Berlin 2000.
Ansorg, Leonore: Kinder im Klassenkampf. Die Geschichte der Pionierorganisation von 1948 bis Ende der fünfziger Jahre, Berlin 1997.
Anweiler, Oskar: Schulpolitik und Schulsystem in der DDR, Opladen 1988.
Barkleit, Gerhard/Kwiatkowski-Celofiga, Tina (Hg.): Verfolgte Schüler – Gebrochene Biografien. Zum Erziehungs- und Bildungssystem der DDR, Dresden 2008.
Baumann, Ulrich/Kury, Helmut (Hg.): Politisch motivierte Verfolgung: Opfer von SED-Unrecht, Freiburg 1998.
Beckmann, Joachim (Hg.): Kirchliches Jahrbuch für die Evangelische Kirche in Deutschland (KJ), 82 (1955).
Behnke, Klaus/Wolf, Jürgen (Hg.): Stasi auf dem Schulhof. Der Missbrauch von Kindern und Jugendlichen durch das Ministerium für Staatssicherheit, Berlin 1998.
Bertram, Andreas/Planer-Friedrich, Jens/Sarstedt, Regine: Wein mit zuviel Wermut. Die soziale, individuelle und wirtschaftliche Situation der ehemaligen Antragsteller auf Ausreise aus der DDR und die Frage ihrer Identität, Berlin 2003.
Besier, Gerhard: Der SED-Staat und die Kirche 1969–1990, Berlin 1995.
–: Der SED-Staat und die Kirche 1983–1991, Berlin 1995.
–/Vollnhals, Clemens (Hg.): Repression und Selbstbehauptung. Die Zeugen Jehovas unter der NS- und der SED-Diktatur, Berlin 2003.
–/Wolf, Stephan (Hg.): Pfarrer, Christen und Katholiken, Das Ministerium für Staatssicherheit der ehemaligen DDR und die Kirchen, Neukirchen-Vluyn 1991.
Bildungspolitik in Deutschland 1945–1990. Ein historisch-vergleichender Quellenband. Hg. von Oskar Anweiler, Hans-Jürgen Fuchs, Martina Dorner und Eberhard Petermann, Bonn 1992.
Böhme, Waltraud u. a. (Hg.): Kleines politisches Wörterbuch, Berlin (Ost) 1973.
Borries, Erika und Ernst von: Deutsche Literaturgeschichte, Band 3: Aufklärung und Empfindsamkeit, Sturm und Drang, München 1999.
Broszat, Martin/Weber, Hermann (Hg.): SBZ-Handbuch. Staatliche Verwaltungen, Parteien, gesellschaftliche Organisationen und ihre Führungskräfte in der Sowjetischen Besatzungszone Deutschlands 1945–1949, München 1993.
Buhr, Manfred/Kosing, Alfred: Kleines Wörterbuch der Marxistisch-Leninistischen Philosophie, Berlin (Ost) 1974.
Chowanski, Joachim/Dreier, Rolf: Die Jugendweihe. Eine Kulturgeschichte seit 1852, Berlin 2000.
Cortina, Kai S./Baumert, Jürgen/Leschinsky, Achim u. a. (Hg.): Das Bildungswesen in der Bundesrepublik Deutschland, Reinbek bei Hamburg 2003.
Dähn, Horst/Gotschlich, Helga (Hg.): „Und führe uns nicht in Versuchung ..." Jugend im Spannungsfeld von Staat und Kirche in der SBZ/DDR 1945 bis 1989, Berlin 1998.

Die DDR im Entspannungsprozess. Lebensweisen im Realen Sozialismus. Dreizehnte Tagung zum Stand der DDR-Forschung in der Bundesrepublik Deutschland 27. bis 30. Mai 1980, Köln 1980.

Dengel, Sabine: Untertan, Volksgenosse, Sozialistische Persönlichkeit. Politische Erziehung im Deutschen Kaiserreich, dem NS-Staat und der DDR, Frankfurt a. M. 2005.

Diedrich, Georg/Schäfer, Bernd/Ohlemacher, Jörg: Jugendweihe in der DDR. Geschichte und politische Bedeutung aus christlicher Sicht, Schwerin 1998.

Dirksen, Hans-Hermann: „Keine Gnade den Feinden unserer Republik". Die Verfolgung der Zeugen Jehovas in der SBZ/DDR 1945–1990, Berlin 2003.

Döbert, Hans/Geißler, Gert: Schulleistungen in der DDR. Das System der Leistungsentwicklung, Leistungssicherung und Leistungsmessung, Frankfurt a. M. 2000.

Dohse, Walter: Das Schulzeugnis, Weinheim 1963.

Domma, Ottokar: Der brave Schüler Ottokar – Ottokar, das Früchtchen – Ottokar, der Weltverbesserer, Berlin (Ost) 1980.

Drewek, Peter u. a. (Hg.): Ambivalenzen der Pädagogik. Zur Bildungsgeschichte der Aufklärung und des 20. Jahrhunderts, Weinheim 1995.

Ernst-Bertram, Bettina/Planer-Friedrich, Jens: Pfarrerskinder in der DDR – Außenseiter zwischen Benachteiligung und Privilegierung, Berlin 2008.

Ewert, Otto: Entwicklungspsychologie des Jugendalters, Stuttgart 1983.

Fischer, Christian: „Wir haben Euer Gelöbnis vernommen": Konfirmation und Jugendweihe im Spannungsfeld. Ein Beispiel für den Einfluss gesellschaftlicher Verhältnisse auf praktisch-theologische Argumentationen in der DDR (1949–1978), Leipzig 1998.

Fischer-Hübner, Helga und Hermann (Hg.): Die Kehrseite der „Wiedergutmachung". Das Leiden von NS-Verfolgten in den Entschädigungsverfahren, Gerlingen 1990.

Friedrich, Walter u. a. (Hg.): Das Zentralinstitut für Jugendforschung 1966–1990. Geschichte, Methoden, Erkenntnisse, Berlin 1999.

Führ, Christoph/Furck, Carl-Ludwig (Hg.): Handbuch der deutschen Bildungsgeschichte, Band 6: 1945 bis zur Gegenwart, Zweiter Teilband: Deutsche Demokratische Republik und neue Bundesländer, München 1998.

Gandow, Thomas: Jugendweihe – Humanistische Jugendfeier. München 2002.

Geißler, Gert/Wiegmann, Ulrich: Pädagogik und Herrschaft in der DDR. Die parteilichen, geheimdienstlichen und vormilitärischen Erziehungsverhältnisse, Frankfurt a. M. 1996.

Geschichte, Struktur und Funktionsweise der DDR-Volksbildung, Band 1: Schule streng vertraulich! Die Volksbildung der DDR in Dokumenten. Hg. vom Ministerium für Bildung, Jugend und Sport des Landes Brandenburg, Berlin 1996.

Geschichte, Struktur und Funktionsweise der DDR-Volksbildung, Band 2: In Linie angetreten, Die Volksbildung der DDR in ausgewählten Kapiteln. Hg. vom Ministerium für Bildung, Jugend und Sport des Landes Brandenburg, Berlin 1996.

Geschichte, Struktur und Funktionsweise der DDR-Volksbildung, Band 4: Einweisung nach Torgau: Texte und Dokumente zur autoritären Jugendfürsorge in der DDR. Hg. vom Ministerium für Bildung, Jugend und Sport des Landes Brandenburg, Berlin 1997.

Gewande, Wolf-Dieter: Anerkennung von Übersiedlerzeugnissen. Berufliche Bildung und berufliche Qualifikation in der Deutschen Demokratischen Republik. Hg. vom Bundesinstitut für Berufsbildung. Der Generalsekretär, Bonn 1990.

Glaser, Hermann: Deutsche Kultur 1945–2000, München 1997.

Goerner, Martin Georg: Die Kirche als Problem der SED, Berlin 1997.

Gomolla, Mechthild / Radtke, Frank-Olaf: Institutionelle Diskriminierung. Die Herstellung ethnischer Differenz in der Schule, Wiesbaden 2002.

Grammes, Tilman / Schluß, Henning / Vogler, Hans-Joachim: Staatsbürgerkunde in der DDR. Ein Dokumentenband, Wiesbaden 2006.

– / Zühlke, Ari: Ein Schulkonflikt in der DDR. Leitfaden zum Dokumentenband. Hg. von der Bundeszentrale für politische Bildung, Bonn 1992.

Griese, Christiane: „Bin ich ein guter Staatsbürger, wenn ich mein Kind nicht zur Jugendweihe schicke ...“ Die Deutung von Phänomenen der Erziehungsrealität in Berichten an die Volksbildungsadministration der DDR – Analyse von Wahrnehmungsmustern und Handlungsstrategien im Umgang mit kirchlicher Jugendarbeit, Hohengehren 2001.

Hacke, Gerald: Zeugen Jehovas in der DDR. Verfolgung und Verhalten einer religiösen Minderheit, Dresden 2000.

Häder, Sonja / Tenorth, Heinz-Elmar (Hg.): Bildungsgeschichte einer Diktatur. Bildung und Erziehung in SBZ und DDR im historisch-gesellschaftlichen Kontext, Weinheim 1997.

Henke, Klaus-Dietmar / Steinbach, Peter / Tuchel Johannes (Hg.): Widerstand und Opposition in der DDR, Köln 1999.

Herbst, Andreas / Stephan, Gerd-Rüdiger / Winkler, Jürgen (Hg.): Die SED. Geschichte – Organisation – Politik. Ein Handbuch, Berlin 1997.

Hille, Barbara / Jaide, Walter (Hg.): DDR-Jugend. Politisches Bewusstsein und Lebensalltag, Opladen 1990.

Das Hochschulwesen der DDR. Ein Überblick. Hg. vom Institut für Hochschulbildung, Berlin (Ost) 1980.

Honecker, Margot: Zur Volksbildung. Gespräch mit Frank Schumann, Berlin 2012.

Hübner, Peter (Hg.): Eliten im Sozialismus. Beiträge zur Sozialgeschichte der DDR, Köln 1999.

Hueck, Nikolaus: Lerngemeinschaft im Erziehungsstaat. Religion und Bildung in den evangelischen Kirchen in der DDR, Gütersloh 2000.

Husner, Gabriele: Studenten und Studium in der DDR, Köln 1985.

Jeremias, U.: Die Jugendweihe in der Sowjetzone, Bonn 1956.

Jesse, Eckhard: Diktaturen in Deutschland. Diagnosen und Analysen, Baden-Baden 2008.

Jugend '92. Lebenslagen, Orientierungen und Entwicklungsperspektiven im vereinigten Deutschland, Band 1: Gesamtdarstellung und biographische Porträts. Hg. vom Jugendwerk der Deutschen Shell, Opladen 1992.

Jugend '92. Lebenslagen, Orientierungen und Entwicklungsperspektiven im vereinigten Deutschland, Band 3: Die neuen Länder: Rückblick und Perspektiven. Hg. vom Jugendwerk der Deutschen Shell, Opladen 1992.

Kaelble, Hartmut / Kocka, Jürgen / Zwahr Hartmut (Hg.): Sozialgeschichte der DDR, Stuttgart 1994.

Kerz-Rühling, Ingrid / Plänkers, Tomas (Hg.): Sozialistische Diktatur und psychische Folgen, Tübingen 2000.

Knigge-Tesche, Renate/Reif-Spirek, Peter/Ritscher, Bodo (Hg.): Internierungs-praxis in Ost- und Westdeutschland nach 1945: Eine Fachtagung, Erfurt 1993.

Koch, Hagen/Lapp, Peter Joachim: Die Garde des Erich Mielke. Der militärisch-operative Arm des MfS. Das Berliner Wachregiment „Feliks Dzierzynski", Aachen 2008.

Koch, Michael: Die Einführung des Wehrunterrichtes in der DDR, Erfurt 2000.

Köhler, Günther (Hg.): Pontifex nicht Partisan. Kirche und Staat in der DDR von 1949 bis 1958. Dokumente aus der Arbeit des Bevollmächtigten des Rates der EKD bei der Regierung der DDR, Probst D. Heinrich Grüber, Stuttgart 1974.

Köhler, Helmut: Was die Schulstatistik der SBZ/DDR erfragte. Analyse und Doku-mentation des Erhebungsprogramms 1945–1989, Berlin 1999.

–/Stock, Manfred: Bildung nach Plan? Bildungs- und Beschäftigungssystem in der DDR 1949 bis 1989, Opladen 2004.

Kremser, Holger: Der Rechtsstatus der evangelischen Kirchen in der DDR und die neue Einheit der EKD, Tübingen 1993.

Kühner, Angela: Kollektive Traumata – Annahmen, Argumente, Konzepte. Eine Bestandsaufnahme nach dem 11. September (Berghof Report Nr. 9), Berlin 2002.

Kwiatkowski, Tina: Nach Buchenwald, Die Beeinflussung Jugendlicher durch ihre Internierung im Speziallager Nr. 2, Buchenwald, München 2002.

Lamneck, Siegfried: Theorien abweichenden Verhaltens I. „Klassische" Ansätze, Paderborn 2007.

Lemke, Christiane: Persönlichkeit und Gesellschaft. Zur Theorie der Persönlichkeit in der DDR, Opladen 1980.

–: Die Ursachen des Umbruchs 1989. Politische Sozialisation in der ehemaligen DDR, Opladen 1991.

Luchterhandt, Otto: Die Gegenwartslage der Evangelischen Kirche in der DDR. Eine Einführung, Tübingen 1982.

Mählert, Ulrich: Die Freie Deutsche Jugend 1945–1949, Paderborn 1995.

–/Stephan, Gerd-Rüdiger: Blaue Hemden – Rote Fahnen. Die Geschichte der Freien Deutschen Jugend, Opladen 1995.

Mampel, Siegfried: Die sozialistische Verfassung der Deutschen Demokratischen Republik. Kommentar, Frankfurt a. M. 1982.

Maser, Peter: Die Kirchen in der DDR, Bonn 2000.

Maurer, Michael (Hg.): Aufriss der Historischen Wissenschaften, Band 7: Neue Themen und Methoden der Geschichtswissenschaften, Stuttgart 2003.

Meier, Andreas: Jugendweihe-Jugendfeier. Ein deutsches nostalgisches Fest vor und nach 1990, München 1998.

–: Struktur und Geschichte der Jugendweihen/Jugendfeiern. Arbeitspapier. Hg. von der Konrad-Adenauer-Stiftung e. V., Nr. 8/2001.

Mertens, Lothar/Gries, Sabine (Hg.): Arbeit, Sport und DDR-Gesellschaft, Berlin 1996.

Meyer, Hilbert: Unterrichtsmethoden, Band 1: Theorienband, Berlin (West) 1989.

Miller-Kipp, Gisela/Zymek, Bernd (Hg.): Politik in der Bildungsgeschichte. Befun-de, Prozesse, Diskurse, Bad Heilbrunn 2006.

Mironenko, Sergej/Niethammer, Lutz/Plato, Alexander von u. a. (Hg.): Sowjetische Speziallager in Deutschland 1945 bis 1950, Band 1, Berlin 1998.

Mothes, Jörn u. a. (Hg.): Beschädigte Seelen. DDR-Jugend und Staatssicherheit, Bremen 2007.

Mühlberg, Felix: Bürger, Bitten und Behörden. Geschichte der Eingabe in der DDR, Berlin 2004.

Müller, Maria Elisabeth: Zwischen Ritual und Alltag. Der Traum von einer sozialistischen Persönlichkeit, Frankfurt a. M. 1997.

Müller-Römer, Dietrich: Die neue Verfassung der DDR, Köln 1974.

Neubert, Ehrhart/Auerbach, Thomas: „Es kann anders werden". Opposition und Widerstand in Thüringen 1945–1989, Köln 2005.

Ohse, Marc-Dietrich: Jugend nach dem Mauerbau, Berlin 2003.

Peukert, Detlev: Volksgenossen und Gemeinschaftsfremde. Anpassung, Ausmerze und Aufbegehren unter dem Nationalsozialismus, Köln 1982.

Pollack, Detlef: Kirche in der Organisationsgesellschaft. Zum Wandel der gesellschaftlichen Lage der evangelischen Kirchen in der DDR, Stuttgart 1994.

–/Rink, Dieter (Hg.): Zwischen Verweigerung und Opposition. Politischer Protest in der DDR 1970–1989, Frankfurt a. M. 1997.

Poppe, Ulrike/Eckert, Rainer/Kowalczuk, Ilko-Sascha (Hg.): Zwischen Selbstbehauptung und Anpassung. Formen des Widerstandes und der Opposition in der DDR, Berlin 1995.

Pringel-Schliemann, Sandra: Zersetzen. Strategie einer Diktatur, Berlin 2004.

Rauhut, Michael: Beat in der Grauzone, Berlin 1993.

–: Schalmei und Lederjacke. Rock und Politik in der DDR der achtziger Jahre, Erfurt 2002.

Rechtshandbuch für den Bürger. Hg. vom Institut für Theorie des Staates und des Rechts der Akademie der Wissenschaften der DDR, Berlin (Ost) 1986.

Richter, Michael/Rißmann, Martin (Hg.): Die Ost-CDU. Beiträge zu ihrer Entstehung und Entwicklung, Weimar 1995.

Rock! Jugend und Musik in Deutschland. Hg. von der Stiftung Haus der Geschichte der Bundesrepublik Deutschland, Bundeszentrale für politische Bildung, Berlin 2005.

Schäfer, Bernd: Staat und katholische Kirche in der DDR, Köln 1998.

Schmidt, Robert: Religiöse Selbstbehauptung und staatliche Repression. Eine Untersuchung über das religiös-vermittelte, alltägliche und konspirative Handeln der Zeugen Jehovas unter den Bedingungen von Verbot und Verfolgung in der SBZ/DDR 1945–1989, Mannheim 2003.

Scholl, Armin: Die Befragung. Sozialwissenschaftliche Methode und kommunikationswissenschaftliche Anwendung, Konstanz 2003.

Schroeder, Klaus: Der SED-Staat. Geschichte und Strukturen der DDR, München 1998.

Schulze, Edeltraud (Hg.): DDR-Jugend. Ein statistisches Handbuch, Berlin 1995.

Schweizer, Katja: Täter und Opfer in der DDR. Vergangenheitsbewältigung nach der zweiten deutschen Diktatur, Münster 1999.

Skyba, Peter: Vom Hoffnungsträger zum Sicherheitsrisiko. Jugend in der DDR und Jugendpolitik der SED 1949–1961, Köln 2000.

Staadt, Jochen: Eingaben – Die institutionalisierte Meckerkultur in der DDR, Berlin 1996.

Staat-Kirche-Beziehungen in der DDR und anderen ehemals realsozialistischen Ländern. Hg. von der Evangelischen Akademie Berlin Brandenburg, Berlin 1994.

Stuhler, Ed: Margot Honecker. Eine Biographie, Wien 2003.

Suckut, Siegfried (Hg.): Das Wörterbuch der Staatssicherheit. Definitionen zur „politisch-operativen Arbeit", Berlin 1996.

Suckut, Siegfried/Neubert, Ehrhart/Süß, Walter u. a. (Hg.): Anatomie der Staatssicherheit. Geschichte, Struktur und Methoden – MfS-Handbuch, Berlin 2004.

Tappert, Wilhelm: Die Wiedergutmachung von Staatsunrecht der SBZ/DDR durch die Bundesrepublik Deutschland nach der Wiedervereinigung, Berlin 1995.

Tenorth, Heinz-Elmar: Politisierung im Schulalltag der DDR. Durchsetzung und Scheitern einer Erziehungsambition, Weinheim 1996.

Timmermann, Heiner (Hg.): Diktaturen in Europa im 20. Jahrhundert – der Fall DDR, Dokumente und Schriften der Europäischen Akademie Otzenhausen, Berlin 1996.

– (Hg.): Historische Erinnerung im Wandel. Neuere Forschungen zur deutschen Zeitgeschichte unter besonderer Berücksichtigung der DDR-Forschung, Münster 2006.

Tüting, Edeltraud: „Die schlesischen Weber" in der Schule der DDR. Dokumentation zur Wirkungsgeschichte eines Heineschen Gedichtes, Leipzig 2007.

Ueberschär, Ellen: Junge Gemeinde im Konflikt. Evangelische Jugendarbeit in SBZ und DDR 1945–1961, Stuttgart 2003.

Ulbricht, Walter: Über die Dialektik unseres sozialistischen Aufbaus, Berlin (Ost) 1959.

Ungern-Sternberg, Jürgen von/Reinau, Hansjörg (Hg.): Vergangenheit in mündlicher Überlieferung, Stuttgart 1988.

Usko, Marianne: Hochschulen in der DDR, Berlin (West) 1974.

Veen, Hans-Joachim (Hg.): Lexikon Opposition und Widerstand in der SED-Diktatur, Berlin 2000.

Vergleich von Bildung und Erziehung in der Bundesrepublik Deutschland und in der Deutschen Demokratischen Republik. Hg. vom Bundesministerium für innerdeutsche Beziehungen, Köln 1990.

Vietinghoff, Eckhart von/May, Hans (Hg.): 10 Jahre deutsche Einheit. Beiträge zum innerdeutschen Verhältnis, Hannover 1999.

Die Volkskammer der Deutschen Demokratischen Republik: 9. Wahlperiode. Hg. vom Sekretariat der Volkskammer, Berlin (Ost) 1987.

Wappler, Kirstin: Klassenzimmer ohne Gott – Schulen im katholischen Eichsfeld und protestantischen Erzgebirge unter SED-Herrschaft, Duderstadt 2007.

Waterkamp, Dietmar: Handbuch zum Bildungswesen der DDR, Berlin (West) 1987.

Weber, Hermann: Geschichte der DDR, Erftsstadt 2004.

Wiegmann, Ulrich: Pädagogik und Staatssicherheit. Schule und Jugend in der Erziehungsideologie und -praxis des DDR-Geheimdienstes, Berlin 2007.

Wischermann, Clemens (Hg.): Die Legitimität der Erinnerung und die Geschichtswissenschaft, Stuttgart 1996.

Witzlack, Gerhard: Verhaltensbewertung und Schülerbeurteilung, Berlin (Ost) 1986.

Wolf, Birgit: Die Sprache der DDR. Ein Wörterbuch, Berlin 2000.

Yonan, Gabriele (Hg.): Im Visier der Stasi. Jehovas Zeugen in der DDR, Niedersteinbach 2000.

Zahlenspiegel, Bundesrepublik Deutschland/Deutsche Demokratische Republik. Ein Vergleich. Hg. vom Bundesministerium für innerdeutsche Beziehungen, Bonn 1978.

Zahlenspiegel, Bundesrepublik Deutschland/Deutsche Demokratische Republik. Ein Vergleich. Hg. vom Bundesministerium für innerdeutsche Beziehungen, Bonn 1986.

Zilch, Dorle: Millionen unter der blauen Fahne: die FDJ. Zahlen, Fakten, Tendenzen: Mitgliederbewegung und Strukturen in der FDJ-Mitgliedschaft von 1946 bis 1989 unter besonderer Berücksichtigung der Funktionäre, Rostock 1994.

Zimbardo, Philip G.: Psychologie, Berlin 1992.

Zimmermann, Verena: Den neuen Menschen schaffen. Die Umerziehung von schwererziehbaren und straffälligen Jugendlichen in der DDR (1945-1990), Köln 2004.

Zinnecker, Jürgen (Hg.): Der heimliche Lehrplan, Weinheim 1975.

Unselbständig erschienene Literatur

Adler, Frank/Kretzschmar, Albrecht: Die sozialistische Persönlichkeit - Ziel, Erfordernis und Errungenschaft. In: Einheit. Zeitschrift für Theorie und Praxis des Wissenschaftlichen Sozialismus, Berlin (Ost) 1978, Band 33,1, S. 22-29.

Agethen, Manfred: Neuere Literatur zur Ost-CDU. In: Historisch-Politische Mitteilungen/Archiv für christlich-demokratische Politik, 3/1996, S. 235-253.

Ammer, Thomas: Die „sozialistische Schule" - Erziehung und Bildung in der DDR. In: Eppelmann, Rainer/Faulenbach, Bernd/Mählert, Ulrich (Hg.): Bilanz und Perspektiven der DDR-Forschung, Paderborn 2003, S. 293-299.

Anweiler, Oskar: Grundzüge der Bildungspolitik und der Entwicklung des Bildungswesens seit 1945. In: Vergleich von Bildung und Erziehung in der Bundesrepublik Deutschland und in der Deutschen Demokratischen Republik. Materialien zur Lage der Nation. Hg. vom Bundesministerium für innerdeutsche Beziehungen, Köln 1990, S. 11-33.

-: Bildungspolitik. In: Geschichte der Sozialpolitik in Deutschland seit 1945. 1949-1961 (Sonderdruck). Hg. vom Bundesministerium für Arbeit und Sozialordnung und vom Bundesarchiv, Baden-Baden 2004.

-: Bildungspolitik. In: Geschichte der Sozialpolitik in Deutschland seit 1945, Band 2,1: Die Zeit der Besatzungszonen; Sozialpolitik zwischen Kriegsende und der Gründung zweier deutscher Staaten. Hg. vom Bundesministerium für Arbeit und Sozialordnung und vom Bundesarchiv, Baden-Baden 2001, S. 697-732.

-: Bildungspolitik. In: Geschichte der Sozialpolitik in Deutschland seit 1945, Band 8,1: Deutsche Demokratische Republik 1949-1961. Im Zeichen des Aufbaus des Sozialismus. Hg. vom Bundesministerium für Arbeit und Sozialordnung und vom Bundesarchiv, Baden-Baden 2004, S. 553-588.

-: Bildungspolitik. In: Geschichte der Sozialpolitik in Deutschland seit 1945, Band 9,1: Deutsche Demokratische Republik 1961-1971. Politische Stabilisierung und wirtschaftliche Mobilisierung. Hg. vom Bundesministerium für Arbeit und Sozialordnung und vom Bundesarchiv, Baden-Baden 2006, S. 559-608.

-: Bildungspolitik. In: Geschichte der Sozialpolitik in Deutschland seit 1945, Band 10,1: Deutsche Demokratische Republik 1971-1990. Bewegung in der Sozialpolitik, Erstarrung und Niedergang. Hg. vom Bundesministerium für Arbeit und Sozialordnung und vom Bundesarchiv, Baden-Baden 2008, S. 541-582.

Arnold, Karl-Heinz/Vollstädt, Witlof: Arbeits- und Sozialverhalten in der Schule. Möglichkeiten und Grenzen ihrer Beurteilung durch „Kopfnoten". In: Die Deutsche Schule, 93 (2001) 2, S. 199–209.

Baske, Siegfried: Die Erweiterte Oberschule in der DDR. In: Vergleich von Bildung und Erziehung in der Bundesrepublik und in der Deutschen Demokratischen Republik. Hg. vom Bundesministerium für innerdeutsche Beziehungen, Köln 1990, S. 210–217.

–: Schulen und Hochschulen. In: Führ, Christoph/Furck, Carl-Ludwig (Hg.): Handbuch der deutschen Bildungsgeschichte, Band 6: 1945 bis zur Gegenwart, zweiter Teilband: Deutsche Demokratische Republik und neue Bundesländer, München 1998, S. 159–202.

Bastian, Uwe: Lengsfeld, Vera. In: Veen, Hans-Joachim (Hg.): Lexikon Opposition und Widerstand in der SED-Diktatur, Berlin 2000, S. 242.

Behnke, Klaus/Wolf, Jürgen: Kinder der Macht. Biographische Analysen von IM im Kinder- und Jugendalter. In: Mothes, Jörn u. a. (Hg.): Beschädigte Seelen. DDR-Jugend und Staatssicherheit, Bremen 2007, S. 139–151.

Benachteiligung christlicher Schüler, Eltern und Lehrer in der DDR. In: DA, 27 (1994), S. 106–112.

Bohl, Thorsten: Aktuelle Regelungen zur Leistungsbeurteilung und zu Zeugnissen an deutschen Sekundarschulen. In: Zeitschrift für Pädagogik, 49 (2003) 4, S. 550–566.

Böhme, Günter: Wandel in der Fremdsprachenpolitik der DDR. In: International review of education, 37 (1991) 1, S. 168–172.

Brahm, Grit im: Kopfnoten in der Schule. Relevante Informationen oder zusätzliche Selektion? In: Die deutsche Schule, 98 (2006) 3, S. 351–362.

Bretschneider, Harald: Öffentliche Anhörung vor der Enquete-Kommission „Aufarbeitung von Geschichte und Folgen der SED-Diktatur in Deutschland" am 9. Februar 1994, Protokoll der 62. Sitzung. In: Materialien der Enquete-Kommission „Aufarbeitung von Geschichte und Folgen der SED-Diktatur in Deutschland" (12. Wahlperiode des Deutschen Bundestages). Hg. vom Deutschen Bundestag, Band 6: Rolle und Selbstverständnis der Kirchen in den verschiedenen Phasen der SED-Diktatur, Baden-Baden 1995, S. 449–453.

Breyvogel, Wilfried: Bunte Vielfalt und Anarchie: Jugendkultur und Rockmusik der 1980er Jahre. In: Rock! Jugend und Musik in Deutschland. Hg. von der Stiftung Haus der Geschichte der Bundesrepublik Deutschland, Bundeszentrale für politische Bildung, Berlin 2005, S. 87–95.

Diedrich, Georg: SED und Jugendweihe. In: ders./Schäfer, Bernd/Ohlemacher, Jörg: Jugendweihe in der DDR. Geschichte und politische Bedeutung aus christlicher Sicht, Schwerin 1998, S. 5–66.

Dirksen, Annegret/Wrobel, Johannes: „Im Weigerungsfall können diese Jugendlichen kein Lehrverhältnis aufnehmen ..." Repression in Schule, Ausbildung und Beruf. In: Yonan, Gabriele (Hg.): Im Visier der Stasi. Jehovas Zeugen in der DDR, Niedersteinbach 2000, S. 231–263.

Eckert, Rainer: Die Vergleichbarkeit des Unvergleichbaren. Die Widerstandsforschung über die NS-Zeit als methodisches Beispiel. In: Poppe, Ulrike/Eckert, Rainer/Kowalczuk, Ilko-Sascha (Hg.): Zwischen Selbstbehauptung und Anpassung. Formen des Widerstandes und der Opposition in der DDR, Berlin 1995, S. 68–84.

Eisenfeld, Bernd: Eine „legale Konzentration feindlich-negativer Kräfte". Zur politischen Wirkung der Bausoldaten in der DDR. In: DA, 28 (1995), S. 256–271.

–: Gründe und Motive von Flüchtlingen und Ausreiseantragstellern aus der DDR. In: DA, 37 (2004), S. 89–105.

–/ Eisenfeld, Peter: Die Militarisierung von Erziehung und Gesellschaft in der DDR. Die politische Instrumentalisierung und Ächtung pazifistischer Einstellungen. In: Materialien der Enquete-Kommission „Überwindung der Folgen der SED-Diktatur im Prozeß der deutschen Einheit" (13. Wahlperiode des Deutschen Bundestages). Hg. vom Deutschen Bundestag, Band 4,2: Bildung, Wissenschaft, Kultur, Baden-Baden 1999, S. 640–742.

Erhardt, Dirk: Kindheit in der DDR: Die Pionierorganisation. In: Mertens, Lothar/ Gries, Sabine (Hg.): Arbeit, Sport und DDR-Gesellschaft, Berlin 1996, S. 121–146.

Fischer, Bernd-Reiner: Das Bildungs- und Erziehungssystem der DDR – Funktion, Inhalte, Instrumentalisierung, Freiräume. In: Materialien der Enquete-Kommission „Überwindung der Folgen der SED-Diktatur im Prozeß der deutschen Einheit" (12. Wahlperiode des Deutschen Bundestages). Hg. vom Deutschen Bundestag, Band 3,1: Rolle und Bedeutung der Ideologie, integrativer Faktoren und disziplinierender Praktiken in Staat und Gesellschaft der DDR, Baden-Baden 1995, S. 852–875.

Flender, Heike: Die Anwendung von Erkenntnissen aus der Kinder- und Jugendpsychologie durch das MfS. In: Mothes, Jörn u. a. (Hg.): Beschädigte Seelen. DDR-Jugend und Staatssicherheit, Bremen 2007, S. 133–138.

Friedrich, Walter: Weltanschauliche Positionen der Jugend. In: ders. u. a. (Hg.): Das Zentralinstitut für Jugendforschung 1966–1990. Geschichte, Methoden, Erkenntnisse, Berlin 1999, S. 184–205.

Galenza, Ronald: Zwischen „Plan" und „Planlos": Punk in Deutschland. In: Rock! Jugend und Musik in Deutschland. Hg. von der Stiftung Haus der Geschichte der Bundesrepublik Deutschland, Bundeszentrale für politische Bildung, Berlin 2005, S. 97–103.

Geißler, Gert: Die Volksbildung der DDR in Dokumenten. In: Geschichte, Struktur und Funktionsweise der DDR-Volksbildung, Band 1: Schule streng vertraulich! Die Volksbildung der DDR in Dokumenten. Hg. vom Ministerium für Bildung, Jugend und Sport des Landes Brandenburg, Berlin 1996, S. 17–43.

–: Genossen und Kollegen. Zur Verflechtung von staatlichen und parteilichen Befugnissen in der Schule der DDR in den 1970er und 1980er Jahren. In: Müller-Kipp, Gisela/Zymek, Bernd (Hg.): Politik in der Bildungsgeschichte. Befunde, Prozesse, Diskurse, Bad Heilbrunn 2006, S. 183–198.

–: Auslese im allgemein bildenden Schulwesen der DDR. Eine kleine Betrachtung zur Bildungsgerechtigkeit mit einem Blick auf hundert Jahre deutscher Schulgeschichte. In: Barkleit, Gerhard/Kwiatkowski-Celofiga, Tina (Hg.): Verfolgte Schüler – Gebrochene Biografien. Zum Erziehungs- und Bildungssystem der DDR, Dresden 2008, S. 59–75.

Goethe, Johann Wolfgang von: Der Zauberlehrling. In: Sämtliche Werke. Briefe, Tagebücher und Gespräche. 40 Bände. Hg. von Karl Eibel, Band 1: Gedichte 1756–1799, Frankfurt a. M. 1987, S. 683–686.

-: Prometheus. In: Sämtliche Werke. Briefe, Tagebücher und Gespräche. 40 Bände. Hg. von Karl Eibel, Band 1: Gedichte 1756-1799, Frankfurt a. M. 1987, S. 203-204.

Göpfert, Rebekka: Oral History: Über die Zusammensetzung individueller Erinnerungen im Interview. In: Wischermann, Clemens (Hg.): Die Legitimität der Erinnerung und die Geschichtswissenschaft, Stuttgart 1996, S. 101-111.

Grabowsky, Ingo: „Wie John, Paul, Georg und Ringo": Die „Beat-Ära". In: Rock! Jugend und Musik in Deutschland. Hg. von der Stiftung Haus der Geschichte der Bundesrepublik Deutschland, Bundeszentrale für politische Bildung, Berlin 2005, S. 42-51.

Gries, Sabine/Voigt, Dieter: Jugendliche IM als Forschungsfeld der „Wissenschaftler" des Ministeriums für Staatssicherheit der DDR. In: Behnke, Klaus/Wolf, Jürgen (Hg.): Stasi auf dem Schulhof. Der Mißbrauch von Kindern und Jugendlichen durch das Ministerium für Staatssicherheit, Berlin 1998, S. 103-123.

Griese, Christiane: Elternhaus und Schule in der DDR. In: PÄD-Forum, 30 (2002) 5, S. 364-374.

Heine, Heinrich: Die schlesischen Weber (1844). In: Nationale Forschungs- und Gedenkstätten der klassischen deutschen Literatur in Weimar und das Centre National de la Recherche Scientifique in Paris, Heinrich Heine - Säkularausgabe. Werke, Briefwechsel, Lebenszeugnisse, Band 2: Gedichte 1827-1844 und Versepen, Berlin (Ost) 1979, S. 137-138.

Henkys, Reinhard: Die Opposition der „Jungen Gemeinde". In: Henke, Klaus-Dietmar/Steinbach, Peter/Tuchel, Johannes (Hg.): Widerstand und Opposition in der DDR, Köln 1999, S. 149-162.

Hildebrand, Gerold: Ungehorsame Schüler in Anklam und Ruhland. Zwischen jugendlichem Jux und trotzigem Widerspruch. In: Horch und Guck, 11 (2002/2) Heft 38, S. 39-41.

Hille, Barbara: Jugend und Beruf in beiden deutschen Staaten. In: dies./Jaide, Walter (Hg.): DDR-Jugend. Politisches Bewusstsein und Lebensalltag, Opladen 1990, S. 37-74.

Hilmer, Richard: Motive und Hintergründe von Flucht und Ausreise aus der DDR - Anhang. In: Materialien der Enquete-Kommission „Aufarbeitung von Geschichte und Folgen der SED-Diktatur in Deutschland" (12. Wahlperiode des Deutschen Bundestages). Hg. vom Deutschen Bundestag, Band 7,1: „Möglichkeiten und Formen abweichenden und widerständigen Verhaltens und oppositionellen Handelns, die friedliche Revolution im Herbst 1989, die Wiedervereinigung Deutschlands und Fortwirken von Strukturen und Mechanismen der Diktatur, Baden-Baden 1995, S. 430-449.

Hornstein, Walter/Schefold, Werner: Sozialpädagogik. In: Führ, Christoph/Furck, Carl-Ludwig (Hg.): Handbuch der deutschen Bildungsgeschichte, Band 6: 1945 bis zur Gegenwart, Zweiter Teilband: Deutsche Demokratische Republik und neue Bundesländer, München 1998, S. 281-316.

Hübner, Peter: Einleitung: Antielitäre Eliten? In: ders. (Hg.): Eliten im Sozialismus. Beiträge zur Sozialgeschichte der DDR, Köln 1999, S. 9-35.

Hugler, Klaus/Kaufmann, Hans Bernhard: Jugendarbeit und Junge Gemeinde zwischen Kirche und SED-Staat in den 70er und 80er Jahren. In: Horch und Guck, 4 (1995/3) Heft 16, S. 1-15.

Huschner, Anke: „Geregelter" Zugang zum Abitur in den 1970er Jahren? In: Zeitschrift für Pädagogik, 47 (2001), S. 819–824.

Jostmeier, Friedhelm: SED und Junge Gemeinde im Bezirk Leipzig. In: Staat-Kirche-Beziehungen in der DDR und anderen ehemals realsozialistischen Ländern. Hg. von der Evangelischen Akademie Berlin Brandenburg, Berlin 1994, S. 99–108.

Kaiser, Monika: Herrschaftsinstrumente und Funktionsmechanismen der SED in Bezirk, Kreis und Kommune. In: Materialien der Enquete Kommission „Aufarbeitung von Geschichte und Folgen der SED-Diktatur in Deutschland" (12. Wahlperiode des Deutschen Bundestages). Hg. vom Deutschen Bundestag, Band 2,3: Machtstrukturen und Entscheidungsmechanismen im SED-Staat und die Frage der Verantwortung, Baden-Baden 1995, S. 1791–1834.

Kaschkat, Hannes: Die Haftung für DDR-Unrecht und der Entwurf des 2. SED-Unrechtsbereinigungsgesetzes. In: DA, 26 (1993), S. 598–603.

Kerz-Rühling, Ingrid/Plänkers, Tomas/Fischer, René: Kontinuität und Wandel. Zur psychischen Verarbeitung der politischen Wende von 1989. Eine empirisch-psychoanalytische Studie an Lehrern in Tschechien und Ostdeutschland. In: Kerz-Rühling, Ingrid/Plänkers, Tomas (Hg.): Sozialistische Diktatur und psychische Folgen, Tübingen 2000, S. 37–90.

Kiel, Siegfried: Umsetzung kaderpolitischer Konzeptionen in der Lehrerbildung an DDR-Hochschulen. In: Materialien der Enquete-Kommission „Überwindung der Folgen der SED-Diktatur im Prozeß der deutschen Einheit" (13. Wahlperiode des Deutschen Bundestages). Hg. vom Deutschen Bundestag, Band 4,1: Bildung, Wissenschaft, Kultur, Baden-Baden 1999, S. 36–64.

Kipp, Jürgen: Verwaltungsgerichtsbarkeit in den neuen Bundesländern. In: Neue Zeitschrift für Verwaltungsrecht (NVwZ), 4/1995, S. 340–343.

Klier, Freya: Die Schule in der DDR und ihre Probleme im Transformationsprozeß in den neuen Bundesländern. In: Materialien der Enquete-Kommission „Überwindung der Folgen der SED-Diktatur im Prozeß der deutschen Einheit" (13. Wahlperiode des Deutschen Bundestages). Hg. vom Deutschen Bundestag, Band 4,1: Bildung, Wissenschaft, Kultur, Baden-Baden 1999, S. 846–872.

Köhler, Anne/Ronge, Volker: „Einmal BRD - einfach." Die DDR-Ausreisewelle im Frühjahr 1984. In: DA, 17 (1984), S. 1280–1286.

Kowalczuk, Ilko-Sascha: Von der Freiheit, Ich zu sagen. Widerständiges Verhalten in der DDR. In: Poppe, Ulrike/Eckert, Rainer/ders. (Hg.): Zwischen Selbstbehauptung und Anpassung, S. 85–115.

Kudella, Sonja/Paetz, Andreas/Tenorth, Heinz-Elmar: Die Politisierung des Schulalltags. In: Geschichte, Struktur und Funktionsweise der DDR-Volksbildung. Band 2: In Linie angetreten, Die Volksbildung der DDR in ausgewählten Kapiteln. Hg. vom Ministerium für Bildung, Jugend und Sport des Landes Brandenburg, Berlin 1996, S. 21–209.

Kwiatkowski, Tina: Die Diskriminierung von Schülern in der DDR. Ein Beitrag zur Aufarbeitung der SED-Diktatur. In: Timmermann, Heiner (Hg.): Historische Erinnerung im Wandel. Neuere Forschungen zur deutschen Zeitgeschichte unter besonderer Berücksichtigung der DDR-Forschung, Münster 2006, S. 303–320.

Lebe, Wolfgang: Viktimologie - die Lehre vom Opfer. Entwicklung in Deutschland. In: Berliner Forum Gewaltprävention, Berlin 2003, Nr. 12, S. 8–19 (http://www.berlin.de/imperia/md/content/lb-lkbgg/bfg/nummer12/04_lebe.pdf; 1.12.2008).

Lissewski, Peter: Verfolgte Schüler: Rehabilitierung und Wiedergutmachung. In: Barkleit, Gerhard/Kwiatkowski-Celofiga, Tina (Hg.): Verfolgte Schüler – gebrochene Biographien. Zum Erziehungs- und Bildungssystem der DDR, Dresden 2008, S. 171–185.

Luckhardt, Emil Konrad: Die Internationale (1910). In: Moßmann, Walter/Schleuning, Peter: Alte und neue politische Lieder. Entstehung und Gebrauch, Texte und Noten, Reinbek bei Hamburg 1978, S. 175.

Mählert, Ulrich: Jugendpolitik und Jugendleben 1945–1961. In: Materialien der Enquete Kommission „Aufarbeitung von Geschichte und Folgen der SED-Diktatur in Deutschland" (12. Wahlperiode des Deutschen Bundestages). Hg. vom Deutschen Bundestag: Ideologie, Integration und Disziplinierung, Band 3,2: Rolle und Bedeutung der Ideologie, integrativer Faktoren und disziplinierender Praktiken in Staat und Gesellschaft der DDR, Baden-Baden 1995, S. 1442–1488.

Maizière, Lothar de: Rechtsstaat und SED-Unrecht. In: Vietinghoff, Eckhart von/May, Hans (Hg.): 10 Jahre deutsche Einheit. Beiträge zum innerdeutschen Verhältnis, Hannover 1999, S. 19–44.

Margedant, Udo: Das Bildungs- und Erziehungssystem der DDR – Funktion, Inhalte, Instrumentalisierung, Freiräume. In: Materialien der Enquete-Kommission „Überwindung der Folgen der SED-Diktatur im Prozeß der deutschen Einheit" (12. Wahlperiode des Deutschen Bundestages). Hg. vom Deutschen Bundestag, Band 3,1: Rolle und Bedeutung der Ideologie, integrativer Faktoren und disziplinierender Praktiken in Staat und Gesellschaft der DDR, Baden-Baden 1995, S. 1489–1529.

Meyen, Michael: Flüchtlingsbefragungen von Infratest: Eine Quelle für die Geschichte der frühen DDR. In: Weist, Wolfgang (Hg.): Beiträge zur Geschichte der Arbeiterbewegung, 42 (2000), S. 64–77.

Moßmann, Walter/Schleuning, Peter: Die Internationale. In: dies.: Alte und neue politische Lieder. Entstehung und Gebrauch, Texte und Noten, Reinbek bei Hamburg 1978, S. 170–287.

Mothes, Jörn: IM „Michael Matz" – Der Ausstieg. In: ders. u. a. (Hg.): Beschädigte Seelen. DDR-Jugend und Staatssicherheit, Bremen 2007, S. 272–275.

Müller-Enbergs, Helmut: Wieviele „Jugendliche" arbeiteten für den DDR-Staatssicherheitsdienst als inoffizielle Mitarbeiter? In: Mothes, Jörn u. a. (Hg.): Beschädigte Seelen. DDR-Jugend und Staatssicherheit, Bremen 2007, S. 108–113.

Neubert, Ehrhart: Der KSZE-Prozeß und die Bürgerrechtsbewegung in der DDR. In: Henke, Klaus-Dietmar/Steinbach, Peter/Tuchel, Johannes (Hg.): Widerstand und Opposition in der DDR, Köln 1999, S. 295–308.

–: Typen politischer Gegnerschaft. In: Veen, Hans-Joachim (Hg.): Lexikon Opposition und Widerstand in der SED-Diktatur, Berlin 2000, S. 15–19.

Niese, Detlef: Die Delegierung. In: Deutsche Lehrerzeitung, 9 (1980), S. 12.

Noack, Axel: Die Phasen der Kirchenpolitik der SED und die sich darauf beziehenden Grundlagenbeschlüsse der Partei- und Staatsführung in der Zeit von 1972 bis 1989. In: Materialien der Enquete Kommission „Aufarbeitung von Geschichte und Folgen der SED-Diktatur in Deutschland" (12. Wahlperiode des Deutschen Bundestages). Hg. vom Deutschen Bundestag: Ideologie, Integration und Disziplinierung, Band 6,2: Rolle und Selbstverständnis der Kirchen in den verschiedenen Phasen der SED-Diktatur, Baden-Baden 1995, S. 1048–1133.

Noack, Gert: Bildungs- und Schulpolitik. In: Herbst, Andreas/Stephan, Gerd-Rüdiger/Winkler, Jürgen (Hg.): Die SED. Geschichte – Organisation – Politik. Ein Handbuch, Berlin 1997, S. 420–432.

Öffentliche Anhörung zum Thema: Wissenschaft und Bildung in der DDR – politische Instrumentalisierung und deren Folgen heute, Protokoll der 12. Sitzung der Enquete-Kommission „Überwindung der Folgen der SED-Diktatur im Prozeß der deutschen Einheit". Öffentliche Anhörung zu dem Thema am Montag, dem 22. April 1996. In: Materialien der Enquete-Kommission „Überwindung der Folgen der SED-Diktatur im Prozeß der deutschen Einheit" (13. Wahlperiode des Deutschen Bundestages). Hg. vom Deutschen Bundestag, Band 4,1: Bildung, Wissenschaft, Kultur, Baden-Baden 1999, S. 102–227.

Poppe, Ulrike/Eckert, Rainer/Kowalczuk, Ilko-Sascha: Opposition, Widerstand, widerständiges Verhalten in der DDR. Forschungsstand – Grundlinien – Probleme. In: dies. (Hg.): Zwischen Selbstbehauptung und Anpassung, Berlin 1995, S. 9–26.

Prieß, Lutz: Die Kreisleitungen der SED im politischen Herrschaftssystem der DDR – ihre Strukturen und Aufgaben. Ein Überblick. In: Materialien der Enquete Kommission „Aufarbeitung von Geschichte und Folgen der SED-Diktatur in Deutschland" (12. Wahlperiode des Deutschen Bundestages). Hg. vom Deutschen Bundestag, Band 2,4: Machtstrukturen und Entscheidungsmechanismen im SED-Staat und die Frage der Verantwortung, Baden-Baden 1995, S. 2464–2508.

–: Die Organisationsstruktur. In: Herbst, Andreas/Stephan, Gerd-Rüdiger/Winkler, Jürgen (Hg.): Die SED. Geschichte – Organisation – Politik. Ein Handbuch, Berlin 1997, S. 124–144.

Raabe, Thomas N.: Sozialismus aus christlicher Verantwortung? War die Ost-CDU ein ehrlicher Sachwalter christlicher Anliegen in der DDR? In: Richter, Michael/Rißmann, Martin (Hg.): Die Ost-CDU. Beiträge zu ihrer Entstehung und Entwicklung, Weimar 1995, S. 127–137.

Raschka, Johannes: Die Ausreisebewegung – eine Form von Widerstand gegen das SED-Regime. In: Baumann, Ulrich/Kury, Helmut (Hg.): Politisch motivierte Verfolgung: Opfer von SED-Unrecht, Freiburg 1998, S. 257–274.

Rauhut, Michael: DDR-Beatmusik zwischen Engagement und Repression. In: Agde, Günter (Hg.): Kahlschlag. Das 11. Plenum des ZK der SED 1965. Studien und Dokumente, Berlin 2000, S. 122–133.

–: „Am Fenster": Rockmusik und Jugendkultur in der DDR. In: Rock! Jugend und Musik in Deutschland. Hg. von der Stiftung Haus der Geschichte der Bundesrepublik Deutschland, Bundeszentrale für politische Bildung, Berlin 2005, S. 71–77.

Rißmann, Martin: Zur Rolle der Ost-CDU im politischen System der DDR. In: Historisch-Politische Mitteilungen/Archiv für christlich-demokratische Politik, 1/1994, S. 69–88.

Roesler, Jörg: „Abgehauen." Innerdeutsche Wanderungen in den fünfziger und neunziger Jahren und deren Motive. In: DA, 36 (2003), S. 562–574.

Roth, Jürgen/Saathoff, Günter/Stein, Jutta vom: Kritik am Entwurf der Bundesregierung für ein 2. SED-Unrechtsbereinigungsgesetz. In: DA, 26 (1993), S. 603–607.

-/-/-: Das Zweite SED-Unrechtsbereinigungsgesetz. In: DA, 27 (1994), S. 449–465.

Rytlewski, Ralf: Studienorganisation in der DDR. In: Vergleich von Bildung und Erziehung in der Bundesrepublik Deutschland und in der Deutschen Demokratischen Republik. Hg. vom Ministerium für innerdeutsche Beziehungen, Köln 1990, S. 445–452.

Sachse, Christian: (Vor)militärische Ausbildung in der DDR. In: Geschichte, Struktur und Funktionsweise der DDR-Volksbildung, Band 2: In Linie angetreten. Hg. vom Ministerium für Bildung, Jugend und Sport des Landes Brandenburg, Berlin 1996, S. 211–314.

Sächsisches Staatsministerium der Justiz, Auskünfte zum Stand der Rehabilitierung nach dem Ersten und Zweiten SED-Unrechtsbereinigungsgesetz im Freistaat Sachsen. In: Materialien der Enquete-Kommission „Überwindung der Folgen der SED-Diktatur im Prozeß der deutschen Einheit" (13. Wahlperiode des Deutschen Bundestages). Hg. vom Deutschen Bundestag, Band 2,1: Strukturelle Leistungsfähigkeit des Rechtsstaats Bundesrepublik Deutschland bei der Überwindung der Folgen der SED-Diktatur im Prozeß der deutschen Einheit – Opfer der SED-Diktatur/Elitenwechsel im öffentlichen Dienst/justitielle Aufarbeitung, Baden-Baden 1999, S. 365–369.

Schäfer, Hans-Peter: Berufliche Weiterbildung in der DDR. In: Vergleich von Bildung und Erziehung in der Bundesrepublik Deutschland und in der Deutschen Demokratischen Republik. Hg. vom Bundesministerium für innerdeutsche Beziehungen, Köln 1990, S. 377–393.

Schaffner, Martin: Plädoyer für Oral History. In: von Ungern-Sternberg, Jürgen/Reinau, Hansjörg (Hg.): Vergangenheit in mündlicher Überlieferung, Stuttgart 1988, S. 345–348.

Schmeitzner, Mike: Was war die DDR? Anmerkungen zum Selbstverständnis einer Diktatur des Proletariats. In: DA, 42 (2009), S. 1042–1051.

Schneider, Ilona: Junge Christinnen: Mein Glaube ist mir wichtig. In: Jugend '92. Lebenslagen, Orientierungen und Entwicklungsperspektiven im vereinigten Deutschland, Band 1: Gesamtdarstellung und biographische Porträts. Hg. vom Jugendwerk der Deutschen Shell, Opladen 1992, S. 77–92.

-: Säkularisierung und Rolle der Kirche in der DDR – Biographien von Kindern aus christlichen Familien. In: Jugend '92. Lebenslagen, Orientierungen und Entwicklungsperspektiven im vereinigten Deutschland, Band 3: Die neuen Länder: Rückblick und Perspektiven. Hg. vom Jugendwerk der Deutschen Shell, Opladen 1992, S. 139–158.

Siegfried, Detlef: Unsere Woodstocks: Jugendkultur, Rockmusik und gesellschaftlicher Wandel um 1968. In: Rock! Jugend und Musik in Deutschland. Hg. von der Stiftung Haus der Geschichte der Bundesrepublik Deutschland, Bundeszentrale für politische Bildung, Berlin 2005, S. 52–61.

Siegmann, Birgit: Lehrer, die Wasserträger der Macht. In: Behnke, Klaus/Wolf, Jürgen (Hg.): Stasi auf dem Schulhof. Der Missbrauch von Kindern und Jugendlichen durch das Ministerium für Staatssicherheit, Berlin 1998, S. 144–152.

Solga, Heike: Bildungschancen in der DDR. In: Häder, Sonja/Tenorth, Heinz-Elmar (Hg.): Bildungsgeschichte einer Diktatur. Bildung und Erziehung in SBZ und DDR im historisch-gesellschaftlichen Kontext, Weinheim 1997, S. 275–294.

Steinbach, Peter: Widerstand - aus sozialphilosophischer und historisch-politologischer Perspektive. In: Poppe, Ulrike/Eckert, Rainer/Kowalczuk, Ilko-Sascha (Hg.): Zwischen Selbstbehauptung und Anpassung, S. 27-67.

Stock, Manfred: Bildung zwischen Macht, Technik und Lebensstil. Das Beispiel der „sozialistischen Intelligenz" in der DDR. In: Häder, Sonja/Tenorth, Heinz-Elmar (Hg.): Bildungsgeschichte einer Diktatur. Bildung und Erziehung in SBZ und DDR im historisch-gesellschaftlichen Kontext, Weinheim 1997, S. 295-333.

Stöver, Bernd: Leben in Deutschen Diktaturen. Histographische und methodologische Aspekte der Erforschung von Widerstand und Opposition im Dritten Reich und in der DDR. In: Pollack, Detlef/Rink, Dieter (Hg.): Zwischen Verweigerung und Opposition. Politischer Protest in der DDR 1970-1989, Frankfurt a. M. 1997, S. 30-53.

Tenorth, Heinz-Elmar: Grenzen der Indoktrination. In: Drewek, Peter u. a. (Hg.): Ambivalenzen der Pädagogik. Zur Bildungsgeschichte der Aufklärung und des 20. Jahrhunderts, Weinheim 1995, S. 335-350.

-: Kopfnoten - Kopfnüsse - Kopfgeburten. In: Mitteilungen & Materialien, (1999) Heft 51, S. 10-15.

Tucholsky, Kurt: Drei Minuten Gehör. In: Kurt Tucholsky. Gesamtausgabe. Hg. von Roland und Elfriede Links, Band 5: Texte 1921-1922, Reinbek bei Hamburg 1999, S. 460-463.

Ueberschär, Ellen: Der Lange Atem der kirchlichen Jugendarbeit - Repression von Freizeiten und Rüstzeiten. In: Dähn, Horst/Gotschlich/Helga (Hg.): „Und führe uns nicht in Versuchung ..." Jugend im Spannungsfeld von Staat und Kirche in der SBZ/DDR 1945 bis 1989, Berlin 1998, S. 168-183.

Uhlig, Christa: Gleichheit als Bildungsanspruch - Gedanken zum Bildungssystem der DDR. In: Jahrbuch für Pädagogik, Frankfurt a. M. 2000, S. 149-167.

Walter, Michael: Die Funktionen der Freien Deutschen Jugend im politischen System der DDR. In: Timmermann, Heiner (Hg.): Diktaturen in Europa im 20. Jahrhundert - der Fall DDR, Dokumente und Schriften der Europäischen Akademie Otzenhausen, Berlin 1996, S. 193-214.

Weiss, Christa: Das Herzstück sozialistischer Lebensweise: Gesellschaftlich nützliche Arbeit ... In: Deutsche Lehrerzeitung, 26 (1979) Nr. 10, S. 5.

Wendt, Hartmut: Die deutsch-deutschen Wanderungen - Bilanz einer 40jährigen Geschichte von Flucht und Ausreise. In: DA, 24 (1991), S. 386-395.

Widera, Thomas: Wehrdienstgegner im Bildungssystem. Konflikte von Schülern, Lehrlingen und Studenten infolge der Verweigerung des bewaffneten Wehrdienstes. Vortrag auf dem Workshop „Verfolgte Schüler - gebrochene Biographien" vom 26. bis 28. Oktober 2006 in Meißen.

Wierling, Dorothee: Jugend als innerer Feind. Konflikte in der Erziehungsdiktatur der sechziger Jahre. In: Kaelble, Hartmut/Kocka, Jürgen/Zwahr, Hartmut (Hg.): Sozialgeschichte der DDR, Stuttgart 1994, S. 404-425.

Schneider, Ilona: Oral History. In: Maurer, Michael (Hg.): Aufriss der Historischen Wissenschaften, Band 7: Neue Themen und Methoden der Geschichtswissenschaften, Stuttgart 2003, S. 81-151.

Wolf, Heinz E.: Zur psychologischen und sozialpsychologischen Grundlage der Theorie von der sozialistischen Persönlichkeit. In: Die DDR im Entspannungsprozess. Lebensweisen im Realen Sozialismus. Dreizehnte Tagung zum Stand der DDR-Forschung in der Bundesrepublik Deutschland 27. bis 30. Mai 1980, Köln 1980, S. 43–55.

Wolf, Jürgen: Besondere Vorkommnisse. In: Behnke, Klaus/ders. (Hg.): Stasi auf dem Schulhof. Der Missbrauch von Kindern und Jugendlichen durch das Ministerium für Staatssicherheit, Berlin 1998, S. 153–176.

Zech, Karl-Adolf: Die Angst vor dem toten Landpfarrer. In: Horch und Guck, 5 (1996/2) Heft 19, S. 1–32.

Zilch, Dorle: Die FDJ – Mitgliederzahlen und Strukturen. In: Jugend '92. Lebenslagen, Orientierungen und Entwicklungsperspektiven im vereinigten Deutschland, Band 3: Die neuen Länder: Rückblick und Perspektiven. Hg. vom Jugendwerk der Deutschen Shell, Opladen 1992.

Internet-Downloads

Bundesarchiv Berlin, Parteilehrjahr (http://www.bundesarchiv.de/sed-fdgb-netzwerk/glossar.html?q=Partei-lehrjahr; 18.10.2007).

Garstecki, Joachim: Zivilcourage und Kompromiss – der Friedensbeitrag der Bausoldaten. Vortrag auf dem Kongress „Zivilcourage und Kompromiss – Bausoldaten in der DDR 1964–1990" am 3. September 2004 in Potsdam (http://www.bausoldatenkongress.de, http://www.openframe.de/bau/erg_festvortr.htm; 20.2.2007).

Gruber, Markus: Zur Lage des Griechisch-Unterrichts in der Bundesrepublik Deutschland (2006/07) (http://www.uni-regensburg.de/Fakultaeten/phil_Fak_IV/Klass_Phil/Gruber-Dateien/Statis-tik2005.htm; 19.11.2008).

Guckes, Ulrike: Öffentliche Anhörung „SED-Unrechtsbereinigungsgesetz" im Rechtsausschuss des Deutschen Bundestages, Protokoll 16/59 vom 7. Mai 2007, S. 50 (http://www.bundestag.de/ausschuesse/a06/anhoerungen/Archiv/18_SED-Unrechtsbereinigung/05_Protokoll.pdf; 1.12.2008).

Keil, Lars-Broder: Honeckers Ehefrau und die vergessene Geschichte des 9. November. In: Berliner Morgenpost vom 9. November 2007 (http://www.morgenpost.de/content/2007/11/09/berlin/930972.html; 30.1.2008).

Koch, Uwe: Bausoldaten im Wandel. Vortrag auf dem Kongress „Zivilcourage und Kompromiss – Bausoldaten in der DDR 1964–1990" am 3. September 2004 in Potsdam (http://www.bausoldaten-kongress.de, http://www.openframe.de/bau/erg_vortr2.htm; 20.1.2007).

Lebe, Wolfgang: Viktimologie – die Lehre vom Opfer. Entwicklung in Deutschland (http://www.berlin.de/imperia/md/content/lb-lkbgg/bfg/nummer 12/04_lebe.pdf; 1.12.2008). Auch in: Berliner Forum Gewaltprävention, Berlin 2003, Nr. 12, S. 8–19.

Lohre, Matthias: Überwachung systemfeindlicher Kinderzimmer. DDR-Führung setzte junge Menschen und ihre Lehrer als Stasi-Mitarbeiter ein. In: Das Parlament vom 1. November 2004, (2004) Nr. 45 (http://www.das-parlament.de/2004/45/JugendimDialog/002.html; 31.12.2008).

Michalsky, Oliver: Vom DDR-Schulsystem lernen? Neben der Indoktrination wurde der Wettbewerb gefördert. Sachsen profitiert heute davon – Debatte vom 16. Juli

2002, Welt-online (http://www.welt.de/print-welt/article400187/Vom_DDR_
Schulsystem_lernen.html; 28.1.2009).

Otto Benecke Stiftung e. V. (www.obs-ev.de/wir-ueber-uns; 16.1.2009).

Rose, Norman: Der Umgang mit den Opfern der DDR-Diktatur. Die sogenannten
SED-Unrechtsbereinigungsgesetze, Hamburg 2004 (http://www.normanrose.de/
geschichte/Reha.pdf; 25.7.2006).

Schicketanz, Peter: Die Entstehungsgeschichte der Bausoldaten. Vortrag auf dem
Kongress „Zivilcourage und Kompromiss – Bausoldaten in der DDR 1964–
1990" am 3. September 2004 in Potsdam (http://www.bausoldatenkongress.de,
http://www.openframe.de/bau/erg_ vortr1.htm; 20.2.2007).

4. Tabellenverzeichnis

5.   Diagrammverzeichnis

6.   Abbildungsverzeichnis

7. Kurzbiographien

Herr C. L. wurde 1962 geboren. Sein Vater war Direktor einer Blindenschule. Herr
C. L. besuchte von 1968 bis 1976 die Polytechnische Oberschule und war Mitglied
der FDJ, der DSF und des DTSB. Er ließ sich als Berufsoffiziersbewerber verpflichten. Nach seiner Delegierung und Aufnahme in die Erweiterte Oberschule nahm er
seine Verpflichtung zum Offiziersbewerber zurück, was zu Zerwürfnissen im
Elternhaus führte. Nach dem Abitur leistete er von 1980 bis 1982 seinen Wehrdienst
in der NVA und erhielt eine Zulassung zum Studium der Pädagogik mit den Fächern
Deutsch und Geschichte. Nach dem Wehrdienst begann Herr C. L. das Studium
jedoch nicht, sondern arbeitet in unterschiedlichen Bereichen und engagierte sich
künstlerisch. 1983 erfasste die Staatssicherheit ihn, ordnete eine Operative Perso-
nenkontrolle an und wandelte diese in einen Operativen Vorgang um. Schließlich
bewarb sich Herr. C. L. 1985 für ein Studium am Literaturinstitut und 1986 für ein
Studium an der Filmhochschule. Beide Bewerbung wurde auf Initiative des MfS
abgelehnt. Nach erneuter Bewerbung 1988 erhielt Herr C. L. die Studienzulassung
an der Filmhochschule, jedoch weigerte sich der Generaldirektor der DEFA, ihn für
das notwendigen Volontariat zuzulassen. Erst 1990 konnte Herr C. L. das Studium
an der Filmhochschule beginnen und 1995 abschließen. Danach begann er die
Arbeit an seiner Promotion.

Herr G. H. wurde 1953 geboren und besuchte von 1960 bis 1968 die Polytechnische
Oberschule. Danach durfte er die Erweiterte Oberschule besuchen. Gemeinsam mit
Freunden unternahm Herr G. H. im Jahre 1971 eine Tagesreise in die ČSSR. Bei
einer Grenzkontrolle fanden die Kontrolleure bei ihm einen Brief an den RIAS, den
er in der ČSSR abschicken wollte. Daraufhin wurde er für einen Tag in Untersu-
chungshaft der Staatssicherheit genommen. Infolge des Briefes wurde Herr G. H.
von der Erweiterten Oberschule relegiert. Er erlernte von 1971 bis 1973 den Beruf
eines Zerspannungsfacharbeiters im Bergbau, leistete danach seinen Wehrdienst
und war seit 1975 in seinem Beruf tätig. 1990 wurde er zum Vorsitzenden der
Gewerkschaftsleitung und von 1990 bis 1993 zum Betriebsratsvorsitzenden
gewählt. 1993 veränderte er sich beruflich und arbeitete bis 1995 in der Geschäfts-
führung eines regionalen SPD-Parteibezirksbüros. Anschließend wechselte er zwischen Arbeitslosigkeit und befristeten Tätigkeiten.

Herr G. M. wurde 1940 geboren und legte sein Abitur 1958 ab. Er bekam das
Reifezeugnis aber nicht ausgehändigt, da er sich für zwei Jahre in der Produktion
bewähren sollte. Hintergrund dieser Erziehungsmaßnahme war, dass Herr G. M.
während einer Werbungskampagne den Eintritt in die Volksarmee ablehnte und sich
negativ über die geworbenen Mitschüler äußerte. Nachdem der Schuldirektor davon
erfuhr, veranlasste er den FDJ-Ausschluss des Schülers und bestimmte die Einbe-
haltung des Zeugnisses. Herr G. M. arbeitete nach dem Abitur jedoch nicht in der
Produktion, sondern bewarb sich mit dem Zeugnis der elften Klasse um eine
Ausbildung zum Industriekaufmann. 1960 erhielt er seinen Reifeabschluss ausgehändigt und bewarb sich um ein Studium für Außenwirtschaft. Er erhielt keine
Studienzulassung, jedoch herrschte in der DDR zu dieser Zeit Ärztemangel, sodass
Herr G. M. zum Medizinstudium zugelassen wurde. Er arbeitete bis zu seiner
Pensionierung als Arzt.

Herr H. S. wurde 1968 geboren. Die Eltern waren geschieden, und der Vater lebte seit 1984 nach einem Ausreiseantrag in der Bundesrepublik. Die Mutter stellte 1985 ebenfalls einen Ausreiseantrag. Herr H. S. und sein jüngerer Bruder besuchten zu dieser Zeit eine Polytechnischen Oberschule. Nachdem die Schule vom Ausreisebegehren der Familie Kenntnis erhalten hatte, verweigerte sie die Delegierung zur Erweiterten Oberschule. Nach dem Abschluss der zehnten Klasse begann Herr H. S. eine Berufsausbildung zum Werkzeugmacher, die er allerdings abbrechen musste, da die Ausreise noch im selben Jahr genehmigt wurde. Nach seiner Ankunft in der Bundesrepublik konnte er die Ausbildung fortsetzen, danach besuchte er ein Berufskolleg und erlangte die fachgebundene Hochschulreife. Schließlich absolvierte er ein Ingenieurstudium.

Herr H. W. wurde 1940 geboren. Seine Mutter arbeitete als Religionslehrerin im kirchlichen Dienst. Sein Vater, ein Amtsrichter, war im Zweiten Weltkrieg gefallen. Als Mitglied der Jungen Gemeinde trat Herr H. W. als Letzter der Klasse den Jungen Pionieren bei. 1954 wurde der Antrag auf Aufnahme in die Oberschule abgelehnt. Die Mutter widersprach der Entscheidung beim Schulrat und wandte sich an den Präsidenten der DDR, Wilhelm Pieck. Ihr Bemühen blieb jedoch erfolglos. Die anschließende Lehrstellensuche gestaltete sich sehr schwierig, dennoch konnte Herr H. W. eine Lehre als der Modelltischler beginnen. Aufgrund seiner handwerklichen Unbegabtheit brach er die Ausbildung ab und wechselte in einen kleinen Kfz-Betrieb, um den Beruf des Autoelektrikers zu erlernen. Auch diese Lehre brach er wegen seiner fehlenden handwerklichen Fähigkeiten ab. Schließlich bewarb sich Herr H. W. 1955 erfolgreich an einem evangelischen Proseminar. Da die Schule nach einem Jahr geschlossen wurde, verließ er gemeinsam mit seinem älteren Bruder die DDR und besuchte ein Gymnasium für Ostschüler in Westberlin. 1957 folgten auch die Mutter und die jüngere Schwester. Anschließend siedelte die Familie in das Bundesgebiet über. 1962 legte Herr H. W. das Abitur ab. Danach begann er ein Lehramtsstudium und promovierte. Bis zu seiner Pensionierung war er im wissenschaftlichen Bibliotheksdienst tätig.

Herr H.-J. E. wurde 1945 geboren. Seine Eltern waren geschieden. Der Vater lebte in der Bundesrepublik und die Mutter mit dem Sohn im Grenzgebiet der DDR. Er war kein Mitglied in der FDJ. Da er nicht an der Jugendweihe teilnahm, sich aber konfirmieren ließ, führte die Schulleitung mit ihm mehrere Aussprachen. 1960 schloss er die Schule nach der achten Klasse mit „gut" ab. Da ihm nur eine Ausbildung in der Landwirtschaft zugestanden wurde, flüchtete er 1961 in die Bundesrepublik. 1962 erfolgte aufgrund seiner Minderjährigkeit seine Rückführung in die DDR durch bundesdeutsche Behörden. Nach der Rückführung durfte Herr H.-J. E. nicht mehr zurück ins Grenzgebiet, sondern musste in einem zentralen Sammellager leben. Erst mit seiner Volljährigkeit durfte er wieder ins Grenzgebiet reisen. Nach seiner Rückkehr in die DDR durfte er weder seine Schulbildung fortsetzen noch eine Berufsausbildung aufnehmen. Schließlich wurde ihm eine Hilfsarbeitertätigkeit in der Landwirtschaft vermittelt. Während dieser Zeit litt Herr H.-J. E. immer wieder unter schweren psychosomatischen Erkrankungen. Erst 1968 konnte er eine zweijährige Ausbildung in einer Berufsakademie mit dem Abschluss Berufskraftfahrer absolvieren. Danach nahm er an einem zweijährigen Vorbereitungslehrgang für das Fachschulstudium an der Volkshochschule teil, um den Abschluss der

Mittleren Reife zu erlangen. Schließlich legte er nach einem dreijährigen Lehrgang die Meisterprüfung ab und konnte zum Fuhrparkleiter aufsteigen. Nach der Wiedervereinigung der beiden deutschen Staaten ging der Betrieb in die Insolvenz, und Herr H.-J. E. wechselte zwischen Arbeitslosigkeit und Maßnahmen des Arbeitsamtes.

Frau J. T. wurde 1970 geboren. 1983 delegierte sie die Polytechnische Oberschule mit einem Notendurchschnitt von 1,0 an eine Sprachenspezialschule. Nach einer schriftlichen Zusage, erfolgte nach wenigen Wochen eine schriftliche Absage der Schule, aufgrund neuer Quotenregelungen. Frau J. T. war darüber so enttäuscht, dass sie nach der Demonstration des 1. Mai 1984 auf dem Heimweg vom Gartenzaun eines Grundstücks eine Kette mit DDR-Fähnchen abriss. Der Bewohner des Hauses erwischte sie, brachte sie zum Abschnittsbevollmächtigten und zeigte sie wegen Vandalismus und staatsfeindlichem Handeln an. Daraufhin folgten in der Schule Aussprachen mit Lehrern, Direktor und Vertretern des Schulrates. Eine mögliche Delegierung in eine Erweiterte Oberschule erschien daraufhin sehr fraglich. Während des Zivilverteidigungskurses bot ihr der Physiklehrer an, dass sie sich während dieser Ausbildung als Gruppenführerin bewähren könne, um zumindest ihre Chance auf eine Berufsausbildung mit Abitur zu verbessern. Allerdings war das Mädchen eher pazifistisch eingestellt und fühlte sich manipuliert. Frau J. T. nahm das Angebot dennoch an und versuchte sich ihr Glaubwürdigkeit zu bewahren, indem sie während eines Fahnenappells ein pazifistisches Gedicht aufsagte und für zu einer Sammelaktion für „Brot für die Welt" aufrief. Danach kam es zu einem Eklat, sodass die Schule eine Delegierung zu einer Abiturausbildung ablehnte. Eine direkte Bewerbung für eine Berufsausbildung mit Abitur wurde zwar nach einer Beschwerde der Mutter genehmigt, jedoch erhielt Frau J. T. auch auf diesem Wege keine Zulassung. Nach Abschluss der Polytechnischen Oberschule begann sie 1986 eine Ausbildung zum Facharbeiter für Elektronische Datenverarbeitung und trat aus der FDJ aus. 1988 brach Frau J. T. die Ausbildung ab. In den Jahren bis 1994 wechselte sie mehrfach zwischen Arbeitslosigkeit und Tätigkeiten im sozialen Bereich. Nach der Geburt ihres Kindes und der Erziehungszeit begann Frau J. T. mit Sonderhochschulzugangsberechtigung ein Studium der Psychologie.

Herr M. G. wurde 1962 geboren. Er besuchte von 1977 bis 1981 die Erweiterte Oberschule. Als Jugendlicher nahm er sowohl an der Jugendweihe als auch an der Konfirmation teil. Er war aktives Mitglied in der Jungen Gemeinde. Während der vormilitärischen Ausbildung verweigerte er die Schießübung und ließ sich anschließend als Bausoldat zur NVA mustern. Nach dem Abitur erlernte er im Rahmen einer Erwachsenqualifizierung den Beruf des Maurers. 1982 bewarb sich Herr M. G. für ein Theologiestudium bei einem Theologischen Seminar. Da er aufgrund der hohen Bewerberzahl nicht angenommen wurde, arbeitete er als Küster und Hausmeister in einer Kirche. 1985 begann er eine Ausbildung zum Prädikanten mittels Kirchlichen Fernunterrichts. Diese Ausbildung musste er unterbrechen, da die NVA ihn 1988 zum Wehrdienst als Bausoldat einzog. 1991 begann Herr M. G. ein Theologiestudium, das er erfolgreich abschloss. Zum Zeitpunkt des Interviews betreute er als Pfarrer eine Gemeinde.

Herr M. K. wurde 1964 geboren. Er besuchte von 1971 bis 1979 eine Polytechnische Oberschule und von 1979 bis 1983 eine Erweiterte Oberschule. Seine Bewerbung für ein Studium als Militärarzt wurde abgelehnt, stattdessen sollte er ein Studium in der Fachrichtung Mikroelektronik aufnehmen. Sein Vater war Offizier im besonderen Einsatz bei der Staatssicherheit. Nach dem Abitur plante Herr M. K. seine Flucht über die ungarische Grenze nach Österreich, jedoch wurde er festgenommen, in die DDR zurückgebracht, verurteilt und bis 1984 inhaftiert. Während seiner Haft wandte er sich dem christlichen Glauben zu und arbeitete nach seiner Entlassung im kirchlichen Dienst. Zudem stellte er einen Ausreiseantrag. 1986 durfte er die DDR verlassen. 1987 begann er ein Studium der Evangelischen Theologie und schloss dieses 1994 ab, danach war er für ein Jahr als Vikar tätig und seit 1995 arbeitete er an seiner Promotion.

Herr M. Z. wurde 1958 als Sohn eines Pfarrers geboren. Von 1969 bis 1975 besuchte er eine Polytechnische Oberschule. Er wurde 1972 konfirmiert. Während dieser Zeit wurde sein Aufnahmeantrag in die Erweiterte Oberschule abgelehnt. Zudem delegierte ihn die Schule in der achten und neunten Klasse nicht zum Bezirksausscheid der Mathematikolympiade, obwohl er in beiden Jahren den ersten Platz beim Kreisausscheid belegt hatte. 1974/75 lehnte die Schulleitung eine Delegierung zu einer Berufsausbildung mit Abitur ebenfalls ab, weil Herr M. Z. nicht an der Jugendweihe teilnahm, kein Mitglied der FDJ war und sich als Bausoldat mustern ließ. Da er keine Lehrstelle in einer gewünschten Fachrichtung fand, begann Herr M. Z. eine Ausbildung zum Diakon, die er 1981 in der Fachrichtung Kinder- und Jugendarbeit und Gemeindezurüstung abschloss. 1993 wurde ihm dieser Abschluss als gleichwertig dem eines Dipl.-Religionspädagogen (FH) anerkannt.

Frau R. T. wurde 1959 geboren. Ihre Eltern besaßen einen privaten Betrieb, der in staatlichen Besitz überging. Sie besuchte von 1965 bis 1973 die Polytechnische Oberschule, war Mitglied der FDJ und wurde zur Erweiterten Oberschule delegiert. 1978 legte Frau R. T. ihr Abitur ab. Da sie nicht zum Medizinstudium zugelassen wurde, begann sie eine Ausbildung zur Krankenschwester. Nach Abschluss der Ausbildung hoffte Frau R. T., vom Krankenhaus zum Studium der Medizin delegiert zu werden. Der Kaderleiter des Krankenhauses forderte jedoch von Frau R. T., dass sie die Funktion eines FDJ-Gruppenleiters übernehmen solle, was sie ablehnte. Eine Überprüfung im Rahmen der Studienbewerbung durch die Staatssicherheit ergab zudem, dass Frau R. T. aus einer „bürgerlichen" Familie stamme. Frau R. T. hoffte, auch mit einem besseren Notendurchschnitt ihre Zulassungschancen zu erhöhen, deshalb besuchte sie einen Abiturlehrgang an der Volkshochschule in den Fächern Physik, Chemie und Staatsbürgerkunde. Trotz aller Mühen lehnte das Krankenhaus zwischen 1978 und 1982 mehrmals die Studiendelegierung ab. Schließlich behinderte die Kaderleitung des Krankenhauses auch eine Weiterbildung zur Stationsschwester, weshalb Frau R. T. 1988 in den Bereich Kultur beim Rat der Stadt wechselte. Nach der Vereinigung der beiden deutschen Staaten erhielt die Familie ihren Betrieb zurück und Frau R. T. arbeitete im Familienunternehmen mit. Von 1992 bis 1995 studierte sie an der Verwaltungs- und Wirtschaftsakademie Betriebswirtschaft und übernahm die Leitung der Firma.

Herr S. B. wurde 1972 geboren. Sein Vater kehrte 1988 von einer Reise in die Bundesrepublik nicht zurück. Herr S. B. besuchte zu dieser Zeit die Erweiterte Oberschule. Nach der Flucht des Vaters wurde der Schüler bei der Bewertung seiner Schulleistungen benachteiligt. Im Sommer 1988 kam es zu einer Aussprache mit dem Schuldirektor und dem Stadtbezirksschulrat. Danach erfolgte seine Relegierung von der Erweiterten Oberschule. Herr S. B. bekam trotz Zusage des Schulrates keine Lehrstelle, sondern nur Hilfstätigkeiten vermittelt. Schließlich suchte er sich selbst eine Arbeit in einem kirchlichen Krankenhaus. Gemeinsam mit seiner Mutter beantragte Herr S. B. die Ausreise in die Bundesrepublik. Bis zur Ausreise 1989 überwachte die Staatssicherheit ihn und seine Mutter. In der Bundesrepublik besuchte er bis 1992 ein Gymnasium. Nach dem Abitur begann er ein Medizinstudium, das er erfolgreich abschloss. Danach absolvierte er seine Facharztausbildung.

Frau S. H. wurde 1969 geboren. Ihre Eltern sind Ärzte. Frau S. H. wurde zum Schuljahr 1986/87 in die elfte Klasse der Erweiterten Oberschule aufgenommen. Im August 1986 stellte die Familie einen Ausreiseantrag. Um diesen Schritt zu bekräftigen, traten die Eltern und Frau S. H. aus allen gesellschaftlichen Organisationen aus. Bereits am 3. September 1986 forderte der Direktor der Erweiterten Oberschule die Eltern telefonisch auf, Frau S. H. solle „freiwillig" die Schule verlassen. Da die Familie das ablehnte, begannen der Schuldirektor und Lehrer die Schülerin unter Druck zu setzen. Der Klassenlehrer forderte sie auf, vor der Klasse zum Ausreisebegehren der Familie Stellung zu nehmen. Letztlich relegierte der Schuldirektor die Schülerin nach einigen Wochen, weil sie die Kriterien für eine Aufnahme in die Erweiterte Oberschule nicht mehr erfülle. Daraufhin beschwerten sich die Eltern beim Ministerium für Volksbildung, die Eingabe blieb jedoch unbeantwortet. Frau S. H. durfte nach der Relegierung keine Ausbildung, kein Abitur an der Volkshochschule und keine medizinische Fachschule besuchen. Sie war vorwiegend arbeitslos und bekam hin und wieder diverse Hilfsarbeiten zugewiesen. Während ihrer Tätigkeit erlitt sie weitere Benachteiligungen, die teilweise gezielte Zersetzungsmaßnahmen waren. Im Jahre 1988 durfte Frau S. H. einen Schreibmaschinenkurs besuchen und danach als Sekretärin arbeiten. Während dieser Tätigkeit behandelten sie die Arbeitskollegen sehr reserviert und isolierten sie. Zudem erhielt sie nur sehr wenige Arbeitsaufträge. Schließlich litt Frau S. H. unter Depressionen und kündigte das Arbeitsverhältnis. Danach bemühte sie sich weiter erfolglos um die Zulassung zu einem Abiturlehrgang an der Volkshochschule. Erst nach einer Beschwerde der Eltern bei der Abteilung Innere Angelegenheiten des Kreises und nachdem die Ausreisegenehmigung bereits intern vorlag, erhielt Frau S. H. die Zulassung zum Abiturkurs an der Volkshochschule. Am 9. November 1989 durfte die Familie bei noch geschlossener Grenze in die Bundesrepublik ausreisen. In der Bundesrepublik nahm Frau S. H. trotz dreijähriger Unterbrechung ihre Schulausbildung wieder auf und besuchte ein Gymnasium. Nach dem Abitur studierte sie Zahnmedizin in Tübingen. Zum Zeitpunkt des Interviews war sie als Zahnärztin tätig.

Frau S. N. wurde 1966 als Tochter eines Pfarrers geboren. 1980 bewarb sie sich mit sehr gutem Zensurenschnitt um die Aufnahme in die Erweiterte Oberschule. Nach dem Abitur wollte sie Medizin studieren. Die Klassenlehrerin und der Schuldirektor unterstützen dieses Anliegen und delegierten Frau S. N. Bei der Einschreibung für die Erweiterte Oberschule trug Frau S. N. den Aufnäher „Schwerter zu Pflugscharen" auf ihrer Jacke. Eine Lehrerin der Erweiterten Oberschule sah das und schrieb einen Vermerk in die Liste der Aufnahmekandidaten, daraufhin war die Zulassung hinfällig. Frau S. N. begann nach der zehnten Klasse eine Ausbildung zur Krankenschwester im Diakonissenkrankenhaus in Leipzig. Danach arbeitete sie als Gemeindeschwester.

Herr T. G. wurde 1964 geboren. Er schloss 1981 die Polytechnische Oberschule ab und absolvierte danach eine Berufsausbildung mit Abitur zum Elektromonteur. Während der Ausbildung weigerte sich Herr T. G. in die DSF und in die SED einzutreten, auch nahm er nicht am FDJ-Studienjahr teil. Seine anschließenden Bewerbungen für ein Hochschulstudium im Fach Informatik und Kfz-Technik an der Technischen Hochschule blieben erfolglos. Eines Tages offerierten ihm Mitarbeiter des Ministeriums des Innern, dass er zu einem Studium zugelassen werde, wenn er sich zu einem 25-jährigen Dienst beim MDI verpflichte. Herr T. G. lehnte das jedoch ab. Nach der friedlichen Revolution wechselte er zwischen Arbeitslosigkeit und diversen Tätigkeiten.

Herr T. L. wurde 1959 geboren und ist Sohn einer Schriftstellerin. Er besuchte von 1965 bis 1973 die Polytechnische Oberschule, danach die Erweiterte Oberschule. 1975 ging er mit Freunden zu einem Fußballspiel des Dynamo Dresden gegen Torpedo Moskau. Während des Spiels nahmen Mitarbeiter der Staatssicherheit Herrn T. L. fest, weil er staatsverleumderischen Äußerungen gerufen haben soll. Im Februar 1976 wurde er schließlich wegen Staatsverleumdung nach § 220 Abs. 1 Ziffer 2 und Abs. 2 DDR-StGB durch ein Gericht verurteilt. Die Verurteilung begründet sich lediglich auf Aussagen von zwei Mitarbeitern der Staatssicherheit. Gleichzeitig erfolgte Herrn T. L.'s Relegierung von der Erweiterten Oberschule und er musste den Beruf eines Maschinisten erlernen. Die Versuche der Eltern, eine Aufhebung des Urteils zu erwirken, waren erfolglos. 1976 schrieb die Mutter Herrn T. L.'s eine Eingabe an den Minister für Staatssicherheit, Erich Mielke. Das Ministerium für Staatssicherheit sagte der Mutter daraufhin zu, den Fall zu überprüfen und neu zu beurteilen sowie die weitere berufliche Entwicklung des Sohnes zu unterstützen. Laut internem Schriftverkehr setzte sich das MfS dafür ein, dass Herr T. L. das Abitur an der Volkshochschule ablegen durfte und die Delegierung zum Studium erhielt, wenn er die schulischen und fachlichen Voraussetzung sowie sozialistische Verhaltenseigenschaften nachweist. Nach seinem Wehrdienst erhielt Herr T. L. tatsächlich einen Studienplatz an einer Ingenieurhochschule, den er allerdings nicht annahm, weil er lieber ein kunsthistorisches Studium absolvieren wollte. Schließlich versuchte er einen dieser begehrten Studienplätze zu bekommen und schieb sich als Gasthörer der Hochschule ein. Schließlich erhielt er einen Studienplatz und konnte sein Studium 1994 erfolgreich beenden. Seit 1992 ist er zudem in der Denkmalpflege tätig. Die Aufhebung seiner Verurteilung und seine Rehabilitierung erfolgten ebenfalls 1992.

Herr T. S. wurde 1964 geboren und besuchte von 1970 bis 1978 die Polytechnische Oberschule. 1978 wurde er in die Erweiterte Oberschule aufgenommen. Während der vormilitärischen Ausbildung weigerte es sich auf Menschensilhouetten zu schießen und wehrte sich gegen die Vorwürfe eines Mitschülers. Der Mitschüler berichtete das Geschehene seinem Vater, einem Mitarbeiter der Staatssicherheit. Daraufhin wurde der Vorfall vom MfS und der Schulleitung untersucht. Der Schüler wurde 1980 aus der FDJ ausgeschlossen und von der Erweiterten Oberschule relegiert. Von 1980 bis 1981 musste sich Herr T. S. in der Produktion eines Betonwerkes als Hilfsarbeiter „bewähren". Danach begann er eine Berufsausbildung zum Instandhaltungsmechaniker im Betonwerk, die er 1984 abschloss. Gleichzeitig besuchte er von 1982 bis 1984 einen Abiturlehrgang an der Volkshochschule. Trotz seiner pazifistischen Einstellung während der Schulzeit leistete Herr T. S. einen dreijährigen Wehrdienst. Von 1988 bis 1991 studierte er an einer Ingenieurschule und schloss das Studium als Ingenieur für Wärmetechnik ab. Nach 1991 nahm er an beruflichen Weiterbildungen teil und ist seither als Planungsingenieur tätig.

Frau U. E. wurde 1959 geboren und bewarb sich 1975 an der Medizinischen Fachschule als Medizinisch-Technische Assistentin. Trotz eines sehr guten Bewerbungszeugnisses erfolgte eine Ablehnung. Der Widerspruch des Vaters und des Schuldirektors der Polytechnischen Oberschule wurden zurückgewiesen, weil Frau U. E. kein Mitglied der FDJ und der DSF sei, ferner habe sie nicht an der Jugendweihe teilgenommen. Auch die Einsprüche ihres Vaters beim Rat des Kreises und beim Staatsrat der DDR blieben erfolglos. Schließlich war Frau U. E. 1976 für ein Jahr als Hilfsarbeiterin im Labor eines Krankenhauses tätig. 1977 begann sie eine Erwachsenenqualifizierung an einer anderen Medizinischen Fachschule und schloss diese 1981 als Medizinisch-Technische Assistentin erfolgreich ab. Von 1982 bis 1983 arbeitete sie als Diakonin und von 1983 bis 1991 wieder als Medizinisch-Technische Assistentin in einem Krankenhaus. Danach widmete sich Frau U. E. ihrer Familie und gab ihre Berufstätigkeit auf.

Herr U. L. wurde 1962 geboren und besuchte von 1968 bis 1978 die Polytechnische Oberschule. 1976 ließ er sich als Offiziersbewerber verpflichten. Von 1978 bis 1980 besuchte Herr U. L. die Erweiterte Oberschule. Nachdem er seine Verpflichtung zum Offiziersbewerber 1979 zurückzog, folgten mehrere Aussprachen des Schuldirektors und Mitarbeitern des Wehrkreiskommandos mit Herrn U. L. und seinen Eltern. Schließlich verweigerte die Schulleitung die Studienzulassung des Schülers. Nach dem Abitur erlernte Herr U. L. einen Beruf, den er seit 1982 ausübt.

Herr W. M. wurde 1955 geboren. Er besuchte seit 1970 die Vorbereitungsklasse einer Erweiterten Oberschule. In der zehnten Klasse schrieb er eine Belegarbeit zum Thema „Beatmusik – Ideologische Abgrenzung zur BRD", deren Inhalt nicht den Ansprüchen des Lehrers und des Schuldirektors entsprach. Herr W. M. erhielt die Arbeit vom Schuldirektor zurück, der mit ihm nachfolgend mehrere Aussprachen führte. Da der Vater von Herrn W. M. bereits verstorben war, stand der ältere Bruder dem Schüler bei. Trotz aller Bemühungen und eines Einspruchs des Bruders beim Kreisschulrat musste Herr W. M. die Erweiterte Oberschule nach der zehnten Klasse verlassen. Allerdings durften auch seine Mitschüler, die statt der geforderten Jugendweihe die Konfirmation mitgemacht hatten, die Erweiterte Oberschule nach Abschluss der zehnten Klasse nicht weiter besuchen. Herr W. M. erlernte danach den Beruf eines Textilfärbers, nahm an verschieden Erwachsenenqualifizierungen teil und arbeitete für mehrere Jahre bei der SDAG Wismut. Nach einer dreijährigen Tätigkeit unter Tage ging er einer Tätigkeit als Zivilangestellter bei der NVA nach. Nach der friedlichen Revolution wechselte er zu den Stadtwerken und ist seither dort tätig.

Frau W. O. wurde 1936 geboren. Während der Kampagne gegen die Junge Gemeinde verwies sie die Schulleitung 1953 aufgrund ihrer Mitgliedschaft in der Jungen Gemeinde aus der elften Klasse der Oberschule. Im Alter von 16 Jahren ging Frau W. O. allein nach Westberlin, um in einer Ostklasse ihre Abiturausbildung zu beenden. Da sie nach dem Studium einen krisensicheren Beruf ausüben wollte, verwarf sie ihren ursprünglichen Wunsch, Ärztin zu werden, und studierte Vermessungstechnik. Bis zu ihrer Pensionierung war sie als Ingenieurin tätig.

Dank

Für die fachliche und ideelle Betreuung des Forschungsprojektes danke ich meinem Doktorvater Prof. Dr. Andreas Wirsching und meiner Zweitgutachterin Prof. Dr. Eva Matthes, die meine Forschungen mit wertvollen Anregungen und kritischen Hinweisen begleiteten.

Ferner danke ich den Mitarbeiterinnen und Mitarbeitern des Hannah-Arendt-Institutes in Dresden, die meine Forschungsarbeit von Anfang an fachlich, praktisch und zeitweise auch finanziell mit viel Engagement unterstützten. Mein besonderer Dank gilt Gerhard Barkleit, der dieses Projekt nicht nur ins Leben rief, sondern mir über Jahre auch mit Rat und Tat zur Seite stand.

Dank gebührt zudem der Konrad-Adenauer-Stiftung, die diese Promotion mittels eines Stipendiums förderte und mich in das zeitgeschichtliche Promotionskolleg „Die Beziehungen zwischen beiden deutschen Staaten und Gesellschaften in der Zeit ihrer Teilung" aufnahm. Den Vertretern der Stiftung sei an dieser Stelle herzlich gedankt, ebenso meinen Konstipendiaten Joachim Samuel Eichhorn, Julia Glänzel, Sebastian Lindner, Gunnar Peters, Daniel Scharenberg, Verena Schädler, Petra Schweizer Martinschek, Marc Theurer und Corinna Wörner.

Darüber hinaus möchte ich den Mitarbeitern, der von mir besuchten Archive, für ihre Geduld und ihr Engagement danken.

Abschließend danke ich meiner Mutter und meinem Vater, der den Abschluss meiner Dissertation leider nicht mehr erleben durfte. Ihr Zuspruch, ihre Geduld und ihre finanzielle Unterstützung ermöglichten mir dieses Promotionsstudium. Diese Studie widme ich in Liebe und Dankbarkeit meinem Mann Thomas.

Geisingen an der Steige, im April 2014   Tina Kwiatkowski-Celofiga